国家级一流专业建设成果
河南省"十四五"普通高等教育重点规划教材
国家精品在线开放课程配套教材
21世纪经济管理新形态教材·会计学系列

财务会计学
（第三版）

王秀芬 ◎ 主　编
刘永丽　潘广伟 ◎ 副主编

清华大学出版社
北京

内容简介

本书以航空制造企业为背景，以最新的财务会计理论和企业会计准则为指导，以契合培养具有社会主义核心价值观、人文底蕴、职业素养和航空使命感的会计应用人才为目标，对企业主要经营活动引起的资产、负债、所有者权益、收入、费用和利润这六大财务报表要素变化进行确认、计量、记录和报告，除此之外，还包括非货币性资产交换、债务重组和股份支付等特殊业务处理。

本书由国家级一流专业建设点和国家级一流本科课程所在团队完成。每章内容均包含案例导入、二维码链接、即测即评、综合案例分析等内容。本书的结构体系完整科学，教学资源前沿丰富，实务案例经典适用，学习方式方便快捷，思政教育贯穿始终。

本书可满足高等院校会计学、财务管理和审计学等本科专业的教学需要，也可作为经济管理类其他专业学生进一步学习财务会计知识的参考资料。

本书封面贴有清华大学出版社防伪标签，无标签者不得销售。

版权所有，侵权必究。举报：010-62782989，beiqinquan@tup.tsinghua.edu.cn。

图书在版编目（CIP）数据

财务会计学/王秀芬主编．—3版．—北京：清华大学出版社，2023.3
21世纪经济管理新形态教材．会计学系列
ISBN 978-7-302-62960-3

Ⅰ.①财… Ⅱ.①王… Ⅲ.①财务会计－高等学校－教材 Ⅳ.①F234.4

中国国家版本馆CIP数据核字（2023）第038091号

责任编辑：付潭娇　刘志彬
封面设计：汉风唐韵
版式设计：方加青
责任校对：王荣静
责任印制：刘海龙

出版发行：清华大学出版社
　　　　网　　址：http://www.tup.com.cn，http://www.wqbook.com
　　　　地　　址：北京清华大学学研大厦A座　　　邮　　编：100084
　　　　社　总　机：010-83470000　　　　　　　　邮　　购：010-62786544
　　　　投稿与读者服务：010-62776969，c-service@tup.tsinghua.edu.cn
　　　　质　量　反　馈：010-62772015，zhiliang@tup.tsinghua.edu.cn
印　装　者：北京鑫海金澳胶印有限公司
经　　销：全国新华书店
开　　本：185mm×260mm　　　印　张：29.75　　　字　数：685千字
版　　次：2013年9月第1版　　2023年3月第3版　　印　次：2023年3月第1次印刷
定　　价：69.00元

产品编号：100034-01

第三版前言

随着诸多修订后的企业会计准则和相关文件的发布实施，如 2019 年 6 月 10 日开始施行的《企业会计准则第 7 号——非货币性资产交换》、2019 年 6 月 17 日开始施行的《企业会计准则第 12 号——债务重组》及 2020 年 5 月 28 日教育部发布实施的《高等学校课程思政建设指导纲要》和 2020 年 11 月 3 日教育部新文科建设工作组发布的《新文科建设宣言》，都迫切需要理论研究者在教材建设中凸显教材内容的时效性、思政元素的引领性和课程资源的创新性。

"财务会计学"（也称"中级财务会计"）课程作为"会计学""审计学"和"财务管理"专业的主干核心课和企业财务人员的必备专业内容之一，受到越来越多商学院师生的青睐。本版教材的编写出版，是在 2013 年 9 月第 1 版和 2019 年 3 月第 2 版基础上的延续，是郑州航空工业管理学院商学院"会计学""审计学"和"财务管理"三个国家级一流本科专业及"财务会计学"国家级一流本科课程（线上一流课程）、国家级精品在线开放课程、河南省一流本科课程（线上线下混合式课程）的重要建设成果之一。本书力求借鉴相关财务会计理论研究最新成果，紧跟国际财务报告准则的变化趋势，结合我国企业会计准则最新修订，既包括资产、负债、所有者权益、收入、费用和利润这六大会计要素的基本业务处理，也包括非货币性资产交换、债务重组和股份支付等特殊业务处理，本书内容可以满足高等院校会计学、审计学和财务管理等本科专业的教学需要。

本书的修订与之前版本相比，主要具有以下特色。

（1）内容更加丰富立体。本书修订通过新增二维码链接知识拓展、课程视频资源和自测题库等辅助资源，将传统教材内容与现代信息手段有效结合，既能弥补传统教材内容更新缓慢、容量有限的缺陷，又可以丰富教材的扩展内容，改变学生的学习习惯，全面彰显立体化数字教材的优势。

（2）紧密契合会计实务。之前教材的会计处理涉税事项较少，本次修订在固定资产、无形资产、投资性房地产、非货币性资产交换、收入等章节补充了相关涉税事项的处理及递延所得税资产和递延所得税负债的相关内容，使会计核算更加科学完整，更加契合会计实务。

（3）始终贯穿案例教学。本书各章开始均设置导入案例，以提出问题的方式引发学生思考和激起学生的学习兴趣。各章具体内容在阐述相关交易和事项会计处理方法的基础上，结合大量来源于企业实际的业务展开分析，很好地解决了会计理论与实际业务相结合的问题。各章末尾均增加综合案例分析，以提高学生综合分析和职业判断的能力。

（4）努力践行课程思政。本书各章的综合案例和相关拓展资料，重点围绕会计与社会、经济和文化等的相互影响进行设计，同时体现诚信和会计职业道德，贯彻了"大思政"的教育观。

本书由王秀芬教授担任主编，负责全书的总体框架和章节体系设计，刘永丽副教授和潘广伟副教授担任副主编，协助主编对全书进行统稿和审核总纂。各章写作的具体分工为：第一章由王秀芬教授编写；第二、四、十五章由王会兰教授编写；第三、十七章由张春红副教授编写；第五、六章由董红星教授编写；第七、八章由张津津博士编写；第九、十、十六章由刘永丽副教授编写；第十一、十三、十四章由潘广伟副教授编写；第十二章由刘辉副教授编写；第十八、十九章由王秀芬教授和程会洁老师编写。

本书在编写过程中，参阅了国内许多优秀教材的研究成果，在此向相关作者致以诚挚的谢意！由于编者水平所限，不当和疏漏之处，恳请读者在使用中多提宝贵意见。

编　者

2022 年 8 月

目录

第一章	总论	1
	第一节 财务会计概述	2
	第二节 财务报告概念框架	4
	第三节 公允价值计量	8
第二章	货币资金	17
	第一节 货币资金概述	17
	第二节 库存现金	20
	第三节 银行存款	22
	第四节 其他货币资金	28
	练习题	30
第三章	应收款项	32
	第一节 应收票据	32
	第二节 应收账款	38
	第三节 预付账款及其他应收款项	40
	第四节 应收款项减值	43
	练习题	46
第四章	存货	49
	第一节 存货概述	49
	第二节 取得存货的计量	51
	第三节 发出存货的计量	58
	第四节 期末存货的计量	70
	练习题	76
第五章	金融资产	80
	第一节 金融资产概述	80
	第二节 债权投资	85
	第三节 其他债权投资	88
	第四节 其他权益工具投资	91

　　　　第五节　交易性金融资产 93
　　　　第六节　金融资产减值 94
　　　　第七节　金融资产的重分类 102
　　　　练习题 106

第六章　长期股权投资 109

　　　　第一节　长期股权投资概述 109
　　　　第二节　长期股权投资的初始计量 112
　　　　第三节　长期股权投资的后续计量 115
　　　　第四节　长期股权投资的转换及处置 126
　　　　练习题 132

第七章　固定资产 136

　　　　第一节　固定资产概述 136
　　　　第二节　固定资产的初始计量 139
　　　　第三节　固定资产的后续计量 148
　　　　第四节　固定资产的处置 158
　　　　练习题 161

第八章　无形资产与其他资产 165

　　　　第一节　无形资产概述 165
　　　　第二节　无形资产的初始计量 170
　　　　第三节　无形资产的后续计量 174
　　　　第四节　无形资产的处置 177
　　　　第五节　其他资产 179
　　　　练习题 184

第九章　投资性房地产 186

　　　　第一节　投资性房地产概述 186
　　　　第二节　投资性房地产的初始计量 189
　　　　第三节　投资性房地产的后续计量 190
　　　　第四节　投资性房地产的转换 193
　　　　第五节　投资性房地产的处置 197
　　　　练习题 199

第十章　非货币性资产交换 200

　　　　第一节　非货币性资产交换概述 200

第二节	非货币性资产交换的确认与计量	201
第三节	非货币性资产交换的核算	205
练习题		210

第十一章　资产减值 …… **212**

第一节	资产减值概述	212
第二节	资产可收回金额的计量	214
第三节	资产减值损失的核算	219
第四节	资产组的认定及减值处理	220
第五节	商誉减值测试	226
练习题		229

第十二章　流动负债 …… **232**

第一节	流动负债概述	232
第二节	短期借款	234
第三节	交易性金融负债	236
第四节	应付款项	238
第五节	应付职工薪酬	241
第六节	应交税费	259
第七节	其他流动负债	262
练习题		263

第十三章　非流动负债 …… **266**

第一节	非流动负债概述	266
第二节	借款费用	268
第三节	长期借款	275
第四节	应付公司债券	277
第五节	预计负债	285
第六节	其他非流动负债	291
练习题		293

第十四章　债务重组 …… **296**

第一节	债务重组概述	296
第二节	债务重组的核算	298
练习题		307

第十五章 股份支付 ········ 310

第一节 股份支付概述 ········ 310
第二节 股份支付的确认和计量 ········ 313
第三节 股份支付的核算 ········ 318
练习题 ········ 327

第十六章 所有者权益 ········ 330

第一节 所有者权益概述 ········ 330
第二节 实收资本和其他权益工具 ········ 336
第三节 资本公积和其他综合收益 ········ 344
第四节 留存收益 ········ 345
练习题 ········ 347

第十七章 收入、费用和利润 ········ 349

第一节 概述 ········ 349
第二节 收入与费用的核算 ········ 368
第三节 利润及利润分配的核算 ········ 385
练习题 ········ 394

第十八章 财务报告 ········ 398

第一节 财务报告概述 ········ 398
第二节 资产负债表 ········ 406
第三节 利润表 ········ 413
第四节 现金流量表 ········ 419
第五节 所有者权益变动表 ········ 440
第六节 财务报表附注 ········ 441
练习题 ········ 445

第十九章 会计调整与关联交易 ········ 450

第一节 会计政策、会计估计变更和前期差错更正 ········ 450
第二节 资产负债表日后事项 ········ 459
第三节 关联方及其交易 ········ 462
练习题 ········ 465

主要参考文献 ········ 467

第一章 总论

本章学习提示

本章重点：财务会计的定义、财务会计的特征、财务报告概念框架的相关内容、公允价值计量的相关理论与应用

本章难点：有用财务信息的质量特征、公允价值的应用、公允价值估值技术

本章导入案例

上海证券交易所 2022 年 4 月 18 日发布〔2022〕38 号纪律处分决定书，对天津市房地产发展（集团）股份有限公司（以下简称"公司"，股票代码：600322）时任董事长和董事会秘书予以通报批评。原因是：2020 年 7 月 23 日，公司披露股东协议转让公司股份暨公司控股股东拟变更的提示性公告称，公司第二大股东天津津诚国有资本投资运营有限公司（以下简称"津诚资本"）与第三大股东天津国有资本投资运营有限公司（以下简称"津投资本"）签署《股份转让协议》，津诚资本拟向津投资本协议转让其持有的公司股份 146 067 416 股，占公司股份总数的 13.21%；公司同时披露，在本次协议转让完成后，公司控股股东将变为津投资本，持股 181 537 240 股，占公司股份总数的 16.42%，天津市人民政府国有资产监督管理委员会仍为公司的实际控制人。

2021 年 4 月 30 日，公司披露 2020 年年度报告显示，公司股东持股较为分散，不存在控股股东。2021 年 12 月 7 日，公司披露 2020 年年度报告和报告摘要更正公告称，公司发现原披露的报告和报告摘要中个别信息出现错误，对 2020 年年度报告及其摘要的部分内容进行更正，将控股股东更正为津投资本。该公司 2020 年年报披露是否违背了会计信息质量要求？上海证券交易所为什么要对时任董事长和董事会秘书进行纪律处分？

资料来源：作者根据"上海证券交易所〔2022〕38 号纪律处分决定书"整理编写。

第一节　财务会计概述

一、财务会计的定义

在源远流长的会计发展史中，财务会计始终占据着重要的地位。在市场经济快速发展的今天，任何一个单位，都应当是一种经济组织，因此，都离不开财务会计核算。当今社会人们一说到会计，首先想到的是财务会计。在现代会计学科体系中，相对比较成熟和完善的当属财务会计，应用最为经常、普遍、广泛的也是财务会计。由此可见，财务会计在社会经济发展中是不可或缺的，对促进社会经济发展具有重要的意义。

虽然财务会计发展得相对比较成熟，但是，随着时代列车前进的速度不断加快，"创新"成为21世纪的主流发展趋势，由此不断涌现出新的科学技术和经济现象，无法预料的不确定交易和事项也会悄然而至，使财务会计的不断变革成为会计界经常议论的话题，因此导致了对财务会计如何定义成为会计界的一个难题。

纵观会计定义的讨论，围绕对会计本质的理解不同，已经先后出现过"技术论""管理工具论""艺术论""商业语言论""信息系统论""管理活动论"等不断进步的理论界定。而对财务会计的定义，是在现代会计分化为外部披露会计和内部管理会计之后的相当长一段时间里，才开始引起人们的注意，并且一般都将其简单归纳为"对外报告的会计"。在已出版的有关财务会计的著作中，有些对其进行了专门定义，但有些却对其含糊其词甚至避而不谈。我们认为，作为会计学科体系中的一个重要分支，应当对其作出科学定义，这样才能符合科学理论的要求。由于现代社会经济组织分为政府、企业和非营利组织三个门类，这些都需要财务会计，但根据学科分工，一般都将财务会计的对象限定为企业，本书同样遵循这样的限定。根据现有成熟的有关文献资料分析，在对财务会计进行定义时，需要考虑以下几个方面的因素。

（1）财务会计的学科特性是对外报告企业财务状况、财务资源的利用及其效果（即经营成果或收益）、财务状况变动的质量（即现金流量）等信息的会计，是企业会计中独立于管理会计的学科分支之一。

（2）财务会计的主体限定为企业这样的营利组织，服务对象主要是企业外部的有关利益集团。

（3）财务会计的过程特征是以财务报告为中心，通过会计的确认、计量、记录等环节，对财务信息（或称会计信息）进行收集、加工、处理、汇总，最终形成对外可报送的财务信息资源，并且在这些过程中有一套严格、完整、公认的规范约束。

（4）现代财务会计的目标是提供关于报告主体（企业）的、有助于决策是否需要向企业提供资源和这些资源是否被管理层有效利用的财务信息。会计理论上所说的会计目标，实际上就指财务会计目标。

由此，我们将财务会计定义如下。

财务会计是以对外报告与企业财务状况、经营成果和现金流量有关的财务信息为核心，依据公认的会计规范，采用会计确认、计量、记录和报告等专门程序和方法，对企业经济活动所引起的各种财务报表要素的变化及时进行加工、整理，并定期形成综合的财务报告信息，借以提供关于企业的、有助于决策是否需要向企业提供资源和这些资源是否被管理层有效利用的财务信息的一种对外报告的企业会计。

二、财务会计的特征

财务会计是会计学科的一个独立分支，与会计学科中的其他分支学科相比较，具有以下几个特征。

（1）财务会计是一门技术性、分析性和应用性很强的专门学科。虽然它有一套基本理论作指导，但其本质在于应用，即通过一系列的程序和方法，对企业发生的交易、事项进行确认、计量、记录和报告，对财务信息使用者的决策产生重要影响，相关的理论均为其实践应用所服务。

（2）财务会计的对象，就是企业经营活动中所涉及的各种财务报表要素的变化，并最终归结为财务状况、经营成果、现金流量等。财务报表要素的确定要符合企业所发生的交易、事项和其他情况的经济特征，包括资产、负债、所有者权益、收入、费用和利润。这些财务报表要素在时间上都是过去日常经营活动中发生的交易、事项和其他情况所形成的，在确认和计量上都有明确的归属和准确的数额，记录与报告的结果均为财务信息使用者所关注。这些都与管理会计、成本会计有明显的差别。

（3）财务会计目标非常明确，主要是向企业的外部信息使用者提供决策和受托责任履行情况的相关财务信息，这不同于管理会计主要服务于企业管理层的经济管理决策。

（4）财务会计的行为过程和结果需要共同遵守一套统一、公认的会计规范。这是因为，财务信息使用者具有广泛的社会性，主要是现实的和潜在的投资者、贷款人和其他债权人等，要满足他们的公共利益要求，就必须受到严格的行为规范和准则的制约，不可存在随意性或偏向性，这是衡量有用财务信息质量的统一标准，也是国际上的统一惯例，讲究的是"合法合规"。最为直接的会计规范，在国际上一般都称为"会计准则"。而管理会计的行为过程则相当灵活机动，一切都是为了企业决策科学，能够为企业产生尽可能多的经济效益，讲究的是"合理"。

（5）财务会计的方法主要是会计核算方法，同时还贯穿着各种具体的会计确认和计量方法。这些方法基本上都是约定俗成的，系统性很强，且不具备其他学科的借用性。而管理会计、成本会计等的方法则具有较多的灵活性，并且应用数学、统计学及其他科学的方法较多。

（6）财务信息具有很强的时效性。由于激烈和严酷的市场竞争，财务信息使用者在利用财务信息进行决策时的机会性很强，因此，必然要求财务会计报告的编制和提供应当保证及时，从而也就要求财务会计工作的每项内容应当及时快捷，没有任何理由可以使财务报告滞后拖延，否则，财务会计的目标就难以实现。

（7）财务会计必须有明确的主体限定，否则，财务信息就无从解释。该主体都能够进行独立的会计确认、计量和报告,且具有可持续性,界限分明,责任清晰。我国《企业会计准则——基本准则》规定,企业应当对其本身发生的交易或事项进行会计确认、计量和报告。

第二节 财务报告概念框架

一、财务报告概念框架的含义

财务会计是一门实践应用性很强的学科,但这种实践应用并非盲目,而是有一系列科学的概念框架作为方向性指导。正因为如此,才使财务会计成为一门非常理性的学科,认识和理解财务会计,应对其相关、系统的概念进行认真界定和分析。

扩展阅读1-1

财务报告概念框架教学视频

概念,简单地说就是定义,是指能够把某个现象或观念与其他现象或观念加以识别、划分、归类的科学表述,以表达人们对某种事物的正确理解。概念有设想的、现实的、本身固有的、外借的、独立的、分层次系统的。概念十分有用,但却极少是完整无缺的。这些概念的种类和规律性,在财务会计学科中均有不同程度的体现。

财务报告概念框架也可以称为财务会计理论结构,是指人们在长期的财务会计实践活动中,经过不断有意识地总结、提炼、升华、抽象与概括所形成的、以财务报告为核心的一系列专门用来解释、评价、指导财务会计实践的理论结构体系。由于该理论结构体系是由鲜明的层次性、系统性和逻辑性的一系列概念所构成的,所以,人们将其称为"概念框架"。

二、财务报告概念框架的主要内容

随着社会经济发展对财务会计目标要求的不断提高,各国会计界都在积极地进行研究,试图建立一套完整的、符合时代要求的"财务会计概念框架"。1978—1985年,美国财务会计准则委员会(FASB)将以前的各种理论成果集中整理后,陆续发布了6辑《财务会计概念公告》。美国是最早提出"概念框架"的国家。继美国之后,英国会计准则委员会(ASB)于1990年也颁布了《原则公告》;国际会计准则理事会(IASB)的前身国际会计准则委员会(IASC)1989年4月批准、1989年7月公布了《编报财务报表的框架》,并于2001年4月被IASB采纳,2004年起,IASB和FASB开始对其进行联合修订,并将其更名为《财务报告概念框架》;2010年,双方理事会发布了修订的《财务报告概念框架》的"通用财务报告的目标"和"有用财务信息的质量特征"两个章节,之后因故暂停该项修订工作;自2012年起,IASB单方重启修订,直到2018年3月29日修订完成并发布。

我国至今没有制定专门的财务会计概念框架,但是,1992年财政部颁布的《企业会计准则》和《企业财务通则》，在一定意义上可以看成是我国财务会计"概念框架"的雏形；2006年2月15日修订发布《企业会计准则——基本准则》，2014年7月23日又对其进行修订并重新发布，虽然在名称上没有称其为"概念框架"，但从内容上来看，基本上可以称为"概念框架"，或者说是概念框架的过渡形式。

下面分别介绍IASB《财务报告概念框架》和我国《企业会计准则——基本准则》的主要内容。

（一）IASB《财务报告概念框架》的主要内容简介

IASB 2018年3月29日修订完成并发布《财务报告概念框架》（以下简称"概念框架"）的目的是：帮助IASB基于统一的概念制定国际财务报告准则；帮助编报者在无具体准则适用于特定交易或其他事项，或者具体准则允许会计政策选择时，选择一致的会计政策；以及帮助所有相关方理解和解释具体准则。但其地位并不是一项国际财务报告准则，任何内容也均不超越任何具体准则或准则中的任何要求，其修订并不必然导致具体准则的变动。新修订的"概念框架"主要包括以下几部分内容。

1. 通用目的财务报告的目标

这是"概念框架"的基础，主要内容分为：通用目的财务报告的目标、有用性及其局限；有关报告主体的经济资源、要求权及资源与要求权变动的信息；以应计制会计反映的财务业绩；以过去现金流量反映的财务业绩；非财务业绩导致的经济资源与要求权的变动；主体经济资源使用的信息等。

2. 有用财务信息的质量特征

有用财务信息的质量特征是告诉现实的和潜在的投资者、贷款人和其他债权人，以报告主体的财务信息为基础作出有关报告主体的决策时，能够识别哪种类型的信息最为有用。有用性财务信息的质量特征分为三个层次。

第一层为基本质量特征，包括相关性和忠实表述。

如果财务信息有预测价值、证实价值或二者兼有，能够使使用者作出的决策有所不同，则财务信息具有相关性。如果财务信息能够被使用者在其预测未来结果的过程中用作参考，则该财务信息具有预测价值；如果财务信息提供关于之前评价的反馈（证实或更改），则该财务信息具有证实价值；财务信息的预测价值和证实价值是相互关联的，具有预测价值的财务信息通常具有证实价值。而重要性则是针对特定主体相关性的一个特定层面，如果省略或误报某项信息，将影响使用者基于财务信息作出的关于特定报告主体的决策，则该信息具有重要性。

扩展阅读1-2

关于忠实表述的深入解析

为具有有用性，财务信息不仅必须表述相关现象，而且还要如实表述其意欲表述的经济现象。在很多情况下，经济现象的实质与其法律形式是相同的，如果不同，则仅提供有关法律形式的信息，将无法如实表述经济现象，因此要考虑实质重于形式的运用。为完美体现忠实表述，应具备完整、中立和免于错误的特点；而中立性还要由谨慎性来支持，这样将有助于达到应用会计政策的中立性及对资产、负债、权益、收益和费损的如实反映。

当然，绝对完美表述是很少能达到的，如中立并不是指没有目的或对行为没有影响的信息，免于错误也不是指在所有方面都完全精确。此外，要实现忠实表述，还需要可验证性做保证。

第二层为强化质量特征，包括可比性、及时性和可理解性。财务信息若可比、及时且可理解，则可强化相关性和忠实表述，提升其有用性。如果需要考虑为经济现象提供同等的相关性和忠实表述信息，则这些可能有助于确定应采用两种方式中的哪一种来描述该经济现象。强化质量特征的应用是一个持续反复的过程，且并不依照既定的顺序进行。

扩展阅读 1-3

关于强化质量特征的深入解析

第三层为有用财务报告的成本约束。有用财务报告的成本约束是指成本对财务报告所能提供的信息构成普遍约束，财务信息提供者不仅对财务信息的收集、处理、验证和发布需要花费成本，使用者对财务信息的分析、解释也需要花费成本，因此，准则制定者在制定特定准则时需要对其成本和效益进行比较，以评估成本是否合理。

上述"概念框架"共提出了财务信息的 14 项质量特征，也可称为质量要求，它们之间形成的逻辑关系可归纳为：财务信息若要有用，必须相关且忠实表述其所意欲表述者（基本质量特性）；财务信息若可比、及时且可理解，则可强化其有用性（强化质量特性）；财务信息不仅须表述相关的现象且可验证，还须忠实表述其所意欲表述的现象的实质，方为有用（实质重于形式）；重要性是相关性的某一主体特定层面；为完美忠实表述，应具备完整、中立及免于错误（中立性是由审慎性的运用所支持）；一致性则有助于可比性目标的实现；成本是对财务报告所能提供的信息的普遍限制（成本限制）。

3. 财务报表和报告主体

财务报表提供符合财务报表要素定义的报告主体的经济资源、对主体的请求权及该资源与请求权的变动的信息，主要内容分为财务报表的目的及范围、报告期间财务报表所采取的观点、持续经营假设等。

报告主体是指须编制或选择编制财务报表的主体，可为单一主体或主体的部分或可由超过一个的主体所组成但并非必然为法律主体。由此出现的财务报表可能有合并财务报表（母、子公司的）、未合并财务报表（母公司的）、汇总财务报表（两个以上的主体所组成但并非全以母子公司关系而相连接的）。

4. 财务报表要素

财务报表要素包括反映与报告主体财务状况有关的资产、负债、所有者权益和与财务业绩有关的收益、费损，而这些都与报告主体的经济资源、请求权及经济资源与请求权的变动相关联，因此需要对其定义、特征及构成内容等作出相关界定。

5. 确认及终止确认

确认及终止确认主要围绕财务报表规定了确认程序、确认条件（主要涉及相关性、不确定性、经济效益流入或流出的低可能性、忠实表述、计量的不确定性及其他因素）、终止确认的相关要求。

6. 计量

计量的主要内容包括：历史成本和现时价值（公允价值、资产的使用价值及负债的履约价值、现时成本）计量属性及选择特定计量属性所提供的信息的性质是否重要和计量方法；选择计量属性时考虑的因素（如相关性、资产或负债的特性、对未来现金流量的贡献、忠实表述、强化性质量特性及成本限制、初始计量的特定因素、多个计量属性的运用等）；权益的计量；基于现金流量的计量技术等。

7. 列报与披露

本部分主要包括：列报与披露作为沟通工具的相关要求，列报与披露的目的与原则，财务报表要素的分类，汇总列报要求等。

8. 资本与资本保全的概念

本部分主要包括：资本的概念及其选择（财务资本、实物资本），资本保全的概念与利润决定的关系，资本保全调整（额）及其列示（以资本保全调整或重估价准备纳入权益中）。

扩展阅读 1-4

资本保全的含义

上述"概念框架"的内容及逻辑关系可列示如图 1-1 所示。

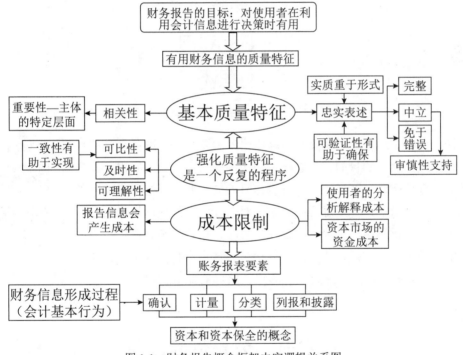

图 1-1 财务报告概念框架内容逻辑关系图

（二）我国《企业会计准则——基本准则》的主要内容简介

我国的《企业会计准则——基本准则》，类似于 IASB 的"概念框架"，基本体现了与国际财务报告准则的趋同。它既用来指导具体会计准则的制定，又用来指导在具体会计准则中没有规范的新发生交易的处理。其内容和逻辑关系若按照概念框架来理解，可归纳如图 1-2 所示。

扩展阅读 1-5

会计信息质量要求教学视频

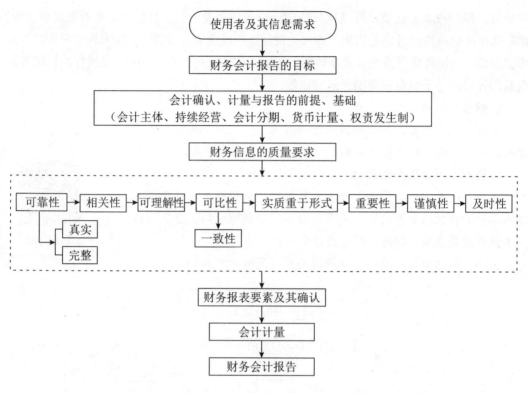

图 1-2 我国《企业会计准则——基本准则》内容逻辑关系图

由图 1-2 可知,满足不同会计信息使用者的要求,是财务会计的直接目的,而财务会计的目的是概念框架的最高层次,由此引发出一系列的财务会计理论概念;圆满实现财务会计目的的主要途径需要借助财务报告这一载体提供的会计信息,因此必须对会计信息的质量提出要求;通过财务报告提供满足质量要求的会计信息时,需要将符合财务报表要素定义的交易或事项进行确认、计量、记录与报告;在具体进行会计确认、计量和报告时,又需要通过会计假设、核算前提来制约。

扩展阅读 1-6

会计信息质量要求的关系

第三节 公允价值计量

公允价值计量的相关理论和应用非常复杂,对初学会计者而言难度很大,因此,在《会计学原理》教材和讲授中一般只做概念性说明,但在《财务会计学》教材和内容讲授中却是一项经常用到的基础性知识,必须对其充分了解,所以,在本书开篇章特将其专辟一节。限于篇幅,仅以我国财政部 2014 年 1 月 26 日发布的《企业会计准则第 39 号——公允价值计量》(CAS39)及应用指南为主要参考依据进行阐述。

一、公允价值的含义及计量的基本要求

公允价值是指市场参与者在计量日发生的有序交易中，出售一项资产所能收到或转移一项负债所需支付的价格。该定义涉及以下三项关键内容。

1. **市场参与者**

市场参与者是指在相关资产或负债的主要市场（或最有利市场）中，相互独立的、熟悉资产或负债情况的、能够且自愿进行资产或负债交易的买方和卖方。企业在确定市场参与者时，应当考虑所计量的相关资产或负债、该资产或负债的主要市场（或最有利市场）及在该市场上与企业进行交易的市场参与者等因素，从总体上识别市场参与者。其中，主要市场是指相关资产或负债交易量最大和交易活跃程度最高的市场；最有利市场是指在考虑交易费用和运输费用后，能够以最高金额出售相关资产或以最低金额转移相关负债的市场；活跃市场是指相关资产或负债交易量及频率足以持续提供定价信息的市场。

扩展阅读 1-7 市场参与者的特征

2. **有序交易**

有序交易也称为正常交易，是指在计量日前一段时期内相关资产或负债具有惯常市场活动的交易。清算等被迫交易不属于有序交易。企业在确定一项交易是否为有序交易时，应当全面理解交易环境和有关事实。企业应当基于可获取的信息，如市场环境变化、交易规则和习惯、价格波动幅度、交易量波动幅度、交易发生的频率、交易对手信息、交易原因、交易场所和其他能够获得的信息，运用专业判断对交易行为和交易价格进行分析，以判断该交易是否有序。

扩展阅读 1-8 非有序交易的判断

3. **交易价格**

交易价格在市场上因交易者的身份不同将会出现两种交易价格：一是换入价格，也称为进场价格是指取得某项资产所支付或承担某项负债所收到的价格；二是换出价格也称为出场价格或脱手价格是指出售某项资产所能收到或转移某项负债所需支付的价格。公允价值计量使用的是换出价格。

公允价值计量存在三个假定，即在假定的主要市场（或最有利市场）的假定有序交易下假定采用换出价格完成了相关资产或负债的交易。在计量时应当符合下列基本要求。

（1）计量时应当考虑相关资产或负债的特征，即市场参与者在计量日对该资产或负债进行定价时考虑的特征，包括资产状况及所在位置、对资产出售或使用的限制等。具体特征对计量所产生的影响将取决于该特征因如何被市场参与者所考虑而不同。

（2）计量的相关资产或负债可以是单项资产或负债，也可以是资产组合、负债组合或资产和负债的组合。企业是以单项还是以组合的方式对相关资产或负债进行公允价值计量，取决于资产或负债的计量单元。计量单元是指资产或负债以单独或组合方式进行计量的最小单位。企业以公允价值计量相关资产或负债，应当按照相关会计准则规定的计量单元进行计量。

（3）应当假定出售资产或转移负债的交易在相关资产或负债的主要市场进行；不存在主要市场的，应当假定该交易在相关资产或负债的最有利市场进行。

（4）应当以主要市场（或最有利市场）的换出价格计量相关资产或负债的公允价值，不论该价格是直接可观察或使用其他估值技术估计，都不应当因交易费用对该价格进行调整。交易费用是指在相关资产或负债的主要市场（或最有利市场）中，发生的可直接归属于资产出售或负债转移的费用。

（5）当计量日不存在能够提供出售资产或转移负债的相关价格信息的可观察市场时，应当从持有资产或承担负债的市场参与者角度，假定计量日发生了出售资产或转移负债的交易，并根据该假定交易的价格计量公允价值。

（6）计量时应假设市场参与者在对相关资产或负债定价时实现其经济利益最大化。

（7）计量时应假定市场参与者在计量日的交易是在当前市场条件下的有序交易。

二、公允价值计量的应用范围

公允价值计量是为特定资产或负债的计量而进行的，而非企业特定的计量。从准则规定的内容来看，公允价值计量主要应用于以下三个方面。

（一）应用于非金融资产

非金融资产是指除投资性融资工具（如股票、债券）和货币（包括银行存款）以外的资产，包括固定资产、无形资产、商誉、材料等。一般来说，公司持有的股票、债券等融资工具和货币为金融资产，其他为非金融资产。

1. 计量时应考虑的因素

非金融资产以公允价值计量时，应当考虑市场参与者通过直接将该资产用于最佳用途产生经济利益的能力，或者通过将该资产出售给能够用于最佳用途的其他市场参与者产生经济利益的能力等因素进行计量。

2. 最佳用途及其判断

最佳用途，是指市场参与者实现一项非金融资产或其所属的一组资产和负债组合的价值最大化时该非金融资产的用途。企业判断非金融资产的最佳用途时应当考虑：①法律上是否允许，即市场参与者在对资产定价时所考虑的资产使用在法律上的限制，如适用于不动产的地区法规或规范；②实物上是否可能，即市场参与者在对该非金融资产定价时所考虑的资产实物特征，例如，一栋建筑是否能够作为仓库使用；③财务上是否可行，即考虑在法律上允许且实物上可能的情况下，使用该非金融资产能否产生足够的收益或现金流量，从而在补偿该非金融资产用于这一用途所发生的成本后，仍然能够满足市场参与者所要求的投资回报。

扩展阅读 1-9

非金融资产最佳用途确定示例

最佳用途应当从市场参与者的角度来确定。通常情况下，非金融资产的现行用途可以视为最佳用途，除非市场因素或其他因素表明市场参与者按照其他用途使用该资产可以实现价值最大化。

3. 非金融资产的估值前提

非金融资产以公允价值计量时，应当基于最佳用途确定该资产的以下估值前提。

（1）市场参与者单独使用一项非金融资产产生最大价值时，该非金融资产的公允价值应当是将其出售给同样单独使用该资产的市场参与者的当前交易价格。

（2）市场参与者将一项非金融资产与其他资产（或其他资产和负债的组合）组合使用产生最大价值时，该非金融资产的公允价值应当是将其出售给以同样组合方式使用该资产的市场参与者的当前交易价格，并且假定市场参与者可以取得组合中的其他资产和负债。其中，负债包括企业为筹集营运资金产生的负债，但不包括企业为组合之外的资产筹集资金所产生的负债。最佳用途的假定应当一致地应用于组合中所有与最佳用途相关的资产。

因此，应从市场参与者的角度判断该资产的最佳用途是单独使用、与其他资产组合使用、还是与其他资产和负债组合使用，但在计量非金融资产的公允价值时，应假定按照确定的计量单元出售该资产。

（二）应用于负债和企业自身权益工具

1. 计量的一般原则

企业以公允价值计量负债或自身权益工具（如发行股票作为企业合并对价），应假定在计量日将负债或企业自身权益工具转移给市场参与者，且转移后该负债或自身权益工具均继续存在。其中对于负债，应假定由作为受让方的市场参与者履行相关义务；对于企业自身权益工具，应假定由作为受让方的市场参与者取得与该工具相关的权利、承担相应的义务。在计量时应遵循下列原则。

（1）存在相同或类似负债或企业自身权益工具可观察的市场报价的，应以该报价为基础确定负债或企业自身权益工具的公允价值。

（2）不存在（1）的情况但其他方将该负债或自身权益工具作为资产持有的，企业应当在计量日从持有该对应资产的市场参与者角度，以该对应资产的公允价值为基础确定该负债或自身权益工具的公允价值。当对应资产的某些特征不适用于负债或自身权益工具时，应根据该资产的市场报价进行调整，以调整后的价格确定其公允价值。这些特征包括资产出售受到限制、资产与所计量的负债或企业自身权益工具类似但不相同、资产的计量单元与负债或企业自身权益工具的计量单元不完全相同等。

（3）不存在（1）（2）情况的，应从承担负债或发行权益工具的市场参与者角度，采用估值技术确定其公允价值。

2. 计量时需要考虑的因素

（1）不履约风险。不履约风险是指企业不履行义务的风险，包括但不限于企业自身信用风险。计量负债时应当考虑不履约风险，并假定不履约风险在负债转移前后保持不变。

（2）转移受限。计量负债或自身权益工具存在限制转移因素时，如果公允价值计量的输入值中已经考虑了该因素，企业不应当再单独设置相关输入值，也不应当对其他输入值进行相关调整。

（3）要求即付。活期存款等具有可随时要求偿还特征的金融负债的公允价值，不应当低于债权人要求偿还时的应付金额，即从可以要求偿还的第一天起折现的现值。

（三）应用于市场风险或信用风险可抵销的金融资产和金融负债

1. 计量的一般原则

企业以市场风险和信用风险的净敞口为基础管理金融资产和金融负债群组的，可以以计量日市场参与者在当前市场条件下有序交易中出售净多头（即资产）或转移净空头（即负债）的价格为基础，计量该金融资产和金融负债组合的公允价值。与市场风险或信用风险可抵销的金融资产和金融负债相关的财务报表列报，应当适用其他相关会计准则。

2. 计量要求

企业以公允价值计量金融资产和金融负债组合的，应当同时满足下列条件。

（1）企业在风险管理或投资策略的正式书面文件中已载明，以特定市场风险或特定对手信用风险的净敞口为基础，管理金融资产和金融负债的组合。

（2）企业以特定市场风险或特定对手信用风险的净敞口为基础，向企业关键管理人员报告金融资产和金融负债组合的信息。

（3）企业在每个资产负债表日持续以公允价值计量组合中的金融资产和金融负债。

企业以公允价值计量是基于特定市场风险的净敞口管理的金融资产和金融负债的，金融资产和金融负债应当具有实质上相同的特定市场风险的期限。因期限不同而导致在一段时期市场风险未被抵销的，企业应当分别计量其在市场风险被抵销时期的市场风险净敞口及在其他时期（即市场风险未被抵销的时期）的市场风险总敞口。如果企业已与交易对手达成了在出现违约情况下将考虑所有能够缓释信用风险敞口的安排，则应在公允价值计量中考虑交易对手信用风险的净敞口或该交易对手对企业信用风险的净敞口。企业以公允价值计量相关资产或负债，应当反映市场参与者对这些安排在出现违约情况下能够依法强制执行的可能性的预期。

三、初始确认时的公允价值计量

企业在取得资产或承担负债的交易中，交易价格是取得该资产所支付或承担该负债所收到的价格，即进入价格。而公允价值是出售该资产所能收到的价格或转移该负债所需支付的价格，即脱手价格。相关资产或负债在初始确认时的公允价值通常与其交易价格相等，但如果存在交易发生在关联方之间（但企业有证据表明该关联方交易是在市场条件下进行的除外）、或交易是被迫的、或交易价格所代表的计量单元与按照资产或负债组合确定的计量单元不同、或交易市场不是相关资产或负债的主要市场（或最有利市场）等情况时，两者可能不相等。

在判断初始确认时的公允价值是否与其交易价格相等时，企业应当考虑相关交易性质和资产或负债的特征等因素。其他相关会计准则要求或允许企业以公允价值对相关资产或负债进行初始计量，且其交易价格与公允价值不相等的，企业应当将相关利得或损失计入当期损益，但其他会计准则另有规定的除外。

四、公允价值计量中的估值技术

（一）估值技术的种类

企业以公允价值计量相关资产和负债时，应当采用在当前情况下适用并且有足够可利用数据和其他信息支持的估值技术，目的是为了估计在计量日当前市场条件下，市场参与者在有序交易中出售一项资产或转移一项负债的价格。估值技术主要包括以下三种。

1. 市场法

市场法是利用相同或类似的资产、负债或资产和负债组合的价格及其他相关市场交易信息进行估值的技术。企业在使用市场法时，应当以市场参与者在相同或类似资产出售中能够收到，或者转移相同或类似负债需要支付的公开报价为基础。企业在市场价格或其他相关市场交易信息的基础上，应当根据该资产或负债的特征，如当前状况、地理位置、出售和使用的限制等，对相同或类似资产或负债的市场价格进行调整，以确定该资产或负债的公允价值。

2. 收益法

收益法是将未来金额转换成单一现值的估值技术。企业使用收益法时，应当反映市场参与者在计量日对未来现金流量或收入费用等金额的预期。企业使用的收益法包括现金流量折现法、多期超额收益折现法、期权定价模型等估值方法。

扩展阅读 1-10

现金流量折现法的深入解析

3. 成本法

成本法是反映当前要求重置相关资产服务能力所需金额的估值技术，通常是指现行重置成本法。在成本法下，企业应当根据折旧贬值情况，对市场参与者获得或构建具有相同服务能力的替代资产的成本进行调整。折旧贬值包括实体性损耗、功能性贬值及经济性贬值。企业主要使用现行重置成本法估计与其他资产或其他资产和负债一起使用的有形资产的公允价值。

企业应当使用与其中一种或多种估值技术相一致的方法计量公允价值。企业使用多种估值技术计量公允价值时，应当考虑各估值结果的合理性，选取在当前情况下最能代表公允价值的金额作为公允价值。

（二）估值技术的应用

企业在应用估值技术时，应当优先使用相关可观察输入值，只有在相关可观察输入值无法取得或取得不切实可行的情况下，才可以使用不可观察输入值。

输入值是指市场参与者在给资产或负债定价时所使用的假设，包括可观察输入值和不可观察输入值。其中：可观察输入值是指能够从市场数据中取得的输入值，反映了市场参与者在对相关资产或负债定价时所使用的假设；不可观察输入值是指不能从市场数据中取得的输入值，应根据市场参与者在对相关资产或负债定价时所使用假设的最佳信息确定。

企业以交易价格作为初始确认时的公允价值，且在公允价值后续计量中使用了涉及不可观察输入值的估值技术的，应当在估值过程中校正该估值技术，以使估值技术确定的初始确认结果与交易价格相等。企业在公允价值后续计量中采用估值技术的，尤其是涉及不可观察输入值的，应当确保该估值技术反映了计量日可观察的市场数据，如类似资产或负债的价格等。

使用的估值技术一经确定，不得随意变更，但变更估值技术及其应用能使计量结果在当前情况下同样或更能代表公允价值的情况除外，包括但不限于：①出现新的市场；②可以取得新的信息；③无法再取得以前使用的信息；④改进了估值技术；⑤市场状况发生变化等。

若变更估值技术及其应用的，应作为会计估计变更，并对估值技术及其应用的变更进行披露，但不需要对相关会计估计变更进行披露。

采用估值技术计量公允价值时，应当选择与市场参与者在相关资产或负债的交易中所考虑的资产或负债特征相一致的输入值，包括流动性折溢价、控制权溢价或少数股东权益折价等，但不包括与资产或负债组合规定的计量单元不一致的折溢价。企业不应考虑因其大量持有相关资产或负债所产生的折价或溢价。该折价或溢价反映了市场正常日交易量低于企业在当前市场出售或转让其持有的相关资产或负债数量时，市场参与者对该资产或负债报价的调整。

以公允价值计量的相关资产或负债存在出价和要价的，企业应当以在出价和要价之间最能代表当前情况下公允价值的价格确定该资产或负债的公允价值。企业可以使用出价计量资产头寸、使用要价计量负债头寸，且不限制使用市场参与者在实务中使用的在出价和要价之间的中间价或其他定价惯例计量相关资产或负债。

五、公允价值的层级

（一）公允价值层级及其确定

估值技术中的输入值可以划分为三个层次，从而构成了公允价值的层级：第一层次为在计量日能够取得的相同资产或负债在活跃市场上未经调整的报价；第二层次为除第一层次外相关资产或负债直接或间接可观察的输入值；第三层次为相关资产或负债的不可观察输入值。

公允价值计量结果所属的层次，由对公允价值计量整体而言具有重要意义的输入值所属的最低层级决定。企业应当在考虑相关资产或负债特征的基础上判断所使用的输入值是否重要。公允价值计量结果所属的层次，取决于估值技术的输入值，而不是估值技术本身。

（二）公允价值层级的运用

企业应最优先使用第一层次输入值；其次使用第二层次输入值；最后使用第三层次输入值。

第一层次输入值为公允价值提供了最可靠的证据。在所有情况下，企业只要能够获得相同资产或负债在活跃市场上的报价，就应当将该报价不加调整地应用于该资产或负债的公允价值计量，但下列情况除外：①企业持有大量类似但不相同的以公允价值计量的资产或负债，这些资产或负债存在活跃市场报价，但难以获得每项资产或负债在计量日的单独的定价信息，此时企业可以采用不单纯依赖报价的其他估值模型；②活跃市场报价未能代表计量日的公允价值，如因发生影响公允价值计量的重大事件等导致活跃市场的报价不代表计量日的公允价值；③不存在相同或类似负债或企业自身权益工具可观察市场报价，但其他方将其作为资产持有的，企业应当在计量日从持有该资产的市场参与者角度，以该资产的公允价值为基础确定该负债或自身权益工具的公允价值。

企业因上述情况对相同资产或负债在活跃市场上的报价进行调整的，公允价值计量结果应当划分为较低层次。

第二层次输入值是对于具有合同期限等特定期限的相关资产或负债，应当在其几乎整个期限内可观察，包括：①活跃市场中类似资产或负债的报价；②非活跃市场中相同或类似资产或负债的报价；③除报价以外的其他可观察输入值，包括在正常报价间隔期间可观察的利率、收益率曲线、隐含波动率和信用利差等；④市场验证的输入值，即通过相关性分析或其他手段获得的主要来源于可观察市场数据或经过可观察市场数据验证的输入值等。

企业在使用第二层次输入值对相关资产或负债进行公允价值计量时，应当根据相关资产或负债的特征，对第二层次输入值进行调整。这些特征包括资产状况或所在位置、输入值与类似资产或负债的相关程度、可观察输入值所在市场的交易量和活跃程度等。企业使用重要的不可观察输入值对第二层次输入值进行调整，且该调整对公允价值计量整体而言是重要的，公允价值计量结果应当划分为第三层次。

第三层次输入值（即不可观察输入值）只有在相关资产或负债不存在市场活动，或者市场活动很少导致相关可观察输入值无法取得或取得不切实可行的情况下，才能使用。不可观察输入值应当反映市场参与者对相关资产或负债定价时所使用的假设，包括有关风险的假设，如特定估值技术的固有风险和估值技术输入值的固有风险等。企业在确定不可观察输入值时，应当使用在当前情况下可以合理取得的最佳信息，包括所有可合理取得的市场参与者假设。企业可以使用内部数据作为不可观察输入值，但如果有证据表明其他市场参与者将使用不同于企业内部数据的其他数据，或者这些企业内部数据是企业特定数据、其他市场参与者不具备企业相关特征时，企业应当对其内部数据作出相应调整。

关于采用公允价值计量的相关信息在财务报表附注中的披露，请参见 CAS39 的具体规定。

复习思考题

1. 你认为对财务会计应如何定义？
2. 相对于管理会计和成本会计来说，财务会计有什么特征？
3. 什么是《财务报告概念框架》？《财务报告概念框架》是会计准则吗？为什么？
4. 《财务报告概念框架》包括哪些内容？它们之间存在什么样的逻辑关系？

5. 我国的《企业会计准则——基本准则》在准则体系中处于什么地位？与 IASB 的《财务报告概念框架》有什么不同？

6. 什么是公允价值？应从哪些方面理解公允价值的定义？

7. 公允价值计量存在哪些假定？应用公允价值计量时需要遵循哪些要求？

8. 为什么说公允价值计量是为特定资产或负债的计量，而非企业特定的计量？

9. 公允价值计量主要应用在哪些方面？

10. 资产或负债初始确认时交易价格与公允价值一定相等吗？如果不等该如何处理？

11. 公允价值中的估值技术有几种？如何应用？

12. 公允价值的层级划分依据是什么？如何选择应用公允价值的层级？

第二章 货币资金

本章学习提示

本章重点：库存现金、银行存款、其他货币资金的管理及核算

本章难点：银行存款支付结算方式的特点、其他货币资金的核算

本章导入案例

自2019年1月起，康得新（股票代码：002450）两期合计15亿元的超短期融资券相继违约，但公司2018年三季报显示货币资金为150.14亿元，此举引起市场质疑。据中国证监会行政处罚决定书〔2021〕57号显示，2016—2018年，康得新披露的北京银行账户组余额分别为61.60亿元、102.88亿元、122.09亿元，然而这些账户各年末实际余额为0，康得新及其子公司的资金被实时、全额归集到康得集团（康得新的母公司）指定的账户，由康得集团实施集中管理。基于上述事实，中国证监会认定康得新2015—2018年的财务报告中披露的银行存款余额存在虚假记载。康得新应康得集团要求进行资金归集，为什么被认定为银行存款余额存在虚假记载？公司账面上有超百亿元货币资金结余，为何不能兑付15亿元债务？

资料来源：作者根据"中国证监会行政处罚决定书〔2021〕57号"整理编写。

第一节 货币资金概述

一、货币资金的含义及其作用

货币资金是指在企业生产经营过程中，以货币形态存在的那部分资产。货币资金按其存放地点和用途不同，可分为库存现金、银行存款和其他货币资金。货币资金本质上属于金融资产范畴，由于其会计处理的特殊性，本章单独进行阐述。

在企业所拥有或控制的经济资源中，货币资金的流动性最强，是流通与交换的媒介，对于任何企业来说都是必需的。货币资金的这一特殊地位，使得会计信息使用者比较关注

货币资金方面的信息,并将企业货币资金拥有量的多少,作为衡量企业偿债能力和支付能力大小的标志。但是,对货币资金的作用应进行客观的评价。一方面,从企业资金运动的角度来看,货币资金既是起点也是终点,在资金的循环和周转中起着纽带作用,如果货币资金流转不畅,将会给企业的再生产活动带来较大影响。另一方面,闲置货币资金的盈利性较差,保留数额过多,则意味着资金的闲置浪费。因此,企业应合理预计一定会计期间的货币资金拥有量,使其既能满足需要,又避免闲置。

二、货币资金的特征

货币资金一般具备以下几个特征。

1. 流动性强

货币资金是最具流动性的资产,其中的库存现金、银行存款可以随时支用,是企业购买商品、偿还债务等活动的主要资金来源。如果企业因某种原因导致货币资金流动性不足、不能随时支用,则该货币资金应重新分类为其他类型的资产。

2. 便于流通

货币资金是流通和交换的媒介,具有普遍的可接受性,使用范围比较广泛。

3. 赢利性差

货币资金除了可以获得存款利息外,不能为企业直接创造价值,赢利性较差。

4. 易于散失、挪用和被盗

货币资金体积小、易携带,具有极大诱惑力,与其他类型的资产相比更容易被贪污、挪用、盗窃。

三、货币资金的管理

(一)库存现金的管理

为改善现金管理,促进商品生产和流通,加强对社会经济活动的监督,国务院发布了《中华人民共和国现金管理暂行条例》,对库存现金管理和监督、法律责任等作出规定。

(1)现金的使用范围。根据规定,企业可在下列方面使用现金:①职工工资,各种工资性津贴;②个人劳务报酬;③支付给个人的各种奖金;④各种劳保、福利费用及国家规定对个人的其他支出;⑤向个人收购农副产品和其他物资支付的价款;⑥出差人员必须随身携带的差旅费;⑦结算起点(1 000元)以下的零星开支;⑧中国人民银行确定需要支付现金的其他支出。

企业必须在规定允许的范围内使用现金,不属于现金开支范围的业务一律通过银行办理转账结算。

(2)现金的库存限额管理。库存限额即规定单位保留现金的最高数额。根据我国现行规定,企业日常零星开支所需现金数额,由开户银行根据企业的实际情况来核定。企业应在银行核定的库存限额内支付现金，不得任意超过限额。

(3) 现金的日常收支管理。现金的日常收支管理主要体现在：①企业收入的现金应于当日送存开户银行；②企业一般不得坐支现金（即从本单位的现金收入中直接支付），因特殊情况需坐支现金的，应事先报开户银行审查批准，由开户银行确定坐支的范围、数额等，未经银行批准，严禁坐支；③企业不准用不符合财务制度的凭证顶替现金，不准单位之间相互借用现金，不准谎报用途套取现金，不准利用银行账户代其他单位和个人存入或支取现金，不准将单位收入的现金以个人名义存入储蓄，不准保留账外公款（即小金库），禁止发行变相货币，不准以任何票券代替人民币在市场上流通；④企业应当建立健全现金账目，逐笔记载现金收入与支付，企业应当定期和不定期地进行现金清查盘点，确保现金账面余额与实际库存余额相符。

(4) 法律责任。企业违背现金管理规定的，将承担相应的法律责任。例如，开户单位超出规定范围、限额使用现金，或者超出核定的库存现金限额留存现金的，开户银行应当依照中国人民银行的规定，责令其停止违法活动，并可根据情节轻重处以罚款等。

（二）银行存款的管理

(1) 银行存款账户的开立。企业在银行或其他金融机构开立的存款账户分为基本存款账户、一般存款账户、临时存款账户和专用存款账户4种。

基本存款账户是企业的主办账户，企业日常经营活动的资金收付及其工资、奖金和现金的支取，应通过该账户办理。企业只能在银行开立一个基本存款账户。

一般存款账户用于办理企业借款转存、借款归还和其他结算的资金收付。该账户可以办理现金缴存，但不得办理现金支取。

临时存款账户用于办理临时机构、异地临时经营及注册验资等活动发生的资金收付。

专用存款账户用于办理基本建设资金、更新改造资金等各项专用资金的收付。

在银行开立存款户后，企业即可从银行获取各种空白票据和结算凭证，用以办理银行存款的收支业务。企业应加强空白票据和结算凭证的管理，明确各种票据的购买、保管、领用、注销等环节的职责权限和程序，并专设登记簿进行记录，防止遗失和盗用。

(2) 企业除了按规定留存的现金以外，所有现金都必须存入银行。单位一切收付款项，除规定可用现金支付的部分外，都必须通过银行办理转账结算。

(3) 企业应当严格遵守银行结算纪律，不准签发没有资金保证的票据或远期支票，套取银行信用；不准签发、取得和转让没有真实交易和债权债务的票据，套取银行和他人资金；不准无理拒绝付款，任意占用他人资金。

(4) 企业应当及时核对银行账户，确保银行存款余额与银行对账单相符。

（三）货币资金的内部控制

企业的货币资金管理，还必须建立、完善企业货币资金内部控制制度，并组织实施。企业货币资金内部控制制度的建立，既要依据国家有关法律法规，也要适合本单位业务特点和管理要求，因此，该项制度具体内容将因企业而异，但其基本内容应包括以下三个方面。

1. 岗位分工

（1）企业应当建立货币资金业务的岗位责任制，明确相关部门和岗位的职责、权限，确保办理货币资金业务的不相容岗位相互分离、制约和监督。

（2）出纳人员不得兼管稽核、会计档案保管和收入、支出、费用、债权债务账簿的登记工作。

（3）不得由一人办理货币资金业务的全过程，严禁将办理资金支付业务的印章和票据集中一人保管。

（4）办理货币资金业务，应当配备合格的人员，并根据企业具体情况进行岗位轮换。

2. 授权批准

（1）企业办理货币资金支付业务，应当明确支出的用途、金额、预算、限额、支付方式等内容，并附原始单据或相关证明，履行严格的授权审批程序后，方可安排资金支出。

（2）企业应当对货币资金业务建立严格的授权批准制度，明确审批人对货币资金业务的授权方式、权限、程序、责任和相关控制措施，规定经办人办理货币资金业务的职责范围和工作要求。

（3）审批人应当根据货币资金授权批准制度的规定，在授权范围内进行审批，不得超越审批权限。经办人应当在职责范围内，按照审批人的批准意见办理货币资金业务。

3. 监督检查

企业应当建立对货币资金业务的监督检查制度，对货币资金业务相关岗位及人员的设置情况、支付款项印章的保管情况、现金和票据的保管情况、货币资金授权批准制度的执行情况等进行监督检查，将货币资金内部控制制度落到实处。

第二节 库 存 现 金

一、库存现金的范围

库存现金包括企业库存的人民币和外币，它由企业出纳人员专门负责掌管，存放在企业的财会部门，作为日常零星开支使用。而同样可作为零星开支使用但存放在企业内部的一些职能部门（如采购部门、销售部门等）和有关人员（如采购人员、销售人员）手中的现金，习惯上称为备用金，不属于库存现金的范围。

扩展阅读2-1

货币资金的管理要求教学视频

二、库存现金收支的核算

（一）库存现金核算的凭证

企业发生的任何一笔现金收支业务，都必须根据有关的原始凭证，经会计主管人员或指定的负责人逐笔审核、编制收款凭证或付款凭证后，才能作为库存现金的收付依据。企业的出纳人员根据收（付）款凭证上的数额收（付）款后，应在相应的凭证上加盖"现金收讫"（"现金付讫"）戳记，并在凭证的"出纳"项目一栏内签章，才可作为记账依据。

企业经常发生库存现金与银行存款之间的相互划转业务，如将多余现金存入银行或从银行提取现金，这类业务对企业来说既是收款业务，又是付款业务，为避免重复，一般根据划转业务所涉及的贷方科目填制付款凭证。如将现金存入银行，只填制现金付款凭证；或者从银行提取现金，只填制银行存款付款凭证。

（二）库存现金的会计处理

为了总括地反映企业库存现金的收入、支出及结存情况，应设置"库存现金"科目进行总分类核算。

【例2-1】2月7日，中原航空制造股份有限公司（以下简称"中航制造"）支付采购部李华备用金3 000元，应作会计分录为：

借：其他应收款——李华　　　　　　　　　　　　　　　　3 000
　　贷：库存现金　　　　　　　　　　　　　　　　　　　　　　3 000

【例2-2】2月11日，中航制造收到零星原材料销售款总计5 650元（其中增值税为650元），应作会计分录为：

借：库存现金　　　　　　　　　　　　　　　　　　　　　5 650
　　贷：其他业务收入　　　　　　　　　　　　　　　　　　　　5 000
　　　　应交税费——应交增值税（销项税额）　　　　　　　　　　650

（三）现金日记账的设置和登记

为了连续、系统、全面地记录库存现金收支业务情况，还应设置现金日记账，由出纳人员根据审核无误的收付款凭证，逐日、逐笔、序时登记，每日终了结出余额，并与库存现金实有数互相核对，保证账款相符。有外币现金的企业，应当分别人民币和各种外币设置库存现金日记账进行明细核算。

三、库存现金盘点余缺的核算

企业为了加强库存现金的管理，保证账款相符，防止库存现金发生差错或丢失，应对库存现金进行定期和不定期的清查盘点。

对库存现金的清查盘点，采用实地盘存的方法，由出纳人员每日以库存现金账面余额同实际库存现款相核对。若盘点后出现了库存现金溢余或短缺，应认真查找，及时填制库存现金盘点余缺报告单，分别填明实存、账存及二者对比后的余缺数，并向会计主管人员报告，不得拖延或隐瞒。这些有待查明原因的现金溢余或短缺，应通过"待处理财产损溢"科目核算：属于库存现金溢余，按实际溢余的金额，借记"库存现金"科目，贷记"待处理财产损溢——待处理流动资产损溢"科目；属于库存现金短缺，应按实际短缺的金额，借记"待处理财产损溢——待处理流动资产损溢"科目,贷记"库存现金"科目。待查明原因后作如下处理。

(1) 如为现金溢余,属于应支付给有关人员或单位的,应借记"待处理财产损溢——待处理流动资产损溢"科目,贷记"其他应付款——应付现金溢余"科目;属于无法查明原因的现金溢余,经批准后,借记"待处理财产损溢——待处理流动资产损溢"科目,贷记"营业外收入——现金溢余"科目。

(2) 如为现金短缺,属于应由责任人赔偿的部分,借记"其他应收款——应收现金短缺款"或"库存现金"等科目,贷记"待处理财产损溢——待处理流动资产损溢"科目;属于应由保险公司赔偿的部分,借记"其他应收款——应收保险赔款"科目,贷记"待处理财产损溢——待处理流动资产损溢"科目;属于无法查明的其他原因,根据管理权限经批准后处理,借记"管理费用——现金短缺"科目,贷记"待处理财产损溢——待处理流动资产损溢"科目。

此外,企业还应组织由企业相关部门负责人和有关人员参加的清查小组,对库存现金进行定期或临时性突击清查盘点。清查时出纳当事人应在场,不仅要检查账实是否相符,还应检查有无违反库存现金管理有关规定的情况。盘点结束后,根据盘点结果编制库存现金盘点报告表(表 2-1)。如果发生现金溢余或短缺,应查明原因,比照上述方法进行会计处理。

表 2-1 库存现金盘点报告表

年　月　日　　　　　　　　　　　　　　　　　　　单位:元

实存金额	账存金额	对比结果		备注
		溢余	短缺	

部门负责人签章　　　　　盘点负责人签章　　　　　出纳员签章

第三节　银行存款

一、银行存款的范围

银行存款是指企业存入银行或其他金融机构、可以随时支用的货币资金,包括人民币存款和外币存款两种。如果企业的货币资金由集团公司集中管理,支用时需要集团公司审核批准,则该货币资金因使用受限不再属于银行存款的核算范围,应重新分类为其他类型的资产。

二、银行存款的核算

（一）银行存款核算的凭证

银行是社会经济活动中各项资金流转清算的中心，企业与其他单位的款项结算都要通过银行，按规定程序完成票据、结算凭证的传递和款项的划转，由于银行面对的企业和单位多种多样，因此，要求企业办理每笔银行存款业务时，都必须使用银行统一规定的票据和结算凭证。这些票据和结算凭证不仅是开户银行进行款项划转的依据，也是企业进行银行存款核算的书面证明，是编制银行存款收款凭证和付款凭证的原始依据。银行存款收付款凭证的编制方法同库存现金收付款凭证相似，这里不再赘述。

（二）银行存款的会计处理

企业为了总括反映和监督银行存款的收支结存情况，应设置"银行存款"科目，并按银行和其他金融机构的名称、存款种类进行明细核算。

【例2-3】4月20日，中航制造以银行存款购买甲材料一批，取得的增值税专用发票上注明价款800 000元，增值税104 000元。甲材料已经验收入库，中航制造应作会计分录为：

　　借：原材料　　　　　　　　　　　　　　　　　　　　　　800 000
　　　　应交税费——应交增值税（进项税额）　　　　　　　　104 000
　　　贷：银行存款　　　　　　　　　　　　　　　　　　　　904 000

【例2-4】4月25日，中航制造销售产品一批，开出的增值税专用发票上注明价款1 000 000元，增值税130 000元，收到购货方签发的转账支票一张，送交银行收妥款项。中航制造应作会计分录为：

　　借：银行存款　　　　　　　　　　　　　　　　　　　　1 130 000
　　　贷：主营业务收入　　　　　　　　　　　　　　　　　1 000 000
　　　　　应交税费——应交增值税（销项税额）　　　　　　　130 000

【例2-5】某企业集团母公司甲设有专门用于集团内资金集中管理的A资金结算中心（甲公司内设部门），设有B财务公司和两家子公司C、D，其中B财务公司为依法接受中国银行保险监督管理委员会监督管理的非银行金融机构。根据协议，甲将C和D收到的货款进行归集：①资金结算中心负责集团内资金集中管理，C公司和D公司在A资金结算中心开设内部账户，A将C公司和D公司的资金归集至甲公司在X银行（或B财务公司）开设的用于资金集中管理的账户；②财务公司负责集团内资金集中管理，C公司和D公司的资金各自在财务公司B开设独立账户。下面以C公司为例，分析两种情形下的会计处理。

（1）11月29日，C公司销售产品一批，价税总计565万元（其中增值税65万元），款项存入C公司开户银行（Y银行）。C公司应作会计分录为：

　　借：银行存款　　　　　　　　　　　　　　　　　　　　5 650 000

　　　　贷：主营业务收入　　　　　　　　　　　　　　　　　　　　　　5 000 000
　　　　　　应交税费——应交增值税（销项税额）　　　　　　　　　　650 000
　　（2）假设A资金结算中心负责集团内资金集中管理。11月30日，C公司将565万元货款从Y银行划入甲公司在X银行（或B财务公司）开设的账户。C公司应作会计分录为：
　　　　借：其他应收款——甲公司　　　　　　　　　　　　　　　　5 650 000
　　　　　　贷：银行存款——Y银行　　　　　　　　　　　　　　　5 650 000
　　（3）假设B财务公司负责集团内资金集中管理。11月30日，C公司将565万元货款从Y银行划入B财务公司单独开设的账户。C公司应作会计分录为：
　　　　借：银行存款——B财务公司　　　　　　　　　　　　　　　5 650 000
　　　　　　贷：银行存款——Y银行　　　　　　　　　　　　　　　5 650 000
　　可以看出，集团公司实施集团内资金集中管理后，子公司被归集的银行存款是仍作为货币资金反映，还是转换为其他类型的资产，取决于被归集资金的管理方式。若是由资金结算中心负责管理，子公司使用资金需要经过母公司的审核批准，相当于被归集资金因使用受限而丧失流动性，不再符合货币资金的定义，此时这部分银行存款仍作为货币资金反映，就会导致子公司货币资金的虚计；若是由财务公司负责集团内资金集中管理，子公司被归集资金的流动性没有改变，这部分银行存款仍属于子公司的货币资金。

（三）银行存款日记账的设置与登记

　　为了如实反映银行存款的收支和结存情况，理清同开户银行的往来关系，企业应按开户银行或金融机构的名称和存款种类等设置银行存款日记账。
　　银行存款日记账由企业出纳人员根据审核无误的收付款凭证，按照业务的发生顺序，逐日、逐笔、序时登记。每日终了，应结出余额，月末结出本月收入、支出的合计数和月末结存余额。银行存款日记账要定期与银行对账单核对，至少每月核对一次。

三、银行支付结算方式

　　支付结算是指单位、个人在社会经济活动中使用票据（汇票、支票、本票）、信用卡和汇兑、托收承付、委托收款等结算方式进行货币给付及其资金清算的行为。为了规范结算行为，保障支付结算活动中当事人的合法权益，加速资金周转和商品流通，中国人民银行根据《中华人民共和国票据法》等有关法律法规，规定了银行结算制度和结算方式，要求境内的一切企业必须严格遵守结算制度，结合实际情况选择适当的结算方式。现行的银行支付结算方式包括以下几种。

扩展阅读2-2

支付结算方式简介教学视频

（一）银行汇票

　　银行汇票是出票银行签发的，由其在见票时按照实际结算金额无条件支付给收款人或持票人的票据。

银行汇票的主要规定及特点：①一律记名，允许背书转让；②单位和个人的各种款项结算，均可使用银行汇票；③不受结算金额起点的限制；④人到钱到，钱随人行；⑤提示付款期限自出票日起1个月；⑥银行汇票丧失，失票人可以凭人民法院出具的其享有票据权利的证明，向出票银行请求付款或退款。

（二）银行本票

银行本票是银行签发的，承诺自己在见票时无条件支付确定的金额给收款人或持票人的票据。

银行本票的主要规定和特点：①一律记名，允许背书转让；②单位和个人在同一票据交换区域需要支付的各种款项，均可以使用银行本票；③提示付款期限自出票日起最长不超过2个月；④见票即付；⑤银行汇票丧失，失票人可以凭人民法院出具的其享有票据权利的证明，向出票银行请求付款或退款。

银行本票分为定额和不定额两种。定额本票面额为1 000元、5 000元、1万元和5万元，不定额本票可根据实际结算金额填写。

（三）商业汇票

商业汇票是出票人签发的，委托付款人在指定日期无条件支付确定的金额给收款人或持票人的票据。

商业汇票按承兑人的不同分为商业承兑汇票和银行承兑汇票。

商业汇票的主要规定和特点：①一律记名，允许背书转让或向银行贴现；②在银行开立存款账户的法人及其他经济组织之间，具有真实的交易关系或债权债务关系才可使用商业汇票；③同城和异地均可采用，并且无结算金额的限制；④必须经过承兑人承兑；⑤商业汇票的付款期限，由交易双方协商确定，但最长不得超过6个月。

扩展阅读2-3

银行承兑汇票结算程序图

商业汇票的背书转让：商业汇票的收款人在购买货物或接受劳务时，可将持有的未到期的商业汇票权利转让给货物或劳务的提供者。但付款人在汇票上记载"不得转让"字样的，则不得将票据转让。收款人在转让商业汇票时，应当背书，并且背书应完整和连续。

扩展阅读2-4

何为背书完整和连续

商业汇票贴现：所谓贴现，实际上是融通资金的一种形式，即收款人（贴现申请人）将未到期的商业汇票背书转让给银行，银行从到期金额中扣除按银行贴现率计算的贴息后，将余额付给收款人。商业汇票贴现后，向付款人收取票款的权利就由收款人转移给贴现银行，票据到期时，贴现银行直接向付款人收取款项。

（四）支票

支票是出票人签发的，委托办理支票存款业务的银行在见票时无条件支付确定的金额给收款人或持票人的票据。

支票可分为现金支票、转账支票和普通支票 3 种。现金支票只能用于支取现金，转账支票只能用于转账，普通支票可以用于支取现金，也可以用于转账。

支票的主要规定及特点：①一律记名，在批准的城市和地区可以背书转让；②单位和个人在同一票据交换区域的各种款项结算，均可使用支票；③见票即付，支票丧失时可以挂失止付；④提示付款期限自出票日起 10 日，但中国人民银行另有规定的除外；⑤签发现金支票和用于支取现金的普通支票，必须符合国家现金管理的有关规定。

（五）汇兑

汇兑是汇款人委托银行将款项汇给外地收款人的结算方式。

汇兑分为信汇和电汇两种，由汇款人选择使用。单位和个人的各种款项的结算，均可使用汇兑结算方式，并且不受结算金额起点的限制。

（六）托收承付

托收承付是根据购销合同由收款人发货后委托银行向异地付款人收取款项，由付款人向银行承认付款的结算方式。

托收承付结算方式的主要规定及特点：①办理托收承付结算的款项，必须是商品交易及因商品交易而产生的劳务供应的款项；②收付双方必须签有符合《中华人民共和国民法典》的购销合同，并在合同上订明使用托收承付结算方式；③收款人办理托收，必须具有商品确已发运的证件；④适用于异地，托收承付结算每笔的金额起点为 1 万元。

（七）委托收款

委托收款是收款人委托银行向付款人收取款项的结算方式。

委托收款结算方式的主要规定及特点：①单位和个人凭付款人已承兑商业汇票及债券等付款人债务证明办理款项的结算，可使用该种结算结算方式；②同城和异地均可采用，不受结算金额起点的限制；③付款期限为 3 天。

（八）信用卡

信用卡指商业银行向个人和单位发行的，凭以向特约单位购物、消费和向银行存取现金，且具有消费信用的特制载体卡片。

信用卡按使用对象分为单位卡和个人卡；按信用等级分为金卡和普通卡。

信用卡的主要规定及特点：①凡在我国境内金融机构开立基本存款账户的单位均可领用单位卡；②单位卡不得用于 10 万元以上的商品交易、劳务供应等款项的结算；③可以透支使用，金卡最高不得超过 1 万元，普通卡最高不得超过 5 000 元，透支期限最长为 60 天；④信用卡仅限于持卡人本人使用，不得出租或转借；⑤单位卡一律不得支取现金；⑥信用卡丧失，持卡人应立即持本人身份证件或其他有效证明，并按规定提供有关情况，向发卡银行或代办银行申请挂失。

（九）信用证

信用证是指由银行开具的以银行信用为基础的保证付款文件。信用证结算方式是国际结算的一种主要方式。在我国，只有从事进出口业务的外贸企业和对外经济合作企业可采用这种结算方式。企业委托银行办理信用证时，应按规定向银行提交开证申请、信用证申请人承诺书和购销合同，并且在银行存入相应的款项。

四、银行存款的清查

为了检查银行存款记录的正确性，查明银行存款的实际结存数额，防止错账、漏账，必须定期对银行存款进行清查。

银行存款的清查一般采用核对银行账目的方法，即将企业银行存款日记账的记录，与银行签发的对账单的记录进行核对。企业的银行存款日记账和银行签发的对账单，虽然均是记载企业同一时期银行存款存取金额及结存余额的记录，但二者所列余额却经常不一致，其主要原因是开户银行和企业双方出现未达账项或错账、漏账。

当企业和开户银行任何一方或双方银行存款出现记账错误时，应对错误的记录进行调整，使得银行存款日记账和银行存款对账单无记账、计算方面的错误。

当企业和开户银行任何一方或双方银行存款出现未达账项时，需按照规定的方法进行处理。所谓未达账项，是指票据或结算凭证在开户银行和企业之间传递时，由于传递上的时间差，使得双方收到票据或结算凭证的时间有先有后，一方收到凭证已经入账，而另一方因尚未收到凭证未能入账的款项。未达账项一般有下列四种情况。

（1）企业已经收款入账，银行尚未入账的款项。

（2）企业已经付款入账，银行尚未入账的款项。

（3）银行已经收款入账，企业尚未入账的款项。

（4）银行已经付款入账，企业尚未入账的款项。

按照现行制度规定，企业银行存款发生未达账项时，应编制"银行存款余额调节表"进行调节，待有关票据和结算凭证到达企业后，才能据以进行相应的账务处理。

【例2-6】 20×2年9月30日，中航制造的银行存款日记账账面余额为23 640 000元，开户银行开出的对账单上存款余额为23 320 000元，经逐笔核对，发现存在以下未达账项。

（1）9月25日，公司委托银行代收款项550 000元，银行已收妥入账，公司尚未接到银行的收账通知。

（2）9月28日，银行收到电业部门的委托收款凭证，通知公司支付电费130 000元，银行已经承付，公司尚未接到付款通知。

（3）9月29日，公司销售甲产品收到转账支票890 000元，已登记入账，银行尚未将该笔款项计入企业银行存款账户。

（4）9月30日，公司开出转账支票支付房租150 000元，持票人尚未到银行进账。

根据以上资料，中航制造编制银行存款余额调节表如表2-2所示。

表 2-2　银行存款余额调节表

20×2 年 9 月 30 日　　　　　　　　　　　　　　　　　　　　　　　单位：元

项　目	余　额	项　目	余　额
开户银行对账单余额	23 320 000	企业银行存款日记账余额	23 640 000
加：企业已收银行未收	890 000	加：银行已收企业未收	550 000
减：企业已付银行未付	150 000	减：银行已付企业未付	130 000
调整后银行对账单余额	24 060 000	调整后银行日记账余额	24 060 000

第四节　其他货币资金

一、其他货币资金的范围

其他货币资金是指除库存现金、银行存款以外的其他各种货币资金。就其性质看，其他货币资金是为当前必须交易结算而准备的资金，存放地点也与库存现金、银行存款不同，所以，需要单独对其进行核算。其他货币资金主要包括外埠存款、银行汇票存款、银行本票存款、信用卡存款、存出投资款、信用证保证金、银行承兑汇票保证金等。

二、其他货币资金的核算

为了反映和监督其他货币资金的形成、使用或转回及结余情况，企业应设置"其他货币资金"科目。该科目可按其他货币资金的内容，分设"外埠存款""银行汇票存款""银行本票存款""信用卡存款""存出投资款""信用证保证金存款""银行承兑汇票保证金存款"等科目进行明细核算。

（一）外埠存款的核算

外埠存款是指企业到外地进行临时或零星采购时，汇往采购地银行开立采购专户的款项。该专户的款项，除采购员可以支取少量现金用于差旅费外，其他支出一律转账。采购专户只付不收，付完结束账户。

当企业将款项汇往采购地开立专户时，根据汇出款项凭证，借记"其他货币资金——外埠存款"科目，贷记"银行存款"科目；当采购人员报销用外埠存款支付材料采购等款项时，应根据有关发票、账单等报销凭证，借记"材料采购"等科目，贷记"其他货币资金——外埠存款"科目。

用外埠存款采购结束后，如果还有剩余款项，应转回当地银行，结束外埠存款账户。根据银行的收账通知，借记"银行存款"科目，贷记"其他货币资金——外埠存款"科目。

（二）银行汇票存款的核算

银行汇票存款是指企业为取得银行汇票而按照规定存入银行的款项。

企业向银行申请办理银行汇票，应先将款项交存银行，当收到银行签发的银行汇票时，借记"其他货币资金——银行汇票存款"科目，贷记"银行存款"科目；企业用银行汇票支付材料物资款时，根据有关发票账单，借记"材料采购"等科目，贷记"其他货币资金——银行汇票存款"科目；如有多余款项或因汇票超过付款期等原因而退回款项，根据开户银行转来的银行汇票第四联（多余款收账通知联），借记"银行存款"科目，贷记"其他货币资金——银行汇票存款"科目。

（三）银行本票存款的核算

银行本票存款是企业为取得银行本票而按照规定存入银行的款项。

企业向银行提交银行本票申请书，将款项交存银行取得银行本票后，根据银行盖章退回的申请书存根联，借记"其他货币资金——银行本票存款"科目，贷记"银行存款"科目；企业用银行本票支付材料物资款时，根据发票账单等有关凭证，借记"材料采购"等科目，贷记"其他货币资金——银行本票存款"科目；因银行本票超过提示付款期限等原因而要求退款时，应当填制进账单一式两联，连同本票一并送交银行，根据银行盖章退回的进账单第一联，借记"银行存款"科目，贷记"其他货币资金——银行本票存款"科目。

（四）信用卡存款的核算

信用卡存款是企业为取得信用卡而按规定存入银行的款项。

企业以转账方式将款项存入银行申请取得信用卡时，根据银行盖章退回的进账单第一联，借记"其他货币资金——信用卡存款"科目，贷记"银行存款"科目；企业持卡人凭信用卡在特约单位支付有关费用后，借记"材料采购""管理费用"等科目，贷记"其他货币资金——信用卡存款"科目。

（五）存出投资款的核算

存出投资款是指企业已存入证券公司但尚未进行股票、债券等投资的款项。

企业向证券公司划出资金时，应按实际划出的金额，借记"其他货币资金——存出投资款"科目，贷记"银行存款"科目；购买股票、债券等有价证券时，借记"交易性金融资产"等科目，贷记"其他货币资金——存出投资款"科目。

（六）信用证保证金存款的核算

信用证保证金存款是指企业为取得信用证按规定存入银行的保证金。

企业向银行交纳保证金后，根据银行退回的进账单第一联，借记"其他货币资金——信用证保证金存款"科目，贷记"银行存款"科目；根据开证行交来的信用证来单通知书及有关单据列明的金额，借记"材料采购"等有关科目，贷记"其他货币资金——信用证保证金存款"和"银行存款"科目。

（七）银行承兑汇票保证金存款的核算

银行承兑汇票保证金存款，指企业向开户行（即承兑行）申请办理银行承兑汇票业务时，银行按照企业在开户行信用等级的不同要求企业缴纳的保证银行承兑汇票到期承付的资金。

根据企业在开户银行信用等级的不同，银行可能要求企业缴纳足额银行承兑汇票保证金、差额银行承兑汇票保证金，但对符合规定的低风险担保客户，可免收银行承兑汇票保证金。

企业向银行交纳保证金后，根据银行退回的进账单第一联，借记"其他货币资金——银行承兑汇票保证金存款"科目，贷记"银行存款"科目；当承兑汇票到期且企业付款之后，银行退还保证金时，借记"银行存款"科目，贷记"其他货币资金——银行承兑汇票保证金存款"科目。

练 习 题

练习题 1

一、目的：

练习货币资金的核算。

二、资料：

中原装备股份有限公司（以下简称"中原装备"）8月份发生的有关经济业务如下：

（1）2日，中原装备收到D公司投资款8 000 000元，存入银行。根据投资协议，其中的6 000 000元计入实收资本，其余部分作为股本溢价处理。

（2）5日，中原装备开出现金支票，从银行提取现金7 000元，以备零星支付。

（3）10日，中原装备向银行申请办理银行汇票一张，金额为1 500 000元，计划向C公司采购原材料一批。

（4）11日，中原装备采用托收承付结算方式向B公司销售产品一批，开具的增值税专用发票上注明价款400 000元，增值税52 000元，当天已向银行办妥托收手续。

（5）13日，中原装备人力资源部李强到财务部报销购买办公用品支出，取得的增值税专用发票上注明价款800元、增值税104元，以现金支付。

（6）17日，中原装备采购员报销采购C公司材料款，取得的增值税专用发票上注明价款1 300 000元，增值税169 000元。材料已验收入库。

（7）26日，中原装备出纳员张红进行现金清查，发现现金短缺100元，原因待查。

（8）30日，银行转来托收承付收账通知，B公司承付全部款项计452 000元。

（9）31日，经反复核查，26日现金短缺100元系出纳员张红工作粗心所致，经批准，现金短缺100元应由张红全部赔偿，该款项尚未交付财务部门。

三、要求：

根据上述资料编制中原装备有关会计分录。

练习题 2

一、目的：

练习银行存款余额调节表的编制。

二、资料：

20×2 年 3 月 31 日，中原装备银行存款日记账余额为 1 547 800 元，同日银行寄来的对账单余额为 1 412 500 元，经核对，3 月份存在下列情况。

（1）中原装备开出的两张现金支票 3315#、3316# 尚未兑现，金额分别为 30 000 元和 42 800 元。

（2）银行代收货款 169 500 元，但中原装备尚未接到收账通知。

（3）银行结算本公司借款利息 8 300 元，中原装备尚未接到通知未能入账。

（4）银行将 D 公司所支付货款 100 700 元，误从中原装备账户支付。

（5）中原装备收到 B 公司支票 259 600 元，当日送存银行，但银行尚未入账。

（6）电业公司委托银行划转中原装备 3 月份电费 43 500 元，在银行存款日记账上误记为 34 500 元。

张同学根据上述资料，为中原装备编制了 3 月份银行存款余额调节表，如表 2-3 所示。

表 2-3　中原装备银行存款余额调节表

20×2 年 3 月 31 日　　　　　　　　　　　　　　　　　　　单位：元

项　目	余　额	项　目	余　额
开户银行对账单余额	1 412 500	企业银行存款日记账余额	1 547 800
加：企业已收银行未收	259 600	加：银行已收企业未收	169 500
减：企业已付银行未付	72 800	减：银行已付企业未付	8 300
		银行已付企业未付	100 700
		银行已付企业未付	9 000
调整后银行对账单余额	1 599 300	调整后银行存款日记账余额	1 599 300

三、要求：

根据上述资料，判断张同学的处理是否正确，并说明理由；如果不正确，请为中原装备编制 3 月份银行存款余额调节表。

案例分析

即测即评

第三章 应收款项

本章学习提示

本章重点：应收账款、应收票据和其他应收款的会计处理、应收款项减值损失的核算

本章难点：应收票据贴现的计算与核算、应收款项减值损失的核算

本章导入案例

上海票据交易所、中国互联网金融协会于2022年6月9日发布了关于依法合规使用票据、防范民间贴现风险的倡议。倡议提出，票据贴现属于国家特许经营业务，只有具备法定贴现资质的金融机构才能开展；不具备法定贴现资质的主体开展"贴现"，违反了国家金融业务特许经营的强制性规定，会危害金融管理秩序。《全国法院民商事审判工作会议纪要》明确提出：向不具有法定贴现资质的当事人进行"贴现"的行为无效；无法定贴现资质的当事人以"贴现"为业的，涉嫌犯罪。广大企业应当深刻认识到民间贴现的法律风险，警惕和远离票据中介，不参与民间贴现。如需贴现，应当通过正规的金融机构办理，切实维护自身合法利益。倡议还提出，用票应有真实贸易背景，确保依法合规，商业汇票是交易性票据，必须具有真实贸易背景，严禁签发、承兑、贴现不具有贸易背景的商业汇票。

什么是商业汇票贴现？贴现金额如何计算？商业汇票贴现如何进行会计处理？

资料来源：作者根据上海票据交易所、中国互联网金融协会发布的"关于依法合规使用票据、防范民间贴现风险的倡议"整理编写。

第一节 应收票据

一、应收票据的性质与种类

票据是证明债权债务信用契约的存在而以一定的形式形成的书面文件，包括各种汇票、本票和支票等。企业因提供商品或劳务而收到的各种未到期、尚未兑现的票据，代表着企业未来收取款项的权利，并隐含着预期的经济利益，因而理论上都应作为应收票据处理。

但是，银行汇票、银行本票、银行支票都是即期票据，从某种意义上可以看作是银行存款的证明文件，与银行存款具有类似的性质，一般作为货币资金处理。商业汇票则与这些票据的性质明显不同，它是一段时间终了时才有权利收款的票据，因而将其单独作为应收票据处理。在我国，应收票据仅指企业因销售商品或提供劳务等而收到的商业汇票，包括银行承兑汇票和商业承兑汇票。应收票据按照是否计息来划分，可分为不带息应收票据和带息应收票据。

二、应收票据的计价

应收票据的计价是指如何确定并记录应收票据的入账价值。在会计上一般有两种计价方法：一种是按票据的现值计价，即应收票据以某一特定日期所收到的现金流量按交易发生时市场利率折现的价值（即现值）计量。它考虑了货币时间价值的影响，在理论上较为可取，但计算比较麻烦。另一种是按票据的面值计价，即无论票据是否带息，均按其票面金额入账。它简化了核算手续，实务操作更简便，但没有考虑货币时间价值的影响，期限较短的票据一般采用这种方法计价。

我国目前使用的大都是 6 个月以内的应收票据，期限短，利息金额较小，采用现值记账不仅过于烦琐，相对来说意义也不大，因此，在我国会计实务中，不论收到的应收票据是否带息，均按面值入账。

三、应收票据到期日与到期值的计算

应收票据是付款人承诺一段时间终了时才能支付款项的票据（若为带息票据，还要另外支付利息），因此，企业必须准确计算票据的到期日与到期值，按时委托银行收取款项，保证票据资金及时回笼。

（一）到期日的计算

票据的期限可以按照日数表示，也可以按照月数表示，表示的方法不同，所计算的到期日可能有一定的差别。

如果以日数表示，规定票据于若干天后到期，此时，到期日按实际日历天数，采用"去头不去尾"的方法计算。例如，一张面值为 10 000 元，利率为 10%、90 天到期的商业承兑汇票，其出票日若为 5 月 1 日，则其到期日应为 7 月 30 日：5 月 1 日—31 日计 30 天（5月 1 日不计入即谓"去头"，31 天 - 1 天 =30 天）；6 月 1 日~30 日计 30 天；7 月 1 日—30 日计 30 天（7 月 30 日计入即谓"不去尾"）。

如果以月数表示，规定票据于几个月后到期，它以签发日几个月后的对日为到期日。例如，上述票据若按照月数表示为 3 个月到期，则其到期日为 8 月 1 日。如果出票日在月末，则按月数表示的到期日为到期月份的最后一天。例如，某票据出票日为 12 月 31 日，2 个月后到期，其到期日应为 2 月 28 日或 29 日。

（二）到期值的计算

不带息应收票据的到期值等于面值。带息应收票据的到期值为面值加利息，其计算公式如下：

应收票据到期值 = 面值 + 利息 = 面值 × （1+ 利率 × 期限）

四、应收票据的核算

企业为了核算因销售商品、提供劳务等而产生的商业汇票的取得、收回及结余情况，应设置"应收票据"科目，并按开出、承兑商业汇票的客户名称进行明细核算。同时，为了便于了解和分析各种票据的取得和回收等详细情况，加强对应收票据的管理，企业还应设置"应收票据备查登记簿"，逐笔登记商业汇票的种类、号数和出票日、票面金额、票面利率、交易合同号和付款人、承兑人、背书人的姓名或单位名称、到期日、背书转让日、贴现日、贴现率和贴现净额、未计提的利息及收款日和收回金额、退票情况等信息，应收票据到期结清票款后，应在备查簿中逐笔注销。

（一）应收票据的取得

【例3-1】中航制造20×2年1月1日与乙公司签订销售合同，约定向其提供航空产品一批，开具的增值税专用发票上注明价款20 000 000元，增值税2 600 000元。当日收到乙公司开出并承兑的商业汇票一张，票面金额为22 600 000元，期限为3个月。中航制造应作会计分录为：

借：应收票据——乙公司　　　　　　　　　　　　　　　22 600 000
　　贷：主营业务收入　　　　　　　　　　　　　　　　　20 000 000
　　　　应交税费——应交增值税（销项税额）　　　　　　2 600 000

【例3-2】20×2年3月1日，中航制造收到丙公司银行承兑汇票一张，用以抵偿前欠的货款。该票据面值为900 000元，期限为2个月。中航制造应作会计分录为：

借：应收票据——丙公司　　　　　　　　　　　　　　　900 000
　　贷：应收账款——丙公司　　　　　　　　　　　　　　900 000

（二）应收票据计息及到期收回

企业持有的带息应收票据，其利息作为付款人对占用企业资金的补偿，应按期计提，待应收票据到期时与本金一并收回。按期计提利息时，借记"应收票据"科目，贷记"财务费用"科目；应收票据到期时，按实际收到的金额，借记"银行存款"科目，按应收票据的账面余额，贷记"应收票据"科目，按未计提的票据利息，贷记"财务费用"科目。

【例3-3】中航制造于20×2年5月1日向甲公司销售产品，增值税专用发票上注明价款10 000 000元，增值税1 300 000元，甲公司当即开来一张期限为2个月的附息商业承兑汇票，年利率为6%，票面金额为11 300 000元。中航制造应作会计分录如下：

（1）收到票据时：

借：应收票据——甲公司　　　　　　　　　　　　　　　11 300 000
　　贷：主营业务收入　　　　　　　　　　　　　　　　　10 000 000
　　　　应交税费——应交增值税（销项税额）　　　　　　 1 300 000

（2）5月末、6月末计提利息时：

应计利息 =11 300 000×6%×1/12=56 500（元）

借：应收票据——甲公司　　　　　　　　　　　　　　　　　 56 500
　　贷：财务费用　　　　　　　　　　　　　　　　　　　　　56 500

（3）票据到期本息全额收回时：

借：银行存款　　　　　　　　　　　　　　　　　　　　11 413 000
　　贷：应收票据——甲公司　　　　　　　　　　　　　　11 413 000

（三）应收票据的背书转让

企业可将持有的未到期的商业汇票作为支付手段，经背书后转让给供货单位或债权人，用以抵偿应支付的货款或所欠的债务。应收票据背书转让后，应收票据上的收款权利也随之转移。其中，背书是指票据的收款人或持有人在转让票据时，在票据背面签名或书写文句，以担保承担票据到期的连带付款责任的手续。经过背书，票据的所有权由背书人转给被背书人。票据在到期日之前，可以多次进行背书转让。

扩展阅读 3-1

应收票据的背书转让和贴现教学视频

【例3-4】中航制造向丁公司购买一批材料，取得的增值税专用发票上注明价款1 200 000元，增值税156 000元。经协商，中航制造将持有的丙公司无息商业承兑汇票1 250 000元背书转让给丁公司，以抵付该批材料款，余额通过银行付讫。中航制造应作会计分录为：

借：原材料　　　　　　　　　　　　　　　　　　　　　 1 200 000
　　应交税费——应交增值税（进项税额）　　　　　　　　　156 000
　　贷：应收票据——丙公司　　　　　　　　　　　　　　1 250 000
　　　　银行存款　　　　　　　　　　　　　　　　　　　　106 000

（四）应收票据贴现

应收票据贴现是指应收票据持有人将未到期的商业汇票背书转让给贴现银行，由贴现银行从票据到期价值中扣除贴现利息后，以余额兑付给持票人的一种融资行为。

扩展阅读 3-2

贴现与贷款的区别

1. 应收票据贴现的形式

应收票据的贴现一般有两种情形：一种是不带追索权；另一种是带追索权。所谓追索权，指企业在转让应收票据的情况下，接受方在应收票据拒付或逾期支付时，向应收票据转让方索取应收金额的权利。带追索权时，贴现企业因背书而在法律上负有连带偿债责任，如果贴现银行未能如期收到票款，有权向贴现企业追索。若不带追索权，票据一经贴现，贴现企业将应收票据上的风险和报酬全部转让给贴现银行，贴现银行未能如期收到票款的，不得再向贴现企业追索。

2. 应收票据贴现的计算

应收票据贴现的相关计算公式如下：

贴现利息 = 票据到期值 × 贴现利率 × 贴现期

贴现金额 = 票据到期值 - 贴现利息

不带息票据的到期值为票据面值，带息票据的到期值为面值加利息；贴现利率由银行统一规定；贴现期是指从贴现日起至票据到期日止的期间（计算时仍采用前述的"去头不去尾"的方法）。

【例3-5】中航制造收到乙公司20×2年7月1日开出并经银行承兑的商业汇票一张，票面金额为2 000 000元，到期日为同年10月29日。因企业急需资金，于当年7月31日到银行申请贴现（贴现期为90天），月贴现率为6‰。则

贴现利息 = 2 000 000 × 6‰ ÷ 30 × 90 = 36 000（元）

贴现金额 = 2 000 000 - 36 000 = 1 964 000（元）

【例3-6】承【例3-5】，若中航制造收到乙公司20×2年7月1日开出并承兑的是一张附息商业承兑汇票，票面利率为9%，其他资料不变。则

票据到期值 = 2 000 000 ×（1 + 9% ÷ 360 × 120）= 2 060 000（元）

贴现利息 = 2 060 000 × 6‰ ÷ 30 × 90 = 37 080（元）

贴现金额 = 2 060 000 - 37 080 = 2 022 920（元）

3. 应收票据贴现的会计处理

（1）不带追索权应收票据贴现的会计处理

在不带追索权的应收票据贴现时，应当对该应收票据予以终止确认，即直接冲减应收票据账面余额，并将贴现所得金额与该应收票据账面余额之间的差额计入财务费用。

【例3-7】承【例3-5】，中航制造在应收票据贴现时，应作会计分录为：

借：银行存款　　　　　　　　　　　　　　　　　　　　　1 964 000
　　财务费用　　　　　　　　　　　　　　　　　　　　　　　36 000
　　贷：应收票据——乙公司　　　　　　　　　　　　　　2 000 000

（2）带追索权应收票据贴现的会计处理

对于带追索权的应收票据贴现，实质上贴现企业保留了应收票据所有权上几乎所有的风险和报酬，此时，将应收票据贴现视为以应收票据作为质押向银行借款，不终止确认该应收票据，并将贴现所得金额与该应收票据到期值的差额计入"短期借款——利息调整"科目，在应收票据的实际贴现期内进行摊销。

企业持有的商业承兑汇票贴现后，由于到期日因付款人无力支付票款而可能承担连带责任，因此不应终止确认该项应收票据，而应将贴现金额确认为一项负债。

【例3-8】承【例3-6】，中航制造在应收票据贴现时，应作会计分录为：

借：银行存款　　　　　　　　　　　　　　　　　　　　　2 022 920
　　短期借款——利息调整　　　　　　　　　　　　　　　　37 080

| 贷：短期借款——成本 | 2 060 000 |

基于重要性原则，如果上述贴现利息金额较小，也可以采取简化处理。即，在贴现日或到期日将贴现利息直接作为当期的财务费用，无须在贴现期内进行摊销。

五、应收票据到期付款违约

如果付款人于票据到期时仍未偿还票款，称为应收票据到期付款违约。

企业持有的银行承兑汇票到期时，若付款人无力兑付票款，则承兑银行负连带付款责任，按期支付票款，这种付款违约对收款人没有影响，收款人无须进行处理；若企业持有的是商业承兑汇票，当付款人无力兑付票款时，须由双方进一步协商解决，具体分三种情况：付款人根据协议签发新的票据以清偿原票据；将应收票据转为应收账款；如果票据已经贴现且带追索权，贴现银行向贴现企业追索票款。

（一）付款人根据协议签发新的票据以清偿原票据

【例3-9】中航制造20×2年1月1日收到乙公司开出并承兑的期限为3个月的商业承兑汇票一张，票面金额为22 600 000元。在4月1日票据到期时，乙公司无力兑付票款，经协商，双方签订协议，由乙公司新签发一张3个月期限的银行承兑汇票，票面金额为22 600 000元。中航制造收到商业汇票时，应作会计分录为：

| 借：应收票据——乙公司（新） | 22 600 000 |
| 贷：应收票据——乙公司（旧） | 22 600 000 |

（二）将应收票据转为应收账款

【例3-10】中航制造持有一张丙公司的出票日为8月1日、4个月到期、面值为400 000元的商业承兑汇票，12月1日该票据到期，中航制造委托银行收取款项，但丙公司银行账户款项不足支付，银行将票据退回。中航制造将其转为应收账款，应作会计分录为：

| 借：应收账款——丙公司 | 400 000 |
| 贷：应收票据——丙公司 | 400 000 |

（三）贴现银行向贴现企业追索票款

（1）贴现企业资金充足，贴现银行将票款从贴现企业银行存款账户中直接划出。

【例3-11】承【例3-8】，10月29日票据到期时，乙公司无力偿付票款，贴现银行直接从中航制造银行存款账户中扣款2 060 000元，利息已全部计提。中航制造接到扣款通知时，应作会计处理为：

借：短期借款	2 060 000
贷：银行存款	2 060 000
借：应收账款——乙公司	2 060 000
贷：应收票据——乙公司	2 060 000

(2) 贴现企业资金短缺，银行存款账户无款支付，贴现银行则将票款转作该贴现企业的逾期贷款。如【例 3-11】，中航制造应作会计分录为：

  借：应收账款——乙公司   2 060 000
    贷：应收票据—乙公司   2 060 000

若贴现期内中航制造没有摊销"短期借款——利息调整"，还应作会计分录为：

  借：财务费用   37 080
    贷：短期借款——利息调整   37 080

第二节 应收账款

一、应收账款的含义

应收账款是指企业因赊销商品、产品或提供劳务等业务而形成的应收未收款项。应收账款的预计正常收回期一般较短，最长不超过一年，因而成为企业的一种短期债权，在资产负债表上列为流动资产。

若企业采用递延方式分期收款销售商品或提供劳务，实质上具有融资性质的，则不属于应收账款的范围，应划归为长期应收款。

在现代经济社会，商业信用行为已被广泛认可，使越来越多的商业活动建立在买卖双方信用的基础上，由此而产生的应收账款与日俱增。在企业的应收账款中，有些属于正常的资金暂时缓付，有些则属于非正常情况的无故拖欠，但这都会影响企业资金的正常运转，不可避免地产生资金供求的矛盾，加大应收账款的管理成本、收账成本和坏账风险，因而，需要企业重视应收账款的管理工作，从源头上控制应收账款的质量，采取有效措施做好应收账款的催收，尽可能降低坏账风险。

二、应收账款的确认与计量

（一）应收账款的入账时间

应收账款入账时间与销售收入的确认密切相关。在销售成立时既确认了收入，又可以确认未收的应收账款，所以，销售收入的实现时间一般也是应收账款的入账时间。

（二）应收账款的计量

在赊销情况下，企业应根据已收或应收协议或合同价款作为应收账款的入账金额，具体包括发票金额及代购货单位垫付的运杂费、包装费等。在实际交易中，应收账款的入账金额可能会受到商业折扣、现金折扣等因素的影响。

1. 商业折扣

商业折扣又称为数量折扣，是为促进商品销售、扩大销售量而在商品标价基础上给予的价格扣除。企业在出售商品时，价目单上往往标明各种商品的价格，客户按价目单上定价扣除企业允许的商业折扣后的净额付款。

2. 现金折扣

现金折扣又称为销货折扣，是为鼓励客户在规定的期限内尽可能提早付款而提供的债务扣除。客户能够享受的债务扣除是多少，由客户付款时间的早晚而定。现金折扣的条件通常用一定形式的"术语"来表示，如"2/10，n/30"，即该销售款项的信用期为30天，若客户在10天内付款，可以享受价款2%的折扣优惠；若超过10天则要全额付款。

扩展阅读3-3

现金折扣会计处理规定

如果交易中存在的商业折扣是固定的，企业应按照扣除商业折扣以后的发票金额确认应收账款；如果交易中存在的商业折扣是不固定的或存在现金折扣，应作为可变对价，根据我国《企业会计准则第14号——收入》（CAS14）中关于可变对价的相关规定，按照扣除客户享受折扣的最佳估计数之后的金额作为应收账款入账，并在资产负债表日，重新估计可能收到的对价金额。如果实际享受的折扣金额与估计的折扣金额不同，应将差额调整销售收入。

三、应收账款的核算

为了反映和监督企业应收账款的增加、减少及结余情况，应设置"应收账款"科目，并按赊欠客户设置明细科目，以便具体反映企业与客户间的债权发生和解除情况。应收账款的核算举例说明如下：

（1）企业发生的应收账款，在没有折扣的情况下，按应收账款的全部金额入账。

【例3-12】中航制造与甲公司签订合同，向其销售产品1 500件，每件售价4 000元，开具的增值税专用发票上注明价款6 000 000元，增值税780 000元，货款尚未收到。另外以银行存款支付该批产品的代垫运杂费5 000元。中航制造应作会计分录为：

借：应收账款——甲公司　　　　　　　　　　　　　　　6 785 000
　　贷：主营业务收入　　　　　　　　　　　　　　　　　6 000 000
　　　　应交税费——应交增值税（销项税额）　　　　　　　780 000
　　　　银行存款　　　　　　　　　　　　　　　　　　　　　5 000

收到货款及垫付运杂费时：

借：银行存款　　　　　　　　　　　　　　　　　　　　6 785 000
　　贷：应收账款——甲公司　　　　　　　　　　　　　　6 785 000

（2）企业发生的应收账款，存在固定商业折扣时，应按扣除固定商业折扣后的金额入账。

【例3-13】承【例3-12】，由于甲公司是成批购买，中航制造同意给甲公司10%的商业折扣。折扣后的金额为5 400 000元，增值税为702 000元，中航制造应编制会计分录为：

借：应收账款——甲公司　　　　　　　　　　　　　　　6 107 000

贷：主营业务收入	5 400 000
应交税费——应交增值税（销项税额）	702 000
银行存款	5 000

（3）企业发生的应收账款，存在不固定的商业折扣或现金折扣时，应当按照扣除客户享受折扣的最佳估计数之后的金额入账。

【例3-14】中航制造与丙公司签订合同，向其销售产品2 000件，每件售价3 500元，开具的增值税专用发票上注明价款7 000 000元，增值税910 000元，货款尚未收到。销售合同中规定了现金折扣条件为2/10，n/30，中航制造根据对丙公司的资信调查情况预计丙公司享受现金折扣的概率为80%，放弃现金折扣的概率为20%，计算折扣时不考虑增值税。中航制造应作会计分录为：

（1）赊销时：

借：应收账款——丙公司	7 770 000
贷：主营业务收入	6 860 000
应交税费——应交增值税（销项税额）	910 000

（2）在折扣期内收回款项时：

借：银行存款	7 770 000
贷：应收账款——丙公司	7 770 000

（3）在折扣期后收回款项时：

借：银行存款	7 910 000
贷：应收账款——丙公司	7 770 000
主营业务收入	140 000

第三节　预付账款及其他应收款项

一、预付账款

预付账款是指企业按照合同规定预先支付给供货单位或劳务提供单位的款项，它属于企业的短期债权，在资产负债表中列为一项流动资产。预付账款在性质上虽然和应收账款相同，但两者产生的原因不同。应收账款是企业因销售商品、提供劳务而形成的将来向购货方收取货款的权利；预付账款是企业因购买商品、接受劳务预先付款而形成的将来从供货方获取货物或劳务的权利。

为了反映和监督预付账款的预付、结算及结余情况，企业应设置"预付账款"科目，并按供货单位进行明细核算。当企业的预付账款业务不多时，也可以不设置"预付账款"科目，而将预付的款项直接计入"应付账款"科目的借方。

【例3-15】中航制造为购买原材料而预付乙公司定金1 000 000元，取得的增值税专用发票上注明材料价款 1 500 000 元,增值税 195 000 元。购入材料已验收入库,企业补付款项 695 000 元。中航制造应作会计分录为:

(1) 用银行存款预付定金时:

借:预付账款——乙公司　　　　　　　　　　　　　　　1 000 000
　　贷:银行存款　　　　　　　　　　　　　　　　　　　　　　1 000 000

(2) 购入原材料验收入库时:

借:原材料　　　　　　　　　　　　　　　　　　　　　1 500 000
　　应交税费——应交增值税(进项税额)　　　　　　　　　195 000
　　贷:预付账款——乙公司　　　　　　　　　　　　　　　　1 695 000

(3) 用银行存款补付货款时:

借:预付账款——乙公司　　　　　　　　　　　　　　　　695 000
　　贷:银行存款　　　　　　　　　　　　　　　　　　　　　　695 000

二、应收股利

应收股利是指企业因股权投资而应收取的现金股利及应收其他单位的利润,包括企业购入股票实际支付的款项中所包含的已宣告发放但尚未领取的现金股利和企业因对外投资应分得的现金股利或利润等,但不包括应收的股票股利。

为了反映和监督应收股利的发生和收回情况,应设置"应收股利"科目进行核算。一般情况下,当被投资单位宣告发放现金股利或利润时,企业应借记"应收股利"科目,贷记"投资收益"等科目;实际收到现金股利或利润时,借记"银行存款"科目,贷记"应收股利"科目。有关应收股利的具体核算将在第五章"金融资产"和第六章"长期股权投资"中详细介绍。

三、应收利息

应收利息是指企业因债券投资而应收取的利息,包括购入债券实际支付的价款中包含的已到付息期但尚未领取的利息和企业在持有债券投资期间产生的分期应收未收的利息,不包括企业进行的到期一次还本付息的债券投资持有期间应收未收的利息。

为了反映和监督应收利息的发生和收回情况,应设置"应收利息"科目进行核算。一般情况下,企业应在每期末根据应收取的利息金额,借记"应收利息"科目,贷记"投资收益"科目;实际收到利息时,借记"银行存款"科目,贷记"应收利息"科目。有关应收利息的具体核算将在第五章"金融资产"中详细介绍。

四、其他应收款

其他应收款是指企业除应收票据、应收账款、预付账款、应收股利、应收利息、长期应收款等以外的各种应收及暂付其他单位和个人的债权。其核算内容主要包括应收的各种赔款、罚款；应收出租包装物租金；应向职工收取的各种垫付款项；不设置"备用金"科目时企业拨出的备用金；采用售后回购方式融出资金；其他各种应收、暂付款项等。

为了反映和监督其他应收款的发生与结算情况，企业应设置"其他应收款"科目，并按应收及暂付单位（或个人）进行明细核算。

【例 3-16】中航制造由于管理失职而造成材料物资短缺 20 000 元，应由过失人李华负责赔偿。另外还有一部分材料物资因火灾被毁，应向保险公司收取赔款 100 000 元。有关会计分录如下：

（1）发现材料物资短缺时：

借：待处理财产损溢——待处理流动资产损溢　　　　　　　　120 000
　　贷：原材料　　　　　　　　　　　　　　　　　　　　　　120 000

（2）查明原因，应由责任人赔偿时：

借：其他应收款——李华　　　　　　　　　　　　　　　　　 20 000
　　　　　　　　——保险公司　　　　　　　　　　　　　　　100 000
　　贷：待处理财产损溢——待处理流动资产损溢　　　　　　　120 000

（3）收到赔款时：

借：银行存款　　　　　　　　　　　　　　　　　　　　　　120 000
　　贷：其他应收款——李华　　　　　　　　　　　　　　　　 20 000
　　　　　　　　　——保险公司　　　　　　　　　　　　　　100 000

五、备用金的核算

备用金是指企业拨付给职工和内部各部门用作差旅费、零星采购和零星开支，事后需要报销的款项。对于企业设立的备用金，可以单独设置"备用金"科目进行核算，并按使用部门或人员进行明细核算。如果借用备用金业务不频繁，可将拨出的备用金通过"其他应收款"科目核算。根据备用金管理制度规定，备用金的管理分为定额管理和非定额管理。

（一）定额管理

为了便于管理，减少备用金核算的工作量，满足各个职能部门或有关人员对零用现金的需要，企业通常建立定额备用金制度，即提存一笔固定金额的备用金，交由企业内部某个部门（或专人）保管，日常零星开支直接用备用金支付。备用金保管人员根据有关的支出凭单，定期编制备用金报销清单，财会部门根据提供的备用金报销清单，审核后补足备用金。定额备用金制度适用于经常使用备用金的单位和个人。

【例 3-17】中航制造会计部门对人力资源部实行定额备用金制度，由人力资源部张扬保管，核定定额为 5 000 元，经有关负责人核准签字后，为其开具一张现金支票，据此应作会计分录为：

借：备用金（其他应收款）——人力资源部 5 000
　　贷：银行存款 5 000

【例3-18】1月31日，人力资源部张扬向财会部门提交自备用金中开支的零星凭单如下：购买文具价款2 000元，复印纸价款1 000元。会计人员审核后，开出现金支票补足定额，并作会计分录为：

借：管理费用 3 000
　　贷：银行存款 3 000

【例3-19】中航制造会计部门因管理需要决定取消定额备用金制度。人力资源部张扬持尚未报销的开支凭证2 600元和余款2 400元，到会计部门办理报销和交回备用金的手续。

借：管理费用 2 600
　　库存现金 2 400
　　贷：备用金（其他应收款）——人力资源部 3 000

（二）非定额管理

非定额管理是指为了满足临时性需要而暂付给有关部门和个人的现金，使用后实报实销，适用于不经常使用备用金的单位和个人。

【例3-20】中航制造行政管理部门职员王强，20×2年3月20日因公出差预借备用金1 800元，以现金付讫。

借：备用金（其他应收款）——王强 1 800
　　贷：库存现金 1 800

【例3-21】承【例3-20】，行政管理部门职员王强20×2年3月25日出差归来，实际支出2 000元，持票到会计部门报销，经审核应予以报销，以现金补付差额。

借：管理费用 2 000
　　贷：备用金（其他应收款）——王强 1 800
　　　　库存现金 200

第四节　应收款项减值

一、应收款项减值损失的确认和计量

扩展阅读3-4

应收款项减值教学视频

应收款项属于以摊余成本计量的金融资产，其减值应当适用《企业会计准则第22号——金融工具确认和计量》（CAS22）。CAS22规定，以摊余成本计量的金融资产，应当以预期信用损失为基础进行减值会计处理并确认损失准备。这表明，金融资产减值方法已由现行的"已发生损失法"转变为"预期损失法"。

"已发生损失法"为实际损失减值模型，不考虑金融资产的预计信用风险，只有在减值迹象出现时才确认减值损失。"预期损失法"采用预计损失减值模型，要求在金融资产初始计量及存续期间持续确认预期信用损失，减值准备的计提不以减值的实际发生为前提，而是以未来可能发生的违约事件造成损失的期望值来计量当前应当确认的减值准备。这里的预期信用损失是指以发生违约的风险为权重的金融工具信用损失的加权平均值。其中，信用损失是指企业根据合同应收的现金流量与预期能收到的现金流量之间的差额的现值，即短缺现金流量的现值。根据CAS22准则的规定，可以将金融资产发生信用减值的过程分为三个阶段。当信用风险自初始确认后未显著增加（第一阶段）时，企业应当按照金融资产未来12个月的预期信用损失计量损失准备；当信用风险自初始确认后已显著增加但尚未发生信用减值(第二阶段)或初始确认后已发生信用减值（第三阶段）时，企业应当按照金融资产整个存续期的预期信用损失计量损失准备。

由于应收款项通常属于短期债权，出于简化会计处理的考虑，CAS22准则还规定，应收款项不适用三阶段模型，应始终按照相当于整个存续期内预期信用损失的金额计量损失准备。

应收款项信用损失指企业根据合同应收的现金流量与预期能收到的现金流量之间的差额的现值。但在具体确定应收款项信用损失金额时，由于应收款项期限短，预计未来现金流量与其现值相差很小，可以不对预计未来短缺的现金流量进行折现，因此，应收款项的预期信用损失按照预期不能收回的应收款项金额计量。在对应收款项预期信用损失进行估计时，可以以单项应收款项为基础确定，也可以以一组应收款项为基础确定。

二、坏账的确认

对应收款项减值损失加以确认和计量，是对应收款项信用损失的估算，而不是实际发生的应收款项坏账，因而不能转销应收款项。坏账是指企业无法收回的应收款项，当应收款项符合下列条件之一的，应确认为坏账。

（1）债务人破产，依照破产清算程序进行清偿后确实无法收回的部分。

（2）债务人死亡，以其遗产清偿后仍然无法收回的应收款项。

（3）债务人较长时间内未履行其偿债义务，无法收回或收回可能性极小的应收款项。

企业对符合坏账确认条件的应收款项，根据企业的管理权限，经股东大会或董事会，或经理（厂长）办公会或类似机构批准后，才能作为坏账予以转销。

三、应收款项减值损失的核算

对于应收款项减值损失，应设置"信用减值损失""坏账准备"等科目进行核算。

以单项应收款项为基础确认减值时，该应收款项预期能够收到的现金流量低于合同应收现金流量的，按其差额借记"信用减值损失"科目，贷记"坏账准备"科目。

以组合应收款项为基础确认减值时，通常采用账龄分析法，直接估算出这些应收款项不能收回的金额，以此计提坏账准备。账龄分析法是指根据应收款项的时间长短来估计坏账损失的一种方法。账龄是指债务人所欠账款的时间。账龄越长，发生坏账损失的可能性就越大。采用账龄分析法时，首先将应收款项按类似信用风险特征（如账龄）划分为若干组合，然后确定每项应收款项组合在资产负债表日的余额及预期信用损失率，最后计算出这些应收款项不能收回的金额，计提坏账准备。具体计算公式如下：

当期预期信用损失金额 = $\sum$（该应收款项组合的期末余额 × 预期信用损失率）

当期实际计提的坏账准备 = 当期预期信用损失金额 − "坏账准备"科目原有贷方余额

资产负债表日，根据上式所计算的"当期实际计提的坏账准备"金额情况，借记"信用减值损失"科目，贷记"坏账准备"科目；或者借记"坏账准备"科目，贷记"信用减值损失"科目。

企业对于确实无法收回的应收款项，按管理权限报经批准后作为坏账，转销应收款项，借记"坏账准备"科目，贷记"应收账款""其他应收款"等科目。

已确认为坏账并转销的应收款项以后又收回的，按实际收回的金额，借记"应收账款""其他应收款"等科目，贷记"坏账准备"科目；同时，借记"银行存款"科目，贷记"应收账款""其他应收款"等科目。

【例3-22】中航制造将期末余额超过500万元的应收账款划分为单项金额重大的应收款项，要求单独进行减值测试。12月31日，中航制造"应收账款——乙公司"科目的账面余额为5 800万元，预期未来能收到的现金流量为5 700万元，中航制造未对该笔应收账款计提过坏账准备。中航制造应作会计分录为：

借：信用减值损失　　　　　　　　　　　　　　　　　　　1 000 000
　　贷：坏账准备——乙公司　　　　　　　　　　　　　　　　　1 000 000

【例3-23】中航制造20×2年初"坏账准备"科目的余额为贷方1 500 000元，20×2年8月10日丙公司所欠的675 000元货款不能收回，经批准转为坏账。根据公司期末应收款项，采用应收款项账龄分析法，20×2年年末有关应收账款的账龄分析情况如表3-1所示，20×2年年末估计的坏账损失如表3-2所示。

表3-1　应收款项账龄分析表

组　合	账　龄	20×2年12月31日	
		应收款项余额（元）	占总额百分比（%）
组合1	1年以内	6 500 000	40.63
组合2	1~2年	5 180 000	32.37
组合3	2~3年	1 920 000	12.00
组合4	3~4年	1 280 000	8.00
组合5	3~5年	640 000	4.00
组合6	5年以上	480 000	3.00
合　计		16 000 000	100.00

表 3-2　应收款项预期信用损失计算表

20×2 年 12 月 31 日

组合	账龄	应收款项余额（元）	预期信用损失率（%）	估计损失金额（元）
组合 1	1 年以内	6 500 000	1	65 000
组合 2	1~2 年	5 180 000	5	259 000
组合 3	2~3 年	1 920 000	10	192 000
组合 4	3~4 年	1 280 000	30	384 000
组合 5	3~5 年	640 000	70	448 000
组合 6	5 年以上	480 000	90	432 000
合计	—	16 000 000	—	1 780 000

（1）20×2 年 8 月 10 日实际发生坏账损失时，应作会计分录为：

借：坏账准备　　　　　　　　　　　　　　　　　　　　　　675 000
　　贷：应收账款——丙公司　　　　　　　　　　　　　　　　675 000

（2）20×2 年 12 月 31 日，根据"坏账准备"科目的期初、期末余额及本期实际发生的坏账损失情况，计算出本期实际计提的坏账准备数额为：1 780 000-（1 500 000-675 000）= 955 000 元。据此应作会计分录为：

借：信用减值损失　　　　　　　　　　　　　　　　　　　　955 000
　　贷：坏账准备　　　　　　　　　　　　　　　　　　　　　955 000

练 习 题

练习题 1

一、目的：

练习商业折扣和现金折扣的核算。

二、资料：

20×2 年 5 月 1 日，中原装备向乙公司销售产品 10 000 件，单价为 200 元，商业折扣条件为 9 折，现金折扣条件为 2/10，1/20，n/30。根据乙公司的财务状况及信用评级，中原装备预计乙公司极可能在 10 天内付款。假定不考虑增值税。

三、要求：

（1）假定乙公司 5 月 10 日向中原装备支付货款，编制中原装备销售和收款的会计分录。

（2）假定乙公司 5 月 18 日向中原装备支付货款，编制中原装备收款的会计分录。

练习题 2

一、目的：

练习应收票据及其贴现的核算。

二、资料：

中原装备当年发生以下交易。

（1）3月4日，以未到期的不带息商业承兑汇票办理贴现（附追索权），票面金额为1 200 000元，月贴现率为6‰，贴现期为6个月，贴现所得款项已存入银行。9月4日，出票人在该贴现票据到期日支付贴现银行1 000 000元，其余200 000元遭到拒付。中原装备银行存款又不足支付，贴现银行将其转为逾期贷款。

（2）10月7日收到丙公司为偿付9月2日购货而签发的当天出票、1个月到期、票面金额为900 000元、附息10%的银行承兑汇票一张。

（3）11月8日，丙公司开具的银行承兑汇票到期，中原装备足额收回票款存入银行。

三、要求：

根据上述资料，为中原装备编制相关的会计分录。

练习题 3

一、目的：

练习坏账准备及坏账损失的核算。

二、资料：

中原装备将应收款项按照账龄划分为不同的组合，每个组合分别估计预期信用损失率，以确定应提取的坏账准备金额。中原装备20×2年年末和20×3年年末的应收款项账龄分析表如表3-3所示。

表3-3 应收款项账龄分析表

账 龄	应收款项余额（元）		预期信用损失率（%）
	20×2年	20×3年	
未过期	4 343 000	8 540 000	1
过期1~30天	2 150 000	1 200 000	3
过期31~60天	780 000	837 900	10
过期61~90天	322 000	230 000	20
过期90天以上	187 400	289 000	50
合 计	7 782 400	11 096 900	—

20×2年12月3日，中原装备发生坏账260 000元，20×2年12月31日提取坏账准备前"坏账准备"科目的余额为0；20×3年年5月6日，中原装备收回已核销的坏账100 000元。

三、要求：

计算中原装备 20×2 年、20×3 年资产负债表日应计提的坏账准备金额，并对相关业务编制会计分录。

案例分析

即测即评

准则实录

第四章 存 货

本章学习提示

本章重点：存货的确认与计量、制造业企业存货取得与发出的核算、存货清查的核算

本章难点：存货按计划成本的核算、存货可变现净值的确定

本章导入案例

宇通客车（股票代码：600066）是一家集客车产品研发、制造与销售为一体的大型制造业上市公司，主要产品用于公路客运、旅游客运、公交客运等，存货项目包括原材料、低值易耗品、在产品、自制半成品、产成品（库存商品）、合同履约成本、开发成本、开发产品等。原材料发出时按加权平均法计算；自制半成品按计划成本核算；产成品按个别计价法计价。安凯客车（股票代码：000868）是专业生产全系列客车和汽车零部件的上市公司，产品覆盖各类公路客车、旅游客车、公交客车等，公司存货包括原材料、在产品和库存商品，存货发出时采用加权平均法计价。你能否从存货项目看出两个公司主要经营业务类型的差异性？在发出存货计价方面，哪个公司所采用的方法更具适用性、合理性？

资料来源：作者根据"宇通客车股份有限公司2021年年度报告""安徽安凯汽车股份有限公司2021年年度报告"整理编写。

第一节 存货概述

一、存货的含义

存货是指企业在日常活动中持有以备出售的产成品或商品、处在生产过程中的在产品、在生产过程或提供劳务过程中耗用的材料、物料等。在企业日常活动中，存货处于不断销售、重置或耗用、重置之中，具有鲜明的流动性，因此，存货属于企业的流动资产。

存货是一项重要的实物资产，通常在企业的资产总额中占有较大比重，储备适量的存货对维持企业生产经营的正常运转具有重要意义。存货的确认和计量，关系到生产流通各环节成本计算、企业资产价值确定和经营成果的计算，对企业财务报表有着直接影响。因

此，围绕存货进行有效的实物、价值和信息管理，保证其安全完整，防止贪污、盗窃等事件的发生，对企业的生存和发展至关重要。

二、存货的分类

企业的存货品种繁多，各自的用途、特点也不尽相同，为了做好存货的核算工作，加强存货的管理，应从经营管理的需要出发，对存货按不同标准加以科学分类。

（一）存货按照其经济用途分类

1. 原材料

原材料是指企业在生产过程中经加工改变其形态或性质并构成产品主要实体的各种原料及主要材料、辅助材料、外购半成品（外购件）、修理用备件、包装材料、燃料等。

2. 在产品和自制半成品

在产品和自制半成品是指本企业尚未全部加工完成，在完工和销售之前需要进一步加工的存货。

3. 库存商品

库存商品是指本企业已经完成全部生产过程并已验收合格入库，可以对外销售的制成品存货，或者企业购入的不需要经过加工便可以对外销售的各种商品存货。

4. 周转材料

周转材料是指企业能够多次使用、逐渐转移其价值但仍保持原有形态、不确认为固定资产的那部分资产，如企业的包装物、低值易耗品，建造承包商的钢模板、木模板、脚手架和其他周转材料等。但是，周转材料符合固定资产定义的，应作为固定资产处理。

（二）存货按照其存放地点分类

1. 库存存货

库存存货是指已验收合格并入库的各种存货。

2. 在途存货

在途存货是指货款已经支付、正在运输途中或已经运达企业但尚未验收入库的存货，以及企业按合同规定发运、但其所有权尚未转移的发出存货，即在途存货包括运入在途存货和运出在途存货两种。

3. 委托加工存货

委托加工存货是指企业委托外单位加工但尚未完工收回的各种存货。

4. 委托代销存货

委托代销存货是指企业委托其他单位代为销售的存货。

三、存货的特点

与其他流动资产相比，存货具有如下特点。

（1）存货是有形资产，具有物质实体。存货的这一特征，使其与企业的许多其他无实物形态的流动资产相区别，如应收账款、应收票据等。

（2）存货具有较大的流动性，其流动性仅次于现金、应收账款等流动资产。存货的这一特征，使其与企业的许多其他有实物形态的固定资产、在建工程等资产相区别。

（3）企业持有存货的最终目的是为了出售，不论是可供直接出售，如企业的产成品、商品等；还是需经过进一步加工后才能出售，如原材料等。

（4）存货具有时效性和潜在损失的可能性。通常情况下，在正常生产经营周期内，存货将转换为现金或其他资产，但长期不能销售、耗用的存货，就可能因其陈旧、过时、腐烂、变质等给企业造成损失。

四、存货的确认

一项资产在符合存货的定义并且同时满足下列两个条件的，才能作为存货予以确认。

1. 与该存货有关的经济利益很可能流入企业

对存货的确认，关键是判断其是否很可能给企业带来经济利益或其所包含的经济利益是否很可能流入企业。通常，拥有存货的控制权是与该存货有关的经济利益很可能流入本企业的一个重要标志。

2. 该存货的成本能够可靠地计量

存货的成本能够可靠地计量必须以取得的确凿证据为依据，并且具有可验证性。如果存货的成本不能可靠计量，则不能确认为一项存货。

在会计实务中，常常运用存货的确认条件认定存货的归属问题，凡是控制权属于企业的存货，无论存放在何处或处于何种状态，均应确认为企业的存货，如在途物资、委托代销商品等；反之，凡是控制权不属于企业的存货，即使存放在企业，也不能确认为企业的存货，如受托代销商品等。

扩展阅读 4-3

委托代销商品与受托代销商品解析

第二节　取得存货的计量

一、存货的初始计量

企业取得存货应当按照成本进行计量。存货成本包括采购成本、加工成本和使存货达到目前场所和状态所发生的其他成本三个组成部分。企业取得存货的主要途径是外购和自制,存货的取得方式不同,其成本构成也不同。

(一)外购存货的成本

企业外购存货主要包括原材料、包装物、低值易耗品和商品等。外购存货的成本即采购成本是指存货从采购到入库前所发生的全部支出,包括购买价款、相关税费、运输费、装卸费、保险费及其他可直接归属于存货采购成本的费用。

1. 购买价款

购买价款,即企业购入的材料或商品的发票账单上列明的价款,但不包括按规定可以抵扣的增值税额。购买价款是外购存货成本的主要组成部分。

企业在购进存货时,销货方为了鼓励企业增加购买数量或购货之后尽早付款,常常给予企业一定的优惠,即商业折扣或现金折扣,折扣的存在可能影响存货实际的购买价款。如果购买存货时存在的商业折扣是固定的,企业应按照扣除商业折扣以后的发票金额作为存货的实际购买价款;如果购买存货时存在的商业折扣是不固定的,或者存在现金折扣,企业应将这类折扣视为可变对价,按照折扣的最佳估计数调整存货的购买价款。影响存货购买价款的因素还有很多,其分析详见本书第十七章"收入、费用和利润"的相关内容。

2. 相关税费

外购存货的相关税费是指企业购买存货发生的进口关税、消费税、资源税和不能抵扣的增值税额等应计入采购成本的税费。

3. 其他可归属于存货采购成本的费用

其他可归属于存货采购成本的费用是指除购买价款、相关税费以外的可计入存货采购成本的费用,如在存货采购中发生的运输费、装卸费、保险费、包装费、仓储费、运输途中的合理损耗、入库前的挑选整理费用等,但不包括按规定可以抵扣的增值税额。这些费用能分清负担对象的,应直接计入存货的采购成本;不能分清负担对象的,应选择合理的分配方法,分配计入有关存货的采购成本。

对于采购过程中发生的物资毁损、短缺等,除合理的途中损耗外,应区别不同情况进行处理。

(1)从供货单位、外部运输部门等收回的物资短缺或其他赔款,应冲减所购物资的采购成本。

(2)因遭受意外灾害发生的损失和尚待查明原因的途中损耗,暂作为待处理财产损溢进行核算,查明原因按照管理权限报经批准后计入管理费用或营业外支出。

(二)加工取得存货的成本

企业通过进一步加工取得的存货,主要包括产成品、在产品、半成品、委托加工物资等,其成本由采购成本、加工成本和其他成本构成。采购成本是加工过程中所使用或消耗的原材料采购成本转移而来的;其他成本包括使存货达到目前场所和状态所发生的支出,如可直接认定的产品设计费用等;加工成本则需要采用规定的方法加以确定。

存货加工成本由直接人工和制造费用构成,其实质是企业在进一步加工的过程中追加发生的生产成本，因此，不包括直接由材料存货转移来的价值。其中，直接人工是指企业在生产产品过程中，直接从事产品生产的工人的职工薪酬。制造费用是企业为加工制造产品或提供劳务而发生的各项间接费用，包括企业生产部门管理人员的职工薪酬、折旧费、办公费、水电费、机物料消耗、劳动保护费、季节性和修理期间的停工损失等。

（三）其他方式取得存货的成本

1. 投资者投入的存货成本

投资者投入的存货成本，按照投资合同或协议约定的价值确定，但合同或协议约定价值不公允的除外。在投资合同或协议约定价值不公允的情况下，按照该项存货的公允价值作为其入账价值。

2. 通过非货币性资产交换、债务重组、企业合并取得的存货的成本

企业通过非货币性资产交换、债务重组、企业合并取得的存货，其成本应当分别按照《企业会计准则第 7 号——非货币性资产交换》（CAS7）、《企业会计准则第 12 号——债务重组》（CAS12）和《企业会计准则第 20 号——企业合并》（CAS20）等的规定确定，详见本教材第十章"非货币性资产交换"、第十四章"债务重组"及本系列教材《高级财务会计学》的相关章节。

3. 盘盈存货的成本

盘盈的存货成本应按其重置成本作为入账价值。

在确定存货成本的过程中，应当注意，下列费用应当在发生时确认为当期损益，不计入存货成本：①非正常消耗的直接材料、直接人工和直接费用；②仓储费用，即企业在存货采购入库后发生的储存费用，应计入当期损益，但是，在生产过程中为达到下一个生产阶段所必需的仓储费用则应计入存货成本；③不能归属于使存货达到目前场所和状态的其他支出，因不符合存货的定义和确认条件，应在发生时计入当期损益；④企业采购用于广告营销活动的特定商品，应在取得相关商品时计入当期损益（销售费用）。

此外，根据我国《企业会计准则第 17 号——借款费用》（CAS17）的规定，企业借款购建或生产的存货中，符合借款费用资本化条件的，应当将符合资本化条件的借款费用予以资本化。符合借款费用资本化条件的存货，主要包括企业（房地产开发）开发的用于对外出售的房地产开发产品、企业制造的用于对外出售的大型机械设备等。这类存货通常需要经过相当长时间的建造或生产过程，才能达到预定可销售状态。

二、取得存货的核算

（一）会计科目的设置

1. "在途物资"科目

该科目核算企业购入的尚未到达或尚未验收入库的各种存货的采购和入库情况。本科目可按供应单位和物资品种进行明细核算。

2. "原材料"科目

该科目核算企业原材料的收入、发出和结存情况。原材料包括原料及主要材料、辅助材料、外购半成品、修理用备件、包装材料、燃料等。本科目可按材料的保管地点(仓库)、材料的类别、品种和规格等进行明细核算。

3. "库存商品"科目

该科目核算企业库存商品的收入、发出和结存情况。库存商品包括库存产成品、外购商品、存放在门店准备出售的商品、发出展览的商品及寄存在外的商品等。企业接受来料加工制造的代制品和为外单位加工修理的代修品,在制造和修理验收入库后,视同企业的库存商品。本科目可按库存商品的种类、品种和规格等进行明细核算。

4. "周转材料"科目

该科目核算企业周转材料的收入、发出和结存情况。周转材料包括包装物、低值易耗品及建造企业的钢模板、木模板、脚手架等。本科目可按周转材料的种类、品种和规格等进行明细核算。

除此之外,企业还应根据需要设置"发出商品""委托加工物资"等科目对原材料、库存商品、周转材料以外的其他存货进行核算,设置"应付账款""预付账款""银行存款""应付票据"等科目反映外购存货款项的结算情况。

(二) 外购存货的核算

企业外购存货从采购开始至验收入库结束的整个过程中,可能面临不同的情况或采用不同的结算方式,其会计核算方法也不尽相同,其主要会计处理业务如下。

1. 款项已付,货物已经验收入库

【例4-1】中航制造签发转账支票一张,支付甲公司X材料款,取得的增值税专用发票上注明价款为900 000元,增值税额为117 000元。甲公司代垫运费为2 180元(其中允许抵扣的增值税180元),X材料已验收入库。据此应作会计分录为:

借:原材料——X材料   902 000
    应交税费——应交增值税(进项税额)   117 180
  贷:银行存款   1 019 180

2. 款项已付,货物尚未到达

如果购货的款项已支付或已开出商业汇票,企业已取得该货物上的控制权,但货物尚未到达时,应先通过"在途物资"科目核算,待货物到达验收入库后,再由"在途物资"转入有关存货科目。

【例4-2】中航制造接到乙公司通知,所购买的Y材料1 130 000元已办理货物发运手续。按照合同规定,中航制造将银行承兑汇票1 130 000元交付乙公司,但货物尚未到达。据此应作会计分录为:

借:在途物资——Y材料   1 130 000
  贷:应付票据   1 130 000

Y材料运达公司验收入库后，根据增值税专用发票（增值税130 000元）应作会计分录为：

借：原材料——Y材料　　　　　　　　　　　　　　　　　　　1 000 000
　　应交税费——应交增值税（进项税额）　　　　　　　　　　130 000
　　贷：在途物资——Y材料　　　　　　　　　　　　　　　　　1 130 000

3. 款项未付，货物已经验收入库

【例4-3】8月1日，中航制造从乙公司赊购Y材料一批，当日获得Y材料控制权，合同标明不含税价款为500万元，增值税税率为13%。根据购货合同约定，中航制造于8月31日前付款，可享受2%的现金折扣；于9月1日至9月30日付款，可享受1%的现金折扣；于10月1日及之后时间付款，不再享受现金折扣。中航制造根据以往的惯例和近期的现金流量情况，估计最可能在8月31日前支付货款。中航制造8月29日支付货款。据此应作如下会计处理。

（1）8月1日赊购Y材料时，应作会计分录为：

借：原材料——Y材料　　　　　　　　　　　　　　　　　　　4 900 000
　　应交税费——应交增值税（进项税额）　　　　　　　　　　650 000
　　贷：应付账款——乙公司　　　　　　　　　　　　　　　　5 550 000

（2）8月29日支付货款时，应作会计分录为：

借：应付账款——乙公司　　　　　　　　　　　　　　　　　　5 550 000
　　贷：银行存款　　　　　　　　　　　　　　　　　　　　　5 550 000

4. 货物已经验收入库，但尚未办理结算手续

存货已经验收入库但尚未办理结算手续的，可暂不作会计分录；待办理结算手续后，再按发票金额进行相应的会计处理。

月度终了，对于尚未收到发票账单的收料凭证，应当分别材料科目，抄列清单，暂估入账，借记"原材料"等科目，贷记"应付账款——暂估应付账款"科目，下月初用红字作同样的记录，予以冲回，以便下月付款或开出、承兑商业汇票后，按正常程序作会计处理。

【例4-4】中航制造购入X材料一批，材料到达并已验收入库，但至月末没有收到发票账单，货款也尚未支付。该批材料按合同价暂估50 000元。据此应作会计分录为：

借：原材料——X材料　　　　　　　　　　　　　　　　　　　50 000
　　贷：应付账款——暂估应付账款　　　　　　　　　　　　　50 000

下月初用红字（此处用括号表示）作同样的会计分录予以冲回：

借：原材料——X材料　　　　　　　　　　　　　　　　　　（50 000）
　　贷：应付账款——暂估应付账款　　　　　　　　　　　　（50 000）

5. 采用预付货款方式采购货物

采用预付货款方式采购货物，指企业在采购货物之前按照合同规定预先付给供货单位货款，从而形成企业的预付账款。预付账款和应收账款都属于资产，是企业与客户之间发生往来而形成的债权，但二者形成的原因不同。预付账款是企业因购买商品、接受劳务预先付款而形成的将来向供货方获取货物或劳务的权利，应收账款是企业因销售商品、提供劳务而形成的将来向购货方收取货款的权利。

【例4-5】3月6日，中航制造按照合同规定开出转账支票预付甲公司X材料款800 000元。据此应作会计分录为：

  借：预付账款——甲公司   800 000
    贷：银行存款   800 000

3月20日，中航制造收到X材料并验收入库，增值税专用发票上注明价款4 000 000元，增值税520 000元。应作会计分录为：

  借：原材料——X材料   4 000 000
    应交税费——应交增值税（进项税额）   520 000
    贷：预付账款——甲公司   4 520 000

3月21日，中航制造用银行存款补付不足货款后，应作会计分录为：

  借：预付账款——甲公司   3 720 000
    贷：银行存款   3 720 000

6. 购入货物发生短缺与损耗

购入货物在验收入库时发现有短缺及损耗现象，应及时反映，查明原因，并根据不同情况进行处理：属于定额内的合理损耗，应计入存货的实际成本，视同提高入库存货的单位成本；应向供应单位、外部运输机构等收取存货短缺或其他赔偿款项，应根据有关的索赔凭证，借记"应付账款"或"其他应收款"科目，贷记"在途物资"科目；因遭受意外灾害发生的损失和尚待查明原因的途中损耗，先计入"待处理财产损溢"科目，查明原因后再作处理。

【例4-6】7月9日，中航制造开出商业汇票从甲公司购入Y材料一批，增值税专用发票上注明价款500 000元，增值税65 000元。材料尚未到达。据此应作会计分录为：

  借：在途物资——Y材料   500 000
    应交税费——应交增值税（进项税额）   65 000
    贷：应付票据——甲公司   565 000

7月15日，该批材料运达公司仓库，验收入库时发现短缺5 000元（含税），查明原因后认定：定额内损耗200元，应由运输部门赔偿4 800元。据此应作会计分录为：

  借：其他应收款——××运输公司   4 800
    原材料——Y材料   495 752.21
    贷：在途物资——Y材料   500 000
      应交税费——应交增值税（进项税额转出） 552.21

（三）投资者投入存货的核算

企业接受其他单位以原材料、周转材料等存货作价投资时，按协议或合同约定的价值入账。

【例4-7】中航制造接受丁公司以包装物作价的投资，合同约定的价值为700 000元，全部计入实收资本。中航制造未取得丁公司的增值税专用发票。据此应作会计分录为：

借：周转材料——包装物　　　　　　　　　　　　　700 000
　　贷：实收资本——丁公司　　　　　　　　　　　　　700 000

（四）委托加工存货的核算

为了反映和监督加工合同的执行及加工材料的管理与核算，企业应设置"委托加工物资"科目，对委托加工存货进行核算。

发出加工的物资，按实际成本，借记"委托加工物资"科目，贷记"原材料"等科目。企业支付应负担的加工费、运杂费等费用时，借记"委托加工物资""应交税费——应交增值税（进项税额）"科目，贷记"银行存款"等科目。加工完成验收入库的物资和剩余的物资，按加工收回物资的实际成本和剩余物资的实际成本，借记"原材料""库存商品"等科目，贷记"委托加工物资"科目。

【例4-8】中航制造将一批原材料委托丙公司代为加工成包装箱，发出材料的实际成本为160 000元。以银行存款支付加工费为4 520元（含税）、运费为3 270元（含税）。加工费和运费的增值税税率分别为13%、9%，包装箱加工完成后验收入库。据此应作如下会计处理。

（1）发出材料进行加工时，应作会计分录为：
借：委托加工物资　　　　　　　　　　　　　　　　160 000
　　贷：原材料　　　　　　　　　　　　　　　　　　160 000
（2）支付运费时，应作会计分录为：
借：委托加工物资　　　　　　　　　　　　　　　　　3 000
　　应交税费——应交增值税（进项税额）　　　　　　　270
　　贷：银行存款　　　　　　　　　　　　　　　　　　3 270
（3）支付加工费时，应作会计分录为：
借：委托加工物资　　　　　　　　　　　　　　　　　4 000
　　应交税费——应交增值税（进项税额）　　　　　　　520
　　贷：银行存款　　　　　　　　　　　　　　　　　　4 520
（4）包装箱完工验收入库时，应作会计分录为：
借：周转材料——包装物　　　　　　　　　　　　　167 000
　　贷：委托加工物资　　　　　　　　　　　　　　　167 000

（五）盘盈存货的核算

盘盈的存货应按其重置成本作为入账价值，并通过"待处理财产损溢"科目进行会计处理，按管理权限报经批准后，冲减当期管理费用。

【例4-9】中航制造年末盘盈S材料100kg，其重置成本为2 000元。经查明，S材料盘盈属于收发计量方面的原因，经批准冲减当期管理费用。据此应作如下会计处理。

（1）盘盈S材料时，应作会计分录为：
借：原材料——S材料　　　　　　　　　　　　　　　　　　　2 000
　　贷：待处理财产损溢——待处理流动资产损溢　　　　　　　　　　2 000
（2）按照管理权限批准转销时，应作会计分录为：
借：待处理财产损溢——待处理流动资产损溢　　　　　　　　　　　2 000
　　贷：管理费用　　　　　　　　　　　　　　　　　　　　　　　　　　2 000

企业在组织存货收入的总分类核算时，根据企业不同的情况，可以逐日登记，也可以汇总登记。对于存货收入业务较少的企业，收入核算的工作量不大，可以根据收货凭证逐日编制记账凭证，并据以登记总分类账；对于存货收入业务较多的企业，则可以根据收货凭证整理汇总，定期编制收货凭证汇总表，于月终一次登记总分类账，进行总分类核算。

第三节　发出存货的计量

一、存货成本流转的假设

存货流转包括实物流转和成本流转两个方面。在理论上，存货的成本流转与其实物流转应当保持一致，即取得存货时所确定的成本应随该存货的销售或耗用而一并结转。但在实际工作中，这种情形非常少见。因为企业的存货不仅种类繁多，而且各种存货是分批购进的，每次购进存货的单价往往不同，要将这些种类繁多、同质不同价的存货成本流转与其实物流转保持一致操作难度较大。这样，在会计实务中就需要对存货成本流转作出假定，以假定的流转方法确定本期销售或耗用存货和期末结存存货的成本，不强求存货成本流转与其实物流转的一致性，这就是存货成本流转假设。这一假设是基于下列存货成本结账公式（也可称为存货成本流转公式）来确定的：

期初存货成本 + 本期增加存货成本 = 本期减少（发出）存货成本 + 期末存货成本

在这一公式中，"期初存货成本""本期增加存货成本"代表企业本期可供耗用的存货成本。在永续盘存制下，"本期减少存货成本""期末存货成本"的确定，实质上是将企业本期可供耗用的存货成本在本期发出和期末结存之间进行分配，而"本期减少存货成本"的确定，可以不考虑存货成本流转与其实物流转的一致性，基于多种假设进行确定，从而形成了发出存货成本计量的不同方法。

扩展阅读4-4

发出存货的计量
教学视频

二、发出存货成本的计量方法

企业应当根据存货的实物流转方式、企业管理的要求、存货的性质等实际情况，合理选择发出存货成本的计算方法,以确定当期发出存货的实际成本。

对于性质和用途相似的存货,应当采用相同的成本计算方法确定发出存货的成本。企业在确定发出存货的成本时,可以采用先进先出法、移动加权平均法、月末一次加权平均法和个别计价法等方法。除此之外,企业在日常核算中还常常采用计划成本法计算存货的成本。

(一)先进先出法

先进先出法是假设先入库的存货先发出,对发出存货进行计价。采用这种方法,先入库的存货成本先结转,据此确定发出存货和期末存货的成本。

扩展阅读 4-5

先进先出法和后进先出法的比较

先进先出法的优点在于:①可以随时结转存货的成本,便于对存货的日常管理;②先入库存货其成本先结转的流转顺序,使得企业不能任意挑选存货计价来操纵当期利润;③期末存货成本比较接近现行的市场价格,使当期资产负债表能够恰当反映存货资产当前的市值。其缺点是存货的核算工作量大,计量工作比较烦琐,特别是存货的进出量大且较频繁的企业更是如此。而且当物价上涨时,涨价风险也许不能及时消化而转入下一期间,损益计算不符合谨慎性要求。

在永续盘存制下,中航制造 M 材料先进先出法举例如表 4-1 所示。

表 4-1 M 材料明细账　　　　　　　　　　　　　　单位:元

日期	摘要(略)	收入			发出			结存		
		数量(件)	单价	金额	数量(件)	单价	金额	数量(件)	单价	金额
9月1日								2 000	210	420 000
9月3日		2 000	220	440 000				2 000 2 000	210 220	860 000
9月5日					1 000	210	210 000	1 000 2 000	210 220	650 000
9月6日					1 000 1 000	210 220	430 000	1 000	220	220 000
9月10日		3 000	230	690 000				1 000 3 000	220 230	910 000
9月28日					1 000 2 000	220 230	680 000	1 000	230	230 000
9月30日		1 000	250	250 000				1 000 1 000	230 250	480 000
	本月合计	6 000		1 380 000	600		1 320 000	1 000 1 000	230 250	480 000

（二）移动加权平均法

移动加权平均法是指平时每入库一次存货，就计算一次加权平均单位成本，并以此作为计算发出存货成本和期末存货成本的依据。其计算公式为

$$存货单位成本 = \frac{原有库存存货的实际成本 + 本次进货实际成本}{原有库存存货数量 + 本次进货数量}$$

本次发出存货的成本 = 本次发出存货数量 × 本次发货前的存货单位成本

本月月末库存存货成本 = 月末库存存货的数量 × 本月月末存货单位成本

采用移动加权平均法，可以随时结转发出存货的成本，便于存货的日常管理；由于加权平均的区间范围小，使计算结果较为准确。其缺点是每购入一次存货，就要重新计算平均单价，在存货收入批次较多的情况下，存货计价工作量较大。采用移动平均法，在每次收入存货时都可能改变存货的单位成本，因而较适合于品种较少或收发次数不多的存货。

在永续盘存制下，中航制造 M 材料移动加权平均法举例如表 4-2 所示。

表 4-2 M 材料明细账　　　　　　　　　　　单位：元

日期	摘要（略）	收入			发出			结存		
		数量（件）	单价	金额	数量（件）	单价	金额	数量（件）	单价	金额
9月1日								2 000	210	420 000
9月3日		2 000	220	440 000				4 000	215	860 000
9月5日					1 000	215	215 000	3 000	215	645 000
9月6日					2 000	215	430 000	1 000	215	215 000
9月10日		3 000	230	690 000				4 000	226	905 000
9月28日					3 000	226	679 000	1 000	226	226 000
9月30日		1 000	250	250 000				2 000	238	476 000
本月合计		6 000		1 380 000	6 000		1 324 000	2 000	238	476 000

（三）月末一次加权平均法

月末一次加权平均法是指以本月全部进货数量加上月初存货数量作为权数，去除当月全部进货成本加上月初存货成本，计算出存货的加权平均单位成本，以此为基础计算当月发出存货的成本和期末存货成本的一种方法。其计算公式如下：

$$存货单位成本 = \frac{月初结存存货实际成本 + 本月收入存货实际成本}{月初结存存货数量 + 本月收入存货数量}$$

本月发出存货的成本 = 本月发出存货数量 × 存货单位成本

月末结存存货成本 = 月末结存存货数量 × 存货单位成本

月末一次加权平均法下，平时发出存货只登记数量，不计算发出存货成本，在存货品种、数量较多的情况下，简化了核算手续；在市场价格上涨或下跌时使计算出的单位成本平均化，对存货成本的分摊比较均衡，是企业选择使用率较高的一种计量方法。但这种方

法月末才能获得单位成本信息，不能随时反映发出和结存存货的成本，不利于对存货的日常管理。

在永续盘存制下，中航制造 M 材料月末一次加权平均法举例如表 4-3 所示。

表 4-3　M 材料明细账　　　　　　　　　　　　　　单位：元

日期	摘要（略）	收入			发出			结存		
		数量（件）	单价	金额	数量（件）	单价	金额	数量（件）	单价	金额
9月1日								2 000	210	420 000
9月3日		2 000	220	440 000				4 000		
9月5日					1 000			3 000		
9月6日					2 000			1 000		
9月10日		3 000	230	690 000				4 000		
9月28日					3 000			1 000		
9月30日		1 000	250	250 000				2 000		
本月合计		6 000		1 380 000	6 000	225	1 350 000	2 000	225	450 000

存货单位成本 =（420 000+1 380 000）/（2 000+6 000）=225（元）

本月发出存货的成本 =6 000×225=1 350 000（元）

月末结存存货成本 =2 000×225=450 000（元）

（四）个别计价法

个别计价法又称为个别认定法、具体辨认法，是指存货发出及结存成本以该批存货取得时的实际成本计价的一种方法。这种方法假定存货的成本流转与实物流转完全一致，要求存货应分批存放，设置标签并注明进货批次、单价及入库凭证号等，同时在存货明细账上进行详细记载，以便确认每批存货的实际成本。

扩展阅读 4-6

发出存货计价方法选择对企业的影响

采用这种方法，有利于具体、准确地掌握存货储存信息，存货的成本核算准确，符合实际情况。但实际操作的工作量较大，核算比较烦琐。对于不能替代使用的存货、为特定项目专门购入或制造的存货及提供劳务的成本，通常可采用个别计价法确定发出存货的成本。这种方法不能用于可替代使用的存货，如果用于可替代使用的存货，则容易导致任意选用发出批次而人为地调整当期损益。

在永续盘存制下，中航制造 M 材料个别计价法举例如表 4-4 所示。

表4-4 M材料明细账   单位：元

日期	摘要（略）	收入 数量（件）	收入 单价	收入 金额	发出 数量（件）	发出 单价	发出 金额	结存 数量（件）	结存 单价	结存 金额
9月1日								2 000	210	420 000
9月3日		2 000	220	440 000				2 000 2 000	210 220	860 000
9月5日					1 000	210	21 000	1 000 2 000	210 220	650 000
9月6日					2 000	220	44 000	1 000	210	210 000
9月10日		3 000	230	690 000				1 000 3 000	210 230	900 000
9月28日					3 000	230	690 000	1 000	210	210 000
9月30日		1 000	250	250 000				1 000 1 000	210 250	460 000
本月合计		6 000		1 380 000	6 000		1 340 000	1 000 1 000	210 250	460 000

（五）计划成本法

上述的先进先出法、加权平均法、个别计价法等计价方法，是以实际成本为基础确定发出存货及结存存货实际成本的一种方法。在大中型企业，由于存货品种、收发数量都比较多，存货规模较大，采用这些方法，将会导致会计核算手续烦琐、核算成本高。并且这些企业一般都实行了计划管理或全面预算管理，上述方法并未考虑这些现实需要，从而导致与管理的脱节。为了克服这些缺陷，可将存货的核算在实际成本的基础上，转换为计划成本，从而出现了存货计量与核算的计划成本法。

计划成本法是指存货的收入、发出和结存均按预先确定的计划单位成本进行核算，月末计算发出存货和结存存货应分摊的成本差异，再将发出存货和结存存货的计划成本调整为实际成本的一种方法。

1. 计划成本的制定

在计划成本法下，由于存货按计划成本进行日常业务处理，因此，计划成本的制定非常重要。为了便于计划成本与实际成本的比较，计划成本的组成内容应与实际成本的组成内容完全一致，再结合近期市场价格水平及发展趋势、供应地点的变化等原因合理制定。

制订存货计划成本时，一般应由企业采购部门会同计划部门、财会部门一起进行，制订的计划成本应列入存货目录，以便有关人员在日常工作中使用。企业还应保持计划成本的相对稳定性，一般在一个会计年度内不作调整，但如遇特殊情况，如市场供求关系突变、国家统一市场限价等，致使存货实际单位成本与计划成本相差甚远时，也可随时对计划成本作出调整。

2. 存货成本差异的形成和分配

在计划成本法之下，取得存货的成本是实际成本，入库时则按计划成本，取得存货的实际成本与入库存货的计划成本之间的差额，即为存货成本差异。当实际成本大于计划成本时，其差额称为超支差异或不利差异；当实际成本小于计划成本时，其差额称为节约差异或有利差异。

存货成本差异随存货的入库而形成，随存货的发出而结转（即随存货计划成本一起转入有关成本费用或其他账户）。期初存货成本差异和本期形成的存货成本差异之和，即为本期待分配的存货成本差异总额，它应当在本期发出存货和期末结存存货之间加以分配。对已发出的存货，其应分担的成本差异应随之结转至相应账户；对期末结存存货，其应负担的成本差异仍保留在"材料成本差异"等科目中，这些尚未分配转销的存货成本差异，成为期末结存存货计划成本的调整数额。存货成本差异的分配通常通过期末计算本期存货成本差异分配率进行。其计算公式如下：

$$本期存货成本差异分配率 = \frac{期初结存存货的成本差异 + 本期收入存货的成本差异}{期初结存存货的计划成本 + 本期收入存货的计划成本} \times 100\%$$

上式中，分子上存货的成本差异如为节约差异用负数表示，超支差异则用正数表示。

发出存货应负担的成本差异 = 发出存货的计划成本 × 本期存货成本差异分配率

期末结存存货应负担的成本差异 = 期初结存存货成本差异 + 本期收入存货成本差异 − 发出存货应负担的成本差异

按照上述公式计算的本期存货成本差异分配率比较准确，本期发出存货应负担的成本差异也比较合理。但它的缺点是存货成本差异率要到期末才能确定，平时无法确定本期发出存货应负担的成本差异，从而导致期末会计工作过于集中。

在实际工作中，如果前后两期的成本差异分配率相差不大时，可以以期初存货成本差异分配率来计算确定本期发出存货应负担的成本差异。其计算公式为

$$期初存货成本差异分配率 = \frac{期初结存存货的成本差异}{期初结存存货的计划成本} \times 100\%$$

发出存货应负担的成本差异 = 发出存货的计划成本 × 期初存货成本差异分配率

这种方法虽不够合理，计算的结果也不太符合实际，但能满足及时提供信息的需要，减轻了期末成本计算的工作量。在存货成本差异各期变动不大的情况下，也符合准则的要求。

计算存货成本差异率时，应按存货的类别如原材料、库存商品、包装物、低值易耗品等分别计算，不能只计算一个综合差异率；发出存货应负担的成本差异，必须按月份分摊，不得在季末或年末一次计算。

存货按计划成本计价，有利于考核各项存货购进环节的成本管理效果，通过分析成本超支或节约的原因，便于为下一期改进存货成本管理工作提供依据；可以为推行全面预算管理提供便利；有利于区分各部门的经济责任，为考核分析企业内部各生产部门的存货成本耗费状况提供便利；可加速和简化存货计价、记账及产品成本的计算工作。这种计价方

法一般适用于存货品种规格较多、日常收发业务较频繁,且存货计划成本管理比较稳定完善的企业。

三、发出存货的核算

存货的发出,包括存货用于产品加工制造而发生的直接消耗、一般管理耗用或将存货直接对外投资、销售、捐赠等。在发出存货的核算方面,虽然计划成本核算实质上也是实际成本,但核算时所设置的会计科目、处理方法与实际成本核算具有较大差异,因此,将发出存货的核算区分为按照实际成本核算和计划成本核算两种方法分别阐述。

(一)发出存货按实际成本核算

1. 原材料发出的核算

企业各部门领用原材料应填制领料单,仓库保管人员(或会计人员)根据领料单登记存货明细账,以便及时反映各种原材料的收发和结存情况。期末按原材料的领用部门和用途将本期领料单加以汇总,编制发料凭证汇总表,借记"生产成本""制造费用""管理费用"等科目,贷记"原材料"等科目。

【例4-10】中航制造根据11月耗用的各种原材料所编制的"发料凭证汇总表"如表4-5所示。

表4-5 发料凭证汇总表

20×2年11月30日   单位:元

贷方科目 借方科目	原料及主要材料	辅助材料	燃料	…	合计
生产成本	5 100 000				5 100 000
制造费用	790 000	60 000			850 000
管理费用	85 000	20 000			105 000
销售费用	65 000	46 000			111 000
委托加工物资	350 000				350 000
合计	6 390 000	126 000			6 516 000

根据发料凭证汇总表,应作会计分录为:

借:生产成本   5 100 000
　　制造费用   850 000
　　管理费用   105 000
　　销售费用   111 000
　　委托加工物资   350 000
　贷:原材料——原料及主要材料   6 390 000
　　　　　——辅助材料   126 000

2. 库存商品发出的核算

企业将库存商品发出后,符合收入确认条件的,按照所确定的实际成本,借记"主营业务成本"科目,贷记"库存商品"科目;不符合收入确认条件的,按照所确定的实际成本,借记"发出商品""委托代销商品"等科目,贷记"库存商品"科目。对已售库存商品计提了存货跌价准备的,还应结转已计提的存货跌价准备,冲减当期主营业务成本。

【例4-11】中航制造3月份销售产品一批,取得销售收入为4 000 000元,增值税额为520 000元。产品控制权已经转移,销售款项存入银行。该批存货的实际成本为2 210 000元。应作会计分录为:

借:银行存款	4 520 000
贷:主营业务收入	4 000 000
应交税费——应交增值税(销项税额)	520 000
借:主营业务成本	2 210 000
贷:库存商品	2 210 000

【例4-12】5月份,中航制造赊销电子产品一批,取得销售收入为600 000元,增值税额为78 000元。产品控制权已经转移。该批存货的实际成本为420 000元,已计提存货跌价准备150 000元。应作会计分录为:

借:应收账款	678 000
贷:主营业务收入	600 000
应交税费——应交增值税(销项税额)	78 000
借:主营业务成本	270 000
存货跌价准备	150 000
贷:库存商品	420 000

3. 周转材料发出的核算

(1) 包装物发出的核算

包装物是指为了包装本企业产品而储备的各种包装容器。按照具体用途可以分为:生产过程中用于包装本企业产品作为产品组成部分的包装物;随同产品出售不单独计价的包装物;随同产品出售单独计价的包装物;出租或出借给购货单位使用的包装物。

各种包装材料,如纸、绳、铁丝、铁皮等,应在"原材料"科目内核算;用于储存和保管商品、材料而不对外出售的包装物,应按价值大小和使用时间长短,分别在"固定资产"或"周转材料——低值易耗品"科目核算。

包装物发出的主要会计处理如下。

①生产领用包装物,按实际成本,借记"生产成本""制造费用"等科目,贷记"周转材料——包装物"科目。

②随同产品出售不单独计价的包装物,按实际成本,借记"销售费用"科目,贷记"周转材料——包装物"科目。

③随同产品出售并单独计价的包装物,按实际成本,借记"其他业务成本"科目,贷记"周转材料——包装物"科目。

④出租、出借包装物，在第一次领用新包装物时，应结转包装物的成本，借记"其他业务成本""销售费用"科目，贷记"周转材料——包装物"科目。

包装物的价值摊销包括一次转销法和分次摊销法两种。包装物价值金额较小的，采用一次转销法，领用时将包装物的价值一次转移至"制造费用""其他业务成本""销售费用"等科目的借方，贷记"周转材料——包装物"科目。包装物价值金额较大的，采用分次摊销法，按照使用次数将包装物的价值分次转移至成本费用。

【例4-13】中航制造1月份将一批包装物出租给客户使用，收取包装物押金50 000元，20天后客户退还包装物，应付租金20 000元（含税）从押金中扣除，剩余部分退还给客户。该批包装物成本为30 000元，分两次摊销。增值税税率为13%。应作如下会计处理。

①领取包装物并摊销50%时，应作会计分录为：

借：周转材料——包装物（在用）	30 000
贷：周转材料——包装物（在库）	30 000
借：其他业务成本	15 000
贷：周转材料——包装物（摊销）	15 000

②收取包装物押金时，应作会计分录为：

借：银行存款	50 000
贷：其他应付款	50 000

③客户退还包装物、收取租金时，应作会计分录为：

借：其他应付款	50 000
贷：其他业务收入	17 699.12
应交税费——应交增值税（销项税额）	2 300.88
银行存款	30 000

[注：20 000/1.13×13%=2 300.88（元）]

④假定客户到期没有退还包装物时，应作会计分录为：

借：其他应付款	50 000
贷：其他业务收入	44 247.79
应交税费——应交增值税（销项税额）	5 752.21

[注：50 000/1.13×13%=5 752.21（元）]

借：其他业务成本	15 000
贷：周转材料——包装物（摊销）	15 000
借：周转材料——包装物（摊销）	30 000
贷：周转材料——包装物（在用）	30 000

（2）低值易耗品发出的核算

低值易耗品是指单位价值较低、使用年限较短、不能作为固定资产管理的各种用具物品，如工具、管理用具、玻璃器皿及在经营过程中周转使用的包装容器等。

低值易耗品的摊销一般可以采用一次转销法和分次摊销法，具体的核算方法与包装物相似。

低值易耗品报废时回收的残料、出租或出借的包装物不能使用作报废处理所取得的残料，应作为当月低值易耗品或包装物摊销额的减少，冲减有关资产成本或当期损益。

【例4-14】中航制造某车间领用专用工具一批，实际成本为60 000元，预计使用6个月。假定第6个月使用期限已满，该批低值易耗品决定报废，残料价值100元验收入库。据此应作如下会计处理。

①领用低值易耗品时，应作会计分录为：

借：周转材料——低值易耗品（在用）　　　　　　　　　　　　　　60 000
　　贷：周转材料——低值易耗品（在库）　　　　　　　　　　　　60 000

②每月摊销时，应作会计分录为：

借：制造费用　　　　　　　　　　　　　　　　　　　　　　　　10 000
　　贷：周转材料——低值易耗品（摊销）　　　　　　　　　　　　10 000

③使用期满报废时，应作会计分录为：

借：原材料　　　　　　　　　　　　　　　　　　　　　　　　　　100
　　制造费用　　　　　　　　　　　　　　　　　　　　　　　　9 900
　　贷：周转材料——低值易耗品（摊销）　　　　　　　　　　　　10 000
借：周转材料——低值易耗品（摊销）　　　　　　　　　　　　　60 000
　　贷：周转材料——低值易耗品（在用）　　　　　　　　　　　　60 000

（二）发出存货按计划成本核算

1. 会计科目设置

存货按计划成本核算时，存货的总分类核算和明细分类核算，均按预先制定的计划成本，存货实际成本与计划成本的差额，通过设置有关成本差异科目进行反映。因此，按计划成本核算时，需要设置以下对应会计科目。

（1）"材料采购"科目。该科目借方核算采购存货的实际成本，贷方核算入库存货的计划成本，实际成本大于计划成本的差额为超支差异，实际成本小于计划成本的差额为节约差异。月末，将发生的超支差异或节约差异转入"材料成本差异"科目。

（2）"原材料""周转材料——包装物""周转材料——低值易耗品"科目。这些科目用于核算收入、发出和结存原材料等存货的计划成本。

（3）"材料成本差异"科目。该科目核算企业各种材料物资的实际成本与计划成本的差异。该科目借方核算购入材料产生的超支差异，以及结转发出材料应负担的节约差异；贷方核算购入材料产生的节约差异，以及结转发出材料应负担的超支差异；月末余额为结存材料应负担的差异。本科目应分"原材料""周转材料"等，按照类别和品种设置明细科目进行明细核算。

2. 主要会计核算内容

企业采用计划成本核算存货的收入、发出及结存业务，与采用实际成本核算具有较大的差别。现以外购材料业务为例，说明计划成本法下存货核算的主要会计处理。

企业外购的原材料,根据有关结算凭证付款或开出、承兑商业汇票时,按应计入材料采购成本的金额,借记"材料采购"科目,按实际支付或应支付的金额,贷记"银行存款"等科目。期末,将收料凭证按实际成本和计划成本分别汇总,按计划成本,借记"原材料"科目,贷记"材料采购"科目;将实际成本大于计划成本的差异,借记"材料成本差异"科目,贷记"材料采购"科目;实际成本小于计划成本的差异作相反的会计处理。

材料在发出时,将计划单位成本乘以发出数量,借记"生产成本"等科目,贷记"原材料"科目。期末,计算本期的材料成本差异分配率,确定本期发出存货应负担的成本差异,若应负担的成本差异为超支差异,借记"生产成本"等科目,贷记"材料成本差异"科目;若应负担的成本差异为节约差异,则作相反的会计处理。

【例4-15】中航制造原材料业务采用计划成本进行核算。9月份有关原材料业务资料如下。

(1)"原材料"科目月初余额为5 000 000元,"材料成本差异——原材料"科目月初余额为贷方150 000元,原材料的计划单价为10 000元。

(2)本月原材料购入业务如表4-6所示。

表4-6 材料采购明细表　　　　　　　　　　　　　　　　　　单位:元

收货单号	承付日	验收日	外购数量(件)	实际成本			增值税额(货物增值税税率为13%,运费为9%)	入库计划成本
				价款	运费	合计		
001	9月5日	9月7日	600	5 900 000	200 000	6 100 000	785 000	6 000 000
002	9月10日	9月11日	500	4 930 000	170 000	5 100 000	656 200	5 000 000
003	9月20日	9月22日	400	3 840 000	150 000	3 990 000	512 700	4 000 000

(3)本月原材料发出记录如下:9月9日生产车间生产产品领用600件;9月15日生产车间一般消耗领用100件。

据此应作如下会计处理。

①9月5日,承付采购材料款和运费时,应作会计分录为:

借:材料采购　　　　　　　　　　　　　　　　　　　　　　6 100 000
　　应交税费——应交增值税(进项税额)　　　　　　　　　　 785 000
　贷:银行存款　　　　　　　　　　　　　　　　　　　　　 6 885 000

②9月7日,材料验收入库时,应作会计分录为:

借:原材料　　　　　　　　　　　　　　　　　　　　　　　6 000 000
　贷:材料采购　　　　　　　　　　　　　　　　　　　　　 6 000 000

同时,结转入库材料成本差异:

借:材料成本差异——原材料　　　　　　　　　　　　　　　　100 000
　贷:材料采购　　　　　　　　　　　　　　　　　　　　　　 100 000

③9月9日,生产车间生产产品领用材料600件时,应作会计分录为:

借:生产成本　　　　　　　　　　　　　　　　　　　　　　6 000 000

贷：原材料　　　　　　　　　　　　　　　　　　　　　　　　　　6 000 000
④9月10日，承付采购材料款和运费时，应作会计分录为：
借：材料采购　　　　　　　　　　　　　　　　　　　　　　　　　5 100 000
　　应交税费——应交增值税（进项税额）　　　　　　　　　　　　　　656 200
　　贷：银行存款　　　　　　　　　　　　　　　　　　　　　　　　5 756 200
⑤9月11日，材料验收入库时，应作会计分录为：
借：原材料　　　　　　　　　　　　　　　　　　　　　　　　　　5 000 000
　　贷：材料采购　　　　　　　　　　　　　　　　　　　　　　　　5 000 000
同时，结转入库材料成本差异：
借：材料成本差异——原材料　　　　　　　　　　　　　　　　　　　100 000
　　贷：材料采购　　　　　　　　　　　　　　　　　　　　　　　　　100 000
⑥9月15日，生产车间一般消耗领用100件时，应作会计分录为：
借：制造费用　　　　　　　　　　　　　　　　　　　　　　　　　1 000 000
　　贷：原材料　　　　　　　　　　　　　　　　　　　　　　　　　1 000 000
⑦9月20日，承付采购材料款及运费时，应作会计分录为：
借：材料采购　　　　　　　　　　　　　　　　　　　　　　　　　3 990 000
　　应交税费——应交增值税（进项税额）　　　　　　　　　　　　　　512 700
　　贷：银行存款　　　　　　　　　　　　　　　　　　　　　　　　4 502 700
⑧9月22日，材料验收入库时，应作会计分录为：
借：原材料　　　　　　　　　　　　　　　　　　　　　　　　　　4 000 000
　　贷：材料采购　　　　　　　　　　　　　　　　　　　　　　　　4 000 000
同时，结转入库材料成本差异：
借：材料采购　　　　　　　　　　　　　　　　　　　　　　　　　　 10 000
　　贷：材料成本差异——原材料　　　　　　　　　　　　　　　　　　 10 000
⑨9月30日，分摊领用材料应负担的成本差异，计算如下：

$$\text{本月材料成本差异分配率} = \frac{-150\,000 + 100\,000 + 100\,000 - 10\,000}{5\,000\,000 + 6\,000\,000 + 5\,000\,000 + 4\,000\,000} \times 100\% = 0.2\%$$

$$\text{本月生产产品耗用材料应负担的成本差异} = 6\,000\,000 \times 0.2\% = 12\,000（元）$$

$$\text{本月生产车间一般消耗材料应负担的成本差异} = 1\,000\,000 \times 0.2\% = 2\,000（元）$$

借：生产成本　　　　　　　　　　　　　　　　　　　　　　　　　　　12 000
　　制造费用　　　　　　　　　　　　　　　　　　　　　　　　　　　 2 000
　　贷：材料成本差异——原材料　　　　　　　　　　　　　　　　　　 14 000

　　在会计实务中，为简化会计处理手续，平时在材料收入时，可以不必逐笔结转其成本差异，待期末将"材料采购"科目的借方、贷方记录进行对比，扣除尚未入库材料的实际成本后，将差异一次转入"材料成本差异"科目。

第四节　期末存货的计量

一、存货期末计量原则

资产负债表日，存货应当按照成本与可变现净值孰低计量。

当存货成本低于可变现净值时，存货按成本计量；当存货成本高于可变现净值时，存货按可变现净值计量，同时按照成本高于可变现净值的差额计提存货跌价准备，计入当期损益。

按照成本与可变现净值孰低计量，使存货更加符合资产的定义。当存货的可变现净值下跌至成本以下时，表明该存货给企业带来的未来经济利益低于其账面价值，因而应对存货计提减值准备，将这部分损失从资产价值中扣除，计入当期损益。否则，如果存货的可变现净值低于成本时，仍然以其成本计量，就会虚计资产。

二、存货的可变现净值

可变现净值是指在日常活动中，存货的估计售价减去至完工时将要发生的成本、估计的销售费用及相关税费后的金额。存货的可变现净值由存货的估计售价、至完工时将要发生的成本、估计的销售费用和估计的相关税费等内容构成。

（一）可变现净值的基本特征

（1）确定存货可变现净值的前提是企业在进行日常活动。如果企业不是在进行正常的生产经营活动，如企业处于清算过程，就不能按照《企业会计准则第1号——存货》的规定确定存货的可变现净值。

（2）存货可变现净值表现为存货预计未来净现金流量，而不是存货的售价或合同价。企业预计的销售存货现金流量，并不完全等于存货的可变现净值。存货在销售过程中可能发生的销售费用和相关税费及达到预定可销售状态还可能发生的加工成本等相关支出，构成现金流入的抵减项目。企业预计的销售存货现金流量，扣除这些抵减项目后，才能确定为存货的可变现净值。

（3）不同存货可变现净值的构成不同。

①产成品、商品和用于销售的材料等直接用于出售的商品存货，在正常生产经营过程中，应当以该存货的估计售价减去估计的销售费用和相关税费后的金额，确定其可变现净值。

②需要经过加工的材料存货，在正常生产经营过程中，应当以所生产的产成品的估计售价减去至完工时估计将要发生的成本、估计的销售费用和相关税费后的金额，确定其可变现净值。

（二）确定存货的可变现净值时应考虑的因素

企业在确定存货的可变现净值时，应当以取得的确凿证据为基础，并且考虑持有存货的目的、资产负债表日后事项的影响等因素。

1. 确定存货的可变现净值应当以取得确凿证据为基础

确定存货的可变现净值必须建立在取得的确凿证据的基础上。这里所说的"确凿证据"，是指对确定存货的可变现净值和成本有直接影响的客观证明。

（1）存货成本的确凿证据。存货成本的确凿证据是指对确定存货成本有直接影响的确凿证据，如存货的采购成本、加工成本和其他成本及以其他方式取得的存货的成本，应当以取得外来原始凭证、生产成本账簿记录等作为确凿证据。

（2）存货可变现净值的确凿证据。存货可变现净值的确凿证据是指对确定存货的可变现净值有直接影响的确凿证据，如产成品或商品的市场销售价格、与产成品或商品相同或类似商品的市场销售价格、销售方提供的有关资料、生产成本资料等。

2. 确定存货的可变现净值应当考虑持有存货的目的

企业持有存货的目的不同，其确定存货可变现净值的计算方法也有差别。企业持有存货通常有以下几个目的：为生产而持有，如库存的各种材料、加工中的产品等；为执行销售合同或劳务合同而持有，如产成品、商品和用于出售的材料等。企业应当按照持有存货的不同目的，分别确定其可变现净值。

3. 确定存货的可变现净值应当考虑资产负债表日后事项的影响

确定存货的可变现净值时，应当以资产负债表日所取得的可靠证据估计的售价为基础，并考虑持有存货的目的，资产负债表日至财务会计报告批准报出日之间存货售价发生波动的，如有确凿证据表明其对资产负债表日存货已经存在的情况提供了新的或进一步的证据，则在确定存货可变现净值时应当予以考虑，否则，不应予以考虑。

（三）通常表明存货的可变现净值低于成本的情形

（1）存货出现下列情形之一的，通常表明存货的可变现净值低于成本。

①该存货的市场价格持续下跌，并且在可预见的未来没有回升的希望。

②企业使用该项原材料生产的产品的成本大于产品的销售价格。

③企业因产品更新换代，原有库存原材料已不适应新产品的需要，而该原材料的市场价格又低于其账面成本。

④因企业所提供的商品或劳务过时或消费者偏好改变而使市场的需求发生变化，导致市场价格逐渐下跌。

⑤其他足以证明该项存货实质上已经发生减值的情形。

（2）存货存在下列情形之一的，表明存货的可变现净值为零。

①已霉烂变质的存货。

②已过期且无转让价值的存货。

③生产中已不再需要，并且已无使用价值和转让价值的存货。

④其他足以证明已无使用价值和转让价值的存货。

需要注意的是,资产负债表日,同一项存货中一部分有合同价格约定、其他部分不存在合同价格的,应当分别确定其可变现净值,并与其相对应的成本进行比较,分别确定存货跌价准备的计提或转回的金额,由此计提的存货跌价准备不得相互抵销。

三、存货可变现净值的确定

(一)确定存货的估计售价

在确定存货的可变现净值时,关键是要确定估计售价。企业应当区别如下情况确定存货的估计售价。

(1)为执行销售合同或劳务合同而持有的存货,通常应当以产成品或商品的合同价格作为其可变现净值的计算基础。

【例4-16】11月1日,中航制造与丁公司签订了一份不可撤销的销售合同,双方约定,中航制造应按每台13万元的价格向丁公司提供M1型机器100台。

12月31日,中航制造M1型机器的成本为1 000万元,数量为100台,单位成本为10万元/台。M1型机器的市场销售价格为12万元/台。假定不考虑销售费用和相关税费。

扩展阅读4-8

可变现净值的
确定教学视频

根据中航制造与丁公司签订的销售合同规定,该批M1型机器的销售价格已由销售合同约定,并且其库存数量等于销售合同约定的数量,因此,计算M1型机器的可变现净值应以销售合同约定的价格1 300(13×100)万元作为计算基础。

(2)如果企业持有存货的数量多于销售合同订购数量,超出部分的存货可变现净值应当以产成品或商品的一般销售价格(即市场销售价格)作为计算基础。

(3)如果企业持有存货的数量少于销售合同订购数量,该存货应以销售合同所规定的价格作为可变现净值的计算基础。如果该合同为亏损合同,还应同时按照《企业会计准则第13号——或有事项》(CAS13)的规定处理。

(4)没有销售合同约定的存货(不包括用于出售的材料),其可变现净值应当以产成品或商品的一般销售价格作为计算基础。

(5)用于出售的材料等,通常以材料的市场价格作为其可变现净值的计算基础。如果用于出售的材料存在销售合同约定,其可变现净值应当以合同价格作为计算基础。

(二)确定存货的可变现净值

1. 为执行销售合同而持有存货可变现净值的确定

为执行销售合同而持有的以备出售的存货,应当以该存货估计售价减去估计的销售费用和相关税费后的金额,确定其可变现净值。

【例4-17】20×2年11月25日,中航制造与丁公司签订销售合同,约定20×3年1

月6日向丁公司销售M3型机器200台,每台售价(不含增值税)为5 000元。20×2年12月31日,中航制造库存M3型机器300台,每台单位成本为3 200元,市场销售价格(不含增值税)为每台4 800元,预计每台销售费用和相关税费共计80元。不考虑其他因素,20×2年12月31日中航制造库存M3型机器的可变现净值为:

M3型机器的可变现净值=(5 000×200+4 800×100)-80×300=1 456 000(元)

2. 为生产产品而持有的存货可变现净值的确定

为生产产品而持有的存货如原材料等,持有目的是为了生产耗用而不是出售,其可变现净值应当以所生产的产成品的估计售价减去至完工时将要发生的成本、估计的销售费用和相关税费后的金额进行确定。

【例4-18】12月31日,中航制造库存N材料的账面成本为120万元,单位成本为1.2万元/件,数量为100件,可用于生产100台W2型机器。N材料的市场销售价格为1.1万元/件。假定不发生其他销售费用。

N材料市场销售价格下跌,导致用N材料生产的W2型机器的市场销售价格也下跌,由此造成W2型机器的市场销售价格由3万元/台降为2.7万元/台,但生产成本仍为2.8万元/台。将每件N材料加工成W2型机器尚需投入1.6万元,估计发生运杂费等销售费用为0.1万元/台。

首先,计算用N材料所生产的产成品的可变现净值。

W2型机器的可变现净值=W2型机器估计售价-估计销售费用-估计相关税费
=2.7×100-0.1×100=260(万元)

其次,将用N材料所生产的产成品的可变现净值与其成本进行比较。

W2型机器的可变现净值260万元小于其成本280万元,即N材料价格的下降表明W2型机器的可变现净值低于成本,因此N材料应当按可变现净值计量。

最后,计算N材料的可变现净值。

N材料的可变现净值=W2型机器的售价总额-将N材料加工成W2型机器尚需投入的成本-估计销售费用-估计相关税费=2.7×100-1.6×100-0.1×100=100(万元)

N材料的可变现净值100万元小于其成本120万元,因此N材料的期末价值应为其可变现净值100万元,即N材料应按100万元列示在资产负债表存货项目之中。

四、存货跌价准备的计提与核算

在确定存货的可变现净值并与其成本进行比较时,按照比较的范围不同,划分为三种存货跌价准备计提方法。

(一)存货跌价准备的计提方法

1. 按单个存货项目计提存货跌价准备

企业通常应当按照单个存货项目计提存货跌价准备。在这种计提方式下,企业应当将每个存货项目的成本与其可变现净值逐一进行比较,按较低者计量存货,并且按可变现净值低于成本的差额,计提存货跌价准备。

2. 按存货类别计提存货跌价准备

对于数量繁多、单价较低的存货，可以按照存货类别计提存货跌价准备。在这种计提方式下，企业应当将每类存货的成本总额和可变现净值总额进行比较，每个存货类别均取较低者确定存货期末价值。

3. 合并计提存货跌价准备

与在同一地区生产和销售的产品系列相关、具有相同或类似最终用途或目的，且难以将其与其他项目分开计量的存货，可以合并计提存货跌价准备。存货具有相同或类似最终用途或目的，并在同一地区生产和销售，意味着存货所处的经济环境、法律环境、市场环境等相同，可以对该存货进行合并计提存货跌价准备。

（二）存货跌价准备的核算

资产负债表日，存货发生减值的，按存货的可变现净值低于成本的差额，借记"资产减值损失"科目，贷记"存货跌价准备"科目。

每个资产负债表日，企业应当确定存货的可变现净值，以前减记存货价值的影响因素已经消失的，减记的金额应当予以恢复，并在原已计提的存货跌价准备金额内转回，转回的金额计入当期损益。即按照转回的金额，借记"存货跌价准备"科目，贷记"资产减值损失"科目。

企业计提了存货跌价准备后，如果其中有部分存货因销售等转出，则企业在结转销售成本时，应同时转销对其已计提的存货跌价准备，借记"存货跌价准备"科目，贷记"主营业务成本"等科目。如果企业之前不是按单个存货项目而是按存货类别计提存货跌价准备的，应按照所结转存货的成本占该类存货总成本（未结转前）的比例结转相应的存货跌价准备。

【例4-19】9月30日，中航制造某类库存商品账面余额为5 800 000元，预计可变现净值为5 680 000元，应计提存货跌价准备120 000元。据此应作会计分录为：

借：资产减值损失　　　　　　　　　　　　　　　　　　　120 000
　　贷：存货跌价准备　　　　　　　　　　　　　　　　　　　120 000

10月31日，上述库存商品账面余额为5 800 000元，预计可变现净值为5 660 000元，中航制造补提存货跌价准备20 000元。据此应作会计分录为：

借：资产减值损失　　　　　　　　　　　　　　　　　　　 20 000
　　贷：存货跌价准备　　　　　　　　　　　　　　　　　　　 20 000

12月31日，中航制造的上述商品的可变现净值有所恢复，账面余额为5 800 000元，预计可变现净值为5 812 000元，中航制造应转回已计提的存货跌价准备140 000元。据此应作会计分录为：

借：存货跌价准备　　　　　　　　　　　　　　　　　　　140 000
　　贷：资产减值损失　　　　　　　　　　　　　　　　　　　140 000

【例4-20】6月15日，中航制造出售一批原材料，增值税专用发票上注明的价款为100 000元，增值税为13 000元，款项存入银行。该批原材料的账面余额为90 000元，已计提的跌价准备为 3 000 元。据此应作会计分录为：

借：银行存款 113 000
　　贷：其他业务收入 100 000
　　　　应交税费——应交增值税（销项税额） 13 000
借：其他业务成本 87 000
　　存货跌价准备 3 000
　　贷：原材料 90 000

【例 4-21】5 月 31 日，中航制造库存商品有关资料如表 4-7 所示。假设中航制造在此之前没有对存货计提跌价准备，采用不同方法计提存货跌价准备及会计处理如下。

表 4-7　存货跌价准备计算表

20×2 年 5 月 31 日　　　　　　　　　　　　　　　　单位：万元

商品	数量/kg	成本		可变现净值		单项计提		分类计提		合并计提	
		单价	总额	单价	总额	账面价值	存货跌价准备	账面价值	存货跌价准备	账面价值	存货跌价准备
第一组商品											
A	400	4.00	1 600.00	4.10	1 640.00	1 600.00	0				
B	100	3.90	390.00	3.88	388.00	388.00	2.00				
小计			1 990.00		2 028.00	1 988.00	2.00	1 990.00	0		
第二组商品											
C	500	5.10	2 550.00	5.00	2 500.00	2 500.00	50.00				
D	300	4.95	1 485.00	4.90	1 470.00	1 470.00	15.00				
小计			4 035.00		3 970.00	3 970.00	65.00	3 970.00	65.00		
第三组商品											
E	200	3.50	700.00	3.40	680.00	680.00	20.00				
F	150	3.45	517.50	3.60	540.00	517.50	0				
小计			1 217.50		1 220.00	1 197.50	20.00	1 217.50	0		
总计			7 242.50		7 218.00	7 155.50	87.00	7 177.50	65.00	7 218.00	24.50

（1）按单项存货计提存货跌价准备时，应作会计分录为：

借：资产减值损失 870 000
　　贷：存货跌价准备——B 20 000
　　　　　　　　　　——C 500 000
　　　　　　　　　　——D 150 000
　　　　　　　　　　——E 200 000

（2）按存货类别计提存货跌价准备时，应作会计分录为：

借：资产减值损失 650 000

  贷：存货跌价准备——第二组商品   650 000
 （3）合并计提存货跌价准备，应作会计分录为：
借：资产减值损失   245 000
  贷：存货跌价准备   245 000

五、存货盘亏或毁损的处理

  存货发生的盘亏或毁损，应作为待处理财产损溢进行核算。按管理权限报经批准后，根据造成存货盘亏或毁损的原因，分别以以下情况进行处理。
  （1）属于计量收发差错和管理不善等原因造成的存货短缺，应先扣除残料价值、可以收回的保险赔偿和过失人赔偿，将净损失计入当期管理费用。
  （2）由于自然灾害等非常原因所造成的存货毁损，应先扣除处置收入（如残料价值）、可以收回的保险赔偿和过失人赔偿，将净损失计入当期的营业外支出。
  如盘盈或盘亏存货在期末结账前尚未批准的，对外提供财务会计报告时先按上述规定处理，并在会计报表附注中说明；如其后批准处理的金额与已处理的金额不一致，调整当期会计报表相关项目的年初数。
  【例4-22】12月31日，中航制造对外购Z材料进行盘点，发现盘亏1 000kg，实际单位成本20元。经调查，这些盘亏中300kg属于管理不善造成的毁损，应由保管员赵域赔偿5 000元；700kg属于暴雨导致的毁损，应由保险公司赔偿12 000元；剩余部分按会计规定处理。适用的增值税税率为13%。据此应作如下会计处理。
  （1）批准前，应作会计分录为：
借：待处理财产损溢——待处理流动资产损溢   20 780
  贷：原材料   20 000
    应交税费——应交增值税（进项税额转出）[（1 000-700）×20×13%] 780
  （2）批准后，应作会计分录为：
借：其他应收款——赵域   5 000
    ——保险公司   12 000
  营业外支出   2 000
  管理费用   1 780
  贷：待处理财产损溢——待处理流动资产损溢   20 780

练 习 题

练习题1

一、目的：
练习存货取得的核算（按实际成本计价）。

二、资料：

中原装备 8 月份存货取得业务如下。

（1）8 月 1 日，收到投资人 L 公司投入的甲材料一批，投资合同约定：甲材料的价值为 100 万元；L 公司不开具增值税专用发票；该项投资全部计入实收资本。

（2）8 月 3 日，购入甲材料一批，取得的增值税专用发票上注明价款为 2 000 000 元，增值税额为 260 000 元。购进材料应负担运费为 16 350 元，其中包含准予抵扣的增值税 1 350 元。所有款项已经用银行存款支付，材料验收入库。

（3）8 月 5 日，购入乙材料一批，合同标明不含税价款为 550 000 元，增值税税率为 13%。购销双方约定的折扣条件为 2/10，n/30（"中原装备"采用净价法处理该现金折扣）。开出现金支票，支付某个体户该批材料运费为 2 000 元，没有取得运费增值税专用发票。材料尚未到达公司。

（4）8 月 12 日，购进的乙材料全部验收入库，中原装备用银行存款支付货款。

（5）8 月 18 日，购入丙材料 20 吨，每吨含税价为 1 130 元（其中可抵扣增值税 130 元），每吨运费为 109 元（其中可抵扣增值税 9 元）。中原装备开出、承兑银行承兑汇票偿付货款和运费。丙材料尚未到达企业。

（6）8 月 20 日，购进的丙材料运达公司，验收入库的合格品为 19t，定额内损耗为 0.1t，毁损为 0.9t，原因待查。

（7）8 月 28 日，经查明原因，丙材料毁损属于运输部门的责任，双方协商确定由运输部门全价赔偿，款项尚未收到。

三、要求：

根据上述资料，编制中原装备有关的会计分录。

练习题 2

一、目的：

练习发出存货按实际成本计价的计量方法。

二、资料：

中原装备生产某种产品只耗用一种丁材料，假设该公司期初丁材料为 3 000kg，总成本 2 400 000 元。本期丁材料收发情况如表 4-8 所示。

表 4-8　丁材料购进与发出情况表

日期	购	进	日期	发	出
8.01	1 200kg	单价 850 元	8.08	1 000kg	
8.12	800kg	单价 845 元	8.14	2 200kg	
8.23	900kg	单价 800 元	8.26	2 000kg	

三、要求：

根据上述资料，分别采用先进先出法、加权平均法计算中原装备本期发出和结存丁材料的成本。

练习题 3

一、目的：
练习存货按计划成本计价的核算。

二、资料：
假设中原装备对其存货按照计划成本进行核算。8月1日，库存甲材料 3 000kg，单位计划成本 200 元，期初材料成本差异率为 1.5%。8月份发生的经济业务如下。

（1）8月3日，以商业承兑汇票方式购入甲材料 4 000kg，单位实际成本为 210 元，尚未到达入库。

（2）8月16日，收到上述材料，验收入库时发现短缺 350kg。当日查明，50kg 属于运输途中定额内损耗；200kg 属于物流公司责任；100kg 属于供应单位责任；物流公司和供应单位承诺赔付。

（3）8月20日，以银行存款购入甲材料 5 000kg，单位实际成本为 198 元，材料已验收入库。

（4）8月31日，根据本月领料单编制发料凭证汇总表，为生产产品领用甲材料 6 000kg，生产部门一般性消耗领用 2 000kg，管理部门领用 1 000kg，出售原材料 1 000kg。

三、要求：
根据上述资料，编制中原装备有关的会计分录（假设不考虑增值税，保留两位小数）。

练习题 4

一、目的：
练习存货跌价准备的核算。

二、资料：
中原装备期末存货按照成本与可变现净值孰低计量，并按单项存货计提存货跌价准备。该公司年审会计师在对其 20×2 年存货项目进行审计时，对以下交易和事项的会计处理提出疑问。

20×2 年 10 月 31 日，中原装备库存 20 件 M 配件用于生产 W2 型产品。该批 M 配件的成本为 160 万元，可用于生产 W2 型产品 20 台，中原装备将该批 M 配件加工成 20 台 W2 型产品尚需投入 115 万元。该批 M 配件的市场销售价格总额为 130 万元，估计销售费用总额为 2 万元。中原装备目前尚无 W2 型产品订单。W2 型产品的市场销售价格（不含税）为每台 13.6 万元，成本为每台 13.5 万元，估计销售费用为每台 0.2 万元。由于 M 配件出现减值迹象，中原装备对 M 配件进行减值测试，假设测试前"存货跌价准备——M 配件"科目的余额为 0。

中原装备对 M 配件进行减值测试，并编制了相应的会计分录。

① M 配件的可变现净值 =130−2=128（万元）。

② M 配件的成本为 160 万元，可变现净值低于成本，应计提存货跌价准备 32 万元。

③会计分录为：

借：资产减值损失　　　　　　　　　　　　　　　　　　　　　　　320 000
　　贷：存货跌价准备——M配件　　　　　　　　　　　　　　　　　　　320 000

三、要求：

根据上述资料，判断中原装备会计处理是否正确；如不正确，简要说明理由，并编制有关差错更正的会计分录（假设所有差错更正均按当期差错处理，不考虑损益的结转，不考虑所得税的影响）。

案例分析

即测即评

准则实录

第五章 金融资产

本章学习提示

本章重点：金融资产的分类、以摊余成本计量的金融资产、以公允价值计量且其变动计入当期损益的金融资产、以公允价值计量且其变动计入其他综合收益的金融资产的核算

本章难点：摊余成本的确定、金融资产减值的核算

本章导入案例

2022年4月2日，万集科技（股票代码：300552）基于公司智能网联业务发展，为进一步增强交通智慧化的全息感知及解决方案能力，公司拟与上海济达交通科技有限公司签订《北京万集科技股份有限公司与上海济达交通科技有限公司之投资协议》，以自有资金向上海济达增资人民币1 636.00万元，本次增资后，万集科技持该公司股份比例为12%。按照目前的企业会计准则，万集科技的投资是否属于金融资产？如果属于金融资产，应作为哪种金融资产并如何进行核算？

资料来源：作者根据万集科技2022年4月2日"关于对外投资暨增资上海济达交通科技有限公司的公告"整理编写。

第一节 金融资产概述

一、金融资产的定义

金融工具是指形成一个企业的金融资产并形成其他单位的金融负债或权益工具的合同，包括金融资产、金融负债和权益工具。其中，合同的形式多种多样，可以是书面的，也可以不采用书面形式。实务中的金融工具合同通常采用书面形式。非合同的资产和负债不属于金融工具。例如，应交所得税是企业按照税收法规规定承担的义务，不是以合同为基础的义务，因此不符合金融工具定义。

金融工具可分为基础金融工具和衍生工具。其中：基础金融工具包括企业持有的现金、存放于金融机构的款项、普通股及代表在未来期间收取或支付金融资产的合同权利或义务

等，如应收账款、应付账款、其他应收款、其他应付款、存出保证金、存入保证金、客户贷款、客户存款、债券投资、应付债券等。衍生工具是指具有下列特征的金融工具或其他合同：①其价值随特定利率、证券价格、商品价格、汇率、价格或利率指数、信用等级或信用指数、或类似变量的变动而变动；②不要求初始净投资，或者与对市场条件变动具有类似反应的其他类型合同相比，要求较少的净投资；③在未来某一日期结算。衍生工具包括远期合同、期货合同、互换和期权及具有远期合同、期货合同、互换和期权中一种或一种以上特征的工具。

金融资产属于企业资产的重要组成部分，是指企业持有的现金、其他方的权益工具及符合下列条件之一的资产。

（1）从其他方收取现金或其他金融资产的合同权利。例如，企业的银行存款、应收账款、应收票据和贷款等均属于金融资产。再如，预付账款不是金融资产，因其产生的未来经济利益是商品或服务，不是收取现金或其他金融资产的权利。

（2）在潜在有利条件下，与其他方交换金融资产或金融负债的合同权利。例如，企业持有的看涨期权或看跌期权等。

（3）将来须用或可用企业自身权益工具进行结算的非衍生工具合同，且企业根据该合同将收到可变数量的自身权益工具。

（4）将来须用或可用企业自身权益工具进行结算的衍生工具合同，但以固定数量的自身权益工具交换固定金额的现金或其他金融资产的衍生工具合同除外。其中，企业自身权益工具不包括应当按照《企业会计准则第37号——金融工具列报》（CAS37）分类为权益工具的可回售工具或发行方仅在清算时才有义务向另一方按比例交付其净资产的金融工具，也不包括本身就要求在未来收取或交付企业自身权益工具的合同。

根据以上定义，金融资产通常指企业的下列资产：库存现金、银行存款、应收账款、应收票据、其他应收款项、股权投资、债权投资、衍生工具形成的资产等。

本章不涉及以下金融资产的会计处理：①衍生工具形成的金融资产，其会计处理见本系列教材《高级财务会计学》；②货币资金，其会计处理见本教材第二章"货币资金"；③应收票据、应收账款、其他应收款等应收款项，其会计处理见本教材第三章"应收款项"；④长期股权投资，其会计处理见本教材第六章"长期股权投资"。

二、金融资产的分类

金融资产的分类是确认和计量的基础。对金融资产的分类一经确定，不得随意变更。企业应当根据其管理金融资产的业务模式和金融资产的合同现金流量特征，对金融资产进行分类。

（一）企业管理金融资产的业务模式

1. 业务模式评估

企业管理金融资产的业务模式是指企业如何管理其金融资产以产生现金流量。业务模式决定企业所管理金融资产现金流量的来源是收取合

扩展阅读5-1

对业务模式的深度解析

同现金流量、出售金融资产还是两者兼有。一个企业可能会采用多个业务模式管理其金融资产。例如，企业持有一组以收取合同现金流量为目标的投资组合，同时还持有另一组既以收取合同现金流量为目标、又以出售该金融资产为目标的投资组合。

企业确定其管理金融资产的业务模式时，应当注意以下五个方面。

（1）企业应当在金融资产组合的层次上确定管理金融资产的业务模式，而不必按照单个金融资产逐项确定业务模式。金融资产组合的层次应当反映企业管理该金融资产的层次。有些情况下，企业可能将金融资产组合分拆为更小的组合，以合理反映企业管理该金融资产的层次。例如，企业购买一个抵押贷款组合，以收取合同现金流量为目标管理该组合中的一部分贷款，以出售为目标管理该组合中的其他贷款，则属于这种情况。

（2）一个企业可能会采用多个业务模式管理其金融资产。例如，企业持有一组以收取合同现金流量为目标的投资组合，同时还持有另一组既以收取合同现金流量为目标、又以出售该金融资产为目标的投资组合。

（3）企业应当以企业关键管理人员决定的对金融资产进行管理的特定业务目标为基础，确定管理金融资产的业务模式。其中，关键管理人员指有权力并负责计划、指挥和控制企业活动的人员。

（4）企业的业务模式并非企业自愿指定，而是一种客观事实，通常可以从企业为实现其设定目标而开展的特定活动中得以反映。企业应当考虑在业务模式评估日可获得的所有相关证据，包括企业评价和向关键管理人员报告金融资产业绩的方式、影响金融资产业绩的风险及其管理方式及相关业务管理人员获得报酬的方式（例如，报酬是基于所管理资产的公允价值还是所收取的合同现金流量）。

（5）企业不得以合理预期不会发生的情形为基础确定。例如，对于某金融资产组合，如果企业预期仅会在压力情形下将其出售，且企业合理预期该压力情形不会发生，则该压力情形不得影响企业对该类金融资产的业务模式的评估。

此外，如果金融资产实际现金流量的实现方式不同于评估业务模式时的预期（如企业出售的金融资产数量超出或少于在对资产作出分类时的预期），只要企业在评估业务模式时已经考虑了当时所有可获得的相关信息，这一差异不构成企业财务报表的前期差错，也不改变企业在该业务模式下持有的剩余金融资产的分类。但是，企业在评估新的金融资产的业务模式时，应当考虑这些信息。

2. 以收取合同现金流量为目标的业务模式

在以收取合同现金流量为目标的业务模式下，企业管理金融资产旨在通过在金融资产存续期内收取合同付款来实现现金流量，而不是通过持有并出售金融资产产生整体回报。

【例 5-1】中航制造购买了一个贷款组合，且该组合中包含已发生信用减值的贷款。如果贷款不能按时偿付，中航制造将通过各类方式尽可能实现合同现金流量，如通过邮件、电话或其他方法与借款人联系催收。同时，中航制造签订了一项利率互换合同，将贷款组合的利率由浮动利率转换为固定利率。

本例中，中航制造管理该贷款组合的业务模式是以收取合同现金流量为目标。即使中航制造预期无法收取全部合同现金流量（部分贷款已发生信用减值），但并不影响其业务模式。此外，中航制造签订利率互换合同也不影响贷款组合的业务模式。

3. 以收取合同现金流量和出售金融资产为目标的业务模式

在以收取合同现金流量和出售金融资产为目标的业务模式下，企业的关键管理人员认为收取合同现金流量和出售金融资产对于实现其管理目标而言都是不可或缺的。例如，企业的目标是管理日常流动性需求同时维持特定的收益率或将金融资产的存续期与相关负债的存续期进行匹配。

与以收取合同现金流量为目标的业务模式相比，此业务模式涉及的出售通常频率更高、价值更大。因为出售金融资产是此业务模式的目标之一，在该业务模式下不存在出售金融资产的频率或价值的明确界限。

4. 其他业务模式

如果企业管理金融资产的业务模式，不是以收取合同现金流量为目标，也不是既以收取合同现金流量、又出售金融资产来实现其目标，则该企业管理金融资产的业务模式是其他业务模式。例如，企业持有金融资产的目的是交易性的或基于金融资产的公允价值作出决策并对其进行管理。在这种情况下，企业管理金融资产的目标是通过出售金融资产以实现现金流量。即使企业在持有金融资产的过程中会收取合同现金流量，企业管理金融资产的业务模式也不是既以收取合同现金流量、又出售金融资产来实现其目标，因为收取合同现金流量对实现该业务模式目标来说只是附带性质的活动。

（二）金融资产的合同现金流量特征

金融资产的合同现金流量特征是指金融工具合同约定的、反映相关金融资产经济特征的现金流量属性。企业分类为以摊余成本计量的金融资产和以公允价值计量且其变动计入其他综合收益的金融资产，其合同现金流量特征，应当与基本借贷安排相一致。即相关金融资产在特定日期产生的合同现金流量仅为对本金和以未偿付本金金额为基础的利息的支付。其中，本金是指金融资产在初始确认时的公允价值，本金金额可能因提前还款等原因在金融资产的存续期内发生变动；利息包括对货币时间价值、与特定时期未偿付本金金额相关的信用风险以其他基本借贷风险、成本和利润的对价。货币时间价值是利息要素中仅因为时间流逝而提供对价的部分，不包括为所持有金融资产的其他风险或成本提供的对价，但货币时间价值要素有时可能存在修正。在货币时间价值要素存在修正的情况下，企业应当对相关修正进行评估，以确定其是否满足上述合同现金流量特征的要求。此外，金融资产包含可能导致其合同现金流量的时间分布或金额发生变更的合同条款（如包含提前还款特征）的，企业应当对相关条款进行评估（如评估提前还款特征的公允价值是否非常小），以确定其是否满足上述合同现金流量特征的要求。

（三）金融资产的具体分类

1. 以摊余成本计量的金融资产

金融资产同时符合下列条件的，应当分类为以摊余成本计量的金融资产：①企业管理该金融资产的业务模式是以收取合同现金流量为目标；

扩展阅读 5-2

对金融资产分类的深入解析

②该金融资产的合同条款规定，在特定日期产生的现金流量，仅为对本金和以未偿付本金金额为基础的利息的支付。

该类金融资产一般包括应收款项和债权投资。应收款项主要是指企业在日常经营活动中形成的收回期限不超过一年的债权，具体包括应收票据、应收账款、应收股利、应收利息、其他应收款等。对于正常商业往来形成的具有一定信用期限的应收账款，如果企业拟根据应收账款的合同现金流量收取现金且不打算提前处置，则应将该应收账款分类为以摊余成本计量的金融资产。债权投资主要是指债券购买人（债权人）以购买债券的形式投放资本，到期向债券发行人（债务人）收取固定的利息及收回本金的一种投资方式。普通债券的合同现金流量是到期收回本金及按约定利率在合同期间按时收取固定或浮动利息，在没有其他特殊安排的情况下，普通债券通常可能符合本金加利息的合同现金流量特征。如果企业管理该债券的业务模式是以收取合同现金流量为目标，则该债券可以分类为以摊余成本计量的金融资产。

2. 以公允价值计量且其变动计入其他综合收益的金融资产

金融资产同时符合下列条件的，应当分类为以公允价值计量且其变动计入其他综合收益的金融资产：①企业管理该金融资产的业务模式既以收取合同现金流量为目标、又以出售该金融资产为目标；②该金融资产的合同条款规定，在特定日期产生的现金流量，仅为对本金和以未偿付本金金额为基础的利息的支付。例如，企业对持有的公司债券、政府债券、应收账款等金融资产，进行管理的业务模式既以收取合同现金流量为目标，又以出售该金融资产为目标，则应将上述金融资产分类为以公允价值计量且其变动计入其他综合收益的金融资产。

3. 以公允价值计量且其变动计入当期损益的金融资产

以摊余成本计量的金融资产和以公允价值计量且其变动计入其他综合收益的金融资产之外的金融资产，企业应当将其分类为以公允价值计量且其变动计入当期损益的金融资产。例如，企业持有的普通股股票的合同现金流量是收取被投资企业未来股利分配及其清算时获得剩余收益的权利，由于股利及获得剩余收益的权利均不符合本金和利息的定义，因此企业持有的普通股股票应当分类为以公允价值计量且其变动计入当期损益的金融资产。

（四）金融资产分类的特殊规定

权益工具投资的合同现金流量评估一般不符合基本借贷安排，因此只能分类为以公允价值计量且其变动计入当期损益的金融资产。然而在初始确认时，企业可以将非交易性权益工具投资指定为以公允价值计量且其变动计入其他综合收益的金融资产，并按规定确认股利收入。该指定一经作出，不得撤销。企业投资其他上市公司股票或非上市公司股权的，都可能属于这种情形。

扩展阅读5-3

金融资产分类反映的倾向

第二节 债权投资

债权投资是指业务管理模式为在特定日期收取合同现金流量、且以摊余成本计量的金融资产,主要指企业购入的各种普通债券。企业购入的债券,一般都有固定的到期日,且到期的金额能够确定,在特定日期产生的现金流量,仅为本金和利息,符合以摊余成本计量的金融资产的确认条件,以债权投资反映。

一、债权投资的初始计量

企业应按其取得时的公允价值与相关交易费用之和对以摊余成本计量的债权投资进行初始计量。如果实际支付的价款中包含已到付息期但尚未领取的债券利息,应确认为应收项目,通过"应收利息"单独反映,不计入以摊余成本计量的债权投资的取得成本。

对于一般企业而言,应设置"债权投资"科目核算企业以摊余成本计量的债权投资的账面余额,并按照以摊余成本计量的债权投资的类别和品种,分别设置"成本""利息调整""应计利息"等明细科目,进行明细核算。其中:"成本"明细科目反映以摊余成本计量的债权投资的面值;"利息调整"明细科目反映该金融资产取得成本与面值的差额及按照实际利率法分期摊销后该差额的摊余金额;"应计利息"明细科目反映企业购入的到期一次还本付息债券计提的票面利息和实际支付价款中包含的应计利息。以摊余成本计量的债权投资发生减值的,应设置"债权投资减值准备"科目。

以摊余成本计量的债权投资初始确认时,应当计算确定其实际利率,并在资产预期存续期间或适用的更短期间内保持不变。

二、债权投资的后续计量

按照《企业会计准则第 22 号——金融工具确认和计量》(CAS22)的规定,企业应当采用实际利率法,按摊余成本对以摊余成本计量的金融资产进行后续计量。

(一)实际利率法

实际利率法是指计算金融资产的摊余成本及将利息收入或利息费用分摊计入各会计期间的方法。

实际利率是指将金融资产在预计存续期的估计未来现金流量,折现为该金融资产账面余额(不考虑减值)所使用的利率。在确定实际利率时,应当在考虑金融资产所有合同条款(如提前还款、展期、看涨期权或其他类似期权等,下同)的基础上估计预期现金流量,但不应当考虑预期信用损失。

经信用调整的实际利率是指将购入或源生的已发生信用减值的金融资产在预计存续期的估计未来现金流量,折现为该金融资产摊余成本的利率。在确定经信用调整的实际利率时，应当在考虑金融资产的所有合同条款及初始预期信用损失的基础上估计预期现金流量。

企业通常能够可靠估计金融资产的现金流量和预计存续期。在极少数情况下，金融资产的估计未来现金流量或预计存续期无法可靠估计的，企业在计算确定其实际利率（或经信用调整的实际利率）时，应当基于该金融资产在整个合同期内的合同现金流量。

合同各方之间支付或收取的、属于实际利率或经信用调整的实际利率组成部分的各项费用、交易费用及溢价或折价等，应当在确定实际利率或经信用调整的实际利率时予以考虑。

（二）摊余成本与投资收益的确定

金融资产的摊余成本是指金融资产的初始确认金额经调整后的结果，其计算公式为：

金融资产摊余成本 = 金融资产的初始确认金额 − 已偿还的本金 ± 采用实际利率法将初始确认金额与到期日金额之间的差额进行摊销形成的累计摊销额 − 计提的累计信用减值准备

如何理解"加上或减去采用实际利率法将该初始确认金额与到期日金额之间的差额进行摊销形成的累计摊销额"？如图 5-1 所示。

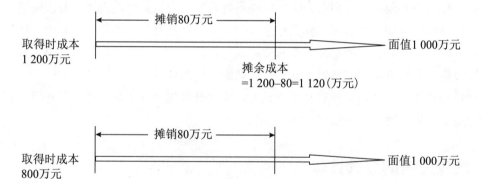

图 5-1 摊余成本概念的理解图示

本期期初摊余成本即为上期期末摊余成本。对于以摊余成本计量的金融资产来说，摊余成本即为其账面价值。对于投资者或筹资者而言，如果实际利率和票面利率不同，摊余成本可以反映其实际应享有或承担的债权或债务。

在以摊余成本计量的金融资产既不存在已偿还的本金，也没有发生减值的情况下，摊余成本可简化表述如下：

摊余成本 = 以摊余成本计量的金融资产初始确认金额 ± 利息调整累计摊销额

或　　　 = 以摊余成本计量的金融资产面值 ± 利息调整余额

企业应当在以摊余成本计量的债权投资的持有期间，采用实际利率法，按照摊余成本和实际利率计算确认利息收入，贷记"投资收益"科目，按票面利率计算的票面利息借记

"债权投资——应计利息"或"应收利息"科目,两者的差额计入"债权投资——利息调整"科目。若债券实际利率与票面利率差别较小的,也可按票面利率计算利息收入,计入投资收益。

企业处置以摊余成本计量的债权投资时,应将所取得的价款与其账面价值之间的差额计入当期损益。

【例5-2】中航制造20×2年1月1日支付价款1 000万元(含交易费用)从上海证券交易所购入甲公司同日发行的5年期公司债券12 500份,债券票面价值总额为1 250万元,票面年利率为4.72%,于年末支付本年度债券利息(即每年利息为59万元),本金在债券到期时一次性偿还。合同约定,该债券的发行方在遇到特定情况时可以将债券赎回,且不需要为提前赎回支付额外款项。中航制造在购买该债券时,预计发行方不会提前赎回。中航制造根据其管理该债券的业务模式和该债券的合同现金流量特征,将该债券分类为以摊余成本计量的金融资产。

假定不考虑所得税、减值损失等因素,计算该债券的实际利率r:

$59\times(1+r)^{-1}+59\times(1+r)^{-2}+59\times(1+r)^{-3}+59\times(1+r)^{-4}+(59+1\,250)\times(1+r)^{-5}=1\,000$(万元)。

采用插值法,可以计算得出$r=10\%$。

据此,中航制造编制各年摊余成本计算表如表5-1所示。

表5-1 实际利率法下摊余成本计算表　　　　　　　　　　　　　单位:万元

年份	期初摊余成本(A)	实际利息收入(B=A×10%)	现金流入(C)	期末摊余成本(D=A+B-C)
20×2年	1 000	100	59	1 041
20×3年	1 041	104	59	1 086
20×4年	1 086	109	59	1 136
20×5年	1 136	114	59	1 191
20×6年	1 191	118*	1 309	0

*注:考虑了计算过程中出现的尾差1.1万元,118万元为倒挤的结果。

根据上述资料,中航制造应作如下会计处理(金额单位:元)。

(1)20×2年1月1日,购入甲公司债券时,应作会计分录为:

借:债权投资——成本　　　　　　　　　　　　　　　　　12 500 000
　贷:银行存款　　　　　　　　　　　　　　　　　　　　10 000 000
　　　债权投资——利息调整　　　　　　　　　　　　　　 2 500 000

(2)20×2年12月31日,确认债券投资收益、收到债券利息时,应作会计分录为:

借:银行存款　　　　　　　　　　　　　　　　　　　　　　590 000
　　债权投资——利息调整　　　　　　　　　　　　　　　　410 000
　贷:投资收益　　　　　　　　　　　　　　　　　　　　 1 000 000
借:银行存款　　　　　　　　　　　　　　　　　　　　　　590 000

贷：应收利息 590 000

（3）20×3年12月31日，确认债券投资收益、收到债券利息时，应作会计分录为：
　　借：应收利息 590 000
　　　　债权投资——利息调整 450 000
　　　贷：投资收益 1 040 000
　　借：银行存款 590 000
　　　贷：应收利息 590 000

（4）20×4年12月31日，确认债券投资收益、收到债券利息时，应作会计分录为：
　　借：应收利息 590 000
　　　　债权投资——利息调整 500 000
　　　贷：投资收益 1 090 000
　　借：银行存款 590 000
　　　贷：应收利息 590 000

（5）20×5年12月31日，确认债券投资收益、收到债券利息时，应作会计分录为：
　　借：应收利息 590 000
　　　　债权投资——利息调整 550 000
　　　贷：投资收益 1 140 000
　　借：银行存款 590 000
　　　贷：应收利息 590 000

（6）20×6年12月31日，确认债券投资收益、收到债券利息和本金时，应作会计分录为：
　　借：应收利息 590 000
　　　　债权投资——利息调整 590 000
　　　贷：投资收益 1 180 000
　　借：银行存款 13 090 000
　　　贷：应收利息 590 000
　　　　　债权投资——成本 12 500 000

第三节　其他债权投资

　　以公允价值计量且其变动计入其他综合收益的金融资产，既可能是债权性质的金融资产，也可能是权益性质的金融资产，主要包括企业既以收取合同现金流量为目标又以出售为目标进行管理而购入的债券，以及直接指定为以公允价值计量且其变动计入其他综合收益的非交易性权益工具。

　　企业若将购入的债券划分以公允价值计量且其变动计入其他综合收益的金融资产，就会形成其他债权投资。

一、其他债权投资的初始计量

其他债权投资的取得成本与债权投资一样，应以取得时的公允价值与相关交易费用之和进行初始计量。如果所支付的价款中包含已到付息期但尚未领取的利息，应确认为应收项目，通过"应收利息"科目单独反映。

企业应当设置"其他债权投资"科目，核算企业以公允价值计量且其变动计入其他综合收益的金融资产，并按金融资产类别和品种分别设置"成本""利息调整""应计利息""公允价值变动"等明细科目进行明细核算，各明细科目的具体核算内容同"债权投资"科目。

扩展阅读5-5

其他债权投资教学视频

二、其他债权投资的后续计量

以公允价值对金融资产进行后续计量，是对经初始计量后公允价值变动的金融资产的新起点计量，通常是在资产负债表日采用当时的公允价值来计量和反映金融资产，并且还要反映金融资产的公允价值变动及因价值变动而产生的其他综合收益。

扩展阅读5-6

金融资产引入公允价值计量的原因

分类为以公允价值计量且其变动计入其他综合收益的债权投资所产生的所有利得或损失，除减值损失或利得和汇兑损益之外，均应当计入其他综合收益，直至该金融资产终止确认或被重分类。但是，其他债权投资采用实际利率法计算的利息应当计入当期损益，且计入各期损益的金额应当与视同其一直按摊余成本计量而计入各期损益的金额相等。其他债权投资终止确认时，之前计入其他综合收益的累计利得或损失应当从其他综合收益中转出，计入当期损益。

【例5-3】承**【例5-2】**，假定中航制造根据其管理该债券的业务模式和该债券的合同现金流量特征，将该债券分类为以公允价值计量且其变动计入其他综合收益的金融资产。其他资料如下。

（1）20×2年12月31日，甲公司债券的公允价值为1 200万元（不含利息）。

（2）20×3年12月31日，甲公司债券的公允价值为1 300万元（不含利息）。

（3）20×4年12月31日，甲公司债券的公允价值为1 250万元（不含利息）。

（4）20×5年12月31日，甲公司债券的公允价值为1 200万元（不含利息）。

（5）20×6年1月20日，通过上海证券交易所出售了甲公司债券12 500份，取得价款1 260万元。

假定不考虑所得税、减值损失等因素，根据插值法计算该债券的实际利率为10%。

据此，中航制造编制各年摊余成本计算表，如表5-2所示。

表 5-2 购入的甲公司债券后续计量过程一览表   单位：万元

日期	现金流入（A）	实际利息收入（B=期初D×10%）	已收回的本金（C=A-B）	摊余成本余额（D=期初D-C）	公允价值（E）	公允价值变动额（F=E-D-期初G）	公允价值变动累计金额（G=期初G+F）
20×2.01.01				1 000	1 000	0	0
20×2.12.31	59	100	-41	1 041	1 200	159	159
20×3.12.31	59	104	-45	1 086	1 300	55	214
20×4.12.31	59	109	-50	1 136	1 250	-100	114
20×5.12.31	59	113	-54	1 190	1 200	-104	10

根据上述资料，中航制造需作有关会计分录为（金额单位：元）：

（1）20×2年1月1日，购入甲公司债券时：

借：其他债权投资——成本　　　　　　　　　　　　　　　12 500 000
　　贷：银行存款　　　　　　　　　　　　　　　　　　　10 000 000
　　　　其他债权投资——利息调整　　　　　　　　　　　　2 500 000

（2）20×2年12月31日，确认债券投资收益、公允价值变动，收到债券利息时：

借：应收利息　　　　　　　　　　　　　　　　　　　　　　590 000
　　其他债权投资——利息调整　　　　　　　　　　　　　　410 000
　　贷：投资收益　　　　　　　　　　　　　　　　　　　1 000 000
借：银行存款　　　　　　　　　　　　　　　　　　　　　　590 000
　　贷：应收利息　　　　　　　　　　　　　　　　　　　　590 000
借：其他债权投资——公允价值变动　　　　　　　　　　　1 590 000
　　贷：其他综合收益——其他债权投资公允价值变动　　　1 590 000

（3）20×3年12月31日，确认债券投资收益、公允价值变动，收到债券利息时：

借：应收利息　　　　　　　　　　　　　　　　　　　　　　590 000
　　其他债权投资——利息调整　　　　　　　　　　　　　　450 000
　　贷：投资收益　　　　　　　　　　　　　　　　　　　1 040 000
借：银行存款　　　　　　　　　　　　　　　　　　　　　　590 000
　　贷：应收利息　　　　　　　　　　　　　　　　　　　　590 000
借：其他债权投资——公允价值变动　　　　　　　　　　　　550 000
　　贷：其他综合收益——其他债权投资公允价值变动　　　　550 000

（4）20×4年12月31日，确认债券投资收益、公允价值变动，收到债券利息时：

借：应收利息　　　　　　　　　　　　　　　　　　　　　　590 000
　　其他债权投资——利息调整　　　　　　　　　　　　　　500 000
　　贷：投资收益　　　　　　　　　　　　　　　　　　　1 090 000
借：银行存款　　　　　　　　　　　　　　　　　　　　　　590 000
　　贷：应收利息　　　　　　　　　　　　　　　　　　　　590 000

借：其他综合收益——其他债权投资公允价值变动　　　　　1 000 000
　　　贷：其他债权投资——公允价值变动　　　　　　　　　　　1 000 000
（5）20×5年12月31日，确认债券投资收益、公允价值变动，收到债券利息时：
借：应收利息　　　　　　　　　　　　　　　　　　　　　　590 000
　　其他债权投资——利息调整　　　　　　　　　　　　　　540 000
　　　贷：投资收益　　　　　　　　　　　　　　　　　　　　1 130 000
借：银行存款　　　　　　　　　　　　　　　　　　　　　　590 000
　　　贷：应收利息　　　　　　　　　　　　　　　　　　　　　590 000
借：其他综合收益——其他债权投资公允价值变动　　　　　1 040 000
　　　贷：其他债权投资——公允价值变动　　　　　　　　　　　1 040 000
（6）20×6年1月20日，确认出售甲公司债券实现的损益时：
借：银行存款　　　　　　　　　　　　　　　　　　　　　12 600 000
　　其他综合收益——其他债权投资公允价值变动　　　　　　100 000
　　其他债权投资——利息调整　　　　　　　　　　　　　　600 000
　　　贷：其他债权投资——成本　　　　　　　　　　　　　　12 500 000
　　　　　　　　　　　——公允价值变动　　　　　　　　　　　100 000
　　　　　投资收益　　　　　　　　　　　　　　　　　　　　　700 000

第四节　其他权益工具投资

权益工具是指能证明拥有某个企业在扣除所有负债后的资产中的剩余权益的合同，是在公司融资过程中形成的一种股权工具。如普通股，对于发行方而言，满足权益工具的定义；对于投资方而言，属于权益工具投资。

权益工具投资一般不符合本金加利息的合同现金流量特征。但在初始确认时，企业将非交易性权益工具指定为以公允价值计量且其变动计入其他综合收益的金融资产，就会形成以公允价值计量且其变动计入其他综合收益的权益工具投资。

一、其他权益工具投资的初始计量

企业在取得该项权益工具投资时，按其公允价值和相关交易费用之和作为初始投资成本。如果支付的价款中包含了已宣告但尚未发放的现金股利，应确认为应收项目，通过"应收股利"科目单独反映。

企业应当设置"其他权益工具投资"科目，核算企业指定为以公允价值计量且其变动计入其他综合收益的非交易性权益工具投资，并按其他权益工具投资的类别和品种，分别设置"成本""公允价值变动"等明细科目，进行明细核算。

二、其他权益工具投资的后续计量

指定为以公允价值计量且其变动计入其他综合收益的非交易性权益工具投资,不需计提减值准备。除了获得的股利(明确代表投资成本部分收回的股利除外)计入当期损益外,其他相关的利得和损失(包括汇兑损益)均应当计入其他综合收益,且后续不得转入当期损益。当其终止确认时,之前计入其他综合收益的累计利得或损失应当从其他综合收益中转出,计入留存收益。

【例 5-4】中航制造于 20×2 年 3 月 10 日从证券交易市场购入乙公司股票 80 万股,每股市价 9 元(每股含已宣告尚未发放的现金股利 0.4 元),手续费 2 万元;在初始确认时,中航制造将其指定为以公允价值计量且其变动计入其他综合收益的非交易性权益工具投资。20×2 年 5 月 28 日,中航制造收到乙公司发放的现金股利。截至 20×2 年 12 月 31 日,中航制造仍持有乙公司股票,该股票当时的市价为每股 15 元。20×3 年 4 月 18 日,乙公司宣告发放现金股利,每股 0.6 元。20×3 年 5 月 15 日,中航制造收到乙公司发放的现金股利。20×3 年 6 月 20 日,中航制造出售所持乙公司股票 40 万股,售价为每股 12 元,另支付交易费用 6 万元。假定不考虑其他因素,据此中航制造应作有关会计分录如下。

(1) 20×2 年 3 月 10 日,购入股票时:

借:其他权益工具投资——成本　　　　　　　　　　　6 900 000
　　应收股利　　　　　　　　　　　　　　　　　　　　320 000
　　贷:银行存款　　　　　　　　　　　　　　　　　　7 220 000

(2) 20×2 年 5 月 28 日,收到现金股利时:

借:银行存款　　　　　　　　　　　　　　　　　　　　320 000
　　贷:应收股利　　　　　　　　　　　　　　　　　　　320 000

(3) 20×2 年 12 月 31 日,确认股票价格变动时:

借:其他权益工具投资——公允价值变动　　　　　　　5 100 000
　　贷:其他综合收益——其他权益工具投资公允价值变动　5 100 000

(4) 20×3 年 4 月 18 日,确认应收现金股利时:

借:应收股利　　　　　　　　　　　　　　　　　　　　480 000
　　贷:投资收益　　　　　　　　　　　　　　　　　　　480 000

(5) 20×3 年 5 月 15 日,收到现金股利时:

借:银行存款　　　　　　　　　　　　　　　　　　　　480 000
　　贷:应收股利　　　　　　　　　　　　　　　　　　　480 000

(6) 20×3 年 6 月 20 日,出售股票时:

借:银行存款　　　　　　　　　　　　　　　　　　　4 740 000
　　盈余公积　　　　　　　　　　　　　　　　　　　　126 000
　　利润分配——未分配利润　　　　　　　　　　　　1 134 000
　　贷:其他权益工具投资——成本　　　　　　　　　　3 450 000
　　　　　　　　　　　　　——公允价值变动　　　　　2 550 000

借：其他综合收益——其他权益工具投资公允价值变动　　　　2 550 000
　　贷：盈余公积　　　　　　　　　　　　　　　　　　　　　255 000
　　　　利润分配——未分配利润　　　　　　　　　　　　　　2 295 000

注：因为是初始指定为以公允价值计量且其变动计入其他综合收益的非交易性权益工具投资，所以在其出售时形成的利得或损益应当计入留存收益，并且在之前计入其他综合收益的累计利得或损失应当从其他综合收益转出，也计入留存收益。在此例中，出售时形成的损失 1 260 000 元和之前形成的累计利得 2 550 000 元，在盈余公积和未分配利润之间按照 10%∶90% 的比例分配转入。

第五节　交易性金融资产

以公允价值计量且其变动计入当期损益的金融资产，是指不符合以摊余成本计量的金融资产和以公允价值计量且其变动计入其他综合收益的金融资产确认标准的其他金融资产，其业务模式主要体现为以交易为目的，由此形成交易性金融资产。

一、交易性金融资产的初始计量

交易性金融资产应当按照公允价值进行初始计量，相关交易费用通过"投资收益"科目计入当期损益。已宣告但尚未发放的现金股利或已到付息期但尚未领取的利息应单独确认为应收项目，分别通过"应收股利"或"应收利息"科目核算，不计入该金融资产的初始确认金额。

扩展阅读 5-7

交易性金融资产教学视频

企业应当设置"交易性金融资产"科目，核算企业分类为以公允价值计量且其变动计入当期损益的金融资产，并按金融资产的类别和品种，分别设置"成本""公允价值变动"等明细科目，进行明细核算。

二、交易性金融资产的后续计量

交易性金融资产因公允价值变动形成的利得或损失，应当计入当期损益。因此，企业还应设置损益类的"公允价值变动损益"科目，反映因该类金融资产期末公允价值变动对本期损益的影响。

对于交易性金融资产在持有期间应收的股利或利息，应直接作为投资收益。处置该类金融资产取得的价款与其账面价值的差额，通过"投资收益"科目计入当期损益。

【例 5-5】中航制造 20×2 年 7 月 1 日以 8 160 000 元的价格从二级市场购入乙公司发行的股票，其中包含已宣告但尚未发放的股利 160 000 元，另发生交易费用 160 000 元，均以银行存款支付。中航制造将该股票分类为以公允价值计量且其变动计入当期损益的金融资产。其他资料如下：

(1) 20×2年7月5日，收到该股票的现金股利。

(2) 20×2年12月31日，该股票的公允价值为9 200 000元。

(3) 20×3年6月30日，该股票的公允价值为8 800 000元。

(4) 20×3年9月30日，中航制造将该股票出售，取得价款9 440 000元。

假定不考虑其他因素，则中航制造据此应作如下会计处理。

(1) 20×2年7月1日，购入股票时，应作会计分录为：

借：交易性金融资产——成本　　　　　　　　　　　　8 000 000
　　应收股利　　　　　　　　　　　　　　　　　　　　160 000
　　投资收益　　　　　　　　　　　　　　　　　　　　160 000
　　贷：银行存款　　　　　　　　　　　　　　　　　　　　8 320 000

(2) 20×2年7月5日，收到该股票的现金股利时，应作会计分录为：

借：银行存款　　　　　　　　　　　　　　　　　　　　160 000
　　贷：应收股利　　　　　　　　　　　　　　　　　　　　160 000

(3) 20×2年12月31日，确认该股票的公允价值变动时，应作会计分录为：

借：交易性金融资产——公允价值变动　　　　　　　　1 200 000
　　贷：公允价值变动损益　　　　　　　　　　　　　　　1 200 000

(4) 20×3年6月30日，确认该股票的公允价值变动时，应作会计分录为：

借：公允价值变动损益　　　　　　　　　　　　　　　　400 000
　　贷：交易性金融资产——公允价值变动　　　　　　　　　400 000

(5) 20×3年9月30日，出售该股票时，应作会计分录为：

借：银行存款　　　　　　　　　　　　　　　　　　　　9 440 000
　　贷：交易性金融资产——成本　　　　　　　　　　　　　8 000 000
　　　　　　　　　　——公允价值变动　　　　　　　　　　800 000
　　　　投资收益　　　　　　　　　　　　　　　　　　　　640 000

扩展阅读5-8

公允价值变动损益是否应该结转

第六节　金融资产减值

一、金融资产减值概述

CAS22对金融工具减值的规定称为"预期信用损失法"或"预期信用损失模型"，即以预期信用损失为基础计提金融资产损失准备的方法。在预期信用损失法下，减值准备的计提不以减值的实际发生为前提，而是以未来可能发生的违约事件造成的损失的期望值来计量当前（资产负债表日）应当确认的减值准备。在本书中，企业应当以预期信用损失为基础，对分类为以摊余成本计量的金融资产（债权投资、应收款项等）、

扩展阅读5-9

已发生损失模型和预期信用损失模型

以公允价值计量且其变动计入其他综合收益的金融资产（其他债权投资）等进行减值会计处理并确认损失准备。

预期信用损失是指以发生违约的风险为权重的金融工具信用损失的加权平均值。其中，发生违约的风险可以理解为发生违约的概率。

信用损失是指企业将根据合同应收的所有合同现金流量与预期收取的所有现金流量之间的差额，按照原实际利率折算的现值，即全部现金短缺的现值。其中，对于企业购买或源生的已发生信用减值的金融资产，应按照该金融资产经信用调整的实际利率折现。经信用调整的实际利率，是指将购入或源生的已发生信用减值的金融资产在预计存续期的估计未来现金流量，折现为该金融资产摊余成本的利率。

由于预期信用损失考虑付款的金额和时间分布，因此即使企业预计可以全额收款但收款时间晚于合同规定的到期期限，也会产生信用损失。

二、金融资产减值的确认

（一）确定预期信用损失的三阶段模型

按照 CAS22 的相关规定，企业应当在每个资产负债表日评估相关金融工具的信用风险是否显著增加，可以将金融资产发生信用减值的过程分为三个阶段，对于不同阶段的金融资产减值有不同的会计处理方法。

1. 第一阶段：初始确认后信用风险未显著增加

如果金融资产的信用风险自初始确认后并未显著增加，企业应当按照相当于该金融资产未来 12 个月内预期信用损失的金额计量其损失准备，无论企业评估信用损失的基础是单项金融资产还是金融资产组合，由此形成损失准备的增加或转回金额，应当作为减值损失或利得计入当期损益。

未来 12 个月内预期信用损失是指因资产负债表日后 12 个月内（若金融资产的预计存续期少于 12 个月，则为预计存续期）可能发生的金融资产违约事件而导致的预期信用损失，是整个存续期预期信用损失的一部分。

处于该阶段的金融资产在确认利息收入时应当采用总额法，按其账面余额（即未扣除减值准备）和实际利率计算。

2. 第二阶段：初始确认后信用风险已显著增加但并未发生信用减值

如果金融资产的信用风险自初始确认后已显著增加但并没有客观证据表明已发生信用减值，企业应当按照相当于该金融资产整个存续期内预期信用损失的金额计量其损失准备。无论企业评估信用损失的基础是单项金融资产还是金融资产组合，由此形成的损失准备的增加或转回金额，应当作为减值损失或利得计入当期损益。

整个存续期预期信用损失是指因金融资产整个预计存续期内所有可能发生的违约事件而导致的预期信用损失。

企业在前一会计期间已经按照相当于金融资产整个存续期内预期信用损失的金额计量

了损失准备，但在当期资产负债表日，该金融资产已不再属于自初始确认后信用风险显著增加的情形的，企业应当在当期资产负债表日按照相当于未来12个月内预期信用损失的金额计量该金融资产的损失准备，由此形成的损失准备的转回金额应当作为减值利得计入当期损益。

处于该阶段的金融资产在确认利息收入时应当采用总额法，按其账面余额（即未扣除减值准备）和实际利率计算。

3. **第三阶段：初始确认后信用风险已显著增加且已发生信用减值**

如果金融资产的信用风险自初始确认后已显著增加且有客观证据表明已发生信用减值，企业应当按照相当于该金融资产整个存续期内预期信用损失的金额计量其损失准备。无论企业评估信用损失的基础是单项金融资产还是金融资产组合，由此形成损失准备的增加或转回金额，应当作为减值损失或利得计入当期损益。

金融资产已发生信用减值的证据包括下列可观察信息：发行方或债务人发生重大财务困难；债务人违反合同，如偿付利息或本金违约或逾期等；债权人出于与债务人财务困难有关的经济或合同考虑，给予债务人在任何其他情况下都不会作出的让步；债务人很可能破产或进行其他财务重组；发行方或债务人财务困难导致该金融资产的活跃市场消失；以大幅折扣购买或源生一项金融资产，该折扣反映了发生信用损失的事实。

处于该阶段的金融资产在确认利息收入时应当采用净额法，按其摊余成本（账面余额减已计提减值准备，也即账面价值）和实际利率计算。

需要强调的是，如果以后期间由于债务人的信用评级被上调等原因，使得该金融资产信用风险有所改善而不再存在信用减值，企业应改按总额法确认利息收入。

上述三阶段的划分，适用于购买或源生时未发生信用减值的金融资产。

（二）不适用预期信用损失三阶段模型的情形

1. **购买或源生的已发生信用减值的金融资产**

对于购买或源生的已发生信用减值的金融资产，在每个资产负债表日，企业应当将整个存续期内预期信用损失的变动金额作为减值损失或利得计入当期损益。即使该资产负债表日确定的整个存续期内预期信用损失小于初始确认时估计现金流量所反映的预期信用损失的金额，企业也应当将预期信用损失的有利变动确认为减值利得。

对于购买或源生的已发生信用减值的金融资产，企业应当自初始确认起，按照该金融资产的摊余成本和经信用调整的实际利率计算确认利息收入。

2. **适用简化方法确认预期信用损失的金融资产**

对于符合下列条件之一的转让商品或提供服务交易形成的应收款项，企业应当始终按照相当于整个存续期内预期信用损失的金额计量其损失准备。

（1）该项目未包含重大融资成分或企业不考虑不超过一年的合同中的融资成分。

（2）该项目包含重大融资成分，同时企业作出会计政策选择，按照相当于整个存续期内预期信用损失的金额计量损失准备。企业应当将该会计政策选择适用于所有此类应收款项，但可对应收款项类分别作出会计政策选择。

适用简化处理的应收款项,企业应当按照该金融资产的账面余额(即不考虑减值影响)乘以实际利率的金额确定其利息收入。

三、金融资产预期信用损失的计量

按照CAS22的规定,企业计量金融资产预期信用损失的方法应当反映下列各项要素。
(1)通过评价一系列可能的结果而确定的无偏概率加权平均金额。
(2)货币时间价值。
(3)在资产负债表日无须付出不必要的额外成本或努力即可获得的有关过去事项、当前状况及未来经济状况预测的合理且有依据的信息。

金融资产的信用损失,应当按照应收取的合同现金流量与预期收取的现金流量二者之间的差额以实际利率折算的现值计量。

企业应当以概率加权平均为基础对预期信用损失进行计量。企业对预期信用损失的计量应当反映发生信用损失的各种可能性,但不必识别所有可能的情形。在计量预期信用损失时,企业需考虑的最长期限为企业面临信用风险的最长合同期限(包括考虑续约选择权),而不是更长期间,即使该期间与业务实践相一致。

四、金融资产减值的核算

(一)债权投资减值的核算

企业应当在资产负债表日评估债权投资的信用风险是否自初始确认后已显著增加,并按照预期信用损失三阶段模型计量损失准备、确认预期信用损失,借记"信用减值损失"科目,贷记"债权投资减值准备"科目;计提减值准备后,如果债权投资的信用风险降低,使得预期信用损失减少(例如,从按照整个存续期预期信用损失计量损失准备转为按照未来12个月预期信用损失计量损失准备时,可能出现这一情况),则应当将减少的预期信用损失金额确认为减值利得,并作与上述相反的会计分录。

【例5-6】中航制造于20×2年1月1日,从活跃市场上购入乙公司当日发行的面值3 000 000元、期限5年、票面利率5%、每年12月31日付息、到期还本的债券并分类为以摊余成本计量的金融资产,初始入账金额为2 873 700元,初始确认时确定的实际利率为6%。中航制造在初始确认时采用实际利率法编制的利息收入与账面余额计算表如表5-3所示。

中航制造取得乙公司债券后,在每个资产负债表日根据对乙公司债券信用风险评估的结果确认利息收入并摊销利息调整、计提或转回损失准备。相关业务会计处理如下。

(1)20×2年12月31日

①确认利息收入并摊销利息调整。

由于中航制造本年期初才购入乙公司债券,乙公司债券不属于购买或源生的已发

生减值的债券,因此,本期乙公司债券利息收入的确认应当采用总额法。应作会计分录为:

借:应收利息　　　　　　　　　　　　　　　　　　　150 000
　　债权投资——利息调整　　　　　　　　　　　　　　22 422
　　贷:投资收益　　　　　　　　　　　　　　　　　　　　172 422

②评估乙公司债券的信用风险并据以计提损失准备。

表5-3　利息收入与账面余额计算表（实际利率法）　　　　　单位:元

日　　　期	应收利息	实际利率/%	利息收入	利息调整摊销	账面余额
20×2年1月1日					2 873 700
20×2年12月31日	150 000	6	172 422	22 422	2 896 122
20×3年12月31日	150 000	6	173 767	23 767	2 919 889
20×4年12月31日	150 000	6	175 193	25 193	2 945 082
20×5年12月31日	150 000	6	176 705	26 705	2 971 787
20×6年12月31日	150 000	6	178 213	28 213*	3 000 000
合计	750 000	—	876 300	126 300	—

*注:28 213元为倒挤的结果。

自初始确认后至本期末,乙公司信用状况一直良好。中航制造通过信用风险评估认为乙公司债券的信用风险并未显著增加,因此,中航制造按照相当于乙公司债券未来12个月内预期信用损失的金额计量其损失准备。中航制造预计乙公司债券未来12个月的违约概率为0.3%,如果发生违约,则违约损失率为60%;不发生违约的概率为99.7%。

未来12个月内预期信用损失=(3 000 000+150 000)×60%×0.9434×0.3%=5 349(元)

其中,0.9434为1期、6%的复利现值系数。由于是首次计提损失准备,因此,上式计算的预期信用损失5 349元即为本年应确认的减值损失。应作会计分录为:

借:信用减值损失　　　　　　　　　　　　　　　　　　5 349
　　贷:债权投资减值准备　　　　　　　　　　　　　　　　5 349

③如数收到20×2年度债券利息时,应作会计分录为:

借:银行存款　　　　　　　　　　　　　　　　　　　150 000
　　贷:应收利息　　　　　　　　　　　　　　　　　　　　150 000

(2)20×3年12月31日

①确认利息收入并摊销利息调整。

由于中航制造上期期末判断自初始确认后至上期期末,乙公司债券的信用风险并未显著增加,因此,本期乙公司债券利息收入的确认应当采用总额法。应作会计分录为:

借:应收利息　　　　　　　　　　　　　　　　　　　150 000
　　债权投资——利息调整　　　　　　　　　　　　　　23 767
　　贷:投资收益　　　　　　　　　　　　　　　　　　　　173 767

②评估乙公司债券的信用风险并据以计提损失准备。

自初始确认后至本期末，乙公司的部分经营业务因市场竞争力降低而出现亏损，现金周转趋于紧张，如果不能采取有效措施及时应对，可能会导致其发生重大财务困难。中航制造通过信用风险评估认为，乙公司债券的信用风险已显著增加但并没有客观证据表明已发生信用减值，因此，中航制造按照相当于乙公司债券整个存续期内预期信用损失的金额计量其损失准备。中航制造预计乙公司债券未来整个存续期内的违约概率为25%，如果发生违约，则违约损失率为60%；不发生违约的概率为75%。

未来整个存续期内预期信用损失 =（150 000×2.673+3 000 000×0.8396）×60%×25%
=437 963（元）

其中，2.673为3期、6%的年金现值系数；0.8396为3期、6%的复利现值系数。上式计算结果表明，截至本年末，预期信用损失为437 963元，减去前期已确认的减值损失5 349元，即为本年应确认的减值损失。

本年应确认的减值损失 =437 963-5 349=432 614（元）

借：信用减值损失　　　　　　　　　　　　　　　　　　432 614
　　贷：债权投资减值准备　　　　　　　　　　　　　　　432 614

③如数收到20×3年度债券利息，应作会计分录为：

借：银行存款　　　　　　　　　　　　　　　　　　　　150 000
　　贷：应收利息　　　　　　　　　　　　　　　　　　　150 000

（3）20×4年12月31日

①确认利息收入并摊销利息调整。

由于中航制造上期期末判断自初始确认后至上期期末，乙公司债券的信用风险虽然已显著增加但并没有客观证据表明已发生信用减值，因此，本期乙公司债券利息收入的确认仍应当采用总额法。应作会计分录为：

借：应收利息　　　　　　　　　　　　　　　　　　　　150 000
　　债权投资——利息调整　　　　　　　　　　　　　　　25 193
　　贷：投资收益　　　　　　　　　　　　　　　　　　　175 193

②评估乙公司债券的信用风险并据以计提损失准备。

自初始确认后至本期末，乙公司部分经营业务的亏损进一步扩大，现金周转极其困难，已出现无法按时偿付债务本金和利息的情况，正在与主要债权人进行重组协商。中航制造通过信用风险评估认为，乙公司债券的信用风险已显著增加且有客观证据表明乙公司债券已发生信用减值。因此，中航制造按照相当于乙公司债券整个存续期内预期信用损失的金额计量其损失准备。中航制造预计乙公司债券未来整个存续期内发生违约并损失50%的概率为80%，发生违约并损失75%的概率为15%，不发生违约的概率仅为5%。

未来整个存续期内预期信用损失 =（150 000×1.833+3 000 000×0.89）×50%×80%+（150 000×1.833+3 000 000×0.89）×75%×15%=1 509 287（元）

其中，1.833为2期、6%的年金现值系数；0.89为2期、6%的复利现值系数。上式计算结果表明，截至本年末预期信用损失为1 509 287元，减去前期累计已确认的减值损失437 963（5 349+432 614）元，即为本年应确认的减值损失。

本年应确认的减值损失 =1 509 287-437 963=1 071 324（元）

借：信用减值损失　　　　　　　　　　　　　　　　　　　1 071 324
　　贷：债权投资减值准备　　　　　　　　　　　　　　　　　　　1 071 324

③如数收到20×4年度债券利息，应作会计分录为：

借：银行存款　　　　　　　　　　　　　　　　　　　　　150 000
　　贷：应收利息　　　　　　　　　　　　　　　　　　　　　　　150 000

（4）20×5年12月31日

①确认利息收入并摊销利息调整。

由于中航制造上期期末判断自初始确认后至上期期末，乙公司债券的信用风险已显著增加且有客观证据表明已发生信用减值，因此，本期乙公司债券利息收入的确认应当采用净额法。

乙公司债券期初摊余成本 =2 945 082-1 509 287=1 435 795（元）

利息收入 =1 435 795×6%=86 148（元）

利息调整摊销 =150 000-86 148=63 852（元）

借：应收利息　　　　　　　　　　　　　　　　　　　　　150 000
　　贷：投资收益　　　　　　　　　　　　　　　　　　　　　　　86 148
　　　　债权投资——利息调整　　　　　　　　　　　　　　　　　63 852

②评估乙公司债券的信用风险并据以计提损失准备。

乙公司通过积极调整经营业务、与债权人进行债务重组等一系列举措，亏损势头得到遏制，现金周转困难得到极大缓解，初步摆脱了财务困境。中航制造通过风险评估认为，已不存在表明乙公司债券发生信用减值的客观证据，但乙公司债券的信用风险仍然比较显著，因此仍应当按照相当于乙公司债券整个存续期内预期信用损失的金额计量其损失准备。中航制造预计乙公司债券未来整个存续期内的违约概率为50%，如果发生违约，则违约损失率为60%；不发生违约的概率为50%。

未来整个存续期内预期信用损失 =（3 000 000+150 000）×0.9434×60%×50%= 891 513（元）

其中，0.9434为1期、6%的复利现值系数。上式计算结果表明，截至本年末预期信用损失已降低为891 513元，前期累计已确认的减值损失为1 509 287（5 349+432 614+1 071 324）元，二者之间的差额应确认为本年的减值利得。

本年的减值利得 =1 509 287-891 513=617 774（元）

借：债权投资减值准备　　　　　　　　　　　　　　　　　617 774
　　贷：信用减值损失　　　　　　　　　　　　　　　　　　　　　617 774

③如数收到20×5年度债券利息时，应作会计分录为：

借：银行存款　　　　　　　　　　　　　　　　　　　　　150 000
　　贷：应收利息　　　　　　　　　　　　　　　　　　　　　　　150 000

（5）20×6年12月31日

①确认利息收入并摊销利息调整。

由于乙公司债券已经到期，因此，应将尚未摊销的利息调整金额 118 770（126 300-22 422-23 767-25 193+63 852）元全部摊销完毕，以使债权投资的账面余额反映债券面值。

应作会计分录为：

借：应收利息　　　　　　　　　　　　　　　　　　　　　　　　150 000
　　债权投资——利息调整　　　　　　　　　　　　　　　　　　118 770
　　贷：投资收益　　　　　　　　　　　　　　　　　　　　　　　　268 770

②乙公司债券到期，根据其还本付息的实际结果进行相应的会计处理。

假定中航制造如数收回了最后一期债券利息，但只收回了 60% 的债券面值。从结果来看，乙公司债券最终损失了 40% 的面值（1 200 000 元），大于前期累计已确认的减值损失 891 513 元（5 349+432 614+1 071 324-617 774）元，因此，本年应进一步确认减值损失。

本年应确认的减值损失 =3 000 000×40%-891 513=308 487（元）

借：信用减值损失　　　　　　　　　　　　　　　　　　　　　　308 487
　　贷：债权投资减值准备　　　　　　　　　　　　　　　　　　　308 487
借：银行存款　　　　　　　　　　　　　　　　　　　　　　　　1 950 000
　　债权投资减值准备　　　　　　　　　　　　　　　　　　　　1 200 000
　　贷：债权投资——成本　　　　　　　　　　　　　　　　　　3 000 000
　　　　应收利息　　　　　　　　　　　　　　　　　　　　　　　150 000

（二）其他债权投资减值的核算

对于其他债权投资，应当运用预期信用损失三阶段模型，在其他综合收益中确认减值准备，并将减值损失或利得计入当期损益，且不应减少该金融资产在资产负债表中列示的账面价值。

为了反映该金融资产减值准备的计提和核销等情况，应在"其他综合收益"科目下设置"信用减值准备"明细科目，该明细科目贷方登记计提的其他债权投资减值准备，借方登记转回及处置其他债权投资核销的减值准备，期末贷方余额表示尚未核销的其他债权投资减值准备。

企业确认的该金融资产减值损失，应根据减值的金额，借记"信用减值损失"科目，贷记"其他综合收益——信用减值准备"科目，不调整该金融资产的账面价值。如果该金融资产的减值恢复，应编制相反的会计分录。

【例 5-7】中航制造于 20×2 年 12 月 10 日购入丁公司一项公允价值为 2 000 万元的债务工具，分类为以公允价值计量且其变动计入其他综合收益的金融资产。该工具合同期限为 5 年，年利率与市场利率均为 5%。在初始确认时，中航制造已经确定其不属于购入或源生的已发生信用减值的金融资产。

20×2 年 12 月 31 日，由于市场利率变动，该债务工具的公允价值跌至 1 900 万元。中航制造认为，该工具的信用风险自初始确认后并无显著增加，应按 12 个月内预期信用损失计量损失准备，损失准备金额为 40 万元。为简化起见，本例不考虑利息。

20×3 年 1 月 10 日，中航制造决定以当日的公允价值 1 950 万元，出售该债务工具。

中航制造应作如下会计分录处理。

（1）购入该债务工具时，应作会计分录为：

借：其他债权投资——成本　　　　　　　　　　　　　　　　　20 000 000
　　贷：银行存款　　　　　　　　　　　　　　　　　　　　　20 000 000

（2）20×2年12月31日，应作会计分录为：

借：其他综合收益——其他债权投资公允价值变动　　　　　　　1 000 000
　　贷：其他债权投资——公允价值变动　　　　　　　　　　　1 000 000
借：信用减值损失　　　　　　　　　　　　　　　　　　　　　　400 000
　　贷：其他综合收益——信用减值准备　　　　　　　　　　　　400 000

中航制造在其20×2年年度财务报表中披露了该债务工具的累计减值40万元。

（3）20×3年1月10日，应作会计分录为：

借：银行存款　　　　　　　　　　　　　　　　　　　　　　19 500 000
　　其他债权投资——公允价值变动　　　　　　　　　　　　　1 000 000
　　贷：其他债权投资——成本　　　　　　　　　　　　　　20 000 000
　　　　投资收益　　　　　　　　　　　　　　　　　　　　　　500 000
借：投资收益　　　　　　　　　　　　　　　　　　　　　　　　600 000
　　其他综合收益——信用减值准备　　　　　　　　　　　　　　400 000
　　贷：其他综合收益——其他债权投资公允价值变动　　　　　1 000 000

第七节　金融资产的重分类

一、金融资产重分类的原则

企业改变其管理金融资产的业务模式时，应当按照规定对所有受影响的相关金融资产进行重分类。所以，金融资产可以在以摊余成本计量、以公允价值计量且其变动计入其他综合收益和以公允价值计量且其变动计入当期损益之间进行重分类。企业管理金融资产业务模式的变更其实是一种少见的情形。

企业对金融资产进行重分类，应当自重分类日起采用未来适用法进行相关会计处理，不得对以前已经确认的利得、损失（包括减值损失或利得）或利息进行追溯调整。重分类日是指导致企业对金融资产进行重分类的业务模式发生变更后的首个报告期间的第一天。例如，甲上市公司决定于20×2年3月22日改变某金融资产的业务模式，则重分类日为20×2年4月1日（即下一个季度会计期间的期初）；乙上市公司决定于20×2年10月15日改变某金融资产的业务模式，则重分类日为20×2年1月1日。

例如，甲公司持有拟在短期内出售的某商业贷款组合。甲公司收购了一家资产管理公司（乙公司），乙公司的业务模式是为收取合同现金流量而持有贷款。甲公司决定，对该商业贷款组合不再是为出售而持有,而是将该组合与资产管理公司持有的其他商业贷款一起管理,都是为收取合同现金流量而持有,则甲公司管理该商业贷款组合的业务模式发生了变更。

二、金融资产重分类的计量

(一)以摊余成本计量的金融资产的重分类

(1)企业将一项以摊余成本计量的金融资产重分类为以公允价值计量且其变动计入当期损益的金融资产的,应当按照该资产在重分类日的公允价值进行计量。原账面价值与公允价值之间的差额计入当期损益。

例如,企业筹划进行并购,近期需要货币资金,原确认的债权投资可能随时变现,不再适合划分为债权投资,因此应将其重分类为以公允价值计量且其变动计入当期损益的金融资产。

重分类日,企业应根据该金融资产的公允价值,借记"交易性金融资产——成本"科目,贷记"债权投资"科目,其原账面价值与公允价值之间的差额,计入公允价值变动损益。

【例5-8】中航制造20×2年12月31日持有丁公司发行的一项债券,账面价值为1 200 000元,其中,债券面值为1 000 000元,利息调整借差为40 000元,应计利息为160 000元;该债券到期日为20×4年12月31日。重分类日,该债券的公允价值为1 260 000元。由于业务需要,中航制造将该项债权投资重分类为以公允价值计量且其变动计入当期损益的金融资产。

重分类日,中航制造应作会计分录为:
借:交易性金融资产——成本   1 260 000
  贷:债权投资——成本   1 000 000
      ——利息调整   40 000
      ——应计利息   160 000
    公允价值变动损益   60 000

(2)企业将一项以摊余成本计量的金融资产重分类为以公允价值计量且其变动计入其他综合收益的金融资产的,应当按照该金融资产在重分类日的公允价值进行计量。原账面价值与公允价值之间的差额计入其他综合收益。该金融资产重分类不影响其实际利率和预期信用损失的计量。

重分类日,企业应根据该金融资产的摊余成本,借记"其他债权投资"科目,贷记"债权投资"科目,其账面价值与公允价值之间的差额,借记或贷记"其他债权投资——公允价值变动"科目,贷记或借记"其他综合收益——其他债权投资公允价值变动"科目;并根据累计确认的资产减值准备,借记"债权投资减值准备"科目,贷记"其他综合收益——信用减值准备"科目。

例如,企业筹划进行并购,该并购如果成功,则需要货币资金;如果不成功,则仍将该债券持有至到期。由于该债券投资既可能持有至到期,也可能随时出售,因此应将其重分类为以公允价值计量且其变动计入其他综合收益的金融资产。

【例5-9】承【例5-8】，假设由于业务需要，中航制造将该项债权投资重分类为以公允价值计量且其变动计入其他综合收益的金融资产，其他条件不变。

重分类日，中航制造应作会计分录为：

借：其他债权投资——成本	1 000 000
——公允价值变动	60 000
——利息调整	40 000
——应计利息	160 000
贷：债权投资——成本	1 000 000
——利息调整	40 000
——应计利息	160 000
其他综合收益——其他债权投资公允价值变动	60 000

（二）以公允价值计量且其变动计入其他综合收益的金融资产的重分类

（1）企业将一项以公允价值计量其变动计入其他综合收益的金融资产重分类为以摊余成本计量的金融资产的，应当将之前计入其他综合收益的累计利得或损失转出，调整该金融资产在重分类日的公允价值，并以调整后的金额作为新的账面价值，即视同该金融资产一直以摊余成本计量。该金融资产重分类不影响其实际利率和预期信用损失的计量。

重分类日，企业应根据该金融资产的摊余成本，借记"债权投资"科目，贷记"其他债权投资"科目；同时借记或贷记"其他债权投资——公允价值变动"科目，贷记或借记"其他综合收益——其他债权投资公允价值变动"科目；并根据累计确认的资产减值准备，借记"其他综合收益——信用减值准备"科目，贷记"债权投资减值准备"科目。

企业将一项非交易性权益工具指定为以公允价值计量其变动计入其他综合收益的金融资产，不得重分类为其他类别的金融资产。

【例5-10】假定中航制造于20×2年1月20日决定，将持有的确认为其他债权投资的乙公司债券重分类为以摊余成本计量的金融资产。重分类日，该债券的账面价值为7 080 000元，其中债券面值为6 400 000元，利息调整借差为71 968元，应计利息为640 000元，公允价值变动贷差为31 968元；累计计提的减值准备为120 000元。

重分类日，中航制造应作会计分录为：

借：债权投资——成本	6 400 000
——利息调整	71 968
——应计利息	640 000
其他债权投资——公允价值变动	31 968
其他综合收益——信用减值准备	120 000
贷：其他债权投资——成本	6 400 000
——利息调整	71 968
——应计利息	640 000

其他综合收益——其他债权投资公允价值变动　　　　　　　　　　31 968
　　　债权投资减值准备　　　　　　　　　　　　　　　　　　　　　120 000

　　重分类后，该债权投资的账面价值为 6 960 000 元，即视同该债权投资一直采用摊余成本核算。

　　（2）企业将一项以公允价值计量且其变动计入其他综合收益的金融资产重分类为以公允价值计量且其变动计入当期损益的金融资产的，应当继续以公允价值计量该金融资产。同时，企业应当将之前计入其他综合收益的累计利得或损失从其他综合收益转入当期损益。

　　重分类日，企业应根据该金融资产的公允价值，借记"交易性金融资产"科目，贷记"其他债权投资"科目；同时根据将原计入其他综合收益的公允价值变动，借记或贷记"其他综合收益——其他债权投资公允价值变动"科目，贷记或借记"公允价值变动损益"科目；并根据其减值准备，借记"其他综合收益——信用减值准备"科目，贷记"公允价值变动损益"科目。

　　【例 5-11】承【例 5-10】，假定中航制造将持有的确认为其他债权投资的乙公司债券重分类为以公允价值计量且其变动计入当期损益的金融资产，其他资料不变。

　　重分类日，中航制造应作会计分录为：

借：交易性金融资产——成本　　　　　　　　　　　　　　　　7 080 000
　　其他债权投资——公允价值变动　　　　　　　　　　　　　　　31 968
　　其他综合收益——信用减值准备　　　　　　　　　　　　　　 120 000
　贷：其他债权投资——成本　　　　　　　　　　　　　　　　　6 400 000
　　　　　　　　　——利息调整　　　　　　　　　　　　　　　　71 968
　　　　　　　　　——应计利息　　　　　　　　　　　　　　　 640 000
　　　其他综合收益——其他债权投资公允价值变动　　　　　　　　31 968
　　　公允价值变动损益　　　　　　　　　　　　　　　　　　　　88 032

（三）以公允价值计量且其变动计入当期损益的金融资产的重分类

　　（1）企业将一项以公允价值计量且其变动计入当期损益的金融资产重分类为以摊余成本计量的金融资产的，应当以其在重分类日的公允价值作为新的账面余额，以该金融资产在重分类日的公允价值确定其实际利率。其后，按照以摊余成本计量的金融资产的相关规定进行后续计量。

　　重分类日，企业应根据该金融资产的公允价值借记"债权投资"科目，贷记"交易性金融资产"科目。

　　【例 5-12】中航制造 20×2 年 12 月 31 日决定将原准备随时出售的乙公司债券调整为持有至到期，将该以公允价值计量且其变动计入当期损益的金融资产重分类为以摊余成本计量的金融资产。重分类日，该债券的公允价值为 8 840 000 元，其中，成本为 8 640 000 元，公允价值变动为 200 000 元；该债券系乙公司于两年前发行，面值为 8 000 000 元，5 年期，票面利率为 4%，到期一次还本付息。假定中航制造于每年年末确认投资收益。

　　债券面值 =8 000 000（元）

应计利息 =8 000 000×4%×3=960 000（元）

利息调整 =8 840 000-8 000 000-960 000=-120 000（元）

借：债权投资——成本	8 000 000
——应计利息	960 000
贷：债权投资——利息调整	120 000
交易性金融资产——成本	8 640 000
——公允价值变动	200 000

按照下式计算实际利率 r：

$$8\,840\,000=8\,000\,000\times(1+4\%\times5)\times(1+r)^{-2}$$

计算求得债券的实际利率为 4.21%。

（2）企业将一项以公允价值计量且其变动计入当期损益的金融资产重分类为以公允价值计量且其变动计入其他综合收益的金融资产的，应当继续以公允价值计量该金融资产，并以该金融资产在重分类日的公允价值确定其实际利率。其后，按照以公允价值计量且其变动计入其他综合收益的金融资产的相关规定进行后续计量。

重分类日，企业应根据该金融资产的公允价值借记"其他债权投资"科目，贷记"交易性金融资产"科目。

【例5-13】 承【例5-12】，假定中航制造于20×2年12月31日决定将以公允价值计量且其变动计入当期损益的金融资产重分类为以公允价值计量且其变动计入其他综合收益的金融资产，其他条件不变。重分类日，中航制造应作会计分录为：

借：其他债权投资——成本	8 000 000
——应计利息	960 000
贷：其他债权投资——利息调整	120 000
交易性金融资产——成本	8 640 000
——公允价值变动	200 000

本例中有关实际利率的计算同【例5-12】，此处不再赘述。

练习题

练习题1

一、目的：

练习以公允价值计量的金融资产的核算。

二、资料：

中原装备于20×2年7月10日从证券交易市场购入丁公司股票400万股，占丁公司有表决权股份的4%。购入时每股市价12元，每股含已宣告但尚未发放的现金股利0.6元，另支付交易手续费20万元。其他资料如下。

（1）20×2年8月20日，中原装备收到丁公司发放的现金股利。

（2）20×2 年 12 月 31 日，丁公司股票市价为每股 18 元。

（3）20×3 年 1 月 22 日，丁公司宣告发放现金股利每股 0.90 元。

（4）20×3 年 2 月 11 日，中原装备收到丁公司发放的现金股利。

（5）20×3 年 6 月 30 日，丁公司股票市价为每股 16 元。

（6）20×3 年 9 月 24 日，中原装备出售丁公司股票 200 万股，售价为每股 20 元，另支付交易费用 12 万元。

三、要求：

（1）若该股票投资划分为以公允价值计量且其变动计入当期损益的金融资产，根据上述资料，为中原装备编制相关的会计分录。

（2）若该股票投资初始指定为以公允价值计量且其变动计入其他综合收益的金融资产，根据上述资料，为中原装备编制相关的会计分录。

（3）对上述会计处理进行分析，指出对金融资产不同的会计分类在初始计量和后续计量方面存在的差异，理解金融资产分类对企业财务报告产生的影响。

练习题 2

一、目的：

练习以摊余成本进行后续计量的金融资产的核算。

二、资料：

中原装备属于制造业企业，20×2 年 1 月 1 日，支付价款 4 668 万元（含交易费用）从二级市场上购入某公司 4 年期债券，面值 5 000 万元，票面年利率 6%，每年末支付利息，本金最后一次支付。经测算，该债券的实际利率为 8%。中原装备将该债券投资划分为以摊余成本计量的金融资产。

三、要求：

编制中原装备与该债券投资相关的会计分录（假设不考虑所得税、减值损失等因素影响）。

练习题 3

一、目的：

综合练习金融资产的核算。

二、资料：

（1）① 20×2 年 1 月 1 日，中原装备以 3 894 万元银行存款作为对价购入乙公司当日发行的 3 年期、分期付息、一次还本债券。次年 1 月 3 日支付利息，票面年利率为 5%，面值总额为 4 000 万元（含交易费用）。中原装备管理该金融资产的业务模式是以收取合同现金流量为目标，且该现金流量仅为对本金和以未偿付本金金额为基础的利息的支付。

② 20×3 年 1 月 1 日，因中原装备管理该类金融资产的业务模式发生改变，中原装备在未来期间对该类金融资产以收取合同现金流量为主，但不排除在未来择机出售该类金融资产的可能。当日，该项金融资产的公允价值仍为 4 200 万元。因此，中原装备将该金融

资产重分类为以公允价值计量且其变动计入当期损益的金融资产。

（2）20×2年2月20日，中原装备在证券市场上出售持有分类为以公允价值计量且其变动计入其他综合收益的金融资产的丁公司债券，所得价款为8 000万元。出售时该债券的账面价值为7 600万元，原累计计入其他综合收益的金额为600万元。中原装备在进行账务处理时，终止确认了该金融资产，同时确认了投资收益400万元。

（3）20×2年1月1日，中原装备购入丙公司于当日发行的债券200万张，支付价款20 700万元，另支付手续费30万元。该债券期限为4年，每张面值为100元，票面年利率为5%，实际年利率为4%，于每年12月31日支付当年利息。中原装备管理该金融资产的业务模式是以收取合同现金流量为目标，该金融资产的合同条款规定，在特定日期产生的现金流量，仅为对本金和以未偿付本金金额为基础的利息的支付。

20×2年12月31日，中原装备收到20×2年度利息1 000万元。该金融工具的信用风险自初始确认后显著增加，中原装备按整个存续期确认预期信用损失准备金额120万元。20×3年12月31日，中原装备收到20×2年度利息1 000万元，因债务人发生重大财务困难，该金融资产已发生信用减值，中原装备按整个存续期确认预期信用损失准备金额180万元。中原装备按净利润的10%提取法定盈余公积，不考虑所得税等因素影响。

三、要求：

（1）根据资料1，判断20×2年1月1日中原装备购入乙公司债券时应划分的金融资产类型，并说明理由。

（2）根据资料1，判断20×3年1月1日中原装备的处理是否正确，如果不正确，请说明理由。

（3）根据资料2，判断中原装备出售乙公司债券的处理是否正确，如果不正确，请说明理由。

（4）根据资料3，编制中原装备取得丙公司债券时的会计分录。

（5）根据资料3，计算中原装备20×2年度因持有丙公司债券应确认的利息收入及预期信用损失，并编制相关会计分录。

（6）根据资料3，计算中原装备20×3年度因持有丙公司债券应确认的利息收入及预期信用损失，并编制相关会计分录。

（7）根据资料3，计算中原装备20×4年度因持有丙公司债券应确认的利息收入。

第六章 长期股权投资

本章学习提示

本章重点：长期股权投资的内容、长期股权投资的初始计量与后续计量、长期股权投资的转换及处置

本章难点：长期股权投资后续计量的权益法、长期股权投资的转换

本章导入案例

2022年4月28日，上海复旦复华科技股份有限公司（以下简称"复旦复华"，股票代码：600624）召开了第十届董事会第十二次会议，审议通过了《关于收购宁波美丽人生医药生物科技发展有限公司51%股权的议案》。董事会同意上海复旦复华科技股份有限公司以自筹资金的方式出资人民币114 192 102.03元收购宁波美丽人生医药生物科技发展有限公司51%的股权，独立董事就该议案发表了同意的独立意见。本次交易未构成关联交易和重大资产重组，交易实施不存在重大法律障碍。上海复旦复华科技股份有限公司本次收购应确认为何种资产？如何确定初始投资成本，后续采用什么方法进行核算？

资料来源：作者根据2022年4月30日"上海复旦复华科技股份有限公司关于收购宁波美丽人生医药生物科技发展有限公司51%股权的公告"整理编写。

第一节 长期股权投资概述

一、长期股权投资的性质

股权投资，又称为权益性投资，是指通过付出现金或非现金资产等取得被投资单位的股份或股权，享有一定比例的权益份额代表的资产。投资企业取得被投资单位的股权，相应地享有被投资单位净资产有关份额，通过自被投资单位分得现金股利或利润及待被投资单位增值后出售等获利。

按照CAS22的界定，股权投资一方面形成投资方的金融资产；另

扩展阅读6-1

权益工具投资的会计分类

一方面形成被投资单位的权益工具，原则上属于金融工具。在大的范畴属于金融工具的情况下，根据投资方在投资后对被投资单位能够施加影响的程度，企业会计准则将股权投资区分为应当按照 CAS22 进行核算和应当按照《企业会计准则第 2 号——长期股权投资》（CAS2）进行核算两种情况。其中，属于 CAS2 规范的股权投资，是根据投资方在获取投资以后，能够对被投资单位施加影响的程度来划分的，而不是一定要求持有投资的期限长短。

二、长期股权投资的内容

长期股权投资按照投资后投资企业对被投资单位所产生的影响情况，可分为以下三种类型。

（一）对子公司的投资

对子公司投资，是投资方持有的能够对被投资单位施加控制的股权投资。控制是指投资方拥有对被投资单位的权力，通过参与被投资单位的相关活动，而享有可变回报，并且有能力运用对被投资单位的权力影响其回报金额。因此，控制必须同时具备以下三项基本要素。

（1）拥有对被投资方的权力。

（2）通过参与被投资方的相关活动而享有可变回报。

（3）有能力运用对被投资方的权力影响其回报金额。

投资方在判断其是否能够控制被投资方时，应当综合考虑所有的相关事实和情况，只有当投资方同时具备上述三个要素时，投资方才能控制被投资方。一旦相关事实和情况发生了变化，导致上述三个要素中的一个或多个发生变化的，投资方应当重新评估其是否能够控制被投资方。

通常，当投资企业直接拥有被投资单位 50% 以上的表决权资本，或者虽然直接拥有被投资单位 50% 或以下的表决权资本，但具有实质控制权时，也说明投资企业能够控制被投资单位。投资企业对被投资单位是否具有实质控制权，可以通过以下一项或若干项情况判定。

（1）通过与其他投资者的协议，投资企业拥有被投资单位 50% 以上表决权资本的控制权。

（2）根据章程或协议，投资企业有权控制被投资单位的财务和经营政策。

（3）有权任免被投资单位董事会等类似权力机构的多数成员。这种情况指虽然投资企业拥有被投资单位 50% 或以下表决权资本，但根据章程、协议等有权任免董事会的董事，以达到实质上控制的目的。

（4）在董事会或类似权力机构会议上有半数以上投票权。能够控制被投资单位董事会等类似权力机构的会议，从而能够控制其财务和经营政策，使其达到实质上的控制。

投资方能够对被投资方实施控制的，被投资方为其子公司，投资方应当将其子公司纳入合并财务报表的合并范围。

（二）合营企业投资

合营企业投资，是指投资方持有的对构成合营企业的合营安排的投资。投资方判断持有的对合营企业的投资，应当首先看是否构成合营安排，其次再看有关合营安排是否构成合营企业。合营安排，是指一项由两个或两个以上的参与方共同控制的安排。共同控制，是指按照相关约定对某项安排所共有的控制，并且该安排的相关活动必须经过分享控制权的参与方一致同意后才能决策。合营安排具有下列特征。

（1）各参与方均受到该安排的约束。

（2）两个或两个以上的参与方对该安排实施共同控制。任何一个参与方都不能够单独控制该安排，对该安排具有共同控制的任何一个参与方均能够阻止其他参与方或参与方组合单独控制该安排。

在判断是否存在共同控制时，首先应当判断所有参与方或参与方组合是否集体控制该安排，其次再判断该安排相关活动的决策是否必须经过这些集体控制该安排的参与方一致同意。需要注意的是，合营安排并不要求所有参与方都对该安排实施共同控制。合营安排参与方既包括对合营安排享有共同控制的参与方（即合营方），也包括对合营安排不享有共同控制的参与方。

合营安排可以分为共同经营和合营企业。共同经营，是指合营方享有该安排相关资产且承担该安排相关负债的合营安排；合营企业，是指合营方仅对该安排的净资产享有权利的合营安排。

对合营企业的长期股权投资，仅指合营安排享有共同控制的参与方对其合营企业的权益性投资，不包括对合营安排不享有共同控制的参与方的权益性投资，也不包括共同经营。

扩展阅读6-2

合营安排解析

（三）联营企业投资

联营企业投资，是指投资方能够对被投资单位施加重大影响的股权投资。

重大影响，是指对一个企业的财务和经营政策有参与决策的权力，但并不能够控制或与其他方一起共同控制这些政策的制定。

在通常情况下，投资企业直接或通过子公司拥有被投资单位20%或以上表决权股份，但未形成控制或共同控制的，可以认为对被投资单位具有重大影响，除非有明确的证据表明该种情况下投资方不能参与被投资方的生产经营决策，不能对投资方施加重大影响。企业通常可以通过以下一种或几种情形来判断是否对被投资方具有重大影响。

（1）在被投资单位的董事会或类似权力机构中派有代表。这种情况下，由于在被投资单位的董事会或类似权力机构中派有代表，并享有相应的实质性的参与决策权，投资企业可以通过该代表参与被投资单位经营政策的制定，达到对被投资单位施加重大影响。

（2）参与被投资单位的政策制定过程，包括股利分配政策等的制定。这种情况下，因可以参与被投资单位的政策制定过程，在制定政策过程中可以为其自身利益提出建议和意见，从而对被投资单位施加重大影响。

（3）与被投资单位之间发生重要交易。有关的交易因对被投资单位的日常经营具有重要性，进而一定程度上可以影响到被投资单位的生产经营决策。

（4）向被投资单位派出管理人员。这种情况下，通过投资企业对被投资单位派出管理人员，管理人员有权力并负责被投资单位的财务和经营活动，从而能够对被投资单位施加重大影响。

（5）向被投资单位提供关键技术资料。因被投资单位的生产经营需要依赖投资企业的技术或技术资料，表明投资企业对被投资单位具有重大影响。

需要注意的是，存在上述一种或多种情形并不意味着投资方一定对被投资方具有重大影响，企业需要综合考虑所有事实和情况来作出恰当的判断。在确定能否对被投资单位施加重大影响时，不但应考虑投资企业直接或间接持有被投资单位的表决权股份，同时还要考虑企业及其他方持有的现行可执行潜在表决权在假定转换为对被投资单位的股权后产生的影响，如被投资单位发行的现行可转换的认股权证、股票期权及可转换公司债券等的影响，如果其在转换为对被投资单位的股权后，能够增加投资企业的表决权比例或是降低被投资单位其他投资者的表决权比例，从而使得投资企业能够参与被投资单位的财务和经营决策的，应当认为投资企业对被投资单位具有重大影响。

长期股权投资还可以按照取得方式不同，将其分为企业合并形成的长期股权投资和企业合并以外方式取得的长期股权投资。其中，企业合并形成的长期股权投资指的是通过控股合并方式取得的长期股权投资，根据企业合并类型不同，进一步划分为同一控制下与非同一控制下控股合并形成的长期股权投资；企业合并以外方式取得的长期股权投资根据取得方式的不同，也可划分为支付现金取得、发行权益性证券方式取得、投资人投入、债务重组取得及非货币性资产交换取得等类型。

第二节　长期股权投资的初始计量

长期股权投资在取得时应按初始投资成本计量。企业可以通过合并取得长期股权投资，也可以通过企业合并以外的方式取得，不同方式取得的长期股权投资初始投资成本的确定方法有所不同。企业应当分别企业控股合并（即对子公司投资）和非企业合并（即对联营企业、合营企业投资）两种情况确定长期股权投资的初始投资成本。企业应设置"长期股权投资"科目核算持有的各项长期股权投资，并应当按照被投资单位进行明细核算。

扩展阅读6-3

长期股权投资的初始计量教学视频

一、对子公司投资的初始计量

对于形成控股合并的长期股权投资，应分别按形成同一控制下控股合并与非同一控制下控股合并两种情况确定长期股权投资的初始投资成本。

企业合并，是将两个或两个以上单独的企业合并形成一个报告主体的交易或事项。其实质是控制，即将多个单独企业或它们的净资产和经营活动的控制权都纳入一个独立的经济实体（会计主体）控制下。

按照合并的法律形式，即合并后导致的原有参与合并企业的法人权利的变化情况，可将企业合并分为吸收合并、新设合并和控股合并 3 种。其中吸收合并和新设合并在合并后最终只有一个企业的法律主体存续，不存在合并后的长期股权投资。因此，企业合并形成的长期股权投资只能是通过企业控股合并方式取得的。

控股合并是指一家企业买入或取得了另一家企业有投票表决权的股份或出资证明书，且已达到能控制后者经营和财务政策的持股比例，合并后合并双方的法律主体和会计主体均存续，出资的控股合并企业所获得的被并企业股权资本在其账面上表现为其对被并企业的长期股权投资。

企业合并按照合并前后最终控制方是否发生变化可划分为两大基本类型——同一控制下的企业合并与非同一控制下的企业合并。同一控制下的企业合并是指参与合并的企业在合并前后均受同一方或相同的多方最终控制且该控制并非暂时性的；非同一控制下的企业合并是指参与合并各方在合并前后不受同一方或相同的多方最终控制的合并交易，即除判断属于同一控制下企业合并的情况以外其他的企业合并。

（一）同一控制下企业控股合并形成的长期股权投资

对于同一控制下的企业控股合并，从能够对参与合并各方在合并前后均实施最终控制的一方来看，企业合并是其控制的经济资源的再整合，最终控制方在企业合并前及合并后能够控制的资产并没有发生变化。因此合并交易事项并不被视为是相关经济资源的出售或购买。

合并方以支付现金、转让非现金资产或承担债务方式作为合并对价的，应当在合并日按照所取得的被合并方在最终控制方合并财务报表中净资产账面价值的份额，作为长期股权投资的初始投资成本。被合并方在合并日的净资产账面价值为负数的，长期股权投资成本按零确定，同时在备查簿中予以登记。如果被合并方在被合并以前，是最终控制方通过非同一控制下的企业合并所控制的，则合并方长期股权投资的初始投资成本还应包含相关的商誉金额。

长期股权投资的初始投资成本与支付的现金、转让的非现金资产及所承担债务账面价值（或发行股份面值总额）之间的差额，应当调整资本公积（资本溢价或股本溢价）；资本公积（资本溢价或股本溢价）不足冲减的，应当依次冲减盈余公积、未分配利润；合并方发生的审计、法律服务、评估咨询等中介费用及其他相关管理费用，于发生时计入当期的损益。其会计核算的特点是不以公允价值计量、不确认损益、在合并财务报表中体现"一体化存续"的原则。

（二）非同一控制下企业控股合并形成的长期股权投资

非同一控制下企业合并本质上为市场化购买，其处理原则与一般的单项资产购买有相同之处，同时亦有区别。相同之处在于因为交易本身是按照市场化原则进行的，购买方在支付有关对价后，对于该项交易中自被购买方取得的各项资产、负债应当按照其在购买日的公允价值计量；与单项资产购买的不同之处在于，企业合并是构成业务的多项资产及负债的整体购买，由于在交易价格形成过程中购买方与出售方之间议价等因素的影响，交易的最终价格与通过交易取得被购买方持有的有关单项资产、负债的公允价值之和一般会存在差异。

非同一控制下的控股合并中，购买方应当按照确定的企业合并成本作为长期股权投资的初始投资成本。企业合并成本包括购买方付出的资产、发生或承担的负债、发行的权益性证券的公允价值之和。在购买日，按合并成本借记"长期股权投资"科目，贷记有关资产或负债科目，按其差额分别不同资产计入相应的损益科目；购买方为进行合并而发生的各项直接相关费用，如审计费用、评估费用、法律服务费用等，应该于发生时计入当期管理费用。购买方为进行合并而发行债券或承担其他债务支付的手续费、佣金等费用，应当计入所发行债券及其他债务的初始确认金额，不构成初始投资成本。

二、对联营企业、合营企业投资的初始计量

对联营企业、合营企业投资，取得时初始投资成本的确定应遵循以下规定。

（1）以支付现金取得的长期股权投资，应当按照实际支付的购买价款作为长期股权投资的初始投资成本，包括与取得长期股权投资直接相关的费用、税金及其他必要支出，但所支付价款中包含的被投资单位已宣告但尚未发放的现金股利或利润应作为应收项目核算，不构成取得长期股权投资的成本。

（2）以发行权益性证券方式取得的长期股权投资，其成本为所发行权益性证券的公允价值，但不包括被投资单位已宣告但尚未发放的现金股利或利润。

为发行权益性证券支付给有关证券承销机构等的手续费、佣金等与权益性证券发行直接相关的费用，不构成取得长期股权投资的成本。按照CAS37的规定，该部分费用应自权益性证券的溢价发行收入中扣除，权益性证券的溢价收入不足冲减的，应冲减盈余公积和未分配利润。

【例6-1】20×2年3月5日，中航制造通过增发5 400万股公司普通股（每股面值1元）取得乙公司25%的股权，该5 400万股股份的公允价值为9 360万元。为增发该部分股份，中航制造向证券承销机构等支付了360万元的佣金和手续费。假定中航制造取得该部分股权后，能够对乙公司的财务和生产经营决策施加重大影响。中航制造应作如下会计处理。

①中航制造增发股份取得对乙公司的股权时，应作会计分录为：

借：长期股权投资——乙公司　　　　　　　　　　　　93 600 000
　　贷：股本　　　　　　　　　　　　　　　　　　　54 000 000
　　　　资本公积——股本溢价　　　　　　　　　　　39 600 000

②发行权益性证券过程中支付佣金和手续费时，应作会计分录为：

借：资本公积——股本溢价　　　　　　　　　　　　　3 600 000

贷：银行存款 3 600 000

（3）以非货币性资产交换、债务重组等方式取得的长期股权投资，其初始投资成本应按照CAS7、CAS12的规定确定。详见本书第十章"非货币性资产交换"、第十四章"债务重组"的相关章节。

（4）投资者投入的长期股权投资，应当按照投资合同或协议约定的价值作为初始投资成本，但合同或协议约定的价值不公允的除外。

扩展阅读6-4

初始计量的关键问题

第三节　长期股权投资的后续计量

企业取得的长期股权投资，在确定初始投资成本后，视对被投资单位影响程度等情况的不同，应分别采用成本法及权益法进行核算。

一、长期股权投资的成本法

（一）成本法的定义及其适用范围

成本法是指投资按成本计价的方法。投资方能够对被投资单位实施控制的长期股权投资应当采用成本法核算。企业在投资期间始终应以初始投资成本反映长期股权投资的价值，一般不对其账面价值进行调整，除非企业实际增减投资额，才能对长期股权投资的账面余额进行调整。

（二）成本法的会计处理

采用成本法核算的长期股权投资，其会计处理要点如下。

（1）初始投资或追加投资时，按照初始投资或追加投资的成本增加长期股权投资的账面价值。

（2）除取得投资时实际支付的价款或对价中包含的已宣告但尚未发放的现金股利或利润外，投资企业应当按照享有被投资单位宣告发放的现金股利或利润确认投资收益。

【例6-2】20×2年3月20日，中航制造以62 800万元（包括已宣告但尚未发放的现金股利500万元）购入丙公司普通股股票2 500万股，占丙公司普通股股份的60%，形成非同一控制下的企业合并，中航制造将其划分为长期股权投资。20×2年4月5日，中航制造收到支付的投资价款中包含的已宣告但尚未发放的现金股利；20×3年3月5日，丙公司宣告20×2年度股利分配方案，每股分派现金股利0.40元，并于20×3年4月15日派发；20×4年4月15日，丙公司宣告20×3年度股利分配方案，每股派送股票股利0.6股，除权日为20×4年5月10日；20×4年度丙公司发生亏损，以留存收益弥补亏损后，于20×5年4月25日宣告20×4年度股利分配方案，每股分派现金股利0.20元，并于20×5年5月10日派发；20×5年丙公司继续亏损，该年未进行利润分配；20×6年度丙公司扭亏为盈，该年未进行利润分配；20×7年度丙公司继续盈利，于20×8年3月10日宣告20×7年度股利分配方案，每股分派现金股利0.25元，并于20×8年4月15日派发。中航制造相关业务会计处理如下。

（1）20×2年3月20日，购入股权时，应作会计分录为：

借：长期股权投资——丙公司　　　　　　　　　　　　603 000 000
　　应收股利　　　　　　　　　　　　　　　　　　　　5 000 000
　　贷：银行存款　　　　　　　　　　　　　　　　　608 000 000

（2）20×2年4月5日，收到丙公司派发的现金股利时，应作会计分录为：

借：银行存款　　　　　　　　　　　　　　　　　　　2 500 000
　　贷：应收股利　　　　　　　　　　　　　　　　　　2 500 000

（3）20×3年3月5日，丙公司宣告20×2年度股利分配方案时，应作会计分录为：

借：应收股利　　　　　　　　　　　　　　　　　　　10 000 000
　　贷：投资收益　　　　　　　　　　　　　　　　　　10 000 000

（4）20×3年4月15日，收到丙公司派发的现金股利时，应作会计分录为：

借：银行存款　　　　　　　　　　　　　　　　　　　10 000 000
　　贷：应收股利　　　　　　　　　　　　　　　　　　10 000 000

（5）20×4年5月10日，丙公司派送的股票股利除权。

中航制造不作正式会计记录，但应于除权日在备查簿中登记增加的股份。

享有股票股利增加的股数＝0.6×2 500＝1 500（万股）

（6）20×5年4月25日，丙公司宣告20×4年度股利分配方案时，应作会计分录为：

借：应收股利　　　　　　　　　　　　　　　　　　　8 000 000
　　贷：投资收益　　　　　　　　　　　　　　　　　　8 000 000

（7）20×5年5月10日，收到丙公司派发的现金股利时，应作会计分录为：

借：银行存款　　　　　　　　　　　　　　　　　　　8 000 000
　　贷：应收股利　　　　　　　　　　　　　　　　　　8 000 000

（8）20×5年丙公司继续亏损，该年未进行利润分配。

中航制造不必作任何会计处理。

（9）20×6年丙公司扭亏为盈，该年未进行利润分配。

中航制造不必作任何会计处理。

（10）20×8年3月10日，丙公司宣告20×7年度股利分配方案时，应作会计分录为：

借：应收股利　　　　　　　　　　　　　　　　　　　10 000 000
　　贷：投资收益　　　　　　　　　　　　　　　　　　10 000 000

（11）20×8年4月15日，收到丙公司派发的现金股利时，应作会计分录为：

借：银行存款　　　　　　　　　　　　　　　　　　　10 000 000
　　贷：应收股利　　　　　　　　　　　　　　　　　　10 000 000

投资企业在确认自被投资单位应分得的现金股利或利润后，应当考虑有关长期股权投资是否发生减值。在判断该类长期股权投资是否存在减值迹象时，应当关注长期股权投资的账面价值是否大于享有被投资单位净资产（包括相关商誉）账面价值的份额等情况。出现类似情况时，企业应当按照《企业会计准则第 8 号——资产减值》（CAS8）的规定对长期股权投资进行减值测试，可收回金额低于长期股权投资账面价值的，应当计提减值准备。

扩展阅读6-5
"成本法"的实质

采用成本法对长期股权投资进行后续计量，其优点在于：第一，投资账户能够反映投资的成本；第二，核算简便；第三，能反映企业实际获得的利润或现金股利的情况，而且获得的利润或现金股利与其流入的现金在时间上基本吻合；第四，与法律上企业法人的概念相符，即投资企业与被投资单位是两个法人实体，被投资单位实现的净利润或发生的净亏损，不会自动成为投资企业的利润或亏损，只有当被投资单位宣告分派现金股利或利润时，投资收益才能实现；第五，所确认的投资收益，与我国税法上确认应纳税所得额时对投资收益的确认时间是一致的，不存在会计核算时间上与税法不一致的问题；第六，核算结果比较稳健，即投资账户只反映投资成本，投资收益只反映实际获得的利润或现金股利。

但成本法也有其局限性，主要表现为：第一，成本法下不能真实地反映投资企业在被投资单位中的权益；第二，当投资企业能够控制被投资单位的情况下，投资企业可以操纵被投资单位的利润或现金股利的分配，为操纵利润提供了条件，其投资收益不能真正反映应当获得的投资利益。

二、长期股权投资的权益法

（一）权益法的定义及其适用范围

权益法是指投资以初始投资成本计量后，在投资持有期间根据投资企业享有被投资单位所有者权益份额的变动对投资的账面价值进行调整的方法。权益法下，投资企业与被投资单位被视为一个整体对待，因此，投资企业的长期股权投资与被投资单位的所有者权益之间也强调同步变化的"联动效应"。

按照 CAS2 的规定，应当采用权益法核算的长期股权投资包括两类：一是投资企业与其他合营方一同对被投资单位实施共同控制的权益性投资，即对合营企业投资；二是投资企业对被投资单位具有重大影响的权益性投资，即对联营企业投资。

（二）权益法的会计处理

长期股权投资核算采用权益法时，"长期股权投资"科目应当分"投资成本""损益调整""其他综合收益""其他权益变动"明细科目进行明细核算。其会计处理要点如下。

扩展阅读6-6
权益法下初始投资成本调整教学视频

1. 初始投资成本的调整

投资企业取得长期股权投资时，按照确定的初始投资成本入账。对于取得投资时投资成本与应享有被投资单位可辨认净资产公允价值份额之间的差额，应区别处理。

（1）初始投资成本大于取得投资时应享有被投资单位可辨认净资产公允价值份额的，该部分差额从本质上是投资企业在取得投资过程中通过购买作价体现出的与所取得股权份额相对应的商誉及被投资单位不符合确认条件的资产价值。初始投资成本大于投资时应享有被投资单位可辨认净资产公允价值的份额时，两者之间的差额不要求对长期股权投资的成本进行调整。

（2）初始投资成本小于取得投资时应享有被投资单位可辨认净资产公允价值份额的，两者之间的差额体现为双方在交易作价过程中转让方的让步，该部分经济利益流入应作为收益处理，计入取得投资当期的营业外收入，同时调整增加长期股权投资的账面价值。

【例6-3】20×2年1月1日，中航制造以7 600万元取得乙公司40%的股权，取得投资时被投资单位乙公司可辨认净资产的公允价值为18 000万元，中航制造能够对乙公司施加重大影响，则中航制造应作会计分录为：

借：长期股权投资——乙公司（投资成本）　　　　76 000 000
　　贷：银行存款　　　　　　　　　　　　　　　　　76 000 000

此例中中航制造的初始投资成本7 600万元＞取得可辨认净资产公允价值的份额7 200（18 000×40%）万元，故对初始投资成本不作调整。

再假定，本例中中航制造取得投资时乙公司可辨认净资产的公允价值为20 000万元，则中航制造的初始投资成本7 600万元＜取得可辨认净资产公允价值的份额8 000（20 000×40%）万元，应对初始投资成本进行调整，两者的差额计入当期营业外收入。中航制造应作会计分录为：

借：长期股权投资——乙公司（投资成本）　　　　76 000 000
　　贷：银行存款　　　　　　　　　　　　　　　　　76 000 000
借：长期股权投资——乙公司（投资成本）　　　　 4 000 000
　　贷：营业外收入　　　　　　　　　　　　　　　　 4 000 000

2. 投资损益的确认

投资企业取得长期股权投资后，应当按照应享有或应分担被投资单位实现净利润或发生净亏损的份额（法规或章程规定不属于投资企业的净损益除外），调整长期股权投资的账面价值，并确认为当期投资损益。在确认应享有或应分担被投资单位的净利润或净亏损时，在被投资单位账面净利润的基础上，应考虑以下因素的影响进行适当调整。

（1）被投资单位采用的会计政策及会计期间与投资企业不一致的，应按投资企业的会计政策及会计期间对被投资单位的财务报表进行调整。这是由于权益法下，投资企业与被投资单位被视为一个整体对待，作为一个整体其所产生的损益，应当在一致的会计政策和会计期间基础上确定。被投资单位采用的会计政策和会计期间与投资企业不同的，投资企业应当基于重要性原则，按照本企业的会计政策和会计期间对被投资单位的损益进行调整。

(2) 以取得投资时被投资单位各项可辨认资产、负债等的公允价值为基础，对被投资单位的净损益进行调整。被投资单位个别利润表中的净利润是以其持有的资产、负债账面价值为基础持续计算的，而投资企业在取得投资时，是以被投资单位有关资产、负债的公允价值为基础确定投资成本，长期股权投资的投资收益所代表的是被投资单位资产、负债在公允价值计量的情况下在未来期间通过经营产生的损益中归属于投资企业的部分。取得投资时有关资产、负债的公允价值与其账面价值不同的，未来期间，在计算归属于投资企业应享有的净利润或应承担的净亏损时，应以投资时被投资单位有关资产的公允价值为基础计算确定，从而产生了需要对被投资单位账面净利润进行调整的情况。

在针对上述事项对被投资单位实现的净利润进行调整时，应考虑重要性原则，不具重要性的项目可不予调整。符合下列条件之一的，投资企业应按被投资单位的账面净利润为基础，计算确认投资损益，同时应在会计报表附注中说明不能按照准则规定进行核算的原因：①投资企业无法合理确定取得投资时被投资单位各项可辨认资产等的公允价值；②投资时被投资单位可辨认资产的公允价值与其账面价值相比，两者之间的差额不具重要性的；③其他原因导致无法取得被投资单位的有关资料，不能按照准则中规定的原则对被投资单位的净损益进行调整的。

【例6-4】20×2年1月1日，中航制造以10 000万元取得丁公司30%的股权，取得投资时被投资单位丁公司可辨认净资产的公允价值为30 000万元，中航制造能够对乙公司施加重大影响，取得投资当年被投资单位实现净利润为2 400万元。中航制造、丁公司均以公历年度作为会计年度，两者采用的会计政策相同。

假设一：投资时丁公司各项资产、负债的账面价值与其公允价值相同，且假定投资企业与被投资单位未发生任何内部交易，不需要对丁公司实现的净损益进行调整，则中航制造应确认的投资收益为720（2 400×30%）万元，据此应作会计分录为：

借：长期股权投资——丁公司（损益调整）　　　　　7 200 000
　　贷：投资收益　　　　　　　　　　　　　　　　　　　7 200 000

假设二：投资时丁公司存在资产、负债的账面价值与其公允价值不同的项目，具体情况如表6-1所示。

表6-1　丁公司资产公允价值与账面价值差额比较表　　　　　　　　　单位：万元

项目	账面原价	已提折旧或摊销	公允价值	丁公司原预计使用年限	中航制造取得投资后预计剩余使用年限
存货	1 600		2 000		
固定资产	6 000	1 500	4 200	20	15
无形资产	1 200	240	1 800	10	5
合计	8 800	1 740	8 000		

其中：20×2年度中，在中航制造取得投资时的账面存货有70%实现对外出售，固定资产、无形资产均按直线法计提折旧或摊销，预计净残值均为0。假定中航制造、丁公司

间未发生任何内部交易。

则中航制造在确定其应享有的投资收益时，应在丁公司实现净利润 2 400 万元的基础上，根据取得投资时丁公司有关资产的账面价值与其公允价值差额的影响进行如下调整（假定不考虑所得税影响）。

存货账面价值与公允价值的差额应调整增加的成本费用 =（2 000-1 600）×70%
= 280（万元）

固定资产公允价值与账面价值差额应调整减少的折旧额 = 6 000/20-4 200/15
= 20（万元）

无形资产公允价值与账面价值差额应调整增加的摊销额 = 1 800/5-1 200/10
= 240（万元）

调整后的净利润 = 2 400-280+20-240=1 900（万元）

中航制造应享有份额 =1 900×30%=570（万元），据此应作会计分录为：

借：长期股权投资——丁公司（损益调整）　　　　　　　5 700 000
　　贷：投资收益　　　　　　　　　　　　　　　　　　　　　5 700 000

（3）在确认投资收益时，除考虑会计政策及会计期间、公允价值的调整外，对于投资企业与其联营企业及合营企业之间发生的未实现内部交易损益应予抵销。即投资企业与联营企业及合营企业之间发生的未实现内部交易损益按照持股比例计算归属于投资企业的部分应当予以抵销，在此基础上确认投资损益。投资企业与被投资单位发生的内部交易损失，按照 CSA8 等规定属于资产减值损失的，应当全额确认。投资企业对于纳入其合并范围的子公司与其联营企业及合营企业之间发生的内部交易损益，也应当按照上述原则进行抵销，在此基础上确认投资损益。

应当注意的是，该未实现内部交易损益的抵销既包括顺流交易也包括逆流交易。其中，顺流交易是指投资企业向其联营企业或合营企业出售资产，逆流交易是指联营企业或合营企业向投资企业出售资产。当该未实现内部交易损益体现在投资企业或其联营企业、合营企业持有的资产账面价值中时，相关的损益在计算确认投资损益时应予抵销。

①对于逆流交易，在该交易存在未实现内部交易损益的情况下（即有关资产未对外部独立第三方出售前），投资企业不应确认联营企业或合营企业因该内部交易产生的未实现损益中按照持股比例计算确定的归属于本企业享有的部分。即投资企业在采用权益法计算确认应享有联营企业或合营企业的投资损益时，应抵销该未实现内部交易损益的影响，并相应调整对联营企业或合营企业的长期股权投资账面价值。

【例6-5】中航制造于 20×2 年 1 月取得甲公司 25% 有表决权股份，能够对甲公司施加重大影响。假定中航制造取得该项投资时，甲公司各项可辨认资产、负债的公允价值与其账面价值相同。20×2 年 8 月，甲公司将其成本为 1 600 万元的航空齿轮以 2 400 万元的价格出售给中航制造，中航制造将取得的航空齿轮作为存货。至 20×2 年资产负债表日，中航制造仍未对外出售该存货。甲公司 20×2 年实现净利润为 7 200 万元。假定不考虑所得税因素，中航制造应作以下会计分录。

借：长期股权投资——甲公司（损益调整）[（72 000 000-8 000 000）×25%]

	16 000 000
贷：投资收益	16 000 000

假定在20×3年，中航制造将该批航空齿轮以2 400万元的价格向外部独立第三方出售，因该部分内部交易损益已经实现，中航制造在确认应享有甲公司20×3年净损益时，应考虑将原未确认的该部分内部交易损益计入投资损益，即应在考虑其他因素计算确定的投资损益基础上调整增加200万元。

②对于顺流交易，在该交易存在未实现内部交易损益的情况下（即有关资产未向外部独立第三方出售前），投资企业在采用权益法计算确认应享有联营企业或合营企业的投资损益时，应抵销该未实现内部交易损益的影响，同时调整对联营企业或合营企业长期股权投资的账面价值。当投资企业向联营企业或合营企业出售资产，同时有关资产由联营企业或合营企业持有时，投资方因出售资产应确认的损益仅限于与联营企业或合营企业其他投资者交易的部分。即在顺流交易中，投资方出售资产给其联营企业或合营企业产生的损益中，按照持股比例计算确定归属于本企业的部分不予确认。

【例6-6】中航制造持有M公司25%有表决权股份，能够对M公司的财务和生产经营决策施加重大影响。20×2年，中航制造将其账面价值为1 000万元的产品以1 560万元的价格出售给M公司。至20×2年资产负债表日，该批产品尚未对外部第三方出售。假定中航制造取得该项投资时，M公司各项可辨认资产、负债的公允价值与其账面价值相同，两者在以前期间未发生过内部交易。M公司20×2年净利润为4 800万元。假定不考虑所得税因素，中航制造应作以下会计分录。

借：长期股权投资——M公司（损益调整）	10 600 000
贷：投资收益	10 600 000

其中：10 600 000=（48 000 000-5 600 000）×25%

应当说明的是，投资企业与其联营企业及合营企业之间发生的无论是顺流交易还是逆流交易产生的未实现内部交易损失，属于所转让资产发生减值损失的，有关的未实现内部交易损失不应予以抵销。

3. 超额亏损的处理

长期股权投资持有期间，投资企业不仅确认并分享被投资单位的净收益，也应确认并分担被投资单位发生的损失，如被投资单位的亏损等。投资企业在确认应分担被投资单位发生的亏损时，原则上应以长期股权投资及其他实质上构成对被投资单位净投资的长期权益减记至零为限，投资企业负有承担额外损失义务的除外。这里所说的"其他实质上构成对被投资单位净投资的长期权益"通常指长期应收项目。例如，企业对被投资单位的长期债权，该债权没有明确的清收计划且在可预见的未来期间不准备收回的，实质上构成对被投资单位的净投资。应予说明的是，该类长期权益不包括投资企业与被投资单位之间因销售商品、提供劳务等日常活动所产生的长期债权。

具体会计处理时应按照以下顺序进行。

第一，应减记长期股权投资的账面价值，借记"投资收益"科目，贷记"长期股权投资——损益调整"科目。

第二，在长期股权投资的账面价值减记至零以后，如果有其他实质上构成对被投资单位净投资的长期权益，应当以其账面价值为限，继续确认投资损失，借记"投资收益"科目，贷记"长期应收款"等科目。

第三，在长期股权投资的账面价值和其他实质上构成对被投资单位净投资的长期权益均冲减至零的情况下，如果按照投资合同或协议约定，投资企业仍需要承担额外义务的，应按预计承担的义务继续确认当期的投资损失，借记"投资收益"科目，贷记"预计负债"科目。

第四，除按上述顺序已确认的投资损失外，仍有未确认的应分担被投资单位的损失，应在账外备查登记。

第五，在确认了有关的投资损失以后，被投资单位于以后期间实现盈利的，应按以上相反顺序分别减记账外备查登记的金额、已确认的预计负债、恢复其他长期权益及长期股权投资的账面价值，同时确认投资收益。即应当按顺序分别借记"预计负债""长期应收款""长期股权投资"等科目，贷记"投资收益"科目。

【例6-7】中航制造持有S公司30%的股权，能够对S公司施加重大影响。20×2年年初该项长期股权投资的账面价值为8 000万元。除了对S公司的长期股权投资外，中航制造还有一笔金额为800万元的对S公司没有明确清收计划且在可预见的未来期间不准备收回的长期债权。假定中航制造在取得该投资时，S公司各项可辨认资产、负债的公允价值与其账面价值相等，双方所采用的会计政策及会计期间也相同，双方未发生任何内部交易。20×2年度，S公司亏损12 000万元；20×3年度，S公司继续亏损，当年亏损18 000万元；20×4年度，S公司进行资产重组，重组后经营情况好转，当年实现净收益1 000万元；20×5年度，S公司经营情况基本恢复正常，当年实现净收益4 200万元。中航制造相关业务会计处理如下：

（1）确认应分担的20×2年度亏损份额时，应作会计分录为：

借：投资收益　　　　　　　　　　　　　　　　　　　　　36 000 000
　　贷：长期股权投资——S公司（损益调整）　　　　　　　　　　36 000 000

（2）确认应分担的20×3年度亏损份额时：

应分担的亏损份额=18 000×30%=5 400（万元）

20×2年度分担亏损份额之后，中航制造持有S公司的长期股权投资账面价值为4 400（8 000-3 600）万元，因此，中航制造应以该项长期股权投资的账面价值减记至零为限确认投资损失，剩余应分担的亏损份额为1 000（5 400-4 400）万元，大于实质上构成对S公司净投资的长期债权，中航制造只能以长期债权800万元为限继续确认当年的投资损失，其余200万元未确认的亏损分担额应在备查簿中备查登记。

借：投资收益　　　　　　　　　　　　　　　　　　　　　52 000 000
　　贷：长期股权投资——S公司（损益调整）　　　　　　　　　　44 000 000
　　　　长期应收款——S公司　　　　　　　　　　　　　　　　　8 000 000

（3）确认应享有的20×4年度收益份额时：

应享有的收益份额=1 000×30%=300（万元）

当年应享有的收益份额超过了备查簿中记录的尚未分担的亏损额200万元，应先抵减备查簿中尚未分担的亏损额，然后按照超过部分先恢复长期应收款的账面价值100（300-200）万元。

  借：长期应收款——S公司   1 000 000
    贷：投资收益   1 000 000

（4）确认应享有的20×5年度收益份额时：

应享有的收益份额=4 200×30%=1 260（万元）

当年应享有的收益份额超过了尚未恢复的长期应收款账面价值700（800-100）万元，应在完全恢复长期应收款的账面价值之后，将超过部分继续恢复长期股权投资的账面价值560（1 260-700）万元。

  借：长期应收款——S公司   7 000 000
    长期股权投资——S公司（损益调整）   5 600 000
    贷：投资收益   12 600 000

4. 取得股利或利润的处理

股利是股东对企业净利润的分享。在我国，股利的支付通常有两种基本形式，即现金股利和股票股利。所谓现金股利，是指企业以现金形式向股东派发的股利；而股票股利则是企业用增发的股票代替现金派发给股东的股利。当作股利发放的股票，又称为红股，俗称送股。

（1）现金股利或利润的会计处理

按照权益法核算的长期股权投资，投资企业自被投资单位取得的现金股利或利润，应抵减长期股权投资的账面价值。在被投资单位宣告分派现金股利或利润时，借记"应收股利"科目，贷记"长期股权投资——损益调整"科目；自被投资单位取得的现金股利或利润超过已确认损益调整的部分应视同投资成本的收回，冲减长期股权投资的成本。

【例6-8】承【例6-4】假设二。若20×3年年初，丁公司对20×2年度实现的净损益进行分配。

假设一：丁公司宣告分派现金股利1 200万元。其中，中航制造应取得的份额为360（1 200×30%）万元，未超过中航制造确认的投资收益570万元，则中航制造应作会计分录为：

  借：应收股利   3 600 000
    贷：长期股权投资——丁公司（损益调整）   3 600 000

假设二：丁公司宣告分派现金股利2 000万元。其中，中航制造应取得的份额为600（2 000×30%）万元，超过中航制造确认的投资收益570万元，则中航制造应作会计分录为：

  借：应收股利   6 000 000
    贷：长期股权投资——丁公司（损益调整）   5 700 000
      ——丁公司（投资成本）   300 000

（2）股票股利的会计处理

当企业实现净利润但现金不足时,为了满足股东的要求,维持股票价位,通常派发股票股利,而不以现金方式分派股利。分派股票股利,一不会使所有者权益总额发生变动,而仅仅是所有者权益各项目结构发生内部的调整;二不需要企业拿出现金。从理论上讲,被投资单位派发股票股利,既没减少资产,也没有减少所有者权益,但每股净资产降低了,表明股份稀释;投资企业既没有收到资产,也没有增加所有者权益,只是股份的增加,股份的增加也并未使持股比例增加,仅仅是以更多的股份代表原持股比例,所享有的权益也未变化,表明每股应享有被投资单位净资产份额的减少,每股投资成本降低。虽然所收到的股票有市价,但这种市价已存在于原投资的股票中,在除权日,由于派发股票股利而使开盘价格等比例降低,即使以后填权,使投资的总价值增加,市价又回升至除权前的水平,但在股票未出售前,属于未实现的增值,根据收益实现原则,也不能将股票股利确认为一项收益。因此,股票股利不能作为收益加以确认。

基于上述分析,若被投资单位分派的是股票股利,则投资企业不作账务处理。但应于除权日在备查账簿中登记所增加的股数,以表明每股投资成本的减少,部分处置该项收到股票股利的投资时,应按投资成本与全部股份计算的平均每股成本结转处置部分的成本。

5. 其他综合收益的处理

被投资单位其他综合收益发生变动的,投资方应当按照归属于本企业的部分,相应调整长期股权投资的账面价值,同时增加或减少其他综合收益。

【例6-9】中航制造持有甲公司25%的股份,并能对甲公司施加重大影响。当期,甲公司以公允价值计量且其变动计入其他综合收益的金融资产(非交易性权益工具投资)产生其他综合收益1 800万元。不考虑其他因素,中航制造当期按照权益法核算应确认的其他综合收益的会计处理如下。

按权益法核算中航制造应确认的其他综合收益=18 000 000×25%=4 500 000(元)

借:长期股权投资——甲公司(其他综合收益)　　4 500 000
　　贷:其他综合收益——其他权益工具投资公允价值变动　　4 500 000

6. 被投资单位所有者权益其他变动的处理

如前所述,采用权益法核算的长期股权投资与被投资单位的所有者权益之间强调同步变化的"联动效应"。因此,投资企业对于被投资单位所有者权益的其他变动,在持股比例不变的情况下,也应按照持股比例与被投资单位所有者权益的其他变动计算中归属于本企业的部分,确认为其他资本公积,相应调整长期股权投资的账面价值,计入"长期股权投资——其他权益变动"科目,同时增加或减少资本公积(其他资本公积)。被投资单位所有者权益的其他变动主要包括被投资单位接受其他股东的资本性投入、被投资方单位发行可分离交易的可转换公司债券中包含的权益成分、以权益结算的股份支付、其他股东对被投资方增资导致投资方持股比例变动等。

【例6-10】中航制造持有丁公司30%的股份,能够对丁公司施加重大影响。丁公司为上市公司,当期丁公司的母公司给予丁公司捐赠14 000万元,该捐赠实质上属于资本性投入,丁公司将其计入资本公积(股本溢价)。不考虑其他因素,中航制造按权益法作如下会计处理:

中航制造确认应享有被投资单位所有者权益的其他变动 =140 000 000×30%
=42 000 000（元）

借：长期股权投资——丁公司（其他权益变动）　　　　　42 000 000
　　贷：资本公积——其他资本公积　　　　　　　　　　　　　42 000 000

【例6-11】20×2年1月1日，中航制造、甲公司、乙公司分别以银行存款2 000万元、4 000万元和4 000万元出资设立W公司，并分别持有W公司20%、40%、40%的股权。中航制造对W公司具有重大影响。W公司自设立之日起至20×2年12月31日实现净利润10 000万元，除此之外，无其他影响净资产的事项。20×3年1月1日，经中航制造、甲公司、乙公司协商，甲公司对W公司增资8 000万元，增资后W公司净资产为28 000万元。中航制造、甲公司、乙公司分别持有W公司的股权比例变为15%、50%、35%。根据公司章程的规定，中航制造仍然能够对W公司的财务和经营决策施加重大影响。假定不考虑其他因素的影响。中航制造有关会计处理如下。

甲公司追加投资前：

W公司所有者权益 =（2 000+4 000+4 000）+10 000=20 000（万元）

中航制造享有的份额 =20 000×20%=4 000（万元）

甲公司追加投资后：

W公司所有者权益 =28 000（万元）

中航制造享有的份额 =28 000×15%=4 200（万元）

因此，甲公司追加投资后，中航制造享有的其他权益增加了200万元。

借：长期股权投资——W公司（其他权益变动）　　　　　2 000 000
　　贷：资本公积——其他资本公积　　　　　　　　　　　　　2 000 000

采用权益法对长期股权投资进行后续计量的优点在于：第一，投资账户能够反映投资企业在被投资单位中的权益，反映了投资企业拥有被投资单位所有者权益份额的经济现实；第二，投资收益反映了投资企业经济意义上的投资利益，无论被投资单位分配多少利润或现金股利，什么时间分配利润或现金股利，投资企业享有被投资单位净利润的份额或应承担亏损的份额，才是真正实现的投资收益，而不受利润分配政策的影响，体现了实质重于形式的原则。

扩展阅读6-8

"权益法"的实质

但权益法也有其局限性，表现为：第一，与法律上的企业法人的概念相悖，投资企业与被投资单位虽然从经济意义上看是一个整体，但从法律意义上看，仍然是两个分别独立的法人实体，被投资单位实现的利润，不可能成为投资企业的利润，被投资单位发生的亏损，也不可能形成投资企业的亏损，投资企业在被投资单位宣告分派利润或现金股利前，是不可能分回利润或现金股利的；第二，在权益法下，投资收益的实现与现金流入的时间不相吻合，即确认投资收益在先，实际获得利润或现金股利在后；第三，会计核算比较复杂。

扩展阅读6-9

"权益法"的核算要点

三、长期股权投资的减值

长期股权投资在按照规定进行核算确定其账面价值的基础上，如果存在减值迹象的，应当按照CAS8的相关规定确定其可收回金额。长期股权投资可收回金额低于其账面价值的，应计提减值准备，分别记入"资产减值损失"科目的借方和"长期股权投资减值准备"科目的贷方。如果已计提减值准备的长期股权投资价值恢复，不允许转回。

第四节　长期股权投资的转换及处置

一、长期股权投资的转换

（一）长期股权投资核算方法的转换

长期股权投资在持有期间，因追加投资或处置投资等原因，可能导致其核算方法需要由一种方法转换为另一种方法。

1. 成本法转换为权益法

因处置投资等原因导致对被投资单位由能够实施控制转为具有重大影响，或者与其他投资方一起实施共同控制的，长期股权投资的核算方法应当由成本法转换为权益法。具体转换过程如下。

首先，应按处置投资的比例结转应终止确认的长期股权投资成本。

然后，将剩余的长期股权投资转为采用权益法核算。

成本法转换为权益法教学视频

（1）比较剩余长期股权投资的成本与按照剩余持股比例计算原投资时应享有被投资单位可辨认净资产公允价值的份额。前者大于后者的，不调整长期股权投资的账面价值；前者小于后者的，在调整长期股权投资成本的同时，调整留存收益。

（2）对于原取得投资时至处置投资时（转为权益法核算）之间被投资单位实现净损益中投资方应享有的份额应调整长期股权投资的账面价值，同时，对于原取得投资时至处置投资当期期初被投资单位实现的净损益中应享有的份额，调整留存收益，对于处置投资当期期初至处置投资之日被投资单位实现的净损益中享有的份额，调整当期损益。

（3）对于被投资单位其他综合收益变动中应享有的份额，在调整长期股权投资账面价值的同时应当计入其他综合收益。

（4）除净损益、其他综合收益和利润分配以外的其他原因导致被投资单位其他所有者权益变动中应享有的份额，在调整长期股权投资账面价值的同时，应当计入资本公积（其他资本公积）。

【例6-12】20×2年1月1日，中航制造支付1 600万元取得戊公司100%的股权，投资当时戊公司可辨认净资产的公允价值为 1 400 万元。20×2 年 1 月 1 日至 20×3 年 12 月 31 日，戊公司的净资产增加了 360 万元，其中按购买日公允价值计算实现的净利润 300 万元，持有的以公允价值计量且其变动计入其他综合收益的金融资产其公允价值升值 60 万元。

20×4 年 1 月 8 日，中航制造转让戊公司 70% 的股权，收取款项 1 260 万元，转让后中航制造对戊公司的持股比例为 30%，能够对其施加重大影响。20×4 年 1 月 8 日，即中航制造丧失对戊公司的控制权日，戊公司剩余 30% 股权的公允价值为 540 万元。假定中航制造、戊公司提取盈余公积的比例均为 10%。假定戊公司未分配现金股利，并且不考虑其他因素。中航制造的相关会计处理如下。

（1）确认部分股权处置损益时，应作会计分录为：

借：银行存款　　　　　　　　　　　　　　　　　　　　　　　12 600 000
　　贷：长期股权投资——戊公司　　　　　　　（16 000 000×70%）11 200 000
　　　　投资收益　　　　　　　　　　　　　　　　　　　　　　1 400 000

（2）对剩余股权改按权益法核算时，应作会计分录为：

① 20×4 年 1 月 8 日，结转剩余股权的账面价值时：

借：长期股权投资——戊公司（投资成本）　　　　　　　　　　4 800 000
　　贷：长期股权投资——戊公司　　　　　　　　　　　　　　4 800 000

同时要将剩余股权的成本与剩余股权在原投资时点享有的被投资单位可辨认净资产公允价值的份额进行比较。20×4 年 1 月 8 日，剩余股权在原投资时点（20×2 年 1 月 1 日）享有的被投资单位可辨认净资产公允价值的份额为 420（1 400×30%）万元，剩余股权的投资成本（480 万元）大于享有的原投资时点被投资单位可辨认净资产公允价值的份额，因此，不需要调整长期股权投资的账面价值。

② 自 20×2 年 1 月 1 日至 20×4 年 1 月 8 日之间权益的调整时：

借：长期股权投资——戊公司（损益调整）　　　　　　　　　　900 000
　　　　　　　　　　——戊公司（其他综合收益）　　　　　　180 000
　　贷：盈余公积　　（3 000 000×30%×10%）　　　　　　　　　90 000
　　　　利润分配——未分配利润　（3 000 000×30%×90%）　　 810 000
　　　　其他综合收益　　（600 000×30%）　　　　　　　　　　180 000

2. 权益法转换为成本法

投资方原持有的对联营企业、合营企业的长期股权投资，因追加投资等原因能够对被投资单位实施控制的，长期股权投资的核算方法应由权益法转换为成本法，按本章前面所述企业合并形成的长期股权投资有关内容进行会计处理。

扩展阅读 6-11

权益法转换为成本法教学视频

（1）追加投资形成同一控制下企业合并时，应当在合并日按照所取得的被合并方在最终控制方合并财务报表中净资产账面价值的份额，作为改按成本法核算的长期股权投资的初始投资成本。初始投资成本大于原投资账面价值与合并日取得进一步股份所支付对价的账面价值之和的差额，应当调整资本公积（资本溢价或股本溢价）；资本公积（资本溢价或股本溢价）不足冲减的，应当依次冲减盈余公积、未分配利润。

（2）追加投资形成非同一控制下企业合并时，应当在购买日按照原投资的账面价值与新增投资成本之和，作为改按成本法核算的长期股权投资的初始投资成本。

原权益法核算时确认的其他综合收益，暂不作会计处理，未来处置该项长期股权投资时，采用与被投资单位直接处置相关资产或负债相同的基础进行会计处理；原权益法核算时确认的其他权益变动，也应当在未来处置该项长期股权投资时转入处置当期的损益。

【例6-13】20×2年1月1日，中航制造以12 000万元的价款取得F公司30%的股份，能够对F公司施加重大影响，采用权益法核算。当日，F公司可辨认净资产的公允价值为40 000万元，该项投资的初始投资成本等于投资时应享有F公司可辨认净资产公允价值的份额12 000万元（40 000×30%），因此，长期股权投资的账面价值不需进行调整。20×2年度F公司实现净收益为4 000万元，未分配任何股利，中航制造将应享有的收益份额1 200（4 000×30%）万元作为投资收益确认入账，并调整了长期股权投资账面价值；除实现净损益外，F公司在此期间还确认了以公允价值计量且其变动计入其他综合收益的金融资产公允价值变动利得1 600万元，中航制造将应享有的份额480（1 600×30%）万元作为其他综合收益确认入账，并调整了长期股权投资账面价值。20×3年3月20日，中航制造又以14 000万元的价款取得F公司35%的股份，当日，F公司所有者权益在最终控制方合并财务报表中的账面价值为48 000万元。至此，中航制造对F公司的持股比例增至65%，对F公司形成控制，长期股权投资的核算方法应由权益法转换为成本法。中航制造相关的会计处理如下：

（1）假定该合并为同一控制下的企业合并：

原权益法核算的长期股权投资账面价值＝12 000+1 200+480＝13 680（万元）

原权益法核算的长期股权投资账面价值与新追加投资之和＝13 680+14 000
＝27 680（万元）

转为成本法核算的初始投资成本＝48 000×65%＝31 200（万元）

借：长期股权投资——F公司	312 000 000
贷：长期股权投资——F公司（投资成本）	120 000 000
——F公司（损益调整）	12 000 000
——F公司（其他综合收益）	4 800 000
银行存款	140 000 000
资本公积——股本溢价	35 200 000

（2）该合并为非同一控制下的企业合并：

转为成本法核算的初始投资成本＝13 680+14 000＝27 680（万元）

借：长期股权投资——F公司	276 800 000
贷：长期股权投资——F公司（投资成本）	120 000 000
——F公司（损益调整）	12 000 000
——F公司（其他综合收益）	4 800 000

银行存款	140 000 000

(二) 长期股权投资与以公允价值计量的金融资产之间的转换

1. 以公允价值计量的金融资产转换为长期股权投资

（1）以公允价值计量的金融资产转换为权益法核算的长期股权投资。

原持有的对被投资单位的股权投资（不具有控制、共同控制或重大影响的），按照金融工具确认和计量准则进行会计处理的，因追加投资等原因导致持股比例上升，能够对被投资单位施加共同控制或重大影响的，企业应将原确认的以公允价值计量的金融资产转为按权益法核算的长期股权投资。在转为按权益法核算时，投资方应当将按照CAS22确定的原股权投资的公允价值加上为取得新增投资而应支付对价的公允价值，作为改按权益法核算的初始投资成本。原持有的股权投资分类为以公允价值计量且其变动计入其他综合收益的非交易性权益工具投资，与其相关的原计入其他综合收益的累计公允价值变动，应当转入改按权益法核算的留存收益。然后，比较上述计算所得的初始投资成本，与按照追加投资后全新的持股比例计算确定的应享有被投资单位在追加投资日可辨认净资产公允价值份额之间的差额，前者大于后者的，不调整长期股权投资的账面价值；前者小于后者的，差额应调整长期股权投资的账面价值，并计入当期营业外收入。

【例6-14】中航制造于20×2年2月取得L公司10%股权，对L公司不具有控制、共同控制和重大影响，中航制造将其分类为以公允价值计量且其变动计入其他综合收益的金融资产，投资成本为2 000万元，取得时L公司可辨认净资产公允价值总额为18 000万元（假定公允价值与账面价值相同）。20×2年12月31日，该项金融资产的账面价值为2 360万元。

20×3年3月1日，中航制造又以5 000万元取得L公司14%的股权，当日L公司可辨认净资产公允价值总额为30 000万元。取得该部分股权后，按照L公司章程规定，中航制造能够派人参与L公司的财务和生产经营决策，对该项长期股权投资转为采用权益法核算。假定中航制造在取得L公司10%的股权后，双方未发生任何内部交易。L公司通过生产经营活动实现的净利润为2 000万元，未派发现金股利和利润。除所实现净利润外，未发生其他所有者权益变动事项。20×3年3月1日，中航制造对L公司投资原10%股权的公允价值为3 000万元。中航制造按照净利润的10%提取法定盈余公积。

本例中，20×3年3月1日，中航制造对L公司投资原10%股权的公允价值为3 000万元，账面价值为2 360万元，差额计入留存收益；同时，因追加投资改按权益法核算，原计入其他综合收益的累计公允价值变动收益360万元转入留存收益。

中航制造对L公司股权增持后，持股比例改为24%，初始投资成本为8 000（3 000+5 000）万元，应享有L公司可辨认净资产公允价值份额为7 200（30 000×24%）万元。前者大于后者800万元，不调整长期股权投资的账面价值。

中航制造对上述交易的会计处理如下。

借：长期股权投资——L公司（投资成本）	80 000 000
贷：银行存款	50 000 000

其他权益工具投资——成本	20 000 000
——公允价值变动	3 600 000
盈余公积	640 000
利润分配——未分配利润	5 760 000
借：其他综合收益	3 600 000
贷：盈余公积	360 000
利润分配——未分配利润	3 240 000

（2）以公允价值计量的金融资产转换为成本法核算的长期股权投资

投资方原持有的对被投资单位不具有控制、共同控制或重大影响的按照《企业会计准则第 22 号——金融工具确认和计量》进行会计处理的权益性投资，因追加投资等原因，能够对被投资单位实施控制的，企业应将原确认的以公允价值计量的金融资产转为按成本法核算的长期股权投资，应按本章前面所述企业合并形成的长期股权投资有关内容进行会计处理，此处不再赘述。

2. 长期股权投资转换为以公允价值计量的金融资产

（1）权益法核算的长期股权投资转换为以公允价值计量的金融资产。

原持有的对被投资单位具有共同控制或重大影响的长期股权投资，因部分处置等原因导致持股比例下降，不能再对被投资单位实施共同控制或重大影响的，应该按 CAS22 的规定对剩余股权投资进行会计处理，其在丧失共同控制或重大影响之日的公允价值与账面价值之间的差额计入当期损益。原采用权益法核算的相关其他综合收益应当在终止采用权益法核算时，采用与被投资单位直接处置相关资产或负债相同的基础进行会计处理，因被投资方除净损益、其他综合收益和利润分配以外的其他所有者权益变动而确认的所有者权益，应当在终止采用权益法核算时全部转入当期损益。

【例 6-15】中航制造持有 G 公司 30% 的有表决权股份，能够对 G 公司施加重大影响，对该股权投资采用权益法核算。20×2 年 10 月，中航制造将该项投资中的 60% 出售给非关联方，取得价款 4 800 万元。相关股权划转手续于当日完成。中航制造持有 G 公司剩余 12% 股权，无法再对 G 公司施加重大影响，转为以公允价值计量且其变动计入其他综合收益的金融资产。股权出售日，剩余股权的公允价值为 3 200 万元。

出售该股权时，长期股权投资的账面价值为 7 600 万元，其中投资成本 5 600 万元，损益调整为 1 000 万元，因被投资单位的以公允价值计量且其变动计入其他综合收益的金融资产的累计公允价值变动享有部分为 600 万元，除净损益、其他综合收益和利润分配以外的其他所有者权益变动为 400 万元。不考虑相关税费等其他因素影响。中航制造的会计处理如下。

①确认有关股权投资的处置损益。

借：银行存款	48 000 000
贷：长期股权投资——G 公司（投资成本）	33 600 000
——G 公司（损益调整）	6 000 000
——G 公司（其他综合收益）	3 600 000
——G 公司（其他权益变动）	2 400 000

投资收益	2 400 000

②由于终止采用权益法核算,将原确认的相关其他综合收益全部转入留存收益。假定中航制造、G公司提取盈余公积的比例均为10%。

借：其他综合收益——其他权益工具投资公允价值变动	6 000 000
贷：盈余公积	600 000
利润分配——未分配利润	5 400 000

③由于终止采用权益法核算,将原计入资本公积的其他所有者权益变动全部转入当期损益。

借：资本公积——其他资本公积	4 000 000
贷：投资收益	4 000 000

④剩余股权投资转为以公允价值计量且其变动计入其他综合收益的金融资产,当天公允价值为3 200万元,账面价值为3 040万元,两者差异计入当期投资收益。

借：其他权益工具投资——成本	32 000 000
贷：长期股权投资——G公司（投资成本）	22 400 000
——G公司（损益调整）	4 000 000
——G公司（其他综合收益）	2 400 000
——G公司（其他权益变动）	1 600 000
投资收益	1 600 000

（2）成本法核算的长期股权投资转换为以公允价值计量的金融资产。

原持有的对被投资单位具有控制的长期股权投资,因部分处置等原因导致持股比例下降,不再对被投资单位实施控制、共同控制或重大影响的,应将剩余股权改按CAS22的要求进行会计处理,并于丧失控制权日将剩余股权按公允价值重新计量,公允价值与其账面价值之间的差额计入当期损益。

【例6-16】中航制造持有N公司60%股权并能控制N公司,投资成本为4 800万元,按成本法核算。5月12日,中航制造出售所持N公司股权的90%给非关联方,所得价款为7 200万元,剩余10%股权于丧失控制权日的公允价值为800万元,中航制造将其分类为以公允价值计量且其变动计入当期损益的金融资产。假定不考虑其他因素,中航制造于丧失控制权日的会计处理如下。

①出售股权。

借：银行存款	72 000 000
贷：长期股权投资——N公司	43 200 000
投资收益	28 800 000

②将剩余股权转为交易性金融资产。

借：交易性金融资产——成本	8 000 000
贷：长期股权投资——N公司	4 800 000
投资收益	3 200 000

二、长期股权投资的处置

企业处置长期股权投资时,应相应结转与所售股权相对应的长期股权投资的账面价值,出售所得价款与处置长期股权投资账面价值之间的差额,应确认为处置损益。

投资方全部处置权益法核算的长期股权投资时,原权益法核算时确认的其他综合收益应当在终止采用权益法核算时,采用与被投资单位直接处置相关资产或负债相同的基础进行会计处理,因被投资方除净损益、其他综合收益和利润分配以外的其他所有者权益变动而确认的资本公积——其他资本公积,应当在终止采用权益法核算时全部转入当期投资收益。

投资方部分处置权益法核算的长期股权投资,剩余股权仍采用权益法核算的,原权益法核算的相关其他综合收益应当采用与被投资单位直接处置相关资产或负债相同的基础处理并按比例结转,因被投资方除净损益、其他综合收益和利润分配以外的其他所有者权益变动而确认的资本公积——其他资本公积,应当按比例结转入当期投资收益。

【例6-17】中航制造原持有X公司40%的股权,20×2年12月20日,中航制造决定出售10%的X公司股权,出售时中航制造账面上对X公司长期股权投资的构成为:投资成本为10 800万元,损益调整为2 880万元,可转入损益的其他综合收益为600万元,其他权益变动为1 200万元。出售取得价款为4 230万元。

(1)中航制造确认处置损益时,应作会计分录为:

借:银行存款 42 300 000
　　贷:长期股权投资——X公司(投资成本) 27 000 000
　　　　　　　　　　——X公司(损益调整) 7 200 000
　　　　　　　　　　——X公司(其他综合收益) 1 500 000
　　　　　　　　　　——X公司(其他权益变动) 3 000 000
　　　　投资收益 3 600 000

(2)将原计入其他综合收益或资本公积的部分按比例转入当期损益时,应作会计分录为:

借:资本公积——其他资本公积 3 000 000
　　其他综合收益 1 500 000
　　贷:投资收益 4 500 000

练 习 题

练习题1

一、目的:
练习长期股权投资成本法的核算。

二、资料:
中原装备以支付16 000 000元的银行存款为代价,于20×2年1月1日取得乙公司

60%的股权，对乙公司实施控制。在合并前双方不存在任何关联方关系。合并期间，中原装备支付评估费用等各项合并费用20万元。其他资料如下。

20×2年3月1日，乙公司宣布分派上年度现金股利为4 000 000元。

20×2年3月25日，收到派发的现金股利为4 000 000元。

20×2年度，乙公司实现净收益为7 000 000元。

20×3年2月8日，乙公司宣告分派现金股利为2 000 000元。

20×3年2月23日，收到派发的现金股利为2 000 000元。

20×3年度，乙公司发生亏损为3 000 000元，没有进行利润分配。

20×4年度，乙公司实现净收益为2 400 000元。

20×5年3月15日，乙公司宣告分派现金股利为3 600 000元。

20×5年4月2日，收到派发的现金股利为3 600 000元。

三、要求：

编制中原装备与该项长期股权投资相关的会计分录。

练习题2

一、目的：

练习长期股权投资权益法的核算。

二、资料：

中原装备于20×2年1月1日以2 000万元的价格购入丙公司30%的股份，同时支付手续费30万元。取得投资后中原装备对丙公司能够实施重大影响。20×2年1月1日丙公司净资产账面价值为7 000万元，公允价值为8 000元。其中，存货账面价值为1 800万元，公允价值为2 200万元，假设当年对外出售80%，其余在下年全部售出；固定资产账面价值为3 600万元，公允价值为4 200万元，预计使用年限为15年，至投资日剩余使用年限为10年。丙公司其他资产、负债项目账面价值与公允价值相同。20×2年度，丙公司实现净收益为5 000万元。20×3年2月8日，丙公司宣告分派现金股利为3 000万元。20×3年2月20日，收到现金股利。20×3年度，丙公司发生亏损为1 800万元，没有进行利润分配。20×4年度，丙公司实现净收益为1 600万元。

三、要求：

编制中原装备与该项长期股权投资相关的会计分录。

练习题3

一、目的：

练习长期股权投资成本法转为权益法的核算。

二、资料：

中原装备原持有甲公司60%的股权，能够对甲公司实施控制。20×2年11月6日，中原装备对甲公司的长期股权投资账面价值为8 000万元，未计提减值准备。中原装备将其持有的对甲公司长期股权投资中的1/2出售给非关联方，取得价款为4 600万元，当日被投资单位可辨认净资产公允价值总额为 18 000 万元,相关手续于当日完成,中原装备不再对甲公司实施控制,但具有重大影响,中原装备原取得甲公司 60% 股权时甲公司可辨认净资产公允价值总额为 10 000 万元(假定公允价值与账面价值相同)。自中原装备取得对甲公司长期股权投资后至部分处置投资前,甲公司实现净利润为 5 200 万元。其中,自中原装备取得投资日至 20×2 年年初实现净利润为 4 000 万元。假定甲公司一直未进行利润分配,也未发生其他使所有者权益变动的交易或事项。中原装备按净利润的 10% 提取法定盈余公积。不考虑相关税费等其他因素影响。

三、要求:

编制中原装备长期股权投资由成本法转为权益法核算的会计分录。

练习题 4

一、目的:

练习公允价值计量转为权益法的核算。

二、资料:

20×2 年 9 月 1 日,中原装备以 3 400 万元的价款取得丁公司 5% 有表决权的股份,中原装备将其划分为以公允价值计量且其变动计入其他综合收益的金融资产,20×3 年 12 月 31 日,该项资产的账面价值为 4 000 万元。20×4 年 3 月 1 日,中原装备再次以 16 000 万元的价款取得丁公司 20% 有表决权的股份。至此,中原装备已累计持有丁公司 25% 有表决权的股份,能够对丁公司施加重大影响,因此将原作为以公允价值计量且其变动计入其他综合收益的金融资产转换为长期股权投资并采用权益法核算。20×4 年 3 月 1 日,中原装备原持有丁公司 5% 股权投资的公允价值为 4 200 万元,丁公司可辨认净资产公允价值为 80 000 万元。

三、要求:

编制中原装备股权投资由公允价值计量转为权益法核算的会计分录。

练习题 5

一、目的:

综合练习股权投资的核算。

二、资料:

中原装备 20×2 年发生的经济业务如下。

(1) 20×2 年 1 月 1 日,中原装备向甲公司定向发行 3 200 万股普通股(每股面值 1 元,每股市价 5 元)作为对价,取得甲公司拥有的乙公司 60% 的股权。甲公司与中原装备同受中航集团最终控制。中原装备另以银行存款支付评估费、审计费及律师费 150 万元;支付证券商佣金、手续费 300 万元。20×2 年 1 月 1 日,乙公司可辨认净资产公允价值与账面价值均为 10 000 万元,相关手续于当日已办妥,中原装备当日取得乙公司的控制权。20×2 年乙公司实现净利润 2 000 万元,其持有的以公允价值计量且其变动计入其他综合收益的金融资产(权益工具)期末公允价值增加了 400 万元。

（2）20×2年5月18日，中原装备以银行存款2 000万元从二级市场购入丙公司200万股普通股股票，占丙公司发行在外股份的5%，另支付相关交易费用2万元。中原装备对丙公司不具有控制、共同控制和重大影响，也没有对该投资进行指定。20×2年6月30日，丙公司股票收盘价跌至每股9元。

（3）20×2年7月1日，中原装备以5 600万元的价格取得丁公司20%有表决权的股份，能够对丁公司施加重大影响。当日丁公司可辨认净资产的账面价值和公允价值均为30 000万元。20×2年下半年，丁公司所有者权益增加3 600万元，其中：实现净利润3 200万元，增加其他综合收益400万元，未发生其他影响丁公司所有者权益变动的交易或事项。

中原装备针对此项业务所作的会计处理如下。

借：长期股权投资——丁公司（投资成本）　　　　　　　　　　56 000 000
　　贷：银行存款　　　　　　　　　　　　　　　　　　　　　56 000 000
借：长期股权投资——丁公司（损益调整）　　　　　　　　　　 7 200 000
　　贷：投资收益　　　　　　　　　　　　　　　　　　　　　 7 200 000

三、要求：

（1）根据资料（1），分析中原装备购入乙公司股权属于何种类型的股权投资，并说明理由。

（2）根据资料（1），编制中原装备20×2年的会计分录。

（3）根据资料（2），分析中原装备应将购入的股票确认为哪种资产核算，并说明理由。

（4）根据资料（2），编制中原装备20×2年的会计分录。

（5）根据资料（3），判断中原装备所作的会计处理是否正确，如果不正确，请说明理由，并作出正确的会计处理。

第七章 固定资产

本章学习提示

本章重点：固定资产的确认、固定资产初始计量与处置的核算、折旧的计算
本章难点：分期付款购入固定资产的核算

本章导入案例

一汽轿车股份有限公司（以下简称"一汽轿车"，股票代码：000800）于 2012 年 10 月 30 日发布一则公告：公司将机器设备由之前的加速折旧法（双倍余额递减法）改为传统的直线法，该变更从 2013 年 1 月 1 日开始执行。关于本次会计估计变更的原因，公告指出是由于国内汽车行业发展比较稳定，公司内部经营状况也趋于平稳，生产用机器设备更新换代比较缓慢，设备磨损较低。一汽轿车 2012 年年末机器设备总额近 47 亿元。在加速折旧法下，企业前期计提折旧较多，因此采用直线法后的一汽轿车 2013 年的折旧成本将得到大幅降低。一汽轿车变更折旧方法是否符合相关规定？此次变更对该公司 2013 年损益有什么影响？

资料来源：作者根据"一汽轿车股份有限公司 2012 年会计估计变更公告"整理编写。

第一节 固定资产概述

一、固定资产及其性质

固定资产是指同时具有下列特征的有形资产：①为生产产品、提供劳务、出租或经营管理而持有的；②使用寿命超过一个会计年度。其中，使用寿命是指企业使用固定资产的预计期间，或者该固定资产所能生产产品或提供劳务的数量。

固定资产是企业资产的重要组成部分，是企业生产经营活动的主要劳动资料和其他物质资料。不同行业的企业，固定资产的具体实物表现不同。对于从事生产活动的工、农业企业来说，固定资产主要是在生产经营过程中直接为劳动者所用的劳动工具，如机器设备和生产工具、器具等；保证生产能够正常进行的必要物质条件，如厂房、建筑物等；在生产过程中起辅助作用的劳动工具，如运输设备、动力设备、传导设备等。对于从事经营贸

易活动的商品流通企业来说，固定资产的绝大部分是供企业营业用的房屋、用具、计量设备及运输设备等。此外，各企业的固定资产还包括企业的职工宿舍、托儿所及用于文娱体育及福利设施等方面的房屋及其设备。

固定资产可以在若干个生产经营周期内被重复使用，并保持其原有的实物形态不变。在使用中其使用价值也不变，但其价值则随着固定资产的磨损和消耗逐渐地、部分地丧失或减少。

一个企业拥有的固定资产规模的大小，通常可以反映出整个企业获取未来收益的能力。企业固定资产所代表的技术水平、工艺水平，反映出一个企业乃至整个国家的现代化水平。因此，固定资产在技术上先进与否，标志着人们控制自然、改造自然的能力，也标志着社会经济的发展水平。

由于企业的经营内容、经营规模等各不相同，固定资产的标准也不可能强求一致，各企业应根据具体情况，制定适合于本企业的固定资产目录，作为核算的依据。

二、固定资产的特点

（一）固定资产是有形资产

所谓有形，是指固定资产具有实物形态，人们可凭直观感知它的存在。凡是没有实物形态的资产，即使具有固定资产的某种特性，也不能作为固定资产，如长期股权投资、无形资产等。

（二）固定资产可供企业长期使用且寿命有限

固定资产属于长期资产，能在超过一个会计年度或长于一个会计年度的一个经营周期供企业使用，且在使用过程中多次参与生产经营活动，并保持其原有实物形态基本不变。但固定资产的使用寿命毕竟有限，终要废弃或重置。因此，固定资产不包括企业可以永久使用的土地（按我国现行的土地政策，土地归国家和集体所有，企业只有使用权。目前少数企业账面上保留的已估价入账的土地，属于历史遗留问题，应单独处理）。

（三）固定资产是为企业的生产经营活动而持有

企业持有的固定资产以向企业的生产经营活动提供服务为目的，主要用于生产商品、提供服务、出租或经营管理等方面，而不是为了转售。因此，不包括企业生产耗用或供出售的资产。

（四）固定资产的价值转移和实物补偿需分开进行

固定资产因价值较高，使用期限较长，其价值损耗不能一次转移为成本、费用，而应在使用寿命内分次转销，通过实现的营业收入得到补偿。固定资产的实物更新则要待其废弃，不能在企业继续发挥作用时才会发生，与价值补偿不能同时实现，因此，其实物补偿与价值补偿相脱节。

三、固定资产的分类

企业的固定资产种类繁多，情况复杂，对其进行合理的分类，是正确组织固定资产核算和加强管理的必要前提。企业可以从不同的角度，按不同的标准对固定资产进行分类。主要的分类方法包括以下几个方面。

（一）按经济用途分类

固定资产按其经济用途可分为经营用固定资产和非经营用固定资产。

经营用固定资产，是指参与生产经营过程或直接为生产经营服务的资产，如生产经营使用的房屋、建筑物、机器设备、运输设备、管理用具等。

非经营用固定资产，是指不直接参加或服务于生产经营过程的各种固定资产，如职工宿舍、招待所、学校、幼儿园、食堂、医院、俱乐部等使用的房屋、设备和其他固定资产。

（二）按使用情况分类

固定资产按其使用情况可分为使用中的固定资产、未使用的固定资产和不需用的固定资产。

使用中的固定资产，是指正在使用的各种固定资产。由于季节性经营或大修理等原因暂时停止使用的固定资产及出租给其他单位使用或内部替换使用的固定资产，应视为使用中的固定资产。

未使用的固定资产，是指已完工或已购建的尚未交付使用的新增固定资产，进行改建、扩建的固定资产及经批准停止使用的固定资产，如企业购建的尚待安装的固定资产、经营任务变更停用的固定资产。

不需用的固定资产，是指本企业现在和今后都不需用或多余的、待处置的固定资产。

（三）按经济性质分类

固定资产按其经济性质可分为房屋、建筑物、动力设备、传导设备、工作机器及设备、仪器及生产用具、运输设备、管理用具、其他固定资产等。

（四）按经济用途和使用情况分类

固定资产按其经济用途和使用情况进行综合分类，可分为经营用固定资产、非经营用固定资产、租出固定资产、不需用的固定资产、未使用的固定资产、土地（指过去已经估价单独入账的土地）等。

由于企业的经营性质不同，经营规模各异，对固定资产的分类不可能完全一致。因此，企业可以根据各自的具体情况和经营管理、会计核算的需要，进行必要的分类。

四、固定资产的确认

固定资产在符合定义的前提下，同时满足以下两个条件时才能予以确认。
（1）与该固定资产有关的经济利益很可能流入企业。
（2）该固定资产的成本能够可靠地计量。

企业在对固定资产进行确认时，应当按照固定资产的定义和上述确认条件，考虑企业的具体情形加以判断。例如，企业的环保设备和安全设备等资产，虽然不能直接为企业带来经济利益，却有助于企业从相关资产获得经济利益，也应当确认为固定资产。另外，如果一项固定资产的各组成部分具有不同使用寿命或以不同方式为企业提供经济利益，适用不同折旧率或折旧方法的，应当分别将各组成部分确认为单项固定资产。

第二节　固定资产的初始计量

固定资产在取得时，应按取得时的成本进行初始计量。从理论上讲，取得成本应包括企业为购建某项固定资产达到预定可使用状态前所发生的一切合理、必要的支出。由于企业取得固定资产的途径和方式不同，其成本的具体构成内容也不相同，应当根据具体情况分别确定。

一、外购的固定资产

外购固定资产的取得成本，一般包括买价、相关税费（不含可抵扣的增值税）、使固定资产达到预定可使用状态前所发生的可归属于该项资产的运输费、装卸费、安装费和专业人员服务费等。以一笔款项购入多项没有单独标价的固定资产，应当按照各项固定资产公允价值比例对总成本进行分配，分别确定各项固定资产的成本。

扩展阅读7-1

外购固定资产的核算教学视频

购买固定资产的价款超过正常信用条件延期支付，实质上具有融资性质的，固定资产的成本以购买价款的现值为基础确定。实际支付的价款与购买价款现值之间的差额，按照 CAS17 的规定符合资本化条件的，计入固定资产成本；不符合资本化条件的，应当在信用期间内计入当期损益。

企业外购的固定资产，在会计处理上分为两种情况：购入不需要安装的固定资产和需要安装的固定资产。对于不需要安装的固定资产，在购入后即可达到预定可使用状态，应按固定资产的计价原则，以取得成本计入"固定资产"科目；对于需要安装的固定资产，因在完成安装调试、达到设计要求或合同规定的标准后方可使用，应将确定的价值先计入"在建工程"科目，待安装、调试完毕交付使用后，再由"在建工程"科目转入"固定资产"科目。

固定资产的购置，一般有现购、赊购等方式。不同的购置方式，会计处理方法也不同。例如，企业采用分期付款方式购买固定资产，且在合同中规定的付款期限比较长，超过了正常信用条件时，按购买价款的现值，借记"固定资产"或"在建工程"科目；按应支付的金额，贷记"长期应付款"科目；按其差额，借记"未确认融资费用"科目。固定资产购买价款的现值，应当按照各期支付的购买价款选择恰当的折现率进行折现后的金额加以确定。折现率是反映当前市场货币时间价值和延期付款债务特定风险的利率，实质上是供货企业的必要报酬率。

下面以例题分别说明外购固定资产的会计处理。

【例7-1】中航制造以银行存款购入一台不需要安装的机床，发票价格4 000 000元，增值税为520 000元；运输费50 000元，增值税为4 500元，购买机床和运费均取得增值税专用发票，该机床已交付使用。增值税专用发票本期通过认证，应作会计分录为：

借：固定资产　　　　　　　　　　　　　　　　　　　　　　4 050 000
　　应交税费——应交增值税（进项税额）　　　　　　　　　　524 500
　贷：银行存款　　　　　　　　　　　　　　　　　　　　　　4 574 500

【例7-2】中航制造购入一套需要安装的全新设备，发票价格为2 000 000元，增值税为260 000元；运输费为50 000元，增值税为6 500元；安装费用为9 000元，增值税为990元。购买设备及运费、安装费均取得增值税专用发票，款项已全部由银行存款支付。增值税专用发票本期通过认证，应作有关会计分录为：

（1）购入新设备时：

借：在建工程　　　　　　　　　　　　　　　　　　　　　　2 050 000
　　应交税费——应交增值税（进项税额）　　　　　　　　　　266 500
　贷：银行存款　　　　　　　　　　　　　　　　　　　　　　2 316 500

（2）支付安装费用时：

借：在建工程　　　　　　　　　　　　　　　　　　　　　　　　9 000
　　应交税费——应交增值税（进项税额）　　　　　　　　　　　　990
　贷：银行存款　　　　　　　　　　　　　　　　　　　　　　　　9 990

（3）设备安装完毕交付使用时：

借：固定资产　　　　　　　　　　　　　　　　　　　　　　2 059 000
　贷：在建工程　　　　　　　　　　　　　　　　　　　　　　2 059 000

【例7-3】中航制造一次购置了一座实验大楼，包括房屋、实验设备和其他设备，用银行存款支付总价35 000 000元（不考虑增值税），并已交付使用。假定上述资产的公允价值分别为25 000 000元、10 000 000元和5 000 000元，各项固定资产成本的确定方法及应作的会计分录为：

$$分配率 = \frac{35\ 000\ 000}{25\ 000\ 000 + 10\ 000\ 000 + 5\ 000\ 000} = 0.875$$

房屋应分摊的成本为：25 000 000×0.875=21 875 000（元）

实验设备应分摊的成本为：10 000 000×0.875=8 7500 000（元）

其他设备应分摊的成本为：5 000 000×0.875=4 375 000（元）

借：固定资产——房屋　　　　　　　　　　　　　　　　　　21 875 000
　　　　　　——实验设备　　　　　　　　　　　　　　　　　8 755 000
　　　　　　——其他设备　　　　　　　　　　　　　　　　　4 375 000
　　贷：银行存款　　　　　　　　　　　　　　　　　　　　　35 000 000

【例7-4】中航制造20×2年1月1日从S企业购入M型机床作为固定资产使用，该机床已收到。购货合同约定，M型机床的总价为8 000 000元，分3年支付，付款期为每年的12月31日，第一年支付3 000 000元，第二年和第三年各付2 500 000元。假定中航制造3年期银行借款利率为6%，20×2年年末M型机床达到预定可使用状态，当年发生安装费、运杂费等共200 000元，均已通过银行支付。假设不考虑增值税等相关税费，据此应作有关会计处理为：

（1）20×2年1月1日，确定购买机床的成本：

M型机床的成本 =3 000 000×$(1+6\%)^{-1}$+2 500 000×$(1+6\%)^{-2}$+2 500 000×$(1+6\%)^{-3}$
　　　　　　　=2 830 189+2 224 991+2 099 048=7 154 228（元）

借：在建工程　　　　　　　　　　　　　　　　　　　　　　　7 154 228
　　未确认融资费用　　　　　　　　　　　　　　　　　　　　　845 772
　　贷：长期应付款　　　　　　　　　　　　　　　　　　　　8 000 000

（2）发生安装费、运杂费时：

借：在建工程　　　　　　　　　　　　　　　　　　　　　　　　200 000
　　贷：银行存款　　　　　　　　　　　　　　　　　　　　　　200 000

（3）确定信用期间未确认融资费用的分摊额，如表7-1所示。

表7-1　中航制造未确认融资费用分摊表　　　　　　　　　　　单位：元

日　　期 ①	分期付款额 ②	确认的融资费用 ③=期初⑤×6%	应付本金减少额 ④=②-③	应付本金余额 期末⑤=期初⑤-④
20×2年1月1日				7 154 228
20×2年12月31日	3 000 000	429 254	2 570 746	4 583 482
20×3年12月31日	2 500 000	275 009	2 224 991	2 358 491
20×4年12月31日	2 500 000	141 509	2 358 491	0
合计	8 000 000	845 772	7 154 228	—

（4）20×2年12月31日，支付机床款并摊销未确认融资费用时：

借：长期应付款　　　　　　　　　　　　　　　　　　　　　3 000 000
　　贷：银行存款　　　　　　　　　　　　　　　　　　　　3 000 000
借：在建工程　　　　　　　　　　　　　　　　　　　　　　　429 254
　　贷：未确认融资费用　　　　　　　　　　　　　　　　　　429 254

（5）20×2年12月31日，M型机床达到预定可使用状态时：

借：固定资产　　　　　　　　　　　　　　　　　　　　　　7 783 482

贷：在建工程　　　　　　　　　　　　　　　　　　　　　7 783 482

（6）20×3年12月31日，支付机床款并摊销未确认融资费用时：
　　借：长期应付款　　　　　　　　　　　　　　　　　　　　2 500 000
　　　　贷：银行存款　　　　　　　　　　　　　　　　　　　　2 500 000
　　借：财务费用　　　　　　　　　　　　　　　　　　　　　　 275 009
　　　　贷：未确认融资费用　　　　　　　　　　　　　　　　　 275 009

（7）20×4年12月31日支付机床款并摊销未确认融资费用的会计分录同（6），只是摊销金额变为141 509元。

　　赊购固定资产也可能存在现金折扣的情况。如果有现金折扣，按总价法确定固定资产的入账价值。企业在折扣期内付款时，少付的部分可以冲减固定资产成本，记入"固定资产"科目的贷方。

二、自行建造的固定资产

　　企业有时会利用现有技术及闲置的厂房、设备和人力自行制造或建造供自己使用的专用设备或其他固定资产，以节省成本支出，而且能够保证质量。自行建造固定资产的取得成本，由建造该项资产达到预定可使用状态前所发生的必要支出构成，一般包括工程用物资成本、人工成本、应予资本化的借款费用及应分摊的间接费用等。

　　企业自行建造固定资产包括自制和自建两种情况。严格地讲，自制固定资产指企业自行制造专用设备和小型工具等，或者将自行制造的产品用作固定资产，不包括土建工程和安装工程。自建固定资产指企业建造厂房、建筑物等设施的土建工程和安装固定资产等安装工程。由于自制和自建固定资产存在差别，在会计核算上也采用不同的方法。

（一）自制固定资产

　　企业自制固定资产的实际成本，原则上应包括制造期间的一切支出。企业自制的产品用作固定资产时，以生产该项产品的全部实际支出作为固定资产的原值，不能包括任何内部利润。

　　自制专用设备及小型工具等固定资产的实际成本，可通过"生产成本"科目核算。为了与企业正常产品相区别，需要开设"自制设备"明细账。对于企业将自制的产品用作固定资产时，仍通过"库存商品"科目反映。

　　【例7-5】中航制造自制一台专用设备，领用原材料400 000元，应计入的生产工人薪酬为90 000元，分摊的制造费用为42 000元。据此应作有关会计分录为：
（1）发生及分配相关费用时：
　　借：生产成本——自制设备　　　　　　　　　　　　　　　　532 000
　　　　贷：原材料　　　　　　　　　　　　　　　　　　　　　 400 000
　　　　　　应付职工薪酬　　　　　　　　　　　　　　　　　　 90 000
　　　　　　制造费用　　　　　　　　　　　　　　　　　　　　　42 000

（2）自制设备完工已交付使用时：

借：固定资产　　　　　　　　　　　　　　　　　　　　　　　　532 000
　　贷：生产成本——自制设备　　　　　　　　　　　　　　　　　532 000

【例 7-6】中航制造将自制的产品 C 型设备用作本企业生产使用。该产品的生产成本为 1 250 000 元，据此应作会计分录为：

借：固定资产　　　　　　　　　　　　　　　　　　　　　　　 1 250 000
　　贷：库存商品——C 型设备　　　　　　　　　　　　　　　　1 250 000

（二）自建固定资产

企业自建固定资产的成本，包括该固定资产达到预定可使用状态前所发生的必要支出，既包括直接建筑或开发成本，如直接材料、直接人工、直接机械施工费，也包括能够合理分配到建筑或开发活动中的间接费用。在自建固定资产过程中由于自然灾害等原因造成的单项或单位工程报废或毁损，减去残料价值和过失人或保险公司等赔款后的净损失，计入当期营业外支出。企业在自建固定资产时如果发生与建造该项资产有关的借款费用，在该项资产达到预定可使用状态前发生的，计入固定资产的成本；在该项资产达到预定可使用状态后发生的，应于发生当期直接计入当期财务费用。

企业自建固定资产因建造工程采用的方式不同，分为自营工程和出包工程两种，由此确定的固定资产成本也存在差异，应当分别进行会计处理。

1. 自营工程

自营工程指由企业自行经营的建造工程，包括基建工程和安装工程。企业采用自营方式建造固定资产时，应在"在建工程"科目下设置"建筑工程""安装工程""在安装设备""待摊支出"及单项工程等明细科目，核算各工程项目的实际成本。工程达到预定可使用状态前因进行试运转所发生的净支出，计入工程成本。企业的在建工程项目在达到预定可使用状态前所取得的试运转过程中形成的、能够对外销售的产品或副产品，其发生的成本，计入在建工程成本，在完工后、对外销售前，根据 CAS1 的规定确认为存货。企业对外销售固定资产达到预定可使用状态前产出的产品或副产品（以下统称试运行销售）时，应当按照 CAS14 和 CAS1 等规定，对试运行销售相关的收入和成本分别进行会计处理，计入当期损益。

待摊支出，指在建设期间发生的，不能直接计入某项固定资产价值、而应由所建造固定资产共同负担的相关费用，包括为建造工程发生的管理费、征地费、可行性研究费、临时设施费、公证费、监理费、应负担的税金、符合资本化条件的借款费用、建设期间发生的工程物资盘亏、报废及毁损净损失及负荷联合试车费等。在建工程达到预定可使用状态时，应先在不同工程之间计算分配待摊支出，然后再计算确定已完工的固定资产成本。待摊支出的分配率可按下列公式计算：

$$待摊支出分配率 = \frac{累计发生的待摊支出}{建筑工程支出 + 安装工程支出 + 在安装设备出}$$

某工程应分配的待摊支出 = 该工程的（建筑工程支出 + 安装工程支出 + 在安装设备

支出）× 分配率

如果在工程建造期间只有一项工程，则无须分配待摊支出，而将发生额全部转入该工程的成本。

企业为在建工程准备的各种物资，应当按照实际支付的买价、运输费、保险费等相关费用，作为实际成本，通过"工程物资"科目进行总分类核算，并按"专用材料""专用设备""工器具"等设置明细账，进行明细核算。工程完工后剩余的工程物资，应办理退库手续。盘盈、盘亏、报废、毁损的工程物资，减去保险公司、过失人赔偿部分后的差额，工程项目尚未完工的，冲减或计入所建项目的成本；工程已经完工的，计入当期营业外收支。

高危行业企业按照国家规定提取的安全生产费，应当计入相关产品的成本或当期损益，同时计入"专项储备"科目。企业使用提取的安全生产费形成固定资产的，应当通过"在建工程"科目归集所发生的支出，待安全项目完工达到预定可使用状态时确认为固定资产；同时，按照形成固定资产的成本冲减专项储备，并确认相同金额的累计折旧，该固定资产在以后期间不再计提折旧。

【例7-7】中航制造采用自营方式建造一个新的生产车间，发生的有关交易或事项及其会计处理如下。

（1）购入建造和安装用的各种材料，增值税专用发票上注明价款200 000元，增值税为26 000元。款项已由银行存款支付，增值税专用发票本期通过认证。

借：工程物资——专用材料　　　　　　　　　　　　　　　200 000
　　应交税费——应交增值税（进项税额）　　　　　　　　　26 000
　　贷：银行存款　　　　　　　　　　　　　　　　　　　　　　226 000

（2）为该项工程自制的一套设备已经完工验收入库，其自制成本为320 000元。

借：工程物资——专用设备　　　　　　　　　　　　　　　320 000
　　贷：生产成本——自制设备　　　　　　　　　　　　　　　320 000

（3）购入一台辅助设备，价款为50 000元，增值税为6 500元；运费为3 500元，增值税为455元，购买设备及运费均取得增值税专用发票。款项已全部由银行存款支付，增值税专用发票本期通过认证。

借：工程物资——专用设备　　　　　　　　　　　　　　　53 500
　　应交税费——应交增值税（进项税额）　　　　　　　　　6 955
　　贷：银行存款　　　　　　　　　　　　　　　　　　　　　　60 455

（4）工程领用各种施工材料180 000元。

借：在建工程——建筑工程——生产车间　　　　　　　　　180 000
　　贷：工程物资——专用材料　　　　　　　　　　　　　　　180 000

（5）工程领用本企业生产的产品，该产品的成本为100 000元。

借：在建工程——建筑工程——生产车间　　　　　　　　　100 000
　　贷：库存商品　　　　　　　　　　　　　　　　　　　　　100 000

（6）将自制和购进的设备交付安装。

借：在建工程——建筑工程——生产车间　　　　　　　　　　　　373 500
　　贷：工程物资——专用设备　　　　　　　　　　　　　　　　　373 500

（7）分配该项工程应负担的职工薪酬45 600元。

借：在建工程——建筑工程——生产车间　　　　　　　　　　　　45 600
　　贷：应付职工薪酬　　　　　　　　　　　　　　　　　　　　　45 600

（8）结转该项工程应负担的辅助生产费用35 070元。

借：在建工程——建筑工程——生产车间　　　　　　　　　　　　35 070
　　贷：生产成本——辅助生产成本　　　　　　　　　　　　　　　35 070

（9）以银行存款支付工程发生的监理费等共计27 000元（假设不考虑增值税等相关税费）。

借：在建工程——待摊支出　　　　　　　　　　　　　　　　　　27 000
　　贷：银行存款　　　　　　　　　　　　　　　　　　　　　　　27 000

（10）在工程建造期间，因暴雨导致工程发生毁损，其净损失为12 000元。

借：营业外支出——非常损失　　　　　　　　　　　　　　　　　12 000
　　贷：在建工程——建筑工程——生产车间　　　　　　　　　　　12 000

（11）该项工程达到预定可使用状态前进行负荷联合试车，领用材料2 000元，用银行存款支付其他费用800元。

借：在建工程——待摊支出　　　　　　　　　　　　　　　　　　2 800
　　贷：原材料　　　　　　　　　　　　　　　　　　　　　　　　2 000
　　　　银行存款　　　　　　　　　　　　　　　　　　　　　　　　800

（12）试车形成的产品验收入库，预计不含税售价为3 500元。

借：库存商品　　　　　　　　　　　　　　　　　　　　　　　　3 500
　　贷：在建工程——待摊支出　　　　　　　　　　　　　　　　　3 500

（13）工程完工，退回剩余物资3 570元。

借：工程物资——专用材料　　　　　　　　　　　　　　　　　　3 570
　　贷：在建工程——建筑工程——生产车间　　　　　　　　　　　3 570

（14）在建工程已达到预定可使用状态，计算分配待摊支出。

借：在建工程——建筑工程——生产车间　　　　　　　　　　　　26 300
　　贷：在建工程——待摊支出　　　　　　　　　　　　　　　　　26 300

（15）自营生产车间完工交付使用，结转工程成本。假定厂房和生产设备分别占工程成本的40%和60%。

借：固定资产——厂房　　　　　　　　　　　　　　　　　　　　297 960
　　　　　　——设备　　　　　　　　　　　　　　　　　　　　446 940
　　贷：在建工程——建筑工程——生产车间　　　　　　　　　　　744 900

2. 出包工程

出包工程指企业向外发包，由其他单位经营的建造工程。出包工程建造的固定资产，其实际成本的确定较为简单，包括应支付给承包单位的工程价款和分配计入的待摊支出。

一般情况下，企业以出包方式建造固定资产时，应向承包单位支付一定比例的预付工程款，待工程完工收到承包单位的账单，再补付和补记工程价款。企业对出包方式建造固定资产的核算也是在"在建工程"科目下按具体工程项目设置的明细科目中进行的。由于工程的具体支出在承包单位进行核算，此方式下的"在建工程"科目实际上成为与承包单位进行结算的科目。

【例7-8】中航制造以出包方式建造一幢厂房，根据承包合同，工程价款为1 200 000元，企业预付40%，待工程完工再补付余款。假设不考虑增值税等相关税费，有关交易或事项及会计处理如下。

（1）预付工程款时，应作会计分录为：

借：预付账款	480 000
贷：银行存款	480 000

（2）期末，发包工程完工进度为50%，企业按完工进度结转完工部分工程成本时，应作会计分录为：

借：在建工程——建筑工程——厂房	600 000
贷：预付账款	600 000

（3）工程完工决算补付工程款时，应作会计分录为：

借：在建工程——建筑工程——厂房	600 000
预付账款	120 000
贷：银行存款	720 000

（4）根据工程竣工决算表，结转工程成本时，应作会计分录为：

借：固定资产——厂房	1 200 000
贷：在建工程——建筑工程——厂房	1 200 000

这里应当注意：已达到预定可使用状态但尚未办理竣工决算的固定资产，应当按照估计价值确定其成本，并计提折旧；待办理竣工决算后，再按照实际成本调整原来的暂估价值，但不需要调整原已计提的折旧额。

三、投资者投入的固定资产

企业取得的固定资产中有一些是投资人作为资本而投入企业的。投资人投入企业的固定资产，应当按照投资合同或协议约定的价值加上应支付的相关税费入账，但合同或协议约定价值不公允的除外。

【例7-9】中航制造与甲公司联营，接受甲公司投入的大型生产设备一台，已交付使用。经双方协商，投资合同确定该设备的价值为4 800 000元（不含增值税），增值税发票上进项税额为624 000元。应作会计分录为：

借：固定资产	4 800 000
应交税费——应交增值税（进项税额）	624 000
贷：实收资本	5 424 000

四、以非货币性资产交换和债务重组取得的固定资产

企业通过非货币性资产交换、债务重组方式取得的固定资产，其成本应当分别按照 CAS7 和 CAS12 的规定确定，详见本书第十章"非货币性资产交换"和第十四章"债务重组"的相关内容。

五、接受捐赠的固定资产

接受捐赠的固定资产，应根据具体情况合理确定其取得成本。如果捐赠方提供了有关凭据的，按凭据上标明的金额加上应支付的相关税费入账（有特殊规定的固定资产成本不含增值税，下同）；捐赠方没有提供有关凭据的，若同类或类似固定资产存在活跃市场的，按同类或类似固定资产的市场价格估计金额加上应支付的相关税费入账；同类或类似固定资产不存在活跃市场的，按受赠固定资产预计未来现金流量的现值加上应支付的相关税费入账。

企业按上述规定确定接受捐赠固定资产的入账价值之后，将接受捐赠金额，计入营业外收入。

【例 7-10】中航制造接受其他单位捐赠的一辆全新汽车，取得增值税专用发票并在本期通过认证。其发票价格为 300 000 元，增值税为 39 000 元。办理入户手续时支付相关费用为 7 800 元。据此应作会计分录为：

借：固定资产 307 800
    应交税费——应交增值税（进项税额） 39 000
  贷：营业外收入——捐赠利得 339 000
      银行存款 7 800

六、盘盈的固定资产

企业盘盈的固定资产，按同类或类似固定资产的市场价格，减去按该项资产的新旧程度估计的价值损耗后的余额确定其入账价值；如果同类或类似固定资产不存在活跃市场的，应按盘盈固定资产预计未来现金流量的现值计价入账。盘盈的固定资产待报经批准处理后，分别记入"固定资产"和"以前年度损益调整"科目，作为前期差错调整。

【例 7-11】中航制造在盘点时发现账外一台设备，其市场价格为 120 000 元，估计新旧程度为 80%。据此应作会计分录为：

借：固定资产 96 000
  贷：以前年度损益调整 96 000

七、存在弃置费用的固定资产

对于特定行业的特定固定资产,在确定其初始成本时,还应考虑预计弃置费用因素。弃置费用通常指根据国家法律和行政法规、国际公约等规定,企业承担的环境保护和生态恢复等义务所确定的支出,如核电站核设施等能源设备的弃置和恢复环境义务、石油天然气开采企业的海上石油平台拆除义务等。

企业应当根据CAS13的规定,按照未来预计弃置费用的现值计算确定应计入固定资产成本的金额和相应的预计负债。在固定资产的使用寿命内按照预计负债的摊余成本和实际利率计算确定的利息费用,应当在发生时计入财务费用。

【例7-12】中航制造在某山区经营一座冶金矿山,购入矿山的成本为30亿元。根据国家有关规定,企业在矿山完成开采后具有将该地区恢复原貌的责任和义务,恢复费用主要为山体表层复原费用(如恢复植被等),因为山体表层必须在矿山开发前挖走。企业在山体表层挖走后,预计发生弃置费用的现值为900万元。假定使用的折现率为8%,中航制造应作会计分录为:

(1)企业购置矿山时,

借:固定资产　　　　　　　　　　　　　　　　　　　　3 009 000 000
　贷:银行存款　　　　　　　　　　　　　　　　　　　　3 000 000 000
　　　预计负债——弃置费用　　　　　　　　　　　　　　　　9 000 000

(2)计算第1年应负担的利息费用时[9 000 000×8%=720 000(元)],

借:财务费用　　　　　　　　　　　　　　　　　　　　　　720 000
　贷:预计负债——弃置费用　　　　　　　　　　　　　　　　720 000

以后年度,企业应当按照实际利率法计算确定每年的财务费用,账务处理同上述(2),只是金额不同,此处从略。

第三节　固定资产的后续计量

固定资产在后续使用过程中,会涉及折旧计提、后续支出、减值等内容,由此带来相关的后续计量问题。本节主要介绍固定资产折旧和后续支出的内容,固定资产减值将在第十一章"资产减值"中阐述。

一、固定资产折旧

(一)折旧的含义及计提折旧的原因

固定资产可供企业长期使用,具有潜在的服务能力。固定资产在长期使用过程中,虽然保持其原有的实物形态，但其服务潜力则随着资产的使用而逐渐衰竭或消逝，直至最终废弃而不能继续发挥作用。因此，企业在固定资产的有效使用期内，应将固定资产的价值进行分摊，逐渐转移到生产的产品成本中或形成费用，通过产品销售收回货款，弥补成本费用，从而补偿损耗的固定资产价值。折旧，指在固定资产使用寿命内，按照确定的方法对应计折旧额进行系统分摊。或者说，折旧指在固定资产使用寿命内按其损耗程度进行系统补偿的方法。固定资产由于损耗而转移到成本和费用中去的那部分价值，就是固定资产折旧额或折旧费用。

每个会计期间按照规定方法计算固定资产折旧额，并将其分摊到有关的成本费用中，称为计提固定资产折旧，简称计提折旧。计提折旧的目的，一方面，是为了将固定资产在使用过程中逐步磨损的价值在会计上作出反映，并为正确计算固定资产的账面净值和各期损益提供基础；另一方面，通过计提折旧，使固定资产磨损的价值逐步从各期收入中得到补偿积累，待其价值全部转移完毕后可用于固定资产更新改造。

导致固定资产使用价值降低的原因是固定资产发生的损耗，包括有形损耗和无形损耗两种。有形损耗，指固定资产由于使用而发生的物质磨损或受自然力的侵蚀而引起的使用价值和价值的损失，如固定资产因使用而丧失应具备的精密度，因受风雨的侵蚀、化学反应、物理退化及其他自然力的影响而生锈、损坏或残旧。无形损耗，指固定资产在物质形态上虽然具有一定的服务潜力，但由于科学技术进步等原因而引起的价值上的损失。产生无形损耗的原因主要有以下三个。

（1）科学技术的进步，使现有固定资产被效率更高、性能更好的固定资产所取代。

（2）消费者爱好的变化及市场风尚的变化，使现有固定资产生产出来的产品不能迎合消费者的需要，在市场上日趋被其他固定资产生产出来的产品所取代。

（3）生产者经营规模的扩大，使现有固定资产的生产能力已不能满足生产的需要，必然被具有更大生产能力的固定资产所取代。

由于损耗，使得固定资产在企业生产经营过程中提供效用和获取收益的能力逐渐减退，以致最终报废退出生产经营过程。固定资产的有形损耗显而易见，但随着科学技术的日益发展，固定资产的无形损耗有时比有形损耗更为严重，对折旧影响更大。

（二）计提固定资产折旧的范围

在一定时期内，企业计提固定资产折旧的数额，取决于应计折旧固定资产价值的大小和选用的折旧方法。为此，必须首先确定应当计提固定资产折旧的范围。CAS4规定，企业应当对所有固定资产计提折旧。但是，已提足折旧仍继续使用的固定资产和单独计价入账的土地除外。由此可知，固定资产提足折旧后，不论其能否继续使用，均不再计提折旧；提前报废的固定资产，也不再补提折旧。提足折旧，指已经提足该项固定资产的应计折旧额。应计折旧额指应当计提折旧固定资产的原价扣除其预计净残值后的金额。已计提减值准备的固定资产，还应当扣除已计提的固定资产减值准备累计金额。

（三）影响折旧计算的因素

固定资产折旧的计算，主要受以下三个因素的影响。

1. 固定资产的原价

固定资产的原价也称为固定资产原值,指取得固定资产的原始成本,这是计算固定资产折旧的基数,也是企业可提折旧的最大数额。为了统一折旧的计算口径,国家规定企业应当对固定资产按月计提折旧,当月增加的固定资产,当月不计提折旧,从下月起开始计提;当月减少的固定资产,当月仍计提折旧,从下月起停止计提。

2. 固定资产的预计净残值

固定资产的预计净残值即假定固定资产预计使用寿命已满并处于使用寿命终了时的预期状态,企业目前从该资产处置中获得的扣除预计处置费用后的金额。固定资产的残值是可收回的价值,不能通过折旧补偿,应当从固定资产的原值中扣除;处置费用也称为清理费用,指固定资产报废时所支出的拆迁费、搬运费等,属于固定资产使用过程中的一种追加耗费,应加到固定资产的原值中,通过折旧得到补偿。企业在计算固定资产应计折旧额时,需要将未来发生的预计净残值折现反映。但是,如果预计净残值金额较小,基于重要性原则,也可按终值反映。

3. 固定资产的预计使用寿命

预计固定资产的使用寿命,实质上是预计固定资产的潜在服务能力,根据固定资产在使用中的不同特性,可以用预计期间来表示,如房屋建筑物;也可以用使用固定资产预计期间内所能生产产品或提供劳务的数量来表示,如运输工具以预计行驶(飞行)里程来表示。因此,企业在确定固定资产使用寿命时,应当考虑下列因素:①预计生产能力或实物产量;②预计有形损耗和无形损耗;③法律或类似规定对资产使用的限制。

确定固定资产的使用寿命,一般以固定资产物质上的耐用年限为基础,将其视为可供使用年限的上限,然后再研究它的无形损耗程度,以确定固定资产的耐用年限。对于无形损耗并不明显的固定资产,如房屋、建筑物等,主要考虑有形损耗;而对无形损耗比较明显的固定资产,如电子仪表、计算机等新技术产品,主要考虑它们经济上的耐用性。企业应结合本企业的具体情况,合理地确定固定资产的使用寿命。

(四)折旧的计算方法及其选择

将固定资产的可折旧价值在使用期内进行分配的方法,称为折旧的计算方法。会计上可运用的折旧计算方法很多,主要有年限平均法、工作量法和加速折旧法等。

1. 年限平均法

年限平均法指按照固定资产的预计使用年限平均计算折旧的一种方法。这种方法假定固定资产的服务潜能随使用时间而不是随使用强度逐渐减退,其损耗的价值应在使用期间平均分配,由此计算的各期折旧额都是相等的。在以横轴为已使用年限,纵轴为累计折旧金额的直角坐标图上,表示各年累计折旧金额的点的连线呈一条直线,所以年限平均法又称为直线法。其计算公式如下:

$$固定资产年折旧额 = \frac{固定资产原价 - (预计残值 - 预计处置费用)}{预计使用寿命(年)}$$

【例 7-13】中航制造一台机器的原始价值为 600 000 元，预计寿命为 20 年，预计残值为 16 000 元，预计处置费用为 4 000 元，则每年计提的折旧额计算如下：

$$每年折旧额 = \frac{600\,000 - (16\,000 - 4\,000)}{20} = 29\,400（元）$$

在实际工作中，为了反映固定资产在单位时间内的损耗程度并简化计算，每期应计提的折旧额由固定资产的原值乘以折旧率计算而得。固定资产折旧率指一定时期内固定资产折旧额与固定资产原值的百分比，它反映固定资产的磨损程度。计算公式如下：

$$年折旧率 = \frac{年折旧额}{固定资产原价} \times 100\% = \frac{固定资产原价 - 预计净残值}{固定资产原价 \times 预计使用寿命（年）} \times 100\%$$

$$= \frac{1 - 预计净残值}{预计使用寿命（年）} \times 100\%$$

月折旧率 = 年折旧率 /12

年折旧额 = 固定资产原值 × 年折旧率

月折旧额 = 固定资产原值 × 月折旧率

这样，在实际工作中【例 7-13】、机器每年计提的折旧额计算如下：

$$年折旧率 = \frac{600\,000 - (16\,000 - 4\,000)}{600\,000 \times 20} \times 100\% = 4.9\%$$

或

$$= \frac{1 - (16\,000 - 4\,000)/600\,000}{20} \times 100\% = 4.9\%$$

年折旧额 = 600 000 × 4.9% = 29 400（元）

采用年限平均法计算折旧的最大优点是简单明了，易于掌握和应用。但这种方法只考虑固定资产的使用时间，忽视了固定资产的利用程度和使用效率。如果固定资产的使用效率发生变化，必然使各期的折旧费用与固定资产的实际损耗价值不一致，从而导致单位产品负担的折旧费用存在差异。另外，像机器设备这类固定资产，使用时间越长，磨损程度越严重，维修费用也越高，使用效率却逐渐降低。在各期分担的折旧费用相等的情况下，势必会使使用后期的折旧费与维修费总额高于使用早期负担的总额，而其产量却可能逐年下降，使各期产品负担的固定资产使用成本不均匀。因此，年限平均法比较适用于各期使用程度和使用效率大致相同、受技术进步因素影响较小或可忽略不计的固定资产，如房屋、建筑物、专用设备等。

2. 工作量法

工作量法也称为作业量法，指按照固定资产在其使用期间内预计完成的工作量或工作时数计算折旧的一种方法。这种方法强调固定资产的使用程度，它假定固定资产的服务潜能会随着固定资产的使用程度而不是随着使用时间逐渐减退，其损耗的价值应在固定资产完成的各个工作量中平均分摊。这样，固定资产单位工作量分摊的折旧额是相等的，但在各个使用期间内计提的折旧额会因固定资产实际工作量的不同而存在差异。其计算公式如下：

$$\frac{单位工作量}{应提折旧额} = \frac{固定资产原值-预计净残值}{预计的总工作量} = \frac{固定资产原值 \times (1-预计净残值率)}{预计的总工作量}$$

各期折旧额 = 单位工作量应提折旧额 × 计算期实际完成工作量

公式中的工作量因固定资产的种类不同而有所区别,它可以是运输设备的行驶里程,也可以是机器设备的工作小时或工作台班,还可以是生产产品的数量。

【例7-14】中航制造某项固定资产的预计总工作时数为200 000小时,其原值为240 000元,预计净残值为4 800元。当年实际工作6 000小时,则该项固定资产的当年折旧额计算如下:

$$\frac{每工作小时}{折旧额} = \frac{240\,000 - 4\,800}{200\,000} = 1.176(元/小时)$$

当年折旧额 = 6 000 × 1.176 = 7 056(元)

采用工作量法计提折旧也具有直线法简单明了、易于掌握和应用的优点,同时又弥补了直线法不考虑使用程度和使用效率的缺陷,使各期计提的折旧额与固定资产的实际损耗价值达到一致,从而使单位工作量负担的固定资产折旧费用相等。但是,该法只强调固定资产的使用程度,没有考虑无形损耗对固定资产的影响,计算的折旧额不完全合理,并且在实际工作中很难准确预计固定资产在其使用期间内的工作总量。因此,工作量法比较适用于容易估计工作总量的固定资产,如运输设备、筑路机械及不经常使用的价值较高的大型设备等。

3. 加速折旧法

加速折旧法指固定资产在预期使用寿命中计提的折旧额呈递减趋势的一种折旧方法。这种方法的特点是在固定资产的使用前期多提折旧,使用后期少提折旧,每期计提的折旧额随着固定资产使用时间的推移而逐渐减少,从而相对于直线法和工作量法而言加快了折旧的速度,以使固定资产的价值在有效使用寿命中加快得到补偿。由于计提的折旧额呈逐年递减的趋势,所以加速折旧法又称为递减费用法。

采用加速折旧法计提折旧的原因主要有以下几点。

第一,为了较好地体现收入与费用的配比原则。固定资产在使用的前期发挥的效用较大,企业获益也较多;在使用的后期发挥的效用会越来越低,给企业带来的经济利益也会随之减少。只有在固定资产产生较大经济利益的早期多提折旧,以后逐年递减,才能真正体现配比原则。

第二,为了使固定资产的各期使用成本大体保持均衡。固定资产的使用成本包括折旧费用和维修费用。在固定资产使用的早期,维修费用一般较少,随着固定资产使用时间的增加,资产的性能下降,维修费用也不断增加。只有采用加速折旧法,才能使固定资产的各期使用成本基本保持平衡。

第三,为了减少科技进步造成的固定资产价值损失。在当今科学技术高速发展的情况下,固定资产的更新速度较快。只有实行加速折旧,加快补偿固定资产价值的速度,才能减少因技术落后遭淘汰而使固定资产提前退出使用状态而发生的损失。

第四，为了减轻固定资产使用前期的所得税负担。采用加速折旧，使企业在使用前期多提折旧，少计利润，从而在前期少纳所得税。企业推迟缴纳的所得税，相当于政府给企业提供的无息贷款，可以促进企业的发展。

加速折旧法的种类很多，目前我国允许采用的加速折旧方法有两种：双倍余额递减法和年数总和法。

（1）双倍余额递减法。双倍余额递减法指在先不考虑固定资产净残值的情况下，根据每期期初固定资产的账面价值和双倍的直线法折旧率计算折旧的一种方法。由于固定资产的账面价值逐年减少，以双倍的直线法折旧率乘以递减的账面价值确定的折旧金额也必定逐年递减。其计算公式如下：

$$年折旧率 = \frac{2}{预计使用寿命（年）} \times 100\%$$

年折旧额 = 年初固定资产账面价值 × 年折旧率

由于采用双倍余额递减法计算折旧率时不考虑净残值因素，而固定资产的账面价值又是逐年递减的，按此连续计算各年折旧额后，会使固定资产在最后折旧年度自动产生一个残值（即固定资产的账面价值），这个残值不可能恰好等于预计的净残值。因此，运用双倍余额递减法时应注意以下两点。

第一，在折旧期满时，应避免将固定资产的账面价值降低到它的预计净残值以下。避免的方法是：在可能出现这种情况的那一年，即发现采用双倍余额递减法计提的折旧额大于剩余应提折旧总额时，应将这年年初的固定资产账面价值减去预计净残值的差额，在剩余的使用年限中平均摊销。

第二，在折旧期满时，也不能使固定资产的账面价值大于预计净残值。如果发现在某一折旧年度，按双倍余额递减法计算的折旧额小于按年限平均法计算的折旧额，应从这一年度开始改为按年限平均法计算折旧额。采用的判断条件是在某一折旧年度下列关系成立：

$$当年按双倍余额递减法计算的折旧额 < \frac{当年固定资产账面价值 - 预计净残值}{预计使用寿命（年）}$$

【例7-15】中航制造某项固定资产的原价为 480 000 元，预计净残值的现值为 15 000 元，预计使用寿命为 5 年，采用双倍余额递减法计算的各年折旧额如表 7-2 所示。

表 7-2　双倍余额递减法折旧计算表　　　　　　　　　　　　单位：元

年份	期初账面价值	折旧率（%）	折旧额	累计折旧额	期末账面价值
1	480 000	40	192 000	192 000	288 000
2	288 000	40	115 200	307 200	172 800
3	172 800	40	69 120	376 320	103 680
4	103 680	—	44 340	420 660	59 340
5	59 340	—	44 340	465 000	15 000
合计	—	—	465 000	—	—

其中：折旧率= $2 \times \dfrac{1}{5} \times 100\% = 40\%$

103 680×40%＜（103 680－15 000）/2

即：41 472＜44 340

所以，从第4年起改用直线法计提折旧，第4年、第5年的折旧额均为44 340元。

我国规定，采用双倍余额递减法计提折旧时，应当在其固定资产折旧年限到期以前的两年内，将固定资产账面价值扣除预计净残值后的余额平均摊销。这种方法计算简单，无须根据理论上的判断条件确定改变折旧方法的年限。

（2）年数总和法。年数总和法指将固定资产的原值减去预计净残值后的净额乘以一个逐年递减的分数来计算折旧的一种方法。这个递减的分数即为固定资产的折旧率，其分子为某年年初固定资产尚可使用的年数，每年递减；分母为该项固定资产预计使用年数的逐年数字总和，固定不变。所以，年数总和法也称为级数递减法。由于折旧率逐年递减，折旧基数固定不变，折旧额也逐年递减，从而达到加速折旧的目的。其计算公式如下：

年折旧率 = $\dfrac{\text{年初尚可使用年数}}{\text{预计使用寿命的年数总和}}$

或 = $\dfrac{\text{预计使用寿命年数} - \text{已使用年数}}{\text{预计使用寿命年数} \times (1 + \text{预计使用寿命年数}) \times 1/2}$

某年折旧额 = （固定资产原值 - 预计净残值）× 该年折旧率

【例7-16】承【例7-15】，采用年数总和法计算的各年折旧额如表7-3所示。

表7-3　年数总和法折旧计算表　　　　　　　　　　　单位：元

年份	尚可使用年限（年）	原值－预计净残值	折旧率	折旧额	累计折旧额
1	5	465 000	5/15	155 000	155 000
2	4	465 000	4/15	124 000	279 000
3	3	465 000	3/15	93 000	372 000
4	2	465 000	2/15	62 000	434 000
5	1	465 000	1/15	31 000	465 000

通过上述两个例题可知，在固定资产的使用早期，采用双倍余额递减法计提的折旧额大于年数总和法；而在固定资产的使用后期，采用双倍余额递减法计提的折旧额小于年数总和法。

以上介绍的不同折旧计算方法，决定了固定资产在使用寿命期内由各期产品成本、费用负担折旧数额的大小，从而影响企业各期的收入和纳税。企业应当根据与固定资产有关的经济利益的预期消耗方式，合理选择固定资产折旧方法。固定资产的折旧方法一经确定，不得随意变更，除非与固定资产有关的经济利益预期实现方式有重大改变。

企业至少应当于每年年度终了，对固定资产的使用寿命、预计净残值和折旧方法进行复核。如果使用寿命预计数与原先估计数有差异的，

扩展阅读7-2

固定资产折旧方法变更案例

应当调整固定资产使用寿命；预计净残值数与原先估计数有差异的，应当调整预计净残值；如果固定资产给企业带来经济利益的方式发生重大变化的，企业应当改变固定资产折旧方法。

固定资产的使用寿命、预计净残值和折旧方法的改变应当作为会计估计变更处理。

（五）固定资产折旧的核算

由于固定资产损耗的价值是企业成本费用的一个组成部分，因此，企业无论采用何种折旧方法，都应在每一会计期末，根据计算出的折旧额，借记有关成本费用科目，贷记"累计折旧"科目。例如，在制造业企业，为了生产产品和提供劳务而发生的固定资产折旧费，应记入"制造费用"科目；为组织和管理生产经营活动而发生的固定资产折旧费，应记入"管理费用"科目；其他经营活动而发生的固定资产折旧费，应记入"其他业务成本"科目。在商品流通企业，发生的折旧费应根据具体情况分别记入"销售费用"和"管理费用"科目。

在实际工作中，固定资产折旧的计算是通过编制固定资产折旧计算表进行的。该表以上月计提的折旧额为基础，加上上月增加的固定资产应计提的折旧额，减去上月减少的固定资产应计提的折旧额，计算出本月应计提的折旧额。固定资产折旧计算表可以由企业的财务部门编制，也可以由各使用部门编制，最后再由财务部门按固定资产服务的部门进行汇总，编制固定资产折旧计算汇总表，作为记账的直接依据。

【例7-17】财务部门根据各使用部门编报的20×2年12月固定资产折旧计算表，汇总编制折旧计算汇总表如表7-4所示。

表7-4　固定资产折旧计算汇总表

20×2年12月　　　　　　　　　　　　　　　单位：元

使用部门及类别	上月计提的折旧额	上月增加的固定资产应提折旧额	上月减少的固定资产应提折旧额	本月应计提的折旧额
A车间：				
厂房	480 000			480 000
机器设备	2 400 000		40 000	2 360 000
其他设备	160 000	20 000		180 000
小计	3 040 000	20 000	40 000	3 020 000
B车间：				
厂房	320 000	150 000		470 000
机器设备	2 000 000			2 000 000
小计	2 320 000	150 000		2 470 000
厂部：				
房屋建筑	200 000			200 000
运输设备	300 000	80 000	30 000	350 000
小计	500 000	80 000	30 000	550 000

续表

使用部门及类别	上月计提的折旧额	上月增加的固定资产应提折旧额	上月减少的固定资产应提折旧额	本月应计提的折旧额
经营租出：				
房屋	160 000			16 0000
机器设备	120 000			12 0000
小计	280 000			28 0000
合计	6 140 000	250 000	7 0000	6 320 000

根据上述固定资产折旧计算汇总表编制会计分录为：

借：制造费用——A车间　　　　　　　　　　　　　3 020 000
　　　　　　——B车间　　　　　　　　　　　　　2 470 000
　　管理费用　　　　　　　　　　　　　　　　　　　550 000
　　其他业务成本　　　　　　　　　　　　　　　　　280 000
　　贷：累计折旧　　　　　　　　　　　　　　　　　　　6 320 000

二、固定资产的后续支出

固定资产的后续支出指固定资产在使用过程中发生的更新改造支出、修理费用等。与固定资产有关的后续支出，符合固定资产确认条件的，应当计入固定资产成本，如有被替换的部分，应扣除其账面价值；不符合确认条件的，应当在发生时计入当期损益。

更新改造支出指为提高固定资产的质量而采取改进措施发生的支出，一般能够满足固定资产的确认条件，应当计入固定资产成本；而修理费用通常是为了维持固定资产的再生产而发生的支出，不能满足固定资产的确认条件，在发生时应当按照受益对象计入当期损益或计入相关资产的成本。即：与存货的生产和加工相关的固定资产日常修理费用按照存货成本确定原则进行处理；行政管理部门、企业专设的销售机构等发生的固定资产日常修理费用按照功能分类计入管理费用或销售费用。

企业更新改造固定资产时，可以采取自营方式，也可以采取出包方式。无论采用何种方式，均通过"在建工程"科目进行核算。发生的更新改造支出直接增加工程成本。对于更新改造过程中被替换项目的成本，应从固定资产原值中转出，能够确定的该项目的累计折旧也应予以冲减。

由于更新改造后的固定资产价值已发生变动，企业应根据预计使用寿命和预计净残值，对固定资产折旧率进行调整，在剩余使用寿命期内，按新的折旧率和新的原值对该项固定资产计提折旧。

【例7-18】中航制造对原有的一条生产线进行改造。该生产线的原值为8 000 000元，预计使用寿命为10年，预计净残值的现值为200 000元。企业采用直线法计提折旧，已提折旧3 120 000元（使用4年）。改造过程中发生各种支出共500 000元，均以银行存款支付。拆卸部分零部件的原值为1 000 000元，预计净残值的现值为25 000元，变价收入为 440 000 元，款项已存入银行。在改造过程中，以银行存款支付拆卸费用 20 000 元。从改造工程完工投入使用时起，该生产线仍可使用 10 年，预计净残值的现值为 270 000 元。假设不考虑增值税等相关税费，有关交易或事项及会计处理如下。

（1）将原生产线转入改建工程时，因被替换的零部件价值必须终止确认，不能计入改建后工程的成本，应转入"固定资产清理"科目，应作会计分录为：

借：在建工程——建筑工程　　　　　　　　　　　　　　　4 270 000
　　固定资产清理　　　　　　　　　　　　　　　　　　　　610 000
　　累计折旧　　　　　　　　　　　　　　　　　　　　　3 120 000
　　贷：固定资产——某生产线　　　　　　　　　　　　　　　　8 000 000

其中：610 000=1000 000-（1000 000-2 5000）/10×4

（2）支付改建工程支出时，应作会计分录为：

借：在建工程——建筑工程　　　　　　　　　　　　　　　　500 000
　　贷：银行存款　　　　　　　　　　　　　　　　　　　　　500 000

（3）收回将被替换零部件的变价收入时，应作会计分录为：

借：银行存款　　　　　　　　　　　　　　　　　　　　　　440 000
　　贷：固定资产清理　　　　　　　　　　　　　　　　　　　440 000

（4）支付拆卸费用时，应作会计分录为：

借：固定资产清理　　　　　　　　　　　　　　　　　　　　 20 000
　　贷：银行存款　　　　　　　　　　　　　　　　　　　　　 20 000

（5）改建工程完工，投入生产使用时，应作会计分录为：

借：固定资产——某生产线　　　　　　　　　　　　　　　4 770 000
　　贷：在建工程——建筑工程　　　　　　　　　　　　　　　4 770 000

（6）改建后该生产线的年折旧额调整为 450 000[（4 770 000-270 000）/10]元，月折旧额为 37 500（450 000/12）元。

每月计提折旧时，按新的折旧额入账，应作会计分录为：

借：制造费用　　　　　　　　　　　　　　　　　　　　　　 37 500
　　贷：累计折旧　　　　　　　　　　　　　　　　　　　　　 37 500

（7）结转被替换零部件的损益时，应作会计分录为：

借：营业外支出　　　　　　　　　　　　　　　　　　　　　190 000
　　贷：固定资产清理　　　　　　　　　　　　　　　　　　　190 000

【例 7-19】 中航制造 3 月对办公大楼进行翻修，共领用专用工程物资 326 000 元，应负担的辅助生产车间成本为 25 000 元，据此应作会计分录为：

借：管理费用　　　　　　　　　　　　　　　　　　　　　　351 000
　　贷：工程物资　　　　　　　　　　　　　　　　　　　　　326 000
　　　　生产成本——辅助生产成本　　　　　　　　　　　　　 25 000

第四节　固定资产的处置

一、固定资产处置概述

固定资产的处置，指固定资产因退出现有工作状态而对其进行的清理工作。企业取得的固定资产是为本企业生产经营使用的，但对于不适用或不需用的固定资产，可以出售转让；对那些由于使用而不断磨损直至最终报废，或者由于技术进步等原因发生提前报废，或者由于遭受自然灾害等非常原因发生毁损的固定资产应及时进行清理。此外，对外投资、捐赠、抵债转出及非货币性交换等原因导致的固定资产减少，也属于固定资产处置的范围。

扩展阅读7-4

固定资产的处置
教学视频

固定资产满足下列条件之一的，应当予以终止确认。
（1）该固定资产处于处置状态。
（2）该固定资产预期通过使用或处置不能产生经济利益。

企业无论对固定资产如何处置，都应按规定的程序办理处置手续，并做好相关的核算工作。

企业出售、转让划归为持有待售类别的，按照持有待售非流动资产、处置组的相关内容进行处理；未划归为持有待售类别而出售、转让及毁损、报废的固定资产，均通过"固定资产清理"科目进行核算，以确定固定资产的清理损益。其中：未划归为持有待售类别而出售、转让固定资产的损益，记入"资产处置损益"科目；毁损、报废固定资产产生的利得或损失，计入"营业外支出"科目。"固定资产清理"科目的借方反映被处置固定资产的账面价值、发生的处置费用、销售不动产应缴纳的有关税费、换出固定资产支付的补价等；贷方反映出售固定资产的价款、报废或毁损固定资产的残值和变价收入、应收的各种赔款、换出固定资产收到的补价等；固定资产清理完毕产生的净损益、利得或损失，分别转入相关科目。

二、固定资产的变卖出售

企业将不适用的或不需用的固定资产进行变卖出售时，应将收取的出售收入入账，同时转销出售固定资产的账面价值。如果出售的固定资产是未使用过的新固定资产，应按固定资产的账面原值记入"固定资产清理"科目；如果出售的固定资产是已使用过的旧固定资产，应按固定资产的账面价值记入"固定资产清理"科目。固定资产售价与账面价值、应付的各种税费的差额，作为资产处置损益处理。

【例7-20】中航制造出售一座建筑物，原价为600 000元，已提折旧116 400元。该建筑物出售的收入为580 000元，支付相关费用2 400元。假设采用简易办法计税，应交增值税等相关税费为38 280元。有关会计分录为：

（1）转销出售建筑物的账面价值时：
借：固定资产清理　　　　　　　　　　　　　　　　　　483 600
　　累计折旧　　　　　　　　　　　　　　　　　　　　116 400
　　贷：固定资产　　　　　　　　　　　　　　　　　　　　　　600 000
（2）以银行存款支付处置费用时：
借：固定资产清理　　　　　　　　　　　　　　　　　　　2 400
　　贷：银行存款　　　　　　　　　　　　　　　　　　　　　　　2 400
（3）收到出售建筑物的价款时：
借：银行存款　　　　　　　　　　　　　　　　　　　　580 000
　　贷：固定资产清理　　　　　　　　　　　　　　　　　　　　580 000
（4）结转应交的增值税等税费时：
借：固定资产清理　　　　　　　　　　　　　　　　　　38 280
　　贷：应交税费——应交增值税等　　　　　　　　　　　　　38 280
（5）结转出售该项建筑物的净损益时：
借：固定资产清理　　　　　　　　　　　　　　　　　　55 720
　　贷：资产处置损益　　　　　　　　　　　　　　　　　　　　55 720

三、固定资产的报废

固定资产由于有形、无形损耗及自然灾害等原因，不能继续在企业发挥应有的作用，应办理报废手续。固定资产的报废分为正常报废和非正常报废两种。正常报废指固定资产因使用磨损而到使用期满发生的报废和因技术进步而发生的提前报废；非正常报废主要指自然灾害和责任事故等而导致的固定资产提前报废。固定资产发生报废，必须进行清理。清理过程中也会发生一些清理费用，还可能有一些残值收入。如果是非正常报废，还会发生保险公司和过失人赔款。清理结束，应将报废固定资产的净损益作为营业外支出处理。

【例7-21】中航制造的一座厂房因火灾而全部被毁。该厂房的原值为3 000 000元，已提折旧1 368 000元。报废清理时支付清理费用15 000元，收取过失人赔款200 000元。企业在该厂房投入使用时，已向保险公司投保，应由保险公司赔偿1 200 000元。假设不考虑增值税等相关税费，应作有关会计分录为：

（1）转销报废厂房的原值和已提折旧额时：
借：固定资产清理　　　　　　　　　　　　　　　　　1 632 000
　　累计折旧　　　　　　　　　　　　　　　　　　　1 368 000
　　贷：固定资产　　　　　　　　　　　　　　　　　　　　3 000 000
（2）以银行存款支付清理费用时：
借：固定资产清理　　　　　　　　　　　　　　　　　　15 000
　　贷：银行存款　　　　　　　　　　　　　　　　　　　　　15 000
（3）收到过失人和保险公司的赔款时：

借：银行存款　　　　　　　　　　　　　　　　　　　　　　　　1 400 000
　　贷：固定资产清理　　　　　　　　　　　　　　　　　　　　　　　1 400 000
（4）结转报废固定资产的净损益时：
借：营业外支出——非常损失　　　　　　　　　　　　　　　　　　247 000
　　贷：固定资产清理　　　　　　　　　　　　　　　　　　　　　　　247 000

四、固定资产的对外投资

企业在经营过程中，可能会以固定资产对外投资，从而导致固定资产减少。对外投出的固定资产，也应通过"固定资产清理"科目核算。

【例7-22】中航制造向B公司投入一座旧建筑物并取得B公司30%的股权，能够对B公司施加重大影响。该建筑物原值为1 800 000元，已提折旧600 000元，其公允价值为1 350 000元。对外投资时，发生清理费用6 000元，以银行存款支付。假设不考虑增值税等相关税费，应作有关会计分录为：

（1）转销建筑物的账面价值时：
借：固定资产清理　　　　　　　　　　　　　　　　　　　　　　1 200 000
　　累计折旧　　　　　　　　　　　　　　　　　　　　　　　　　 600 000
　　贷：固定资产　　　　　　　　　　　　　　　　　　　　　　　1 800 000
（2）支付相关费用时：
借：固定资产清理　　　　　　　　　　　　　　　　　　　　　　　 6 000
　　贷：银行存款　　　　　　　　　　　　　　　　　　　　　　　　 6 000
（3）结转投资成本时：
借：长期股权投资——B公司　　　　　　　　　　　　　　　　　　1 350 000
　　贷：固定资产清理　　　　　　　　　　　　　　　　　　　　　1 206 000
　　　　资产处置损益　　　　　　　　　　　　　　　　　　　　　　 144 000

五、固定资产的对外捐赠

企业有时会出于某种目的，以固定资产进行对外捐赠。因企业并不对受赠单位或个人谋求任何经济利益，也不承担任何经济责任，对外捐赠时只需将固定资产的账面价值和应支付的相关费用，通过"固定资产清理"科目转为营业外支出。

【例7-23】中航制造向本地的一个福利单位捐赠两台设备，原值为1 000 000元，已提折旧300 000元。假设不考虑增值税等相关税费，应作会计分录为：

借：固定资产清理　　　　　　　　　　　　　　　　　　　　　　　700 000
　　累计折旧　　　　　　　　　　　　　　　　　　　　　　　　　 300 000
　　贷：固定资产　　　　　　　　　　　　　　　　　　　　　　　1 000 000
借：营业外支出——公益性捐赠支出　　　　　　　　　　　　　　　 700 000
　　贷：固定资产清理　　　　　　　　　　　　　　　　　　　　　　700 000

六、固定资产的盘亏

企业的固定资产经常会由于日常管理不善、核算上出现错漏及日常维护保养不良等原因，发生丢失、损坏和遗漏等现象，造成固定资产盘亏。企业盘亏的固定资产，在按规定报经批准之前，应当通过"待处理财产损溢"科目核算。按盘亏固定资产的账面价值，借记"待处理财产损溢"科目，按已提的折旧和减值准备，借记"累计折旧"和"固定资产减值准备"科目，按其原值贷记"固定资产"科目，以注销该项固定资产。企业若为一般纳税人，还应将盘亏固定资产的进项税额转出。在按规定程序审批之后，应将盘亏固定资产的账面价值予以转销，按可收回的保险赔偿或过失人赔偿计入"其他应收款"科目，剩余部分计入"营业外支出——盘亏损失"科目。

企业清查确认的固定资产盘亏和毁损，应于期末结账前查明原因，并根据企业的管理权限，经股东大会或董事会，或者经理（厂长）会议或类似机构批准后，在期末结账前处理完毕。如果清查的各种财产的盘亏和毁损，在期末结账前尚未经批准的，在对外提供财务会计报告时先按上述规定进行处理，并在会计报表附注中作出说明；如果其后批准处理的金额与已处理的金额不一致的，调整会计报表相关项目的年初数。

【例 7-24】中航制造在盘点时发现盘亏一台设备，原值为 500 000 元，已提折旧 120 000 元。应作会计分录为：

借：待处理财产损溢 380 000
　　累计折旧 120 000
　贷：固定资产 500 000

【例 7-25】承【例 7-24】，经批准，上项盘亏的固定资产予以转销。假设盘亏资产已抵扣的进项税额为 80 000 元，应作会计分录为：

借：营业外支出——盘亏损失 460 000
　贷：待处理财产损溢 380 000
　　　应交税费——应交增值税（进项税额转出） 80 000

练 习 题

练习题 1

一、目的：
练习和掌握固定资产取得的核算。

二、资料：
中原装备发生如下取得固定资产的交易或事项。

（1）购入一台不需要安装的新设备，买价为 50 000 元（不考虑增值税，下同），发生运杂费 1 000 元，装卸费 500 元，款项全部通过银行存款支付，设备已交付使用。

（2）从市场上购入一台机床，市价为 100 000 元，双方协商价格为 95 000 元，包装费2 000元,运杂费1 000元,款项全部从银行存款中支付,机床已投入安装。

(3) 在机床安装过程中发生安装调试费1 200元,以银行存款支付,机床安装完毕后交付使用。

(4) 企业购入一台新机器,价格为20 000元,付款条件为1/10,n/30,企业在折扣期内付款。

(5) 购入一台设备,现购价格为80 000元,对方同意以商业承兑汇票结算。企业开出80 000元带息票据一张,年利率为8%,期限6个月,设备已交付使用。

(6) 接受S公司投入的旧设备一台,已交付生产使用。该设备的账面原值为50 000元,已提折旧12 000元,评估确认的价值为45 000元。

(7) 在财产清查中发现一台盘盈设备,其市场价格为40 000元,估计七成新。

三、要求：

根据以上资料,编制有关会计分录。

练习题2

一、目的：

练习自行建造固定资产的核算。

二、资料：

中原装备以自营方式建造一座仓库,发生如下相关交易或事项。

(1) 以银行存款购进工程所需物资一批,取得增值税专用发票,价款为200 000元,增值税为26 000元。增值税专用发票通过本期认证。

(2) 该工程领用各种工程物资200 000元。

(3) 工程领用企业自产的A产品,其生产成本为8 000元。

(4) 分配该工程应负担的职工薪酬39 900元。

(5) 企业供电车间分配给工程电费15 000元,运输部门分配运费8 100元。

(6) 发生监理支出6 000元,已通过银行付款。

(7) 工程完工,发现材料短少1 800元,另外多余的200元物资已移交给仓库。

(8) 仓库验收合格,已投入使用。

三、要求：根据上述资料,编制有关会计分录。

练习题3

一、目的：

练习固定资产折旧的计算。

二、资料：

中原装备有一项固定资产,其原值为80 000元,预计使用年限为8年,预计处置费用为3 320元,预计残值收入4 480元。

三、要求：

(1) 采用年限平均法计算该项固定资产的年折旧额和年折旧率。

（2）分别采用双倍余额递减法和年数总和法计算该项固定资产的各年折旧额。

练习题 4

一、目的：

练习固定资产折旧的核算。

二、资料：

中原装备发生如下有关固定资产折旧的交易或事项。

（1）20×2 年 11 月应计提折旧的固定资产使用情况如表 7-5 所示。

表 7-5　20×2 年 11 月应计提折旧的固定资产使用情况　　　　　　单位：元

使用部门	固定资产原值			
	机器设备	运输设备	建筑物	合　计
一车间	5 000 000		500 000	5 500 000
二车间	2 000 000	800 000	300 000	3 100 000
公司管理部门		900 000	600 000	1 500 000
合　计	7 000 000	1 700 000	1 400 000	10 100 000

（2）11 月份，厂部报废两辆汽车，每辆原值为 250 000 元，购入一辆汽车，价值 300 000 元。

（3）11 月份，一车间购入一台不需要安装、价值为 150 000 元的设备，已交付生产使用。

（4）11 月份，二车间变卖一台不需用机床，原值为 80 000 元，已提折旧 33 600 元。

（5）该公司运输设备的年折旧率为 12%，机器设备的年折旧率为 9%，建筑物的年折旧率为 3.6%。

三、要求：

根据以上资料，计算中原装备 20×2 年 12 月份应计提的折旧额，并编制计提折旧的会计分录。

练习题 5

一、目的：

练习固定资产的后续支出及处置的核算。

二、资料：

中原装备发生如下有关固定资产后续支出及处置的交易或事项。

（1）经批准，将一台生产设备报废。该设备的原值为 300 000 元，预计净残值率为 5%，预计使用寿命为 10 年，实际已使用 9 年零 7 个月。该企业采用直线法计提折旧。

（2）在清理上项设备时，发生拆除等清理费用 1 000 元，以银行存款支付。

（3）生产车间领用保养维护机器的润滑油 250 元。

（4）经批准，将不需用的一幢房屋出售，其原值为 600 000 元，已提折旧 250 000 元，出售收入为 400 000 元，款项已存入银行。

（5）出售上述房屋应交增值税等税费计 39 600 元。

（6）报废设备的残值收入为 3 000 元，款项已存入银行。

（7）盘点短缺一台机器，原值为 25 000 元，已提折旧 16 000 元，原因待查。

（8）对外投出一台大型设备，其原值为 500 000 元，已提折旧 120 000 元，经资产评估机构确认的价值为 350 000 元。假定企业与被投资单位在投资前没有关联关系。

（9）改建价值为 300 000 元、累计折旧 150 000 元的厂房一座。工程采用出包方式，预付价款 200 000 元。

（10）已经查明，盘亏设备因管理不善造成，追究责任人赔偿 3 000 元，剩余差额经批准予以转销。

（11）改建工程完工，补付工程款 150 000 元，厂房已投入使用。

三、要求：

根据以上资料，编制有关会计分录。

第八章
无形资产与其他资产

本章学习提示

本章重点：无形资产的确认、初始计量、后续计量与处置
本章难点：无形资产的计量、无形资产的处置、递延所得税资产的计量

本章导入案例

乐视网信息技术（北京）股份有限公司（以下简称"乐视网"，股票代码：300104）于2004年11月注册成立，主要业务是网络视频和智能终端。乐视网的无形资产主要包括两项内容：一是影视剧的制作与购买，二是研发活动中形成的开发费用。乐视网2015年无形资产总额为48.79亿元，占总资产的比重为28.74%，其中影视版权为8.3亿元，占无形资产总额的78.5%，因此对于影视版权摊销的会计处理成为无形资产核算的重点。同为网络视频行业的优酷、爱奇艺等企业对影视版权都采用加速摊销法（如对于永久版权，确定该影视版权的受益期为5年，在第一年内平均摊销影视版权价值的50%，第二年内平均摊销30%，其余20%在剩余受益期内直线摊销），只有乐视网采用直线摊销法，即影视版权按照授权期限或10年进行平均摊销。乐视网对其影视版权采用的摊销方法是否合理？存在哪些风险？

资料来源：辛姝怡，刘艳萍. 影视版权摊销方式的选择——基于乐视网无形资产摊销的思考 [J]. 财经界（学术版），2015，（08）：54+56.

第一节 无形资产概述

一、无形资产的含义及性质

无形资产，指企业拥有或控制的没有实物形态的可辨认非货币性资产。其中符合"可辨认性标准"的资产，需要满足下列条件之一。

（1）能够从企业中分离或划分出来，并能单独或与相关合同、资产或负债一起，用于出售、转移、授予许可、租赁或交换。

（2）源自合同性权利或其他法定权利，无论这些权利是否可以从企业或其他权利和义务中转移或分离。

商誉随企业的存在而存在，无法从企业中分离出来，因此，具有不可辨认性，不符合无形资产的定义，不属于本章所指的无形资产。

企业在生产经营活动中除了要拥有和使用有形资产外，还需要拥有和使用无形资产。无形资产是企业资产的重要组成部分，它没有实物形态，只表明企业拥有的一种特殊权利或拥有获得高于一般收益水平的能力。它可以使企业增强竞争能力，为企业带来特殊经济效益。无形资产与固定资产有某些相似之处，主要表现为以下四点：①二者都属于非流动资产，都具有一年以上的使用寿命；②二者都在有限的寿命期间被企业控制和使用；③二者都能为企业带来经济利益，且企业受益的大小与企业维护与利用的程度有关；④二者的价值都是在受益期逐渐消耗，分期转为成本费用。

但是，由于无形资产和固定资产是两种不同的长期资产，必然存在一定的差别，主要表现在三个方面：一是形态不同，无形资产无实体形态，固定资产则具有物质实体；二是价值转移和投资回收方式不同，无形资产采用摊销的方法逐期收回，而固定资产采用计提折旧的方法逐期收回；三是持有资产的风险不同，无形资产的价值具有很大的不确定性，与社会进步、科学技术发展等密切相关，因此，持有无形资产的风险要远大于固定资产。

无形资产与企业的生产经营活动关系密切。企业为了开展生产经营活动才会取得无形资产，而无形资产的经济价值也只有在生产经营活动中才能得以体现，脱离了生产经营活动，无形资产就失去了自身的价值。

二、无形资产的特征

无形资产与其他资产相比，具有以下显著特征。

（一）无实物形态

无形资产是没有实物形态的资产，看不见，摸不着。在使用过程中，没有有形损耗，只有无形损耗，并且在报废时一般没有残值。无实物形态是无形资产最显著的特点，但不是其独有的特征，如应收项目和预付费用，虽然没有物质实体，却属于流动资产。所以，并非所有无实物形态的资产都是无形资产。

（二）独占性

独占性也称为垄断性，主要表现为无形资产被其所有人独占使用，并借助法律或人为地防止非所有人取得并使用，具有垄断的性质。无形资产的这一特征可以使其所有人在很大程度上垄断供应或销售市场，从而独家享有超过平均水平的获利能力。但是，在竞争日益激烈的今天，这种垄断不可能长久地存在，其他企业可能采用另外的手段取得或取代所有人的无形资产，或者使无形资产加速失效。

（三）价值的不确定性

无形资产价值的不确定性表现为：科技的进步导致无形资产的有效期限和所能带来的经济效益具有高度的不确定性；无形资产所能带来的未来经济效益的不确定导致其计价（取得成本）难以确定；无形资产取得成本的难以确定导致其转移价值具有不确定性。

（四）高效性

无形资产的高效性体现为通过无形资产的使用，可以给企业创造或带来未来的获取超额收益的能力。无形资产的获利能力较强，是企业获得较好经济效益的源泉，这完全是由无形资产以科学技术、知识产权为主体内容及科学技术的创新性所决定的。企业拥有和控制无形资产，正是为了使无形资产潜在的获取超额收益的能力能在企业未来的经营活动中得以实现，以充分发挥无形资产的使用效能。

（五）独创性

无形资产是脑力劳动的成果，主要是从科技成果转化而来的技术知识产权，是创新的、单一的、独一无二的，其取得成本缺乏横向的可比基础，很难用社会平均必要劳动时间决定其价值，只能以被社会承认的个别劳动时间来决定其价值。

三、无形资产的种类

（一）按经济内容分类

无形资产按其经济内容分类，可分为专利权、非专利技术、商标权、著作权、土地使用权、特许权等。

1. 专利权

专利权，指国家专利管理机关根据发明单位或个人的申请，经审查认定，给予发明创造者一定期限内对其发明创造有独占制造、使用和销售的权利。专利权是一种技术知识产权，一般分为发明专利权、实用新型专利权和外观设计专利权三种类型。

专利权受法律保护。在某项专利权有效期间内，如果他人使用了该项专利，必须向专利权所有人支付使用费，否则即构成侵权行为。专利权具有垄断性、地域性和时间性的特点，即在一定时期和一定区域范围内，专利权受法律保护，超过一定时间和一定区域范围，专利权就失去了效力。

专利权的价值在于通过利用该项专利，可以生产出新颖独特或具有特别功能、迎合消费者需要的新产品；或者可以用较低的成本制造或销售已上市供应的产品，从而使企业获得较多的利润。

《中华人民共和国专利法》规定，发明专利权的期限为20年，实用新型专利权和外观设计专利权的期限为10年。但是，由于受到科技进步、市场竞争及消费需求等多方面因素的影响，专利权的实际经济有效期可能要比法定有效期短。

2. 非专利技术

非专利技术，指不具有专利权，没有公开的专门技术知识、生产工艺流程和产品设计等，主要通过图纸、配方、技术记录、操作方法的说明等具体资料加以表示，也包括专家、技术人员、工人等所掌握的不成文的经验、知识和技巧，通常称为"技术诀窍"。

非专利技术没有经过法定机关按规定程序批准认可，不能受法律保护。它是仅在有限的范围内为少数专家、工程技术人员所掌握的经济适用性知识，在生产经营过程中表现出以下特征。

（1）经济性。非专利技术在生产经营中使用，能够提高企业的经营能力和生产水平，从而增加企业的盈利能力。

（2）机密性。非专利技术是企业通过长期研究所掌握的不愿公开的方法、特长和经验，一经公开，即失去其价值。

（3）传授性。非专利技术必须经过所有人传授才能获得，非经传授很难获得。

（4）动态性。非专利技术是企业或技术人员经过长期研究和经验积累形成的，而且仍不断发展和完善。

非专利技术的价值在于它对企业的生产和经营起着非常重要的作用，特别是属于制造方法和加工工艺方面的非专利技术，能给企业带来很强的竞争能力。

3. 商标权

商标权，指企业为使自己生产或经销的商品区别于其他企业的商品而使用特定词语、名称及图案等的一种专有权利。

商标是识别商品的特定标记，是一个企业的商品区别于其他企业商品的外在标记。商标按其构成形式，可分为文字商标、图案商标和文图组合商标；按有无专用权，可分为注册商标和未注册商标。注册商标指由申请人申请，经商标管理机关核准，授予商标申请人有权独自使用的商标。商标注册人享有商标专用权，只有持有注册商标专用权的企业才拥有商标权。

商标权受法律保护，内容包括独占使用权和禁止权两个方面。所谓独占使用权，指商标权享有人在商标注册的范围内独家使用其商标的权利，这种权利是商标权具有独占性的法律表现。所谓禁止权，指商标权享有人排除和禁止他人对商标独占使用权进行侵犯的权利，这种权利是商标权具有排他性的法律表现。

《中华人民共和国商标法》规定，注册商标的最长有效期为10年，在期满前6个月内，企业可依法申请延长注册期。每次续展注册的有效期为10年，且无延长次数限制。

4. 著作权

著作权也称为版权，指国家版权管理机关依法授予书籍的著作人或文艺美术作品的创作者及出版商在一定年限内制作、出版和发行的专有权利。

著作权与其他无形资产相比，具有三个明显的特点。

（1）著作权一般具有特定的物质载体，如书籍、绘画、唱片、录像带、录音带等，就是有关版权的载体。

（2）著作权并不赋予所有者唯一使用某一作品的权利，而只是赋予所有者因他人公开发行、制作、出版或再版其作品获取经济效益时向其使用人索取收益的权利。

（3）著作权保护的是双重权利，即著作作者的权利和出版者的权利。

著作权受法律保护。著作权所有人可以自行使用这种权利，但通常都是把这种权利赋予他人，以此获取收益。在一定期限内未经著作权所有人允许，其他人不得擅自使用，否则即构成侵权行为。但是，非商业性地使用，如非盈利地用于教学目的，并且数量不多，对著作市场和其价值没有影响及批评家在评论中的摘引作品片断和图书馆、档案室作为资料复制等，不能算作侵权。

《中华人民共和国著作权法》规定，著作权的法定有效期限为作者终生及其死亡后50年。如果是合作作品，截止于最后死亡的作者身后50年的12月31日。

5. 土地使用权

土地使用权也称为场地使用权，指按照国家法律规定，土地使用者对其所使用的土地享有开发、利用和获取收益的权利。

在我国，任何企业或个人只拥有土地的使用权，而没有所有权，土地归国家和集体所有。企业必须支付一定数额的土地出让金和使用费，才能获得土地使用权。出让金指企业为获得土地使用权而支付的一次性价款，使用费指企业因使用土地而按期向政府机关交纳的费用。

由于土地所有者从土地使用者处取得报酬后并未丧失土地的所有权，只是暂时将土地使用权让渡给土地使用者，因此，这种报酬实际上是一种专有权利的价格，这样，土地使用权便成为企业的一项无形资产。但是，属于投资性房地产或作为固定资产核算的土地使用权，不包括在本章所指的无形资产范围内。

土地使用权的有效期限根据有关法律、法规或合同规定的年限确定。

6. 特许权

特许权也称为专营权，指企业通过付费，获准在一定区域和一定时期内以一定的形式生产经营某种特定商品或劳务的专有权利。

特许权一般有以下两种形式。

（1）政府机关特许的专营权，如准许企业经营化肥、农药、烟草等，或者准许企业使用公共财产或在一定地区享有经营某种公用事业的特权，如公共交通、水电供应、邮电通信、广播、电影、电视等。

（2）其他企业特许的专营权，即一个企业依照签订的合同，永久地或有限期地授予另一个企业某种特殊的权利，如授予某商品的经销权给另一个企业或准许其他企业使用本企业的商标、商号、专利权、非专利技术等。这种形式在连锁经营中比较普遍。

特许权的价值在于它具有垄断性，企业可以利用授予人的商业信誉、商标等进行较有把握的业务经营，获取高额收益。

特许权的有效期限以合同规定的经营期限为准。

（二）按存在期限分类

无形资产按存在期限分类，可分为有期限的无形资产和期限不确定的无形资产。

有期限的无形资产指有法律或合同规定期限的无形资产，如专利权、商标权、著作权、土地使用权、特许权等。这类无形资产超过规定期限，自动丧失效力。

期限不确定的无形资产指没有法律规定其使用期限或无须确定其使用期限的无形资产，如非专利技术。这类无形资产使用寿命的长短取决于科技进步的速度或技术保密工作的好坏及企业的维护工作如何等。

无形资产按不同的标准进行分类具有不同的作用。按经济内容分类，可以确定无形资产的具体项目，是无形资产核算的前提条件；按存在期限分类，有助于对无形资产的价值进行摊销。

四、无形资产的确认

按照《企业会计准则——无形资产》（CAS6）的规定，某个项目要确认为无形资产，在符合无形资产定义的前提下，应同时满足以下两个条件。

（1）与该无形资产有关的经济利益很可能流入企业。

（2）该无形资产的成本能够可靠地计量。

无形资产所产生的未来经济利益，可能包括在销售商品、提供劳务的收入中，或者企业使用该无形资产而减少或降低了成本，或者获得了其他特殊的利益等。企业在判断无形资产产生的经济利益是否很可能流入时，应当对无形资产在预计使用寿命内可能存在的各种经济因素作出合理估计，并且应当有明确证据支持。

企业无形项目的支出，除下列情形外，均应于发生时计入当期损益：①符合CAS6规定的确认条件、构成无形资产成本的部分；②非同一控制下企业合并中取得的、不能单独确认为无形资产、构成购买日确认的商誉的部分。

企业应能够控制无形资产所产生的经济利益，即企业拥有无形资产的法定所有权，或者企业与他人签订了协议，使企业的相关权利受到法律的保护。根据以上确认标准，企业自创商誉及内部产生的品牌、报刊名等，因其成本无法可靠地计量，不应确认为无形资产。

第二节 无形资产的初始计量

无形资产的初始计量与固定资产相同，也要按成本进行计量。企业从不同渠道、按不同方式取得的无形资产，其成本的具体构成内容也不相同，应当根据具体情况分别确定。但无论从何种渠道、按何种方式取得，无形资产的取得成本都应在资产类的"无形资产"科目进行核算，并按其项目设置明细账，进行明细核算。

扩展阅读8-1

无形资产的初始计量教学视频

一、外购无形资产

外购无形资产的成本，包括购买价款、相关税费（不含可抵扣的增值税）及直接归属于使该项资产达到预定用途所发生的其他支出，如无形资产达到预定用途所发生的专业服务费用、测试无形资产是否能够正常发挥作用的费用等。

购买无形资产的价款超过正常信用条件延期支付，实质上具有融资性质的，无形资产的成本以购买价款的现值为基础确定。实际支付的价款与购买价款的现值之间的差额，除按照 CAS17 的规定应予资本化的以外，应当在信用期间内计入当期损益。

企业从外部取得的无形资产主要包括购入、企业合并中形成、投资人投入等方式。根据前述的无形资产初始计量中取得成本的确定原则，现分别举例如下：

【例 8-1】中航制造以银行存款购入一项经销某商品的特权，增值税专用发票列示价款 580 000 元，增值税 34 800 元。增值税专用发票本期通过认证，应作会计分录为：

借：无形资产——特许权　　　　　　　　　　　　　　　　580 000
　　应交税费——应交增值税（进项税额）　　　　　　　　 34 800
　　贷：银行存款　　　　　　　　　　　　　　　　　　　 614 800

【例 8-2】中航制造从国家土地管理部门取得土地使用权。根据出让合同，企业拥有该土地使用年限为 50 年，企业应支付土地使用权出让金和相关支出合计 36 000 000 元，已由银行存款付讫。由于该土地属于使用寿命有限的，因此，企业将其单独作为无形资产核算。支付土地出让金时应作会计分录为：

借：无形资产——土地使用权　　　　　　　　　　　　　36 000 000
　　贷：银行存款　　　　　　　　　　　　　　　　　　 36 000 000

二、自行开发无形资产

自行开发的无形资产，其成本包括自满足无形资产确认条件和开发阶段支出确认条件的规定后至达到预定用途前所发生的支出总额，但是对于以前期间已经费用化的支出不再调整。

企业内部研究开发项目的支出，应当区分研究阶段支出与开发阶段支出，分别进行确认与核算。

（一）研究阶段支出

研究，指为获取并理解新的科学或技术知识而进行的独创性的有计划调查。研究阶段是探索性的，为进一步开发活动进行资料及相关方面的准备，已进行的研究活动将来是否会转入开发、开发后是否会形成无形资产等均具有较大的不确定性。例如，意在获取知识而进行的活动，研究成果或其他知识的应用研究、评价和最终选择，材料、设备、产品、工序、系统或服务替代品的研究，新的或经改进的材料、设备、产品、工序、系统或服务的可能替代品的配制、设计、评价和最终选择等，均属于研究活动。

企业内部研究开发项目研究阶段的支出，因其发生的结果具有不确定性，不能确认为无形资产，应当于发生时计入当期损益。

（二）开发阶段支出

开发，指在进行商业性生产或使用前，将研究成果或其他知识应用于某项计划或设计，以生产出新的或具有实质性改进的材料、装置、产品等。相对于研究阶段而言，开发阶段应当是已完成研究阶段的工作，在很大程度上具备了形成一项新产品或新技术的基本条件。例如，生产前或使用前的原型和模型的设计、建造和测试，不具有商业性生产经济规模的试生产设施的设计、建造和营运等，均属于开发活动。

企业内部研究开发项目开发阶段的支出，同时满足下列条件的，才能予以资本化，确认为无形资产。

（1）完成该无形资产以使其能够使用或出售在技术上具有可行性。判断无形资产的开发在技术上是否具有可行性，应当以目前阶段的成果为基础，并提供相关证据和材料，证明企业进行开发所需的技术条件等已经具备，不存在技术上的障碍或其他不确定性。例如，企业已经完成全部计划、设计和测试活动，这些活动是使资产能够达到设计规划书中的功能、特征和技术所必需的活动或经过专家鉴定等。

（2）具有完成该无形资产并使用或出售的意图。要求企业应能够说明其开发无形资产的目的。

（3）无形资产产生未来经济利益的方式，包括能够证明运用该无形资产生产的产品存在市场或无形资产自身存在市场，无形资产将在内部使用的，应当证明其有用性。无形资产是否能够为企业带来经济利益，应当对运用该无形资产生产产品的市场情况进行可靠预计，以证明所生产的产品存在市场并能够带来经济利益或能够证明市场上存在对该类无形资产的需求。

（4）有足够的技术、财务资源和其他资源支持，以完成该无形资产的开发，并有能力使用或出售该无形资产。要求企业应能够证明无形资产开发所需的技术、财务和其他资源及获得这些资源的相关计划。企业自有资金不足以提供支持的，应能够证明存在外部其他方面的资金支持，如银行等金融机构愿意为该无形资产的开发提供所需资金等。

（5）归属于该无形资产开发阶段的支出能够可靠地计量。企业对研究开发的支出应当单独核算，如直接发生的研发人员工资、材料费及相关设备折旧费等。同时从事多项研究开发活动的，所发生的支出能够按照合理的标准在各项研究开发活动之间进行分配；无法合理分配的，应当计入当期损益。

企业取得的已作为无形资产确认的正在进行中的研究开发项目，在取得后发生的支出，也应当区分研究阶段支出与开发阶段支出，分别按上述方法进行确认。

企业自行研制创造无形资产的过程中，要发生各项研究和开发费用，主要包括以下项目：①从事研究和开发活动人员的工资、津贴、奖金及其他有关薪酬；②研究和开发活动消耗的原材料和劳务费用；③用于研究和开发活动的设备和设施的折旧费；④与研究和开发活动有关的间接费用；⑤委托其他单位进行研究和开发所发生的费用；⑥与研究和开发活动有关的其他费用，如为研究和开发活动而购入的专利权、特许权等无形资产的摊销成本等。

我国 CAS6 规定：企业内部研究开发项目研究阶段的支出，应当于发生时计入当期损益；企业内部研究开发项目开发阶段的支出，符合确认条件的，才能计入无形资产成本。为此，企业进行研究与开发无形资产过程中发生的各项支出，均应通过"研发支出"科目进行核算，并按研究开发项目，分别设置"费用化支出"和"资本化支出"两个明细科目进行明细核算。

【例 8-3】 中航制造自行研制一种新产品。在产品研制过程中，发生费用支出共计 40 000 000 元，其中研究阶段支出 15 000 000 元，开发阶段支出 25 000 000 元。费用发生时应作会计分录为：

  借：研发支出——费用化支出   15 000 000
      ——资本化支出   25 000 000
    贷：银行存款等   40 000 000

【例 8-4】 期末，转销研究阶段的支出。应作会计分录为：

  借：管理费用   15 000 000
    贷：研发支出——费用化支出   15 000 000

【例 8-5】 承【例 8-3】，中航制造自行研制的新产品已获成功，可投入批量生产，并向国家申请发明专利，获得批准。以银行存款支付申请费 2 000 元，注册费 15 000 元，律师费 5 000 元，模型图样制作费 28 000 元。假设不考虑增值税等相关税费，应作会计分录为：

  借：无形资产——专利权   25 050 000
    贷：银行存款   50 000
      研发支出——资本化支出   25 000 000

三、投资者投入无形资产

企业可以接受投资者以无形资产的形式进行投资。投资者投入无形资产的成本，应当按照投资合同或协议约定的价值确定。如果合同或协议约定价值不公允，则以无形资产的公允价值确定。无形资产的入账价值与折合资本的差额，记入"资本公积"科目。

【例 8-6】 中航制造接受甲公司以其商标权作为出资，投资合同约定的价值为 90 000 000 元（不含增值税），增值税发票上进项税额为 11 700 000 元，折合公司的股票 60 000 000 股，每股面值 1 元，已办妥相关手续。应作会计分录为：

  借：无形资产——商标权   90 000 000
    应交税费——应交增值税（进项税额）   11 700 000
    贷：股本——甲公司   60 000 000
      资本公积——股本溢价   41 700 000

四、以非货币性资产交换和债务重组取得无形资产

企业通过非货币性资产交换、债务重组方式取得的无形资产，其成本应当分别按照

CAS7 和 CAS12 的规定确定，详见本书第十章"非货币性资产交换"和第十四章"债务重组"的相关内容。

五、政府补助取得无形资产

通过政府补助取得的无形资产，在满足政府补助条件的前提下，应当按照其公允价值作为该无形资产的成本；公允价值不能可靠取得的，按照其名义金额计量。其具体核算，详见本书第十七章"收入、费用和利润"。

第三节　无形资产的后续计量

无形资产在后续使用过程中，会涉及无形资产价值摊销和减值的问题，由此带来相关的后续计量。本节只介绍无形资产的价值摊销，无形资产的减值将在本教材第十一章"资产减值"中阐述。

一、无形资产的摊销原则与方法

无形资产需要在使用过程中，采用合理的方法对其价值进行摊销。无形资产摊销的原则是：使用寿命为有限的，应将其摊销金额在使用寿命期内进行系统合理摊销；使用寿命不确定的，则不应进行摊销。企业选择的无形资产摊销方法，应当反映与该项无形资产有关的经济利益的预期消耗方式。无法可靠确定预期消耗方式的，应当采用直线法摊销。

在进行无形资产摊销时需要考虑应摊销金额和使用寿命的合理确定。无形资产的摊销金额一般应当计入当期损益。某项无形资产包含的经济利益通过所生产的产品或其他资产实现的，其摊销金额应当计入相关资产的成本。

二、无形资产应摊销金额的确定

无形资产应摊销金额的合理确定，是正确确定无形资产的价值基础。按照 CAS6 的规定，无形资产的应摊销金额为其成本扣除预计残值后的金额。已计提减值准备的无形资产，还应扣除已经提取的无形资产减值准备累计金额。使用寿命有限的无形资产，其残值应当视为 0，但下列情况除外。

（1）有第三方承诺在无形资产使用寿命结束时购买该无形资产。

（2）可以根据活跃市场得到预计残值信息，并且该市场在无形资产使用寿命结束时很可能存在。

三、无形资产使用寿命的确定

无形资产使用寿命,指其经济寿命,即自无形资产可供使用时起,至不再作为无形资产确认时止的期间。企业应当于取得无形资产时分析判断其使用寿命。分析判断无形资产使用寿命包括是否判断为使用寿命有限和使用寿命的复核。

(一)判断无形资产使用寿命为有限的原则

企业持有的无形资产,通常来源于合同性权利或其他法定权利,且合同规定或法律规定有明确的使用年限。因此,判断无形资产使用寿命为有限的原则有以下两个。

(1)源自合同性权利或其他法定权利取得的无形资产,其有限寿命不应超过合同性权利或其他法定权利的期限。

(2)合同或法律没有规定使用寿命的,企业应当综合各方面因素判断,以确定无形资产能为企业带来经济利益的期限。例如,与同行业的情况进行比较、参考历史经验或聘请相关专家进行论证等。

按照上述方法仍无法合理确定无形资产为企业带来经济利益期限的,该项无形资产应作为使用寿命不确定的无形资产。

(二)企业确定无形资产使用寿命通常应当考虑的因素

对于使用寿命为有限的无形资产,应当估计该使用寿命的年限或构成使用寿命的产量等类似计量单位数量,以便为无形资产摊销提供权数基础。企业确定无形资产使用寿命通常应当考虑下列因素。

(1)运用该资产生产的产品通常的寿命周期、可获得的类似资产使用寿命的信息。

(2)技术、工艺等方面的现阶段情况及对未来发展趋势的估计。

(3)该资产生产的产品或提供服务的市场需求情况。

(4)现在或潜在的竞争者预期采取的行动。

(5)为维持该资产带来经济利益能力的预期维护支出及企业预计支付有关支出的能力。

(6)对该资产控制期限的相关法律规定或类似限制,如特许使用期、租赁期等。

扩展阅读 8-2

新经济时代无形资产确认与计量

(7)与企业持有其他资产使用寿命的关联性等。

(三)无形资产使用寿命的复核

企业至少应当于每年年度终了,对使用寿命有限的无形资产的使用寿命及摊销方法进行复核。无形资产的使用寿命及摊销方法与以前估计不同的,应当改变摊销期限和摊销方法。

企业应当在每个会计期间对使用寿命不确定的无形资产的使用寿命进行复核。如果有证据表明无形资产的使用寿命是有限的，应当估计其使用寿命，并按规定进行摊销。

四、无形资产摊销的核算

企业的无形资产在使用寿命内进行摊销的金额，一般应当计入当期损益，通过"管理费用"科目进行核算。某项无形资产包含的经济利益通过所生产的产品或其他资产实现的，其摊销金额应当计入相关资产的成本。

一般情况下，当土地使用权用于自行开发建造厂房等地上建筑物时，相关的土地使用权账面价值不转入在建工程成本。即自行开发建造厂房等建筑物，相关的土地使用权与建筑物应当分别进行处理。土地使用权与地上建筑物分别按照其摊销期限和应提折旧年限，进行摊销和计提折旧。外购土地及建筑物支付的价款应当在建筑物与土地使用权之间进行分配；难以合理分配的，应当全部作为固定资产。

如果企业取得的土地使用权用途改变，用于赚取租金或资本增值，应当将其转为投资性房地产。

房地产开发企业取得土地使用权用于建造对外出售的房屋建筑物，相关的土地使用权账面价值应当计入所建造的房屋建筑物成本。

无形资产的摊销应设置"累计摊销"备抵科目，以反映企业对使用寿命有限的无形资产计提的累计摊销额。

【例8-7】承【例8-1】，假定该项特许权的使用寿命为5年，企业采用直线法摊销。每月摊销的数额为9 667元[580 000/（5×12）]，据此应作的会计分录为：

借：管理费用 9 667
　　贷：累计摊销 9 667

【例8-8】承【例8-2】，该企业取得的土地使用权使用寿命为50年。每月摊销时，应作会计分录为：

借：管理费用 60 000
　　贷：累计摊销 60 000

【例8-9】某企业为房地产开发企业，在取得使用权的土地上开发建造商品房。该土地使用权的账面价值为8 000 000元，已摊销200 000元。应作会计分录为：

借：开发成本——商品房 8 000 000
　　累计摊销 200 000
　　贷：无形资产——土地使用权 8 200 000

【例8-10】中航制造购入一块土地使用权，以银行存款转账支付81 000 000元，并在该土地上自行建造厂房等工程，发生材料支出9 000 000元、职工薪酬600 000元、其他相关费用480 000元等。该工程已经完工并达到预定可使用状态。假定土地使用权的使用年限为50年，该厂房的使用年限为30年，两者均无净残值，都采用直线法进行摊销和计提折旧。为简化核算，不考虑相关税费。中航制造的账务处理如下：

（1）支付土地使用权的转让价款时，应作会计分录为：

借：无形资产——土地使用权　　　　　　　　　　　　　　　　81 000 000
　　贷：银行存款　　　　　　　　　　　　　　　　　　　　　81 000 000

（2）在土地上自行建造厂房时，应作会计分录为：

借：在建工程——建筑工程——厂房　　　　　　　　　　　　10 080 000
　　贷：工程物资　　　　　　　　　　　　　　　　　　　　　9 000 000
　　　　应付职工薪酬　　　　　　　　　　　　　　　　　　　　600 000
　　　　银行存款　　　　　　　　　　　　　　　　　　　　　　480 000

（3）按月摊销土地使用权时，应作会计分录为：

借：管理费用　　　　　　　　　　　　　　　　　　　　　　　135 000
　　贷：累计摊销　　　　　　　　　　　　　　　　　　　　　　135 000

工程完工并达到预定可使用状态后，各期摊销的土地使用权可以计入"制造费用"科目。

（4）工程完工并达到预定可使用状态时，应作会计分录为：

借：固定资产——厂房　　　　　　　　　　　　　　　　　　10 080 000
　　贷：在建工程——建筑工程——厂房　　　　　　　　　　　10 080 000

（5）按月对厂房计提折旧时，应作会计分录为：

借：制造费用　　　　　　　　　　　　　　　　　　　　　　　 28 000
　　贷：累计折旧　　　　　　　　　　　　　　　　　　　　　　 28 000

第四节　无形资产的处置

企业拥有的无形资产可以依法进行处置。企业处置无形资产的方式主要有三种：一是出售，即转让无形资产的所有权；二是出租，即转让无形资产的使用权；三是报废，即转销无形资产的价值。

一、无形资产的出售

企业可以将不需用的无形资产进行出售。出售无形资产时，因企业不再拥有对无形资产占有、使用、收益和处置的权利，应转销无形资产的账面价值，并将出售无形资产实际取得的转让收入扣除无形资产的账面价值、应支付的相关税费后的差额，作为资产处置损益，借记或贷记"资产处置损益"科目。

企业以非货币性资产交换方式换出无形资产，实质上是一种特殊形式的出售，应冲销该无形资产的账面价值，并根据CAS7的要求，确定换入资产的入账价值和交换损益。

【例8-11】中航制造将购入的一项商标权有偿转让。在购入时企业支付费用共计600 000元，有效期限为10年。企业购入两年后因经营变化按480 000元的价格（不含税）

将其出售,适用增值税税率为6%,款项已存入银行。假设应交增值税等相关税费31 680元,应作会计分录为:

借:银行存款	508 800
累计摊销	120 000
资产处置损益	2 880
贷:无形资产——商标权	600 000
应交税费——应交增值税等	31 680

二、无形资产的出租

无形资产的所有者可以根据自己的意愿和利益,将其使用权分离出去,由非所有者享有,即将无形资产进行出租。非所有者在行使无形资产的使用权时,必须根据法律和合同的规定,按照无形资产的性能和指定的用途加以利用。出租无形资产时,由于企业仍保留对无形资产的所有权,仅将无形资产的部分使用权让渡给其他企业,所获得的租金收入作为企业的附营业务收入,计入"其他业务收入"科目,发生的相关费用及出租无形资产摊销的价值作为出租无形资产的成本,计入"其他业务成本"科目。

【例8-12】中航制造将一项外购非专利技术的使用权出租给W公司。转让合同规定,W公司用非专利技术每生产1吨产品,需要支付150元的使用费,每生产100吨偿付一次。出租过程中发生咨询服务费5 000元,企业以银行存款支付。假设不考虑增值税等相关税费,据此应作有关会计分录为:

(1)假设W公司生产了100吨产品,转来第一笔使用费时:

借:银行存款	15 000
贷:其他业务收入	15 000

(2)支付咨询服务费时:

借:其他业务成本	5 000
贷:银行存款	5 000

三、无形资产的报废

无形资产预期不能为企业带来未来经济利益时,应当将该无形资产的账面价值予以转销,即将无形资产报废。报废时,应将无形资产的账面价值转入"营业外支出——非常损失"科目。

【例8-13】中航制造于7年前购入一项专利技术,价款及相关支出为5 000 000元,使用寿命为10年,已计提减值200 000元。本年初,在市场上出现了一项新的专利,预计该项无形资产不能再为企业带来经济利益。应作如下转销会计分录:

借:营业外支出——非常损失	1 300 000
累计摊销	3 500 000

　　　　无形资产减值准备　　　　　　　　　　　　　　　　200 000
　　　　贷：无形资产——专利权　　　　　　　　　　　　　5 000 000

第五节　其他资产

　　其他资产指除流动资产、长期债权投资、长期股权投资、其他权益工具投资、固定资产、无形资产、投资性房地产等以外的资产，主要包括持有待售的非流动资产、长期待摊费用和递延所得税资产等。

一、持有待售的非流动资产

（一）持有待售的非流动资产或处置组的分类

1. 分类原则

　　企业持有的非流动资产或处置组，如果主要通过出售（包括具有商业实质的非货币性资产交换）而非持续使用收回期账面价值的，应当将其划分为持有待售类别。

　　其中，非流动资产不包括采用公允价值模式进行后续计量的投资性房地产、采用公允价值减去出售费用后的净额计量的生物资产、职工薪酬形成的资产、递延所得税资产、由金融工具相关会计准则规范的金融资产和由保险合同相关会计准则规范的保险合同所产生的权利等；处置组指在一项交易中作为整体通过出售或其他方式一并处置的一组资产及在该交易中转让的与这些资产直接相关的负债。处置组所属的资产组或资产组组合按照CAS8分摊了企业合并中取得的商誉的，该处置组应当包含分摊至处置组的商誉。为简化，以下所称"持有待售非流动资产"均包含处置组在内。

　　按照《企业会计准则第42号——持有待售的非流动资产、处置组和终止经营》（CAS42）的规定，非流动资产或处置组划分为持有待售类别，应当同时满足下列条件。

　　（1）根据类似交易中出售此类资产或处置组的惯例，在当前状况下即可立即出售。

　　（2）出售极可能发生，即企业已经就一项出售计划作出决议且获得确定的购买承诺，预计出售将在一年内完成。有关规定要求企业相关权力机构或监管部门批准后方可出售的，应当已经获得批准。

　　确定的购买承诺，指企业与其他方签订的具有法律约束力的购买协议，该协议包含交易价格、时间和足够严厉的违约惩罚等重要条款，使协议出现重大调整或撤销的可能性极小。

　　企业专为转售而取得的非流动资产或处置组，在取得日满足"预计出售将在一年内完成"的规定条件，且短期（通常为三个月）内很可能满足持有待售类别的其他划分条件的，企业应当在取得日将其划分为持有待售类别。

2. 特殊情况

因企业无法控制的下列原因之一,导致非关联方之间的交易未能在一年内完成,且有充分证据表明企业仍然承诺出售非流动资产或处置组的,企业应当继续将非流动资产或处置组划分为持有待售类别。

(1)买方或其他方意外设定导致出售延期的条件,企业针对这些条件已经及时采取行动,且预计能够自设定导致出售延期的条件起一年内顺利化解延期因素。

【例8-14】 中航制造计划将整套生产线出售给乙公司,中航制造与乙公司不存在关联关系,双方于20×2年3月16日签订了转让合同。因该生产线的污水排放系统存在缺陷,对周边环境造成污染。

假设中航制造不知道环境污染情况,20×2年5月8日,乙公司在对生产线进行检查时发现污染,并要求中航制造进行补救。中航制造立即着手进行治理,预计20×3年4月可以完成。

分析:在签订转让合同时,双方并不知道治理污染会影响交易进度,属于符合延长一年期限的例外事项,在20×2年5月8日发现延期事项后,中航制造预计在一年内消除延期因素,因此仍可将该生产线划分为持有待售类别。

(2)因发生罕见情况,导致持有待售的非流动资产或处置组未能在一年内完成出售,企业在最初一年内已经针对这些新情况采取必要措施且重新满足了持有待售类别的划分条件。

3. 不再符合划分条件的处理

企业持有待售的非流动资产不再满足持有待售类别划分条件的,不应当继续将其划分为持有待售类别。部分非流动资产从持有待售的处置组中移除后,处置组中剩余非流动资产新组成的处置组仍然满足持有待售类别划分条件的,企业应当将新组成的处置组划分为持有待售类别,否则应当将满足持有待售类别划分条件的非流动资产单独划分为持有待售类别。

(二)持有待售非流动资产的计量

1. 划分为持有待售类别前的计量

企业将非流动资产或处置组首次划分为持有待售类别前,应当按照CAS4、CAS6等准则的规定计量非流动资产或处置组中各项资产或负债的账面价值。按照CAS8的规定,企业应当在资产负债表日判断资产是否存在可能发生减值的迹象,如果资产已经或将被闲置、终止使用或计划提前处置,表明资产可能发生了减值。对于拟出售的非流动资产或处置组,企业应当在划分为持有待售类别前考虑进行减值测试。

2. 划分为持有待售类别时的计量

(1)企业初始计量持有待售非流动资产时,以其账面价值与公允价值减去出售费用后的净额二者孰低为入账价值。如果持有待售非流动资产的账面价值高于公允价值减去出售费用后的净额,应当将账面价值减记至公允价值减去出售费用后的净额,减记的金额确认为资产减值损失,计入当期损益,同时计提持有待售资产减值准备。其中,出售费用指企业发生的可以直接归属于出售资产或处置组的增量费用,包括为出售发生的特定法律服务、评估咨询等中介费用,相关的消费税、城市维护建设税、土地增值税和印花税等,但不包括财务费用和所得税费用。

有些情况下,公允价值减去出售费用后的净额可能为负值,应将持有待售非流动资产中资产的账面价值减记至 0 为限;是否需要确认相关预计负债,应按照 CAS13 的规定进行会计处理。

(2) 对于取得日划分为持有待售类别的非流动资产或处置组,企业应当在初始计量时比较假定其不划分为持有待售类别情况下的初始计量金额和公允价值减去出售费用后的净额,以两者孰低计量。除企业合并中取得的非流动资产或处置组外,由非流动资产或处置组以公允价值减去出售费用后的净额作为初始计量金额而产生的差额,应当计入当期损益。

【例 8-15】6 月 1 日,中航制造购入丁公司全部股权,支付价款 2 800 万元。购入该股权之前,中航制造的管理层已作出决定,一旦购入丁公司,将在 1 年内将其出售给乙公司,丁公司当前状况下即可立即出售。预计中航制造还将为出售丁公司支付 21 万元的出售费用。购买日股权公允价值与支付价款一致,中航制造应作会计分录为:

借:持有待售资产——长期股权投资　　　　　　　　　　27 790 000
　　资产减值损失　　　　　　　　　　　　　　　　　　　 210 000
　　贷:银行存款　　　　　　　　　　　　　　　　　　　　　　28 000 000

注:2 800 万元＞2 779(2 800-21)万元

3. 划分为持有待售类别后的计量

(1) 企业在资产负债表日重新计量持有待售的非流动资产时,如果其账面价值高于公允价值减去出售费用后的净额的,应当将账面价值减记至公允价值减去出售费用后的净额,减记的金额确认为资产减值损失,计入当期损益,同时计提持有待售资产减值准备。如果后续资产负债表日其公允价值减去出售费用后的净额增加的,以前减记的金额应当予以恢复,并在划分为持有待售类别后确认的资产减值损失金额内转回,转回金额计入当期损益。划分为持有待售类别前确认的资产减值损失不得转回。

(2) 企业在资产负债表日重新计量持有待售的处置组时,应当首先按照相关会计准则规定计量处置组中不适用 CAS42 计量规定的资产和负债的账面价值,然后按照企业初始计量持有待售非流动资产时的规定进行会计处理。对于持有待售的处置组确认的资产减值损失金额,应当先抵减处置组中商誉的账面价值,再根据处置组中适用 CAS42 计量规定的各项非流动资产账面价值所占比重,按比例抵减其账面价值。后续资产负债表日持有待售的处置组公允价值减去出售费用后的净额增加的,以前减记的金额应当予以恢复,并在划分为持有待售类别后适用 CAS42 计量规定的非流动资产确认的资产减值损失金额内转回,转回金额计入当期损益。已抵减的商誉账面价值及适用 CAS42 计量规定的非流动资产在划分为持有待售类别前确认的资产减值损失不得转回。

持有待售的非流动资产或处置组中的非流动资产不应计提折旧或摊销,持有待售的处置组中负债的利息和其他费用应当继续予以确认。

【例 8-16】承【例 8-15】，假设 6 月 30 日，中航制造与乙公司签订合同，转让所持有丁公司的全部股份，转让价格为 2 812 万元。该转让业务预计将于 9 月 30 日完成，中航制造还将为此支付出售费用 14 万元。

由于中航制造持有丁公司股权的公允价值减去出售费用后的净额为 2 798 万元，其账面价值为 2 779 万元，以二者孰低计量，中航制造无须进行账务处理。

4. 不再继续划分为持有待售类别的计量

非流动资产或处置组因不再满足持有待售类别的划分条件而不再继续划分为持有待售类别或非流动资产从持有待售的处置组中移除时，应当按照以下两者孰低计量：①划分为持有待售类别前的账面价值，按照假定不划分为持有待售类别情况下本应确认的折旧、摊销或减值等进行调整后的金额；②可收回金额。

这样计量的结果是：原来划分为持有待售的非流动资产或处置组在重新分类后的账面价值，与其从未划分为持有待售类别情况下的账面价值相一致。由此产生的差额计入当期损益，通过"资产减值损失"科目进行会计处理。

5. 终止确认

企业终止确认持有待售的非流动资产或处置组时，应当将尚未确认的利得或损失计入当期损益。

扩展阅读 8-4

持有待售资产确认、计量深度解析

【例 8-17】承【例 8-16】，9 月 27 日，中航制造为转让丁公司的股权支付律师费 8 万元；9 月 30 日，中航制造完成对乙公司的股权转让，收到价款 2 812 万元。据此，应作会计分录为：

（1）9 月 27 日，支付律师费时，

借：投资收益　　　　　　　　　　　　　　　　　　80 000
　　贷：银行存款　　　　　　　　　　　　　　　　　　　80 000

（2）9 月 30 日，收到转让价款时，

借：银行存款　　　　　　　　　　　　　　　　　28 120 000
　　贷：持有待售资产——长期股权投资　　　　　　　27 790 000
　　　　投资收益　　　　　　　　　　　　　　　　　　330 000

二、长期待摊费用

（一）长期待摊费用的含义及特征

长期待摊费用，指企业已经支出，但摊销期限在一年以上（不含一年）的各项费用，如企业预付的房租、土地租赁费、土地补偿款、自有固定资产的装修费等。

长期待摊费用是一种具有长期性质的待摊费用，这些费用的效益要期待于将来实现，并且数额较大，若将它们与支出年度的收入相配比，就不能正确计算当期经营成果，所以，应将其资本化，作为一项长期资产处理。

长期待摊费用与固定资产、无形资产相比,有其共性,即都是跨越未来若干个会计期间,其价值逐步转销为未来各期的费用,但也有其特性,一般来讲,长期待摊费用具有如下特征。

(1)长期待摊费用是一项虚资产,一经发生就已经消耗掉了,本身没有交换价值,不可转让。如果企业破产清算,则只能由企业的所有者和债权人承担。所以,企业的所有者和债权人不希望有较多的长期待摊费用存在。

(2)长期待摊费用是为了一定目的而发生的支出,由于损益的确认必须满足收入费用的配比原则和权责发生制的会计核算前提,对于那些不能全部作为费用的支出,均应作为长期待摊费用处理,因此,长期待摊费用具有集合费用的性质。

(3)长期待摊费用是一种虚资产,表现为费用,即使在重估价时也不会出现增值。

(二)长期待摊费用的核算

为了反映长期待摊费用的增减变化,企业应设置"长期待摊费用"科目,并按费用项目进行明细核算。

企业发生的长期待摊费用,应在受益期内平均摊销。

【例8-18】中航制造于20×2年初对办公大楼进行内部装修,共发生装修费用480 000元,预计可使用6年。据此,应作有关会计分录为:

(1)发生装修费用时,

借:长期待摊费用——自有固定资产装修费　　　480 000
　　贷:银行存款等　　　　　　　　　　　　　　　　480 000

(2)每年摊销时,

借:管理费用　　　　　　　　　　　　　　　　　80 000
　　贷:长期待摊费用——自有固定资产装修费　　　80 000

扩展阅读8-5

暂时性差异的产生

三、递延所得税资产

递延所得税资产,产生于可抵扣暂时性差异。因可抵扣暂时性差异在转回期间将减少企业的应纳税所得额和相应的应交所得税,导致经济利益流入企业,因而在其生产期间,相关的所得税影响金额构成一项未来的经济利益,应作为一项资产予以确认。

企业应设置"递延所得税资产"科目核算企业递延所得税资产的发生和转回,其借方发生额反映当期递延所得税资产的发生金额,贷方发生额反映当期递延所得税资产的转回金额,期末借方余额反映已确认的递延所得税资产的余额。关于该业务的具体核算,可参见本系列教材《税务会计学》中"所得税会计"的相关内容。

扩展阅读8-6

递延所得税资产确认示例

练习题

练习题 1

一、目的：

练习无形资产取得与摊销的核算。

二、资料：

中原装备本年度发生如下有关无形资产的交易或事项。

（1）2月1日，购入一项专利权，取得增值税专用发票并通过认证。发票列示价款为298 000元，增值税17 880元；聘请律师等费用共20 000元，均以银行存款支付。该项专利权的法定有效年限尚有12年，公司预计其经济年限为10年。

（2）3月10日，公司自行开发一种新产品，领用专用材料30 000元。

（3）3月31日，开发新产品使用设备应计提的折旧为2 000元，负担的研究人员工资为8 000元，分配的间接费用为5 000元。

（4）5月2日，接受P公司用场地使用权进行的投资，评估确认的价值为180 000元，其法定有效年限为10年。

（5）5月15日，自行开发的新产品获得成功，向国家申请取得专利，以银行存款支付专利登记费8 000元，律师费10 000元。该专利权的预计有效期限为15年。

（6）12月31日，计算各项无形资产的该月摊销额。

三、要求：

根据以上资料，编制有关会计分录。

练习题 2

一、目的：

练习无形资产处置等交易或事项的核算。

二、资料：

中原装备发生如下交易或事项。

（1）将已购买2年的一项专利以500 000元的价格（不含税）进行出售，适用增值税税率为6%，款项已存入银行，应交增值税等相关税费33 000元。该项专利的取得成本为540 000元，有效使用年限为12年，企业已为该项专利计提减值准备3 000元。

（2）以某项专利权向W公司投资，评估确认的价值为350 000元，专利权的账面价值为320 000元，已摊销20 000元。

（3）向M公司出租商标的使用权。转让合同规定M公司应一次性支付使用费60 000元，款项已收到并存入银行，应交增值税等相关税费3 960元。企业另以银行存款支付服务费12 000元。

（4）某项专利权已无使用价值和转让价值，其成本为80 000元，已摊销16 000元，计提减值准备3 500元。

三、要求：
根据上述资料，编制有关会计分录。

案例分析　　即测即评　　准则实录

第九章
投资性房地产

本章学习提示

本章重点：投资性房地产的范围、投资性房地产的初始计量和后续计量、投资性房地产的转换

本章难点：投资性房地产转换的核算

本章导入案例

步步高（股票代码：002251）拟自 2022 年 1 月 1 日起将长沙星城步步高广场项目自建房产用于长期出租。该项目位于湖南省长沙市雨花区韶山路与湘府路交汇处东北角，建设过程中尚未达到可使用状态，将其计入"在建工程"并以成本法核算，其于 2021 年 12 月 31 日竣工，账面净值为 270 105.41 万元。上述房产所在地有活跃的房地产交易市场，企业能够从房地产交易市场取得同类或类似房地产的市场价格及其他相关信息。

2021 年 12 月 31 日之前，步步高对这幢大楼应该如何进行管理和核算？2022 年 1 月 1 日转入投资性房地产后，公司对该幢大楼的核算应如何改变？期末应该以成本还是以公允价值进行报表列示？

资料来源：作者根据步步高 2022 年 1 月 5 日"关于部分在建工程竣工验收后转为投资性房地产及采用公允价值模式计量的公告"整理编写。

第一节 投资性房地产概述

一、投资性房地产的概念

投资性房地产指为赚取租金或资本增值，或者两者兼有而持有的房地产。其中，房地产是土地和房屋及其权属的总称。在我国，土地归国家或集体所有，企业只能取得土地使用权。因此，房地产中的土地指土地使用权，房屋指土地上的房屋等建筑物及构筑物。

投资性房地产业务是一种经营性活动，其形式主要有出租建筑物、出租土地使用权、持有并准备增值后转让的土地使用权。根据税法的规定，企业出租房地产和土地使用权所

取得的房地产租金收入或土地使用权转让收益应当缴纳增值税。按照国家有关规定认定的闲置土地，不属于持有并准备增值后转让的土地使用权。在我国实务中，持有并准备增值后转让的土地使用权这一情况较少。

就某些企业而言，投资性房地产属于日常经营性活动，形成的租金收入或转让增值收益确认为企业的主营业务收入，但对于大部分企业而言，是与经营性活动相关的其他经营活动，形成的租金收入或转让增值收益构成企业的其他业务收入。

二、投资性房地产的范围

根据《企业会计准则第 3 号——投资性房地产》（CAS3）的规定，投资性房地产的范围限定为已出租的土地使用权、持有并准备增值后转让的土地使用权、已出租的建筑物。

（一）已出租的土地使用权

已出租的土地使用权，指企业通过出让或转让方式取得的、以经营租赁方式出租的土地使用权。例如，甲公司与乙公司签署了土地使用权租赁协议，甲公司以年租金 180 万元租赁使用乙公司拥有的 10 万平方米土地使用权。那么，自租赁协议约定的租赁期开始日起，这项土地使用权属于乙公司的投资性房地产。

但是，企业计划用于出租但尚未出租的土地使用权，不属于此类。对于以经营租赁方式租入土地使用权再转租给其他单位的，也不能确认为投资性房地产。

（二）持有并准备增值后转让的土地使用权

持有并准备增值后转让的土地使用权，指企业取得的、准备增值后转让的土地使用权。这类土地使用权很可能给企业带来资本增值收益，符合投资性房地产的定义。例如，企业厂址搬迁，部分土地使用权停止自用，管理层决定继续持有这部分土地使用权，待其增值后转让以赚取增值收益。

但是，按照国家有关规定认定的闲置土地，不属于持有并准备增值后转让的土地使用权，也就不属于投资性房地产。

（三）已出租的建筑物

已出租的建筑物，指企业拥有产权的、以经营租赁方式出租的建筑物，包括自行建造或开发活动完成后用于出租的建筑物及正在建造或开发过程中将来用于出租的建筑物。自租赁协议规定的租赁期开始日起，经营租出的建筑物才属于已出租的建筑物。企业计划用于出租但尚未出租的建筑物，不属于已出租的建筑物。

应注意的是，企业将建筑物出租，按租赁协议向承租人提供的相关辅助服务在整个协议中不重大的，应当将该建筑物确认为投资性房地产。例如，企业将其办公楼出租，同时向承租人提供维护、保安等日常辅助服务，企业应当将其确认为投资性房地产。

但是，以下项目不属于投资性房地产。

1. 自用房地产

自用房地产,指为生产商品、提供劳务或经营管理而持有的房地产。自用房地产的特征在于服务于企业自身的生产经营,其价值会随着房地产的使用而逐渐转移到企业的产品或服务中,通过销售商品或提供服务为企业带来经济利益,在产生现金流量的过程中与企业持有的其他资产密切相关。

2. 作为存货的房地产

作为存货的房地产,通常指房地产开发企业在正常经营过程中销售的或为销售而正在开发的商品房和土地。这部分房地产属于房地产开发企业的存货,其生产、销售构成企业的主营业务活动,产生的现金流量也与企业的其他资产密切相关。因此,具有存货性质的房地产不属于投资性房地产。

实务中存在某项房地产部分自用或作为存货出售、部分用于赚取租金或资本增值的情形。如果某项投资性房地产不同用途的部分能够单独计量和出售的,应当分别确认为固定资产(或无形资产、存货)和投资性房地产。

三、投资性房地产的确认

将某个项目确认为投资性房地产,首先应符合投资性房地产的定义,然后再按照CAS3的要求,同时满足下列条件的,才能确认为投资性房地产。

(1)与该投资性房地产有关的经济利益很可能流入企业。

(2)该投资性房地产的成本能够可靠地计量。

四、投资性房地产的计量

投资性房地产的计量分为采用成本模式计量和采用公允价值模式计量两种情况。

投资性房地产均需要按照成本进行初始计量,而后续计量可选择采用成本模式或公允价值模式。采用成本模式对投资性房地产进行后续计量的企业,对投资性房地产的具体处理与固定资产或无形资产相同,需要计提折旧、摊销和减值。采用公允价值模式对投资性房地产进行后续计量的企业,应当以资产负债表日投资性房地产的公允价值为基础调整账面价值,其差额计入当期损益。投资性房地产后续采用公允价值模式计量的,应当同时满足下列条件。

扩展阅读9-1

公允价值计量模式应用的局限性

(1)投资性房地产所在地有活跃的房地产交易市场。

(2)企业能够从房地产交易市场上取得同类或类似房地产的市场价格及其他相关信息,从而对投资性房地产的公允价值作出合理的估计。

其中:所在地,通常指投资性房地产所在的城市。对于大中型城市,应当为投资性房地产所在的区域。同类或类似的房地产,对建筑物而言,指所处地理位置和地理环境相同、性质相同、结构类型相同或相近、新旧程度相同或相近、可使用状况相同或相近的建筑物;

对土地使用权而言,指同一城区、同一位置区域、所处地理环境相同或相近、可使用状况相同或相近的土地。企业可以参照活跃市场上同类或类似房地产的现行市场价格(市场公开报价)来确定投资性房地产的公允价值;无法取得同类或类似房地产现行市场价格的,可以参照活跃市场上同类或类似房地产的最近交易价格,并考虑交易情况、交易日期、所在区域等因素予以确定。

为保证会计信息的可比性,企业对投资性房地产的计量模式一经确定,不得随意变更。只有在房地产市场比较成熟、能够满足采用公允价值模式条件的情况下,才允许企业对投资性房地产从成本模式计量变更为公允价值模式计量。成本模式转为公允价值模式的,应当作为会计政策变更处理,并按计量模式变更时公允价值与账面价值的差额调整期初留存收益。

已采用公允价值模式计量的投资性房地产,不得从公允价值模式转为成本模式。

第二节 投资性房地产的初始计量

投资性房地产无论采用哪一种计量模式,取得时均应当按照成本进行初始计量。成本一般应当包括取得投资性房地产时和直至使该项投资性房地产达到预定可使用状态前所实际发生的各项必要的、合理的支出。取得投资性房地产时,通过"投资性房地产"科目进行核算。以下分别按照取得方式进行说明。

一、外购的投资性房地产

外购投资性房地产的成本,包括购买价款、相关税费和可直接归属于该资产的其他支出。企业只有在购入房地产的同时开始对外出租(自租赁期开始日起,下同)或用于资本增值,才能称为外购的投资性房地产。企业购入房地产,自用一段时间之后再改为出租或用于资本增值的,应先将外购的房地产确认为固定资产或无形资产,自租赁期开始日或用于资本增值之日起,再从固定资产或无形资产转换为投资性房地产。企业购入的房地产,如果部分用于出租(或资本增值)、部分自用,那么用于出租(或资本增值)的部分应当予以单独确认的,应按照不同部分的公允价值占公允价值总额的比例将成本在不同部分之间进行合理分配。

【例9-1】20×2年8月,中航制造计划购入一栋写字楼用于对外出租。8月18日,中航制造与B企业签订了经营租赁合同,约定自写字楼购买日起将这栋写字楼出租给B企业,为期5年。9月10日,中航制造实际购入写字楼,支付价款等共计2 500万元,应作会计分录为:

借:投资性房地产——写字楼 25 000 000
　　贷:银行存款 25 000 000

二、自行建造的投资性房地产

自行建造投资性房地产的成本,由建造该项资产达到预定可使用状态前所发生的必要支出构成。只有在自行建造或开发活动完成(即达到预定可使用状态)的同时开始对外出租或用于资本增值,才能将自行建造的房地产确认为投资性房地产。企业自行建造房地产达到预定可使用状态后一段时间才对外出租或用于资本增值的,应当先将自行建造的房地产确认为固定资产、无形资产或存货,自租赁期开始日或用于资本增值之日起,从固定资产、无形资产或存货转换为投资性房地产。

【例9-2】20×2年2月,中航制造从甲单位购入一块土地的使用权,并在该块土地上开始自行建造两栋厂房。8月,中航制造预计厂房即将完工,与乙公司签订了经营租赁合同,将其中的一栋厂房租赁给乙公司使用。租赁合同约定该厂房于完工(达到预定可使用状态)时开始起租。11月15日,两栋厂房同时完工(达到预定可使用状态)。该块土地使用权的成本为800万元;两栋厂房的造价均为1 200万元,能够单独出售。11月15日应作会计分录为:

借:投资性房地产——厂房　　　　　　　　　　　　　　12 000 000
　　固定资产　　　　　　　　　　　　　　　　　　　　12 000 000
　　　贷:在建工程　　　　　　　　　　　　　　　　　24 000 000
借:投资性房地产——土地使用权　　　　　　　　　　　　4 000 000
　　　贷:无形资产——土地使用权　　　　　　　　　　　4 000 000

其中,土地使用权中的对应部分400万元同时转换为投资性房地产[800×(1 200/2 400)=400万元]。

第三节　投资性房地产的后续计量

企业应当在资产负债表日对投资性房地产进行后续计量。一般情况下,应当采用成本模式进行后续计量,满足特定条件的,也可以采用公允价值模式。但是,同一企业只能采用一种模式对所有投资性房地产进行后续计量,不得同时采用两种计量模式。

扩展阅读9-2

投资性房地产的后续计量教学视频

一、采用成本模式计量的投资性房地产

采用成本模式计量的建筑物的后续计量,应按照固定资产的有关规定,按期计提折旧。存在减值迹象的,应当进行减值测试,确定发生减值的,应计提减值准备。采用成本模式计量的土地使用权的后续计量,应按照无形资产的有关规定,按期进行摊销。存在减值迹象的,应当进行减值测试,确定发生减值的,应计提减值准备。

采用成本模式进行后续计量的投资性房地产，按期（月）计提折旧或摊销，借记"其他业务成本"等科目，贷记"投资性房地产累计折旧（摊销）"科目。取得的租金收入，借记"银行存款"等科目，贷记"其他业务收入""应交税费——应交增值税（销项税额）"等科目。投资性房地产发生减值的，应当计提减值准备，借记"资产减值损失"科目，贷记"投资性房地产减值准备"科目。如果已经计提减值准备的投资性房地产的价值又得以恢复，不得转回。

【例9-3】中航制造于20×2年1月1日将一个仓库出租给乙公司使用，已确认为投资性房地产，采用成本模式进行后续计量。假设该仓库的成本为1 500万元，按照直线法计提折旧，使用寿命为20年，预计净残值为零。按照经营租赁合同约定，每月取得租金收入为6万元，增值税税额为5 400元。当年12月，该仓库发生减值迹象，经减值测试，其可收回金额为1 200万元，此时仓库的账面价值为1 350万元，以前未计提减值准备。据此应作有关会计分录为：

（1）每月计提折旧时 [计提折旧额 =1 500/20/12=6.25（万元）]：

借：其他业务成本　　　　　　　　　　　　　　　　　　　62 500
　　贷：投资性房地产累计折旧　　　　　　　　　　　　　　62 500

（2）确认租金时：

借：银行存款（或其他应收款）　　　　　　　　　　　　　65 400
　　贷：其他业务收入　　　　　　　　　　　　　　　　　　60 000
　　　　应交税费——应交增值税（销项税额）　　　　　　　5 400

（3）计提减值准备时：

借：资产减值损失——投资性房地产减值损失　　　　　　1 500 000
　　贷：投资性房地产减值准备　　　　　　　　　　　　　1 500 000

二、采用公允价值模式计量的投资性房地产

如果有确凿证据表明投资性房地产的公允价值能够持续可靠取得的，可以对投资性房地产采用公允价值模式进行后续计量。

投资性房地产采用公允价值模式进行后续计量时，不计提折旧或摊销，应当以资产负债表日的公允价值计量。资产负债表日，投资性房地产的公允价值高于其账面余额的差额，借记"投资性房地产——公允价值变动"科目，贷记"公允价值变动损益"科目；公允价值低于其账面余额的差额作相反的分录。

【例9-4】甲企业为从事房地产经营开发的企业，20×2年9月，与乙公司签订租赁协议，约定将其开发的一栋精装修写字楼于开发完成的同时开始租赁给乙公司使用，租赁期为10年。当年11月1日，该写字楼开发完成并开始起租，写字楼的造价为8 500万元。12月31日，该写字楼的公允价值为8 700万元。假设甲公司对投资性房地产采用公允价值模式计量，据此应作有关会计分录为：

（1）11月1日，甲公司开发完成写字楼并出租时：

借：投资性房地产——写字楼（成本）　　　　　　　　　　　85 000 000
　　贷：开发产品　　　　　　　　　　　　　　　　　　　　85 000 000
（2）12月31日，按照公允价值调整该写字楼的价值时：
借：投资性房地产——写字楼（公允价值变动）　　　　　　2 000 000
　　贷：公允价值变动损益　　　　　　　　　　　　　　　　2 000 000

三、与投资性房地产有关的后续支出

与投资性房地产有关的后续支出，不再区分企业采用何种计量模式对其进行后续计量，而采用统一的核算方法。与投资性房地产有关的后续支出，满足投资性房地产确认条件的，应当计入投资性房地产成本；不满足投资性房地产确认条件的，应当在发生时计入当期损益。

【例9-5】20×2年8月，中航制造与甲企业的一项厂房经营租赁合同即将到期，该厂房按照成本模式进行后续计量，原价为4 000万元，已计提折旧900万元。为了提高厂房的租金收入，中航制造决定在租赁期满后对厂房进行改扩建，并与乙企业签订了经营租赁合同，约定自改扩建完工时将厂房出租给乙企业。9月15日，与甲企业的租赁合同到期，厂房随即进入改扩建工程。12月18日，厂房改扩建工程完工，共发生支出300万元，即日按照租赁合同出租给乙企业。据此应作有关会计分录为：

（1）9月15日，中航制造的投资性房地产转入改扩建工程时：
借：投资性房地产——厂房（在建）　　　　　　　　　　31 000 000
　　投资性房地产累计折旧　　　　　　　　　　　　　　 9 000 000
　　贷：投资性房地产——厂房　　　　　　　　　　　　　40 000 000
（2）9月15日～12月18日，发生改扩建支出时：
借：投资性房地产——厂房（在建）　　　　　　　　　　 3 000 000
　　贷：银行存款等　　　　　　　　　　　　　　　　　　 3 000 000
（3）12月18日，改扩建工程完工时：
借：投资性房地产——厂房　　　　　　　　　　　　　　34 000 000
　　贷：投资性房地产——厂房（在建）　　　　　　　　　34 000 000

【例9-6】承【例9-5】，假定中航制造对该厂房按照公允模式进行后续计量，9月15日该厂房账面余额为2 800万元，其中成本2 200万元，累计公允价值变动600万元，其他条件不变。据此应作有关会计分录为：

（1）9月15日，中航制造的投资性房地产转入改扩建工程时：
借：投资性房地产——厂房（在建）　　　　　　　　　　28 000 000
　　贷：投资性房地产——厂房（成本）　　　　　　　　　22 000 000
　　　　　　　　　　　——厂房（公允价值变动）　　　　 6 000 000
（2）9月15日—12月18日，发生改扩建支出时：
借：投资性房地产——厂房（在建）　　　　　　　　　　 2 000 000

　　　　贷：银行存款等　　　　　　　　　　　　　　　　　　　　2 000 000
　　（3）12月18日，改扩建工程完工时：
　　　　借：投资性房地产——厂房（成本）　　　　　　　　　　30 000 000
　　　　贷：投资性房地产——厂房（在建）　　　　　　　　　　30 000 000

【例9-7】中航制造对其某项投资性房地产进行日常维修，发生维修支出5万元。应作会计分录为：

　　　　借：其他业务成本　　　　　　　　　　　　　　　　　　　　50 000
　　　　贷：银行存款　　　　　　　　　　　　　　　　　　　　　　　50 000

第四节　投资性房地产的转换

一、投资性房地产的转换形式

房地产的转换，实质上是因房地产用途发生改变而对房地产进行的重新分类。企业有确凿证据表明房地产用途发生改变，且满足下列条件之一的，应当将投资性房地产转换为其他资产或将其他资产转换为投资性房地产。

（1）作为存货的房地产，改为出租。
（2）自用建筑物停止自用，改为出租。
（3）自用土地使用权停止自用，用于赚取租金或资本增值。
（4）投资性房地产开始自用。

二、非投资性房地产转换为投资性房地产

非投资性房地产转换为投资性房地产主要包括作为存货的房地产转换为投资性房地产和自用房地产转换为投资性房地产两种情况。

（一）作为存货的房地产转换为投资性房地产

作为存货的房地产转换为投资性房地产，通常指房地产开发企业将其持有的开发产品以经营租赁的方式出租，存货相应地转换为投资性房地产。在这种情况下，转换日为房地产的租赁期开始日。租赁期开始日，指承租人有权行使其使用租赁资产权利的日期。

企业将作为存货的房地产转换为采用成本模式计量的投资性房地产，应当按该项存货在转换日的账面价值，借记"投资性房地产"科目，原已计提跌价准备的，借记"存货跌价准备"科目，按其账面余额，贷记"开发产品"等科目。

企业将作为存货的房地产转换为采用公允价值模式计量的投资性房地产时，应当按该项存货在转换日的公允价值，借记"投资性房地产（成本）"科目；原已计提跌价准备的，

借记"存货跌价准备"科目;按其账面余额,贷记"开发产品"等科目。同时,转换日的公允价值小于账面价值的,按其差额,借记"公允价值变动损益"科目;转换日的公允价值大于账面价值的,按其差额,贷记"其他综合收益"科目。待该项投资性房地产处置时,因转换计入其他综合收益的部分应转入当期的其他业务收入,借记"其他综合收益"科目,贷记"其他业务收入"科目。

【例9-8】 20×2年8月10日,某房地产开发企业与甲企业签订了租赁协议,将其开发的一栋写字楼出租给甲企业使用,租赁期开始日为9月1日。9月1日,该写字楼的账面余额为5 500万元,未计提存货跌价准备。

(1) 若采用成本模式计量投资性房地产,应作会计分录为:

借:投资性房地产——写字楼　　　　　　　55 000 000
　　贷:开发产品　　　　　　　　　　　　　　　55 000 000

(2) 若采用公允价值模式计量投资性房地产,该栋写字楼的公允价值为5 800万元,应作会计分录为:

借:投资性房地产——写字楼(成本)　　　58 000 000
　　贷:开发产品　　　　　　　　　　　　　　　55 000 000
　　　　其他综合收益　　　　　　　　　　　　　 3 000 000

扩展阅读9-4

投资性房地产的转换教学视频

(二)自用房地产转换为投资性房地产

企业将原本用于生产商品、提供劳务或经营管理的房地产改用于出租,应于租赁期开始日,将相应的固定资产或无形资产转换为投资性房地产。

企业将自用土地使用权或建筑物等房地产转换为以成本模式计量的投资性房地产时,应当按其在转换日的原价、累计折旧、减值准备等,分别转入"投资性房地产""投资性房地产累计折旧(摊销)""投资性房地产减值准备"科目,按其账面余额,借记"投资性房地产"科目,贷记"固定资产"或"无形资产"科目,按已计提的折旧或摊销,借记"累计折旧"或"累计摊销"科目,贷记"投资性房地产累计折旧(摊销)"科目,原已计提减值准备的,借记"固定资产减值准备"或"无形资产减值准备"科目,贷记"投资性房地产减值准备"科目。

企业将自用土地使用权或建筑物等房地产转换为采用公允价值模式计量的投资性房地产时,应当按其在转换日的公允价值,借记"投资性房地产(成本)"科目;按已计提的累计摊销或累计折旧,借记"累计摊销"或"累计折旧"科目;原已计提减值准备的,借记"无形资产减值准备""固定资产减值准备"科目;按其账面余额,贷记"固定资产"或"无形资产"科目。同时,转换日的公允价值小于账面价值的,按其差额,借记"公允价值变动损益"科目;转换日的公允价值大于账面价值的,按其差额,贷记"其他综合收益"科目。待该项投资性房地产处置时,因转换计入其他综合收益的部分应转入当期的营业收入,借记"其他综合收益"科目,贷记"其他业务收入"科目。

【例9-9】 20×2年8月10日,中航制造与乙公司签订了经营租赁协议,将一栋公司自用的办公楼整体出租给乙公司使用,租赁期开始日为10月1日,为期5年。10月1日,这栋办公楼的原值为 6 600 万元，已计提折旧 800 万元。

（1）若采用成本模式计量投资性房地产，10 月 1 日应作会计分录为：

借：投资性房地产——写字楼　　　　　　　　　　　　　　66 000 000
　　累计折旧　　　　　　　　　　　　　　　　　　　　　 8 000 000
　　贷：固定资产　　　　　　　　　　　　　　　　　　　66 000 000
　　　　投资性房地产累计折旧　　　　　　　　　　　　　 8 000 000

（2）若采用公允价值模式计量投资性房地产，该栋写字楼的公允价值为 6 000 万元，10 月 1 日应作会计分录为：

借：投资性房地产——写字楼（成本）　　　　　　　　　　60 000 000
　　累计折旧　　　　　　　　　　　　　　　　　　　　　 8 000 000
　　贷：固定资产　　　　　　　　　　　　　　　　　　　66 000 000
　　　　其他综合收益　　　　　　　　　　　　　　　　　 2 000 000

假若转换日，该栋写字楼的公允价值为 5 600 万元，10 月 1 日应作会计分录为：

借：投资性房地产——写字楼（成本）　　　　　　　　　　56 000 000
　　累计折旧　　　　　　　　　　　　　　　　　　　　　 8 000 000
　　公允价值变动损益　　　　　　　　　　　　　　　　　 2 000 000
　　贷：固定资产　　　　　　　　　　　　　　　　　　　66 000 000

三、投资性房地产转换为非投资性房地产

投资性房地产转换为非投资性房地产主要包括投资性房地产转换为作为存货的房地产和投资性房地产转换为自用房地产两种情况。

（一）投资性房地产转换为作为存货的房地产

投资性房地产转换为作为存货的房地产，通常指房地产开发企业将其以经营租赁方式出租的房地产改用于自己持有并未来销售，则投资性房地产相应地转换为存货。在这种情况下，转换日为租赁期届满、企业董事会或类似机构作出书面决议明确表明将其重新开始用于对外销售的日期。

企业将采用成本模式计量的投资性房地产转换为作为存货的投资性房地产时，应当按该项投资性房地产在转换日的账面价值，借记"开发产品"科目；按已计提的折旧或摊销，借记"投资性房地产累计折旧（摊销）"科目；原已计提减值准备的，借记"投资性房地产减值准备"科目；按其账面余额，贷记"投资性房地产"科目。

企业将采用公允价值模式计量的投资性房地产转换为作为存货的房地产时，应当按该项存货在转换日的公允价值作为存货的账面价值，公允价值与原账面价值的差额计入当期损益。转换日，按该项投资性房地产的公允价值，借记"开发产品"科目，按该项投资性房地产的成本，贷记"投资性房地产（成本）"科目；按该项投资性房地产的累计公允价值变动，贷记或借记"投资性房地产（公允价值变动）"科目；按其差额，贷记或借记"公

允价值变动损益"科目。

【例 9-10】20×2 年 10 月 16 日，甲房地产开发企业将出租在外的一栋写字楼收回，开始为本企业持有并准备出售。该项投资性房地产在转换前采用成本模式计量，其账面价值为 3 300 万元，其中，原价 5 600 万元，累计已提折旧 2 300 万元。据此应作会计分录为：

借：开发产品　　　　　　　　　　　　　　　　　　　　33 000 000
　　投资性房地产累计折旧　　　　　　　　　　　　　　23 000 000
　　贷：投资性房地产——写字楼　　　　　　　　　　　　56 000 000

【例 9-11】20×2 年 9 月 16 日，乙房地产开发企业因租赁期满，将出租的写字楼收回，准备作为本企业的存货并在未来用于出售。11 月 12 日，该写字楼正式开始自用。该写字楼在转换前采用公允价值模式计量，原账面价值为 6 000 万元，其中，成本为 5 800 万元，公允价值变动为增值 200 万元。

（1）转换当日的公允价值为 6 200 万元。乙企业于 11 月 12 日应作会计分录为：

借：开发产品　　　　　　　　　　　　　　　　　　　　62 000 000
　　贷：投资性房地产——写字楼（成本）　　　　　　　　58 000 000
　　　　　　　　　　——写字楼（公允价值变动）　　　　 2 000 000
　　　　公允价值变动损益　　　　　　　　　　　　　　　 2 000 000

（2）转换当日的公允价值为 5 700 万元。乙企业于 11 月 12 日应作会计分录为：

借：开发产品　　　　　　　　　　　　　　　　　　　　57 000 000
　　公允价值变动损益　　　　　　　　　　　　　　　　 3 000 000
　　贷：投资性房地产——写字楼（成本）　　　　　　　　58 000 000
　　　　　　　　　　——写字楼（公允价值变动）　　　　 2 000 000

（二）投资性房地产转换为自用房地产

企业将原本用于赚取租金或资本增值的房地产改用于生产商品、提供劳务或经营管理，投资性房地产相应地转换为固定资产或无形资产。在这种情况下，转换日为房地产达到自用状态，或者企业开始将房地产用于生产商品、提供劳务或经营管理的日期。

企业将采用成本模式计量的投资性房地产转换为自用房地产时，应当按该项投资性房地产在转换日的账面余额、累计折旧、减值准备等，分别转入"固定资产""累计折旧""固定资产减值准备"等科目；按投资性房地产的账面余额，借记"固定资产"或"无形资产"科目，贷记"投资性房地产"科目；按已计提的折旧或摊销，借记"投资性房地产累计折旧（摊销）"科目，贷记"累计折旧"或"累计摊销"科目；原已计提减值准备的，借记"投资性房地产减值准备"科目，贷记"固定资产减值准备"或"无形资产减值准备"科目。

企业将采用公允价值模式计量的投资性房地产转换为自用房地产时，应当以其转换当日的公允价值作为自用房地产的账面价值，公允价值与原账面价值的差额计入当期损益。转换日，按该项投资性房地产的公允价值，借记"固定资产"或"无形资产"科目，按该项投资性房地产的成本，贷记"投资性房地产（成本）"科目；按该项投资性房地产的累计公允价值变动，贷记或借记"投资性房地产（公允价值变动）"科目；按其差额，贷记或借记"公允价值变动损益"科目。

【例 9-12】 20×2 年 10 月 15 日，中航制造将出租在外的厂房收回，开始用于本企业生产商品。该项房地产在转换前采用成本模式计量，其账面价值为 6 200 万元，其中，原价为 8 500 万元，累计已提折旧 2 300 万元。据此应作会计分录为：

借：固定资产	85 000 000
投资性房地产累计折旧	23 000 000
贷：投资性房地产——厂房	85 000 000
累计折旧	23 000 000

【例 9-13】 20×2 年 9 月 18 日，中航制造因租赁期满，将出租的写字楼收回，准备作为办公楼用于本企业的行政管理。11 月 20 日，该写字楼正式开始自用。该写字楼在转换前采用公允价值模式计量，原账面价值为 6 000 万元，其中，成本为 5 760 万元，公允价值变动为增值 240 万元。

（1）转换当日的公允价值为 6 700 万元。中航制造于 11 月 20 日应作会计分录为：

借：固定资产	67 000 000
贷：投资性房地产——写字楼（成本）	57 600 000
——写字楼（公允价值变动）	2 400 000
公允价值变动损益	7 000 000

（2）转换当日的公允价值为 5 500 万元。中航制造于 11 月 20 日应作会计分录为：

借：固定资产	55 000 000
公允价值变动损益	5 000 000
贷：投资性房地产——写字楼（成本）	57 600 000
——写字楼（公允价值变动）	2 400 000

第五节　投资性房地产的处置

当投资性房地产被处置，或者永久退出使用且预计不能从其处置中取得经济利益时，应当终止确认该项投资性房地产。企业出售、转让、报废投资性房地产或发生投资性房地产毁损，应当将处置收入扣除其账面价值和相关税费后的金额计入当期损益。

处置采用成本模式计量的投资性房地产时，应当按实际收到的金额，借记"银行存款"等科目，贷记"其他业务收入"科目；按该项投资性房地产的账面价值，借记"其他业务成本"科目；按其账面余额，贷记"投资性房地产"科目；按照已计提的折旧或摊销，借记"投资性房地产累计折旧（摊销）"科目；原已计提减值准备的，借记"投资性房地产减值准备"科目。

处置采用公允价值模式计量的投资性房地产时，应当按实际收到的金额，借记"银行存款"等科目，贷记"其他业务收入""应交税费——应交增值税（销项税额）"科目；按该项投资性房地产的账面余额，借记"其他业务成本"科目；按其成本，贷记"投资性房地产（成本）"科目；按其累计公允价值变动，贷记或借记"投资性房地产（公允价值变动）"科目。同时，结转投资性房地产累计公允价值变动。若存在原转换日计入其他综合收益的金额，也一并结转。

【例9-14】20×1年11月1日，中航制造将其出租的一栋写字楼确认为投资性房地产，采用成本模式计量。20×3年10月31日租赁期届满后，将该栋写字楼出售给甲公司，合同价款为8 000万元，增值税额720万，甲公司已用银行存款付清。出售时，该栋写字楼的成本为8 200万元，已计提折旧2 000万元。据此应作会计分录为：

借：银行存款	87 200 000
贷：其他业务收入	80 000 000
应交税费——应交增值税（销项税额）	7 200 000
借：其他业务成本	62 000 000
投资性房地产累计折旧	20 000 000
贷：投资性房地产——写字楼	82 000 000

【例9-15】甲企业为一家房地产开发企业，20×1年8月1日，甲企业与乙企业签订了租赁协议，将其开发的一栋写字楼出租给乙企业使用，租赁期开始日为20×1年8月15日。20×1年8月15日，该写字楼的账面余额为8 000万元，公允价值为8 500万元。20×1年12月31日，该项投资性房地产的公允价值为8 560万元。20×2年8月租赁期届满，甲企业收回该项投资性房地产，并以9 800万元出售，增值税额882万元，出售款项已收讫。假设甲企业采用公允价值模式计量，据此应作有关会计分录为：

（1）20×1年8月15日，存货转换为投资性房地产时：

借：投资性房地产——写字楼（成本）	85 000 000
贷：开发产品	80 000 000
其他综合收益	5 000 000

（2）20×1年12月31日，公允价值变动时：

借：投资性房地产——写字楼（公允价值变动）	600 000
贷：公允价值变动损益	600 000

（3）20×2年8月，收回并出售投资性房地产时：

借：银行存款	106 882 000
公允价值变动损益	600 000
其他综合收益	5 000 000
其他业务成本	80 000 000
贷：投资性房地产——写字楼（成本）	85 000 000
投资性房地产——写字楼（公允价值变动）	600 000
其他业务收入	98 000 000
应交税费——应交增值税（销项税额）	8 882 000

扩展阅读9-6
投资性房地产的处置教学视频

练习题

一、目的：
练习投资性房地产的核算。

二、资料：
中原装备 20×2 年发生如下业务。

（1）20×2 年 6 月，中原装备计划购入一栋写字楼用于对外出租。6 月 15 日，中原装备与甲公司签订了经营租赁合同，约定自写字楼购买日起将这栋写字楼出租给甲公司，甲公司每月支付租金 10 万元。7 月 1 日，中原装备购入写字楼并出租给甲公司，共花费 1 800 万元。中原装备对该投资性房地产采用公允价值模式计量。

（2）20×2 年 7 月 31 日，中原装备收到甲公司租金 10 万元。该投资性房地产月末公允价值为 1 850 万元。

（3）20×2 年 8 月 1 日，中原装备将出租在外的厂房收回，开始用于本公司管理部门办公，假定之前中原装备对该项投资性房地产采用成本模式进行后续计量，该项厂房的原价为 4 800 万元，累计折旧为 1 200 万元。

（4）假定在上述业务中，中原装备对投资性房地产采用公允价值模式进行后续计量，20×2 年 8 月 1 日，投资性房地产的账面价值为 5 400 万元（成本为 4 800 万元，公允价值变动为 600 万元）。该厂房在 20×2 年 8 月 1 日的公允价值为 5 800 万元。

（5）20×1 年 12 月 31 日，中原装备将自用办公楼出租给乙公司使用，按照经营租赁约定，乙公司每年末支付给中原装备租金 180 万元，中原装备对该项投资性房地产采用成本模式进行后续计量。办公楼成本为 2 400 万元，按照平均年限法计提折旧，预计使用寿命 20 年，预计净残值为 0。20×2 年末办公楼发生减值迹象，经减值测试，其可收回金额为 2 090 万元。该办公楼以前没有计提减值准备。

三、要求：
请根据上述资料，分别编制中原装备有关的会计分录。

案例分析

即测即评

准则实录

第十章 非货币性资产交换

▰ 本章学习提示

本章重点：非货币性资产交换的认定、商业实质的判断、非货币性资产交换的会计处理

本章难点：商业实质的判断、非货币性资产交换的会计处理

▰ 本章导入案例

2020年12月，贵州百灵（股票代码：002424）以"肿瘤靶向治疗药物GZ50""抗血液系统肿瘤药物注射用甲磺酸普依司他"等知识产权（包括专利技术成果），置换成都赜灵生物医药科技有限公司（简称成都赜灵）股权，股权的公允价值为6 838.98万元。贵州百灵的知识产权评估价值为7 334万元，贵州百灵此次交换收到补价495.02万元。贵州百灵能否将该资产交换行为判定为非货币性资产交换？如何对换入资产的成本进行计价？是否需要确认交换损益？

资料来源：作者根据贵州百灵2020年11月7日"关于对外投资暨签订《投资协议书》的公告"整理编写。

第一节 非货币性资产交换概述

一、非货币性资产交换的概念

我国《企业会计准则第7号——非货币性资产交换》（CAS7）对非货币性资产交换的含义、确认、计量等进行了规范。

非货币性资产交换指企业主要以固定资产、无形资产、投资性房地产和长期股权投资等非货币性资产进行的交换，这种交换不涉及或只涉及少量的货币性资产即补价。其中，货币性资产指企业持有的货币资金和收取固定或可确定金额的货币资金的权利，如库存现金、银行存款、应收账款和应收票据等。非货币性资产指货币性资产以外的资产，如存货、固定资产、在建工程、无形资产、投资性房地产和长期股权投资等。

扩展阅读 10-1

初见"非货币性资产交换"教学视频

非货币性资产区别于货币性资产最大的特征在于，非货币性资产能在将来为企业带来的经济利益（即货币金额）是不固定的或不可确定的。这一特征导致非货币性资产交换在取得资产的入账价值的确定、交换损益的确定等方面，都有别于通常意义上的资产交易。

二、非货币性资产交换的认定

非货币性资产交换的交易对象主要是非货币性资产，交易中一般不涉及或只涉及少量的货币性资产即补价。一般认为，如果补价低于换入资产公允价值的 25%（对支付补价方而言），或者低于换出资产公允价值的 20%（对收取补价方而言），则该交换为非货币性资产交换；如果该比例等于或高于 25%，则视为货币性资产交换，适用 CAS14 等相关准则的规定。

扩展阅读 10-2
补价的内容与计量

需要特别说明的是：对于企业符合非货币性资产交换定义和适用范围的交易，应当按照本准则的要求进行会计处理；对于适用其他会计准则的非货币性资产交换，将在相关章节进行阐述。例如，企业以存货换取客户的非货币性资产，其收入的会计处理适用 CAS14，具体内容将在第十七章"收入、费用和利润"中介绍。

第二节 非货币性资产交换的确认与计量

一、非货币性资产交换的确认

企业应当分别按照下列原则对非货币性资产交换中的换入资产进行确认，对换出资产终止确认：对于换入资产而言，企业应当在换入资产符合资产定义并满足资产确认条件时予以确认；对于换出资产而言，企业应当在换出资产满足资产终止确认条件时终止确认。

换入资产的确认时点与换出资产的终止确认时点存在不一致的，企业可以按照重要性原则，在换入资产满足确认条件和换出资产满足终止确认条件孰晚的时点进行确认。在资产负债表日应当按照下列原则进行处理：换入资产满足资产确认条件，换出资产尚未满足终止确认条件的，在确认换入资产的同时，将交付换出资产的义务确认为一项负债，如其他应付款；换入资产尚未满足资产确认条件，换出资产满足终止确认条件的，在终止确认换出资产的同时将取得换入资产的权利确认为一项资产，如其他应收款。

扩展阅读 10-3
非货币性资产交换的计量教学视频

二、非货币性资产交换的计量

企业以非货币性资产交换取得的资产，按照这种交换是否同时满足"该项交换具有商业实质、换入资产或换出资产的公允价值能够可靠计量"两个条件而采用不同的确认计量方法。如果交换同时满足上述两个条件，简称为具有商业实质的非货币性资产交换，应当以公允价值为基础进行计量；如果交换不能同时满足上述两个条件，简称为不具有商业实质的非货币性资产交换，应当以账面价值为基础进行计量。

（一）商业实质的判断

1. 判断条件

企业的非货币性资产交换满足下列条件之一即具有商业实质。

（1）换入资产的未来现金流量在风险、时间分布和金额方面与换出资产显著不同。

企业应当对比考虑换入资产与换出资产的未来现金流量在风险、时间和金额的三个方面，对非货币性资产交换是否具有商业实质进行综合判断，只要换入资产和换出资产的未来现金流量在风险、时间和金额中的某个方面存在显著不同，即表明满足商业实质的判断条件。

例如，企业用其生产用的设备换入交易性金融资产，交易性金融资产变现能力强，能够在短时间内产生现金流量，而固定资产需要在较长的时间内为企业带来现金流量。假定两者产生未来现金流量的风险和金额均相同，但两者产生现金流量的时间相差较大，可以认定固定资产和交易性金融资产的未来现金流量不同，因而交换具有商业实质。

（2）使用换入资产所产生的预计未来现金流量现值与继续使用换出资产所产生的预计未来现金流量现值不同，且其差额与换入资产和换出资产的公允价值相比是重大的。

企业可以分别计算使用换入资产进行相关经营的预计未来现金流量现值和继续使用换出资产进行相关经营的预计未来现金流量现值，并对二者进行比较来判断交换是否具有商业实质。企业在计算预计未来现金流量现值时，应当按照资产在企业自身连续使用过程和最终处置时预计产生的税后未来现金流量，根据企业自身而不是市场参与者对资产特定风险的评价，选择恰当的折现率对预计未来现金流量折现后的金额加以确定，以体现资产对企业自身的特定价值。

例如，中航制造用其持有的某非上市公司 A 企业的 15% 股权换入乙企业一项专利权，因为专利权能够解决中航制造在生产中的技术难题促使其未来的生产产量成倍增长，从而产生的预计未来现金流量现值与换出的股权投资有较大差异，且其差额与换入资产和换出资产的公允价值相比是重大的，因而认定该项交换具有商业实质。

2. 判断商业实质时对资产类别的考虑

同类别的资产指在资产负债表中列示为同一报表项目的资产，不同类别的资产指在资产负债表中列示为不同报表项目的资产。不同类别非货币性资产之间的交换（如存货和固定资产之间的交换、固定资产和长期股权投资之间的交换等）是否具有商业实质，通常较易判断，而同类别非货币性资产之间的交换（如存货之间、固定资产之间、长期股权投资之间）是否具有商业实质，通常较难判断，需要根据上述两项条件进行综合判断。

例如，中航制造将一项投资性房地产与甲公司的厂房进行交换，换入的厂房作为自用固定资产，属于不同类别的非货币性资产交换。换出的投资性房地产的未来现金流量为每期的租金，换入的固定资产的未来现金流量为该厂房独立产生或包括该厂房的资产组协同产生的现金流量，两者在风险、时间和金额方面显著不同，因而两项资产的交换具有商业实质。

（二）换入资产或换出资产的公允价值能够可靠计量的情形

1. 公允价值能够可靠计量的条件

属于以下三种情形之一的，公允价值视为能够可靠计量。

（1）换入资产或换出资产存在活跃市场。

（2）换入资产或换出资产不存在活跃市场，但同类或类似资产存在活跃市场。

（3）换入资产或换出资产不存在同类或类似资产的可比市场交易，应当采用估值技术确定的公允价值需满足如下条件：①采用估值技术确定的公允价值估计数的变动区间很小；②在公允价值估计数变动区间内，各种用于确定公允价值估计数的概率能够合理确定。

2. 公允价值确定的顺序

换入资产或换出资产的公允价值应该按照以下顺序确定。

（1）换入或换出资产存在活跃市场的，应当以资产的市场价格为基础确定其公允价值。

（2）换入资产或换出资产不存在活跃市场，但同类或类似资产存在活跃市场的，应当以同类或类似资产的市场价格为基础确定其公允价值。

（3）换入或换出资产不存在同类或类似资产的可比市场交易，应当采用估值技术确定其公允价值。

（三）以公允价值计量的非货币性资产交换

企业在进行非货币性资产交换时，相关换入资产或换出资产的公允价值通常会在合同中约定；对于合同中没有约定的，应当按照合同开始日（合同生效日）的公允价值确定。

在具有商业实质的非货币性资产交换中，换入资产与换出资产的公允价值均能够可靠计量的，应当以换出资产的公允价值加上应支付的相关税费，作为换入资产的成本。换出资产的公允价值不能够可靠计量，或者换入资产与换出资产的公允价值均能够可靠计量但有确凿证据表明换入资产的公允价值更加可靠的，应当以换入资产的公允价值加上应支付的相关税费，作为换入资产的成本。如果交换中发生补价的，支付补价方和收到补价方应当对换入资产的成本作出调整。

换出资产在终止确认时，其公允价值与账面价值之间的差额计入当期损益。

1. 支付补价方

支付补价方，应当以换出资产公允价值加上支付补价的公允价值和应支付的相关税费，作为换入资产的成本，换出资产的公允价值与其账面价值之间的差额计入当期损益。有确凿证据表明换入资产的公允价值更加可靠的，以换入资产的公允价值和应支付的相关税费作为换入资产

扩展阅读 10-4

为何换入资产的公允价值更加可靠？

的初始计量金额，换入资产的公允价值减去支付补价的公允价值，与换出资产账面价值之间的差额计入当期损益。即：

换入资产的成本 = 换出资产公允价值 + 支付的补价 + 相关税费

当期交换损益 = 换出资产公允价值 − 换出资产账面价值

或

换入资产的成本 = 换入资产公允价值 + 相关税费

当期交换损益 = 换入资产公允价值 − 支付的补价 − 换出资产账面价值 − 相关税费

2. 收到补价方

收到补价方，应当以换出资产公允价值，减去收到补价的公允价值，加上应支付的相关税费，作为换入资产的成本，换出资产的公允价值与其账面价值之间的差额计入当期损益。有确凿证据表明换入资产的公允价值更加可靠的，以换入资产的公允价值和应支付的相关税费作为换入资产的初始计量金额，换入资产的公允价值加上收到补价的公允价值，与换出资产账面价值之间的差额计入当期损益。即：

换入资产的成本 = 换出资产公允价值 − 收到的补价 + 相关税费

当期交换损益 = 换出资产公允价值 − 换出资产账面价值

或

换入资产的成本 = 换入资产公允价值 + 相关税费

当期交换损益 = 换入资产公允价值 + 收到的补价 − 换出资产账面价值 − 相关税费

特别需要注意的是：如果交换双方存在增值税差额的情况，则换入资产的成本还需要考虑收到或支付的增值税差额。

（四）以账面价值计量的非货币性资产交换

在不具有商业实质的非货币性资产交换中，应当以换出资产账面价值加上应支付的相关税费，作为换入资产的成本；对于换出资产，终止确认时不确认损益。如果交换中发生补价的，支付补价方和收到补价方应当对换入资产的成本作出调整。

1. 支付补价方

支付补价方，应当以换出资产账面价值加上支付补价的账面价值和应支付的相关税费，作为换入资产的成本，不确认损益。其公式为：

换入资产的成本 = 换出资产账面价值 + 支付的补价 + 相关税费

2. 收到补价方

收到补价方，应当以换出资产账面价值减去收到补价的公允价值，加上应支付的相关税费，作为换入资产的成本，不确认损益。其公式为：

换入资产的成本 = 换出资产账面价值 − 收到的补价 + 相关税费

第三节 非货币性资产交换的核算

一、以公允价值计量的非货币性资产交换

以公允价值计量的非货币性资产交换,无论是否涉及补价,在核算过程中均会涉及交换损益的处理。对于交换发生的损益,要区分不同的情况进行处理:换出资产为固定资产、无形资产、在建工程、生产性生物资产的,通过"资产处置损益"科目核算;换出资产为长期股权投资的,通过"投资收益"科目核算;换出资产为投资性房地产的,按换出资产公允价值或换入资产公允价值确认其他业务收入,按换出资产账面价值结转其他业务成本,二者的差异计入当期损益。

扩展阅读 10-5

换出存货资产的确认要求

(一)不涉及补价的会计处理

【例 10-1】20×2 年 8 月 11 日,中航制造为了提高产品质量,以其持有的非上市公司 A 企业的 25% 股权与乙公司的一项专利权进行交换。合同开始日,中航制造的长期股权投资和乙公司的专利权的公允价值均为 740 万元。10 月 25 日双方完成了专利权的过户手续,10 月 30 日,双方完成了对 A 企业的股权过户手续,乙公司取得对 A 企业的 25% 股权后能够对 A 企业实施重大影响。10 月 30 日,中航制造长期股权投资的账面价值为 720 万元(其中投资成本 760 万元,损益调整为 -40 万元);乙公司专利权的账面价值为 770 万元(其中账面原价为 900 万元,累计摊销额为 130 万元)。假定交换双方均未对上述资产计提减值准备,整个交易过程未发生相关税费,A 企业自成立以来未发生其他综合收益变动。

分析:对于中航制造而言,换入的专利权能够较大幅度改善产品质量从而扩大对外销售,获得的现金流量与换出的对 A 企业的长期股权投资通过获得股利产生的现金流量相比,其预计未来现金流量的风险、时间和金额均不相同,因而交换具有商业实质。对于乙公司而言,换入的对 A 企业的股权后能够对其实施重大影响,从 A 企业获取的现金流量与换出的专利权预计产生的未来现金流量的风险、时间和金额均不相同,因而交换具有商业实质。

因专利权和股权过户因素导致换入资产和换出资产满足确认条件和终止确认条件的时点存在短暂不一致的情况,中航制造和乙公司按照重要性原则在 10 月 30 日进行会计处理。

中航制造据此应作会计分录为:

借:无形资产——专利权 7 400 000
　　长期股权投资——A 企业(损益调整) 400 000
　贷:长期股权投资——A 企业(投资成本) 7 600 000
　　　投资收益 200 000

乙公司据此应作会计分录为:

借：长期股权投资——A企业（投资成本）	7 400 000
累计摊销	1 300 000
资产处置损益	300 000
贷：无形资产——专利权	9 000 000

（二）涉及补价的会计处理

【例10-2】 中航制造和乙公司均属于增值税一般纳税人，适用的增值税税率均为13%。中航制造以该公司生产经营用的一台设备交换乙公司的一批生产线，双方于20×2年6月30日签订了资产交换合同，当日生效。合同约定中航制造设备的公允价值为23万元，乙公司生产线的公允价值为26万元，中航制造向乙公司支付补价3万元。中航制造开具的增值税专用发票注明的计税价格23万元，增值税额29 900元；乙公司开具的增值税专用发票注明的计税价格26万元，增值税额33 800元；中航制造以银行存款向乙公司支付增值税差额3 900元。合同签订日即交换日，中航制造设备的账面价值为22万元（其中账面原值为25万元，已提折旧3万元）；乙公司生产线的账面价值为27万元（其中账面原值为29万元，已提折旧2万元）。中航制造和乙公司均将换入的资产作为固定资产使用和管理，假定中航制造和乙公司均未对上述资产计提减值准备，整个交易过程未发生除增值税以外的其他税费。

中航制造首先对该笔业务是否属于非货币性资产交换进行判断。

支付的补价/（换出资产公允价值+支付补价）=30 000/（230 000+30 000）=11.54%

该项交易所涉及的补价占换入资产公允价值的比例低于25%，属于非货币性资产交换。

然后，确定换入资产的成本和交换损益。

换入生产线的成本=换出资产公允价值+相关税费+支付的补价+支付的增值税差额
=230 000+29 900+30 000+3 900=293 800（元）

当期损益=换出资产公允价值-换出资产账面价值=230 000-220 000=10 000（元）

中航制造据此应作会计分录为：

借：固定资产清理	249 900
累计折旧	30 000
贷：固定资产——设备	250 000
应交税费——应交增值税（销项税额）	29 900
借：固定资产——生产线	260 000
应交税费——应交增值税（进项税额）	33 800
贷：固定资产清理	249 900
银行存款	33 900
资产处置损益	10 000

乙公司：

换入设备的成本=换出资产公允价值+相关税费-收到的补价-收到的增值税差额

=260 000+33 800−30 000−3 900=259 900（元）

当期损益＝换出资产公允价值－换出资产账面价值＝260 000−270 000＝−10 000（元）

乙公司据此应作会计分录为：

借：固定资产清理		303 800
累计折旧		20 000
贷：固定资产——生产线		290 000
应交税费——应交增值税（销项税额）		33 800
借：固定资产——设备		230 000
应交税费——应交增值税（进项税额）		29 900
银行存款		33 900
资产处置损益		10 000
贷：固定资产清理		303 800

（三）涉及多项资产交换的会计处理

对于同时换入的多项资产，按照换入的金融资产以外的各项换入资产公允价值相对比例，将换出资产公允价值总额（涉及补价的，加上支付补价的公允价值或减去收到补价的公允价值）扣除换入金融资产公允价值后的净额进行分摊，以分摊至各项换入资产的金额，加上应支付的相关税费，作为各项换入资产的成本进行初始计量。有确凿证据表明换入资产的公允价值更加可靠的，以各项换入资产的公允价值和应支付的相关税费作为各项换入资产的初始计量金额。

对于同时换出的多项资产，将各项换出资产的公允价值与其账面价值之间的差额，在各项换出资产终止确认时计入当期损益。有确凿证据表明换入资产的公允价值更加可靠的，按照各项换出资产的公允价值的相对比例，将换入资产的公允价值总额（涉及补价的，减去支付补价的公允价值或加上收到补价的公允价值）分摊至各项换出资产，分摊至各项换出资产的金额与各项换出资产账面价值之间的差额，在各项换出资产终止确认时计入当期损益。

【例10-3】中航制造以一台机床换入乙公司一辆小轿车、一项专利权和一批金融资产。双方于20×2年8月21日签订资产交换合同，当日生效。合同约定：中航制造机床的公允价值为28万元，乙公司小轿车的公允价值为7万元；专利权的公允价值为14万元，金融资产的公允价值为10万元，中航制造支付乙公司补价3万元。双方于8月30日完成了资产交换手续。交换当日，中航制造机床的账面价值为32万元（其中账面原值为40万元，已提折旧8万元），乙公司小轿车的账面价值为8万元（其中账面原价为21万，已提折旧13万），专利权的账面价值为12万元（其中账面原价为20万，已提摊销8万元），金融资产的账面价值为9万元（其中成本为7万元，公允价值变动为增值2万元）。中航制造分别将换入乙公司的小轿车和专利权作为固定资产和无形资产使用和管理，换入的金融资产作为以公允价值计量且其变动计入当期损益的金融资产使用和管理，乙公司将换入中航制造的机床作为固定资产使用和管理。假定中航制造和乙公司都没有为换出资产计提减值准备，不考虑相关税费，没有确凿证据表明换入资产的公允价值更加可靠。

中航制造首先对该笔业务是否属于非货币性资产交换进行判断。
支付补价/（换出资产公允价值+支付补价）=30 000/（280 000+30 000）=9.68%
该项交易所涉及的补价占换入资产公允价值的比例低于25%，属于非货币性资产交换。
换入资产入账价值总额=280 000+30 000-100 000=210 000（元）
小轿车的公允价值比例=70 000/（70 000+140 000）=33%
换入小轿车的入账价值=210 000×33%=69 300（元）
换入专利权的入账价值=210 000×67%=140 700（元）
换入金融资产的入账价值=100 000（元）
资产处置损益=280 000-（400 000-80 000）=-40 000（元）
中航制造据此应作会计分录为：

借：固定资产清理	320 000
累计折旧	80 000
贷：固定资产——机床	400 000
借：固定资产——小轿车	69 300
无形资产——专利权	140 700
交易性金融资产——成本	100 000
资产处置损益	40 000
贷：固定资产清理	320 000
银行存款	30 000

乙公司：
换入机床的入账成本=310 000-30 000=280 000（元）
换出小轿车确定的资产处置损益=70 000-80 000=-10 000（元）
换出专利权确定的资产处置损益=140 000-120 000=20 000（元）
换出金融资产确定的投资收益=100 000-90 000=10 000（元）
乙公司据此应作会计分录为：

借：固定资产清理	80 000
累计折旧	130 000
贷：固定资产	210 000
借：固定资产	280 000
银行存款	30 000
累计摊销	80 000
贷：固定资产清理	80 000
无形资产	200 000
交易性金融资产——成本	70 000
交易性金融资产——公允价值变动	20 000
投资收益	10 000
资产处置损益	10 000

二、按账面价值计量的非货币性资产交换

以账面价值计量的非货币性资产交换，无论是否涉及补价，在核算中均不确认资产交换损益。

（一）不涉及补价的会计处理

【例10-4】出于战略转型需要，中航制造将其一项技术专利权与乙公司的一项特许权使用费进行交换。双方于9月30日签订了交换协议并于当日生效。交换当日，中航制造专利权的账面价值为58万元（其中账面原价为72万元，累计摊销14万元），乙公司的特许权使用费账面价值为60万元（其中账面原价为65万元，累计摊销5万元）。甲乙公司均将换入的资产作为无形资产管理和使用。假定两者的公允价值均不能够可靠计量，不考虑相关税费。

中航制造据此应作会计分录为：

借：无形资产——特许权使用费　　　　　　　　　　　　　580 000
　　累计摊销　　　　　　　　　　　　　　　　　　　　　140 000
　　贷：无形资产——专利权　　　　　　　　　　　　　　720 000

乙公司据此应作会计分录为：

借：无形资产——专利权　　　　　　　　　　　　　　　　600 000
　　累计摊销　　　　　　　　　　　　　　　　　　　　　 50 000
　　贷：无形资产——特许权使用费　　　　　　　　　　　650 000

（二）涉及补价的会计处理

【例10-5】出于生产经营需要，中航制造以一台专有设备与乙公司拥有的一项长期股权投资交换，双方于10月25日签订了交换协议并于当日生效，合同约定乙公司支付中航制造20万元补价。交换当日，中航制造专有设备的账面价值为120万元（其中账面原值为450万元，已提折旧330万元）；乙公司拥有的长期股权投资账面价值为90万元，在活跃市场中没有报价，其公允价值不能够可靠计量。不考虑相关税费。

中航制造据此应作会计分录为：

借：固定资产清理　　　　　　　　　　　　　　　　　　1 200 000
　　累计折旧　　　　　　　　　　　　　　　　　　　　3 300 000
　　贷：固定资产——专有设备　　　　　　　　　　　　4 500 000
借：长期股权投资　　　　　　　　　　　　　　　　　　1 000 000
　　银行存款　　　　　　　　　　　　　　　　　　　　 200 000
　　贷：固定资产清理　　　　　　　　　　　　　　　　1 200 000

乙公司据此应作会计分录为：

借：固定资产——专有设备　　　　　　　　　　　　　　1 100 000
　　贷：长期股权投资　　　　　　　　　　　　　　　　 900 000
　　　　银行存款　　　　　　　　　　　　　　　　　　 200 000

（三）涉及多项资产的会计处理

对于同时换入的多项资产，按照各项换入资产的公允价值的相对比例，将换出资产的账面价值总额（涉及补价的，加上支付补价的账面价值或减去收到补价的公允价值）分摊至各项换入资产，加上应支付的相关税费，作为各项换入资产的初始计量金额。换入资产的公允价值不能够可靠计量的，可以按照各项换入资产的原账面价值的相对比例或其他合理的比例对换出资产的账面价值进行分摊。

对于同时换出的多项资产，各项换出资产终止确认时均不确认损益。

【例 10-6】中航制造以一辆货车换入乙公司一辆小轿车和一项专利权。双方于 8 月 30 日签订了交换协议并于当日生效。交换当日，中航制造货车的账面价值为 35 万元（其中账面原值为 40 万元，已提折旧 5 万元）；乙公司小轿车账面价值为 27 万元（其中账面原值为 32 万元，已提折旧 5 万元）；专利权的账面价值为 10 万元（其中账面原值为 25 万，已提摊销 15 万）。

中航制造：

换入资产总的价值 = 400 000 - 50 000 = 350 000（元）

小轿车的入账价值 = 350 000 × 270 000 /（270 000 + 100 000）= 255 405（元）

专利权的入账价值 = 350 000 × 100 000 /（270 000 + 100 000）= 94 595（元）

中航制造据此应作会计分录为：

借：固定资产清理	350 000
累计折旧	50 000
贷：固定资产——货车	400 000
借：固定资产——小轿车	255 405
无形资产——专利权	94 595
贷：固定资产清理	350 000

乙公司据此应作会计分录为：

借：固定资产清理	270 000
累计折旧	50 000
贷：固定资产——小轿车	320 000
借：固定资产	370 000
累计摊销	150 000
贷：固定资产清理	270 000
无形资产——专利权	250 000

练 习 题

一、目的：

练习非货币性资产交换的核算。

二、资料：

（1）中原装备以一条生产线交换乙公司的一项专利权。双方于 20×2 年 9 月 30 日签订了资产交换合同，当日生效。合同约定中原装备生产线的公允价值为 62 万元，乙公司专利权的公允价值为 65 万元，中原装备向乙公司支付补价 3 万元。合同签订日即交换日，中原装备生产线的账面价值为 64 万元（其中账面原值为 80 万元，已提折旧 16 万元）；乙公司专利权的账面价值为 63 万元（其中账面原值为 90 万元，累计摊销 27 万元）。中原装备将换入的专利权作为无形资产使用和管理，乙公司将换入的生产线作为固定资产使用和管理。中原装备和乙公司均属于增值税一般纳税人，均未对上述资产计提减值准备，处置固定资产和无形资产的税率分别为 13% 和 6%，乙公司向中原装备支付增值税差额 41 600 元。没有确凿证据表明换入资产的公允价值更加可靠。

（2）中原装备以一项知识产权（账面原值 1 200 万元，累计摊销 100 万，公允价值 1 200 万元），与乙公司一台生产设备（账面原值 1 300 万元，累计折旧 150 万元，公允价值 1 190 万元）进行交换。假定交换日乙公司向中原装备支付补价 10 万元，不考虑其他税费。

（3）假设业务 2 不具有商业实质，交换日，中原装备向乙公司支付补价 10 万元。

三、要求：

根据上述资料，分别编制中原装备和乙公司的相关会计分录。

第十一章 资产减值

本章学习提示

本章重点：资产减值的范围及减值迹象、资产可收回金额的计量、资产减值损失的核算、资产组的认定及减值处理

本章难点：资产可收回金额的计量、资产组的认定及减值处理、商誉减值的测试及处理

本章导入案例

2021年12月30日，鞍钢股份（股票代码：000898）针对公司的580产线和800产线订单少、产量低、成材率低、人工成本高、能源消耗大导致连续亏损的实际情况，为真实、准确反映公司资产状况及经营成果，夯实资产质量，根据中联资产评估集团有限公司对两条生产线价值进行评估的结果，公司拟对580产线和800产线计提资产减值准备。根据评估报告，580产线账面净值为18 722.96万元，评估价值为人民币6 916.03万元，评估减值人民币11 806.93万元；800产线账面净值为25 512.65万元，评估价值为人民币6 888.03万元，评估减值人民币18 624.62万元。公司本次共计提资产减值损失人民币30 431.55万元，将减少2021年度归属于公司股东的净利润，为人民币22 823.66万元。鞍钢股份对这两条生产线计提资产减值的依据是什么？对于该项业务，公司应如何进行会计处理？

资料来源：作者根据鞍钢股份2021年12月31日"关于计提资产减值损失的公告"整理编写。

第一节 资产减值概述

一、资产减值的含义和范围

资产减值，指资产的可收回金额低于其账面价值。本章所指资产，除了特别规定外，包括单项资产和资产组。资产组，指企业可以认定的最小资产组合，其产生的现金流入应当基本上独立于其他资产或资产组产生的现金流入。

企业持有资产是为了预期给企业带来经济利益，如果一项资产不能够为企业带来经济

利益或带来的经济利益低于其账面价值，那么该资产就不能再予以确认，或者不能再以原账面价值确认，否则将不符合资产的定义，也无法反映资产的实际价值，其结果必然会导致企业资产虚增和利润虚增。因此，当企业资产的可收回金额低于其账面价值时，即表明资产发生了减值。

企业所有的资产在发生减值时，原则上都应当及时加以确认和计量。但是由于各种资产的特性不同，其减值会计处理也有所差别，因而所适用的具体准则不尽相同。CAS8 主要规范了企业非流动资产的减值会计问题，具体包括以下资产的减值。

（1）长期股权投资。
（2）采用成本模式进行后续计量的投资性房地产。
（3）固定资产。
（4）生产性生物资产。
（5）无形资产。
（6）商誉。
（7）探明石油天然气矿区权益和井及相关设施等。

本章不涉及下列资产减值的会计处理：存货、消耗性生物资产、递延所得税资产、融资租赁中出租人未担保余值、金融资产、未探明石油天然气矿区权益等。

二、资产减值的迹象

企业应当在资产负债表日判断资产是否存在可能发生减值的迹象。按照 CAS8 的规定，存在下列迹象的，表明资产可能发生减值。

（1）资产的市价在当期大幅度下跌，其跌幅明显高于因时间的推移或正常使用而预计的下跌。
（2）企业经营所处的经济、技术或法律等环境及资产所处的市场在当期或将在近期发生重大变化，从而对企业产生不利影响。
（3）市场利率或其他市场投资报酬率在当期已经提高，从而影响企业计算资产预计未来现金流量现值的折现率，导致资产可收回金额大幅度降低。
（4）有证据表明资产已经陈旧过时或其实体已经损坏。
（5）资产已经或将被闲置、终止使用或计划提前处置。
（6）企业内部报告的证据表明资产的经济绩效已经低于或将低于预期，如资产所创造的净现金流量或实现的营业利润（或者亏损）远远低于（或高于）预计金额等。
（7）其他表明资产可能已经发生减值的迹象。

从上述减值的判断条件来看，前三个迹象需要根据企业外部信息来源判断，后四个迹象需要根据企业内部信息来源判断。资产存在减值迹象是资产需要进行减值测试的必要前提，但是有两项资产除外，即因企业合并形成的商誉和使用寿命不确定的无形资产，无论其是否存在减值迹象，每年都应当进行减值测试。

第二节 资产可收回金额的计量

一、估计资产可收回金额的基本方法

根据 CAS8 的规定,资产存在减值迹象的,应当在资产负债表日进行减值测试,估计其可收回金额并与其账面价值相比较,以确定资产是否发生了减值。企业在估计资产可收回金额时,原则上应当以单项资产为基础,如果企业难以对单项资产的可收回金额进行估计的,应当以该资产所属的资产组为基础确定资产组的可收回金额。

扩展阅读 11-2

可收回金额的确定教学视频

资产的可收回金额,应当根据其公允价值减去处置费用后的净额与资产预计未来现金流量的现值两者中的较高者确定。因此,要估计资产的可收回金额,通常需要同时对二者进行估算,但是下列情况除外。

(1)资产的公允价值减去处置费用后的净额与资产预计未来现金流量的现值,只要有一项超过了资产的账面价值,就表明资产没有发生减值,不需要再估计另一项金额。

(2)如果资产的公允价值减去处置费用后的净额无法可靠估计,应当以该资产预计未来现金流量的现值作为其可收回金额。

另外,还应当遵循重要性要求,考虑以下特殊情况。

(1)以前报告期间的计算结果表明,资产可收回金额显著高于其账面价值,之后又没有发生消除这一差异的交易或事项的,资产负债表日可以不重新估计该资产的可收回金额。

(2)以前报告期间的计算与分析表明,资产可收回金额相对于某种减值迹象反应不敏感,在本报告期间又发生了该减值迹象的,可以不因该减值迹象的出现而重新估计该资产的可收回金额。

二、估计资产的公允价值减去处置费用后的净额

资产的公允价值减去处置费用后的净额,通常反映的是资产如果被出售或处置时可以收回的净现金收入。其中,资产的处置费用指可以直接归属于资产处置的支出,包括与资产处置有关的法律费用、相关税费、搬运费及为使资产达到可销售状态所发生的直接费用等,但不包括财务费用和所得税费用。

企业在估计资产的公允价值减去处置费用后的净额时,应当按照下列顺序进行。

(1)在资产存在销售协议价格的情况下,应当根据公平交易中资产的销售协议价格减去可直接归属于该资产处置费用的金额确定资产的公允价值减去处置费用后的净额。这是理论上估计资产的公允价值减去处置费用后的净额的最佳方法,它的可操作性强,企业应当优先采用。但在实务中,企业的资产往往都是内部持续使用的,不容易取得资产的销售协议价格,在这种情况下,需要采用其他方法估计资产的公允价值减去处置费用后的净额。

（2）在不存在销售协议但存在资产活跃市场的情况下，应当按照该资产的市场价格减去处置费用后的金额确定。资产的市场价格通常应当根据资产的买方出价确定。如果难以获得资产在估计日的买方出价的，企业可以以资产最近的交易价格作为其公允价值减去处置费用后的净额的估计基础，其前提是资产的交易日和估计日之间，有关经济、市场环境等没有发生重大变化。

（3）在既不存在销售协议又不存在资产活跃市场的情况下，企业应当以可获取的最佳信息为基础，估计资产的公允价值减去处置费用后的净额。在实务中，该净额可以参考同行业类似资产的最近交易价格或结果进行估计。

如果按照上述要求，企业仍然无法可靠估计资产的公允价值减去处置费用后的净额的，应当以该资产预计未来现金流量的现值作为其可收回金额。

三、估计资产预计未来现金流量的现值

资产预计未来现金流量的现值，应当按照资产在持续使用过程中和最终处置时所产生的预计未来现金流量，选择恰当的折现率对其进行折现后的金额加以确定。预计资产未来现金流量的现值时，应当综合考虑资产的预计未来现金流量、预计使用寿命和预计折现率等因素。其中，使用寿命的预计与CAS4、CAS6规定的使用寿命预计方法相同。

（一）预计资产未来现金流量

1. 预计资产未来现金流量的基础

预计资产的未来现金流量时，企业管理层应当在合理和有依据的基础上对资产剩余使用寿命内整个经济状况进行最佳估计，并将资产未来现金流量的预计，建立在经企业管理层批准的最近财务预算或预测数据之上。但是出于数据可靠性和便于操作等方面的考虑，建立在该预算或预测基础上的预计现金流量最多涵盖五年；如果企业管理层能证明更长的期间是合理的，可以涵盖更长的期间。

如果资产未来现金流量的预计还包括最近财务预算或预测期之后的现金流量，企业应当以该预算或预测期之后年份稳定的或递减的增长率为基础进行估计。企业管理层如能证明递增的增长率是合理的，可以以递增的增长率为基础进行估计，所使用的增长率除了企业能够证明更高的增长率是合理的之外，不应当超过企业经营的产品、市场、所处的行业或者所在国家或地区的长期平均增长率，或者该资产所处市场的长期平均增长率。

由于经济环境不断变化，资产的实际现金流量与预计数往往不一致，因此，企业在每次预计资产未来现金流量时，应当首先分析以前期间现金流量预计数与实际数的差异情况，以评判预计当期现金流量所依据的假设的合理性。通常应当确保当期预计现金流量所依据的假设与前期实际结果相一致。

2. 预计资产未来现金流量的内容

CAS8规定，预计的资产未来现金流量应当包括下列内容。

（1）资产持续使用过程中预计产生的现金流入。

(2) 为实现资产持续使用过程中产生的现金流入所必需的预计现金流出。该现金流出应当是可直接归属于或可通过合理和一致的基础分配到资产中的现金流出,后者通常指那些与资产直接相关的间接费用。对于在建工程、开发过程中的无形资产等,企业在预计其未来现金流量时,应当包括预期为使该类资产达到预定可使用或可销售状态而发生的全部现金流出数。

(3) 资产使用寿命结束时,处置资产所收到或支付的净现金流量。该现金流量应当是在公平交易中,熟悉情况的交易双方自愿进行交易时,企业预期可从资产的处置中获取或支付的、减去预计处置费用后的金额。

3. 预计资产未来现金流量应当考虑的因素

(1) 以资产的当前状况为基础预计资产未来现金流量。企业资产状况在使用过程中有时会因为改良、重组等原因而发生变化,但是,在预计资产未来现金流量时,应当以资产的当前状况为基础,不应当包括与将来可能会发生的、尚未作出承诺的重组事项或与资产改良有关的预计未来现金流量。企业未来发生的现金流出如果是为了维持资产正常运转或原定正常产出水平而必要的支出或属于资产维护支出,应当在预计资产未来现金流量时将其考虑在内。

(2) 不应当包括筹资活动和与所得税收付有关的现金流量。因为所筹集资金的货币时间价值已经通过折现方式予以考虑,而且折现率是以税前基础计算确定的,现金流量的预计基础应当与其保持一致。

(3) 对通货膨胀因素的考虑应当和折现率相一致。如果折现率考虑了因一般通货膨胀而导致的物价上涨影响因素,预计资产未来现金流量也应予以考虑;如果折现率没有考虑因一般通货膨胀而导致的物价上涨影响因素,预计资产未来现金流量应当剔除这一影响因素。

(4) 内部转移价格应当合理调整。因为内部转移价格很可能与市场交易价格不同,在这种情况下,为了如实测算企业资产的可收回金额,企业不应当以内部转移价格为基础预计资产的未来现金流量,而应当对其进行调整。

4. 预计资产未来现金流量的方法

(1) 传统法。这种方法是根据资产未来每期最有可能产生的现金流量进行预测,它通常使用的是单一的未来每期预计现金流量和单一的折现率计算资产未来现金流量的现值,比较简单。在实务中,有时影响资产未来现金流量的因素较多,情况较为复杂,带有较大的不确定性,为此,使用单一的现金流量可能无法如实反映资产创造现金流量的实际情况。

(2) 期望现金流量法。这种方法是根据每期现金流量期望值进行预测,每期现金流量期望值按照各种可能情况下的现金流量乘以相应的发生概率加总计算求得。这种方法计算的现金流量更为合理,能够如实反映资产未来现金流量的实际情况。

【例 11-1】中航制造拥有一台机器设备,该设备剩余使用寿命为 4 年,公司预计未来 4 年里在正常的情况下,该设备每年可为公司产生的净现金流量分别为:第 1 年 100 万元,第 2 年 70 万元,第 3 年 40 万元,第 4 年 10 万元。

本例采用传统法确定各期的现金流量即可。每年现金流量的预计数额即为最有可能产生的现金流量，公司应以该现金流量的预计数为基础计算该设备的现值。

【例 11-2】承【例 11-1】，假定利用该设备生产的产品受市场行情波动影响大，公司预计未来 4 年每年的现金流量如表 11-1 所示。

表 11-1 该设备预计未来 4 年现金流量一览表   单位：万元

年　份	产品行情好（35%的可能性）	产品行情一般（50%的可能性）	产品行情差（15%的可能性）
第 1 年	120	100	80
第 2 年	90	70	50
第 3 年	70	40	10
第 4 年	20	10	0

在本例中，采用期望现金流量法预计未来现金流量更为合理。在期望现金流量法下，每期现金流量期望值按照各种可能情况下的现金流量与其发生概率加权计算。根据表 11-1，本年末公司计算该机器设备每年的预计未来现金流量如下：

第 1 年的预计现金流量 = 120×35%+100×50%+80×15% = 104（万元）

第 2 年的预计现金流量 = 90×35%+70×50%+50×15% = 74（万元）

第 3 年的预计现金流量 = 70×35%+40×50%+10×15% = 46（万元）

第 4 年的预计现金流量 = 20×35%+10×50% = 12（万元）

企业在预计资产未来现金流量的现值时，如果资产未来现金流量的发生时间不确定，该企业应当根据资产在每一种可能情况下的现值及其发生概率直接加总计算资产未来现金流量的现值。

（二）预计折现率

按照 CAS8 的要求，为了资产减值测试的目的，企业计算资产未来现金流量现值时所使用的折现率应当是反映当前市场货币时间价值和资产特定风险的税前利率。该折现率是企业在购置或投资资产时所要求的必要报酬率。

如果企业在预计资产的未来现金流量时已经对资产特定风险的影响进行了调整，估计折现率不需要考虑这些特定风险。如果用于估计折现率的基础是税后的，应当将其调整为税前的折现率，以便与资产未来现金流量的估计基础相一致。

折现率的确定通常应以该资产的市场利率为依据。如果无法从市场获得该资产的利率，可以使用替代利率估计折现率。替代利率可以根据企业加权平均资金成本、增量借款利率或其他相关市场借款利率作适当调整后确定。调整时，应当考虑与资产预计未来现金流量有关的特定风险及其他有关政治风险、货币风险和价格风险等。

企业在估计资产未来现金流量现值时，通常应当使用单一的折现率。但是，如果资产未来现金流量的现值对未来不同期间的风险差异或利率的期间结构反应敏感，企业应当在未来各不同期间使用不同的折现率。

（三）预计资产未来现金流量的现值

在预计资产未来现金流量和折现率的基础上，企业只需将该资产的预计未来现金流量按照预计的折现率在预计期限内加以折现后即可确定该资产未来现金流量的现值。其计算公式为

资产未来现金流量的现值 = $\sum$ [第 t 年预计资产的未来现金流量/（1+折现率）^{t}]

【例 11-3】 承**【例 11-2】**，假定该设备的账面价值为 235 万元，公司采用的折现率是该资产的利率，预计为 10%，则在本年末计算该设备未来 4 年的现金流量现值如下：

设备未来现金流量的现值 =104/（1+10%）+74/（1+10%）^{2}+46/（1+10%）^{3}+12/（1+10%）^{4}=94.55+61.16+34.56+8.20=198.47（万元）

本年末应确认的减值损失 =235-198.47=36.53（万元）

【例 11-4】 中航制造于 20×2 年末对一辆运输设备进行减值测试。该设备的账面价值为 180 万元，预计尚可使用 5 年。

因该设备的公允价值减去处置费用后的净额难以确定，公司需要通过计算其未来现金流量的现值确定资产的可收回金额。假定公司的加权平均资金成本为 12%，已考虑了与该资产有关的货币时间价值和特定风险。因此在计算其未来现金流量现值时，使用 12% 作为其折现率（税前）。

公司管理层批准的财务预算显示：公司将于 20×5 年更新设备的发动机系统，预计为此发生资本性支出 24 万元，这一支出将降低该设备的运输油耗、提高使用效率，因此将提高其运营效益。

公司为了计算该设备在 20×2 年末未来现金流量的现值，首先必须预计其未来现金流量。假定公司管理层批准的 20×2 年末该设备预计未来现金流量如表 11-2 所示。

表 11-2　该设备预计未来 5 年现金流量一览表

年　份	预计未来现金流量（不包括改良的影响金额）/万元	预计未来现金流量（包括改良的影响金额）/万元
20×3	40	
20×4	39.6	
20×5	39	49.4
20×6	45	53.4
20×7	44	51.2

根据 CAS8 的规定，在 20×2 年末该公司应当以资产当时的状况为基础，不应考虑与该资产改良有关的预计未来现金流量，因此，在 20×2 年末计算该资产未来现金流量的现值时，应当以不包括资产改良影响金额的未来现金流量为基础加以计算，详情如表 11-3 所示。

表 11-3 该设备 20×2 年末预计未来现金流量现值一览表

年 份	预计未来现金流量 （不包括改良的影响金额）/ 万元	折现率为 12% 的 折现系数	预计未来现金流量的现值 / 万元
20×3	40	0.8929	35.72
20×4	39.6	0.7972	31.57
20×5	39	0.7118	27.76
20×6	45	0.6355	28.60
20×7	44	0.5674	24.97
合计	—	—	148.62

由于在 20×2 年末尚未确认减值损失前该设备的账面价值为 180 万元，而其可收回金额为 148.62 万元，账面价值高于其可收回金额，因此，20×2 年末应当确认减值损失，并计提相应的资产减值准备。

应确认的减值损失 =180-148.62=31.38（万元）

假定在 20×3 年、20×4 年该设备没有发生进一步减值的迹象，因此不必再进行减值测试，无须计算其可收回金额。20×5 年发生了 24 万元的资本性支出，改良了资产，导致其 20×5—20×7 年未来现金流量增加，但由于我国 CAS8 不允许将以前期间已经确认的固定资产减值损失予以转回，因此，在这种情况下，也不必计算其可收回金额。

第三节　资产减值损失的核算

一、资产减值损失核算的一般原则

企业在对资产进行减值测试并计量可收回金额后，如果计量结果表明资产的可收回金额低于其账面价值的，应当将资产的账面价值减记至可收回金额，减记的金额确认为资产减值损失，计入当期损益，同时计提相应的资产减值准备。资产的账面价值指资产成本扣除累计折旧（或累计摊销）和累计减值准备后的金额。

资产减值损失确认后，减值资产的折旧或摊销费用应当在未来期间作相应调整，以使该资产在剩余使用寿命内，系统地分摊调整后的资产账面价值（扣除预计净残值）。例如，固定资产计提减值准备后，其账面价值为固定资产成本扣除累计折旧和累计减值准备后的金额，因此，固定资产在未来计提折旧时，应当按照新的固定资产账面价值为基础计提每期折旧。

扩展阅读 11-3

资产减值损失不得转回的原因

资产减值损失一经确认，在以后会计期间不得转回。但是，在资产处置、出售、对外投资、以非货币性资产交换方式换出、在债务重组中抵偿债务等时，以前期间计提的资产减值准备可以转销。

二、资产减值损失的会计处理

为了正确核算企业确认的资产减值损失和计提的资产减值准备，企业应当设置"资产减值损失"科目，以反映企业计提减值准备所形成的损失，并按资产减值损失的项目进行明细核算；同时，应当根据不同的资产类别，分别设置"固定资产减值准备""在建工程减值准备""投资性房地产减值准备""无形资产减值准备""商誉减值准备""长期股权投资减值准备"等科目。

【例11-5】承【例11-4】，公司根据该设备减值测试结果及确认的减值损失金额，在20×2年末应作会计分录为：

借：资产减值损失——固定资产减值损失　　　　　　　　313 800
　　贷：固定资产减值准备　　　　　　　　　　　　　　　　313 800

【例11-6】中航制造年末对固定资产的价值进行减值测试，发现有一台机床的账面净值为600 000元，每年计提折旧200 000元，而其预计可收回金额为250 000元。该机床尚可使用的寿命期限为2年，预计净残值为10 000元。据此应作如下会计处理。

（1）计提固定资产减值准备时，应作会计分录为：

借：资产减值损失——固定资产减值损失　　　　　　　　350 000
　　贷：固定资产减值准备　　　　　　　　　　　　　　　　350 000

（2）以后每年计提折旧时[（250 000-10 000）/2]，应作会计分类为：

借：制造费用　　　　　　　　　　　　　　　　　　　　120 000
　　贷：累计折旧　　　　　　　　　　　　　　　　　　　　120 000

第四节　资产组的认定及减值处理

一、资产组的认定

资产组是企业可以认定的最小资产组合，其产生的现金流入应当基本上独立于其他资产或资产组。资产组应当由创造现金流入的相关资产组成。认定资产组应当考虑以下两个因素。

（一）以资产组产生的主要现金流入是否独立于其他资产或资产组的现金流入为依据

资产组能否独立产生现金流入是认定资产组的最关键因素。例如，企业的某一生产线、营业网点、业务部门等，如果能够独立于其他部门或单位等创造收入、产生现金流，或者其创造的收入和现金流入绝大部分独立于其他部门或单位的，且属于可认定的最小的资产组合的，通常应将该生产线、营业网点、业务部门等认定为一个资产组。

在资产组的认定中，企业几项资产的组合生产的产品（或其他产出）存在活跃市场的，无论这些产品（或其他产出）是用于对外出售还是仅供企业内部使用，均表明这几项资产的组合能够独立创造现金流入，应当将这些资产的组合认定为资产组。如果该资产组的现金流入受内部转移价格的影响，应当按照企业管理层在公平交易中对未来价格的最佳估计数来确定资产组的未来现金流量。

【例11-7】甲公司生产某单一产品，并且只拥有X、Y、Z三家工厂。这三家工厂分别位于三个不同的国家，而三个国家又位于三个不同的洲。工厂X生产一种组件，由工厂Y或工厂Z进行组装，最终产品由Y或Z销往世界各地，工厂Y的产品可以在本地销售，也可以在Z所在洲销售（如果将产品从Y运到Z所在洲更方便的话）。Y和Z的生产能力合在一起尚有剩余，并没有被完全利用。Y和Z生产能力的利用程度依赖于甲公司对于所销售产品在两地之间的分配。根据不同情况，分别认定与X、Y、Z有关的资产组。

1. 假定X生产的产品（组件）存在活跃市场

此时X应当可以认定为一个单独的资产组，因为其生产的产品存在活跃市场，可以带来独立的现金流量。在确定其未来现金流量的现值时，甲公司应将未来现金流量的预计建立在公平交易的前提下X所生产产品的未来价格最佳估计数，而不是其内部转移价格。

对于Y和Z而言，即使Y和Z组装的产品存在活跃市场，但因Y和Z的现金流入依赖于产品在两地之间的分配，其未来现金流入不可能单独地确定。因此，Y和Z组合在一起是可以认定的、可产生基本上独立于其他资产或资产组的现金流入的资产组合，应当认定为一个资产组。在确定该资产组未来现金流量的现值时，甲公司也应将未来现金流量的预计建立在公平交易的前提下从X所购入产品的未来价格的最佳估计数，而不是其内部转移价格。

2. 假定X生产的产品（组件）不存在活跃市场

在这种情况下，由于X生产产品的现金流入依赖于Y或Z生产的最终产品的销售，因此，X很可能难以单独产生现金流入，其可收回金额很可能难以单独估计。

而对于Y和Z而言，其生产的产品虽然存在活跃市场，但是Y和Z的现金流入依赖于产品在两个工厂之间的分配，因此，Y和Z也难以单独产生现金流量，因而也难以单独估计其可收回金额。因此，只有X、Y、Z三个工厂组合在一起（即将甲公司作为一个整体）才很可能是一个可以认定的、能够基本上独立产生现金流入的最小的资产组合，从而将X、Y、Z的组合认定为一个资产组。

（二）企业管理层管理或监控生产经营活动的方式（如是按照生产线、业务种类还是按照地区或区域等）和对资产的持续使用或处置的决策方式等

如果企业各生产线都是独立生产、管理和监控的，那么各生产线很可能应当认定为单独的资产组；如果某些机器设备是相互关联、互相依存的，其使用和处置是一体化决策的，那么这些机器设备很可能应当认定为一个资产组。例如，某服装企业有童装、西装、衬衫三个工厂，每个工厂在核算、考核和管理等方面都相对独立，在这种情况下，每个工厂通常为一个资产组。而某家具制造商有两个生产车间，第一车间专门生产家具部件（该家具

部件不存在活跃市场），生产完后由第二车间负责组装，该企业对第一车间和第二车间资产的使用和处置等决策是一体的，在这种情况下，这两个车间通常应当认定为一个资产组。

资产组一经确定，各个会计期间应当保持一致，不得随意变更。如果由于企业重组、变更资产用途等原因，导致资产组构成确需变更的，可以进行变更，但企业管理层应当证明该变更是合理的，并应在附注中作相应说明。

二、资产组的减值测试及会计处理

资产组减值测试的原理与单项资产相同，即企业需要预计资产组的可收回金额、计算资产组的账面价值，并将两者进行比较。如果资产组的可收回金额低于其账面价值的，表明资产组发生减值，应当确认相应的减值损失。

资产组的减值测试教学视频

（一）资产组可收回金额和账面价值的确定

资产组可收回金额的确定原理与单项资产相同，即按照该资产组的公允价值减去处置费用后的净额与其预计未来现金流量的现值两者之间较高者确定。资产组账面价值的确定基础应当与其可收回金额的确定方式相一致。资产组的账面价值包括可直接归属于资产组与可以合理和一致地分摊至资产组的资产账面价值，通常不应当包括已确认负债的账面价值，但如不考虑该负债金额就无法确认资产组可收回金额的除外。

资产组在处置时如要求购买者承担一项负债（如环境恢复负债等），该负债金额已经确认并计入相关资产账面价值，而且企业只能取得包括上述资产和负债在内的单一公允价值减去处置费用后的净额的，为了比较资产组的账面价值和可收回金额，在确定资产组的账面价值及其预计未来现金流量的现值时，应当将已确认的负债金额从中扣除。

（二）资产组减值的会计处理

根据减值测试的结果，资产组（包括资产组组合，下同，后面详述）的可收回金额如低于其账面价值，应当确认相应的减值损失。减值损失金额应当先抵减分摊至资产组中商誉的账面价值，再根据资产组中除商誉之外的其他各项资产的账面价值所占比重，按比例抵减其他各项资产的账面价值。

以上资产账面价值的抵减，应当作为各单项资产（包括商誉）的减值损失处理，计入当期损益。抵减后的各资产的账面价值不得低于以下三者之中最高者：该资产的公允价值减去处置费用后的净额（如可确定）、该资产预计未来现金流量的现值（如可确定）和零。因此而导致的未能分摊的减值损失金额，应当按照相关资产组中其他各项资产的账面价值所占比重进行分摊。

【例11-8】中航制造有一条生产线，生产某精密仪器。该生产线由M101、M102和M103三台设备构成，成本分别为80万元、120万元和200万元，使用寿命均为10年，净残值为零，以年限平均法计提折旧。3台设备均无法单独产生现金流量，整条生产线属于一个资产组。20×2年,该生产线所生产的仪器有替代产品上市,从而导致公司精密仪器的销路锐减30%。因此,中航制造在当年12月31日对该生产线进行减值测试。该条生产线已经使用5年,预计尚可使用5年。

20×2年12月31日,这3台设备的账面价值分别为40万元、60万元和100万元。经估计,设备M101的公允价值减去处置费用后的净额为30万元,设备M102和M103都无法合理估计其公允价值减去处置费用后的净额及未来现金流量的现值;整条生产线未来5年的现金流量现值为120万元。由于公司无法合理估计生产线的公允价值减去处置费用后的净额,公司以该生产线预计未来现金流量的现值为其可收回金额。

根据上述资料,分析如下:由于在20×2年12月31日,该生产线的账面价值为200万元,可收回金额为120万元,生产线的账面价值高于其可收回金额,因此确定该生产线发生了减值,公司应当确认减值损失80万元,并将该减值损失分摊到构成生产线的3台设备中。因为设备M101的公允价值减去处置费用后的净额为30万元,所以,设备M101分摊减值损失后的账面价值不应低于30万元。具体分摊过程如表11-4所示。

表11-4 该生产线减值损失分摊表　　　　　　　　单位:元

项 目	设备M101	设备M102	设备M103	整个生产线(资产组)
账面价值	400 000	600 000	1 000 000	2 000 000
可收回金额				1 200 000
减值损失				800 000
减值损失分摊比例(%)	20	30	50	
分摊减值损失	100 000*	240 000	400 000	740 000
分摊后账面价值	300 000	360 000	600 000	
尚未分摊的减值损失				60 000
二次分摊比例(%)		37.50	62.50	
二次分摊减值损失		22 500	37 500	
二次分摊后应确认减值损失总额	100 000	262 500	437 500	800 000
二次分摊后账面价值	300 000	337 500	562 500	1 200 000

*注:按照分摊比例,设备M101应分摊减值损失160 000元(800 000×20%),但由于其公允价值减去处置费用后的净额为300 000元,因此设备M101最多只能确认减值损失100 000元,未能分摊的减值损失60 000元由设备M102和设备M103再次进行分摊。

根据上述计算和分摊结果,构成该生产线的设备M101、M102和M103应当分别确认减值损失100 000元、262 500元和437 500元,应作会计分录为:

借:资产减值损失——固定资产减值损失　　　　800 000
　贷:固定资产减值准备——设备M101　　　　100 000
　　　　　　　　　　　　——设备M102　　　　262 500
　　　　　　　　　　　　——设备M103　　　　437 500

三、总部资产的减值测试及会计处理

企业总部资产包括企业集团或其事业部的办公楼、电子数据处理设备、研发中心等资产。总部资产的显著特征是难以脱离其他资产或资产组产生独立的现金流入,而且其账面价值难以完全归属于某一资产组。因此,总部资产通常难以单独进行减值测试,需要结合其他相关资产组或资产组组合进行。资产组组合,指由若干个资产组组成的最小资产组组合,包括资产组或资产组组合及按合理方法分摊的总部资产部分。

扩展阅读 11-5

总部资产的减值测试教学视频

在资产负债表日,如果有迹象表明某项总部资产可能发生减值的,企业应当计算确定该总部资产所归属的资产组或资产组组合的可收回金额,然后将其与相应的账面价值相比较,据以判断是否需要确认减值损失。

企业对某一资产组进行减值测试,应当先认定所有与该资产组相关的总部资产,再根据相关总部资产能否按照合理和一致的基础分摊至该资产组并分别下列情况处理。

(1)对于相关总部资产能够按照合理和一致的基础分摊至该资产组的部分,应当将该部分总部资产的账面价值分摊至该资产组,再据以比较该资产组的账面价值(包括已分摊的总部资产的账面价值部分)和可收回金额,并按照前述有关资产组减值测试的顺序和方法处理。

(2)对于相关总部资产中有部分资产难以按照合理和一致的基础分摊至该资产组的,应当按照下列步骤处理。

①在不考虑相关总部资产的情况下,估计和比较资产组的账面价值和可收回金额,并按照前述有关资产组减值测试的顺序和方法处理。

②认定由若干个资产组组成的最小的资产组组合,该资产组组合应当包括所测试的资产组与可以按照合理和一致的基础将该部分总部资产的账面价值分摊其上的部分。

③比较所认定的资产组组合的账面价值(包括已分摊的总部资产的账面价值部分)和可收回金额,并按照前述有关资产组减值测试的顺序和方法处理。

【例 11-9】中航制造拥有 X、Y 和 Z 三个资产组,在 20×2 年末,账面价值分别为 1 800 万元、2 700 万元和 3 600 万元,没有商誉。这三个资产组为三条生产线,预计剩余使用寿命分别为 10 年、15 年和 15 年,采用年限平均法计提折旧。由于其竞争对手通过技术创新推出了更高技术含量的产品,并且受到市场欢迎,从而对中航制造的产品产生了重大不利影响,为此,公司决定于 20×2 年末对各资产组进行减值测试。

在对资产组进行减值测试时,应当先认定与其相关的总部资产。中航制造的经营管理活动由总部负责,总部资产包括一栋办公大楼和一个开发中心,其中办公大楼的账面价值为 2 250 万元,开发中心的账面价值为 750 万元。办公大楼的账面价值可以在合理一致的基础上分摊至各资产组,但是开发中心的账面价值难以在合理和一致的基础上分摊至各相关资产组。

对于办公大楼的账面价值,企业根据各资产组的账面价值和剩余使用寿命加权平均计算的账面价值分摊比例进行分摊,如表 11-5 所示。

表 11-5 办公大楼账面价值分摊表　　　　　　　　　　　　　　单位：万元

项　目	资产组 X	资产组 Y	资产组 Z	合计
各资产组账面价值	1 800	2 700	3 600	8 100
各资产组剩余使用寿命（年）	10	15	15	
按使用寿命计算的权重	1	1.5	1.5	
加权计算后的账面价值	1 800	4 050	5 400	11 250
办公大楼分摊比例（%）	16	36	48	100
办公大楼账面价值分摊到各资产组的金额	360	810	1 080	2 250
包括分摊的办公大楼账面价值部分的各资产组账面价值	2 160	3 510	4 680	10 350

注：办公大楼分摊比例=各资产组加权计算后的账面价值/各资产组加权计算后的账面价值合计

然后企业应当确定各资产组的可收回金额，并将其与账面价值（包括已分摊的办公大楼的账面价值部分）相比较，以确定相应的减值损失。考虑到开发中心的账面价值难以按照合理一致的基础分摊至资产组，因此确定由X、Y和Z三个资产组组成最小资产组组合，通过计算该资产组组合的可收回金额，并将其与账面价值（包括已分摊的办公大楼账面价值和开发中心的账面价值）相比较，以确定相应的减值损失。假定各资产组和资产组组合的公允价值减去处置费用后的净额难以确定，企业根据它们的预计未来现金流量的现值来计算其可收回金额，计算现值所用的折现率为12%，计算过程如表11-6所示。

表 11-6 各资产组和资产组组合预计未来现金流量及现值计算表　　　　　单位：万元

年份	资产组 X		资产组 Y		资产组 Z		包括开发中心在内的最小资产组组合（中航制造）	
	未来现金流量	现值	未来现金流量	现值	未来现金流量	现值	未来现金流量	现值
1	300	267.87	270	241.09	160	142.87	750	669.68
2	460	366.71	480	382.66	440	350.77	1 410	1 124.05
3	560	398.61	550	391.49	680	484.03	1 825	1 299.04
4	625	397.19	580	368.59	660	419.43	1 930	1 226.52
5	710	402.86	640	363.14	800	453.92	2 210	1 253.96
6	790	400.22	725	367.29	900	455.94	2 490	1 261.44
7	825	373.15	680	307.57	960	434.21	2 510	1 135.28
8	825	333.22	700	282.73	975	393.81	2 550	1 029.95
9	800	288.48	690	248.82	1 020	367.81	2 580	930.35
10	710	228.62	660	212.52	900	289.80	2 425	780.85
11			540	155.25	865	248.69	1 480	425.50
12			575	147.61	800	205.36	1 510	387.62
13			530	121.48	740	169.61	1 425	326.61

续表

年份	资产组 X		资产组 Y		资产组 Z		包括开发中心在内的最小资产组组合（中航制造）	
	未来现金流量	现值	未来现金流量	现值	未来现金流量	现值	未来现金流量	现值
14		475	97.19	625	127.88	1 290	263.94	
15		410	74.91	550	100.49	1 070	195.49	
现值合计	—	3 456.93	—	3 762.34	—	4 644.62	—	12 310.28

根据上述资料，资产组 X、Y、Z 的可收回金额分别为 3 456.93 万元、3 762.34 万元和 4 644.62 万元，相应的账面价值（包括分摊的办公大楼账面价值）分别为 2 160 万元、3 510 万元和 4 680 万元，资产组 Z 的可收回金额低于其账面价值，应当确认 35.38 万元减值损失，并将该减值损失在办公大楼和资产组之间进行分摊。根据分摊结果，因资产组 Z 发生减值损失 35.38 万元而导致办公大楼减值 8.16 万元（35.38×1 080/4 680），导致资产组 Z 中所包括资产发生减值 27.22 万元（35.38×3 600/4 680）。据此应作会计分录为：

借：资产减值损失——固定资产减值损失　　　　　　　　　　353 800
　　贷：固定资产减值准备——办公大楼　　　　　　　　　　　81 600
　　　　　　　　　　　　　——资产组 Z　　　　　　　　　272 200

经过上述减值测试后，资产组 X、Y、Z 和办公大楼的账面价值分别为 1 800 万元、2 700 万元、3 572.78 万元和 2 241.84 万元，开发中心的账面价值仍为 750 万元，由此包括开发中心在内的最小资产组组合（即中航制造）的账面价值总额为 11 064.62 万元（1 800+2 700+3 572.78+2 241.84+750），但其可收回金额为 12 310.28 万元，高于其账面价值，因此，企业不必再进一步确认减值损失（包括开发中心的减值损失）。

第五节　商誉减值测试

一、商誉减值测试的基本要求

企业合并所形成的商誉，至少应当在每年年度终了进行减值测试。由于商誉难以独立产生现金流量，因此，商誉的减值测试应当结合与其相关的资产组或资产组组合进行。这些相关的资产组或资产组组合应当是能够从企业合并的协同效应中受益的资产组或资产组组合，但不应当大于按照《企业会计准则第 35 号——分部报告》（CAS35）所确定的报告分部。

为了达到资产减值测试的目的，对于因企业合并形成的商誉的账面价值，企业应当自购买日起按照合理的方法分摊至相关的资产组；难以分摊至相关的资产组的，应当将其分摊至相关的资产组组合。

在将商誉的账面价值分摊至相关的资产组或资产组组合时,应当按照各资产组或资产组组合的公允价值占相关资产组或资产组组合公允价值总额的比例进行分摊。公允价值难以可靠计量的,按照各资产组或资产组组合的账面价值占相关资产组或资产组组合账面价值总额的比例进行分摊。

企业因重组等原因改变了其报告结构,从而影响到已分摊商誉的一个或若干个资产组或资产组组合构成的,应当按照合理的分摊方法,将商誉重新分摊至受影响的资产组或资产组组合。对于已经分摊商誉的资产组或资产组组合,不论是否存在资产组或资产组组合可能发生减值的迹象,每年都应当通过比较包含商誉的资产组或资产组组合的账面价值与可收回金额进行减值测试。

二、商誉减值测试的方法与会计处理

在对包含商誉的相关资产组或资产组组合进行减值测试时,应当按照下列步骤处理。

(1)对不包含商誉的资产组或资产组组合进行减值测试,计算可收回金额,并与相关账面价值相比较,确认相应的减值损失。

(2)对包含商誉的资产组或资产组组合进行减值测试,比较这些相关资产组或资产组组合的账面价值(包括所分摊的商誉的账面价值部分)与其可收回金额,如相关资产组或资产组组合的可收回金额低于其账面价值的,应当确认相应的减值损失。减值损失金额应当先抵减分摊至资产组或资产组组合中商誉的账面价值,再根据资产组或资产组组合中除商誉之外的其他各项资产的账面价值所占比重,按比例抵减其他各项资产的账面价值。相关减值损失的处理顺序和方法与本章第四节有关资产组减值损失的处理顺序和方法相一致。

如果因企业合并所形成的商誉是母公司根据其在子公司所拥有的权益而确认的,子公司中归属于少数股东权益的商誉并没有在合并财务报表中予以确认。因此,在对与商誉相关的资产组(或资产组组合,下同)进行减值测试时,由于其可收回金额的预计包括了归属于少数股东权益的商誉价值部分,为了使减值测试建立在一致的基础上,企业应当调整资产组的账面价值,将归属于少数股东权益的商誉包括在内,然后根据调整后的资产组账面价值与其可收回金额进行比较,以确定资产组(包括商誉)是否发生了减值。

上述资产组如发生减值的,企业应当首先抵减商誉的账面价值。但由于根据上述方法计算的商誉减值损失包括了应由少数股东权益承担的部分,而少数股东权益享有的商誉价值及其减值损失都没有在合并财务报表中反映,合并财务报表只反映归属于母公司的商誉,因此应当将商誉减值损失在可归属于母公司和少数股东权益之间按比例进行分摊,以确认归属于母公司的商誉减值损失,并将其反映于合并财务报表中。

【例11-10】中航制造于20×2年1月1日以1 000万元的价格收购了甲公司80%的股权。在购买日,甲公司可辨认净资产的公允价值为900万元,假定没有负债和或有负债,中航制造在购买日编制的合并资产负债表中确认商誉280万元(1 000-900×80%),甲公司可辨认资产900万元和少数股东权益180万元(900×20%)。

假定甲公司的所有资产被认定为一个资产组。由于该资产组包括商誉，因此，中航制造至少应当于每年年度终了进行减值测试。在20×2年末，中航制造确定该资产组的可收回金额为625万元，可辨认净资产的账面价值为750万元。

由于甲公司作为一个单独的资产组的可收回金额625万元中，包括归属于少数股东权益在商誉价值中享有的部分，因此，出于减值测试的目的，在与资产组的可收回金额进行比较之前，中航制造应当对资产组的账面价值进行调整，使其包括归属于少数股东权益的商誉价值，然后再据以比较该资产组的账面价值和可收回金额，确定是否发生了减值损失及应予确认的减值损失金额。

资产组（甲公司）减值的测试过程如下。

（1）确定资产组（甲公司）在20×2年末的账面价值：

合并报表反映的账面价值＝750+280=1 030（万元）

计算归属于少数股东权益的商誉价值＝（1 000/80%-900）×20%=70（万元）

资产组账面价值（包括完全商誉）=1 030+70=1 100（万元）

（2）计算确定资产组（甲公司）的可收回金额：本例为625万元。

（3）比较资产组（甲公司）的账面价值与可收回金额，确认减值损失。

资产组（甲公司）的减值损失=1 100-625=475（万元）

上述减值测试过程如表11-7所示。

表11-7　资产组（甲公司）减值测试表　　　　　　　　单位：万元

20×2年末	商誉	可辨认净资产	合计
账面价值	280	750	1 030
未确认归属于少数股东的商誉价值	70	—	70
调整后账面价值	350	750	1 100
可收回金额			625
减值损失			475

上述计算结果显示，资产组发生减值损失475万元，应当首先冲减商誉的账面价值350万元。但由于在合并财务报表中确认的商誉仅限于中航制造持有甲公司80%股权的部分，因此中航制造只需要在合并财务报表中确认归属于中航制造的商誉减值损失280万元（350×80%），剩余的125万元（475-350）减值损失应当冲减甲公司的可辨认资产的账面价值，作为甲公司可辨认资产的减值损失。减值损失的分摊过程如表11-8所示。

表11-8　减值损失分摊表　　　　　　　　单位：万元

20×2年末	商誉	可辨认资产	合计
账面价值	280	750	1 030
确认的减值损失	280	125	405
确认减值损失后的账面价值	—	625	625

根据表 11-8，应先对商誉减值进行如下会计处理：

借：资产减值损失——商誉减值损失　　　　　　　2 800 000
　　贷：商誉减值准备　　　　　　　　　　　　　　　2 800 000

然后对归属于可辨认资产的 125 万元减值损失还应作进一步分摊。假设甲公司 20×2 年末可辨认资产仅为固定资产和无形资产，其账面价值分别为 600 万元和 150 万元，则 125 万元减值损失应在固定资产和无形资产之间进行分摊，结果如下：

固定资产应分摊的减值损失 =125×600/750=100（万元）

无形资产应分摊的减值损失 =125×150/750=25（万元）

据此应作会计分录为：

借：资产减值损失——固定资产减值损失　　　　　1 000 000
　　　　　　　　——无形资产减值损失　　　　　　250 000
　　贷：固定资产减值准备　　　　　　　　　　　　1 000 000
　　　　无形资产减值准备　　　　　　　　　　　　　250 000

扩展阅读 11-6
资产减值相关焦点问题评析

练习题

练习题 1

一、目的：

练习资产减值的测试及会计处理。

二、资料：

中原装备的两项资产存在减值迹象，其相关资料如下。

（1）一台机器设备的原值为 100 万元，预计使用寿命为 10 年。在第 7 年末，该资产出现减值迹象，公司预计未来 3 年其现金流量分别为 12 万元、10 万元和 8 万元，适用的折现率为 12%。假定该固定资产净残值为 0，公司采用直线法计提折旧。

（2）一项土地使用权的取得成本为 800 万元，预计使用寿命为 40 年。在第 3 年末，公司将其以年租金 50 万元的价格出租给甲企业，租期 10 年。在租出该资产的第 4 年末，由于客观原因导致其发生减值迹象，公允价值为 620 万元，预计处置费用为 30 万元。假定公司采用成本模式对投资性房地产进行计量。

三、要求：

分别对上述资产进行减值测试，并编制相关会计分录。

练习题 2

一、目的：

练习资产组的减值测试。

二、资料：

（1）甲公司在某山区经营一座某有色金属矿山，根据规定公司在矿山完成开采后应当将该地区恢复原貌。恢复费用主要为山体表层复原费用（如恢复植被等），因为山体表层必须在矿山开发前挖走。因此，企业在山体表层挖走后，确认了一项预计负债，并计入矿山成本，假定其金额为1 200万元。

（2）20×2年12月31日，随着开采进展，公司发现矿山中的有色金属储量远低于预期，因此，公司对该矿山进行了减值测试。考虑到矿山的现金流量状况，整座矿山被认定为一个资产组。该资产组在20×2年末的账面价值为2 000万元（包括确认的恢复山体原貌的预计负债）。

（3）矿山（资产组）如于20×2年12月31日对外出售，买方愿意出价1 240万元（包括恢复山体原貌成本，即已经扣减这一成本因素），预计处置费用为40万元，因此该矿山的公允价值减去处置费用后的净额为1 200万元。

（4）矿山的预计未来现金流量的现值为2 000万元，不包括恢复费用。

三、要求：

根据CAS8的规定，对该资产组进行减值测试。

练习题3

一、目的：

综合练习无形资产的减值业务。

二、资料：

中原装备有关无形资产的业务如下。

（1）20×1年1月1日购入一项计算机软件程序，入账价值为210万元，预计使用年限为5年，法律规定有效使用年限为7年。当年年底，公司为维护该软件又支出了4.8万元的升级费用，20×2年12月31日该无形资产的可收回金额为128万元。

（2）20×1年初开始自行研发一项专利权，1—7月发生材料费80万元，职工薪酬30万元，支付的其他费用14万元，共计124万元，其中符合资本化条件的支出90万元。当年7月3日，该专利权研发成功，达到预定可使用状态。该项专利权的预计使用年限为10年，采用直线法摊销，预计净残值为0。20×2年12月31日，由于市场发生不利变化，该专利权出现减值迹象，预计可收回金额为30万元，预计尚可使用年限为3年，无残值，仍采用直线法进行摊销。20×3年12月1日，公司出售该专利权，收到价款14万元，已存入银行。假设不考虑相关税费。

三、要求：

（1）根据资料1，计算该计算机软件程序20×2年应确认的资产减值损失金额。

（2）根据资料2，计算该专利权20×2年应确认的资产减值损失金额并编制相关的会计分录。

（3）根据资料2，计算该专利权对公司20×3年损益的影响金额并编制相关的会计分录。

第十二章 流动负债

本章学习提示

本章重点：短期借款、以公允价值计量且其变动计入当期损益的金融负债、应付票据、应付账款、应付职工薪酬的核算

本章难点：应付职工薪酬的构成和核算

本章导入案例

中航沈飞（股票代码：600760）在20×1年年报附注中披露，该公司职工薪酬主要包括短期职工薪酬、离职后福利、辞退福利及其他长期职工福利。其中，离职后福利指企业为职工承担的基本养老保险、失业保险及年金等，分为设定受益计划和设定提存计划两大类。根据中航沈飞20×1年财务报表附注的具体说明，包含在其合并资产负债表"应付职工薪酬"项目中的设定提存计划的本期计提金额为：①基本养老保险320 599 276.91元；②失业保险费9 942 325.44元；③企业年金缴费168 961 975.30元；包含在"长期应付职工薪酬"项目中的设定受益计划的本期计提金额为-37 781 000元。离职后福利中的设定受益计划和设定提存计划在内涵和会计核算上有什么区别？

资料来源：作者根据"中航沈飞股份有限公司2021年年度报告"整理编写。

第一节 流动负债概述

一、流动负债的含义

负债指企业过去的交易或事项形成的、预期会导致经济利益流出企业的现实义务。负债按其流动性划分为流动负债和非流动负债。流动负债指满足下列条件之一的负债。

（1）预计在一个正常的营业周期中清偿。
（2）主要为交易目的而持有。
（3）自资产负债表日起一年内到期应予以清偿。
（4）企业无权自主地将清偿推迟至资产负债表日后一年以上。

流动负债主要包括以公允价值计量且其变动计入当期损益的金融负债、短期借款、应付票据、应付账款、预收账款、应付职工薪酬、应付利息、应付股利、应交税费、其他应付款等。

二、流动负债的分类

为了更好地认识流动负债的性质和特征，掌握流动负债的内容，可以从不同的角度、按不同的标准对流动负债进行分类，具体方法如下。

（一）按形成的原因划分

流动负债按形成的原因分为融资活动形成的负债（金融负债）和经营活动形成的负债（经营负债）两类。

1. 金融负债

金融负债指企业符合下列条件之一的负债。

（1）向其他方交付现金或其他金融资产的合同义务。

（2）在潜在不利条件下，与其他方交换金融资产或金融负债的合同义务。

（3）将来须用或可用企业自身权益工具进行结算的非衍生工具合同，且企业根据该合同将交付可变数量的自身权益工具。

（4）将来须用或可用企业自身权益工具进行结算的衍生工具合同，但以固定数量的自身权益工具交换固定金额的现金或其他金融资产的衍生工具合同除外。

金融负债是企业负债的重要组成部分，企业应当结合自身业务特点和风险管理的要求，将承担的金融负债在初始确认时分为以下4类。

（1）以公允价值计量且其变动计入当期损益的金融负债，包括交易性金融负债（含属于金融负债的衍生工具）和指定为以公允价值计量且其变动计入当期损益的金融负债。

（2）金融资产转移不符合终止确认条件或继续涉入被转移金融资产所形成的金融负债。对于此类金融负债，企业应当按照CAS23的相关规定进行计量。

（3）不属于（1）或（2）情形的财务担保及不属于（1）情形的以低于市场利率贷款的贷款承诺。企业作为此类金融负债发行方，应当在初始确认后按照损失准备金额及初始确认金额扣除依据CAS14相关规定所确定的累计摊销额后的余额孰高计量。

（4）以摊余成本计量的金融负债。

按流动性划分，属于流动负债的金融负债包括以公允价值计量且其变动计入当期损益的金融负债，部分以摊余成本计量的金融负债，如短期借款、应付账款、以市场利率计息的短期应付票据、应付利息、应付股利等。

2. 经营负债

属于流动负债的经营负债按照经营活动所处的不同环节，可进一步划分为经营活动中形成的流动负债和结算过程中形成的流动负债。

（1）经营过程中形成的流动负债，指企业在正常的生产经营活动中，因遵循权责发生制的会计核算前提，有些费用需预先提取而形成的流动负债，包括应付职工薪酬、应交税费等。

（2）结算过程中形成的流动负债，指企业在正常的生产经营活动中因外部业务结算而形成的流动负债，包括应付账款、不带息短期应付票据、预收账款等。

（二）按偿付手段划分

流动负债按偿付手段可分为用货币偿还的流动负债和用商品或劳务偿还的流动负债。

1. 用货币偿付的流动负债

用货币偿付的流动负债指到期时，企业必须用库存现金、银行存款或其他货币性资产偿还的流动负债，包括短期借款、以公允价值计量且其变动计入当期损益的金融负债、应付票据、应付账款、应付职工薪酬、应交税费等。流动负债的绝大部分都可以归到这一类别。

2. 用商品或劳务偿付的流动负债

用商品或劳务偿付的流动负债指到期时，企业必须用商品或提供劳务抵付的流动负债，如预收账款、合同负债等。

三、流动负债的计价

企业对流动负债进行正确计价的目的有两个：一是通过对负债的计量，正确地计算收入和费用，以确定当期损益；二是通过对负债的计量，正确地计算资产和所有者权益，使企业在财务报表上正确反映其所承担的、应于近期偿还的债务，以便为会计信息使用者预测企业未来现金流量和财务风险等提供有关的会计信息。

由于负债是过去已发生的交易或事项形成的、将在未来偿还的经济义务，为了提高会计信息的有用性和相关性，从理论上讲，负债应在其发生时按未来偿付数额的现值计价入账，即负债以现值计价。但是，在实务处理上，考虑到流动负债的偿还期限较短，其现值与到期值之间的差额很小，遵循重要性及稳健性原则，对流动负债的计价大多以到期值或面值代替现值。因此，在会计实务中，各项流动负债均按实际发生额入账。负债已经发生而数额需要预计确定的，应当合理预计，待实际数额确定后进行调整。

第二节 短期借款

一、短期借款的含义

短期借款指企业从银行或其他金融机构借入的、期限在一年以内（含一年）的各种款项。短期借款的目的主要是解决企业对资金的临时需求，以缓解资金周转困难，保证生产经营的正常运行。因此，企业在季节性、临时性生产经营周转中出现资金暂时短缺时，可按规定的程序向开户银行或其他金融机构申请借入短期资金，并按照规定期限还本付息。而银行为了确保其债权，有时可能要求企业提供担保。

二、短期借款利息费用的处理

企业借入的短期借款，构成了一项流动负债。借款具有还款期限和利率，企业必须按期如数归还本金，并及时支付利息。由于短期借款是为了生产经营需要而借入的，其利息应作为财务费用，计入当期损益。

短期借款利息的支付方式有按月支付、按季或半年支付及到期随同本金一次支付三种。不同的支付方式，导致不同的会计处理。

（1）如果短期借款的利息是按季或半年支付，或者到期一次还本付息，为了真正体现配比原则，正确计算各期的损益，通常采用预提方式，按月预计发生的利息额。按实际支付的利息与预提利息的差额，调整支付当月的财务费用。

（2）如果短期借款的利息按月支付，或者虽然采用到期一次还本付息、但利息数额不大，为了简化核算手续，可以将实际支付的利息作为支付当期的财务费用，计入当期损益。

我国企业短期借款的利息按季计算支付。利息支出较大的企业，可按各月预计发生的利息额计入各月损益，并于季末一次支付。

三、短期借款的核算

从银行或其他金融机构借入的各种借款都需要反映借入的本金和利息。为了正确反映短期借款的取得、归还及结余情况，企业应设置负债类的"短期借款"科目，进行总分类核算，并按借款种类、贷款人和币种设置明细账，进行明细核算。此外，还应设置"财务费用"和"应付利息"科目，以正确核算短期借款的利息。

【例12-1】中航制造于20×2年4月1日从金融机构取得临时借款200 000元，期限为6个月，年利率为6.6%，借款利息每季末支付一次，据此应作如下会计处理。

（1）4月1日取得借款时，应作会计分录为：

借：银行存款　　　　　　　　　　　　　　　　　　　　　　　200 000
　　贷：短期借款——临时借款　　　　　　　　　　　　　　　　　200 000

（2）4月末、5月末预计利息费用时，分别应作会计分录为：

借：财务费用（200 000×6.6%/12）　　　　　　　　　　　　　1 100
　　贷：应付利息　　　　　　　　　　　　　　　　　　　　　　　1 100

（3）6月30日支付本季利息时，应作会计分录为：

借：应付利息　　　　　　　　　　　　　　　　　　　　　　　2 200
　　财务费用　　　　　　　　　　　　　　　　　　　　　　　　1 100

    贷：银行存款　　　　　　　　　　　　　　　　　　　　　　　　　3 300
（4）9月30日，支付后3个月的利息并归还本金时：
借：应付利息　　　　　　　　　　　　　　　　　　　　　　　　　2 200
    财务费用　　　　　　　　　　　　　　　　　　　　　　　　　1 100
    短期借款——临时借款　　　　　　　　　　　　　　　　　　200 000
    贷：银行存款　　　　　　　　　　　　　　　　　　　　　　　203 300

第三节　交易性金融负债

一、以公允价值计量且其变动计入当期损益的金融负债的确认

（一）交易性金融负债

满足下列条件之一的金融负债，应当划分为交易性金融负债。

（1）承担该金融负债主要是为了近期内出售或回购。

（2）相关金融负债在初始确认时属于集中管理的可辨认金融工具组合的一部分，且有客观证据表明近期实际存在短期获利模式。

（3）相关金融负债属于衍生工具。但符合财务担保合同定义的衍生工具及被指定为有效套期工具的衍生工具除外。

（二）直接指定为以公允价值计量且其变动计入当期损益的金融负债

在初始确认时，当满足下列条件之一时，企业可以将该项金融负债指定为以公允价值计量且其变动计入当期损益的金融负债，且该指定一经作出，不得撤销。

（1）能够消除或显著减少会计错配。

（2）根据正式书面文件载明的企业风险管理或投资策略，以公允价值为基础对金融负债组合或金融资产和金融负债组合进行管理和业绩评价，并在企业内部以此为基础向关键管理人员报告。

扩展阅读 12-2

会计错配解析

对于包括一项或多项嵌入衍生工具的混合工具，企业可以将整个混合工具直接指定为以公允价值计量且变动计入当期损益的金融负债，但以下两种情况除外。

（1）嵌入衍生工具对混合工具的现金流没有造成重大变化。

（2）类似混合工具所嵌入的衍生工具明显不应从混合工具中分拆。

企业应当在成为金融工具合同的一方时确认金融资产或金融负债，在金融负债（或其一部分）的现时义务已经解除时，终止确认该金融负债（或部分金融负债）。

二、交易性金融负债的会计处理

交易性金融负债应当以公允价值进行初始计量和后续计量，取得交易性金融负债时发生的相关交易费用应当直接计入当期损益。其中，交易费用包括支付给代理机构、咨询公司、券商等的手续费和佣金及其他必要支出，不包括债券溢价、折价、融资费用、内部管理成本及其他与交易不直接相关的费用。

（一）初始计量

企业在对交易性金融负债初始计量时，按实际收到的金额，借记"银行存款"科目，按交易性金融负债的公允价值，贷记"交易性金融负债——本金"科目。其中，金融负债的公允价值通常以实际交易价格，即所收到或支付对价的公允价值为基础确定。

【例12-2】20×2年10月1日，中航制造按面值公开发行2亿元人民币短期融资券，期限6个月，每张面值100元，票面利率6%（年利率），到期一次性还本付息。中航制造将该短期融资券指定为以公允价值计量且其变动计入当期损益的金融负债。20×3年3月31日，该短期融资券到期兑付完成。中航制造按月计提利息。

20×2年10月1日，中航制造发行短期融资券时，应作会计分录为：

借：银行存款　　　　　　　　　　　　　　　　　　　　　　200 000 000
　　贷：交易性金融负债——本金　　　　　　　　　　　　　　　　200 000 000

（二）后续计量

资产负债表日，企业应按交易性金融负债的票面利率计算利息，贷记"应付利息"科目，借记"财务费用"科目；同时确认该交易性金融负债公允价值的变动，并将其公允价值变动形成的利得或损失计入当期损益，借记（或贷记）"交易性金融负债——公允价值变动"科目，贷记（或借记）"公允价值变动损益"科目。

【例12-3】承【例12-2】，该短期融资券到期兑付前的每月月末（10月至次年3月每月月末），中航制造均应计提该短期融资券利息，在每月末作如下会计分录：

借：财务费用　　　　　　　　　　　　　　　　　　　　　　1 000 000
　　贷：应付利息　　　　　　　　　　　　　　　　　　　　　　　1 000 000

【例12-4】承【例12-2】，假定20×2年12月31日，该短期融资券市场价格为每张108元（不含利息）。20×2年12月31日，中航制造确认该短期融资券的公允价值变动时，应作会计分录为：

借：公允价值变动损益　　　　　　　　　　　　　　　　　　16 000 000
　　贷：交易性金融负债——公允价值变动　　　　　　　　　　　　16 000 000

（三）处置（或偿还）时

处置（或偿还）交易性金融负债时，按其账面价值借记"交易性金融负债——本金""应付利息"等科目，按实际支付的本息金额贷记"银行存款"科目；同时按其差额借记（或贷记）

"交易性金融负债——公允价值变动"科目，贷记（或借记）"公允价值变动损益"科目。

【例12-5】承【例12-3】和【例12-4】，20×3年3月31日，中航制造将该短期融资券到期兑付时，应作会计分录为：

  借：交易性金融负债——本金   200 000 000
        ——公允价值变动   16 000 000
    财务费用   1 000 000
    应付利息   5 000 000
    贷：银行存款   206 000 000
      公允价值变动损益   16 000 000

直接指定为以公允价值计量且其变动计入当期损益的金融负债的会计处理，与交易性金融资产相同，不再赘述。

第四节 应 付 款 项

一、应付票据

（一）应付票据的含义及种类

应付票据是企业在赊购商品、材料、物资或接受劳务时以出具商业汇票作为结算方式，由出票人出票，委托付款人在指定日期无条件支付确定金额给收款人或持票人而形成的流动负债，按照承兑人不同可分为应付银行承兑汇票和应付商业承兑汇票。与应付账款相比，应付票据因出具了付款的书面承诺而更具法律上的约束力。

（二）应付票据的核算

企业应通过"应付票据"科目对发生的应付票据业务进行核算。此外，还应设置"应付票据备查簿"，以详细登记每一应付票据的种类、号数和出票日期、到期日、票面金额、交易合同号和收款人姓名或单位名称及付款日期和金额等详细资料。应付票据到期时，应在备查簿中逐笔注销。对于带息票据，应于期末（月末、季末和年末）计算应付利息，分别计入"财务费用"和"应付票据"科目。

企业如果签发的是银行承兑汇票，需要持汇票和购货合同向开户银行申请承兑，并交纳一定比例的承兑手续费。支付的承兑手续费作为财务费用，计入当期损益。

【例12-6】中航制造为增值税一般纳税人，20×2年11月1日从乙公司购入材料一批，对方开出的增值税专用发票上标明的价款为500 000元，增值税为65 000元。中航制造向其签发一张面值为565 000元、期限为3个月的不带息商业承兑汇票，材料已验收入库。据此应作如下会计处理。

(1) 20×2年11月1日签发商业承兑汇票时，应作会计分录为：

借：原材料 500 000
　　应交税费——应交增值税（进项税额） 65 000
　贷：应付票据 565 000

(2) 票据到期如数清偿时，应作会计分录为：

借：应付票据 565 000
　贷：银行存款 565 000

【例12-7】中航制造为增值税一般纳税人，20×2年11月1日从乙公司购入一批材料，对方开出的增值税专用发票上标明的价款为200 000元，增值税为26 000元。中航制造向其签发一张面值为226 000元、期限为3个月的带息银行承兑汇票，年利率为7.2%，且经银行审核后同意承兑，企业按票面金额的5‰缴纳手续费，其他条件不变。材料已验收入库。中航制造应作如下会计处理。

(1) 20×2年11月1日开出银行承兑汇票，并向银行缴纳承兑手续费办理承兑时，应作会计分录为：

借：原材料 200 000
　　应交税费——应交增值税（进项税额） 26 000
　贷：应付票据 226 000

借：财务费用 1 130
　贷：银行存款 1 130

(2) 20×2年11月末、12月末列计应计未付利息时，分别应作会计分录为：

借：财务费用 1 356
　贷：应付票据 1 356

(3) 该票据到期如数清偿时，应作会计分录为：

借：应付票据 228 712
　　财务费用 1 356
　贷：银行存款 230 068

商业承兑汇票到期，企业无力支付票款时，应将"应付票据"科目的账面余额，转入"应付账款"科目，待协商后再进行处理。到期不能支付的带息应付票据，转入"应付账款"科目核算后，期末不再计提利息。如果以重新签发新的票据清偿原应付票据的，再从"应付账款"科目转回到"应付票据"科目核算。

银行承兑汇票到期，企业无力支付票款时，承兑银行除凭票向持票人无条件付款外，对出票人尚未支付的汇票金额转作逾期贷款处理，并加罚利息，企业应将应付票据账面余额及尚未支付的票据利息转为"短期借款"科目核算。

【例12-8】承【例12-6】，假定票据到期，企业无力支付票款，并不再签发新票据，中航制造应作会计分录为：

借：应付票据 565 000
　贷：应付账款 565 000

【例 12-9】承【例 12-7】，假定票据到期，企业无力支付票款，并不再签发新票据，中航制造应作会计分录为：

借：应付票据　　　　　　　　　　　　　　　　　　　　228 712
　　财务费用　　　　　　　　　　　　　　　　　　　　　1 356
　　贷：短期借款　　　　　　　　　　　　　　　　　　　　　230 068

二、应付账款

（一）应付账款的含义

应付账款，指企业在生产经营过程中由于购买商品、材料、物资或接受劳务供应等应偿付的款项，是买卖双方在赊购业务中由于取得物资与支付货款在时间上的不一致而产生的流动负债。这种债务一般需要买方在较短期限内偿付，作为付款方不应无故拖欠债务。如果由于债权单位撤销或其他原因，使企业无法偿付应付账款，则这项负债自动消失。

（二）应付账款的确认

应付账款的确认包括应付账款入账时间的确认和入账金额的确认。

应付账款入账时间的确认，应以所购买商品、物资的所有权转移或接受劳务已经发生为标志。但在实际工作中，应区别情况处理：在货物和发票账单同时到达的情况下，应付账款一般待货物验收入库后，才按发票账单登记入账，以避免因先入账而在验收入库时发现购入货物错、漏、破损等问题再行调账；在货物和发票账单不是同时到达的情况下，由于应付账款要根据发票账单登记入账，有时货物已到，而发票账单要过一段时间才能到达，这笔负债已经成立，应作为一项负债反映，但为了简化会计核算手续，在实际工作中通常采用在月份终了才将货物已到、发票账单仍未到的所购货物和应付账款入账的做法。

应付账款的付款期限不长，一般为 30～60 天，最长不超过 90 天，应付账款通常按其到期应付金额入账。如果购入的货物在形成一笔应付账款时附有现金折扣条件，应付账款的入账金额可比照应收账款的要求进行处理。

（三）应付账款的核算

为了反映企业应付账款的发生及归还情况，企业应设置"应付账款"科目，进行总分类核算，并按供应单位设置明细账，进行明细分类核算。

【例 12-10】中航制造为增值税一般纳税人，20×2 年 12 月 1 日通过赊购方式从乙公司购买一批原材料，对方开出的增值税专用发票上标明的价款为 100 000 元，增值税税额为 13 000 元。货物和购货发票已收到，中航制造于 12 月 20 日向乙公司支付了货款，据此应作如下会计处理。

（1）12 月 1 日赊购原材料并验收入库时，应作会计分录为：

借：原材料　　　　　　　　　　　　　　　　　　　　　100 000

　　　　应交税费——应交增值税（进项税额）　　　　　　　　　　13 000
　　　　贷：应付账款——乙公司　　　　　　　　　　　　　　　　113 000
　（2）12月20日向乙公司支付货款时，应作会计分录为：
　　借：应付账款——乙公司　　　　　　　　　　　　　　　　　113 000
　　　　贷：银行存款　　　　　　　　　　　　　　　　　　　　　113 000

第五节　应付职工薪酬

　　职工薪酬指企业为获得职工提供的服务或解除劳务关系而给予的各种形式的报酬或补偿。企业与职工之间因职工提供服务形成的关系，大多数构成企业的现时义务，将导致企业未来经济利益的流出（因为企业本期发生的薪酬往往在下期支付），从而形成企业的一项负债，应在每个会计期末予以确认。

一、职工的范围

　　按照《企业会计准则第9号——职工薪酬》（CAS9）的规定，"职工"包括以下3类人员。
　　（1）与企业订立正式劳动合同的所有人员，含全职、兼职和临时职工。
　　（2）虽未与企业订立劳动合同但由企业正式任命的人员，如部分董事会成员、监事会成员等。
　　（3）在企业的计划和控制下，虽未与企业订立劳动合同或未由企业正式任命，但向企业所提供服务与职工所提供服务类似的人员，也属于职工的范畴，包括通过企业与劳务中介公司签订用工合同而向企业提供服务的人员。

二、职工薪酬的构成

　　CAS9规定，企业职工薪酬包括短期薪酬、离职后福利、辞退福利和其他长期职工福利。企业提供给职工配偶、子女、受赡养人、已故员工遗属及其他受益人等的福利，也属于职工薪酬。

（一）短期薪酬

　　短期薪酬指企业在职工提供相关服务的年度报告期间结束后12个月内需要全部予以支付的职工薪酬，因解除与职工的劳动关系给予的补偿除外。短期薪酬具体包括以下几个方面。
　　1. 职工工资、奖金、津贴和补贴
　　职工工资、奖金、津贴和补贴指企业按照构成工资总额的计时工资、计件工资、支付给职工的超额劳动报酬等的劳动报酬、为了补偿职工特殊或额外的劳动消耗和因其他特殊原因支付给职工的津贴及为了保证职工工资水平不受物价影响支付给职工的物价补贴等。其中，企业按照短期奖金计划向职工发放的奖金属于短期薪酬，按照长期奖金计划向职工发放的奖金属于其他长期职工福利。

2. 职工福利费

职工福利费指企业为职工提供的除职工工资、奖金、津贴和补贴、职工教育经费、社会保险费及住房公积金等以外的福利待遇支出，包括发放给职工或为职工支付的以下各项现金补贴和非货币性集体福利：一是为职工卫生保健、生活等发放或支付的各项现金补贴和非货币性福利，包括职工因公外地就医费、职工疗养费用、防暑降温费等；二是企业尚未分离的内设集体福利部门所发生的设备、设施和人员费用；三是发放给在职职工的生活困难补助及按规定发生的其他职工福利支出，如丧葬补助费、抚恤费、职工异地安家费、独生子女费等。

3. 医疗保险费、工伤保险费和生育保险费等社会保险费

医疗保险费、工伤保险费和生育保险费等社会保险费指企业按照国家规定的基准和比例计算，由税务部门统一征收的医疗保险费、工伤保险费和生育保险费。

4. 住房公积金

住房公积金指企业按照国家规定的基准和比例计算，向住房公积金管理机构缴存的住房公积金。

5. 工会经费和职工教育经费

工会经费和职工教育经费指企业为了改善职工文化生活、为职工学习先进技术和提高文化水平和业务素质，用于开展工会活动和职工教育及职业技能培训等相关支出。

6. 短期带薪缺勤

短期带薪缺勤指职工虽然缺勤但企业仍向其支付报酬的安排，包括年休假、病假、短期伤残、婚假、产假、丧假、探亲假等。

7. 短期利润分享计划

短期利润分享计划指因职工提供服务而与职工达成的基于利润或其他经营成果提供薪酬的协议。

8. 非货币性福利

非货币性福利指企业以自产产品或外购商品发放给职工作为福利，企业将自己拥有的资产或租赁的资产提供给职工无偿使用，为职工无偿提供诸如医疗保健的服务或向职工提供企业支付了一定补贴的商品或服务等。

9. 其他短期薪酬

其他短期薪酬指除上述薪酬以外的其他为获得职工提供的服务而给予的短期薪酬。

扩展阅读 12-3

职工薪酬中的"五险一金"

（二）离职后福利

离职后福利指企业为获得职工提供的服务而在职工退休或与企业解除劳动关系后，提供的各种形式的报酬和福利，属于短期薪酬和辞退福利的除外。

（三）辞退福利

辞退福利指企业在职工劳动合同到期之前解除与职工的劳动关系或为鼓励职工自愿接受裁减而给予职工的补偿。

（四）其他长期职工福利

其他长期职工福利指除短期薪酬、辞退福利、离职后福利之外所有的职工薪酬，包括长期带薪缺勤、长期残疾福利、长期利润分享计划等。

扩展阅读12-4

短期薪酬的核算
教学视频

三、职工薪酬的核算

（一）短期薪酬的核算

1. 短期薪酬的确认与计量

企业应当在职工为其提供服务的会计期间，将应付的短期薪酬（包括货币性薪酬和非货币性福利）确认为一项流动负债，并根据职工提供服务的受益对象，将短期薪酬计入当期损益或资产成本。

（1）应由生产产品、提供劳务负担的职工薪酬，计入产品成本或劳务成本。

（2）应由在建工程、无形资产负担的职工薪酬，计入建造固定资产或无形资产成本。

（3）除生产产品、提供劳务、建造固定资产和无形资产之外的其他职工薪酬，计入当期损益。

短期薪酬的计量主要分为以下两种情况。

（1）国家和地方政府规定了计提基础和计提比例的，应当按照规定的标准计提。例如，由税务部门统一征收的医疗保险费、工伤保险费、生育保险费等社会保险费及应向住房公积金管理机构缴存的住房公积金，应当按照国务院、企业所在地政府或企业年金计划规定的标准，计量应付职工薪酬义务；工会经费和职工教育经费，应当根据有关财务规定，分别按照职工工资总额的2%和1.5%的计提标准，计量应付职工薪酬义务。对于从业人员技术要求高、培训任务重、经济效益好的企业，可以根据国家有关规定，按照职工工资总额的2.5%计量应计入成本费用的职工教育经费。

（2）国家和地方政府没有规定计提基础和计提比例的，企业应当根据历史经验数据和实际情况，合理预计当期应付职工薪酬。

2. 货币性短期薪酬的核算

货币性短期薪酬，主要包括以货币形式支付给职工的工资、奖金、津贴和补贴，职工福利费，计提的工会经费和职工教育经费，医疗保险费、工伤保险费、生育保险费等社会保险费和住房公积金等。

每期期末，企业应按照职工提供服务的情况和工资标准、计提基础、计提比例等计算应计入职工薪酬的工资总额及相应的职工薪酬金额,并按照受益对象计入当期损益或相关资产成本。生产部门人员的货币性短期职工薪酬,借记"生产成本""制造费用""劳务成本"等科目;在建工程人员的货币性短期职工薪酬,借记"在建工程"科目;研发人员的货币性短期职工薪酬,借记"研发支出"科目;管理部门人员的货币性短期职工薪酬,借记"管理费用"科目;专设销售机构人员的货币性短期职工薪酬,借记"销售费用"科目;同时,按照货币性短期薪酬的应付金额,贷记"应付职工薪酬"科目,并按"工资""医疗保险费""工伤保险费""生育保险费""住房公积金""工会经费""职工教育经费"等进行明细核算。

企业在实际支付货币性职工薪酬时,应按照实际支付给职工的金额,借记"应付职工薪酬"科目,贷记"银行存款""库存现金"等科目;而职工个人负担的应由企业代扣代缴的个人所得税、医疗保险费和住房公积金,则贷记"应交税费——应交个人所得税"科目和"其他应付款"科目。

【例12-11】中航制造20×2年11月的职工薪酬结算汇总表如表12-1所示。假设所在地政府规定,企业应按职工工资总额的8%和10%计提医疗保险费和住房公积金,按照职工工资总额的2%和1.5%计提工会经费和职工教育经费。则中航制造11月短期薪酬的相关会计处理如下。

表12-1 中航制造职工薪酬结算汇总表

20×2年11月份 单位:元

车间部门		工资总额	代扣代缴			实付工资
			医疗保险费(2%)	住房公积金(10%)	个人所得税	
基本生产车间	生产人员	2 280 000	45 600	228 000	120 000	1 886 400
	管理人员	1 360 000	27 200	136 000	70 000	1 126 800
行政管理人员		1 860 000	37 200	186 000	100 000	1 536 800
销售机构人员		1 400 000	28 000	140 000	80 000	1 152 000
合计		6 900 000	138 000	690 000	370 000	5 702 000

(1)确认应付职工工资时,应作会计分录为:

借:生产成本 2 280 000
　　制造费用 1 360 000
　　管理费用 1 860 000
　　销售费用 1 400 000
　　　贷:应付职工薪酬——工资 6 900 000

(2)按照当地政府规定,计算应由企业承担的医疗保险费、住房公积金、工会经费和职工教育经费如下。

应当计入"生产成本"的相关短期薪酬 = 2 280 000 × (8%+10%+2%+1.5%)
= 490 200(元)

应当计入"制造费用"的相关短期薪酬 = 1 360 000 × (8%+10%+2%+1.5%)
= 292 400(元)

应当计入"管理费用"的相关短期薪酬 = 1 860 000×（8%+10%+2%+1.5%）
= 399 900（元）

应当计入"销售费用"的相关短期薪酬 = 1 400 000×（8%+10%+2%+1.5%）
= 301 000（元）

根据上述计算结果，应作会计分录为：

借：生产成本　　　　　　　　　　　　　　　　　　　　490 200
　　制造费用　　　　　　　　　　　　　　　　　　　　292 400
　　管理费用　　　　　　　　　　　　　　　　　　　　399 900
　　销售费用　　　　　　　　　　　　　　　　　　　　301 000
　　贷：应付职工薪酬——医疗保险费　　　　　　　　　552 000
　　　　　　　　　　——住房公积金　　　　　　　　　690 000
　　　　　　　　　　——工会经费　　　　　　　　　　138 000
　　　　　　　　　　——职工教育经费　　　　　　　　103 500

【例12-12】承【例12-11】，假设中航制造12月月初发放11月份工资，用银行存款支付，应作会计分录为：

借：应付职工薪酬——工资　　　　　　　　　　　　　6 900 000
　　贷：银行存款　　　　　　　　　　　　　　　　　5 072 000
　　　　应交税费——应交个人所得税　　　　　　　　370 000
　　　　其他应付款——医疗保险费　　　　　　　　　138 000
　　　　　　　　　——住房公积金　　　　　　　　　690 000

【例12-13】承【例12-12】和【例12-11】，中航制造将代扣的个人所得税、应由个人承担的医疗保险费和住房公积金及应由单位承担并计提的医疗保险费和住房公积金上缴至税务部门和住房公积金管理机构时，应作会计分录为：

借：应付职工薪酬——医疗保险费　　　　　　　　　　552 000
　　　　　　　　——住房公积金　　　　　　　　　　690 000
　　其他应付款——医疗保险费　　　　　　　　　　　138 000
　　　　　　——住房公积金　　　　　　　　　　　　690 000
　　应交税费——应交个人所得税　　　　　　　　　　370 000
　　贷：银行存款　　　　　　　　　　　　　　　　　2 440 000

【例12-14】中航制造于12月份给职工发放取暖费500 000元，用银行存款支付。应作会计分录为：

借：生产成本等　　　　　　　　　　　　　　　　　　500 000
　　贷：应付职工薪酬——职工福利费　　　　　　　　500 000
借：应付职工薪酬——职工福利费　　　　　　　　　　500 000
　　贷：银行存款　　　　　　　　　　　　　　　　　500 000

3. 短期带薪缺勤的核算

短期带薪缺勤根据其性质及职工享有的权利，分为累积带薪缺勤和非累积带薪缺勤两类。

(1) 累积带薪缺勤。累积带薪缺勤指带薪权利可以结转下期的带薪缺勤，本期尚未用完的带薪缺勤权利可以在未来期间使用。企业应当在职工提供了服务从而增加了其未来享有的带薪缺勤权利时，确认与累积带薪缺勤相关的职工薪酬或费用，并以累积未行使权利而增加的预期支付金额计量。

有些累积带薪缺勤在职工离开企业时，对于未行使的权利，职工有权获得现金支付。如果职工在离开企业时能够获得现金支付，企业应当确认其必须支付的、职工全部累积未使用权利的金额。如果职工在离开企业时不能获得现金支付，则企业应当根据资产负债表日因累积未使用权利而导致的预期支付的追加金额，作为累积带薪缺勤费用进行预计。

【例12-15】中航制造共有500名行政管理人员，从20×2年1月1日起，该企业实行累积带薪缺勤制度。根据制度规定，每个职工每年可享受5个工作日带薪年休假，未使用的年休假只能向后结转一个日历年度，超过1年未使用的权利作废；职工休年休假时以后进先出为基础，即首先使用当年可享受的权利，不足部分再从上年结转的带薪年休假中扣除；职工离开公司时，对未使用的累积带薪年休假无权获得现金支付。

20×2年12月31日，每个职工当年平均未使用带薪年休假为2天。企业预计20×3年有450名职工将享受不超过5天的带薪年休假，剩余50名职工每人将平均享受6天半年休假，假定这50名职工中5名为销售管理人员，45名为一般行政管理人员，该公司平均每名行政管理人员每个工作日工资为300元。

根据上述资料，职工20×2年已休带薪年休假的，由于在休假期间照发工资，因此相应的薪酬已经计入每月确认的薪酬金额中。与此同时，还需要预计尚未使用的、预期将在下一年度使用的累积带薪缺勤，并计入当期损益或相关资产成本。因此，企业在20×2年12月31日预计由于职工累积未使用的带薪年休假权利而导致预期将支付的工资负债为75天（50×1.5天）的年休假工资金额22 500元（75×300），并作如下会计分录：

借：管理费用　　　　　　　　　　　　　　　（45×1.5×300）20 250
　　销售费用　　　　　　　　　　　　　　　　（5×1.5×300）2 250
　　贷：应付职工薪酬——累积带薪缺勤　　　　　　　　　　　22 500

假定：20×3年，上述50名职工中45名一般行政管理人员享受了累积未使用的1.5天带薪年休假，则20×3年确认的工资费用应扣除上年度已确认的累积带薪费用。

假定：20×3年，另外5名销售管理人员只享受了5天年休假，由于该企业的带薪缺勤制度规定，未使用的权利只能结转1年，超过1年未使用的权利作废，则应冲回上年度确认的费用，作会计分录如下：

借：应付职工薪酬——累计带薪缺勤　　　2 250
　　贷：销售费用　　　　　　　　　　　　　　　2 250

扩展阅读12-5
累计带薪缺勤综合示例

(2) 非累积带薪缺勤。非累积带薪缺勤指带薪权利不能结转下期的带薪缺勤，本期尚未用完的带薪缺勤权利将予以取消，并且职工离开企业时也无权获得现金支付。我国企业职工休婚假、产假、丧假、探亲假、病假期间的工资通常属于非累积带薪缺勤。由于职工提供服务本身不能增加其能够享受的福利金额，企业在职工未缺勤时不应当计提相关费用和负债。企业应当在职工实际发生缺勤的会计期间确认与非累积带薪缺勤相关的职工薪酬。企业确认职工享有的与非累积带薪缺勤权利相关的薪酬，视同职工出勤确认的当期损益或相关资产成本。通常情况下，与非累积带薪缺勤相关的职工薪酬已经包括在企业每期向职工发放的工资等薪酬中，因此，不必额外作相应的账务处理。

4. 短期利润分享计划的核算

企业如果制定有短期利润分享计划的，当职工完成规定业绩指标或在企业工作了特定期限后，则能够享有按照企业净利润的一定比例计算的薪酬。

CAS9 规定，短期利润分享计划同时满足下列条件的，企业应当确认相关的应付职工薪酬，并计入当期损益或相关资产成本。

（1）企业因过去事项导致现在具有支付职工薪酬的法定义务或推定义务。

（2）因利润分享计划所产生的应付职工薪酬义务能够可靠估计。

属于下列 3 种情形之一的，视为义务金额能够可靠估计：①在财务报告批准报出之前企业已确定应支付的薪酬金额；②该利润分享计划的正式条款中包括确定薪酬金额的方式；③过去的惯例为企业确定推定义务金额提供了明显证据。

企业根据经营业绩或职工贡献等情况提取的奖金，属于奖金计划，应当比照短期利润分享计划进行处理。如果职工只有在企业工作了一段特定期间后才能分享利润的，企业在计量利润分享计划产生的应付职工薪酬时，应当反映职工因离职而没有得到利润分享计划支付的可能性。

如果企业预期在职工为其提供相关服务的年度报告期间结束后 12 个月内，不需要全部支付利润分享计划产生的应付职工薪酬，该利润分享计划应当适用其他长期职工福利的有关规定。

【例 12-16】中航制造于 20×2 年年初制定和实施了一项短期利润分享计划，对管理层进行激励。该计划规定，企业全年的净利润指标为 1 亿元，如果在管理层的努力下完成的净利润超过 1 亿元，管理层将可以分享超过 1 亿元净利润部分的 2% 作为额外报酬。12 月 31 日，中航制造 20×2 年全年实际完成净利润 1.5 亿元。假定不考虑离职等其他因素，12 月 31 日应作会计分录为：

借：管理费用　　　　　　　　　　　　　　　　　　　1 000 000
　　贷：应付职工薪酬——利润分享计划　　　　　　　　　　1 000 000

5. 非货币性福利的核算

企业向职工提供非货币性福利的，应当按照公允价值计量。公允价值不能可靠取得的，可以采用成本计量。

（1）以自产产品或外购商品作为对职工的非货币性福利支付的。企业以其自产产品或外购商品发放给职工时，应当按照该产品的公允价值和相关税费来确认应付职工薪酬的金额，并计入当期损益或相关资产成本。同时，在产品发出时确认销售收入并结转产品成本。

【例 12-17】中航制造 20×2 年 12 月以自产的产品作为福利发放给企业部分职工，该批商品的单位成本为 1 000 元，售价每件 1 400 元（不含税），适用的增值税税率为 13%。发放的部分职工范围是：生产工人 20 人，车间管理人员 4 人，企业管理人员 4 人，销售人员2人。相关会计处理如下。

应当计入"生产成本"的职工薪酬 =1 400×20×（1+13%）=31 640（元）
应当计入"制造费用"的职工薪酬 =1 400×4×（1+13%）=6 328（元）
应当计入"管理费用"的职工薪酬 =1 400×4×（1+13%）=6 328（元）
应当计入"销售费用"的职工薪酬 =1 400×2×（1+13%）=3 164（元）

①中航制造确认该项非货币性福利时，应作会计分录为：

借：生产成本	31 640
制造费用	6 328
管理费用	6 328
销售费用	3 164
贷：应付职工薪酬——非货币性福利	47 460

②实际发放非货币性福利时，应作会计分录为：

借：应付职工薪酬——非货币性福利	47 460
贷：主营业务收入	42 000
应交税费——应交增值税（销项税额）	5 460
借：主营业务成本	30 000
贷：库存商品	30 000

【例12-18】承【例12-17】，假定中航制造外购30件商品作为非货币性福利发放给职工，购进价格1 000元/件，适用的增值税税率为13%。其他条件不变，有关会计处理如下：

①中航制造外购商品时，应作会计分录为：

借：库存商品	30 000
应交税费——应交增值税（进项税额）	3 900
贷：银行存款	33 900

②中航制造决定发放非货币性福利时，应作会计分录为：

借：生产成本	22 600
制造费用	4 520
管理费用	4 520
销售费用	2 260
贷：应付职工薪酬——非货币性福利	33 900

③中航制造实际发放非货币性福利时，应作会计分录为：

借：应付职工薪酬——非货币性福利	33 900
贷：库存商品	30 000
应交税费——应交增值税（进项税额转出）	3 900

（2）将自有住房或租赁的住房等固定资产无偿提供给职工作为非货币性福利支付的。企业将自有的住房等固定资产无偿提供给职工作为非货币性福利的，应当按照企业对该固定资产每期计提的折旧来计量应付职工薪酬，同时根据职工提供服务的受益对象计入当期损益或相关资产成本。

【例 12-19】中航制造为其部门经理提供一处企业自有的房屋供其无偿使用，本月该房屋计提折旧 10 000 元。应作会计分录为：

借：管理费用　　　　　　　　　　　　　　　　　　　　　　　10 000
　　贷：应付职工薪酬——非货币性福利　　　　　　　　　　　　　10 000
借：应付职工薪酬——非货币性福利　　　　　　　　　　　　　　10 000
　　贷：累计折旧　　　　　　　　　　　　　　　　　　　　　　　10 000

企业将租赁的房屋（假设为短期租赁或低价值资产租赁）等固定资产作为支付给职工的非货币性福利的，应当按照企业每期支付的租金来计量应付职工薪酬，同时根据职工提供服务的受益对象计入当期损益或相关资产成本。

【例 12-20】中航制造为其部门经理租赁一套住房供其使用，租期从 1 月 1 日开始，并于年初预付一年租金 48 000 元，租金以银行存款支付。相关会计处理如下。

①年初预付租金时，应作会计分录为：

借：预付账款　　　　　　　　　　　　　　　　　　　　　　　48 000
　　贷：银行存款　　　　　　　　　　　　　　　　　　　　　　　48 000

②月末确认非货币性福利时，应作会计分录为：

借：管理费用　　　　　　　　　　　　　　　　　　　　　　　　4 000
　　贷：应付职工薪酬——非货币性福利　　　　　　　　　　　　　4 000
借：应付职工薪酬——非货币性福利　　　　　　　　　　　　　　4 000
　　贷：预付账款　　　　　　　　　　　　　　　　　　　　　　　4 000

（3）向职工提供企业支付了补贴的商品或服务。实务中存在企业以低于其取得资产或服务的成本价向职工提供商品或服务的情形，如企业以低于成本的价格向职工出售住房或企业以低于支付价格向职工提供的医疗保健服务，其实质是企业向职工提供的补贴。

以提供包含补贴的住房为例，企业在出售住房等资产时，应当将其公允价值与其内部售价之间的差额（相当于企业补贴的金额）分以下两种情况处理。

①如果出售住房的合同或协议中规定了职工在购得住房后至少应当提供服务的年限，如果职工提前离开应退回部分差价，此时企业应将该差价作为长期待摊费用处理，并在合同或协议规定的服务年限内平均摊销，根据受益对象分别计入相关资产成本或损益。

②如果出售住房的合同或协议中未规定职工在购得住房后必须服务的年限，企业应当将该项差额直接计入出售住房当期相关资产成本或损益。

【例 12-21】20×2 年 1 月，中航制造购买了 10 套新公寓并以优惠价格向其聘用的高级管理人员出售，企业拟出售的住房平均每套的购买价格为 180 万元，向管理人员出售时价格为每套 150 万元。假定该企业的 10 名管理人员均在 20×2 年陆续购买了该批住房，售房协议规定，在取得住房后必须在企业服务 15 年，不考虑相关税费。

①中航制造 20×2 年 1 月向其高级管理人员出售住房时，应作会计分录为：

借：银行存款　　　　　　　　　　　　　　（10×1 500 000）15 000 000
　　长期待摊费用　　　　　　　　　　　　　　　　　　　　　3 000 000
　　贷：固定资产　　　　　　　　　　　　（10×1 800 000）18 000 000

②出售住房后的每年，中航制造应当按照直线法在15年内摊销长期待摊费用，并作会计分录为：

借：管理费用　　　　　　　　　　　　　　　　　　　　　　200 000
　　贷：应付职工薪酬——非货币性福利　　　　　　　　　　　　200 000
借：应付职工薪酬——非货币性福利　　　　　　　　　　　200 000
　　贷：长期待摊费用　　　　　　　　　　　　　　　　　　　　200 000

（二）离职后福利的核算

离职后福利指企业为获得职工提供的服务而在职工退休或与企业解除劳动关系后，提供的各种形式的报酬和福利。离职后福利包括退休福利（如养老金和一次性的退休支付）及其他离职后福利（如离职后人寿保险和离职后医疗保障）。

职工正常退休时获得的养老金等离职后福利，是职工与企业签订的劳动合同到期或职工达到了国家规定的退休年龄时，获得的离职后生活补偿金额。企业给予补偿的事项是职工在职时提供的服务而不是退休本身，因此，企业应当在职工提供服务的会计期间对其进行确认和计量。

离职后福利计划，指企业与职工就离职后福利达成的协议，或者企业为向职工提供离职后福利制定的规章或办法等。离职后福利计划分为设定提存计划和设定受益计划。

1. 设定提存计划

设定提存计划指向独立的基金缴存固定费用后，企业不再承担进一步支付义务的离职后福利计划，如养老保险、失业保险和企业年金基金等。

设定提存计划的会计处理比较简单，因为企业在每一会计期间的义务取决于该期间将要提存的金额。因此，在计量义务或费用时不需要精算假设，通常也不存在精算利得或损失。

企业应当在资产负债表日将为换取职工在会计期间为企业提供的服务而应付给设定提存计划的提存金，确认为应付职工薪酬，同时作为一项费用计入当期损益或相关资产成本。

【例12-22】承【例12-11】，中航制造根据所在地政府规定，按照职工工资总额的12%计提基本养老保险费，缴存当地社会保险经办机构。20×2年11月计提基本养老保险费时，应作会计分录为：

借：生产成本　　　　　　　　　　　　　（2 280 000×12%）273 600
　　制造费用　　　　　　　　　　　　　（1 360 000×12%）163 200
　　管理费用　　　　　　　　　　　　　（1 860 000×12%）223 200
　　销售费用　　　　　　　　　　　　　（1 400 000×12%）168 000
　　贷：应付职工薪酬——设定提存计划　　　　　　　　　　　828 000

2. 设定受益计划

设定受益计划指除设定提存计划以外的离职后福利计划。设定受益计划和设定提存计划的区别取决于离职后福利计划的主要条款和条件所包含的经济实质。在设定提存计划下,企业的义务以企业应向独立主体缴存的提存金金额为限,职工未来所能取得的离职后福利金额取决于向独立主体支付的提存金金额及提存金所产生的投资回报,从而精算风险(即福利将少于预期)和投资风险(即投资的资产将不足以支付预期的福利)实质上要由职工来承担。在设定受益计划下,企业的义务是为现在及以前的职工提供约定的福利,并且精算风险和投资风险实质上由企业来承担。因此,如果精算或投资的实际结果比预期差,则企业的义务可能会增加。

扩展阅读12-7

设定受益计划
教学视频

当企业负有下列义务时,该计划就是一项设定受益计划:①计划福利公式不仅与提存金金额相关,且要求企业在资产不足以满足该公式的福利时提供进一步的提存金;②通过计划间接地或直接地对提存金的特定回报作出担保。

企业对设定受益计划的核算通常包括下列四个步骤。

步骤一:确定设定受益义务现值和当期服务成本。

首先,企业应根据预期累计福利单位法,采用无偏且相互一致的精算假设对有关人口统计变量(如职工离职率和死亡率)和财务变量(如未来薪金和医疗费用的增加)等作出估计,计量设定受益计划所产生的义务,并确定相关义务的归属期间。

其次,企业应根据资产负债表日与设定受益计划义务期限和币种相匹配的国债或活跃市场上的高质量公司债券的市场收益率确定折现率,将设定受益计划所产生的义务予以折现,以确定设定受益计划义务的现值和当期服务成本。

设定受益计划义务的现值,指企业在不扣除任何计划资产的情况下,为履行当期和以前期间职工服务产生的最终义务所需支付的预期未来金额的现值。设定受益计划的最终义务受到许多变量的影响,如职工离职率、死亡率、职工缴付的提存金等。企业在折现时,即使预期有部分义务在报告期间结束后的12个月内结算,企业仍应对整项义务进行折现。企业应当就至报告期末的任何重大交易及环境的其他重大变化(包括市场价格和利率的变化)进行调整,在每年年末进行复核(如计划资产的公允价值及财务假设,折现率及薪酬增长率等)。

企业在确定其设定受益计划义务的现值、当期服务成本和过去服务成本时应当使用预期累计福利单位法。根据预期累计福利单位法,职工每提供一个期间的服务,就会增加一个单位的福利权利,企业应当对每一单位的福利权利进行单独计量,并将所有单位的福利权利累计形成最终义务。预期累计福利单位法要求企业将福利归属于当期(以确定当期服务成本)和当期及前期间(以确定设定受益义务的现值)。企业应当将福利归属于提供离职后福利的义务发生的期间。这一义务随着职工提供服务以换取企业在未来报告期间支付的离职后福利而产生。

在确定其设定受益计划义务的现值、当期服务成本和过去服务成本时,企业应当根据计划的福利公式将设定受益计划产生的福利义务归属于职工提供服务的期间,并计入当期损益或相关资产成本。

当职工后续年度的服务将导致其享有的设定受益计划福利水平显著高于以前年度时，企业应当按照直线法将累计设定受益计划义务分摊确认于职工提供服务而导致企业第一次产生设定受益计划福利义务至职工提供服务不再导致该福利义务显著增加的期间。在确定后续年度服务是否将导致职工享有的设定受益福利水平显著高于以前年度时，不应考虑仅因未来工资水平提高而导致设定受益计划义务显著增加的情况。

精算假设指企业对影响离职后福利最终义务的各种变量的最佳估计。精算假设包括人口统计假设和财务假设。人口统计假设包括死亡率、职工的离职率、伤残率、提前退休率等。财务假设包括折现率、福利水平和未来薪酬等。其中，折现率应当根据资产负债表日与设定受益计划义务期限和币种相匹配的国债或活跃市场上的高质量公司债券的市场收益率来确定。

经验调整是设定受益计划义务的实际数与估计数之间的差异。在某些情况下，设定受益计划对于未来福利水平调整未作出明确规定的，确定有关福利水平的增加是精算假设与实际经验的差异（产生精算利得或损失）还是计划的修改（产生过去服务成本），需要运用职业判断。通常情况下，如果设定受益计划未明确规定未来福利水平的调整，过去的调整也并不频繁，同时如果精算假设中并无福利水平增长的假设，企业应将福利水平变化的影响归属于过去服务成本。

【例12-23】中航制造在20×2年1月1日设立了一项设定受益计划，并于当日开始实施。该设定受益计划规定：①企业向所有在职员工提供统筹外补充退休金，这些职工在退休后每年可以额外获得12万元退休金，直至去世；②职工获得该额外退休金基于自该计划开始日起为公司提供的服务，而且应当自该设定受益计划开始日起一直为公司服务至退休。

假定符合计划的职工为100人，当前平均年龄为40岁，退休年龄为60岁，还可以为企业服务20年。假定在退休前无人离职，退休后平均剩余寿命为15年。假定适用的折现率为10%，并且不考虑未来通货膨胀等其他影响因素。根据以上资料计算设定受益计划义务及其现值（表12-2），计算职工服务期间每期服务成本（表12-3）。

表12-2　计算设定收益计划义务及其现值　　　　　　　　单位：万元

项　　目	退休后第1年	退休后第2年	退休后第3年	退休后第4年	…	退休后第14年	退休后第15年
①当年支付	1 200	1 200	1 200	1 200	…	1 200	1 200
②折现率	10%	10%	10%	10%	…	10%	10%
③复利现值系数	0.9091	0.8264	0.7513	0.6830	…	0.2633	0.2394
④退休时点现值=①×③	1 091	992	902	820	…	316	287
⑤退休时点现值合计	9 127						

表 12-3　计算职工服务期间每期服务成本　　　　　　　　　　　　　　　　　　单位：万元

服务年份	服务第 1 年	服务第 2 年	…	服务第 19 年	服务第 20 年
福利归属			…		
——以前年度	0	456.35	…	8 214.3	8 670.65
——当年	456.35	456.35		456.35	456.35
——以前年度＋当年	456.35	912.7		8 670.65	9 127
期初义务	0	74.62	…	6 788.68	7 882.41
利息	0	7.46		678.87	788.24
当期服务成本	74.62[a]	82.08[b]	…	414.86[c]	456.35
期末义务	74.62	164.16	…	7 882.41	9 127[d]

注：74.62[a]＝456.35/（1＋10%）^{19}；82.08[b]＝456.35/（1＋10%）^{18}；414.86[c]＝456.3/（1＋10%）；9 127[d] 含尾数调整

服务第 1 年年末，应作会计分录为：

借：管理费用（或相关资产成本）　　　　　　　　　　　　746 200
　　贷：应付职工薪酬——设定受益计划　　　　　　　　　　　　746 200

服务第 2 年年末，应作会计分录为：

借：管理费用（或相关资产成本）　　　　　　　　　　　　820 800
　　贷：应付职工薪酬——设定受益计划　　　　　　　　　　　　820 800
借：财务费用（或相关资产成本）　　　　　　　　　　　　74 600
　　贷：应付职工薪酬——设定受益计划　　　　　　　　　　　　74 600

服务第 3 年至第 20 年，以此类推。

步骤二：确定设定受益计划净负债或净资产。

设定受益计划存在资产的，企业应当将设定受益计划义务现值减去设定受益计划资产公允价值所形成的赤字或盈余确认为一项设定受益计划净负债或净资产。

设定受益计划存在盈余的，企业应当以设定受益计划的盈余和资产上限两项的孰低者计量设定受益计划净资产。其中，资产上限，指企业可从设定受益计划退款或减少未来对设定受益计划缴存资金而获得的经济利益的现值。

计划资产包括长期职工福利基金持有的资产及符合条件的保险单等，但不包括企业应付但未付给基金的提存金及由企业发行并由基金持有的任何不可转换的金融工具。

【例 12-24】承【例 12-23】，假设中航制造共有 5 000 名管理人员，按照预期累计福利单位法计算出上述设定受益计划的总负债为 3 亿元，若该企业专门购置了国债作为计划资产，该笔国债 20×3 年的公允价值为 1 亿元，假设该国债仅能用于偿付企业的福利计划负债（除非在支付所有计划负债后尚有盈余），且除福利计划负债以外，该企业的其他债权人不能要求用于偿付其他负债，公司没有最低缴存额的现值，则整个设定受益计划净负债为 2 亿元。如果该笔负债 20×4 年的公允价值为 4 亿元，则该项设定受益计划存在盈余为 1 亿元，假设该企业可从设定受益计划退款或减少未来对该计划缴存资金而获得的经济利益的现值（即资产上限）为 1.5 亿元，则该项设定受益计划净资产为 1 亿元。

步骤三：确定应当计入当期损益的金额。

设定受益计划中应确认的计入当期损益的金额＝服务成本＋设定受益净负债或净资产的利息净额

其中，服务成本包括当期服务成本、过去服务成本和结算利得或损失。

（1）当期服务成本，指因职工当期提供服务所导致的设定受益计划义务现值的增加额，即归属于当年福利的现值。在【例 12-23】中，企业第 1 年年末应计入当期损益的当期服务成本为 74.62 万元。

（2）过去服务成本，指设定受益计划修改所导致的与以前期间职工服务相关的设定受益计划义务现值的增加或减少。

当企业设立或取消一项设定受益计划或是改变现有设定受益计划下的应付福利时，设定的受益计划就发生了修改。当企业显著减少计划涵盖的职工数量时，就发生了计划缩减。缩减可能源于某单一事件，如关闭某个厂房、终止一项经营、暂停或终止一项计划。虽然过去服务成本的定义分为由于计划修改产生的过去服务成本和由于缩减产生的过去服务成本，但该区分对财务报表几乎不构成影响，因为所有过去服务成本均在其发生的当期计入损益。

在修改或缩减与重组费用或辞退福利无关的情况下，企业应当在修改或缩减发生时确认相关的过去服务成本。

在确定过去服务成本或结算利得或损失之前，企业应该采用计划资产的当前公允价值和当前精算假设（包括当前市场利率和其他当前市场价格）重新计量设定受益负债（资产）净额，当前精算假设应反映计划在修改、缩减或结算之前提供的福利。

企业随后需辨别由计划修改、缩减或结算导致的设定受益义务的现值变化。企业并不是在所有情况下都要单独辨别每个组成部分。在同时发生的情况下，企业无须区分由于计划修改产生的过去服务成本和由于缩减和结算利得或损失产生的过去服务成本。然而，如果计划被一项实质上提供同样福利的新计划所取代，则计划的终止并不是结算。在某些情况下，计划修改发生在结算之前，如当企业改变计划福利，并随后结算修改后的福利。在这些情况下，企业应当在结算利得或损失之前确认过去服务成本。

过去服务成本可以是正的（在福利引入或发生变化，从而导致设定受益义务的现值增加时）或负的（在福利被取消或发生变化，从而导致设定受益义务的现值减少时）。如果企业减少现有设定受益计划下的应付福利，并同时增加在该计划下针对相同职工的其他应付福利，则企业应将变动的净额作为单项变动处理。

过去服务成本不包括下列各项。

①以前假定的薪酬增长额与实际发生额之间的差额，对支付以前年度服务产生的福利义务的影响（因为精算假设允许预计薪金增长，所以不会产生过去服务成本）。

②当企业对支付养老金增长金额具有推定义务的，对可自行决定养老金增加金额的高估和低估（因为精算假设允许这种增长，因而不会产生过去服务成本）。

③财务报表中已确认的精算利得或计划资产回报导致的福利变化的估计，如果企业由

于计划的正式条款或由于法律规定,有责任将该计划的盈余用于计划参与者的福利,即使该福利的增加并没有正式给予(由于所导致的义务的增加是一项精算损失,因而不会产生过去服务成本)。

④在没有新的福利或福利未发生变化的情况下,职工达到既定要求之后导致既定福利(即并不取决于未来雇佣的福利)的增加(由于企业在服务提供的当期将估计福利费用确认为当期服务成本,因而不会产生过去服务成本)。

(3)结算利得和损失。企业应当在设定受益计划结算时,确认一项结算利得或损失。设定受益计划结算,指企业为了消除设定受益计划所产生的部分或所有未来义务进行的交易,而不是根据计划条款和所包含的精算假设向职工支付福利。设定受益计划结算利得或损失是下列两项的差额。

①在结算日确定的设定受益计划义务的现值。
②结算价格,包括转移的计划资产的公允价值和企业直接发生的与结算相关的支付。

结算是未在计划条款中规定的福利的支付,未纳入精算假设中,因此,结算利得或损失应当计入当期损益,而在计划条款中规定的福利的支付(包括可选择福利支付性质的情况)不属于结算,已纳入精算假设中,在支付此类福利时产生的利得或损失,则属于精算利得或损失,应作为重新计量的一部分计入其他综合收益。

【例12-25】承【例12-23】,假定中航制造20×3年因经营困难需要重组,一次性支付给职工退休补贴2亿元。重组日的该项设定受益计划义务总现值为3亿元,则结算利得为1亿元(3亿元-2亿元)。

(4)设定受益计划净负债或净资产的利息净额,指设定受益净负债或净资产在职工提供服务期间由于时间变化而产生的变动,包括计划资产的利息收益、设定受益计划义务的利息费用及资产上限影响的利息。

企业应当通过将设定受益计划净负债或净资产乘以适当的折现率来确定设定受益计划净负债或净资产的利息净额。设定受益计划净负债或净资产和折现率应在年度报告期间开始时确定,同时需考虑该期间由于提存和福利支付所导致的设定受益计划净负债或净资产的变动,但不考虑设定受益计划净负债或净资产在本期的任何其他变动(如精算利得和损失)。

企业计算设定受益计划净负债或净资产的利息净额时,应当考虑资产上限的影响。企业应当通过将资产上限的影响乘以折现率来确定资产上限影响的利息,作为资产上限影响总变动的一部分。

【例12-26】承【例12-23】,假定中航制造20×3年初有设定受益计划净负债2亿元,20×3年初折现率为10%,假设没有福利支付和提存金缴存,则其利息费用净额为2 000万元(2亿元×10%)。20×4年初有设定受益计划净资产1亿元,假设20×4年初折现率为10%,则其利息收入净额为1 000万元(1亿元×10%)。企业应作如下会计处理。

(1)20×3年末,应作会计分录为:

借:财务费用 20 000 000
    贷:应付职工薪酬——设定受益计划 20 000 000

(2) 20×4 年末，应作会计分录为：

借：应付职工薪酬——设定受益计划　　　　　　　　　　　　　　10 000 000
　　贷：财务费用　　　　　　　　　　　　　　　　　　　　　　　　10 000 000

步骤四：确定应当计入其他综合收益的金额。

企业应当将重新计量设定受益计划净负债或净资产所产生的变动计入其他综合收益，并且在后续会计期间不允许转回至损益，但企业可以在权益范围内转移这些在其他综合收益中确认的金额。

重新计量设定受益计划净负债或净资产所产生的变动包括下列部分。

（1）精算利得或损失，即由于精算假设和经验调整导致之前所计量的设定受益计划义务现值的增加或减少。企业未能预计的过高或过低的职工离职率、提前退休率、死亡率、过高或过低的薪酬、福利的增长及折现率变化等因素，将导致设定受益计划产生精算利得或损失。精算利得或损失不包括因设立、修改或结算设定受益计划所导致的设定受益计划义务的现值变动或设定受益计划下应付福利的变动。这些变动产生了过去服务成本或结算利得或损失。

【例 12-27】承【例 12-23】，假定中航制造在该计划开始后职工提供服务的第 3 年年末重新计量该设定受益计划的净负债，发现由于预期寿命等精算假设和经验调整导致该设定受益计划义务的现值增加，形成精算损失 15 万元。应作会计分录为：

借：其他综合收益——设定受益计划净负债或净资产重新计量
　　　　　　　　　——精算损失　　　　　　　　　　　　　　　　150 000
　　贷：应付职工薪酬——设定受益计划　　　　　　　　　　　　　150 000

（2）计划资产回报，扣除包含在设定受益净负债或净资产的利息净额中的金额。计划资产的回报，指计划资产产生的利息、股利和其他收入及计划资产已实现和未实现的利得或损失。企业在确定计划资产回报时，应当扣除管理该计划资产的成本及计划本身的应付税款，但计量设定受益义务时所采用的精算假设所包括的税款除外。管理该计划资产以外的其他管理费用不需从计划资产回报中扣减。

（3）资产上限影响的变动，扣除包括在设定受益计划净负债或净资产的利息净额中的金额。

【例 12-28】承【例 12-23】，如果 20×3 年末，企业进行精算重估时发现折现率已经变为 8%，假设不考虑计划资产回报和资产上限影响的变动，企业由于折现率变动导致重新计量设定受益计划净负债的增加额共计 500 万元。则 20×3 年末企业应作会计分录为：

借：其他综合收益——设定受益计划净负债重新计量——精算损失　　5 000 000
　　贷：应付职工薪酬——设定受益计划　　　　　　　　　　　　　5 000 000

以后各年，以此类推。

重新计量设定受益计划净负债或净资产的变动计入其他综合收益后，在后续会计期间不允许转回至损益，在原设定受益计划终止时应当在权益范围内将原计入其他综合收益的部分全部结转至未分配利润。计划终止，指该计划已不存在，即本企业已解除该计划所产生的所有未来义务。

(三)辞退福利的核算

辞退福利主要包括:①在职工劳动合同未到期前,不论职工本人是否愿意,企业决定解除与职工的劳动关系而给予的补偿;②在职工劳动合同未到期前,为鼓励职工自愿接受裁减而给予的补偿,职工有权利选择继续在职或接受补偿离职。

在确定企业提供的经济补偿是否为辞退福利时,应注意以下问题。

第一,应当区分辞退福利和正常退休养老金。辞退福利是在职工与企业签订的劳动合同到期前,根据法律与职工本人或职工代表(如工会)签订的协议,或者基于商业惯例,承诺当其提前终止对职工的雇佣关系时支付的补偿,引发补偿的事项是辞退。

第二,对于职工虽然没有与企业解除劳动合同,但未来不再为企业提供服务,不能为企业带来经济利益,企业承诺提供实质上具有辞退福利性质的经济补偿的,如发生"内退"的情况,在其正式退休日期之前应当比照辞退福利处理,在其正式退休日期之后,应当按照离职后福利处理。

1. 辞退福利的确认

企业向职工提供辞退福利的,应当在以下两者孰早日确认辞退福利产生的职工薪酬负债,并计入当期损益。

(1)企业不能单方面撤回因解除劳动关系计划或裁减建议所提供的辞退福利时。

(2)企业确认涉及支付辞退福利的重组相关的成本或费用时。

同时存在下列情况时,表明企业承担了重组义务。

(1)企业有详细、正式的重组计划,包括重组涉及的业务、主要地点、需要补偿的职工人数及其岗位性质、预计重组支出、计划实施时间等。

(2)并且该重组计划已对外公告。

2. 辞退福利的计量

企业应该按照辞退计划条款的规定,合理预计并确认辞退福利产生的职工薪酬负债,辞退福利的计量因职工是否有选择权而有所不同。

(1)对于职工没有选择权的辞退计划,企业应当根据计划规定的拟解除劳动关系的职工数量、每一职位的辞退补偿计提应付职工薪酬。

(2)对于自愿接受裁减建议的辞退计划,由于接受裁减的职工数量不确定,企业应当根据《企业会计准则第13号——或有事项》(CAS13)规定,预计将会接受裁减建议的职工数量,根据预计的职工数量和每一职位的辞退补偿等计提应付职工薪酬。

(3)对于预期在其确认的年度报告期间期末后12个月内完全支付的辞退福利,应当适用短期薪酬的相关规定。

(4)对于预期在年度报告期间期末后12个月内不能完全支付的辞退福利,应当适用其他长期职工福利的相关规定,即实质性辞退工作在一年内实施完毕但补偿款项超过一年支付的辞退计划,企业应当选择恰当的折现率,以折现后的金额计量应计入当期损益的辞退福利金额。

【例12-29】甲公司主要从事自行车的生产和销售。20×2年10月,为顺利实施转产电动自行车，企业管理层制定了一项辞退计划，规定自20×3年1月1日起，以职工自愿方式，辞退普通自行车生产车间职工。辞退计划的详细内容，包括拟辞退职工所在部门、数量、各级别职工能够获得的补偿标准及计划实施时间等，且已与职工协商一致。该辞退计划已于20×2年12月5日经董事会正式批准，并将在20×3年实施完毕。辞退计划的有关内容如表12-4所示。

表12-4　普通自行车生产车间职工辞退计划一览表

所属部门	职位	拟辞退数量	工龄/年	补偿标准/元
普通自行车生产车间	车间主任	5	1～10	120 000
			11～20	200 000
			20年以上	300 000
	高级技工	30	1～10	80 000
			11～20	200 000
			20年以上	300 000
	一般技工	85	1～10	60 000
			11～20	160 000
			20年以上	260 000
合计		120	—	—

20×2年12月31日，企业根据辞退计划，预计普通自行车生产车间职工接受辞退数量的最佳估计数及应支付的补偿金额如表12-5所示。

表12-5　普通自行车生产车间职工接受辞退及补偿金额一览表

所属部门	职位	拟辞退数量	工龄/年	接受辞退计划职工人数	每人补偿标准/元	补偿金额/元
普通自行车生产车间	车间主任	5	1～10	2	120 000	240 000
			11～20	1	200 000	200 000
			20年以上	1	300 000	300 000
	高级技工	30	1～10	16	80 000	1 280 000
			11～20	6	200 000	1 200 000
			20年以上	3	300 000	900 000
	一般技工	85	1～10	50	60 000	3 000 000
			11～20	22	160 000	3 520 000
			20年以上	8	260 000	2 080 000
合计		120	—	109	—	12 720 000

根据表12-5的计算结果，应作会计分录为：

借：管理费用　　　　　　　　　　　　　　　　　　　　　　　12 720 000

　　贷：应付职工薪酬——辞退福利　　　　　　　　　　　　　12 720 000

（四）其他长期职工福利的核算

其他长期职工福利包括长期带薪缺勤、其他长期服务福利、长期残疾福利、长期利润分享计划和长期奖金计划及递延酬劳等。

企业向职工提供的其他长期职工福利，符合设定提存计划条件的，应当按照设定提存计划的有关规定进行会计处理。企业向职工提供的其他长期职工福利，符合设定受益计划条件的，应当按照设定受益计划的有关规定，确认和计量其他长期职工福利净负债或净资产。在报告期末，企业应当将其他长期职工福利产生的职工薪酬成本确认为下列组成部分：①服务成本；②其他长期职工福利净负债或净资产的利息净额；③重新计量其他长期职工福利净负债或净资产所产生的变动。为了简化相关会计处理，上述项目的总净额应计入当期损益或相关资产成本。

第六节 应交税费

企业在一定时期内取得的营业收入和实现的利润，要按规定向国家交纳有关税费。这些税费在未交之前暂时停留在企业，形成企业的一项流动负债，这项负债的金额要视企业的经营情况而定。

企业应交的税费，主要包括依法应向税务机关交纳的增值税、消费税、资源税、土地增值税、城市维护建设税、房产税、土地使用税、车船税、所得税及应向有关部门交纳的教育费附加等。

企业应设置"应交税费"科目反映其按规定计算应交纳的各种税费，并按应交的税费项目进行明细核算。企业代扣代交的个人所得税，也通过"应交税费"科目核算。对于应交税费的计算与核算，本书只作概略介绍，详细内容见本系列教材《税务会计学》。

一、应交增值税

增值税是国家对企业销售货物或提供劳务的增值部分征收的一种流转税。增值税属于价外税，实行税款抵扣制度，以当期进项税额抵减当期销项税额后的余额作为当期应纳税额。按照纳税人的经营规模和会计核算水平，增值税纳税人分为小规模纳税人和一般纳税人。

在会计上，为了便于核算与缴纳增值税，一般纳税人应在"应交税费"科目下设置"应交增值税""未交增值税""预交增值税"等明细科目，并在"应交增值税"二级科目中开设"进项税额""销项税额""出口退税""进项税额转出""已交税金"等明细专栏，具体反映相关内容。其会计处理如下。

（1）购买材料物资取得的增值税专用发票通过税务机关认证，记录进项税额时，应作会计分录为：

借：在途物资等
　　应交税费——应交增值税（进项税额）
　贷：应付账款等

（2）根据企业开出的增值税专用发票确定应交销项税额时，应作会计分录为：

借：应收账款等
　贷：主营业务收入
　　　应交税费——应交增值税（销项税额）

二、应交消费税和资源税

消费税是对在我国境年内从事生产、委托加工和进口应税消费品的单位和个人，就其应税消费品的销售额或销售数量在特定环节征收的一种流转税。资源税是以特定自然资源为征税对象，对我国领域及管辖海域从事应税矿产品开采或生产盐的单位和个人征收的一种税。

上述两种流转税均属于价内税，在销售环节按规定计算的应交税金作为营业收入的抵减项目，应通过"税金及附加"等科目核算。其账务处理如下。

企业按税法规定，计算应交消费税和资源税时，应作会计分录为：

借：税金及附加等
　贷：应交税费——应交消费税（或应交资源税）

三、应交土地增值税

土地增值税是对有偿转让国有土地使用权及地上建筑物和其他附着物产权，取得增值收入的单位和个人征收的一种税。土地增值税按照转让房地产所取得的增值额为计税依据，实行超率累进税率、按次征收等。

企业应交纳的土地增值税通过"应交税费——应交土地增值税"科目核算，具体应根据适用对象的不同而采用不同的会计处理方法。

（1）企业将房地产作为商品销售时，应交的土地增值税应借记"税金及附加"科目，贷记"应交税费——应交土地增值税"科目。基本会计分录为：

借：税金及附加
　贷：应交税费——应交土地增值税

（2）企业转让土地使用权连同地上建筑物及其附着物一并在"固定资产"等科目核算的，转让时应交纳的土地增值税，应先计入"固定资产清理"等科目，固定资产清理完成后再转入相关损益。基本会计分录为：

借：固定资产清理等

贷：应交税费——应交土地增值税

　　（3）企业转让的土地使用权在"无形资产"科目核算的，应借记"资产处置损益"科目，贷记"应交税费——应交土地增值税"科目。基本会计分录为：

　　借：银行存款
　　　　累计摊销
　　　　资产处置损益——非流动资产处置损失
　　　贷：无形资产
　　　　　应交税费——应交土地增值税

或，借：银行存款
　　　　累计摊销
　　　贷：无形资产
　　　　　应交税费——应交土地增值税
　　　　　资产处置损益——非流动资产处置利得

四、应交城市维护建设税和教育费附加

　　城市维护建设税是国家为了加强城市的维护建设，扩大和稳定城市维护建设资金的来源而开征的一种税。教育费附加是国家为了发展我国的教育事业，提高人民的文化素质而征收的一项费用。二者按照企业交纳流转税的一定比例计算，并与流转税一起交纳。它们均作为营业收入的一个抵减项目，因此，应通过"税金及附加"科目进行核算。企业按规定计算应交城市维护建设税和教育费附加时，应作会计分录为：

　　借：税金及附加
　　　贷：应交税费——应交城市维护建设税
　　　　　　　　　 ——应交教育费附加

五、应交房产税、土地使用税、车船税

　　房产税是国家对城市、县城、建制镇和工矿区的产权所有人征收的一种税。土地使用税是国家为了合理利用城镇土地，调节土地级差收入，提高土地使用效益，加强土地管理而对拥有土地使用权的单位和个人征收的一种税。车船税是以车船为征税对象，向在我国境内拥有并且使用车船的单位和个人征收的一种税。房产税、土地使用税和车船税应通过"税金及附加"科目进行核算，企业按规定计算应交纳的房产税、土地使用税和车船税时，应作会计分录为：

　　借：税金及附加
　　　贷：应交税费——有关明细科目

六、应交所得税

所得税是就企业的生产、经营所得和其他所得征收的一种税。所得税会计的核算需要按照《企业会计准则第 18 号——所得税》（CAS18）的有关规定，采用资产负债表债务法进行处理。涉及本期应列计的所得税时，借记"所得税费用"科目，贷记"应交税费——应交所得税"科目。其他内容详见本系列教材《税务会计学》。

上述各种税费在实际交纳时，应借记"应交税费"科目，贷记"银行存款"科目。

第七节　其他流动负债

一、预收账款

预收账款是企业按照合同规定向购货单位或接受劳务单位预先收取的货款，一般在三种情况下产生：①企业产品或劳务在市场上供不应求；②购货单位或接受劳务的单位信用不佳；③企业的生产周期较长，如建筑业、飞机制造业、造船业等。

企业对预收账款的核算，应视具体情况而定：如果企业预收账款情况比较多，可以设置"预收账款"科目进行核算；如果企业的预收账款情况不多，也可将预收的账款直接记入"应收账款"科目的贷方反映，待商品已经发出或劳务已经提供，发生应收账款时，再在"应收账款"科目进行结算，而不设"预收账款"科目。

二、合同负债

合同负债，指企业已收或应收客户对价而应向客户转让商品的义务，如企业在转让承诺的商品之前已收取的款项。

扩展阅读 12-10

合同负债与预收账款的区别

企业应设置"合同负债"科目，核算企业已收或应收客户对价而应向客户转让商品的义务，并按合同进行明细核算。企业在向客户转让商品之前，客户已经支付了合同对价或企业已经取得了无条件收取合同对价权利的，企业应当在客户实际支付款项与到期应支付款项孰早的时点，按照该已收或应收的金额，借记"银行存款""应收账款""应收票据"等科目，贷记本科目；企业向客户转让相关商品时，借记本科目，贷记"主营业务收入""其他业务收入"等科目。涉及增值税的，还应进行相应的处理。

三、应付股利

应付股利，是企业根据股东大会或类似机构审议批准的利润分配方案，决定分配给投资者现金股利或利润，但实际未支付给投资者之前，即构成企业对投资者的一项负债，在会计上通过"应付股利"科目核算。董事会或类似机构通过的利润分配方案中拟分配的现金股利或利润，不作账务处理。有关利润分配的问题将在第十七章详述，这里只简单说明其会计处理。

【例 12-30】20×2 年 3 月 30 日中航制造按股东大会通过的利润分配方案，确定应支付给投资者现金股利 50 000 元。据此应作有关会计分录为：

借：利润分配——应付现金股利　　　　　　　　　　　　50 000
　　贷：应付股利　　　　　　　　　　　　　　　　　　　　50 000

四、应付利息

应付利息，是企业按照合同约定应支付的利息。企业通过银行贷款或发行债券取得借款的，按照合同规定应定期支付利息，属于企业当期应付未付的利息，即构成企业对债权人的一项负债。相关金融工具已到期应支付但于资产负债表日尚未支付的利息应在"应付利息"科目反映。发生各种应付利息时，借记"财务费用"等科目，贷记"应付利息"科目；实际支付时，借记"应付利息"科目，贷记"银行存款"科目。

五、其他应付款

其他应付款指企业除应付账款、应付票据、预收账款、合同负债、应付职工薪酬、应付利息、应付股利、应交税费等以外发生的应付、暂收其他单位或个人的款项，主要包括应付租入固定资产和包装物的租金、存入保证金、企业采用售后回购方式融入的资金及职工薪酬结算过程中形成的有关代扣款项等。这些暂收及应付款项构成了企业的一项流动负债，在会计上设置"其他应付款"科目进行核算，并按负债的内容和债权人设置明细账，进行明细分类核算。发生上述各种暂收、应付款项时，借记"银行存款""制造费用"等科目，贷记"其他应付款"科目；实际支付时，借记"其他应付款"科目，贷记"银行存款"科目。

练 习 题

练习题 1

一、目的：
练习短期借款、应付账款和应付票据的核算。
二、资料：
中原装备 20×2 年度发生如下交易和事项。
（1）1 月 1 日，从银行取得短期借款 100 000 元。借款合同规定，期限为 3 个月，年利率为6%。假定中原装备每月末计提利息，到期时还本付息。

（2）4月8日，从乙公司购入材料一批，取得增值税专用发票上注明的价款为200 000元，增值税为26 000元，材料已验收入库，货款尚未支付。乙公司为鼓励客户提前付款，给出现金折扣条件为"2/10，1/20，n/30"（现金折扣不含增值税）。中原装备对该笔现金折扣按照净价法核算。

（3）4月26日，乙公司偿付中原装备上述款项。

（4）5月1日，中原装备签发并承兑一张带息商业汇票从乙公司购入原材料。取得的增值税专用发票上注明的价款为600 000元，增值税为78 000元。货物已验收入库，中原装备向乙公司开出了一张期限为3个月、年利率为5%的带息商业汇票，商业汇票到期还本付息。

（5）7月1日，经与丁公司协商，开出一张银行承兑汇票以抵付上年度所欠货款。票据金额为100 000元，期限为3个月，已提交给丁公司。银行按票面金额的5‰收取手续费。

（6）10月1日，签发给丁公司的汇票到期。但企业无力偿付票款，银行已代为清偿。

三、要求：

根据以上资料，编制中原装备有关会计分录。

练习题2

一、目的：

练习短期职工薪酬及设定提存计划的核算。

二、资料：

中原装备20×2年12月份的职工薪酬结算汇总表如表12-6所示。

表12-6 职工薪酬结算汇总表

（20×2年12月份） 单位：元

车间部门		标准工资	缺勤工资 事、病假	奖金	各种补贴	应付工资	各种扣款		实付工资
							医疗保险	住房公积金	
基本生产车间	生产人员	120 000	2 400	30 000	14 400	162 000	3 240	16 200	142 560
	管理人员	34 000	800	3 800	3 000	40 000	800	4 000	35 200
辅助生产车间	生产人员	72 000	—	18 000	0	90 000	1 800	9 000	79 200
	管理人员	32 000	2 400	2 400	3 000	35 000	700	3 500	30 800
厂部管理人员		40 000	—	6 000	6 000	52 000	1 040	5 200	45 760
在建工程人员		100 000	1 000	20 000	13 000	132 000	2 640	13 200	116 160
合计		398 000	6 600	80 200	39 400	511 000	10 220	51 100	449 680

三、要求：

（1）根据职工薪酬结算汇总表作相关分录。假设按照工资总额2%的比例计提工会经费，按 1.5% 的比例计提职工教育经费，医疗保险计提比例：单位负担 8%，个人负担 2%；住房公积金计提比例：单位负担 10%，个人负担 10%。

（2）假设中原装备下月初发放工资，用银行存款支付，此外应由企业代扣代缴的个人所得税为 8 000 元，请作出发放工资时的分录。

（3）假设中原装备所在地政府规定按照职工工资总额的 12% 计提基本养老保险费。请作出计提养老金时的会计分录。

练习题 3

一、目的：

练习短期利润分享计划的核算。

二、资料：

中原装备实行一项利润分享计划，要求将其至 20×1 年度的税前利润按照指定的比例支付给 20×1 年 7 月 1 日至 20×2 年 6 月 30 日期间为该企业提供服务的职工。该利润分享金额将于 20×2 年 6 月 30 日支付。20×1 年度企业的税前利润为 2 000 万元。

（1）如果该企业在 20×1 年 7 月 1 日至 20×2 年 6 月 30 日期间没有发生员工离职，则当年按照税前利润的 5% 作为利润分享支付总额。企业估计职工离职将使支付额降低至税前利润的 3%（其中，直接参加生产的职工享有 1%，总部管理人员享有 2%），不考虑个人所得税的影响。

（2）假设 20×2 年 6 月 30 日，该企业职工离职使其支付的利润分享金额为 20×1 年度税前利润的 2.5%（直接参加生产的职工享有 1%，总部管理人员享有 1.5%）。

三、要求：

根据以上资料，编制有关会计分录。

案例分析

即测即评

准则实录

第十三章 非流动负债

本章学习提示

本章重点：借款费用的确认和计量、长期借款的核算、应付债券的核算和预计负债的核算

本章难点：借款利息资本化金额的确定、应付债券溢价和折价的摊销、可转换公司债券的核算

本章导入案例

2021年4月30日，新疆友好集团（股票代码：600778）收到新疆维吾尔自治区高级人民法院出具的《民事判决书》，判决如下：①撤销乌鲁木齐中院〔2019〕新01民初349号民事判决；②本公司于本判决生效后十五日内向泰美公司支付违约金936.72万元；③驳回泰美公司的其他诉讼请求。友好集团拟在法定期限内向中华人民共和国最高人民法院申请再审，截至公告日，公司正在准备申请再审的相关材料，该诉讼案件结果存在不确定性。基于谨慎性原则，公司根据自治区高院二审案件判决结果计提未决诉讼预计负债936.72万元，预计由此将减少公司2021年度归属于上市公司股东的净利润936.72万元。友好集团确认预计负债的依据是什么？对于该项业务，公司应如何进行会计处理？

资料来源：作者根据友好集团2021年8月12日"关于计提预计负债的公告"整理编写。

第一节 非流动负债概述

一、非流动负债的含义和种类

（一）非流动负债的含义

非流动负债，是相对于流动负债而言的，主要指偿还期在一年或超过一年的一个营业周期以上的债务。另外，对于资产负债表日起一年内到期的负债，如果企业有意图且有能力自主地将清偿义务展期至资产负债表日后一年以上的，也应当归类为非流动负债。通过

非流动负债，企业向债权人筹集到可供企业长期使用的资金，因此也称为长期负债，属于金融工具的范畴。

企业举借非流动负债的主要目的是筹集扩展经营规模、进行扩大再生产及其他长期理财活动所需的长期资金。通常这类资金数额巨大且使用周期较长，仅靠企业本身的营运资本或靠举借短期债务难以满足需求。但这项资金不归企业所有，企业必须按规定支付利息和偿还本金，一旦企业不能取得预期的经济效益，利息支出和本金的偿还将成为企业巨大的债务负担。因此，举借非流动负债是一项重要的财务决策，企业应根据资金市场的供求关系，结合本身的实际条件及发展前景等情况，权衡利弊得失，慎重安排。

（二）非流动负债的种类

非流动负债可以按不同的标准予以分类，以便企业充分认识非流动负债，从而加强对非流动负债的核算、披露和管理。

1. 按筹措的方式不同分类

按筹措的方式不同，非流动负债可分为长期借款、应付债券和其他非流动负债。

长期借款，指企业向银行或其他金融机构借入的，偿还期在一年或超过一年的一个营业周期以上的债务。它具有借款期限较长，到期无条件还本付息，债权人单一，借款不能进行交易等特点。

应付债券，指企业为筹集资金而对外发行并承诺于一定时期还本付息的一种长期借款性质的书面证明。它一般具有期限较长，债券到期无条件还本付息，筹资范围大，能进行交易等特点。

其他非流动负债，指除了长期借款、应付债券以外的非流动负债，主要包括预计负债、长期应付款、专项应付款和递延所得税负债等。

2. 按筹措的用途不同分类

按筹措的用途不同，非流动负债可分为专门借款和一般借款。

专门借款，指为购建或生产符合资本化条件的资产而专门借入的款项。专门借款通常应当有明确的用途，即为购建或生产某项符合资本化条件的资产而专门借入的，并通常应当具有标明该用途的借款合同。其使用目的明确，而且其使用受与银行相关合同限制。

一般借款，指除专门借款之外的借款。相对于专门借款而言，一般借款在借入时，其用途通常没有特指用于符合资本化条件的资产的购建或生产。

3. 按偿还方式的不同分类

按偿还方式的不同，非流动负债可分为定期偿还的非流动负债和分期偿还的非流动负债。

定期偿还的非流动负债，指在规定的债务到期日一次还清的非流动负债。

分期偿还的非流动负债，指在举债期限内，按规定分若干次偿还的非流动负债。

4. 按债务是否有抵押品的担保分类

按债务是否有抵押品的担保，非流动负债可分为有担保的非流动负债和无担保的非流动负债。

有担保的非流动负债，指企业以能够变现的资产作为抵押品举借的非流动负债。

无担保的非流动负债,指企业不需要提供抵押品,而凭其信用或担保人的信誉举借的非流动负债。

二、非流动负债的特征

与流动负债相比,非流动负债具有如下特征。

(1)偿还期不同。以一年为界限,超过一年的为非流动负债,低于一年的为流动负债。

(2)举债的目的不同。举借非流动负债的目的主要是扩展经营规模,增加长期耐用的各种固定资产,如增添大型机器设备、购置地产、增建或扩建厂房等;举借流动负债的目的主要是满足生产周转的需要,如短期借款,有些流动负债是日常生产经营中形成的预收及应付款项、应付职工薪酬、应交税费等。

(3)负债的数额不同。非流动负债的数额一般都比较大,流动负债的数额一般比较小。由于非流动负债的数额较大,所以,企业必须按计划在非流动负债到期之前事先筹措好偿债所需资金。

(4)举债的代价不同。如上所述,非流动负债要支付利息,这项费用构成企业长期的固定性支出。而流动负债一般只有短期借款需要支付利息,其他项目如应付及预收款项、应付职工薪酬、应交税费等不需支付利息。

(5)承担风险不同。非流动负债承担的风险较流动负债大。因为非流动负债需要承担较长时期内支付利息及到期偿还本金的义务,且数额较大。一旦企业的生产经营达不到预期要求,沉重的债务负担将会加大企业的财务风险甚至导致企业破产。

(6)非流动负债的部分费用可以予以资本化。即与非流动负债相关的借款费用在企业的财务报告中作为购置某些资产成本的组成部分。

第二节 借款费用

一、借款费用的内容

借款费用,指企业因借款所付出的代价,它包括借款利息费用(含借款利息、借款折价或溢价的摊销和相关辅助费用)及因外币借款而发生的汇兑差额等。具体来讲,包括下列内容。

扩展阅读 13-1

借款费用的确认
教学视频

(1)因借款而发生的利息,包括企业向银行或其他金融机构等借入资金发生的利息、发行公司债券发生的利息及为购建或生产符合资本化条件的资产而发生的带息债务所承担的利息等。

(2)因借款而发生的折价或溢价的摊销,主要指发行债券等所发生的折价或溢价的摊销,其实质是对债券票面利息的调整(将债券票面利率调整为实际利率），属于借款费用的范畴。

（3）因借款而发生的辅助费用，指企业在借款过程中发生的诸如手续费、佣金、印刷费等费用，由于这些费用是因安排借款而发生的，也属于借入资金所付出的代价，是借款费用的构成部分。

（4）因外币借款而发生的汇兑差额，指由于汇率变动对外币借款本金及其利息的记账本位币金额所产生的影响金额。由于汇率的变化往往和利率的变化相联动，它是企业外币借款所需承担的风险，因此，因外币借款相关汇率变化所导致的汇兑差额属于借款费用的有机组成部分。

二、借款费用的确认

借款费用的确认主要解决的是将每期发生的借款费用资本化（即计入相关资产的成本）还是费用化（即计入当期损益）的问题。我国CAS17中规定：企业发生的借款费用，可直接归属于符合资本化条件的资产的购建或生产的，应当予以资本化，计入相关资产成本；其他借款费用，应当在发生时根据其发生额确认为费用，计入当期损益。

（一）符合资本化条件的资产

符合资本化条件的资产，指需要经过相当长时间的购建或生产活动才能达到预定可使用或可销售状态的存货、固定资产和投资性房地产等资产。建造合同成本、确认为无形资产的开发支出等在符合条件的情况下，也可以认定为符合资本化条件的资产。其中，"相当长时间"，指为资产的购建或生产所必需的时间较长，通常为一年以上（含一年）；"符合资本化条件的存货"，主要包括房地产开发企业开发的用于对外出售的房地产开发产品、企业制造的用于对外出售的大型机器设备等。这类存货通常需要经过相当长时间的建造或生产过程，才能达到预定可销售状态。

在实务中，如果由于人为或故意等非正常因素导致资产的购建或生产时间相当长的，该资产不属于符合资本化条件的资产。购入即可使用的资产，或者购入后需要安装但所需安装时间较短的资产，或者需要建造或生产但所需建造或生产时间较短的资产，均不属于符合资本化条件的资产。例如，企业用银行借款建设的一年内完工的简易厂房，即使发生借款费用，但由于其不属于符合资本化条件的资产，该部分借款费用不应予以资本化，而应计入当期的财务费用。

（二）借款费用应予资本化的借款范围

借款包括专门借款和一般借款。我国CAS17中规定，应予资本化的借款范围既包括为购建或生产符合资本化条件的资产而专门借入的专门借款，也包括一般借款。但两者在借款费用资本化金额计算上有所不同，具体内容将在借款费用的计量中阐述。

（三）借款费用资本化的时间范围

符合资本化条件的资产，其购建或生产的时间不是无限期的，借款费用的发生也不是永久的。因此，借款费用的资本化也是有其时间范围的，即借款费用的资本化期间。企业只应对发生在资本化期间内的有关借款费用，才允许资本化。因此，资本化期间的确定是借款费用确认和计量的重要前提。借款费用资本化期间，指从借款费用开始资本化时点到停止资本化时点的期间，但不包括借款费用暂停资本化的期间。

1. 借款费用开始资本化的时点

借款费用开始资本化必须同时满足下列三个条件。

（1）资产支出已经发生。这里的"资产支出"包括为购建或生产符合资本化条件的资产而以支付现金、转移非现金资产和承担带息债务形式所发生的支出。

支付现金，指用货币资金支付符合资本化条件的资产的购建或生产支出。例如，企业用现金或银行存款购买为建造或生产符合资本化条件的资产所需用材料，支付有关职工薪酬等均属于资产支出。

转移非现金资产，指企业将自己的非现金资产直接用于符合资本化条件的资产的购建或生产。例如，某水泥厂将自己生产的水泥直接用于符合资本化条件的资产的购建或生产，同时还将自己生产的水泥向其他企业换取用于符合资本化条件的资产的购建或生产所需的其他工程物资，这些产品成本均属于资产支出。

承担带息债务，指企业为了购建或生产符合资本化条件的资产所需用物资等而承担的带息应付款项（如带息应付票据）。企业以赊购方式购买这些物资所产生的债务可能带息，也可能不带息。如果企业赊购这些物资承担的是不带息债务，就不应当将购买价款计入资产支出，因为该债务在偿付前不需要承担利息，也没有占用借款资金。企业只有等到实际偿付债务，发生了资源流出时，才能将其作为资产支出。如果企业赊购物资承担的是带息债务，则企业要为这笔债务付出代价，支付利息，与企业向银行借入款项用以支付资产支出在性质上是一致的。所以，企业为购建或生产符合资本化条件的资产而承担的带息债务应当作为资产支出，当该带息债务发生时，视同资产支出已经发生。

例如，甲企业因建设长期工程所需，于20×2年12月10日采用带息应付票据方式购买了100万元的工程用材料，票据期限为5个月，票面年利率为6%，到期还本付息。对于该事项，企业尽管没有为工程建设的目的直接支付现金，但承担了带息债务，所以应当将100万元的购买工程用物资款作为资产支出，自12月10日开出汇票开始即表明资产支出已经发生。

（2）借款费用已经发生。企业已经发生了因购建或生产符合资本化条件的资产而专门借入款项的借款费用，或者所占用的一般借款的借款费用。例如，乙企业于20×2年12月1日为建造一幢建设期为1年零6个月的厂部大楼从银行专门借入款项2 000万元，当日开始计息。在12月1日，就应当认为借款费用已经发生。

（3）为使资产达到预定可使用或可销售状态所必要的购建或生产活动已经开始。符合资本化条件的资产的实体购建或生产工作已经开始，如主体设备的安装、厂房的实际开工建造等。它不包括仅持有资产但没有发生为改变资产形态而进行的实质上的购建或生产活动。例如，甲企业为了建设厂房购置了建筑用地，但是尚未开工兴建房屋，有关房屋实体建造活动也没有开始，在这种情况下，即使企业为了购置建筑用地已经发生了支出，也不应当将其认为为使资产达到预定可使用状态所必要的购建活动已经开始。

2. 借款费用暂停资本化的时间

符合资本化条件的资产在购建或生产过程中发生非正常中断且中断时间连续超过三个月的，应当暂停借款费用的资本化。中断的原因必须是非正常中断；如果属于正常中断的，相关借款费用仍可资本化。

"非正常中断"，通常是由于企业管理决策上的原因或其他不可预见的原因等所导致的中断。例如，公司因与施工方发生了质量纠纷，或工程、生产用料没有及时供应，或资金周转发生了困难，或施工、生产发生了安全事故，或发生了与资产购建、生产有关的劳动纠纷等原因，导致资产购建或生产活动发生中断，均属于非正常中断。

正常中断与非正常中断显著不同。"正常中断"，通常仅限于因购建或生产符合资本化条件的资产达到预定可使用或可销售状态所必要的程序，或事先可预见的不可抗力因素导致的中断。例如，某些工程建造到一定阶段必须暂停下来进行质量或安全检查，检查通过后才可继续下一阶段的建造工作，这类中断是在施工前可以预见的，而且是工程建造必须经过的程序，属于正常中断。某些地区的工程在建造过程中，由于可预见的不可抗力因素（如雨季或冰冻季节等原因）导致施工出现停顿，也属于正常中断。

3. 借款费用停止资本化的时点

当购建或生产符合资本化条件的资产达到预定可使用或可销售状态时，借款费用应当停止资本化，计入当期损益。购建或生产符合资本化条件的资产达到预定可使用或可销售状态，可从下列几个方面进行判断。

（1）符合资本化条件的资产的实体建造（包括安装）或生产工作已经全部完成，或者实质上已经完成。

（2）所购建或生产的符合资本化条件的资产与设计要求、合同规定或生产要求相符，或者基本相符，即使有极个别与设计、合同或生产要求不相符的地方，也不影响其正常使用或销售。

（3）继续发生在所购建或生产的符合资本化条件的资产上的支出金额很少或几乎不再发生。

（4）购建或生产符合资本化条件的资产需要试生产或试运行的，在试生产结果表明资产能够正常生产出合格产品，或者试运行结果表明资产能够正常运转或营业时，应当认为该资产已经达到预定可使用或可销售状态。

如果所购建或生产的资产分别建造、分别完工的，企业应当区别情况界定借款费用停止资本化的时点。

（1）如果所购建或生产的符合资本化条件的资产的各部分分别完工，且每部分在其他部分继续建造或生产过程中可供使用或可对外销售，且为使该部分资产达到预定可使用或可销售状态所必要的购建或生产活动实质上已经完成的，应当停止与该部分资产相关的借款费用的资本化，因为该部分资产已经达到了预定可使用或可销售状态。

（2）如果企业购建或生产的符合资本化条件的资产的各部分分别完工，但必须等到整体完工后才可使用或对外销售的，应当在该资产整体完工时停止借款费用的资本化。在这种情况下，即使各部分资产已经完工，也不能够认为该部分资产已经达到了预定可使用或可销售状态，企业只能在所购建固定资产整体完工时，才能认为资产已经达到了预定可使用或可销售状态，借款费用方可停止资本化。

需要特别指出，购建或生产符合资本化条件的资产达到预定可使用或可销售状态的时点，并不特指后续的工程验收日、竣工结算日、资产移交日和投入使用日等，否则会导致资产价值和利润的高估。例如，甲公司借入一笔款项，于2月1日采用出包方式开工兴建一幢办公楼。第二年8月20日工程全部完工，达到合同要求，9月24日工程验收合格，10月30日办理工程竣工结算，11月15日完成全部资产移交手续，12月1日办公楼正式投入使用。该公司应当将第二年8月20日确定为工程达到预定可使用状态的时点，作为借款费用停止资本化的时点。

三、借款费用的计量

（一）借款利息费用资本化金额的确定

在借款费用资本化期间内，每一会计期间的借款利息资本化的金额，应当区别其借款的用途、以确定是否存在折价或溢价及相关辅助费用的情况发生。

扩展阅读13-2

借款费用的计量
教学视频

（1）为购建或生产符合资本化条件的资产而借入专门借款的，应当以专门借款当期实际发生的利息费用，减去将尚未动用的借款资金存入银行取得的利息收入或进行暂时性投资取得的投资收益后的金额确定。

（2）为购建或生产符合资本化条件的资产而占用了一般借款的，企业应当根据累计资产支出超过专门借款部分的资产支出加权平均数乘以所占用一般借款的资本化率，计算确定一般借款应予资本化的利息金额。资本化率应当根据一般借款加权平均利率计算确定，即企业占用一般借款购建或生产符合资本化条件的资产时，一般借款的借款费用资本化金额的确定应当与资产支出挂钩。有关计算公式为：

$$\begin{matrix}\text{一般借款利息}\\ \text{费用资本化金额}\end{matrix} = \begin{matrix}\text{累计资产支出超过专门借款}\\ \text{部分的资产支出加权平均数}\end{matrix} \times \begin{matrix}\text{所占用一般借}\\ \text{款的资本化率}\end{matrix}$$

$$\begin{matrix}\text{累计资产支出超过专门借款}\\ \text{部分的资产支出加权平均数}\end{matrix} = \sum \left(\begin{matrix}\text{每期累计资产支出超过}\\ \text{专门借款部分的资产支出}\end{matrix} \times \begin{matrix}\text{当期所占}\\ \text{用的天数}\end{matrix} \Big/ \begin{matrix}\text{当期}\\ \text{天数}\end{matrix} \right)$$

$$\begin{matrix}\text{所占用一般借}\\ \text{款的资本化率}\end{matrix} = \begin{matrix}\text{所占用一般借款}\\ \text{加权平均利率}\end{matrix} \times \begin{matrix}\text{所占用一般借款当期}\\ \text{实际发生的利息之和}\end{matrix} \Big/ \begin{matrix}\text{所占用一般借款}\\ \text{本金加权平均数}\end{matrix}$$

$$\begin{matrix}\text{所占用一般借款}\\ \text{本金加权平均数}\end{matrix} = \sum \left(\begin{matrix}\text{所占用每笔}\\ \text{一般借款本金}\end{matrix} \times \begin{matrix}\text{每笔一般借款在当}\\ \text{其所占用的天数}\end{matrix} \Big/ \begin{matrix}\text{当期}\\ \text{天数}\end{matrix} \right)$$

（3）借款存在折价或溢价的，应当按照实际利率法确定每一会计期间应摊销的折价或溢价金额，调整每期的利息金额。

（4）对于企业专门借款发生的辅助费用，在所购建或生产的符合资本化条件的资产达到预定可使用或可销售状态之前发生的，应当在发生时根据其发生额予以资本化；之后所发生的，应当在发生时根据其发生额确认为费用，计入当期损益。一般借款发生的辅助费用，应当在发生时根据其发生额确认为费用，计入当期损益。另外，每一会计期间的利息资本化金额，不应当超过当期相关借款实际发生的利息金额。

扩展阅读 13-3

专门借款和一般借款利息费用计算的比较

【例 13-1】中航制造于 20×2 年 1 月 1 日正式动工兴建一座办公楼，工期预计为 2 年。工程采用出包方式，分别于 20×2 年 1 月 1 日、20×2 年 7 月 1 日、20×3 年 1 月 1 日和 20×3 年 7 月 1 日支付工程进度款。为建造该办公楼，公司于 20×2 年 1 月 1 日专门借款 1 500 万元，借款期限为 2 年，年利率为 6%。另外，在 20×2 年 7 月 1 日又专门借款 2 500 万元，借款期限为 4 年，年利率为 8%。假设借款利息按年支付，利率中已考虑了相关辅助费用。闲置专门借款资金均用于固定收益债券短期投资，该短期投资月收益率 0.6%。办公楼于 20×3 年 12 月 31 日完工，达到预定可使用状态。公司为建造该办公楼的支出金额如表 13-1 所示。

表 13-1　中航制造为建造办公楼的支出金额　　　　　　　　单位：万元

日　　期	每期资产支出金额	累计资产支出金额	闲置借款用于投资金额
20×2 年 1 月 1 日	1 000	1 000	500
20×2 年 7 月 1 日	1 000	2 000	2 000
20×3 年 1 月 1 日	1 500	3 500	500
20×3 年 7 月 1 日	500	4 000	0
合计	4 000	—	3 000

假设中航制造的借款利息均于每年末支付，且名义利率与实际利率均相同，即不存在借款折溢价问题。则中航制造 20×2 年度、20×3 年度为购建办公楼应予资本化的利息金额计算如下。

（1）确定借款费用资本化期间为 20×2 年 1 月 1 日至 20×3 年 12 月 31 日。

（2）计算在资本化期间内专门借款实际发生的利息金额。

20×2 年度，专门借款发生的利息金额 =1 500×6%+2 500×8%×6/12=190（万元）

20×3 年度，专门借款发生的利息金额 =1 500×6%+2 500×8%=290（万元）

（3）计算在资本化期间内利用闲置的专门借款资金进行短期投资的收益。

20×2 年度短期投资收益 =500×0.6%×6+2 000×0.6%×6=90（万元）

20×3 年度短期投资收益 =500×0.6%×6=18（万元）

（4）由于在资本化期间内，专门借款利息费用的资本化金额应当以其实际发生的利息费用减去将闲置的借款资金进行短期投资取得的投资收益后的金额确定，因此：

公司 20×2 年的利息资本化金额 =190-90=100（万元）

公司 20×3 年的利息资本化金额 =290-18=272（万元）

以此为基础,中航制造20×2年度、20×3年度有关账务处理如下。

(1) 20×2年12月31日确认当期专门借款利息资本化金额:

借:在建工程 1 000 000
　　应收利息(或银行存款) 900 000
　贷:应付利息 1 900 000

(2) 20×3年12月31日确认当期专门借款利息资本化金额:

借:在建工程 2 720 000
　　应收利息(或银行存款) 180 000
　贷:应付利息 2 900 000

【例13-2】承【例13-1】中相关资料,假定中航制造为建造办公楼于20×2年1月1日专门借款1 500万元,借款期限为2年,年利率为6%。除此之外,没有其他专门借款。在办公楼建造过程中占用了两笔一般借款:一是向工商银行长期贷款1 000万元,期限为20×1年4月30日至20×5年3月31日,年利率为7%,按年支付利息;二是发行公司债券2亿元,于20×2年1月1日发行,期限为5年,年利率为8%,按年支付利息。假定全年按360天计算,借款利息按年支付,利率中已考虑了相关辅助费用。其他相关资料均同【例13-1】。

在这种情况下,中航制造首先应计算专门借款利息的资本化金额,然后计算所占用一般借款利息的资本化金额。具体内容如下。

(1) 计算专门借款利息资本化金额。

20×2年专门借款利息资本化金额 =1 500×6%-500×0.6%×6=72(万元)

20×3年专门借款利息资本化金额 =1 500×6%=90(万元)

(2) 计算一般借款利息资本化金额。

在建造办公楼的过程中,自20×2年7月1日起,已经有1 000万元占用了一般借款。20×3年1月1日后支出的4 000万元均为占用一般借款。计算这两笔资产支出的加权平均数为:

一般借款利息资本化率(年) = (1 000×7%+20 000×8%) / (1 000+20 000)
　　　　　　　　　　　　　≈ 7.95%

20×2年度占用一般借款的资产支出加权平均数 =500×180/360=250(万元)

则20×2年度应予资本化的一般借款利息金额 =250×7.95%=19.88(万元)

20×3年度占用一般借款的资产支出加权平均数
=(500+1 500)×360/360+500×180/360=2 250(万元)

则20×3年应予资本化的一般借款利息金额 =2 250×7.95%=178.88(万元)

(3) 根据上述计算结果,中航制造建造办公楼应予资本化的利息金额为

20×2年度的利息资本化金额 =72+19.88=91.88(万元)

20×3年度的利息资本化金额 =90+178.88=268.88(万元)

(4) 中航制造应作以下有关会计处理。

20×2年12月31日确认当期借款利息金额时,应作会计分录为:

借：在建工程	918 800
财务费用	16 501 200
应收利息（或银行存款）	180 000
贷：应付利息	17 600 000

其中：1 760（万元）=1 500×6%+1 000×7%+20 000×8%

20×3年12月31日确认当期借款利息金额时，应作会计分录为：

借：在建工程	2 688 800
财务费用	14 911 200
贷：应付利息	17 600 000

（二）外币专门借款汇兑差额资本化金额的确定

当企业为购建或生产符合资本化条件的资产所借入的专门借款为外币借款时，由于企业取得外币借款日、使用外币借款日和会计结算日往往并不一致，而外汇汇率又在随时发生变化，因此，外币借款会产生汇兑差额。对于在借款费用资本化期间内，外币专门借款本金及其利息的汇兑差额，是购建相关资产的一项代价，应当予以资本化，计入符合资本化条件的资产的成本。而除外币专门借款之外的其他外币借款本金及其利息所产生的汇兑差额应当作为财务费用，计入当期损益。

第三节　长期借款

一、长期借款的含义和种类

长期借款，指企业从银行或其他金融机构借入的期限在一年以上（不含一年）的借款。长期借款具有借款期限长、借款数额大、利率相对较高等特点。

长期借款按其偿还方式可分为定期偿还的借款和分期偿还的借款；按其付息方式可分为还本时一次付息借款和在借款期限内分期付息的借款；按其借款的用途可分为生产经营借款（包括储备资金借款、生产资金借款和结算资金借款）、基本建设借款和技术改造借款；按借款条件可分为抵押借款、担保借款和信用借款；按借入币种可分为人民币借款和外币借款。

扩展阅读13-4

长期借款形成利息调整的原因

二、长期借款的会计处理

企业应设置"长期借款"科目核算企业发生的各类长期借款，该科目应当按照贷款单位和贷款种类，分别"本金""利息调整"等进行明细核算。

企业借入长期借款时,按实际收到的款项借记"银行存款"科目,按长期借款的本金贷记"长期借款——本金"科目;按借贷双方的差额,借记"长期借款——利息调整"科目。

长期借款的后续计量应当采用实际利率法,按摊余成本计量。即资产负债表日,应按摊余成本和实际利率计算确定的长期借款的利息费用,借记"财务费用""在建工程"等科目,按合同约定的名义利率计算确定的应付未付利息,贷记"应付利息"科目;两者的差额计入"长期借款——利息调整"科目。若实际利率与合同约定的名义利率差异不大的,也可直接采用合同约定的名义利率计算确定利息费用。

企业归还长期借款时,按归还的长期借款本金,借记"长期借款——本金"科目,按转销的利息调整金额,贷记"长期借款——利息调整"科目,按实际归还的款项,贷记"银行存款"科目,按借贷双方之间的差额,借记"财务费用""在建工程"等科目。

【例13-3】中航制造于20×2年1月1日向银行贷款4 000万元,用于购建一条新的生产线,该项专门借款期限为2年,年利率5%,但实际取得借款金额为3 926.66万元。新生产线工期预计为一年零五个月,于20×3年6月1日完工交付使用。根据贷款合同约定,每年末付息一次,到期一次偿还本金。假定不考虑闲置专门借款资金的利息收入或投资收益;同时经测算,该笔借款的实际利率约为6%。则应作有关会计处理如下。

(1)20×2年1月1日取得专门借款时,应作会计分录为:

借:银行存款　　　　　　　　　　　　　　　　　　　　　39 266 600
　　长期借款——利息调整　　　　　　　　　　　　　　　　 733 400
　　贷:长期借款——本金　　　　　　　　　　　　　　　　40 000 000

(2)20×2年12月31日确认当年借款利息时,应作会计分录为:

借:在建工程　　　　　　　　　　　　　　　　　　　　　 2 355 996
　　贷:应付利息　　　　　　　　　　　　　　　　　　　　 2 000 000
　　　　长期借款——利息调整　　　　　　　　　　　　　　 　355 996

(3)支付借款利息时,应作会计分录为:

借:应付利息　　　　　　　　　　　　　　　　　　　　　 2 000 000
　　贷:银行存款　　　　　　　　　　　　　　　　　　　　 2 000 000

(4)20×3年12月31日确认当年借款利息时,应作会计分录为:

借:在建工程　　　　　　　　　　　　　　　　　　　　　　 990 585
　　财务费用　　　　　　　　　　　　　　　　　　　　　 1 386 819
　　贷:应付利息　　　　　　　　　　　　　　　　　　　　 2 000 000
　　　　长期借款——利息调整　　　　　　　　　　　　　　 　377 404*

*注:考虑到利息调整存在尾差,因此先确定利息调整金额,再确定在建工程和财务费用金额。

(5)支付借款利息时,应作会计分录为:

借:应付利息　　　　　　　　　　　　　　　　　　　　　 2 000 000
　　贷:银行存款　　　　　　　　　　　　　　　　　　　　 2 000 000

(6)20×4年1月1日到期偿还长期借款本金时,应作会计分录为:

借:长期借款——本金　　　　　　　　　　　　　　　　　40 000 000

贷：银行存款　　　　　　　　　　　　　　　　　　　　　　40 000 000

第四节　应付公司债券

一、公司债券的含义及种类

（一）公司债券的含义

公司债券指公司依照法定程序发行的，约定在一定期限还本付息的有价证券。它属于金融工具范畴，是企业筹集长期资金的重要手段之一，在性质上属于非流动负债。

应付债券的核算
理论教学视频

（二）公司债券的种类

根据不同的标准，债券可以分为以下分类。

（1）按债券付息时间分类，债券可分为到期一次付息债券、分期付息债券和贴现债券。

到期一次付息债券，其利息于债券到期日随本金一并支付，债券利息总额为债券面值与票面利率及期限的乘积，一般不计复利。分期付息债券，指利息每隔一段时间支付一次的债券。例如，每年付息一次或每半年付息一次。贴现债券，其没有规定票面利率，是以低于面值的价格发行，债券到期时按面值偿还本金，面值与发行价格之间的差额就是债券的利息。

（2）按债券本金的偿还方式分类，债券可分为到期一次还本债券和分期还本债券。

到期一次还本债券，指债券发行企业于债券到期日一次将本金全部归还给债券持有人的债券。分期还本债券，指债券本金分期分批进行偿还的债券。

（3）按特殊偿还方式分类，债券可分为可赎回债券和可转换债券。

可赎回债券，指在债券发行条款中约定发行企业具有通知赎回权的债券。对于这种债券，发行企业有权在债券到期日之前按照特定的价格提前赎回。可转换债券，指在债券发行条款中约定，债券发行后的特定时期内，债券持有人可以按一定价格或比例将所持有的债券转换为发行企业的其他证券，主要是权益性证券，即普通股股票。

（4）按债券发行有无担保分类，债券可分为有担保债券和无担保债券。

有担保债券又称为抵押债券，指以特定财产作为担保品，以保证其还本付息的债券。其中，以房地产等不动产作为担保品的，称为不动产抵押债券；以商品等动产作为担保品的，称为动产抵押债券；以股票及其他债券等有价证券作为担保品的，称为证券信托债券。一旦债券发行人违约，可以将担保品变卖处置，以保证债权人的优先求偿权。

无担保债券又称为信用债券，指没有任何特定的财产作为担保品，单靠发行企业信誉而发行的债券。

二、公司债券的发行价格

公司债券一般应载明发行企业的名称、债券面值、利率、还本期限及还本方式、利息支付方式等基本内容，以及其他约定条件，而这些内容是在债券发行准备阶段就确定下来的，其一经确定向上申报获准后便不得进行变更。因此，理论上说，债券的发行价格就是其面值，发行企业负担的利息费用就是债券的面值与票面利率的乘积。但是，由于债券发行过程中的审批、承销、印刷等环节均需要一定时日，加之资金市场的多变性，往往造成债券正式发行时，资金市场上的借贷资本利率可能已经发生变化，投资人实际要求的投资报酬率，即市场利率或实际利率与票面利率产生偏差，从而使债券发行企业调整债券发行价格，导致债券发行价格与其面值之间产生差异。

（一）面值发行

如果债券正式发行时，实际利率与其票面利率一致，则债券就可以按面值发行。此时，发行企业实际负担的利息费用也与票面利息一致。

（二）溢价发行

如果实际利率低于票面利率，致使发行企业在债券计息期内，将以高于实际利率的票面利率支付债券利息。为弥补发行企业的"损失"，发行企业通常会以高于面值的价格来出售债券，称为债券的溢价发行，发行价格超过面值的部分称为债券溢价。债券溢价的实质是对债券利息的调整，以使发行企业实际负担的利息费用接近于债券发行时的市场利率水平。也就是说，债券溢价是发行企业为今后多付利息而预先得到的"补偿"。

（三）折价发行

如果实际利率高于票面利率，致使发行企业在债券计息期内，只须以低于实际利率的票面利率来支付债券利息。为吸引投资者，弥补投资者的"损失"，发行企业通常会以低于面值的价格来出售债券，称为债券的折价发行，发行价格低于面值的部分称为债券折价。与债券溢价相同，债券折价的实质也是对债券利息的调整。对发行企业来说，债券折价是发行企业为今后少付利息而预先付出的"代价"或称为给投资者的"补偿"。

综上所述，债券发行企业在债券计息期内，其实际负担的利息费用应与发行时的实际利率相一致，而并非等于债券面值按票面利率计算的票面利息。但由于债券契约中规定，发行企业应按票面利息支付给投资者，为了平衡发行企业与投资者的利息费用和利息收入，使两者能够与债券发行时的实际利率吻合，往往需要通过债券的折价或溢价来对票面利息进行调整。因此，债券的发行价格实际上等于发行企业未来偿还债券本金及利息的现金流量按发行时的市场利率或实际利率计算的现值。

三、公司债券的会计处理

企业应设置"应付债券"科目核算企业为筹集长期资金而发行债券的本金和利息,该科目可分别设置"面值""利息调整""应计利息"等进行明细核算。

(一)公司债券发行的会计处理

公司债券作为企业金融工具的组成部分,在初始确认时,应按公允价值计量。无论债券是按面值发行,还是溢、折价发行,均应按实际收到金额借记"银行存款"等科目,按债券的票面金额贷记"应付债券——面值"科目,两者的差额借记或贷记"应付债券——利息调整"科目。

对于债券发行过程中产生的佣金、手续费、律师费、广告费等发行费用,在初始计量时,应通过"应付债券——利息调整"科目计入债券的初始计量金额。在债券的存续期间内,和溢(折)价一样,通过摊销,分别计入财务费用或相关资产成本。

【例 13-4】中航制造于 20×2 年 1 月 1 日发行 5 年期、面值为 5 000 万元的公司债券,票面利率为 6%,按年付息,到期一次还本。假设债券发行时的实际利率也为 6%,债券发行价格为 5 000 万元,不考虑发行费用等因素。据此应作会计分录为:

  借:银行存款   50 000 000
    贷:应付债券——面值   50 000 000

【例 13-5】承【例 13-4】,假设债券发行时的实际利率为 5%,债券发行价格为 52 164 500 元。据此应作会计分录为:

  借:银行存款   52 164 500
    贷:应付债券——面值   50 000 000
       ——利息调整   2 164 500

【例 13-6】承【例 13-4】,假设债券发行时的实际利率为 7%,债券发行价格为 47 950 000 元。据此应作会计分录为:

  借:银行存款   47 950 000
    应付债券——利息调整   2 050 000
    贷:应付债券——面值   50 000 000

(二)公司债券存续期内的会计处理

公司发行债券后,在债券的存续期内,应按债券契约中约定的票面利率在付息日向债券持有人支付利息。如果公司债券按面值平价发行,由于此时债券不存在溢、折价摊销和利息调整等问题,其票面利息即为债券发行企业实际负担的利息费用,因而会计处理较为简单,通常在债券付息日按实际支付的票面利息金额,借记"财务费用"科目,贷记"银行存款"科目。

【例 13-7】承【例 13-4】,该公司于第一个付息日应作会计分录为:

  借:财务费用   3 000 000

贷：银行存款　　　　　　　　　　　　　　　　　　　　　　　3 000 000

但由于前述实际利率与票面利率的差异，导致债券的溢、折价发行，就会使得发行企业实际支付给债券持有人的票面利息金额既不能代表债权人实际得到的投资报酬，也不能反映企业使用借贷资金的实际成本。因此，债券存续期内，企业还应根据发行的溢、折价对应列计的实际利息费用进行调整。对于按溢价或折价发行的债券而言，在债券存续期内，债券付息日的会计处理主要包括债券票面利息的支付和债券、溢折价的摊销两方面。

对债券溢、折价的摊销应采用实际利率法。溢、折价摊销及利息调整计算公式为

当期实际负担的利息费用 = 债券本期期初账面价值（摊余成本）× 实际利率

当期溢价摊销额 = 当期票面利息 - 当期实际负担的利息费用

当期折价摊销额 = 当期实际负担的利息费用 - 当期票面利息

会计处理上，应区别债券利息支付方式的不同分别处理。

对于分期付息债券，各付息日的溢价摊销，应按企业实际支付给债券持有人的票面利息金额贷记"银行存款"科目，按摊余成本和实际利率计算确定的实际负担利息费用借记"财务费用""在建工程"等科目，两者的差额，即溢价摊销金额借记"应付债券——利息调整"科目；折价摊销，应按票面利息金额贷记"银行存款"科目，按实际负担利息费用借记"财务费用"等科目，两者的差额，即折价摊销金额贷记"应付债券——利息调整"科目。

对于到期一次付息债券，各计息日的溢价摊销，应按企业实际支付给债券持有人的票面利息金额贷记"应付债券——应计利息"科目，按摊余成本和实际利率计算确定的实际负担利息费用借记"财务费用""在建工程"等科目，两者的差额，即溢价摊销金额借记"应付债券——利息调整"科目；折价摊销，应按票面利息金额贷记"应付债券——应计利息"科目，按实际负担利息费用借记"财务费用"等科目，两者的差额，即折价摊销金额贷记"应付债券——利息调整"科目。

为便于发行企业更准确地进行利息调整的核算，通常会编制"债券溢（折）价摊销表"，据以进行债券存续期内每个付息期的溢折价摊销。

【例 13-8】 承【例 13-5】，以实际利率法摊销债券溢价 2 164 500 元，编制债券溢价摊销表计算各期摊销金额，如表 13-2 所示。

表 13-2　债券溢价摊销表　　　　　　　　　　　　　　　　　单位：元

付息日	票面利息 ① = 面值 ×6%	实际利息 ② = ⑤ ×5%	溢价摊销 ③ = ① - ②	未摊销溢价 ④ = ④ - ③	期末摊余成本 ⑤ = ⑤ - ③
20×2 年 01 月 01 日				2 164 500	52 164 500
20×2 年 12 月 31 日	3 000 000	2 608 225	391 775	1 772 725	51 772 725
20×3 年 12 月 31 日	3 000 000	2 588 636	411 364	1 361 361	51 361 361
20×4 年 12 月 31 日	3 000 000	2 568 068	431 932	929 429	50 929 429
20×5 年 12 月 31 日	3 000 000	2 546 471	453 529	475 900	50 475 900
20×6 年 12 月 31 日	3 000 000	2 524 100*	475 900	0	50 000 000

＊注：考虑了计算过程中出现的尾差。

根据表 13-2，公司于 20×2 年 12 月 31 日第一个付息日应作会计分录为：

借：应付债券——利息调整　　　　　　　　　　　　　　　391 775
　　财务费用　　　　　　　　　　　　　　　　　　　　2 608 225
　　贷：银行存款　　　　　　　　　　　　　　　　　　　3 000 000

以后各付息日均作类似分录。但是，随着摊余成本的变化，以后每期确认的实际利息费用和溢价摊销金额会发生相应变化。依据溢价摊销表所示，该债券溢价总额通过 5 个付息日的调整，全部摊销完毕。

【例 13-9】承【例 13-6】，以实际利率法摊销债券折价 2 050 000 元，编制债券折价摊销表计算各期摊销金额，如表 13-3 所示。

表 13-3　债券折价摊销表　　　　　　　　　　　　　　　　单位：元

付　息　日	票面利息 ①=面值×6%	实际利息 ②=⑤×7%	折价摊销 ③=②-①	未摊销折价 ④=④-③	期末摊余成本 ⑤=⑤+③
20×2 年 01 月 01 日				2 050 000	47 950 000
20×2 年 12 月 31 日	3 000 000	3 356 500	356 500	1 693 500	48 306 500
20×3 年 12 月 31 日	3 000 000	3 381 455	381 455	1 312 045	48 687 955
20×4 年 12 月 31 日	3 000 000	3 408 157	408 157	903 888	49 096 112
20×5 年 12 月 31 日	3 000 000	3 436 728	436 728	467 160	49 532 840
20×6 年 12 月 31 日	3 000 000	3 467 160*	467 160	0	50 000 000

*注：考虑了计算过程中出现的尾差。

根据表 13-3，公司于 20×2 年 12 月 31 日第一个付息日应作会计分录为：

借：财务费用　　　　　　　　　　　　　　　　　　　　3 356 500
　　贷：银行存款　　　　　　　　　　　　　　　　　　　3 000 000
　　　　应付债券——利息调整　　　　　　　　　　　　　　356 500

以后各付息日均作类似分录。但是，随着摊余成本的变化，以后每期确认的实际利息费用和折价摊销金额会发生相应变化。依据折价摊销表所示，该债券折价总额通过 5 个付息日的调整，全部摊销完毕。

若将【例 13-5】、【例 13-6】中债券的利息支付方式均改为到期一次支付，则每年年末的会计处理将发生变化。以【例 13-8】中 20×2 年 12 月 31 日为例，中航制造应作会计分录为：

借：应付债券——利息调整　　　　　　　　　　　　　　　391 775
　　财务费用　　　　　　　　　　　　　　　　　　　　2 608 225
　　贷：应付债券——应计利息　　　　　　　　　　　　　3 000 000

而在【例 13-9】中，中航制造应作会计分录为：

借：财务费用　　　　　　　　　　　　　　　　　　　　3 356 500
　　贷：应付债券——应计利息　　　　　　　　　　　　　3 000 000
　　　　　　　——利息调整　　　　　　　　　　　　　　356 500

（三）公司债券清偿的会计处理

公司债券的清偿属于金融负债的终止确认，即将金融负债从企业的账户和资产负债表内予以转销。CAS22 规定，金融负债的现时义务全部或部分已经解除的，才能对其全部或部分终止确认。

一般来说，公司债券规定有明确的到期日，届时债券发行企业应按债券契约的条款偿还债券的本金，如为到期一次还本付息债券，还应同时偿还应付的利息，从而解决企业对债权人的现时义务。但鉴于部分公司债券可在市场上公开交易，还有部分公司债券的发行条款中附带有可提前赎回的内容，因此，也存在公司债券提前清偿的情况。现分述如下。

1. 公司债券的到期清偿

对于到期一次还本付息的债券，发行企业应于债券到期日支付债券本息时，按应偿付的本金额借记"应付债券——面值"科目，按应付未付利息金额借记"应付债券——应计利息"科目，按实际支付的还款额贷记"银行存款"科目。

对于分期付息到期一次还本的债券，由于各期利息已提前发放，发行企业于债券到期日通常只需支付最后一期的利息并偿还本金。即按应偿付的本金额借记"应付债券——面值"科目，按最后一期的实际利息费用借记"财务费用"等科目，按实际支付的还款额，即债券的本金额与最后一期的票面利息之和，贷记"银行存款"科目，借贷方差额即尚未摊销完的债券溢（折）价，借记或贷记"应付债券——利息调整"科目。

【例 13-10】承【例 13-8】，中航制造于 20×6 年 12 月 31 日债券到期日，应作会计分录为：

借：应付债券——面值　　　　　　　　　　　　　50 000 000
　　　　　　——利息调整　　　　　　　　　　　　475 900
　　财务费用　　　　　　　　　　　　　　　　　2 524 100
　　贷：银行存款　　　　　　　　　　　　　　　　　53 000 000

【例 13-11】承【例 13-9】，中航制造于 20×6 年 12 月 31 日债券到期日，应作会计分录为：

借：应付债券——面值　　　　　　　　　　　　　50 000 000
　　财务费用　　　　　　　　　　　　　　　　　3 467 160
　　贷：银行存款　　　　　　　　　　　　　　　　　53 000 000
　　　　应付债券——利息调整　　　　　　　　　　　467 160

2. 公司债券的提前清偿

公司债券提前清偿，指债券发行后，在到期日之前就偿还本金。提前清偿的方式主要有两种：一是对于在证券市场上公开交易的公司债券，发行企业可从市场上提前购回并予以注销；二是对于可赎回债券，其发行条款中明确规定了发行企业有权于一定期间按一定价格提前赎回。

根据 CAS22 的规定，上述两种情况均属于企业回购金融负债。若企业将某批公司债券全部提前清偿，应于清偿日即回购（赎回）日，按债券的账面价值与支付的回购（赎回）

款项之间的差额,确认计入当期损益。若企业将某批公司债券部分提前清偿,则应当在回购(赎回)日,按照继续确认部分和终止确认部分的相对公允价值,将该批公司债券整体的账面价值进行分配。分配给终止确认部分的账面价值与支付的对价之间的差额,计入当期损益。

【例13-12】中航制造20×2年1月3日以5 300 000元的价格赎回了公司曾发行的面值为5 000 000元、期限为5年的分期付息债券。截止到20×1年12月31日,该债券的摊余成本为5 181 400元。假设不考虑其他税费等因素。中航制造赎回日应作会计分录为:

```
借:应付债券——面值                    5 000 000
        ——利息调整                     181 400
    财务费用                             118 600
    贷:银行存款                                   5 300 000
```

除上述公司债券的会计处理外,企业还应当设置"企业债券备查簿",详细登记每一企业债券的票面金额、债券票面利率、还本付息期限与方式、发行总额、发行日期和编号、委托代售单位、转换股份等资料。企业债券到期结清时,应当在备查簿内逐笔注销。

四、可转换公司债券

(一)可转换公司债券的含义和性质

企业在发行债券的有关条款中,若规定债券持有者可以在一定期间之后,按规定的转换比率或转换价格,将所持有的公司债券转换为发行企业的普通股,这种公司债券称为可转换公司债券,简称可转债。

企业发行可转债对投资者与发行企业均具有较大的吸引力。对投资者而言,购买可转债一方面可以保证债权人的利益,因为可转债作为债券的一种,其持有人对发行企业具有强制性的契约要求权,从而使债权人的地位得到保障。而且债券利息收入固定,如果企业进行清算还有权要求本金优先清偿,风险较小。另一方面,投资者如果按规定在有利的时机将债券转换为股票,也可使其享受股东分享股利及股票增值利益的权利。也正因为如此,这种债券通常票面利率较低,如果发行企业盈利不多,股票市价不坚挺,债权人不得不持有至到期,这也是可转债的不足之处。对发行企业而言,由于可转债的票面利率较低,发行企业的利息支出相对较少,则发行债券的资金成本较低。此外,在市场条件不利、发行企业财务结构不健全、信用地位不稳定的情况下,直接发行股票融资不一定有好的效果,以一般市场利率发行债券也恐难实施,而以发行债券形式并附加转换权利,让投资者不需追加投资的情况下将债券转换为股票,取得股东的权益,有助于吸引投资者,也有利于债券的发行,从而保障发行企业资金的供给,达到筹集资金的目的。

(二)可转换公司债券发行价格的确定

可转债的发行价格一般由两部分组成:一是负债成分,即债券面值及票面利息按实际利率折算的现值；一是权益成分，即转换权的价值。转换权之所以有价值，是因为当股价上涨时，债券持有人可按原定转换比率将公司债券转换为股票，从而获得股票增值的利益。如可转换公司债券发行条款中约定面值为 100 元的债券，在可转换期内可转换为 5 股普通股。债券转换期初，该公司股票市价为 16 元/股，此时债券持有人不会行使转换权。若后期该公司股票市价上涨至 30 元/股，债券持有人通过债券转换获得 5 股普通股的市值为 150 元，从而通过行使转换权获得 50 元的收益。而从发行企业角度出发，转换权的价值是发行可转债所得款超出同类无转换权债券发行所得款项的差额。

（三）可转换公司债券的会计处理

企业应在"应付债券"科目下设置"可转换公司债券"明细科目核算发行可转债中的负债成分，即债的价值。

1. 可转换公司债券发行及溢折价摊销的会计处理

企业发行可转债，应在其初始确认时就将债券包含的债券的价值与转换权的价值分别入账，其中，债券的价值，即可转换债分拆后的负债成分，与其他公司债券相同，是对未来债券现金流量按发行时的实际利率进行折现后计算确定的现值。该部分价值计入"应付债券"科目；转换权价值，即可转换债分拆后的权益成分，其计量金额应为发行价格总额扣除债券价值后的余额，该部分价值计入"其他权益工具"科目，因为债券附有转换权，其票面利率可以相对较低，或者在同一票面利率下以较高的价格出售，以产生利益，这就是转换权的经济价值，核算时列为其他权益工具。发行可转债所发生的交易费用，应当在其负债成分和权益成分之间按各自的相对公允价值进行分摊。

【例 13-13】中航制造经批准于 20×1 年 1 月 1 日按面值发行 2 亿元的可转换公司债券。该债券为 5 年期，票面年利率为 6%，每年末付息一次，到期一次还本，款项已收存银行。同时规定，债券发行 1 年后允许按债券账面价值转换为该公司普通股股票，初始转股价为每股 20 元，每股面值 1 元。该公司发行可转换公司债券时，与之类似的不附转换权的债券市场利率为 9%。

20×1 年 1 月 1 日发行可转债时，应作会计分录为：

借：银行存款	200 000 000
应付债券——可转换公司债券（利息调整）	23 320 000
贷：应付债券——可转换公司债券（面值）	200 000 000
其他权益工具	23 320 000

注：可转债负债成分的初始入账价值 = 200 000 000×（P/F,9%,5）+200 000 000×6%×（P/A,9%,5）=200 000 000×0.65+200 000 000×6%×3.89=176 680 000（元）

可转债权益成分的初始入账价值 =100 000 000−176 680 000=23 320 000（元）

可转债的负债成分，在债券未转换为股份前，其存续期内的会计核算与一般债券相同。

承【例 13-13】，该公司应于 20×1 年 12 月 31 日支付利息时，应作会计分录为：

借：财务费用	15 901 200
贷：银行存款	12 000 000

　　　　应付债券——可转换公司债券（利息调整）　　　　　　　　　3 901 200

其中：实际利息费用 15 901 200 元 = 摊余成本 176 680 000 元 × 实际利率 9%

2. 可转换公司债券转换的会计处理

当可转债持有人行使转换权利，将其持有的债券转换为股票时，须将债券的负债成分的余额，包括尚未摊销的溢折价、债券面值等予以转销；同时，应将权益成分的金额一并转销。对于债券面额不足转换 1 股股份的部分，企业应当以现金偿还。

具体会计处理时，应按转换部分对应的债券面值借记"应付债券——可转换公司债券（面值）"科目，按对应的未摊销溢、折价借记或贷记"应付债券——可转换公司债券（利息调整）"科目；同时，按转换部分对应的权益成分金额，借记"其他权益工具"科目，按照股票面值与实际转换的股数计算股票面值总额，贷记"股本"科目，如用现金支付不可转换部分金额的，还应贷记"库存现金"或"银行存款"等科目，按借贷方的差额贷记"资本公积——股本溢价"科目。

【例 13-14】承【例 13-13】，假定 20×2 年 1 月 1 日，债券持有人将可转换公司债券全部转换为该公司普通股股票，该批可转债全部被转换为普通股共计 9 029 060 股（180 581 200/20×1）。此时，债券负债成分的账面价值为 180 581 200 元，其中包括债券面值 200 000 000 元，未摊销折价 19 418 800 元。据此应作会计分录为：

借：应付债券——可转换公司债券（面值）　　　　　200 000 000
　　其他权益工具　　　　　　　　　　　　　　　　 23 320 000
　贷：股本　　　　　　　　　　　　　　　　　　　　　9 029 060
　　　资本公积——股本溢价　　　　　　　　　　　　194 872 140
　　　应付债券——可转换公司债券（利息调整）　　　 19 418 800

若可转债在转换期没有全部转换为股票，则未转换股份的可转债到期还本付息，仍应当比照一般债券进行会计处理。

第五节　预计负债

由于预计负债的产生主要与或有事项相关，因此，本节首先介绍或有事项。

一、或有事项的含义和特征

（一）或有事项的含义

或有事项，指过去的交易或事项形成的，其结果须由某些未来事项的发生或不发生才能决定的不确定事项。例如，未决诉讼或仲裁、债务担保、产品质量保证（含产品安全保证）、承诺、亏损合同、重组义务、环境污染整治等均属于或有事项。

或有事项与不确定性联系在一起，但在会计处理过程中存在的不确定性并不都形成或有事项。例如，折旧的提取虽然涉及对固定资产净残值和使用寿命的估计，带有一定的不确定性，但固定资产原值本身是确定的，其价值最终要转移到产品中也是确定的，因此，固定资产折旧不是或有事项。

（二）或有事项的特征

1. 或有事项由过去的交易或事项形成

或有事项的现存状况是过去的交易或事项引起的客观存在。例如，产品质量保证是企业对已售出商品或已提供劳务的质量提供的保证，不是为尚未出售商品或尚未提供劳务的质量提供的保证；未决诉讼虽然是正在进行中的诉讼，但该诉讼是企业因过去的经济行为导致起诉其他单位或被其他单位起诉，这是现存的一种状况而不是未来将要发生的事项。基于这一特征，未来可能发生的自然灾害、交通事故、经营亏损等，不属于或有事项。

2. 或有事项的结果具有不确定性

或有事项的结果具有不确定性，指或有事项的结果是否发生具有不确定性，或者或有事项的结果预计将会发生，但发生的具体时间或金额具有不确定性。例如，为其他单位提供债务担保，如果被担保方到期无力还款，那么担保方将负连带责任；对于担保方而言，担保事项构成其或有事项，但最后它是否应履行连带责任，在担保协议达成时是不能确定的。再例如，某企业因生产排污治理不力并对周围环境造成污染而被起诉，如无特殊情况，该企业很可能败诉；但是，在诉讼成立时，该企业因败诉将支出多少金额或支出发生在何时，是难以确知的。或有事项的这种不确定性，是其区别于其他不确定性会计事项的重要特征。

3. 或有事项的结果由未来事项决定

或有事项的结果，在或有事项发生时是难以证实的。这种不确定性的消失，只能由未来不确定事项的发生或不发生才能决定。例如，债务担保事项只有在被担保方到期无力还款时担保企业才履行连带责任，如果被担保单位经营情况和财务状况良好，且有较好的信用，那么企业将不需要履行该连带责任。或有事项的结果由未来发生的事项证实，说明或有事项具有时效性，即随着影响或有事项结果的因素发生变化，或有事项最终会转化为确定事项。

由上可知，或有事项的结果可能会形成企业的或有资产或或有负债。或有资产，指过去的交易或事项形成的潜在资产，其存在须通过未来不确定事项的发生或不发生予以证实。或有负债，指过去的交易或事项形成的潜在义务，其存在须通过未来不确定事项的发生或不发生予以证实；或者过去的交易或事项形成的现时义务，履行该义务不是很可能导致经济利益流出企业或该义务的金额不能可靠计量。按 CAS13 的规定，企业不应当确认或有资产和或有负债。只有符合有关条件时，才能将或有事项确认为预计负债。

二、预计负债的确认

预计负债指过去的交易或事项形成的现时义务,履行该义务很可能导致经济利益流出企业且该义务的金额能够可靠地计量。CAS13 规定,与或有事项相关的义务同时满足下列条件的,应当确认为预计负债。

(1)该义务是企业承担的现时义务。
(2)履行该义务很可能导致经济利益流出企业。
(3)该义务的金额能够可靠地计量。

在理解预计负债的确认条件时,应注意以下两点。

第一,预计负债是企业承担的现时义务而非潜在义务。

第二,企业履行与或有事项相关的现时义务时,导致经济利益流出企业的可能性超过 50%,即经济利益流出企业的可能性小于或等于 50%时,不应确认为预计负债。履行或有事项相关义务导致经济利益流出的可能性,通常按照下列情况加以判断。

扩展阅读 13-6

预计负债为何确认为非流动负债

扩展阅读 13-7

预计负债的确认与计量教学视频

结果的可能性	对应的概率区间
基本确定	大于 95% 但小于 100%
很可能	大于 50% 但小于或等于 95%
可能	大于 5% 但小于或等于 50%
极小可能	大于 0 但小于或等于 5%

三、预计负债的计量

预计负债的计量主要涉及两个问题:一是最佳估计数的确定;二是预期可获得的补偿。

(一)最佳估计数的确定

预计负债应当按照履行相关现时义务所需支出的最佳估计数进行初始计量。最佳估计数应当分别以下列几种情况进行确定。

(1)所需支出存在一个连续范围,且该范围内各种结果发生的可能性相同的,最佳估计数应当按照该范围内的中间值确定。

【例 13-15】中航制造因合同违约而涉及一桩诉讼案,截至当年末,公司仍未接到法院的判决。但根据法律顾问的判断,最终很可能对自身不利,赔偿金额可能是 100 万元至 120 万元之间的某一金额。则中航制造应在年底确认一项预计负债,其金额计算如下:

(1 000 000+1 200 000)/2=1 100 000(元)

(2)在其他情况下,最佳估计数应当分别下列情况处理。

①或有事项涉及单个项目的,按照最可能发生金额确定。
②或有事项涉及多个项目的,按照各种可能结果及相关概率计算确定。

【例 13-16】中航制造销售产品 500 台,销售额为 2 亿元。其产品质量保证条款规定:

产品售出后 1 年内,如发生正常质量问题,公司将免费负责修理。根据以往的经验,如果出现较小的质量问题,则发生的修理费为销售额的 1%;如果出现较大的质量问题,则发生的修理费为销售额的 2%。据预测,在本年度已售产品中,有 90% 不会发生质量问题,有 8% 将发生较小质量问题,有 2% 将发生较大质量问题。则年末中航制造应确认的预计负债金额为

(200 000 000×1%)×8%+(200 000 000×2%)×2%=240 000(元)

企业在确定最佳估计数时,应当综合考虑与或有事项有关的风险、不确定性和货币时间价值等因素。货币时间价值影响重大的,如油气井及相关设施或核电站的弃置费用等,应当通过对相关未来现金流出进行折现后确定最佳估计数。

(二)预期可获得的补偿

企业清偿预计负债所需支出全部或部分预期由第三方补偿的,补偿金额只有在基本确定能够收到时才能作为资产单独确认,并且确认的金额不应当超过预计负债的账面价值。

可能获得补偿的情形通常有:①发生交通事故时,企业可以从保险公司获得一定的赔偿;②在某些诉讼中,企业可以通过反诉的方式对索赔人或第三方另行提出赔偿要求;③在债务担保业务中,企业在履行担保义务的同时,通常可以向被担保企业提出额外追偿要求。

【例 13-17】中航制造因或有事项确认了一项负债 50 万元;同时,因该或有事项,公司还可从保险公司获得 40 万元的赔偿,且这项金额基本确定能收到。

在这种情况下,中航制造应分别确认一项负债 50 万元和一项资产 40 万元,而不能只确认一项金额为 10 万元的负债。若中航制造可以从保险公司获得 60 万元的赔偿,其确认的资产不应超过所确认的负债的账面价值,应为 50 万元。

企业应当在资产负债表日对预计负债的账面价值进行复核。有确凿证据表明该账面价值不能真实反映当前最佳估计数的,应当按照当前最佳估计数对该账面价值进行调整。

四、预计负债的核算

对于发生的预计负债,在会计上通过设置"预计负债"科目进行总分类核算,并按形成预计负债的交易或事项进行明细核算。企业按规定的预计项目和预计金额确认的预计负债,借记"管理费用""销售费用""营业外支出"等科目,贷记"预计负债"科目;实际偿付的负债,借记"预计负债"科目,贷记"银行存款"等科目。根据确凿证据需要对已确认的预计负债进行调整的,调整增加的预计负债,借记有关科目,贷记"预计负债"科目;调整减少的预计负债作相反的会计分录。

目前,属于预计负债核算范围的主要包括企业确认的对外提供担保、未决诉讼、产品质量保证、重组义务、亏损性合同等很可能产生的负债。

(一)对外提供担保和未决诉讼

企业在开展经营活动的过程中,若为其他单位提供债务担保,将会导致企业可能需要履行偿还债务的连带责任。企业有时也会因过去的经济行为被其他单位起诉,从而产生败诉的可能。在会计期末,如果有证据表明企业很可能履行偿还债务的连带责任或在未决诉讼中很可能败诉,企业应将其确认为预计负债。

【例13-18】中航制造因与甲公司签订了互相担保协议,而成为相关诉讼的第二被告。截至当年的12月31日,诉讼尚未判决。但是,由于甲公司经营困难,中航制造很可能要承担还款连带责任。据预计,中航制造承担还款金额200万元责任的可能性为60%,而承担还款金额100万元责任的可能性为40%。

中航制造因连带责任而承担了现时义务,该义务的履行很可能导致经济利益流出企业,且该义务的金额能够可靠地计量。根据CAS13的规定,中航制造应在当年12月31日确认一项预计负债200万元(最可能发生金额,且假定中航制造不承担诉讼费用),并作如下会计分录:

借:营业外支出——非常损失　　　　　　　　　　　　　　2 000 000
　　贷:预计负债——对外提供担保　　　　　　　　　　　　2 000 000

【例13-19】11月20日,工商银行批准中航制造的信用贷款申请,同意向其贷款2 000万元,期限1年,年利率7%。次年的11月20日,该借款到期。中航制造具有还款能力,但因与工商银行之间存在其他经济纠纷,而未按时归还该贷款,并且没有达成新的协议。12月25日,工商银行向法院提起诉讼。截至12月31日,法院尚未对该诉讼进行审理。

如无特殊情况,中航制造很可能败诉。为此,公司预计将要支付的罚息、诉讼费等费用估计为24万元至28万元之间(假定支付的诉讼费为3万元)。次年的12月31日,中航制造应作会计分录为:

借:管理费用——诉讼费　　　　　　　　　　　　　　　　　30 000
　　营业外支出——非常损失　　　　　　　　　　　　　　　230 000
　　贷:预计负债——未决诉讼　　　　　　　　　　　　　　260 000

(二)产品质量保证

为了增加产品的竞争力,企业通常会在销售产品时随附书面担保,保证产品质量良好或保证在规定期限内,产品如发生不属于使用上的损坏、故障等质量问题,销货企业将提供免费修理服务或更换零配件等。保修费用和调换损失通常发生在企业销售产品以后的会计期间,但根据配比原则,这项费用应与其相应的产品销售收入相配比,从当期销售收入中得到补偿。预计的保修费用和调换损失构成了企业对购货者的一种负债,这项负债在发生时没有确定的债权人,也没有确定的负债金额,企业只能根据担保的内容和规定期限,凭借以往的经验予以合理的估计。

【例13-20】中航制造销售产品300件,保修期为2年,估计保修期内产品的返修率为1%,返修一件产品的平均费用为10 000元。应作会计处理如下。

（1）预计该年度产品质量保证债务时，应作会计分录为：

借：销售费用 30 000
　　贷：预计负债——产品质量保证 30 000

（2）产品出售以后，本年度为保修服务而用现金支付劳务费12 000元，领用维修材料3 000元。应作会计分录为：

借：预计负债——产品质量保证 15 000
　　贷：库存现金 12 000
　　　　原材料 3 000

（三）重组义务

重组指企业制定和控制的，将显著改变企业组织形式、经营范围或经营方式的计划实施行为。属于重组的事项主要包括：①出售或终止企业的部分经营业务；②对企业的组织结构进行较大调整；③关闭企业的部分营业场所，或者将营业活动由一个国家或地区迁移到其他国家或地区。

扩展阅读13-8

重组与企业合并的区别

CAS13规定：企业承担的重组义务满足预计负债确认条件时，应当确认为一项预计负债。同时存在下列情况时，表明企业承担了重组义务：①有详细、正式的重组计划，包括重组涉及的业务、主要地点、需要补偿的员工人数及其岗位性质、预计重组支出、计划实施时间等；②该重组计划已对外公告。

企业应当按照与重组有关的直接支出确定预计负债金额。其中，直接支出指企业重组必须承担的支出，不包括员工岗前培训、市场推广、新系统和营销网络投入等支出。

【例13-21】 中航制造进行内部机构调整，计划关闭一个事业部，并将重组计划告知该事业部的人员。预计遣散相关人员将发生支出2 000 000元，应作会计分录为：

借：营业外支出——非常损失 2 000 000
　　贷：预计负债——重组义务 2 000 000

（四）亏损性合同

CAS13规定：待执行合同变成亏损合同的，该亏损合同产生的义务满足预计负债确认条件的，应当确认为预计负债，但企业不应当就未来经营亏损确认为预计负债。待执行合同指合同各方尚未履行任何合同义务或部分地履行了同等义务的合同，如商品买卖合同、劳务合同、租赁合同等，均属于待执行合同；亏损合同指履行合同义务不可避免会发生的成本超过预期经济利益的合同。

待执行合同变成亏损合同时，有合同标的资产的，应当先对标的资产进行减值测试并按规定确认减值损失，如预计亏损超过该减值损失，应将超过部分确认为预计负债；无合同标的资产的，亏损合同相关义务满足预计负债确认条件时，应当确认为预计负债。

【例13-22】 中航制造与乙公司签订合同，销售10件商品，合同价格每件110 000元，单位成本为每件125 000元。

（1）如果签订合同时商品不存在，中航制造应确认预计负债，并作如下会计处理：

①确认预计负债时，应作会计分录为：

借：营业外支出——非常损失　　　　　　　　　　　　150 000
　　贷：预计负债——亏损性合同　　　　　　　　　　　　150 000

②商品完工验收入库时，应作会计分录为：

借：库存商品　　　　　　　　　　　　　　　　　　1 250 000
　　贷：生产成本　　　　　　　　　　　　　　　　　　1 250 000
借：预计负债——亏损性合同　　　　　　　　　　　　150 000
　　贷：库存商品　　　　　　　　　　　　　　　　　　　150 000

（2）如果签订合同时商品已经存在，即存在标的资产，中航制造不确认预计负债，只需按照"存货准则"的要求进行减值测试，并计提减值损失。应作会计分录为：

借：资产减值损失——存货减值损失　　　　　　　　　150 000
　　贷：存货跌价准备　　　　　　　　　　　　　　　　150 000

第六节　其他非流动负债

一、长期应付款

长期应付款，指企业除长期借款和应付债券以外的其他各种长期应付款项，如以分期付款方式购入固定资产、无形资产等发生的长期应付账款等。在性质上，其属于金融工具中的其他金融负债。企业应设置"长期应付款"科目核算上述长期应付款项，该科目应当按照长期应付款的种类和债权人进行明细核算。

企业购买资产有可能延期支付有关价款。如果延期支付的购买价款超过正常的信用条件，实质上就具有了融资性质。此时，所购资产的成本应当以延期支付购买价款的现值为基础确定。例如，针对分期付款购入固定资产业务的会计处理中，应按购买价款的现值借记"固定资产"等科目，按应支付的价款总额贷记"长期应付款"科目，两者之间的差额，借记"未确认融资费用"科目。企业应当在信用期内采用实际利率法对未确认融资费用进行摊销，计入相关资产成本或当期损益。长期应付款的具体核算已在本教材第七章"固定资产"中阐述，此处不赘述。

二、专项应付款

专项应付款指企业取得的国家指定为资本性投入的具有专项或特定用途的款项，如属于工程项目的资本性拨款。该科目应当按照拨入资本性投资项目的种类进行明细核算。

企业收到资本性拨款时，借记"银行存款"科目，贷记"专项应付款"科目。将专项或特定用途的拨款用于工程项目时，借记"在建工程"等科目，贷记"银行存款"等科目。工程项目完工，形成固定资产的部分，借记"专项应付款"科目，贷记"资本公积——其他资本公积"科目；对未形成固定资产需要核销的部分，借记"专项应付款"科目，贷记"在建工程"等科目；拨款结余需要返还的，借记"专项应付款"科目，贷记"银行存款"等科目。

【例 13-23】中航制造于 20×2 年 1 月收到国家拨入的用于技术改造的专项拨款 250 万元，企业以 190 万元购入技术改造项目所需设备（需安装），同时发生各项安装和技术改造所需费用 50 万，该技术改造项目于 20×3 年年末完成，并按规定将拨款余额上缴国家。

（1）收到国家专项拨款时，应作会计分录为：

借：银行存款　　　　　　　　　　　　　　　　　　　　2 500 000
　　贷：专项应付款　　　　　　　　　　　　　　　　　　2 500 000

（2）以专项拨款购入设备时，应作会计分录为：

借：在建工程　　　　　　　　　　　　　　　　　　　　1 900 000
　　贷：银行存款　　　　　　　　　　　　　　　　　　　1 900 000

（3）以专项拨款支付各项技术改造费用时，应作会计分录为：

借：在建工程　　　　　　　　　　　　　　　　　　　　　500 000
　　贷：银行存款　　　　　　　　　　　　　　　　　　　　500 000

（4）技术改造项目完工时，应作会计分录为：

借：固定资产　　　　　　　　　　　　　　　　　　　　2 400 000
　　贷：在建工程　　　　　　　　　　　　　　　　　　　2 400 000
借：专项应付款　　　　　　　　　　　　　　　　　　　2 400 000
　　贷：资本公积——其他资本公积　　　　　　　　　　　2 400 000

（5）按规定将剩余专项拨款上缴国家时，应作会计分录为：

借：专项应付款　　　　　　　　　　　　　　　　　　　　100 000
　　贷：银行存款　　　　　　　　　　　　　　　　　　　　100 000

三、递延所得税负债

递延所得税负债指根据应纳税暂时性差异计算的未来期间应付所得税的金额。它产生于应纳税暂时性差异，因应纳税暂时性差异在转回期间将增加企业的应纳税所得额和应交所得税，从而导致企业经济利益的流出，因此在其发生的当期，构成企业应支付税金的义务，应作为一项非流动负债予以确认。企业应设置"递延所得税负债"科目核算企业递延所得税负债的发生和转回，其借方发生额反映当期递延所得税负债的转回金额，贷方发生额反映当期递延所得税负债的发生金额，期末贷方余额反映企业已确认的递延所得税负债的余额。

关于该业务的具体核算，可参见本系列教材《税务会计学》中"所得税会计"的相关内容。

练习题

练习题 1

一、目的：
练习借款费用的核算。

二、资料：
中原装备拟建造一栋厂房，预计工期为 2 年，有关资料如下。

（1）中原装备于 20×2 年 1 月 1 日为该项工程专门借款 3 000 万元，借款期限为 3 年，年利率 6%，利息按年支付。

（2）工程建设期间占用了两笔一般借款，具体如下。

① 20×1 年 12 月 1 日向某银行借入长期借款 4 000 万元，期限为 3 年，年利率为 9%，利息按年于每年年初支付。

② 20×2 年 7 月 1 日按面值发行 5 年期公司债券 3 000 万元，票面年利率为 8%，利息按年于每年年初支付，款项已全部存入银行。

（3）工程于 20×2 年 1 月 1 日开始动工兴建，工程采用出包方式建造，当日支付工程款 1 500 万元。工程建设期间的支出情况如下。

20×2 年 7 月 1 日：3 000 万元。

20×3 年 1 月 1 日：2 000 万元。

20×3 年 7 月 1 日：3 000 万元。

截至 20×3 年末，工程尚未完工。其中，由于施工质量问题，工程于 20×2 年 8 月 1 日至 11 月 30 日停工 4 个月。

（4）专门借款中未支出部分全部存入银行，假定月利率为 0.5%。假定全年按照 360 天计算，每月按照 30 天计算。

三、要求：

（1）计算 20×2 年利息资本化和费用化的金额并编制会计分录。

（2）计算 20×3 年利息资本化和费用化的金额并编制会计分录。

练习题 2

一、目的：
练习长期借款的核算。

二、资料：
中原装备于 20×2 年 1 月 1 日向银行借入 3 年期长期借款 500 万元，年利率为 8%，每年末付息一次，到期偿还本金，但实际取得借款金额为 487.3 万元。该借款用于公司厂房的建造，公司厂房于 20×3 年末完工并交付使用。假设建造期间的借款费用全部资本化，不考虑闲置专门借款资金的利息收入或投资收益；同时经测算，该笔借款的实际利率约为 9%。

三、要求：

编制中原装备相关的会计分录。

练习题 3

一、目的：

练习债券溢价发行、溢价摊销及到期清偿的核算。

二、资料：

中原装备于 20×2 年 1 月 1 日发行 5 年期公司债券，面值 10 000 000 元，票面利率 8%，每年末付息一次，到期一次还本。发行时市场利率为 6%，发行价格为 10 842 920 元。

三、要求：

（1）编制有关债券发行时的会计分录。

（2）按实际利率法编制债券溢价摊销表，并编制每期支付利息及溢价摊销会计分录。

（3）编制到期还本付息的会计分录。

练习题 4

一、目的：

练习债券折价发行、折价摊销及到期清偿的核算。

二、资料：

中原装备于 20×2 年 1 月 1 日发行 5 年期公司债券，面值 10 000 000 元，票面利率 8%，到期一次还本付息，且利息不以复利计算。发行时市场利率为 10%，发行价格为 8 694 000 元。

三、要求：

（1）编制有关债券发行时的会计分录。

（2）按实际利率法编制债券折价摊销表，并编制每期计息及折价摊销会计分录。

（3）编制到期还本付息的会计分录。

练习题 5

一、目的：

综合练习可转换公司债券的核算。

二、资料：

中原装备在 20×2 年至 20×3 年发生如下经济业务。

（1）公司经批准于 20×2 年 1 月 1 日按面值发行分期付息、到期一次还本的可转换公司债券 1 000 万份，每份面值为 50 元，发行费用为 800 万元。募集说明书约定，该债券期限为 3 年，债券的票面年利率第一年为 1.5%、第二年为 2%、第三年为 2.5%，付息日为次年的 1 月 1 日；可转换公司债券在发行一年后可转换为中原装备的普通股，每份债券按面值可转换为 5 股普通股（每股面值 1 元）；所募集的资金专项用于生产用房的建设。债券发行时，二级市场上与之类似的不附转换权的债券市场利率为 6%，考虑发行费用后的实际年利率为 6.59%。

（2）截至20×2年12月31日，生产用房达到预定可使用状态，所募资金陆续全部用于生产用房建设。

（3）20×3年1月1日，公司支付了第一年的债券利息750万元。7月1日，由于公司股票价格涨幅较大，全部债券持有人都行使了转换权。

（4）$(P/F,6\%,1)=0.9434$，$(P/F,6\%,2)=0.89$，$(P/F,6\%,3)=0.8396$。

三、要求：

（1）分别计算中原装备发行可转换公司债券时负债成分和权益成分的公允价值及各自应分摊的发行费用。

（2）编制中原装备发行可转换公司债券时的会计分录。

（3）计算中原装备20×2年12月31日的摊余成本，并编制相关会计分录。

（4）计算中原装备20×3年6月30日的摊余成本，并编制相关会计分录。

（5）编制20×3年7月1日可转换公司债券转换为普通股股票时的会计分录。

练习题6

一、目的：

练习预计负债的核算。

二、资料：

（1）甲公司20×2年第一季度销售电脑5 000台，每台售价6 000元。甲公司电脑的质量保证条款规定：产品在售出2年内如出现非意外事件造成的故障和质量问题，公司免费负责保修。根据以往经验，发生保修费一般为销售额的1%~3%。甲公司在第一季度实际发生电脑维修费为50 000元。

（2）20×1年11月1日，甲公司从建设银行取得一笔信用贷款4 000万元，期限为1年，年利率为6.2%。20×2年11月，借款到期。甲公司具有还款能力，但因与该银行之间存在其他经济纠纷，而未按时归还贷款。银行于20×2年12月20日向法院提起诉讼。截至20×2年12月31日，法院尚未对银行的诉讼进行审理。甲公司对诉讼案件分析后认为，如无特殊情况，本公司很可能败诉，为此不仅要偿还贷款本息，还需支付罚息和承担诉讼费用，估计总额为30万~40万元之间，其中要支付的诉讼费为4万元。

三、要求：

根据以上资料，分别编制相应的会计分录。

案例分析

即测即评

准则实录

第十四章 债务重组

本章学习提示

本章重点：债务重组的含义、债务重组的方式、债务重组的会计处理

本章难点：各类债务重组中债权人和债务人的会计处理

本章导入案例

2021年10月29日，ST雪莱（股票代码：002076）发布公告，为有效解决其债务问题，减轻偿债压力，公司在2021年与36家债权人签署了债务重组的偿还协议，涉及的债务规模（债务重组前的账面金额）为838.70万元，与债权人达成的债务豁免金额为415.98万元，豁免后需偿还的债务金额为422.72万元。协议签署后，公司根据协议约定履行付款义务。截至公告披露日，上述豁免后需偿还的债务均已清偿了结。

对于该项业务，ST雪莱和其债权人分别应如何进行会计处理？债务重组对双方会产生什么样的影响？

资料来源：作者根据ST雪莱2021年10月30日"关于公司实施债务重组的公告"整理编写。

第一节 债务重组概述

一、债务重组的含义

随着市场竞争的日益激烈，企业应能够根据各种因素的变化而不断调整自身的经营策略，防范和控制经营及财务风险。但有时，由于各种因素的影响，企业可能出现资金周转不畅，暂时难以全部履行其债务责任。在这种情况下，企业的债权人一方面可以通过法律程序要求企业破产，以清偿债务；另一方面也可以通过互相协商或法院的裁定，以债务重组的方式，帮助债务人渡过难关。债务重组，指在不改变交易对手方的情况下，经债权人和债务人协定或法院裁定，就清偿债务的时间、金额或方式等重新达成协议的交易。

扩展阅读14-1

邂逅"债务重组"
教学视频

1. 关于交易对手方

债务重组是在不改变交易对手方的情况下进行的交易。在会计实务中，有时会出现第三方参与相关交易的情形，例如，中航制造从甲公司购得债权后再与债务人丙公司进行债务重组。在这种情形下，企业应当首先采用金融工具的相关准则判断债权和债务是否终止确认，再就债务重组交易，适用 CAS12 的规定。

2. 关于债权和债务的范围

债务重组中涉及的债权和债务，指 CAS22 中规范的债权和债务，即属于一方的金融资产同时又属于另一方的金融负债，不包括合同资产、合同负债、预计负债等。债务重组中涉及的债权、重组债权、债务、重组债务和其他金融工具的确认、计量和列报，适用 CAS22 和 CAS37 的规定。

3. 关于债务重组的范围

债务重组构成权益性交易的，应当适用权益性交易的有关会计处理规定，双方均不确认债务重组相关损益；债务重组中不属于权益性交易的部分，仍应当确认债务重组相关损益。债务重组构成权益性交易的情形包括：①债权人直接或间接对债务人持股，或者债务人直接或间接对债权人持股且持股方以股东身份进行债务重组；②债权人与债务人在债务重组前后均受同一方或相同多方的最终控制，且该债务重组的交易实质是债权人或债务人进行了权益性分配或接受了权益性投入。在实务中，企业在判断债务重组是否构成权益性交易时，应当遵循实质重于形式原则。

例如，中航制造是甲公司的股东，为了弥补甲公司临时性经营现金流短缺，中航制造向甲公司提供 600 万元无息借款，并约定于 8 个月后收回。当借款期满时，甲公司出现了较严重的财务困难，其他债权人对甲公司的债务普遍进行了减半的豁免，中航制造对甲公司豁免 400 万元。根据准则规定，在该例中，中航制造作为股东比其他债权人多豁免的 100 万元债务的交易应当作为权益性交易，正常豁免 300 万元债务的交易仍应当确认债务重组相关损益。

最后需要说明的是，CAS12 不强调债务重组是在债务人发生财务困难的背景下进行的，也不论债权人是否作出让步，只要债权人和债务人就债务条款重新达成了协议，就符合债务重组的定义。例如，债权人减少了债务人的部分本金和利息，或者债权人同意债务人用等值的商品抵偿到期债务，这些都属于债务重组。

扩展阅读 14-2

不强调"债务人财务困难"和"债权人让步"的原因

二、债务重组的方式

按照 CAS12 的规定，债务重组的方式主要包括以下四种。

1. 债务人以资产清偿债务

以资产清偿债务即债务人以债权人认可的资产清偿债务。债务人用于偿债的资产通常是已经在资产负债表中确认的资产，主要包括货币资金、存货、长期股权投资、固定资产、无形资产等。此外，债务人也可能以不符合确认条件而未予确认的资产清偿债务。例如，债务人以未确认的内部产生品牌清偿债务,债权人在获得的商标权符合无形资产确认条件的前提下作为无形资产核算。在少数情况下,债务人还可能以处置组(即一组资产和与这些资产直接相关的负债)清偿债务。

2. 债务人将债务转为权益工具

这里的权益工具,指根据CAS37分类为"权益工具"的金融工具。如果债权人和债务人协议以一项同时包含金融负债成分和权益成分的复合金融工具替换原债权债务,这类交易不属于此类债务重组方式。

3. 修改其他条款

修改债权和债务的其他条款指不包括上述几种方式在内的修改其他债务条款进行的债务重组,如调整债务本金、改变债务利息、调整利率、变更还款期限等。经修改其他条款的债权和债务分别形成重组债权和重组债务。

4. 组合方式

组合方式指以上两种或两种以上债务重组方式的组合。例如,债务的一部分以资产清偿,另一部分则通过修改其他债务条款清偿。

第二节 债务重组的核算

债务重组可能发生在债务到期前、到期日或到期后。债务重组日为债务重组完成日,即债务人履行协议或法院裁定,将相关资产转让给债权人、将债务转为权益工具或修改后的偿债条件开始执行的日期。由于债务重组涉及债权和债务的重新认定及清偿方式和期限等的协商,通常需要经历较长时间。只有在符合终止确认条件时才能终止确认相关债权和债务,并确认债务重组相关损益。债权人在收取债权现金流量的合同权利终止时终止确认债权,债务人在债务的现时义务解除时终止确认债务。

一、以资产清偿债务

(一)债权人的会计处理

1. 债权人受让金融资产

债权人受让包括货币资金在内的单项或多项金融资产的,应当按照CAS22的规定进行确认和计量。金融资产初始确认时应当以公允价值计量,金融资产确认金额与债权终止确认日账面价值之间的差额,记入"投资收益"科目。

2. 债权人受让非金融资产

债权人初始确认受让非金融资产的成本时,原则上应以放弃债权的公允价值为基础来确定,具体来讲:①存货的成本,包括放弃债权的公允价值及使该资产达到当前位置和状

扩展阅读14-3

以资产清偿债务的核算教学视频

态所发生的可直接归属于该资产的税金、运输费、装卸费、保险费等其他成本；②固定资产的成本，包括放弃债权的公允价值及使该资产达到预定可使用状态前所发生的可直接归属于该资产的税金、运输费、装卸费、安装费、专业人员服务费等其他成本，确定固定资产成本时，还应当考虑预计弃置费用因素；③无形资产的成本，包括放弃债权的公允价值及可直接归属于使该资产达到预定用途所发生的税金等其他成本；④投资性房地产的成本，包括放弃债权的公允价值及可直接归属于该资产的税金等其他成本。放弃债权的公允价值与账面价值之间的差额，记入"投资收益"科目。

3. 债权人受让多项资产

债权人受让多项非金融资产或包括金融资产、非金融资产在内的多项资产的，应当按照 CAS22 的规定，确认和计量受让的金融资产；按照受让的金融资产以外的各项资产在债务重组合同生效日的公允价值比例，对放弃债权在合同生效日的公允价值扣除受让金融资产当日公允价值后的净额进行分配，并以此为基础分别确定各项资产的成本。放弃债权的公允价值与账面价值之间的差额，记入"投资收益"科目。

4. 债权人受让处置组

债务人以处置组清偿债务的，债权人应当分别按照 CAS22 和其他相关准则的规定，对处置组中的金融资产和负债进行初始计量，然后按照金融资产以外的各项资产在债务重组合同生效日的公允价值比例，对放弃债权在合同生效日的公允价值及承担的处置组中负债的确认金额之和，扣除受让金融资产当日公允价值后的净额进行分配，并以此为基础分别确定各项资产的成本。放弃债权的公允价值与账面价值之间的差额，记入"投资收益"科目。

扩展阅读 14-4

债权人受让处置组例示

5. 债权人将受让的资产或处置组划分为持有待售类别

债务人以资产或处置组清偿债务，且债权人在取得日未将受让的相关资产或处置组作为非流动资产和非流动负债核算，而是将其划分为持有待售类别的，债权人应当在初始计量时，比较假定其不划分为持有待售类别情况下的初始计量金额和公允价值减去出售费用后的净额，以两者孰低计量。

（二）债务人的会计处理

债务人应当在相关资产和所清偿债务符合终止确认条件时予以终止确认，所清偿债务账面价值与转让资产账面价值之间的差额计入当期损益。

1. 债务人以金融资产清偿债务

债务人以单项或多项金融资产清偿债务的，债务的账面价值与偿债金融资产账面价值的差额，记入"投资收益"科目。偿债金融资产已计提减值准备的，应结转已计提的减值准备。对于以分类为以公允价值计量且其变动计入其他综合收益的债务工具投资清偿债务的，之前计入其他综合收益的累计利得或损失应当从其他综合收益中转出，记入"投资收益"科目。对于以指定为以公允价值计量且其变动计入其他综合收益的非交易性权益工具投资清偿债务的，之前计入其他综合收益的累计利得或损失应当从其他综合收益中转出，记入"盈余公积"和"利润分配——未分配利润"等科目。

2. 债务人以非金融资产清偿债务

债务人以单项或多项非金融资产清偿债务，或者以包括金融资产和非金融资产在内的多项资产清偿债务的，不需要区分资产处置损益和债务重组损益，也不需要区分不同资产的处置损益，而应将所清偿债务账面价值与转让资产账面价值之间的差额，记入"其他收益——债务重组收益"科目。偿债资产已计提减值准备的，应结转已计提的减值准备。

债务人以包含非金融资产的处置组清偿债务的，应当将所清偿债务和处置组中负债的账面价值之和，与处置组中资产的账面价值之间的差额，记入"其他收益——债务重组收益"科目。处置组所属的资产组或资产组组合按照CAS8分摊了企业合并中取得的商誉的，该处置组应当包含分摊至处置组的商誉。处置组中的资产已计提减值准备的，应结转已计提的减值准备。

【例14-1】甲公司欠中航制造货款共计1 400 000元，由于无法按合同规定偿还债务，经双方协议，中航制造同意减免其360 000元债务，余额用银行存款立即偿清。中航制造对该项债权计提了40 000元的坏账准备。根据上述资料，双方应进行如下有关账务处理。

（1）中航制造的会计处理为：

借：银行存款　　　　　　　　　　　　　　　　　　　　　1 040 000
　　坏账准备　　　　　　　　　　　　　　　　　　　　　　　40 000
　　投资收益　　　　　　　　　　　　　　　　　　　　　　　320 000
　贷：应收账款　　　　　　　　　　　　　　　　　　　　　1 400 000

（2）甲公司的会计处理为：

借：应付账款　　　　　　　　　　　　　　　　　　　　　1 400 000
　贷：银行存款　　　　　　　　　　　　　　　　　　　　　1 040 000
　　　投资收益　　　　　　　　　　　　　　　　　　　　　　360 000

【例14-2】8月12日，中航制造向乙公司销售一批商品，应收760万元。12月10日，双方签订债务重组合同，乙公司以一项专利权偿还该欠款。该专利权的账面余额为800万元，累计摊销额为80万元，已经计提减值准备16万元。12月15日，双方办理完该专利权的转让手续，中航制造另支付评估费用32万元，作为无形资产核算。当日，中航制造应收款项的公允价值为696万元，已经计提坏账准备56万元，乙公司应付款项的账面价值仍为760万元。假设不考虑相关税费。

（1）12月15日，中航制造取得该无形资产的成本为该债权公允价值696万元与评估费用32万元之和，合计为728万元。其会计处理为：

借：无形资产　　　　　　　　　　　　　　　　　　　　　7 280 000
　　坏账准备　　　　　　　　　　　　　　　　　　　　　　560 000
　　投资收益　　　　　　　　　　　　　　　　　　　　　　 80 000
　贷：应收账款　　　　　　　　　　　　　　　　　　　　　7 600 000
　　　银行存款　　　　　　　　　　　　　　　　　　　　　　320 000

（2）乙公司的会计处理为：

借:应付账款	7 600 000
累计摊销	800 000
无形资产减值准备	160 000
贷:无形资产	8 000 000
其他收益——债务重组收益	560 000

接本例,假设中航制造管理层决议,受让该专利权后将在半年内将其出售,当日无形资产的公允价值为 696 万元,预计未来出售该专利权时将发生 8 万元的出售费用,该专利权满足持有待售资产的确认条件。

12 月 15 日,中航制造对该专利权进行初始确认时,按照该无形资产入账 728 万元与公允价值减出售费用 688 万元孰低计量。此时,中航制造的会计处理应为:

借:持有待售资产——无形资产	6 880 000
坏账准备	560 000
资产减值损失	480 000
贷:应收账款	7 600 000
银行存款	320 000

【例 14-3】中航制造因丙公司资金周转困难,同意就应收丙公司的 400 万元账款与其签订债务重组合同。合同规定:丙公司以其一批库存商品和一项交易性金融资产偿付该项债务,相关资产转移到中航制造后,双方债权债务结清。7 月 12 日,丙公司将库存商品和交易性金融资产所有权转移至中航制造。同日,中航制造该重组债权已计提的坏账准备为 20 万元,假定该债权的公允价值为 360 万元;丙公司这批库存商品的账面余额为 200 万元,未计提存货跌价准备,公允价值为 240 万元;丙公司该项金融资产的账面价值为 80 万元,其中成本为 60 万元,公允价值变动为 20 万元,公允价值为 120 万元。中航制造取得该金融资产以后仍作为交易性金融资产核算。根据上述资料,双方应进行如下有关会计处理。

(1) 中航制造的会计处理为:

借:库存商品	2 400 000
交易性金融资产——成本	1 200 000
坏账准备	200 000
投资收益	200 000
贷:应收账款	4 000 000

扩展阅读 14-5

以库存商品抵债不能视作销售的原因

(2) 丙公司的会计处理为:

借:应付账款	4 000 000
贷:库存商品	2 000 000
交易性金融资产——成本	600 000
——公允价值变动	200 000
其他收益——债务重组收益	1 200 000

二、将债务转为权益工具

（一）债权人的会计处理

债权人对于受让的权益工具，可能确认为金融资产，也可能确认为长期股权投资。如果确认为金融资产，应当参照债务重组第一种方式，按照CAS22的规定进行确认和计量。如果确认为长期股权投资，则参照债务重组第一种方式，按照CAS2的规定进行确认和计量，即对联营企业或合营企业投资的成本，应包括放弃债权的公允价值及可直接归属于该资产的税金等其他成本；放弃债权的公允价值与账面价值之间的差额，记入"投资收益"科目。

（二）债务人的会计处理

债务人应当在所清偿债务符合终止确认条件时予以终止确认。债务人初始确认权益工具时应当按照权益工具的公允价值计量，权益工具的公允价值不能可靠计量的，应当按照所清偿债务的公允价值计量。所清偿债务账面价值与权益工具确认金额之间的差额，记入"投资收益"科目。债务人因发行权益工具而支出的相关税费等，应当依次冲减资本溢价、盈余公积、未分配利润等。

将债务转为权益工具的核算教学视频

【例14-4】20×2年2月5日，甲公司从中航制造购买一批材料，约定6个月后应结清款项1 000万元。中航制造将该应收款项分类为以公允价值计量且其变动计入当期损益的金融资产；甲公司将该应付款项分类为以摊余成本计量的金融负债。8月12日，甲公司因无法支付货款而与中航制造协商进行债务重组，双方商定中航制造将该债权转为对甲公司的股权投资。9月20日，中航制造办结了对甲公司的增资手续，甲公司和中航制造分别支付手续费等相关费用15万元和12万元。债转股后甲公司总股本为1 000万元，中航制造持有的抵债股权占甲公司总股本的30%，对甲公司具有重大影响，甲公司股权公允价值不能可靠计量。甲公司应付款项的账面价值仍为1 000万元。7月31日，应收款项和应付款项的公允价值均为850万元。8月12日，应收款项和应付款项的公允价值均为760万元。9月20日，应收款项和应付款项的公允价值仍为760万元。假定不考虑其他相关税费。

（1）中航制造的会计处理。

① 7月31日，确认公允价值变动时，应作会计分录为：

借：公允价值变动损益 1 500 000
　　贷：交易性金融资产——公允价值变动 1 500 000

② 8月12日，确认公允价值变动时，应作会计分录为：

借：公允价值变动损益 900 000
　　贷：交易性金融资产——公允价值变动 900 000

③ 9月20日，中航制造对甲公司长期股权投资的成本为应收款项公允价值760万元与相关税费12万元的合计772万元。应作会计分录为：

借：长期股权投资——甲公司	7 720 000	
交易性金融资产——公允价值变动	2 400 000	
贷：交易性金融资产——成本		10 000 000
银行存款		120 000

（2）甲公司的会计处理。

9月20日，由于甲公司股权的公允价值不能可靠计量，初始确认权益工具公允价值时应当按照所清偿债务的公允价值760万元计量，并扣除因发行权益工具支出的相关税费15万元。应作会计分录为：

借：应付账款	10 000 000	
贷：实收资本		3 000 000
资本公积——资本溢价		4 450 000
银行存款		150 000
投资收益		2 400 000

三、修改其他条款

（一）债权人的会计处理

债务重组采用以修改其他条款方式进行的，如果修改其他条款导致全部债权终止确认，债权人应当按照修改后的条款以公允价值初始计量重组债权，重组债权的确认金额与债权终止确认日账面价值之间的差额，记入"投资收益"科目。

如果修改其他条款未导致债权终止确认，债权人应当根据其分类，继续以摊余成本、以公允价值计量且其变动计入其他综合收益或以公允价值计量且其变动计入当期损益进行后续计量。对于以摊余成本计量的债权，债权人应当根据重新议定合同的现金流量变化情况，重新计算该重组债权的账面余额，并将相关利得或损失记入"投资收益"科目。重新计算的该重组债权的账面余额，应当根据将重新议定或修改的合同现金流量按债权原实际利率折现的现值确定；购买或源生的已发生信用减值的重组债权，应按经信用调整的实际利率折现。对于修改或重新议定合同所产生的成本或费用，债权人应当调整修改后的重组债权的账面价值，并在修改后重组债权的剩余期限内摊销。

（二）债务人的会计处理

债务重组采用修改其他条款方式进行的，如果对合同条款作了实质性修改，债务人应当按照公允价值计量重组债务，终止确认的原债务账面价值与重组债务确认金额之间的差额，记入"投资收益"科目。

通常认为，如果重组债务未来现金流量现值与原债务的剩余期间现金流量现值之间的差异超过10%，则意味着新的合同条款进行了实质性修改。

如果修改其他条款未导致债务终止确认或仅导致部分债务终止确认，对于未终止确认的部分债务，债务人应当根据其分类，继续以摊余成本、以公允价值计量且其变动计入当期损益或其他适当方法进行后续计量。对于以摊余成本计量的债务，债务人应当根据重新议定合同的现金流量变化情况，重新计算该重组债务的账面价值，并将相关利得或损失记入"投资收益"科目。重新计算的该重组债务的账面价值，应当根据将重新议定或修改的合同现金流量按债务的原实际利率或按《企业会计准则第 24 号——套期会计》（CAS24）第 23 条规定的重新计算的实际利率（如适用）折现的现值确定。对于修改或重新议定合同所产生的成本或费用，债务人应当调整修改后的重组债务的账面价值，并在修改后重组债务的剩余期限内摊销。

【例 14-5】20×2 年 12 月 31 日，乙公司应付中航制造票据的面值为 208 000 元。由于乙公司连年亏损，资金周转困难，不能偿付当日应支付的该票据金额，经双方协商，乙公司于 20×3 年 1 月 1 日进行债务重组。中航制造同意将该债务金额减至 160 000 元，同时以利率 5% 按年支付利息、债务到期日延长到 20×4 年 12 月 31 日。假设中航制造已对该项债权计提坏账准备 52 000 元，市场利率为 6%。

根据上述资料，双方应进行有关会计处理如下。

重组债务未来现金流量现值 = 160 000 × 5% × $(P/A,6\%,2)$ + 160 000 × $(P/F,6\%,2)$
$$= 8\,000 \times 1.833 + 160\,000 \times 0.89$$
$$= 157\,064（元）$$

现金流变化 =（208 000−157 064）/208 000 = 24.49%（大于 10%），构成新合同条款实质性修改。

（1）中航制造的会计处理。

①债务重组日原债权应终止确认，应作会计分录为：

借：应收账款——重组债权　　　　　　　　　　　　　　160 000
　　坏账准备　　　　　　　　　　　　　　　　　　　　 52 000
　　贷：应收票据　　　　　　　　　　　　　　　　　　　　208 000
　　　　投资收益　　　　　　　　　　　　　　　　　　　　　4 000

② 20×3 年 12 月 31 日收到利息 8 000 元，应作会计分录为：

借：银行存款　　　　　　　　　　　　　　　　　　　　8 000
　　贷：财务费用　　　　　　　　　　　　　　　　　　　　 8 000

③ 20×4 年 12 月 31 日收回本金和最后一年利息，应作会计分录为：

借：银行存款　　　　　　　　　　　　　　　　　　　 168 000
　　贷：应收账款——重组债权　　　　　　　　　　　　　160 000
　　　　财务费用　　　　　　　　　　　　　　　　　　　　 8 000

（2）乙公司的会计处理。

①债务重组日原债务应终止确认，应作会计分录为：

借：应付票据　　　　　　　　　　　　　　　　　　　 208 000
　　贷：应付账款——重组债务　　　　　　　　　　　　　160 000
　　　　投资收益　　　　　　　　　　　　　　　　　　　 48 000

② 20×3 年 12 月 31 日支付利息 8 000 元，应作会计分录为：

借：财务费用　　　　　　　　　　　　　　　　　　　　8 000
　　贷：银行存款　　　　　　　　　　　　　　　　　　　　8 000

③ 20×4 年 12 月 31 日偿付本金并支付最后一年利息，应作会计分录为：

借：应付账款——重组债务　　　　　　　　　　　　　160 000
　　财务费用　　　　　　　　　　　　　　　　　　　　8 000
　　贷：银行存款　　　　　　　　　　　　　　　　　　168 000

四、组合方式

（一）债权人的会计处理

债务重组采用组合方式进行的，一般可以认为对全部债权的合同条款作出了实质性修改，债权人应当按照修改后的条款，以公允价值初始计量重组债权和受让的新金融资产，按照受让的金融资产以外的各项资产在债务重组合同生效日的公允价值比例，对放弃债权在合同生效日的公允价值扣除重组债权和受让金融资产当日公允价值后的净额进行分配，并以此为基础分别确定各项资产的成本。放弃债权的公允价值与账面价值之间的差额，记入"投资收益"科目。

（二）债务人的会计处理

债务重组采用组合方式进行的，对于权益工具，债务人应当在初始确认时按照权益工具的公允价值计量，权益工具的公允价值不能可靠计量的，应当按照所清偿债务的公允价值计量。对于修改其他条款形成的重组债务，债务人应当参照"修改其他条款"部分的方法，确认和计量重组债务。所清偿债务的账面价值与转让资产的账面价值及权益工具和重组债务的确认金额之和的差额，记入"其他收益——债务重组收益"或"投资收益"（仅涉及金融工具时）科目。

【例 14-6】甲公司取得乙银行贷款 5 000 万元，约定贷款期限为 4 年，20×1 年 12 月 31 日到期，年利率 6%，按年付息，甲公司已按时支付所有利息。20×1 年 12 月 31 日，甲公司出现严重资金周转困难，无法偿还贷款本金。20×2 年 1 月 10 日，乙银行同意与甲公司就该项贷款重新达成协议，新协议约定：①甲公司将一项作为固定资产核算的房产转让给乙银行，用于抵偿债务本金 1 000 万元，该房产账面原值 1 200 万元，累计折旧 400 万元，未计提减值准备；②甲公司向乙银行增发股票 500 万股，每股面值 1 元，占甲公司股份总额的 1%，用于抵偿债务本金 2 000 万元，甲公司股票于 20×2 年 1 月 10 日的收盘价为每股 4 元；③在甲公司履行上述偿债义务后，乙银行免除甲公司 500 万元债务本金，并将尚未偿还的债务本金 1 500 万元展期至 20×2 年 12 月 31 日，年利率 8%；如果甲公司未能履行①和②偿债义务，乙银行有权终止债务重组协议，尚未履行的债权调整承诺随之失效。

乙银行以摊余成本计量该贷款，已计提贷款损失准备 300 万元。该贷款于 20×2 年 1

月 10 日的公允价值为 4 600 万元，予以展期的贷款的公允价值为 1 500 万元。20×2 年 3 月 2 日，双方办理完成房产转让手续，乙银行将该房产作为投资性房地产核算。20×2 年 3 月 31 日，乙银行为该笔贷款补提了 100 万元的损失准备。20×2 年 5 月 9 日，双方办理完成股权转让手续，乙银行将该股权投资分类为以公允价值计量且其变动计入当期损益的金融资产，甲公司股票当日收盘价为每股 4.02 元。甲公司以摊余成本计量该贷款，截至 20×2 年 1 月 10 日，该贷款的账面价值为 5 000 万元。不考虑相关税费。

（1）乙银行的会计处理。

甲公司与乙银行以组合方式进行债务重组，同时涉及以资产清偿债务、将债务转为权益工具，包括债务豁免的修改其他条款等方式，可以认为对全部债权的合同条款作出了实质性修改。债权人在收取债权现金流量的合同权利终止时，应当终止确认全部债权，即在 20×2 年 5 月 9 日该债务重组协议的执行过程和结果不确定性消除时，可以确认债务重组相关损益，并按照修改后的条款确认新金融资产。

① 3 月 2 日，确认投资性房地产成本时：

投资性房地产成本＝放弃债权公允价值－受让股权公允价值－重组债权公允价值
$$=4\,600-2\,000-1\,500$$
$$=1\,100（万元）$$

借：投资性房地产　　　　　　　　　　　　　　　　　　　　　　11 000 000
　　贷：贷款——本金　　　　　　　　　　　　　　　　　　　　　　11 000 000

② 3 月 31 日，计提贷款损失准备时：

借：信用减值损失　　　　　　　　　　　　　　　　　　　　　　1 000 000
　　贷：贷款损失准备　　　　　　　　　　　　　　　　　　　　　　1 000 000

③ 5 月 9 日，完成股权转让手续时：

受让股权的公允价值＝4.02×500＝2 010（万元）

借：交易性金融资产　　　　　　　　　　　　　　　　　　　　　20 100 000
　　贷款——本金（重组债权）　　　　　　　　　　　　　　　　　15 000 000
　　贷款损失准备　　　　　　　　　　　　　　　　　　　　　　　4 000 000
　　贷：贷款——本金　　　　　　　　　　　　　　　　　　　　　　39 000 000
　　　　投资收益　　　　　　　　　　　　　　　　　　　　　　　　　100 000

（2）甲公司的会计处理。

该债务重组协议的执行过程和结果不确定性于 20×2 年 5 月 9 日消除时，债务人清偿该部分债务的现时义务已经解除，可以确认债务重组相关损益，并按照修改后的条款确认新金融负债。

① 3 月 2 日，完成房产转让手续时：

借：固定资产清理　　　　　　　　　　　　　　　　　　　　　　8 000 000
　　累计折旧　　　　　　　　　　　　　　　　　　　　　　　　　4 000 000
　　贷：固定资产　　　　　　　　　　　　　　　　　　　　　　　　12 000 000
借：长期借款——本金　　　　　　　　　　　　　　　　　　　　　8 000 000
　　贷：固定资产清理　　　　　　　　　　　　　　　　　　　　　　8 000 000

② 5月9日，完成股权转让手续时：

借款的新现金流量现值 =1 500×（1+8%）/（1+6%）=1 528.3（万元）

现金流变化 =（1 528.3-1 500）/1 500=1.9%（小于10%）

因此，针对1 500万元本金部分的合同条款的修改不构成实质性修改，不终止确认该部分负债。

借：长期借款——本金　　　　　　　　　　　　　　　　42 000 000
　　贷：股本　　　　　　　　　　　　　　　　　　　　5 000 000
　　　　资本公积——资本溢价　　　　　　　　　　　　15 100 000
　　　　长期借款——本金　　　　　　　　　　　　　　15 283 000
　　　　其他收益——债务重组收益　　　　　　　　　　 6 617 000

在本例中，即使没有"甲公司未能履行①和②所述偿债义务，乙银行有权终止债务重组协议，尚未履行的债权调整承诺随之失效"的条款，债务人仍然应当谨慎处理，考虑在债务的现时义务解除时终止确认原债务。

练习题

练习题1

一、目的：

练习以资产清偿债务进行债务重组的核算。

二、资料：

甲公司欠中原装备货款600 000元。由于甲公司发生财务困难，短期内不能支付已于当年8月1日到期的货款。8月10日，经双方协商，中原装备同意甲公司以其生产的产品偿还债务。该产品的公允价值为400 000元，实际成本为240 000元。中原装备于8月20日收到甲公司抵债的产品，并将其作为库存商品入库；中原装备已对该项应收账款计提了100 000元的坏账准备；当日应收款项的公允价值为480 000元。假设不考虑其他相关税费。

三、要求：

（1）编制债权人中原装备的相关会计分录。

（2）编制债务人甲公司的相关会计分录。

练习题2

一、目的：

练习将债务转为权益工具进行债务重组的核算。

二、资料：

2月10日，中原装备销售一批产品给乙公司，应收账款为22 000 000元，合同约定6个月后结清款项。6个月后，由于乙公司资金周转问题，乙公司无法支付货款，故与中原装备协商进行债务重组。经双方协商，中原装备同意乙公司以其股权抵偿该项货款。中原装备已对该项应收账款计提了 1 000 000 元的坏账准备，此时应收款项的公允价值为 20 000 000 元。假设转账后乙公司注册资本为 50 000 000 元，净资产公允价值为 80 000 000 元，抵债股权占乙公司注册资本的 25%。相关手续已办理完毕，假定不考虑其他相关税费。

三、要求：
（1）编制债权人中原装备的相关会计分录。
（2）编制债务人乙公司的相关会计分录。

练习题 3

一、目的：
练习修改其他条款进行债务重组的核算。

二、资料：
20×2 年 12 月 31 日，中原装备持有丙公司签发的面值 400 000 元、票面利率 8% 的商业汇票到期。该票据累计应计利息 32 000 元。丙公司因财务困难无力偿还，双方已将该债务（权）转为应付（收）账款。经双方协商，于 20×3 年 1 月 1 日进行债务重组。中原装备同意免去丙公司所欠全部利息，同时将票面利率由 8% 降至 6%，同时，将债务到期日延长至 20×4 年 12 月 31 日，利息按年支付，本金到期支付。假设中原装备已对该债权计提了 80 000 元的坏账准备，债务重组后债务的公允价值为 400 000 元。

三、要求：
（1）编制债权人中原装备的相关会计分录。
（2）编制债务人丙公司的相关会计分录。

练习题 4

一、目的：
综合练习债务重组业务。

二、资料：
中原装备和丁公司在 20×1 年至 20×2 年发生如下经济业务。

（1）中原装备 20×1 年 9 月 1 日向丁公司销售一批商品，价款 240 万元；丁公司以一张面值 240 万元、票面年利率为 6%、期限 3 个月的商业承兑汇票支付货款。12 月 1 日，丁公司因资金周转困难无法承兑其商业汇票。当年年底，中原装备对该应收账款计提 20 万元的坏账准备。

（2）20×2 年 1 月 1 日，双方协商进行债务重组。中原装备同意将债务本金减至 200 万元，免除其以前所欠全部利息，并将债务到期日延长到当年 6 月 30 日；但年利率提高到 8%，按季度支付利息、到期还本。20×2 年 4 月 1 日，丁公司如约向中原装备支付了第一季度利息。

（3）20×2 年 7 月 1 日，丁公司仍不能偿付所欠款项。双方再次达成债务重组协议，丁公司以一项固定资产偿还欠款。该固定资产账面价值为 180 万元，已计提折旧和减值准备分别为 80 万元和 20 万元。当日，双方办理完产权转让手续，中原装备以银行存款支付评估费 12 万元。中原装备当日应收款项的公允价值为 168 万元，已计提坏账准备 8 万元。

三、要求：

（1）计算 20×2 年 1 月 1 日中原装备、丁公司各自应确认的重组损益并编制相关的会计分录。

（2）计算 20×2 年 7 月 1 日中原装备、丁公司各自应确认的重组损益并编制相关的会计分录。

案例分析

即测即评

准则实录

第十五章 股份支付

本章学习提示

本章重点：股份支付的含义，股份支付的确认、计量与核算
本章难点：限制性股票的核算、集团股份支付的处理

本章导入案例

航天彩虹（股票代码：002389）为了进一步健全公司长效激励机制，吸引和留住优秀人才，发布了20×2年股权激励计划，向公司高管及核心骨干共计272名激励对象定向增发A股限制性股票916.15万股，授予日为20×3年1月11日，授予价格为12.80元/股。该次授予的限制性股票自授予完成登记之日起24月后分三期解除限售，比例分别为33%、33%、34%。公司层面业绩条件包括净资产收益率、净利润增长率等指标完成情况，个人层面要求解除限售比例与激励对象上一年度绩效考核结果挂钩。该激励计划的实施将对航天彩虹的财务状况和业绩产生怎样的影响？如果航天彩虹的净资产收益率等业绩指标未达到预期，激励对象可能会有什么损失？

资料来源：作者根据航天彩虹无人机股份有限公司2022年"关于向激励对象授予限制性股票的公告"整理编写。

第一节 股份支付概述

一、股份支付的概念及特征

（一）股份支付的概念

股份支付，指企业为获取职工和其他方提供服务而授予权益工具或承担以权益工具为基础确定的负债的交易。这里的权益工具，指企业自身权益工具，包括企业本身、企业的母公司或同一集团其他会计主体的权益工具。

（二）股份支付的特征

1. 股份支付是企业与职工或其他方之间发生的交易

以股份为基础进行支付，可能发生在企业与股东之间、合并交易中的合并方与被合并方之间或企业与职工及其他方之间，只有发生在企业与其职工或向企业提供服务的其他方之间的交易，才可能符合股份支付的定义。

2. 股份支付以获取职工或其他方服务为目的

企业的股份支付交易意在获取其职工或其他方提供的服务（费用）或取得这些服务的权利（资产），企业获取这些服务或权利的目的是为了更好地从事生产经营，而不是转手获利。

3. 股份支付交易的对价或其定价与企业自身权益工具未来的价值密切相关

在股份支付中，企业向职工支付其自身的权益工具或向职工支付一笔金额根据企业自身权益工具的公允价值进行结算的现金，因此，股份支付交易的对价或其定价与企业自身权益工具未来的价值密切相关。

二、股份支付的分类

（一）按照支付的对象划分

（1）换取职工服务的股份支付。例如，企业实施股权激励计划，高管服务满两年即可获取企业一定数量的股份。

（2）换取其他方服务的股份支付。换取其他方服务的股份支付是企业与其他投资者、客户之间的购买行为，以股份作为对价进行结算，不属于职工薪酬的内容。例如，北京华夏科创仪器股份有限公司在定向发行时，将其中 185 186 股折抵 100 万元，用以支付主办券商中金公司的挂牌财务顾问费，其余费用以现金形式支付。

（二）按照支付的方式划分

（1）以权益结算的股份支付。以权益结算的股份支付指企业为获取服务而以股份或其他权益工具为对价进行结算的交易。例如，某企业规定服务满 3 年的核心技术人员即可以以低于市价 30% 的价格购买 10 000 股本公司的股票。

以权益结算的股份支付最常用的工具包括两类：限制性股票和股票期权。

①限制性股票指职工或其他方按照股份支付协议规定的条款和条件，从企业获得的部分权利受到限制的本公司股票。部分权利受限包括在解除限售前不得转让、用于担保或偿还债务。

②股票期权指企业授予职工或其他方在未来一定期限内以预先确定的价格和条件购买本企业一定数量股票的权利，它实质上是向授予对象定向发行的认购权证。授予对象获得的股票期权不得转让、用于担保或偿还债务等。

扩展阅读 15-1

股票期权与限制性股票的比较

限制性股票和股票期权除了所使用的工具不同外，在授予价格、公允价值的确定、会计核算等方面也各有不同的特点。在实务中，多数上市公司的股权激励方案采用限制性股票或股票期权中的一种，也有公司同时采用两种工具。

（2）以现金结算的股份支付。以现金结算的股份支付指企业为获取服务而承担的以股份或其他权益工具为基础计算的交付现金或其他资产的义务的交易。例如，某公司规定服务满3年的高管可以获得10 000份现金股票增值权，即根据股价的增长幅度获得现金。

以现金结算的股份支付最常用的工具有两类：模拟股票和现金股票增值权。

①模拟股票指企业授予职工或其他方一种"虚拟"的股票，授予对象可以据此享受一定数量的股价升值收益。

②现金股票增值权是一种虚拟的股票期权，是公司给予职工或其他方的一种权利，不实际买卖股票，仅通过模拟股票市场价格变化的方式，在规定时间内获得规定数量的股票股价上升所带来的收益。

模拟股票和股票增值权是用现金支付模拟的股票或期权，即与股票、期权挂钩，但用现金支付。除了不需要实际授予股票和持有股票之外，模拟股票的运作原理与限制性股票是一样的。除不需实际行权和持有股票之外，股票增值权的运作原理与股票期权是一样的，都是一种增值权形式的与股票价值挂钩的工具。

三、股份支付的四个主要环节

以薪酬性股票期权为例，典型的股份支付通常涉及四个主要环节：授予日、可行权日、行权日和出售日。四个环节如图 15-1 所示。

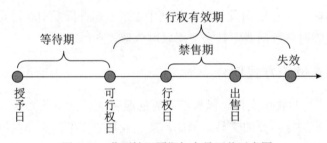

图 15-1　薪酬性股票期权交易环节示意图

1. 授予日

授予日，指股份支付协议获得批准的日期。其中"获得批准"，指企业与职工或其他方就股份支付的协议条款和条件已达成一致，该协议获得股东大会或类似机构的批准。这里的"达成一致"，指在双方对该计划或协议内容充分形成一致理解的基础上，均正式接受其条款和条件。如果按照相关法规的规定，在提交股东大会或类似机构之前存在必要程序或要求，则应首先履行该程序或满足该要求。

在授予激励对象股票期权后，公司按照股票期权代码向有关部门申请办理股票期权授

扩展阅读15-2

授予日的确定

予登记,将拟授予的股票期权登记在激励对象的证券账户内。授予日、股票期权授予登记完成日都是实施股权激励计划的重要时点。例如,等待期的计算,有的公司以授予日作为起算时点,有的公司以股票期权授予登记完成日作为起算时点。

2. 可行权日

可行权日,指可行权条件得到满足、职工或其他方具有从企业取得权益工具权利的日期。

从授予日至可行权日的时段,可行权条件尚未满足,激励对象没有权利获得权益工具,因此称为"等待期"或"行权限制期"。

3. 行权日

行权日,指职工和其他方行使权利、获取现金或权益工具的日期。例如,20×2年3月1日持有股票期权的核心技术人员以每股6元的价格购买10 000股本公司股票,该日期即为行权日。行权是按期权的约定价格实际购买股票,一般是在可行权日之后至期权到期日之前的时段内选择行权。股票期权各行权期结束后,激励对象未行权的当期股票期权应当终止行权,企业应当及时注销。

4. 出售日

出售日,指职工和其他方将行使期权所取得的期权股票出售的日期。按照我国法规的规定,用于期权激励的股份支付协议,应在行权日与出售日之间设立禁售期,其中,国有控股上市公司的禁售期不得低于两年。

第二节 股份支付的确认和计量

扩展阅读 15-3

股份支付的确认与计量教学视频

一、以权益结算的股份支付的确认和计量

(一)换取职工服务的股份支付的确认和计量

换取职工服务的股份支付,应当以股份支付所授予的权益工具的公允价值计量,不确认其后续公允价值变动。

企业应在等待期内的每个资产负债表日,以对可行权权益工具数量的最佳估计为基础,按照权益工具在授予日的公允价值,将当期取得的服务计入相关资产成本或当期费用,同时计入资本公积中的其他资本公积。应该注意的是:①在等待期内的每个资产负债表日进行确认和计量,授予日不做处理;②按照权益工具在授予日的公允价值进行确认和计量,不确认其后续公允价值变动;③以对可行权权益工具数量的最佳估计为基础进行确认和计量,如果后续信息表明需要调整对可行权情况估计的,应对前期估计进行修改。

对于授予后职工立即可行权的,应在授予日按照权益工具的公允价值,将取得的服务计入相关资产成本或当期费用,同时计入资本公积(股本溢价)。

（二）换取其他方服务的股份支付的确认和计量

换取其他方服务，指企业以自身权益工具换取职工以外其他特定客户为企业提供的服务。

对于换取其他方服务的股份支付，企业应当以股份支付所换取的服务的公允价值计量。一般而言，职工以外的其他方提供的服务能够可靠计量的，应当优先采用其他方所提供服务在取得日的公允价值；如果其他方服务的公允价值不能可靠计量，但权益工具的公允价值能够可靠计量的，应当按照权益工具在服务取得日的公允价值计量。企业应当按照其他方服务在取得日的公允价值，将取得的服务计入相关资产成本或费用。

（三）权益工具公允价值的确定

股份支付中权益工具的公允价值的确定，应当以市场价格为基础。若股份和股票期权没有活跃的交易市场，应当考虑估值技术。通常情况下，企业应当按照《企业会计准则第22号——金融工具确认和计量》（CAS22）的有关规定确定权益工具的公允价值，并根据股份支付协议条款和条件进行调整。

（1）股份。对于授予职工的股份，企业应按照其股份的市场价格计量，同时考虑授予股份所依据的条件和条款（不包括市场条件之外的可行权条件）进行调整。如果其股份未公开交易，则应按估计的市场价格计量，并考虑授予股份所依据的条件和条款进行调整。

在估计所授予股份在授予日的公允价值时，不应考虑在等待期内转让的限制和其他限制，因为这些限制是可行权条件中的非市场条件规定的。

（2）期权。对于授予职工的股票期权，如果不存在条款和条件相似的交易期权，企业应采用期权定价模型估计所授予的股票期权的公允价值。

在选择适用的期权定价模型时，企业应考虑熟悉情况和自愿的市场参与者将会考虑的因素。所有适用于估计授予职工期权的定价模型至少应考虑以下因素：①期权的行权价格；②期权期限；③基础股份的现行价格；④股价的预计波动率；⑤股份的预计股利；⑥期权期限内的无风险利率。

（四）权益工具公允价值无法可靠计量时的处理

在极少情况下，授予权益工具的公允价值无法可靠计量。当授予权益工具的公允价值无法可靠计量时，企业应当在获取对方提供服务的时点、后续的每个资产负债表日及结算日，以内在价值计量该权益工具，内在价值变动计入当期损益。

内在价值，指交易对方有权认购或取得的股份的公允价值，与其按照股份支付协议应当支付的价格间的差额。企业对上述以内在价值计量的已授予权益工具进行结算，应当遵循以下要求。

（1）结算发生在等待期内的，企业应当将结算作为加速可行权处理，即立即确认本应于剩余等待期内确认的服务金额。

（2）结算时支付的款项应当作为回购该权益工具处理，即减少所有者权益。结算支付的款项高于该权益工具在回购日内在价值的部分，计入当期损益。

（五）股票期权、限制性股票授予价的确定方法

1. 股票期权的授予价

上市公司在授予激励对象股票期权时，应当确定行权价格或行权价格的确定方法。行权价格不得低于股票票面金额，且原则上不得低于下列价格较高者。

①股权激励计划草案摘要公布前 1 个交易日的公司股票交易均价（前 1 个交易日股票交易总额/前 1 个交易日股票交易总量）。

②股权激励计划草案摘要公布前 20 个交易日、60 个交易日或 120 个交易日的公司股票交易均价（如前 20 个交易日股票交易总额/前 20 个交易日股票交易总量）。

2. 限制性股票的授予价

上市公司在授予激励对象限制性股票时，应当确定授予价格或授予价格的确定方法。授予价格不得低于股票票面金额，且原则上不得低于下列价格较高者。

①股权激励计划草案摘要前 1 个交易日公司股票交易均价（前 1 个交易日股票交易总额/前 1 个交易日股票交易总量）的 50%。

②股权激励计划草案公布前 20 个交易日、60 个交易日或 120 个交易日的公司股票交易均价（如前 20 个交易日股票交易总额/前 20 个交易日股票交易总量）之一的 50%。

上市公司采用其他方法确定股票期权、限制性股票授予价格的，应当在股权激励计划中对定价依据及定价方式作出说明。

二、现金结算的股份支付的确认和计量

企业应当在等待期内的每个资产负债表日，以对可行权情况的最佳估计为基础，按照企业承担负债的公允价值，将当期取得的服务计入相关资产成本或当期费用，同时计入负债，并在结算前的每个资产负债表日和结算日对负债的公允价值重新计算，将其变动计入损益。

对于授予后立即可行权的现金结算的股份支付（如授予虚拟股票或业绩股票的股份支付），企业应当在授予日按照企业承担负债的公允价值计入相关资产成本或费用，同时计入负债，并在结算前的每个资产负债表日和结算日对负债的公允价值重新计量，将其变动计入损益。

三、股份支付条件

（一）股份支付条件的种类

股份支付条件是股份支付协议规定的激励对象可行权或不可行权的相关条款，分为可行权条件和非可行权条件。可行权条件指能够确定企业是否得到职工或其他方提供的服务，且该服务使职工或其他方具有获取股份支付协议规定的权益工具或现金等权利的条件。不

满足上述条件的即为非可行权条件。最常用到的非可行权条件有如下3种：①取得股权后应履行的"不竞争协议"和对股权转让的限制，这种情况发生于可行权条件满足之后，因此被认定为非可行权条件；②基于商品价格指数的条件，商品价格指数的高低并不与职工或其他方向本企业提供的服务直接相关，也因此被认定为非可行权条件；③按照行权价格支付款项。可行权条件包括服务期限条件和业绩条件。

（1）服务期限条件，指激励对象完成规定服务期限才可行权的条件。例如，甲公司向某高管授予100万股股票期权，约定该高管从即日起在该公司连续服务3年，即可以每股3元的价格购买100万股该公司股票，"连续服务3年"就是服务期限条件。

（2）业绩条件，指激励对象完成规定服务期限且企业已经达到规定业绩目标才可行权的条件，具体包括市场条件和非市场条件。市场条件指行权价格、可行权条件以及行权可能性与权益工具的市场价格相关的业绩条件。例如，甲公司向某高管授予100万股股票期权，约定该高管从即日起在该公司连续服务3年，且公司股价上涨至8元/股时，即可以每股3元的价格购买100万股该公司股票，"股价上涨至8元/股"就是市场条件；非市场条件指除市场条件之外的其他业绩条件，如股份支付协议中关于达到最低盈利目标或销售目标才可行权的规定。

企业在确定权益工具授予日的公允价值时，应当考虑股份支付协议规定的可行权条件中的市场条件和非可行权条件的影响，而不考虑非市场条件的影响。但市场条件和非可行权条件是否满足，不影响企业对预计可行权情况的估计。股份支付存在非可行权条件的，只要职工或其他方满足了所有可行权条件中的非市场条件，企业应当确认已得到服务相对应的成本费用。

扩展阅读15-4

股份支付条件的种类及其影响

（二）股份支付条件的修改

通常情况下，股份支付协议生效后，不应对其条款和条件随意修改。但在某些情况下，可能需要修改授予权益工具的股份支付协议中的条款和条件。

此外，为了得到更佳的激励效果，有关法规也允许企业依据股份支付协议的规定，调整行权价格或股票期权数量，但应当由董事会作出决议并经股东大会审议批准或由股东大会授权董事会决定。

在会计上，无论已授予的权益工具的条款和条件如何修改，甚至取消权益工具的授予或结算该权益工具，企业都应至少确认按照所授予的权益工具在授予日的公允价值来计量获取的相应的服务，除非因不能满足权益工具的可行权条件（除市场条件外）而无法行权。

1. 股份支付条件的有利修改

企业应当分别以下情况，确认导致股份支付公允价值总额升高及其他对职工有利的修改的影响。

（1）如果修改增加了所授予的权益工具的公允价值，企业应按照权益工具公允价值的增加相应地确认取得服务的增加。

权益工具公允价值的增加，指修改前后的权益工具在修改日的公允价值之间的差额。

①如果修改发生在等待期内，在确认修改日至修改后的可行权日之间取得服务的公允价值时，应当既包括在剩余原等待期内以原权益工具授予日公允价值为基础确定的服务金额，也包括权益工具公允价值的增加。

②如果修改发生在可行权日之后，企业应当立即确认权益工具公允价值的增加。

③如果股份支付协议要求职工只有先完成更长期间的服务才能取得修改后的权益工具，则企业应在整个等待期内确认权益工具公允价值的增加。

（2）如果修改增加了所授予的权益工具的数量，企业应将增加的权益工具的公允价值相应地确认为取得服务的增加。

如果修改发生在等待期内，在确认修改日至增加的权益工具可行权日之间取得服务的公允价值时，应当既包括在剩余原等待期内以原权益工具授予日公允价值为基础确定的服务金额，也包括权益工具公允价值的增加。

（3）如果企业按照有利于职工的方式修改可行权条件，如缩短等待期、变更或取消业绩条件（而非市场条件），企业在处理可行权条件时，应当考虑修改后的可行权条件。

2. 股份支付条件的不利修改

如果企业以减少股份支付公允价值总额的方式或其他不利于职工的方式修改条款和条件，企业仍应继续对取得的服务进行会计处理，如同该变更从未发生，除非企业取消了部分或全部已授予的权益工具。具体包括如下几种情况。

（1）如果修改减少了所授予的权益工具的公允价值，企业应当继续以权益工具在授予日的公允价值为基础，确认取得服务的金额，而不应考虑权益工具公允价值的减少。

（2）如果修改减少了授予的权益工具的数量，企业应当将减少部分作为已授予的权益工具的取消来进行处理。

（3）如果企业以不利于职工的方式修改了可行权条件，如延长等待期、增加或变更业绩条件（而非市场条件），企业在处理可行权条件时，不应当考虑修改后的可行权条件。

例如，20×2年1月1日A公司对管理层和关键技术人员出台了激励措施：上述人员自20×2年1月1日起继续在公司服务2年、公司每股收益年均递增10%，将授予每人相当于10 000股股票于行权日对应价值的现金奖励。20×2年度每股收益下滑，A公司董事会在20×3年初决定延长服务期限条款至3年。

分析：该项激励措施属于以现金结算的股份支付。A公司以不利于职工的方式修改了可行权条件，即延长等待期，企业仍应继续对取得的服务按规定进行确认和计量，如同该变更从未发生。

（三）股份支付的取消或结算

如果企业在等待期内取消了所授予的权益工具或结算了所授予的权益工具（因未满足可行权条件而被取消的除外），企业应当采取以下方法进行处理。

（1）将取消或结算作为加速可行权处理，立即确认原本应在剩余等待期内确认的金额。

（2）在取消或结算时支付给职工的所有款项均应作为权益的回购处理，回购支付的金额高于该权益工具在回购日公允价值的部分，计入当期费用。

（3）如果向职工授予新的权益工具，并在新权益工具授予日认定所授予的新权益工具是用于替代被取消的权益工具的，企业应以处理原权益工具条款和条件修改相同的方式，对所授予的替代权益工具进行处理。

第三节 股份支付的核算

一、以权益结算的股份支付的核算

（一）股票期权的核算

扩展阅读15-5

以权益结算的股份支付教学视频

1. 授予日

企业授予激励对象股票期权的，授予日不作会计处理。

2. 等待期

企业应当在等待期内的每个资产负债表日，根据授予日权益工具的公允价值和预计可行权的权益工具数量所确定的金额，借记"管理费用"等科目，贷记"资本公积——其他资本公积"科目，不确认其后续公允价值变动。企业应当根据最新取得的可行权职工人数变动等后续信息作出最佳估计，修正预计可行权的权益工具数量，并以此为依据确认各期应分摊的费用。在可行权日，最终预计可行权权益工具的数量应当与实际可行权工具的数量一致。

3. 可行权日之后

在可行权日之后不再对已确认的成本费用和所有者权益总额进行调整。

4. 行权日

在行权日，企业根据行权情况确定股本和资本公积（股本溢价），同时结转等待期内确认的资本公积（其他资本公积）。

①企业以回购股份方式进行股票期权激励时，应按回购股份的全部支出作为库存股处理，同时进行备查登记。按照股份的行权价格借记"银行存款"科目，转销等待期内资本公积（其他资本公积）累计金额；按照交付职工的库存股成本贷记"库存股"科目，同时，按照其差额调整资本公积（股本溢价）。

②企业以定向增发方式进行股票期权激励时，按照股份的行权价格借记"银行存款"科目，转销等待期内资本公积（其他资本公积）累计金额，按照股份的面值贷记"股本"科目，同时，按照其差额调整资本公积（股本溢价）。

（二）限制性股票的核算

在实务中，越来越多上市公司实施限制性股票的股权激励安排，以非公开发行或回购股份方式向激励对象授予一定数量的公司股票，并明确授予日、限售期和解除限售安排。达到解锁条件，可以解锁；如果全部或部分股票未被解锁而失效或作废，通常由上市公司按照事先约定的价格立即进行回购。

授予激励对象限制性股票后，公司按照股票代码向有关部门申请办理限制性股票授予登记，将拟授予的限制性股票登记在激励对象的证券账户内。按照职工缴纳的认股款借记"银行存款"等科目，按照股本金额贷记"股本"科目，按照其差额贷记"资本公积——股本溢价"科目；同时，就回购义务确认负债（作收购库存股处理），按照发行限制性股票的数量及相应的回购价格计算确定的金额，借记"库存股"科目，贷记"其他应付款——限制性股票回购义务"等科目。

在等待期内的每个资产负债表日，以对可解锁限制性股票数量的最佳估计为基础，按照限制性股票在授予日的公允价值，将当期取得的服务计入相关资产成本或费用和资本公积。对于因回购产生的义务确认的负债，应当按照CAS22的相关规定进行会计处理。上市公司未达到限制性股票解锁条件而需回购的股票，按照应支付的金额，借记"其他应付款——限制性股票回购义务"等科目，贷记"银行存款"等科目；同时，按照注销的限制性股票数量相对应的股本金额，借记"股本"科目，按照注销的限制性股票数量相对应的库存股的账面价值，贷记"库存股"科目，按其差额，借记"资本公积——股本溢价"科目。上市公司达到限制性股票解锁条件而无须回购的股票，按照解锁股票相对应的负债的账面价值，借记"其他应付款——限制性股票回购义务"等科目，按照解锁股票相对应的库存股的账面价值，贷记"库存股"科目，如有差额，则借记或贷记"资本公积——股本溢价"科目。

在核算限制性股票时，应注意需要回购与无须回购的差别。对于未达到限制性股票解锁条件而须回购的股票，应进行股票回购和注销的会计处理。首先，履行的回购义务冲减相关的负债；其次，注销股本时冲减相关的权益。对于达到限制性股票解锁条件而无须回购的股票，应当按照解锁股票相对应的负债的账面价值与库存股的账面价值对冲，如有差额，调整股本溢价。

上市公司在等待期内发放限制性股票现金股利的，应视其发放的现金股利是否可撤销采取不同的方法。

（1）现金股利可撤销，即一旦未达到解锁条件，被回购限制性股票的持有者将无法获得（或需要退回）其在等待期内应收（或已收）的现金股利。

等待期内，上市公司在核算应分配给限制性股票持有者的现金股利时，应合理估计未来解锁条件的满足情况，该估计与进行股份支付会计处理时在等待期内每个资产负债表日对可行权权益工具数量进行的估计应当保持一致。对于预计未来可解锁限制性股票持有者，上市公司应分配给限制性股票持有者的现金股利应当作为利润分配进行会计处理，借记"利润分配——应付现金股利或利润"科目，贷记"应付股利——限制性股票股利"科目；同时，按分配的现金股利金额，借记"其他应付款——限制性股票回购义务"等科目，贷记"库存股"科目；实际支付时，借记"应付股利——限制性股票股利"科目，贷记"银行存款"等科目。对于预计未来不可解锁限制性股票持有者，上市公司应分配给限制性股票持有者的现金股利应当冲减相关的负债，借记"其他应付款——限制性股票回购义务"等科目，贷记"应付股利——限制性股票股利"科目；实际支付时，借记"应付股利——限制性股票股利"科目，贷记"银行存款"等科目。后续信息表明不可解锁限制性股票的数量与以前估计不同的，应当作为会计估计变更处理，直到解锁日预计不可解锁限制性股票的数量与实际未解锁限制性股票的数量一致。

（2）现金股利不可撤销，即不论是否达到解锁条件，限制性股票持有者仍有权获得（或不得被要求退回）其在等待期内应收（或已收）的现金股利。

等待期内，上市公司在核算应分配给限制性股票持有者的现金股利时，应合理估计未来解锁条件的满足情况，该估计与进行股份支付会计处理时在等待期内每个资产负债表日对可行权权益工具数量进行的估计应当保持一致。对于预计未来可解锁限制性股票持有者，上市公司应分配给限制性股票持有者的现金股利应当作为利润分配进行会计处理，借记"利润分配——应付现金股利或利润"科目，贷记"应付股利——限制性股票股利"科目；实际支付时，借记"应付股利——限制性股票股利"科目，贷记"银行存款"等科目。对于预计未来不可解锁限制性股票持有者，上市公司应分配给限制性股票持有者的现金股利应当计入当期成本费用，借记"管理费用"等科目，贷记"应付股利——限制性股票股利"科目；实际支付时，借记"应付股利——限制性股票股利"科目，贷记"银行存款"等科目。后续信息表明不可解锁限制性股票的数量与以前估计不同的，应当作为会计估计变更处理，直到解锁日预计不可解锁限制性股票的数量与实际未解锁限制性股票的数量一致。

【例15-1】20×2年1月1日，中航制造与员工签订了股份支付协议：针对200名管理人员，每人授予10 000份股票期权。行权条件为从20×2年1月1日起，上述人员必须在该公司连续服务3年，服务期满时才能以每股4元价格购买10 000股公司股票（股票面值为1元）。假设20×2年有20名管理人员离开公司，该公司估计3年中离开的管理人员比例将达到20%。20×3年又有10名管理人员离开公司，公司将管理人员离开比例修正为15%。20×4年又有15名管理人员离开公司。20×6年12月31日（第五年末），155名管理人员全部行权。

假设中航制造董事会确定的授予日为20×2年1月1日，授予员工的股票来自中航制造非公开定向发行，面值1元，该日中航制造股票期权的公允价值为每股15元。

根据上述资料，等待期内各期应确认的成本费用如表15-1所示。

表15-1 等待期内各期应确认的成本费用计算表 单位：元

年份	计算	当期费用	累计费用
20×2年	200×10 000×（1-20%）×15×1/3	8 000 000	8 000 000
20×3年	200×10 000×（1-15%）×15×2/3-8 000 000	9 000 000	17 000 000
20×4年	155×10 000×15-17 000 000	6 250 000	23 250 000

① 20×2年1月1日为授予日，企业不进行会计处理。

② 20×2年12月31日：

借：管理费用　　　　　　　　　　　　　　　　　　　　　　　　　8 000 000

贷：资本公积——其他资本公积　　　　　　　　　　　　　　　　8 000 000
③ 20×3年12月31日：
　借：管理费用　　　　　　　　　　　　　　　　　　　　　　　　9 000 000
　　　贷：资本公积——其他资本公积　　　　　　　　　　　　　　　　9 000 000
④ 20×4年12月31日：
　借：管理费用　　　　　　　　　　　　　　　　　　　　　　　　6 250 000
　　　贷：资本公积——其他资本公积　　　　　　　　　　　　　　　　6 250 000
⑤ 20×6年12月31日行权时：
　借：银行存款　　　　　　　　　　　　　　　　　　　　　　　　6 200 000
　　　资本公积——其他资本公积　　　　　　　　　　　　　　　　　23 250 000
　　　贷：股本　　　　　　　　　　　　　　　　　　　　　　　　　1 550 000
　　　　　资本公积——股本溢价　　　　　　　　　　　　　　　　　27 900 000

【例15-2】20×2年3月28日，中航制造股东大会通过了一项限制性股票激励计划，董事会确定授予日为20×2年4月1日。本计划激励对象为公司董事、高级管理人员及核心技术人员，共80人，授予股份总数为2 470万股。本激励计划的股票来源于非公开方式发行的本公司A股普通股股票，股票面值1元。本激励计划授予的限制性股票限售期自限制性股票授予之日起12个月、24个月，解除限售比例分别为50%、50%。根据公司制定的考核管理办法，在本激励计划有效期内的各年度，对所有激励对象进行考核，若激励对象上一年度个人绩效考核结果为合格，则其所获授的限制性股票按原有规定继续执行；若激励对象考核不合格，则其对应解锁期拟解锁的限制性股票由公司按授予价回购注销。假设个人绩效考核条件为非市场条件，各期行权条件相互独立，即第一期是否解锁不影响以后期间的解锁。中航制造限制性股票相关计算分析及会计处理如下。

（1）限制性股票的授予价格：

本次限制性股票授予价格不低于股票票面金额，且不低于下列价格较高者：

①本激励计划公告前1个交易日公司股票交易均价（前1个交易日股票交易总额/前1个交易日股票交易总量）每股12.70元的50%，为每股6.35元。

②本激励计划公告前20个交易日公司股票交易均价（前20个交易日股票交易总额/前20个交易日股票交易总量）每股12.76元的50%，为每股6.38元。

因此，本次限制性股票的授予价格为每股6.38元。

（2）限制性股票的公允价值：

限制性股票的公允价值为中航制造股票授予日收盘价与限制性股票授予价的差额。假设20×2年4月1日收盘价每股12.70元，则限制性股票的公允价值为每股6.32元。

（3）限制性股票的成本：

限制性股票的单位成本 = 限制性股票的公允价值 = 6.32（元）

限制性股票的总成本 = 2 470 × 6.32 = 15 610.40（万元）

第一个、第二个限售期应负担的成本 = 15 610.40 × 50% = 7 805.20（万元）

20×2年至20×4年限制性股票成本摊销情况如表15-2所示。

表 15-2　限制性股票成本摊销计算表　　　　　　　　　　单位：万元

分　　摊	第　一　期	第　二　期	合　　计
20×2 年	5 853.90	2 926.95	8 780.85
20×3 年	1 951.30	3 902.60	5 853.90
20×4 年	—	975.65	975.65
合计	7 805.20	7 805.20	15 610.40

①授予日，激励对象按授予价购买股票，办妥增资手续，公司同时确认回购义务负债：

借：银行存款　　　　　　　　　　　　　　　　　　　　　157 586 000
　　贷：股本　　　　　　　　　　　　　　　　　　　　　　24 700 000
　　　　资本公积——股本溢价　　　　　　　　　　　　　132 886 000
借：库存股　　　　　　　　　　　　　　　　　　　　　　157 586 000
　　贷：其他应付款——限制性股票回购义务　　　　　　　157 586 000

②第一年摊销限制性股票的成本时：

借：管理费用　　　　　　　　　　　　　　　　　　　　　87 808 500
　　贷：资本公积——其他资本公积　　　　　　　　　　　87 808 500

③第一期限售期满解除限售 50% 时：

借：其他应付款——限制性股票回购义务　　　　　　　　　78 793 000
　　贷：库存股　　　　　　　　　　　　　　　　　　　　78 793 000
借：资本公积——其他资本公积　　　　　　　　　　　　　78 052 000
　　贷：资本公积——股本溢价　　　　　　　　　　　　　78 052 000

④第二年摊销限制性股票的成本时，应作会计分录为：

借：管理费用　　　　　　　　　　　　　　　　　　　　　58 539 000
　　贷：资本公积——其他资本公积　　　　　　　　　　　58 539 000

⑤第三年摊销限制性股票的成本时，应作会计分录为：

借：管理费用　　　　　　　　　　　　　　　　　　　　　9 756 500
　　贷：资本公积——其他资本公积　　　　　　　　　　　9 756 500

⑥第二期限售期满解除限售 50% 时：

借：其他应付款——限制性股票回购义务　　　　　　　　　78 793 000
　　贷：库存股　　　　　　　　　　　　　　　　　　　　78 793 000
借：资本公积——其他资本公积　　　　　　　　　　　　　78 052 000
　　贷：资本公积——股本溢价　　　　　　　　　　　　　78 052 000

二、以现金结算的股份支付的核算

（一）授予日

除了立即可行权的股份支付外，企业在授予日不作会计处理。对于立即行权的股份支付，按照授予日权益工具的公允价值借记"管理费用"等科目，贷记"应付职工薪酬"科目。

(二) 等待期内的每个资产负债表日

企业应当在等待期内的每个资产负债表日，根据承担负债的公允价值和预计可行权的权益工具数量所确定的金额，借记"管理费用"等科目，贷记"应付职工薪酬"科目，确认其后续公允价值变动。企业应当根据最新取得的可行权职工人数变动等后续信息作出最佳估计，修正预计可行权的权益工具数量，并以此为依据确认各期应分摊的费用。在可行权日，最终预计可行权权益工具的数量应当与实际可行权工具的数量一致。

(三) 可行权日之后

企业在可行权日之后不再确认成本费用，负债（应付职工薪酬）公允价值的变动应当计入当期损益（公允价值变动损益）。

【例 15-3】20×2 年年末，中航制造股东大会批准一项股票增值权激励计划，为其 150 名中层以上管理人员每人授予 1 500 份现金股票增值权，这些职工从 20×3 年 1 月 1 日起在公司连续服务 3 年，即可按照当时股价的增长幅度获得现金，该增值权应在 20×7 年 12 月 31 日之前行使。中航制造估计，该增值权在负债结算之前的每一个资产负债表日及结算日的公允价值和可行权后的每份增值权现金支出，如表 15-3 所示。

表 15-3　中航制造各期增值权公允价值及支付现金一览表　　　单位：元

年　份	公允价值	支付现金
20×3	18	
20×4	20	
20×5	23	20
20×6	24	23
20×7		26

20×3 年有 10 名职工离开中航制造，公司估计 2 年中还将有 15 名职工离开；20×4 年又有 8 名职工离开，公司估计还将有 8 名职工离开；20×5 年又有 10 名职工离开。20×5 年末，有 50 人行使了股份增值权；20×6 年末有 30 人行使股份增值权；20×7 年末，剩余的 42 人也行使了股份增值权。中航制造各期确认的成本费用、负债及支付现金的计算过程如表 15-4 所示。

表 15-4　中航制造各期费用、负债及支付现金计算表　　　单位：元

年份	负债计算 (1)	支付现金计算 (2)	负债 (3)=(1)	支付现金 (4)=(2)	当期费用 (5)=(3)－上期 (3)＋本期(4)
20×3	(150−25)×1 500×18×1/3		1 125 000		1 125 000
20×4	(150−26)×1 500×20×2/3		2 480 000		1 355 000
20×5	(150−28−50)×1 500×23	50×1 500×20	2 484 000	1 500 000	1 504 000
20×6	(150−28−50−30)×1 500×24	30×1 500×23	1 512 000	1 035 000	63 000
20×7	0	42×1 500×26	0	1 638 000	126 000
总额	—	—	—	4 173 000	4 173 000

根据上述计算结果，中航制造各期的会计处理如下：

（1）20×3年12月31日，应作会计分录为：

借：管理费用　　　　　　　　　　　　　　　　　　1 125 000
　　贷：应付职工薪酬——股份支付　　　　　　　　　　　　1 125 000

（2）20×4年12月31日，应作会计分录为：

借：管理费用　　　　　　　　　　　　　　　　　　1 355 000
　　贷：应付职工薪酬——股份支付　　　　　　　　　　　　1 355 000

（3）20×5年12月31日，应作会计分录为：

借：管理费用　　　　　　　　　　　　　　　　　　1 504 000
　　贷：应付职工薪酬——股份支付　　　　　　　　　　　　1 504 000

借：应付职工薪酬——股份支付　　　　　　　　　　1 500 000
　　贷：银行存款　　　　　　　　　　　　　　　　　　　　1 500 000

（4）20×6年12月31日，应作会计分录为：

借：公允价值变动损益　　　　　　　　　　　　　　　63 000
　　贷：应付职工薪酬——股份支付　　　　　　　　　　　　　63 000

借：应付职工薪酬——股份支付　　　　　　　　　　1 035 000
　　贷：银行存款　　　　　　　　　　　　　　　　　　　　1 035 000

（5）20×7年12月31日，应作会计分录为：

借：公允价值变动损益　　　　　　　　　　　　　　　126 000
　　贷：应付职工薪酬——股份支付　　　　　　　　　　　　　126 000

借：应付职工薪酬——股份支付　　　　　　　　　　1 638 000
　　贷：银行存款　　　　　　　　　　　　　　　　　　　　1 638 000

三、集团股份支付的核算

在实务中，常见的股份支付设计方案是企业为获取职工的服务，向职工授予本身权益工具或承担以本企业权益工具为基础确定的负债，结算企业与接受服务企业是同一企业。随着我国实体经济与资本市场协同发展的不断深化，股权激励方案设计也不断丰富。母公司可以向子公司高管授予股份，这导致结算企业与接受服务企业发生了分离。即使结算企业与接受服务企业是同一企业，在企业集团内结算企业用以结算的不是自身权益工具，而是以集团内其他企业的权益工具（或以其他企业权益工具为基础的现金支付）进行结算，这将涉及到集团股份支付。在集团股份支付中，交易可能同时涉及结算企业、接受服务企业和集团内其他企业等多个主体，应关注各主体对股份支付交易类型的判断及相应的会计处理。

（一）结算企业

结算企业是最终支付现金或授予权益工具的企业，在集团股份支付实务中多是母公司为子公司高管授予股份激励,结算企业一般指母公司。对于结算企业,应当区分两种情况进行处理。

(1)结算企业以其本身权益工具结算的,应当将该股份支付交易作为权益结算的股份支付进行处理。例如,母公司将本公司的股份授予子公司高管人员。

(2)结算企业以集团内其他企业的权益工具结算的或结算企业以其本身权益工具(或其他企业的权益工具)为基础支付现金的,应当将该股份支付交易作为现金结算的股份支付进行处理。例如,母公司将持有的 A 子公司的股份授予 B 子公司高管人员;母公司将本公司的现金股票增值权授予子公司高管人员。

结算企业是母公司,接受服务企业是子公司。由于母公司承担了向子公司高管人员结算股份支付的义务,因而视为对该子公司的投入,应当按照授予日该权益工具的公允价值或应承担负债的公允价值增加对该子公司的长期股权投资成本,在该股份支付交易属于权益结算的股份支付的情况下,应当同时确认资本公积(其他资本公积);在股份支付交易属于现金结算的股份支付的情况下,应当同时确认一项负债。

(二)接受服务企业

对于接受服务企业,也应当区分两种情况进行处理。

(1)接受服务企业没有结算义务(如由母公司直接向该子公司的高管人员授予股份),或者授予本企业职工的是其本身权益工具的,应当将该股份支付交易作为权益结算的股份支付进行处理,确认所接受服务的成本费用,同时确认资本公积(其他资本公积)。

(2)接受服务企业具有结算义务,且授予本企业职工的是企业集团内其他企业权益工具的,应当将该股份支付交易作为现金结算的股份支付进行处理,确认所接受服务的成本费用,同时确认一项负债。

扩展阅读 15-6

集团股份支付交易类型的判断

(三)集团公司合并报表层面

集团公司应编制合并报表抵销分录,借记"资本公积——其他资本公积"科目,贷记"长期股权投资"科目。

【例 15-4】20×2 年 1 月 1 日,中航制造按照股权激励计划向 M 子公司及 N 孙公司的高管人员授予了中航制造限制性股票。中航制造持有 M 公司 60% 的股权,M 公司持有 N 公司 100% 的股权。在等待期,中航制造及 M 子公司和 N 孙公司对于上述交易应当如何进行处理?

分析:在等待期内,中航制造应当按照授予日权益工具的公允价值确认为对接受服务企业 M 和 N 的长期股权投资,同时确认资本公积(其他资本公积)。

M 和 N 公司作为接受服务企业由于没有结算义务,应当将该股份支付交易作为权益结算的股份支付处理确认管理费用,同时确认资本公积(其他资本公积)。

【例 15-5】20×2 年 1 月 1 日,中航制造作为 M 公司的母公司将自身的股票期权授予 M 公司 40 名高管及核心技术人员,每人 15 万份,每份期权在 20×2 年 1 月 1 日的公允价值为20元。第1年年末能够行权的条件是M公司净利润增长率要达到20%，第2年年末能够行权的条件是M公司的净利润两年平均增长率达到15%，第3年年末行权条件是M公司三年净利润平均增长率达到10%。每份期权在满足条件后，可以每股8元的价格购买中航制造1股（面值为1元）普通股股票。

20×2年M公司净利润增长率为17%，有4名管理人员离开，预计未来还有4名管理人员离开。预计第2年的净利润增长率为16%，即预计20×3年12月31日可行权。20×3年M公司净利润增长率为10%，未达到两年平均增长15%，当年又有3名管理人员离开，预计第3年还将有2名管理人员离开，且预计20×4年12月31日可行权。20×4年M公司净利润增长了8%，三年平均增长了12%，当年有3名管理人员离开。20×4年12月31日剩余管理人员全部行权。

在本例中，结算企业为母公司中航制造，接受服务企业为子公司M公司，中航制造授予M公司高管的是中航制造自身的权益工具，M公司没有结算义务，所以中航制造、M公司将该项股份支付认定为以权益结算的股份支付。

根据上述资料，中航制造和M公司对相关业务的会计处理如下。

（1）20×2年1月1日，该股票期权不能立即行权，中航制造、M公司就股票期权无须进行会计处理。

（2）20×2年12月31日：

①中航制造的处理。因估计20×3年年末即可行权，等待期为2年，所以20×2年12月31日应计入长期股权投资和资本公积的金额=（40-4-4）×15×20×1/2=4 800（万元）。据此应作会计分录为：

借：长期股权投资——M公司　　　　　　　　　　　　　　48 000 000
　　贷：资本公积——其他资本公积　　　　　　　　　　　　48 000 000

②M公司的处理。因估计20×3年年末即可行权，等待期为2年，所以20×2年12月31日应计入成本费用的金额=（40-4-4）×15×20×1/2=4 800（万元）。据此应作会计分录为：

借：管理费用　　　　　　　　　　　　　　　　　　　　　48 000 000
　　贷：资本公积——其他资本公积　　　　　　　　　　　　48 000 000

（3）20×3年12月31日：

①中航制造的处理。预计20×4年年末可行权，因此等待期调整为3年，20×3年应计入长期股权投资和资本公积的金额=（40-4-3-2）×15×20×2/3-4 800=1 400（万元）。据此应作会计分录为：

借：长期股权投资——M公司　　　　　　　　　　　　　　14 000 000
　　贷：资本公积——其他资本公积　　　　　　　　　　　　14 000 000

②M公司的处理。预计20×4年年末可行权，因此等待期调整为3年，20×3年应计入成本费用的金额=（40-4-3-2）×15×20×2/3-4 800=1 400（万元）。据此应作会计分录为：

借：管理费用　　　　　　　　　　　　　　　　　　　　　14 000 000
　　贷：资本公积——其他资本公积　　　　　　　　　　　　14 000 000

（4）20×4年12月31日：

①中航制造的处理。20×4年应计入长期股权投资和资本公积的金额=（40-4-3-3）×15×20-（4 800+1 400）=2 800（万元）。据此应作会计分录为：

借：长期股权投资——M公司　　　　　　　　　　　　　　　　28 000 000
　　贷：资本公积——其他资本公积　　　　　　　　　　　　　　28 000 000
借：银行存款　　　　　　　　　　　　　（30×150 000×8）36 000 000
　　资本公积——其他资本公积　　　　　　　　　　　　　　　　90 000 000
　　贷：股本　　　　　　　　　　　　　　（30×150 000×1）4 500 000
　　　　资本公积——股本溢价　　　　　　　　　　　　　　　　121 500 000

②M公司的处理。20×4年应计入成本费用的金额=（40-4-3-3）×15×20-（4 800+1 400）=2 800（万元）。据此应作会计分录为：

借：管理费用　　　　　　　　　　　　　　　　　　　　　　　　28 000 000
　　贷：资本公积——其他资本公积　　　　　　　　　　　　　　28 000 000

练习题

练习题1

一、目的：

练习以现金结算的股份支付的核算。

二、资料：

20×1年11月，中原装备董事会批准了一项股份支付协议。协议规定，20×2年1月1日，公司为其200名中层以上管理人员每人授予100份现金股票增值权，这些管理人员必须在公司连续服务3年，即自20×4年12月31日起可以根据股价的增长幅度行权获得现金。该股票增值权应在20×6年12月31日之前行使完毕。中原装备估计，该股票增值权在负债结算之前每一个资产负债表日及结算日的公允价值和可行权后的每份股票增值权现金支出如表15-5所示。

表15-5　中原装备各期增值权公允价值及支付现金一览表　　　　单位：元

年　份	公允价值	支付现金
20×2	15	
20×3	16	
20×4	18	16
20×5	21	20
20×6		25

第1年有20名管理人员离开中原装备，公司估计未来两年中还将有15名管理人员离开；第2年又有10名管理人员离开，公司估计未来还将有10名管理人员离开；第3年又

有15名管理人员离开。假定：第3年年末有70人行使了股票增值权，第4年年末有50人行使了股票增值权，第5年年末剩余35人全部行使了股票增值权。

三、要求：

根据以上资料，计算中原装备各期应承担的负债金额，并编制相关会计分录。

练习题 2

一、目的：

练习以权益结算的股份支付的核算。

二、资料：

20×2年1月1日，中原装备向其500名管理人员每人授予100股股票期权，这些管理人员从20×2年1月1日起在该公司连续服务满3年，即可以5元/股的价格购买100股中原装备股票（每股股票面值为1元），这些股票期权自授予日起即被锁定。公司估计该期权在授予日的公允价值为18元/股。

第1年有20名管理人员离开公司，中原装备估计3年中离职的人数为75人；第2年又有22名管理人员离开公司，公司将估计的离职人数调整为60人；第3年又有20名管理人员离开。假设20×6年12月31日438名管理人员全部行权。

三、要求：

根据以上资料，计算中原装备各期应承担的费用，并编制相关会计分录。

练习题 3

一、目的：

练习以权益结算的股份支付的核算。

二、资料：

20×2年1月1日，中原装备向其100名管理人员每人授予1万股限制性股票（每股股票面值为1元），授予日为20×2年1月1日，授予日中原装备股票收盘价为12元/股，限制性股票公允价值为6元/股，授予价为6元/股，该激励计划的股票来源于非公开方式发行的中原装备普通股股票。授予日，100名管理人员全部出资认购，中原装备收到全部认购款项600万元，存入银行，并履行了相关的增资手续，授予股票被锁定在激励对象的证券账户内，在解除限售前不得转让、用于担保或偿还债务。根据激励计划，这些管理人员从20×2年1月1日起在中原装备连续服务满3年的，所授予的限制性股票将于20×5年1月1日全部解锁；期间离职的，中原装备将按照原授予价格每股6元回购。激励对象所获授的限制性股票，享有中原装备股票应有的权利，但获得的现金股利由公司代管，作为应付股利在解锁时向激励对象支付；对于未能解锁的限制性股票，中原装备在回购股票时应扣除激励对象已享有的该部分现金股利（即现金股利可撤销）。

假设20×2年有5名管理人员离开公司，中原装备估计3年中离开的管理人员达到10名，当年宣告发放现金股利1元/股；20×3年又有2名管理人员离开公司，公司将管理人员离开人数调整为8人，当年宣告发放现金股利1.2元/股；20×4年没有管理人员离开公司，当年宣告发放现金股利 1.5 元/股；20×5 年 1 月 1 日，93 名管理人员全部行权。假设每年分派现金股利和回购股票均在年末进行。

三、要求：

根据以上资料，编制中原装备下列相关业务的会计分录。

（1）授予日收到认购款项、确认限制性股票回购义务。

（2）20×2 年 12 月 31 日、20×3 年 12 月 31 日确认管理费用和资本公积。

（3）20×2 年 12 月 31 日、20×3 年 12 月 31 日分派现金股利和回购股份。

案例分析

即测即评

准则实录

第十六章
所有者权益

本章学习提示

本章重点：所有者权益的含义及特征、实收资本和其他权益工具的核算、资本公积和其他综合收益的核算、留存收益的含义及用途

本章难点：其他权益工具和其他综合收益的确认和计量

本章导入案例

航天机电（股票代码：600151）于2022年2月19日发布《关于以非货币性资产增资全资子公司的公告》。本次拟以浦江镇万芳路965号和969号土地使用权资产、以及房屋建筑物及机器设备增资全资子公司能航公司。根据北京天健兴业资产评估有限公司出具的资产评估报告，以2021年7月31日为基准日，经收益法评估，航天机电该部分资产价值为34 002亿元。该批资产原值合计约为20 722亿元，净值合计约19 320亿元。企业可以接受投资人的出资方式有哪些？不同的出资方式下如何合理确定投入资本的价值？实收资本（或股本）允许减少吗？

资料来源：作者根据航天机电2022年2月19日"关于以非货币性资产增资全资子公司的公告"整理编写。

第一节　所有者权益概述

一、企业组织形式及其特征

在市场经济中企业是主体，虽然企业所有制性质不同，但与所有者权益会计密切相关的不是企业所有制的性质，而是企业的组织形式。企业组织形式不同，决定了所有者对企业所承担的义务、风险及其享有利益的不同。企业的组织形式有三种，即独资企业、合伙企业和公司制企业。

（一）独资企业

独资企业也称为个人独资企业，指由个人独立出资而形成的一种企业组织形式。独

企业不是独立的法律主体，开办程序简单，开办费用较少，便于筹建。企业所有者（业主）对企业的财产和赚取的利润拥有全部支配权。同时，企业的所有者（业主）也对企业的债务承担无限清偿责任。这种类型的企业一般规模比较小，资金来源有限，适用于生产条件和生产过程比较简单、财产经营规模比较小的生产经营活动。独资企业不是纳税主体，不缴纳企业所得税，但应由业主连同其本人从其他方面所获得的收入，一并交纳个人所得税。

（二）合伙企业

合伙企业是自然人、法人和其他组织依照《中华人民共和国合伙企业法》规定，在中国境内设立的共同出资、共担风险、以盈利为目的的企业组织形式。合伙企业的出资者称为合伙人。合伙企业分为普通合伙企业和有限合伙企业。普通合伙企业由普通合伙人组成，合伙人对合伙企业债务承担无限连带责任。而有限合伙企业由2个以上50个以下合伙人设立，其中至少应当有一个普通合伙人，也即有限合伙企业由普通合伙人和有限合伙人组成。普通合伙人对合伙企业债务承担无限连带责任，而有限合伙人则以其认缴的出资额为限对合伙企业债务承担责任。

合伙企业不是独立的法律主体，也不是纳税主体。合伙企业需要订立书面形式的合伙合同（契约），以明确各合伙人之间的责、权、利关系及企业收益分配方式等相关的企业组织行为。一般来说，在合伙企业确定的业务范围内，任何一个合伙人的业务行为均被法律视为所有合伙人共同执行的业务，也就是合伙人互为代理。与独资企业相比，合伙企业的优点在于能够扩大企业规模，分散经营风险，发挥合伙人的集体智慧和力量，但同时也具有权力分散、决策缓慢及筹资困难等局限性。

（三）公司制企业

公司是依照一定的法律程序申请登记设立的并以盈利为目的的企业法人。《中华人民共和国公司法》规定："公司是指依照本法在中国境内设立的有限责任公司和股份有限公司。"公司是企业法人，有独立的法人财产，享有法人财产权，并以其法人资产为限对公司的债务承担责任。

1. 有限责任公司

有限责任公司简称有限公司，由50个以下股东出资设立，股东以其认缴的出资额为限对公司债务承担有限责任，公司以其全部资产对其债务承担责任的企业法人。

有限责任公司具有以下特征。

（1）有限责任公司的全部资本不分为等额股份，不发行股票，只向股东签发出资证明。

（2）公司股份的转让有严格的限制，如需转让，需在其他股东同意的条件下方可进行。

（3）公司股东人数应在50人以下。

（4）公司股东以其出资额为限，对公司承担有限责任；当公司出现资不抵债而破产清算时，债权人不能追索股东的其他财产。

（5）公司股东可以作为雇员参与公司经营管理。

（6）财务不必公开，但应按公司章程规定的期限将财务报告送交各股东。

有限责任公司有两种特殊形式。

（1）一人有限公司。只有一个自然人股东或一个法人股东的有限责任公司称为一人有限责任公司。一个自然人只能设立一个一人有限责任公司。该一人有限责任公司不能投资设立新的一人有限责任公司。一人有限责任公司应当在公司登记中注明自然人独资或法人独资，并在公司营业执照中载明。

（2）国有独资公司。国有独资公司指国家单独出资、由国务院或地方人民政府授权本级人民政府国有资产监督管理机构履行出资人职责的有限责任公司。国有独资公司不设股东会，由国有资产监督管理机构行使股东会职权。国有资产监督管理机构可以授权公司董事会行使股东会的部分职权，决定公司的重大事项，但公司的合并、分立、解散、增减注册资本和发行公司债券，必须由国有资产监督管理机构决定。其中，重要的国有独资公司合并、分立、解散、申请破产的，应当由国有资产监督管理机构审核后，报本级人民政府批准。

2. 股份有限公司

股份有限公司简称股份公司，指由一定数量的股东共同出资成立，股东以其所认购股份对公司承担责任，公司以其全部资产对其债务承担有限责任的企业法人。

股份公司具有如下特征。

（1）资本划分为等额股份。在股份公司中，需要将资本划分为若干等额的股份，每股金额与股份总数的乘积即是资本总额。

（2）以发行股票方式筹集资本。股份有限公司采取公开向社会发行股票的方式来筹集资本，为筹集资金开辟了广阔的渠道，且股东人数没有上限，便于吸引更多的投资者。

（3）股票可以自由转让。投资者可以根据自己的意愿，随时通过证券市场转让其所拥有的公司股份。

（4）财产所有权与经营权彻底分离。除独资企业外，其他形式的企业都具有所有权与经营权分离的特点，这一点在股份公司表现得最为彻底。股份公司的财产所有权属于全体股东，但股东并不直接参与公司的日常经营管理。他们通过选举董事会来维护和代表其利益，负责重大事项的管理，然后，由董事会聘任总经理负责公司的日常管理。

（5）公司财务公开。公司的财务状况是公司经营活动的综合反映。由于股份公司公开向社会发行股票筹资，因此，各国法律都要求股份公司财务公开，定期公布公司的经营业绩和财务状况及其变动情况。

二、所有者权益的含义及特征

会计上的权益有广义和狭义两种理解。广义的权益指对企业资产所拥有的权利，包括债权人权益（即企业的负债）和所有者权益两部分；狭义的权益仅指所有者权益。我国在《企业会计准则——基本准则》中规定：所有者权益指企业资产扣除负债后，由所有者享有的剩余权益。所有者权益是所有者对企业资产的剩余索取权，它是企业资产中扣除债权人权益后应由所有者享有的部分,既可反映所有者投入资本的保值增值情况,又能体现保护债权人权益的理念。在不同组织形式的企业中,所有者权益的表现形式不同。独资企业表现为业主资本或称业主权益,在合伙企业表现为合伙人权益,在公司制企业中表现为股东权益。

与负债相比,所有者权益具有以下明显特征。

(1) 所有者权益是对投资人承担的经济责任,而负债则是对债权人承担的经济责任。

(2) 所有者权益是企业的投资者对企业净资产的要求权,这种权利与投资人的投资行为相伴而生。所有者权益最初以投资人向企业投入资本而形成,在投资人的投资行为结束之后,其权益的增减完全取决于企业的生产经营状况。如果企业实现了利润,所有者权益随之增加;如果企业发生了亏损,则所有者权益随之减少。随着生产经营活动的进行,投入资本以盈利的不断积累或其他方式而逐渐增值。投入资本及其增值共同构成企业的所有者权益。而负债是企业在经营或其他事项中发生的债务,是债权人对企业资产的索偿权。

(3) 所有者权益表明投资者与企业之间的产权投资和被投资的关系,所有者有权参与企业的利润分配。而负债表明债权人与企业之间的债权债务关系,债权人享有收回本金和利息的权利,但无权参与企业的收益分配。

(4) 所有者权益与企业共存,没有约定的偿付期。在企业持续经营期间投资者不得抽回投入的资本金,只有在企业破产清算时(除按法律程序减资外),其破产财产在偿付了破产费用、债权人的债务后,如有剩余财产,才能按照一定的比例还给投资者,因而是企业一项长期使用的资金。而负债则必须在规定的偿付期内偿还本金和利息。

(5) 所有者权益风险较高。所有者能够获得多少收益,需视企业的赢利水平及经营政策而定,风险较大;债权人获得的利息一般按一定的利率计算,并且是预先可以确定的固定数额,无论盈亏,企业都要按期付息,风险相对较小。

三、有限责任公司所有者权益的构成

所有者权益通常由实收资本(或股本)、其他权益工具、资本公积、其他综合收益、盈余公积和未分配利润等项目构成。

(一) 实收资本

实收资本指投资者按照企业章程或合同、协议的约定投入企业而形成的法定资本的价值。一般情况下无须偿还,可以长期周转使用。实收资本的构成比例即投资者的出资比例或股东的股份比例,通常是确定所有者在企业所有者权益中所占的份额和参与企业财务经营决策的基础,也是企业进行利润分配或股利分配的依据,同时还是企业清算时确定所有者对净资产要求权的依据。股份有限公司的实收资本称为股本。

扩展阅读 16-1

资本金制度分类

我国法律规定采用法定资本制(实收资本制),即企业的实收资本必须等于注册资本。注册资本是企业在工商行政管理部门登记的注册资金,是投资者用于进行企业生产经营、承担民事责任而投入的资金。投资者应按其在注册资本中的份额享有相应的权益和承担责任，已注册的资本金如果追加或减少，必须办理变更登记。除了企业清算、减资、转让回购股份等特殊情况外，投资者不得随意从企业收回注册资本。

（二）其他权益工具

其他权益工具指企业发行的除普通股以外，按照金融负债和权益工具区分原则分类为权益工具的各种金融工具，如企业可自行决定是否派发股息的非累积优先股；无固定期限、企业能自主决定是否支付股息的可转换优先股；无固定还款期限、企业可自主决定是否支付利息的不可累积永续债等。

（三）资本公积

资本公积是企业收到投资者投出的超过其在企业注册资本（或股本）中所占份额的投入资本，以及某些特定情况下直接计入所有者权益的项目。资本公积包括资本溢价（或股本溢价）和其他资本公积等。

（四）其他综合收益

其他综合收益是企业根据会计准则的规定未在当期损益中确认的各项利得和损失，包括以后会计期间不能重分类进损益的其他综合收益和以后会计期间满足规定条件时将重分类进损益的其他综合收益两类。

（五）留存收益

留存收益是企业历年实现的净利润留存于企业的部分，包括盈余公积和未分配利润。盈余公积是企业按照国家有关规定从税后利润中提取的公积金；未分配利润是企业实现的利润中留于以后年度分配或待分配的部分。

此外，高危行业企业如有按国家规定提取安全生产费的，还应增设"专项储备"项目。

四、股份有限公司所有者权益的构成

股份有限公司所有者权益又称作股东权益，是股东对企业净资产的所有权，由股本、其他权益工具、资本公积、其他综合收益和留存收益五部分组成。由于其他项目的含义前已阐述，这里主要介绍股本。

扩展阅读16-2

不同上市地区的股票分类

（一）股本的含义

股本指股份有限公司实际发行的股票面值。而股票是股份有限公司签发的证明股东按其所持股份享有权利和承担义务的书面凭证。为了便于理解股本，这里对会计实务中经常涉及的股本概念作简要介绍。

（1）核定股本，指公司章程中规定的依法可以发行的股份总数乘以每股面值的总和，我国将其称为注册资本。

（2）已发行股本，指公司在核定股本范围内实际发行的股本。在实收资本制下，已发行的股本等于核定股本；在授权资本制下，已发行股本是公司必须维持的法定资本，而核定资本则是公司已发行股本的最高限额，已发行股本可以小于核定股本。

（3）未发行股本，指核定股本中尚未发行的股本，它是核定股本扣除已发行股本后的余额。

（4）流通在外的股本，指公司已发行股本中正在由股东持有的部分。

（5）库存股本，指公司已发行、因特殊原因又收回但尚未注销的股本。

（6）已认购股本，指按认股合同认购的尚未发行的股本。这类股票在股款收足之前不发行。

上述各种股本概念及相互关系如图 16-1 所示。

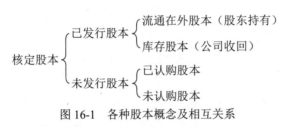

图 16-1 各种股本概念及相互关系

（二）股本的种类

股份有限公司的股本可按股东享有的权利不同，分为普通股和优先股。

1. 普通股

普通股是公司的基本股份，普通股股东主要有以下权利。

（1）参与管理权。股东大会是股份公司的最高权力机构，由拥有普通股的股东或股东代表组成。普通股股东按其持股比例享有投票表决权，通过行使投票权来参与公司的管理。

（2）收益分配权。公司实现的税后利润经董事会决定并宣告分派股利时，普通股股东有按持股比例获得股利的权利。

（3）优先认股权。公司为增加股本而需要增发普通股股票时，为了保持原来每一普通股股东在公司股份中的持股比例，允许其享有按原来持股比例优先认购新股的权利。

（4）剩余财产分派权。所谓剩余财产，即公司结束经营进行清算时全部资产在清偿了所有债务后的余额。普通股股东享有按其持有股份比例参加公司剩余财产分配的权利。

2. 优先股

优先股指享有某些优先权利的股份。优先权是公司在筹集资本时，对股票认购人给予某些优惠条件的允诺。股份有限公司设置优先股的目的在于满足不同投资者的需要。优先股通常具有以下特征。

（1）优先于普通股股东分得股利。在分派普通股股利之前，优先股股东可以按约定的股利率或金额分得股利。

（2）优先于普通股股东分得公司剩余财产。如果公司解散清算，优先股股东可以在公司付清所有债务之后，优先于普通股股东分得公司剩余财产。

（3）通常没有表决权。优先股股东通常在股东大会上没有投票表决权。但按照有关规定,若股份有限公司连续三年未支付优先股股利,优先股股东可出席或委托代理人出席股东大会并行使表决权。

(4) 具有双重性质。一方面,从优先股股息固定、清算时分得剩余财产优先于普通股、对企业经营决策通常没有表决权等方面来看,优先股具有类似于公司债券的性质;另一方面,由于优先股股息的支付与否,取决于公司董事会,而不像公司债券那样具有强制性,且优先股股息不能在企业税前抵扣,也没有到期日,因而,优先股又具有普通股股票的性质。

(5) 不享有公积权益。优先股既不享受资本公积,也不享受盈余公积,所享有的公司净资产以优先股股票的面值为限。

优先股根据股东享有的权利不同,又分为以下几种。

(1) 累积优先股。累积优先股指公司某一年度发生亏损或虽有盈利但不足以支付优先股股利时,对于当期没有分派的股利,将累积到以后年度进行分派的优先股。公司在累积优先股股利付清之前,不得分派普通股股利。

(2) 非累积优先股。非累积优先股指当年应分派的股利未能分派或未达到规定的分派数额,则该年所欠的股利不予累积,以后年度不再补发的优先股。

(3) 参加优先股。参加优先股指优先股除按规定先于普通股分得一定的股利外,还有与普通股共享剩余利润分配的权利。参加优先股又可分为全部参加和部分参加两种。全部参加优先股的股东,在普通股股东取得了与优先股股利率相等的股利以后,任何剩余利润的分配,均在优先股与普通股之间按相同的比例进行,即优先股与普通股所分得的股利相同。部分参加优先股,是在普通股股东所能分得的股利率超过优先股股利率时,可以按一定的股利率参与剩余股利的分派。即优先股股东在与普通股一起共同分享用于分配股利盈余中的剩余部分时,有一个既定的限度,超过限度的盈余,则全部由普通股股东分享。

(4) 不参加优先股。不参加优先股指不论公司盈余多少及普通股股利的大小,优先股股东仅能享有定额或定率股利的优先股。一般公司所发行的优先股多为此类。

(5) 可转换优先股。可转换优先股指可以根据发行股票时规定的条件在一定期限内按一定的转换比率,将持有的优先股转换为普通股的优先股。发行可转换优先股可以吸引更多的投资者。持有可转换优先股的投资者,在公司盈利不多时,可享有比普通股优先分得股利的权利,获取收入较有保障;在公司盈利较多时,还可按规定行使转换权,将优先股转换为普通股,以获得较多的股利,并享有普通股股东的权利。

(6) 可赎回优先股。可赎回优先股指股份公司发行附有可赎回条款的优先股。股份公司按公司章程中规定的赎回条款,在一定时日赎回发行的优先股,归还优先股股东的投资。公司也可在证券市场按市价买回优先股。

第二节 实收资本和其他权益工具

企业设立时投资者投入企业的资本称为投入资本,包括实收资本(或股本)和资本溢价（或股本溢价）。按照投资主体不同，投入资本可分为国家资本、法人资本、个人资本和外商投入资本等；按投入资本的形式不同，可分为现金和银行存款等货币资金投资、建筑物及设备和原材料及其他物资等实物资产投资、股票或债券等各种有价证券投资和无形资产投资等。

一、实收资本（股本）的增加

企业增加资本的途径一般有三个：一是投资者投入；二是资本公积转为实收资本（或股本）；三是将盈余公积转为实收资本（或股本）。

（一）投资者投入资本的核算

1. 投入资本的计价

接受投资者投入资本在计价时，应区分不同的出资方式。

（1）投资者以人民币现金投资，企业应以实际收到或存入企业开户银行的时间和金额确定入账。

（2）投资者以外币投资，企业应按交易发生日即期汇率将外币折算为记账本位币金额入账。不得采用合同约定汇率和即期汇率的近似汇率折算，外币投入资本与相应的货币性项目记账本位币金额之间不产生外币资本折算差额。

（3）投资者以非现金资产投资，企业应按投资合同或协议约定的价值作为非现金资产的入账价值（但合同或协议约定价值不公允的除外）。

2. 有限责任公司投入资本的核算

有限责任公司的投入资本通过"实收资本"和"资本公积——资本溢价"科目核算。当企业创立时，出资者认缴的出资额即为其注册资本，一般不会出现资本溢价。但企业重组并有新的投资者加入时，新加入的投资者相比企业初创时面临的风险相对较小，投资报酬率的增长空间较大，所以要付出更多的出资额才能获得同等的权益，新加入者缴付的大于按其投资比例计算的实收资本的出资额部分作为资本公积，记入"资本公积——资本溢价"科目。

（1）投资者投入货币资金的核算。

【例16-1】甲企业收到某投资者投入人民币80万元，存入企业开户银行。据此应作会计分录为：

借：银行存款　　　　　　　　　　　　　　　　　　　　　800 000
　　贷：实收资本　　　　　　　　　　　　　　　　　　　　　　800 000

【例16-2】甲企业收到国外投资者缴入资本40万美元，当日外汇牌价为1∶6.37，在签订投资协议时，双方约定的外汇牌价为1∶6.38。据此应作会计分录为：

借：银行存款　　　　　　　　　　　　　　　　　　　　　2 548 000
　　贷：实收资本　　　　　　　　　　　　　　　　　　　　　　2 548 000

（2）投资者投入非货币资产的核算。

【例16-3】甲企业收到乙公司作为资本投入的不需要安装的机器设备一台，合同约定该机器设备的价值为 3 000 000 元，增值税进项税额为 390 000 元；收到丙公司作为资本投入的非专利技术一项，该非专利技术在投资合同上约定的价值为 800 000 元，增值税进项税额为 48 000 元。均由投资方支付税款并开具增值税专用发票。据此应作会计分录为：

借：固定资产	3 000 000
无形资产——非专利技术	800 000
应交税费——应交增值税（进项税额）	438 000
贷：实收资本——乙公司	3 390 000
实收资本——丙公司	848 000

（3）投资者追加投资的核算。

【例16-4】甲企业最初由A、B、C三个投资者各出资200万元组建，经过两年的经营后，D投资者加入该企业并希望拥有25%的股份。经协商，该企业将注册资本增加到800万元，并要求D投资者缴纳260万元投资。收到D投资者的投资时，应做会计分录为：

借：银行存款	2 600 000
贷：实收资本——D投资者	2 000 000
资本公积——资本溢价	600 000

3. 股份有限公司投入资本的核算

股份有限公司应设置"股本"和"资本公积——股本溢价"科目，核算股东按照公司章程和投资协议规定投入企业的股本。前者仅核算公司发行股票的面值，后者核算超出股票面值的溢价收入。股票的发行价格受发行时资本市场的需求和投资人对公司获利能力的估计等因素的影响，而往往与股票的面值不一致。可能会出现面值发行、溢价发行和折价发行等多种形式（我国目前规定不允许折价发行）。企业在实际收到认股款时，按其所发行股票的面值作为股本；发行费用（与股票发行直接相关的手续费、佣金等交易费用）应抵减股本溢价计入资本公积。如果溢价收入不足抵减或股票按照面值发行的，应冲减盈余公积和未分配利润。如果用非现金资产折价入股，须按投资各方确认的价值作为股东的实际出资额，按资产换取的股份总数与每股面值的乘积作为股本，资产确认价高于折合股票面值的部分，作为股本溢价计入资本公积。

【例16-5】中航制造发生如下会计事项，相关会计处理如下。

（1）按面值发行普通股40 000 000股，每股面值1元。收到股款时应作会计分录为：

借：银行存款	40 000 000
贷：股本——普通股	40 000 000

（2）按面值发行普通股40 000 000股，每股面值1元。证券公司按发行收入的1%收取手续费，直接从发行收入中扣除，假定公司盈余公积充足。在收到股款时应作会计分录为：

借：银行存款	36 000 000
盈余公积	4 000 000
贷：股本——普通股	40 000 000

（3）发行普通股40 000 000股，每股面值1元，每股发行价10元，证券公司按发行收入的1%收取手续费，直接从发行收入中扣除。在收到股款时应作会计分录为：

```
借：银行存款                                396 000 000
    贷：股本——普通股                           40 000 000
        资本公积——股本溢价                    356 000 000
```

（4）甲国有企业向中航制造投资，以现有的机器设备折价入股，经注册会计师事务所评估和国有资产管理部门确认，该项资产价值为 300 万元，换取面值 1 元的普通股 260 万股。中航制造收到投资时应作会计分录为：

```
借：固定资产                                   3 000 000
    贷：股本——普通股                            2 600 000
        资本公积——股本溢价                        400 000
```

（二）转增资本的核算

《中华人民共和国公司法》规定，企业可将资本公积或盈余公积转为实收资本或股本，此种增加资本的方式，称为转增资本。转增资本也导致企业资本的增加，但不同于上述各种方式的直接增资。由于资本公积、盈余公积和实收资本（或股本）均属所有者权益，转资的结果增加了注册资本，而减少了资本公积或盈余公积。因此，转资只引起所有者权益结构的变化，并未增加所有者权益总额。

企业在转增资本时，首先要办理增资手续，其次要按股东原持股比例结转，以使各股东的持股比例不变。并且，法定盈余公积金用于转资后的余额不得少于企业注册资本的 25%。

【例 16-6】甲有限责任公司经批准后将资本公积（盈余公积）2 000 000 元按股东原持股比例转增资本。股东原持股比例为：国家股 70%、法人股 20%、个人股 5%、外资股 5%。转资时企业应作会计分录为：

```
借：资本公积（盈余公积）                        2 000 000
    贷：实收资本——国家资本金                    1 400 000
              ——法人资本金                      400 000
              ——个人资本金                      100 000
              ——外商资本金                      100 000
```

二、实收资本（股本）的减少

《中华人民共和国公司法》规定，公司成立后，股东不得抽逃出资。但符合《中华人民共和国公司法》规定的，可以减少注册资本。例如，企业发生重大亏损、资本过剩、回购股份用于奖励职工、股东因对股东大会作出的公司合并、分立决议持异议，要求公司收购其股份等。

1. 有限责任公司减资

有限责任公司减资的方式为直接返还投资者投资，借记"实收资本"科目，贷记"银行存款"科目。

【例 16-7】丙有限责任公司因经营业务大幅萎缩，经股东大会决议减少注册资本。

公司原注册资本为800万元，由甲、乙两个股东出资建立，各占1/2股份。决议减资数额为400万元，以银行存款返还投资，经有关部门和债权人同意，具体处理时丙公司应作会计分录为：

借：实收资本——甲股东   2 000 000
        ——乙股东   2 000 000
    贷：银行存款   4 000 000

2. 股份有限公司减资

股份有限公司减资的方式是收购本公司所发行的股票。按照我国有关规定，回购本公司的股票（为奖励本公司职工而收购本公司的股份除外）必须注销，不得重新发行已收回股票。在正式注销回购股票之前形成企业的库存股票。库存股是公司收回发行在外，但尚未注销的本公司股票。

按照规定，企业核算收购、转让或注销的本公司股份应设置"库存股"科目，并根据以下几种情况分别进行会计处理。

（1）企业为减少注册资本而收购本公司股份的，应按实际支付的金额，借记"库存股"科目，贷记"银行存款"等科目。

（2）转让库存股时，应按实际收到的金额，借记"银行存款"等科目，按转让库存股的账面余额，贷记"库存股"科目，若实际收到金额大于库存股账面价值的，按其差额贷记"资本公积——股本溢价"科目；若实际收到金额小于库存股账面价值的，按其差额借记"资本公积——股本溢价"科目。

（3）注销库存股时，应按股票面值和注销股数计算的股票面值总额，借记"股本"科目，按注销库存股的账面余额，贷记"库存股"科目，按其差额，借记"资本公积——股本溢价"科目，股本溢价不足冲减的，应借记"盈余公积""利润分配——未分配利润"科目。

【例16-8】中航制造将已发行在外的面值1元的普通股收回200 000股，该股票原发行价每股3.5元，现以每股4元收购。根据以下相关业务，应作会计处理如下。

（1）收回后尚未注销时：

借：库存股   800 000
    贷：银行存款   800 000

（2）将库存股票按收回成本转让，收到转让款时：

借：银行存款   800 000
    贷：库存股   800 000

（3）若转让时的价格为每股4.5元时：

借：银行存款   900 000
    贷：库存股   800 000
        资本公积——股本溢价   100 000

（4）若将收回的股票注销时：

借：股本——普通股   200 000
    资本公积——股本溢价   500 000

盈余公积　　　　　　　　　　　　　　　　　　　　　100 000
　　　贷：库存股　　　　　　　　　　　　　　　　　　　　　　800 000

三、其他权益工具

其他权益工具指企业发行的除普通股以外，按照金融负债和权益工具区分原则分类为权益工具的各种金融工具。例如，企业可自行决定是否派发股息的非累积优先股；无固定期限、企业能自主决定是否支付股息的可转换优先股；无固定还款期限、企业可自主决定是否支付利息的不可累积永续债等。

（一）其他权益工具的确认和计量

企业发行的金融工具应该按照CAS22进行初始确认和计量，之后于每个资产负债表日计提利息或分派股利，按照相关具体企业会计准则处理。即企业应当以所发行金融工具的分类为基础，确定该工具利息支出或股利分配等的会计处理。

扩展阅读 16-4

其他权益工具的核算教学视频

对于归类为权益工具的金融工具，无论其名称中是否包含"债"，其利息支出或股利分配都应当作为发行企业的利润分配，其回购、注销等作为权益的变动处理；对于归类为金融负债的金融工具，无论其名称是否包含"股"，其利息支出或股利分配原则上按照借款费用处理，其回购或赎回产生的利得或损失等计入当期损益。

企业发行金融工具，其发行的手续费、佣金等交易费用，若分类为债务工具且以摊余成本计量，应当计入所发行工具的初始计量金额；若分类为权益工具，应当从其他权益工具中扣除。

（二）其他权益工具的主要会计处理

企业设置了"其他权益工具"科目对其进行核算，该科目属于所有者权益类科目，按照所发行金融工具的种类进行明细核算。

1. 发行其他权益工具

（1）发行方发行的金融工具归类为债务工具并以摊余成本计量。这种情况下，应按照实际收到的金额借记"银行存款"等科目，按债务工具的面值贷记"应付债券——优先股、永续债（面值）"等科目，按其差额贷记或借记"应付债券——优先股、永续债（利息调整）"等科目。在该工具存续期间，计提利息并对账面的利息进行调整等的账务处理，按照有关金融负债按摊余成本后续计量的规定进行，与应付债券相同，此处不再赘述。

（2）发行方发行的金融工具归类为其他权益工具。这种情况下，应按照实际收到的金额，借记"银行存款"等科目，贷记"其他权益工具——优先股、永续债"等科目。该金融工具在存续期间分派股利（含分类为权益工具的工具所产生的利息）的，作为利润分配处理。发行方应根据经批准的股利分配方案，按应分配给金融工具持有者的股利金额，借记"利润分配——应付优先股股利、应付永续债券利息"等科目，贷记"应付股利——

优先股股利、永续债利息"等科目。

【例16-9】中航制造经批准于20×2年1月1日发行优先股2 000万股，每股面值1元，发行价1.16元/股，另外，发生相关的发行税费50 000元，票面年股息率为14%，企业可自行决定是否派发股息，支付优先股股息后，优先股股东不再参与普通股股利分配。按相关规定，该企业将优先股归类为权益工具，20×2年年底，董事会制定优先股股息分配方案，决定按票面股息率分配优先股股息，并用银行存款支付。

①发行优先股时，应作会计分录为：

借：银行存款　　　　　　　　　　　　　　　　　　　　　　23 150 000
　　贷：其他权益工具——优先股　　　　　　　　　　　　　　23 150 000

②决定分配优先股股息时，应作会计分录为：

借：利润分配——应付优先股股利　　　　　　　　　　　　　2 800 000
　　贷：应付股利——优先股股利　　　　　　　　　　　　　　2 800 000

③实际发放优先股股息时，应作会计分录为：

借：应付股利——优先股股利　　　　　　　　　　　　　　　2 800 000
　　贷：银行存款　　　　　　　　　　　　　　　　　　　　　2 800 000

（3）发行方发行的金融工具为复合金融工具。这种情况下，应按实际收到的金额，借记"银行存款"等科目，按金融工具的面值，贷记"应付债券——优先股、永续债（面值）"等科目，按负债成分的公允价值与金融工具面值之间的差额，借记或贷记"应付债券——优先股、永续债（利息调整）"等科目，按实际收到的金额扣除负债成分的公允价值后的金额，贷记"其他权益工具——优先股、永续债"等科目。发行复合金融工具发生的交易费用，应当在负债成分和权益成分之间按照各自占总发行价款的比例进行分摊。具体核算参见第十三章非流动负债中有关可转换债券的例题，此处不再赘述。

2. 其他权益工具重分类

由于发行的金融工具原合同条款约定的条件或事项随着时间的推移或经济环境的改变而发生变化，导致原归类为其他权益工具的金融工具重分类为金融负债的，应当于重分类日，按该工具的账面价值，借记"其他权益工具——优先股、永续债"等科目；按该工具的面值，贷记"应付债券——优先股、永续债（面值）"等科目；按该工具的公允价值与面值之间的差额，借记或贷记"应付债券——优先股、永续债等（利息调整）"等科目；按该工具公允价值与账面价值的差额，贷记或借记"资本公积——资本溢价（或股本溢价）"科目，如资本公积不够冲减的，依次冲减盈余公积和未分配利润。

【例16-10】承【例16-9】，20×2年年底，随着经济环境的变化，中航制造决定将2 000万股优先股重分类为金融负债。该公司"资本公积——股本溢价"账户余额为1 000 000元。20×2年12月31日，该优先股的公允价值为1.36元/股。

重分类日（20×2年12月31日），该优先股的公允价值=2 000×1.36=2 720（万元）

公司将优先股重分类为金融负债时，应作如下会计分录：

借：其他权益工具——优先股　　　　　　　　　　　　　　　23 150 000
　　资本公积——股本溢价　　　　　　　　　　　　　　　　　1 000 000

盈余公积	3 050 000
贷：应付债券——优先股（面值）	20 000 000
——优先股（利息调整）	7 200 000

反之，由于发行的金融工具原合同条款约定的条件或事项随着时间的推移或经济环境的改变而发生变化，导致原归类为金融负债的金融工具重分类为权益工具的，应于重分类日，按金融负债的面值，借记"应付债券——优先股、永续债（面值）"等科目；按利息调整余额，借记或贷记"应付债券——优先股、永续债（利息调整）"等科目；按金融负债的账面价值，贷记"其他权益工具——优先股、永续债"等科目。

3. 赎回其他权益工具

发行方按合同条款约定赎回所发行的除普通股以外的分类为权益工具的金融工具，按赎回价格，借记"库存股——其他权益工具"科目，贷记"银行存款"等科目；注销所购回的金融工具，按该工具对应的其他权益工具的账面价值，借记"其他权益工具"科目；按该工具的赎回价格，贷记"库存股——其他权益工具"科目；按其差额，借记或贷记"资本公积——资本溢价（或股本溢价）"科目，如资本公积不够冲减的，依次冲减盈余公积和未分配利润。

【例 16-11】 中航制造将原划分为其他权益工具的优先股赎回 100 000 股，该优先股面值 1 元股，发行价 1.5 元/股，赎回价每股 2 元，并于赎回后注销。

（1）赎回优先股时，应作如下会计分录：

借：库存股——其他权益工具	200 000
贷：银行存款	200 000

（2）注销优先股时，应作如下会计分录：

借：其他权益工具——优先股	150 000
资本公积——股本溢价	50 000
贷：库存股——其他权益工具	200 000

4. 其他权益工具转换为普通股

发行方按合同条款约定将发行的除普通股以外的确认为其他权益工具的金融工具转换为普通股的，按该其他权益工具的账面价值，借记"其他权益工具"等科目；按普通股的面值，贷记"实收资本（或股本）"科目；按其差额，贷记"资本公积——资本溢价（或股本溢价）"科目。如转股时，金融工具的账面价值不足转换为 1 股普通股而以现金或其他金融资产支付的，还需按支付的现金或其他金融资产的金额，贷记"银行存款"等科目。

【例 16-12】 假定中航制造在发行可自行决定是否支付股息的可转换优先股时，约定优先股持有者可以按每 1 股优先股换取 5 股面值为 1 元的普通股的比例，将所持有的优先股转换为普通股，发行时已将该优先股确认为其他权益工具，优先股原发行价为 2 元/股，在规定的期限内已有 100 000 股优先股转换为普通股。

中航制造根据优先股的转换情况，应作如下会计分录：

借：其他权益工具——优先股	200 000
资本公积——股本溢价	300 000
贷：股本	500 000

第三节 资本公积和其他综合收益

一、资本公积

资本公积是企业收到投资者投入的超过其在企业注册资本（或股本）中所占份额的投入资本，以及某些特定情况下直接计入所有者权益的项目等。资本公积包括资本溢价（或股本溢价）和其他资本公积等。资本溢价（或股本溢价）指企业收到投资者投入的超出其在注册资本（或股本）中所占份额的投资。形成资本溢价的原因有溢价发行股票、投资者超额缴入资本等（具体内容见本章第一节）。其他资本公积指除资本溢价（或股本溢价）项目以外形成的资本公积，主要包括采用权益法核算的长期股权投资（具体内容见本教材第六章"长期股权投资"）和以权益结算的股份支付（具体内容见本教材第十五章"股份支付"）等。

二、其他综合收益

其他综合收益是企业根据会计准则的规定未在当期损益中确认的各项利得和损失，包括以后会计期间。

不能重分类进损益的其他综合收益和以后会计期间满足规定条件时将重分类进损益的其他综合收益两类。

（一）以后会计期间不能重分类进损益的其他综合收益

以后会计期间不能重分类进损益的其他综合收益项目主要包括以下内容。

（1）重新计量设定受益计划净负债或净资产导致的变动。根据CAS9的规定，有设定收益计划形式离职后福利的企业应当将重新计量设定受益计划净负债或净资产导致的变动计入其他综合收益，并且在后续会计期间不允许转回至损益，原设定收益计划终止时，应将之前计入其他综合收益的部分全部结转至未分配利润。

扩展阅读 16-5

其他综合收益在我国的应用发展历程

（2）按照权益法核算因被投资单位重新计量设定受益计划净负债或净资产变动导致的权益变动，投资企业按持股比例计算确认的该部分其他综合收益。

（3）其他权益工具投资公允价值变动。企业指定为以公允价值计量且其变动计入其他综合收益的非交易性权益工具投资发生的公允价值变动计入其他综合收益。当企业出售该金融资产时，原计入其他综合收益的累计利得或损失应当结转至留存收益。

（二）以后会计期间满足规定条件时将重分类进损益的其他综合收益

1. 其他债权投资公允价值变动形成的利得

其他债权投资在资产负债表日其公允价值发生变动时，公允价值变动金额计入其他综合收益。该其他债权投资终止确认时,应将该项其他综合收益转入投资收益。

2. 金融资产重分类可转入损益的累计利得或损失

企业将债权投资转换成其他债权投资,并以公允价值进行后续计量,重分类日该债权投资的公允价值与其账面价值的差额计入其他综合收益。在该其他债权投资终止确认时,该项其他综合收益转入投资收益。

3. 采用权益法核算的长期股权投资

采用权益法核算的长期股权投资,按照被投资单位实现的其他综合收益及持股比例计算应享有或分担的金额,在调整增加或减少长期股权投资账面价值的同时,增加或减少其他综合收益。待该项长期股权投资处置时,将原计入其他综合收益的金额转入投资收益。

4. 自用房地产(或存货)核算方法的转换

将自用的房地产或作为存货的房地产转换为采用公允价值计量的投资性房地产时,转换日的公允价值大于账面价值的,按其差额计入其他综合收益。该项投资性房地产处置时,因转换计入其他综合收益的部分应转入其他业务成本。

第四节 留存收益

留存收益是企业历年实现的净利润留存于企业的部分,包括盈余公积和未分配利润。盈余公积是企业按照国家有关规定从税后利润中提取的公积金;未分配利润是企业实现的利润中留于以后年度分配或待分配的部分。留存收益和投资者投入资本虽然同属于股东权益,但是投入资本是由所有者从外部投入的,构成公司股东权益的基本部分,而留存收益不是投资者从外部投入的,是由公司经营所得的盈利累积而形成的。根据《中华人民共和国公司法》和公司章程的有关规定,企业既可以将留存收益在股东间进行分配,作为股东的投资所得,也可不予分配,作为企业的发展资金使用。因此,除了经营活动外,对留存收益影响较大的是股利分配行为,股利分配会导致留存收益的减少。但为了约束企业的过量分配,有关法规规定企业必须有一定积累,如提取盈余公积,以便于企业持续经营、维护债权人的利益。基于以上原则,留存收益由盈余公积和未分配利润构成。

扩展阅读 16-6

留存收益的核算
教学视频

一、盈余公积

企业的盈余公积包括法定盈余公积和任意盈余公积。法定盈余公积金是企业按《中华人民共和国公司法》规定必须从税后利润中提取并留存于企业,用于扩大生产经营的资本。为了防止企业超额分配,有关法律法规对盈余公积的提取规定了下限。按《中华人民共和国公司法》的规定,法定盈余公积一般按照税后利润的 10% 提取。当法定盈余公积累计金额达到公司注册资本的 50% 以上时,可不再提取。任意盈余公积金是公司出于经营管理等方面的实际需要或采取谨慎经营策略,从税后净利润中提取的一部分留存收益。任意盈余公积金的提取数额由股东大会决议提取。如果公司有优先股,必须在支付了优先股股利之后,才能提取任意盈余公积。

盈余公积金的用途主要有三项。

(1) 转增资本。为了满足企业扩大再生产对资本不断扩大的需求,经企业决策机构决议,盈余公积金可以按规定转增资本金。

(2) 弥补亏损。企业发生年度亏损时,可以用以后连续五年内实现的税前利润弥补;5年后仍未补足的,则可用税后利润或盈余公积弥补。企业需要以盈余公积金补亏的,应由公司董事会提议,并经股东大会批准。

(3) 分配股利。企业年度无利润时,原则上不得分配股利。但股份有限公司为了维护企业股票信誉,符合规定条件的,经股东大会特别决议,也可以用以前年度积累的盈余公积金分配股利。但如果企业有未弥补亏损,应先弥补亏损,还有结余时,才可考虑分配股利。

但在转增资本、弥补亏损和分配股利后,所留存的法定盈余公积金不得低于企业注册资本的25%。

企业应当设置"盈余公积"科目,用来核算盈余公积的提取及其增减变动情况,在该科目下分别设置"法定盈余公积""任意盈余公积"等进行明细核算。

【例16-13】甲公司年底发生如下事宜,相关会计处理如下。

(1) 按规定提取法定盈余公积600 000元、任意盈余公积300 000元时,应作会计分录为:

借:利润分配——提取法定盈余公积	600 000
——提取任意盈余公积	300 000
贷:盈余公积——法定盈余公积	600 000
——任意盈余公积	300 000

(2) 经股东大会批准用以前年度提取的法定盈余公积弥补当期亏损400 000元时,应作会计分录为:

借:盈余公积——法定盈余公积	400 000
贷:利润分配——盈余公积补亏	400 000

(3) 经股东大会决议,在本期将法定盈余公积200 000元用于转增股本时,应作会计分录为:

借:盈余公积——法定盈余公积	200 000
贷:股本	200 000

二、未分配利润

未分配利润指企业留待以后年度分配的利润或待分配利润,是一种未指定特定用途的留存收益。从数量上看,未分配利润是期初未分配利润加上本期实现的税后净利润,减去当年利润分配后的余额。

企业未分配利润的核算是通过"利润分配——未分配利润"科目进行的。年度终了，企业应将全年实现的净利润，自"本年利润"科目转入"利润分配"科目，借记"本年利润"科目，贷记"利润分配——未分配利润"科目；发生净亏损的，作相反的会计分录。同时，将"利润分配"科目所属其他明细科目的余额转入"利润分配——未分配利润"明细科目，结转后，本科目除"未分配利润"明细科目外，其他明细科目应无余额。"未分配利润"明细科目的贷方余额即留待以后年度分配的利润；"未分配利润"明细科目的借方余额则为未弥补亏损额。有关利润分配的具体核算，见本教材第十七章"收入、费用和利润"的相关例题。

练习题

练习题 1

一、目的：
练习股份有限公司股票发行的核算。

二、资料：
（1）中原装备委托证券公司发行普通股票 200 万股，每股面值 1 元，发行价 4 元；公司与受托方约定，按发行收入的 2% 收取手续费，从发行收入中扣除。股票已发行完毕，股款全部收存银行。

（2）假定上述业务按面值发行，手续费为 2%。

（3）甲公司以其拥有的某项专利权和一台机器设备向中原装备投资。专利权评估确认的价值为 11 万元，换取中原装备面值 1 元的普通股 9 万股；机器设备评估确认价值为 28 万元，换取中原装备面值 1 元的普通股 25 万股。

三、要求：
根据以上资料编制中原装备的会计分录。

练习题 2

一、目的：
练习非股份有限公司实收资本的核算。

二、资料：
甲公司发生的有关交易和事项如下。

（1）初始设立时，有 A、B、C 三个公司为出资人，法定注册资本为 300 万元，各出资 100 万元。

（2）收到 A 公司投入的不需要安装的机器设备一台，投资单位账面原价 15 万元，已提折旧 6 万元，经评估确认其价值为 8 万元，增值税额为 10 400 元。收到 B 公司投入的专利权一项，双方的合同协议价为 30 万元，增值税为 18 000 元。

（3）经协商，同意将盈余公积 150 万元转增资本。

三、要求：

根据以上资料编制会计分录。

练习题 3

一、目的：

练习库存股的核算。

二、资料：

（1）中原装备 20×2 年 1 月 2 日，将其发行在外的面值 1 元的普通股，以 5 元的价格赎回 500 万股，原发行价为 4 元。

（2）20×2 年 3 月 10 日，将上述回购的股份转让 200 万股，转让价格为每股 6.5 元。

（3）20×2 年 5 月 15 日，经股东大会批准，以每股 2.5 元的价格作为奖励将剩余库存股全部出售给本公司的职工，6 月 15 日出售完毕，股款全部存入银行。

（4）若中原装备没有转让和作为奖励出售该批股票，而是于 20×2 年 1 月 31 日，将上述回购的股份全部注销。

三、要求：

根据上述资料编制有关会计分录。

练习题 4

一、目的：

练习留存收益的核算。

二、资料：

（1）中原装备本年实现税后利润 3 000 万元，按 10% 提取法定盈余公积金，按 5% 提取任意盈余公积金。

（2）中原装备根据股东大会决议，用累积的法定盈余公积弥补以前年度的亏损 1 000 000 元。

（3）中原装备经股东大会决议，用 500 000 元的法定盈余公积转增资本。

三、要求：

根据以上资料编制有关会计分录。

案例分析

即测即评

第十七章
收入、费用和利润

本章学习提示

本章重点：收入的含义及特征、收入确认与计量模型、特定交易的会计处理、费用的核算、利润结转与分配的核算

本章难点：收入确认与计量模型、特定交易的会计处理、政府补助的核算、利润结转与分配的核算

本章导入案例

郑州丹尼斯百货是台湾东裕集团麾下一家集百货、大卖场、便利店与物流中心等业态为一体的零售事业集团。受2020年暴发的新冠肺炎疫情影响，丹尼斯百货的销售业绩有所下降。为了提升客户的忠诚度并增加销售额，从而提高企业的经营业绩，丹尼斯百货在2021年"双十一"推出了"充值赠送礼品"的促销活动，若顾客向预付卡中充值5 000元，可获赠一辆市场价为700元的自行车；若充值10 000元，可获赠一辆市场价为1 500元的自行车，但业务系统中记录该卡的消费额度仍为5 000元或10 000元。假定不考虑相关税费的影响，在顾客向预付卡充值时，丹尼斯百货向顾客赠送的赠品应如何进行会计处理？后续顾客持卡消费时，丹尼斯百货应如何确认与计量收入？

资料来源：作者根据瑞华会计师事务所的《计学撮要2018》整理编写。

第一节 概 述

一、收入

（一）收入的含义及特征

收入指企业在日常活动中形成的、会导致所有者权益增加的、与所有者投入资本无关的经济利益的总流入。收入是企业利润的主要来源，是利润表中的一项关键因素，也是衡量企业经营成果的一个重要指标。

收入的特征可以归纳为以下几个方面。

1. 收入是企业在日常活动中形成的经济利益的总流入

日常活动指企业为完成其经营目标所从事的经常性活动及与之相关的其他活动,如制造业企业生产并销售产品、商业企业销售商品、咨询公司提供咨询服务、软件公司为客户开发软件、建筑公司提供建筑服务、保险公司签发保单、商业银行对外贷款、租赁公司出租资产等;另外,企业发生的与经常性活动相关的其他活动,如制造业企业对外出售不需用的原材料、对外转让无形资产使用权等所形成的经济利益的总流入也构成收入。明确界定日常活动是为了将收入与利得相区分,因为企业非日常活动所形成的经济利益的流入不能确认为收入,而应当计入利得。

2. 收入与所有者投入资本无关

经济利益的流入有时是所有者投入资本的增加所导致的,而所有者投入资本是为谋求享有企业资产的剩余权益,由此形成的经济利益的总流入不应当确认为收入,应该直接确认为所有者权益。

3. 收入最终必然导致企业净资产的增加

收入形成的经济利益总流入的形式多种多样,可能表现为企业银行存款、应收账款、应收票据等资产的增加,也可能表现为企业负债的减少,或者二者兼而有之。总之,与收入相关的经济利益的流入最终都会导致所有者权益增加,不会导致企业净资产增加的经济利益的流入不符合收入的定义,不应确认为收入。例如,企业代国家收取的增值税等,尽管也导致了经济利益的流入,但同时使企业承担了一项现时义务,并没有导致企业净资产的增加,因此不构成企业的收入,应确认为一项负债。

(二)收入的分类

收入按是否经常发生及重要程度,可分为主营业务收入和其他业务收入两类。

主营业务收入指企业为完成其经营目标所从事的经常性活动实现的收入,如制造业企业销售商品取得的收入、商业银行贷款取得的利息收入、安装公司提供安装服务取得的收入等。主营业务收入经常发生,在企业的营业收入中占有较大比重,是形成企业利润的主要来源。

其他业务收入指企业为完成其经营目标所从事的与经常性活动相关的活动实现的收入,属于企业日常活动中次要交易实现的收入,如企业销售多余材料及出租包装物等所取得的收入。与主营业务收入相比,其他业务收入一般发生时间不太稳定,在营业收入中占有的比重较小。但在目前企业多种经营的情况下,其他业务收入占总收入的比重在逐渐增加。

需要注意的是,在不同行业的企业里,主营业务与其他业务的划分应根据具体情况而定。某项业务在一个行业列为主营业务,而在另一个行业可能划归为其他业务。例如,在制造业企业,主营业务收入主要包括销售产成品、半成品和提供工业性劳务作业的收入等。对外出租固定资产的收入在制造业企业列为其他业务收入,而在租赁公司则属于主营业务收入;同样,提供运输劳务获得的收入,在交通运输企业列为主营业务收入,而在制造业企业则属于其他业务收入。因此,各类企业应根据其实际情况划分主次业务,一般应按该种业务是否经常发生及其收入金额的大小来判断。

(三)收入的确认与计量

根据 CAS14 的规定,企业确认收入的方式应当反映其向客户转让商品或提供服务(以下简称"转让商品")的模式,收入的金额应当反映企业因转让商品而预期有权收取的对价金额。

企业在确认与计量收入时要遵循五个步骤,又称为收入确认与计量模型,如图 17-1 所示。

图 17-1 收入确认与计量模型

图 17-1 中,第一步、第二步和第三步主要与收入的确认有关,第四步和第五步主要与收入的计量有关。

1. 识别与客户订立的合同

合同指双方或多方之间订立的有法律约束力的权利义务的协议,企业与客户签订的合同可以是书面形式、口头形式及其他可验证的形式(如商业惯例或企业以往的习惯做法等)。

(1)收入确认的原则

收入确认的核心原则是企业应当在履行了合同中的履约义务,即客户取得相关商品控制权时确认收入。取得相关商品控制权指能够主导该商品的使用并从中获得几乎全部的经济利益,也包括有能力阻止其他方主导该商品的使用并从中获得经济利益。取得商品控制权同时包括下列 3 项要素。

①能力。企业只有在客户拥有现时权利,能够主导该商品的使用并从中获得几乎全部经济利益时,才能确认收入。如果客户只能在未来的某一期间主导该商品的使用并从中获益,则表明其尚未取得该商品的控制权。例如,企业与客户签订合同为其生产产品,虽然合同约定该客户最终将能够主导该产品的使用,并获得几乎全部的经济利益,但是,只有在客户真正获得这些权利时(根据合同约定,可能是在生产过程中或更晚的时点),企业才能确认收入,在此之前,企业不应当确认收入。

②主导该商品的使用。客户有能力主导该商品的使用,指客户在其活动中有权使用该商品,或者能够允许或阻止其他方使用该商品。

③能够获得几乎全部的经济利益。客户必须拥有获得商品几乎全部经济利益的能力,才能被视为获得了对该商品的控制。商品的经济利益,指该商品的潜在现金流量,既包括现金流入的增加,也包括现金流出的减少。客户可以通过使用、消耗、出售、处置、交换、抵押或持有等多种方式直接或间接地获得商品的经济利益。

(2)收入确认的条件

识别与客户之间的合同是收入确认的前提。当企业与客户之间的合同同时满足下列条件时,企业应当在客户取得相关商品控制权时确认收入。

①合同各方已批准该合同并承诺将履行各自义务。
②该合同明确了合同各方与所转让商品相关的权利和义务。
③该合同有明确的与所转让商品相关的支付条款。
④该合同具有商业实质,即履行该合同将改变企业未来现金流量的风险、时间分布或金额。
⑤企业因向客户转让商品而有权取得的对价很可能收回。

企业在进行上述判断时,需要注意下列三点。

第一,合同约定的权利和义务是否具有法律约束力,需要根据企业所处的法律环境和实务操作进行判断。不同的企业可能采取不同的方式和流程与客户订立合同,同一企业在与客户订立合同时,对于不同类别的客户及不同性质的商品也可能采取不同的方式和流程。企业在判断其与客户之间的合同是否具有法律约束力,以及这些具有法律约束力的权利和义务在何时设立时,应当考虑上述因素的影响。如果合同各方均有权单方面终止完全未执行的合同,且无须对合同其他方作出补偿,该合同应当被视为不存在。其中,完全未执行的合同,指企业尚未向客户转让任何合同中承诺的商品,也尚未收取且尚未有权收取已承诺商品的任何对价的合同。

第二,合同具有商业实质,指履行该合同将改变企业未来现金流量的风险、时间分布或金额。关于商业实质,应按照CAS7的有关规定进行判断。例如,从事相同业务经营的企业之间,为便于向客户或潜在客户销售而进行的非货币性资产交换(如两家石油公司之间相互交换石油,以便及时满足各自不同地点客户的需求),因为并没有改变企业未来现金流量的风险、时间分布或金额,不具有商业实质,不应当确认收入。

第三,企业在评估其因向客户转让商品而有权取得的对价是否很可能收回时,仅应考虑客户到期时支付对价的能力和意图(即客户的信用风险)。如果企业转让商品有权取得的对价很可能无法全部收回时,应当判断是客户的信用风险所致还是企业向客户提供了价格折让所致。

在合同开始日(合同生效日)即满足上述条件的合同,企业在后续期间无须对其进行重新评估,除非有迹象表明相关事实和情况发生重大变化。在合同开始日不符合上述条件的合同,企业应当对其进行持续评估,并在其满足规定条件时进行确认与计量。企业如果在合同满足相关条件之前已经向客户转移了部分商品,当该合同在后续期间满足相关条件时,企业应当将在此之前已经转移的商品所分摊的交易价格确认为收入。对于不能同时满足上述收入确认的五个条件的合同,企业只有在不再负有向客户转让商品的剩余义务(如合同已完成或取消),并且向客户收取的对价无须退回时,才能将已收对价确认为收入;否则,应当将收到的对价作为负债处理。

扩展阅读17-1

判断收入确认条件示例

(3)合同的合并

企业与同一客户(或该客户的关联方)同时订立或在相近时间内先后订立的两份或多份合同,在满足下列条件之一时,应当合并为一份合同进行确认与计量。

①该两份或多份合同基于同一商业目的而订立并构成一揽子交易。

②该两份或多份合同中的一份合同的对价金额取决于其他合同的定价或履行情况。

③该两份或多份合同中所承诺的商品（或每份合同中所承诺的部分商品）构成单项履约义务。

【例17-1】中航制造与某航空公司签订一份教练机销售合同，该教练机属于定制机，确定交易价格5 000万元。该航空公司采购部考虑到该教练机属于特殊定制，后续需要中航制造的专业技术人员对其进行维护，否则教练机可能无法正常运行，随后又与中航制造签订了一份飞机维修保养合同，费用为100万元，并规定如果后续维修保养不符合要求，将对原销售的教练机进行折价。

从上述两份合同来看，订立的时间接近，且符合下列条件：①两份合同中所承诺的商品和服务不可区分，构成一个履约义务；②飞机维修保养合同是否能够执行，取决于其购销合同的执行结果，而购销合同的对价金额又受到之后签订的飞机维修保养合同执行情况的影响。因此，上述两份合同应当进行合并。

（4）合同变更

合同变更，指经合同各方批准对原有合同范围或价格作出的变更。企业应当区分下列3种情形对合同变更分别进行会计处理。

①将合同变更部分作为单独合同进行处理。合同变更增加了可明确区分的商品及合同价款，且新增合同价款反映了新增商品单独售价的，应当将该合同变更部分作为一份单独的合同进行处理。此类合同变更不影响原合同的会计处理。

【例17-2】中航制造与客户签订合同，向其销售飞机零部件150件，每件售价为1 800元。该批零部件彼此之间可明确区分，并将在6个月内陆续转让给客户。中航制造将其中的90件零部件移交给客户后，双方协商对合同进行了变更，中航制造承诺向该客户额外销售40件相同的飞机零部件，这40件零部件与原合同中的零部件可明确区分，每件价格为1 750元，该价格反映了合同变更时该零部件的市场价格。

在本例中，由于新增的40件飞机零部件是可明确区分的，且新增的合同价款反映了新增产品的单独售价，因此，该合同变更实际上构成了一份单独的、在未来销售40件零部件的新合同，该新合同并不影响对原合同的会计处理。因此，中航制造应当对原合同中的150件零部件按每件1 800元确认收入，对新合同中的40件零部件按每件1 750元确认收入。

②将合同变更作为原合同终止及新合同订立进行处理。如果合同变更不属于上述第①种情形，且在合同变更日已转让的商品与未转让的商品之间可明确区分的，应当视为原合同终止，同时将原合同未履约部分与合同变更部分合并为新合同进行会计处理。

新合同的交易价格＝原合同交易价格中尚未履约部分的对价金额＋合同变更中客户已承诺的对价金额

【例17-3】承【例17-2】，中航制造新增销售的40件飞机零部件，售价为每件1 400元（该价格不能反映合同变更时该零部件的单独售价）。

在本例中，对于合同变更新增的40件飞机零部件，由于其售价不能反映该零部件在合同变更时的单独售价，因此，该合同变更不能作为单独合同进行会计处理。由于已转让的零部件与尚未转让给客户的零部件是可明确区分的,因此,中航制造应当将该合同变更视为原合同终止,同时将原合同的未履约部分与合同变更部分合并为新合同进行会计处理。在该新合同中,剩余未转让的零部件为100件,对价164 000元,即原合同下尚未确认收入的客户已承诺对价108 000(1 800×60)元与合同变更部分的对价56 000(1 400×40)元之和,新合同中的100件零部件每件应确认的收入为1 640(164 000/100)元。

③将合同变更部分作为原合同的组成部分进行处理。如果合同变更不属于上述第①种情形,且在合同变更日已转让的商品与未转让的商品之间不可明确区分的,应当将该合同变更部分作为原合同的组成部分,在合同变更日重新计算履约进度,并调整当期收入和相应成本等。

【例17-4】中航制造旗下有一家建筑公司。20×2年1月15日,该建筑公司和客户签订了一项总金额为1 800万元的固定造价合同,在客户自有土地上建造一栋办公楼,预计总成本为1 400万元,工期为2年。假定该建造服务属于在某一时段内履行的履约义务,并根据累计发生的合同成本占合同预计总成本的比例确定履约进度。截至20×2年末,建筑公司累计已发生成本840万元,履约进度为60%(840/1 400)。因此,建筑公司在20×2年确认收入1 080(1 800×60%)万元。20×3年初,合同双方同意更改该办公楼屋顶的设计,合同价格和预计总成本因此分别增加200万元和100万元。

在本例中,由于合同变更后拟提供的剩余服务与在合同变更日或之前已提供的服务不可明确区分,因此,该建筑公司应当将合同变更部分作为原合同的组成部分进行会计处理。合同变更后的交易价格为2 000(1 800+200)万元,建筑公司重新估计的履约进度为56%[840/(1 400+100)],建筑公司在合同变更日应额外确认收入40(56%×2 000-1 080)万元。

2. 识别合同中的单项履行义务

合同开始日,企业应当对合同进行评估,识别该合同所包含的各单项履约义务,并确定各履约义务是在一段时间内履行还是在某一时点履行,然后,在履行了各单项履约义务时分别确认收入。

履约义务指合同中企业向客户转让可明确区分商品的承诺。履约义务既包括合同中明确的承诺,也包括由于企业的商业惯例、已公开承诺或已公开宣布的政策等导致合同订立时客户合理预期企业将履行的承诺。企业为履行合同而应开展的初始活动,通常不构成履约义务,除非该活动向客户转让了承诺的商品。

企业应当将下列向客户转让商品的承诺作为单项履约义务。

(1)企业向客户转让可明确区分商品的承诺。企业向客户承诺的商品同时满足下列两个条件的,应当作为可明确区分商品。

①客户能够从该商品本身或从该商品与其他易于获得资源一起使用中受益。例如,企业单独出售某项商品或服务。

②企业向客户转让该商品的承诺与合同中其他承诺可单独区分。

下列情形通常表明企业向客户转让该商品的承诺与合同中其他承诺不可单独区分:一是企业需提供重大的服务以将该商品与合同中承诺的其他商品整合成合同约定的组合产出转让给客户;二是该商品将对合同中承诺的其他商品予以重大修改或定制;三是该商品与

合同中承诺的其他商品具有高度关联性。

【例17-5】20×2年1月,中航制造旗下的一家建筑公司与乙客户签订合同,为其设计并建造一栋写字楼。建筑公司负责项目的全局管理,确定所需提供的商品和服务,包括工程规划、场地清理、地基、采购、结构建造、配管布线、设备安装和完工事宜等。

在本例中,建筑公司为客户建造写字楼的合同中,向客户提供的工程技术、场地清理、地基构件、采购建筑材料等虽然都能够使客户单独获益,但是,在该合同下,企业对客户的承诺是为其建造一栋写字楼,而不是单独提供前面所提到的商品或服务等。建筑公司需要提供重大的建筑服务,将这些商品或服务进行整合,才能形成合同约定的一项组合产出即写字楼,并转让给客户。所以,在该合同中,企业应将合同中承诺的所有商品和服务整合作为单项履约义务进行处理。

【例17-6】中航制造与客户签订了一项合同,按照客户的要求为其专门设计并制造一台机械设备。在设备的制造和调试过程中,中航制造根据实际情况,对机械设备的设计方案进行了数次修正,并根据修正后的设计,对机械设备相应的结构、装置等进行了不同程度的返工、改进。

在本例中,从商品和服务自身的特征来看,设计和制造是可区分的,但是基于合同的承诺来看,由于机械设备的设计和制造这两项承诺是不断交替、反复进行的,具有高度的关联性,因此,二者在合同中是不能明确区分的。

(2)企业向客户转让一系列实质相同且转让模式相同的、可明确区分商品的承诺,也应当作为单项履约义务。转让模式相同,指每一项可明确区分的商品均满足在某一时段内履行履约义务的条件,且采用相同方法确定其履约进度。

【例17-7】中航制造与甲公司签署了一份为期3年的合同,为甲公司提供航空科技咨询与技术服务,具体包括航空技术交流、航空技术咨询、航空评估与鉴证等,没有具体的服务总次数或时间的要求,甲公司每年向中航制造支付科技咨询与技术服务费50万元。

在本例中,中航制造每天为甲公司提供的具体服务可能并不相同,但是每天对甲公司的服务承诺都是相同的,即随时提供科技咨询与技术服务,符合"实质相同"的条件。因此,中航制造为甲公司提供的科技咨询与技术服务属于一系列实质相同且转让模式相同的、可明确区分商品的承诺。

3. 履行每一单项履约义务时确认收入

履约义务实现的方式包括两种,即在某一时段内履行履约义务和在某一时点履行履约义务,如图17-2所示。

企业应当在履行了合同中的履约义务,即在客户取得相关商品控制权时确认收入。企业将商品的控制权转移给客户,该转移可能在某一时段内(即履行履约义务的过程中)发生,也可能在某一时点(即履约义务完成时)发生。企业应当根据实际情况,首先判断履约义务是否满足在某一时段内履行的条件,如不满足,则该履约义务属于在某一时点履行的履约义务。对于在某一时段内履行的履约义务,企业应当选取恰当的方法来确定履约进度;对于在某一时点履行的履约义务,企业应当综合分析控制权转移的迹象,判断其转移时点。

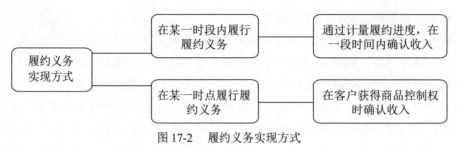

图 17-2　履约义务实现方式

（1）在某一时段内履行履约义务

满足下列条件之一的，属于在某一时段内履行履约义务。

①客户在企业履约的同时即取得并消耗企业履约所带来的经济利益。这意味着如果另一企业接手向客户提供剩余的履约义务，其无须在实质上重新执行已由最初的供应商完成的工作。该标准适用于客户在企业提供服务的同时即消耗服务所产生利益的服务合同，如运输企业为客户提供的运输服务、施工企业为客户提供的建筑安装服务等。

②客户能够控制企业履约过程中在建的商品。企业履约过程中在建的商品包括在产品、在建工程、正在进行的研发项目等。如企业在客户拥有的土地上按照客户的设计要求为其建造的房子，由于客户控制了在建房屋，客户在企业履约过程中可以获得其利益，则企业提供的该建造服务即属于在某一时段内履行的履约义务，应该在提供该服务的期间内确认收入。

③企业履约过程中所产出的商品具有不可替代用途，且该企业在整个合同期间内有权就累计至今已完成的履约部分收取款项。具有不可替代用途，指因合同限制或实际可行性限制，企业不能轻易地将商品用于其他用途。有权就累计至今已完成的履约部分收取款项，指在由于客户或其他方原因终止合同的情况下，企业有权就累计至今已完成的履约部分收取能够补偿其已发生成本和合理利润的款项，并且该权利具有法律约束力，如中航制造接受客户订单为其制造专用的教练机等。

对于在某一时段内履行的履约义务，企业应当在该段时间内按照履约进度确认收入，但是，履约进度不能合理确定的除外。企业应当考虑商品的性质，采用产出法或投入法确定恰当的履约进度。其中，产出法是根据已转移给客户的商品对于客户的价值确定履约进度，如按照实际测量的完工进度、评估已实现的结果、已达到的里程碑、时间进度、已完工或交付的产品等产出指标确定履约进度；投入法是根据企业为履行履约义务的投入确定履约进度，如按投入的材料数量、花费的人工工时或机器工时、发生的成本和时间进度等投入指标确定履约进度。当企业从事的工作或发生的投入是在整个履约期间内平均发生时，企业也可以按照直线法确认收入。

只有当企业能够合理确定其履约义务的完成进度时，才能按照在某一时段内履行的履约义务进行收入确认。如果企业无法合理确定履约进度，但已经发生的成本预计能够得到补偿的，应当按照已经发生的成本金额确认收入，直到履约进度能够合理确定为止。

（2）在某一时点履行履约义务

不符合上述条件的，属于在某一时点履行履约义务。企业应当在客户取得相关商品控制权时确认收入。在判断客户是否已取得商品控制权时，企业应当考虑下列迹象。

①企业就该商品享有现时收款权利，即客户就该商品负有现时付款义务。

②企业已将该商品的法定所有权转移给客户，即客户已拥有该商品的法定所有权。

③企业已将该商品实物转移给客户，即客户已占有该商品实物。

④企业已将该商品所有权上的主要风险和报酬转移给客户，即客户已取得该商品所有权上的主要风险和报酬。

⑤客户已接受该商品（即主观上认可，认为符合要求）。

⑥其他表明客户已取得商品控制权的迹象。

需要强调的是，在上述迹象中，并没有哪一个或哪几个迹象是决定性的，企业应当根据合同条款和交易实质结合上述迹象，综合判断其是否及何时将商品的控制权转移给客户，从而确定收入确认的时点。

【例17-8】20×2年1月1日，中航制造与丙公司签订一份合同，约定以190万元的价格向丙公司提供2台大气数据测试仪和1年期的测试技术培训与咨询服务。中航制造的大气数据测试仪和1年期的测试技术培训与咨询服务均可单独出售，市场零售价分别为180万元和20万元。假定不考虑增值税及其他因素。

本例的合同中包括两项履约义务，即销售大气数据测试仪和提供测试技术培训和咨询服务。

销售商品收入的确认：20×2年1月，中航制造已将大气数据测试仪交付给丙公司，丙公司也已接受、占有该产品，并拥有该商品的法定所有权，根据合同条款和交易实质结合上述迹象综合判断丙公司取得了2台大气数据测试仪的控制权，中航制造应当在1月份丙公司取得商品相关控制权时确认销售大气数据测试仪的收入。

提供测试技术培训与咨询服务收入的确认：因测试技术培训与咨询服务的合同期限是1年，19[190×20/（180+20）]万元的对价需要为客户提供1年的测试技术培训与咨询服务，丙公司在中航制造履约的同时即取得并消耗企业履约所带来的经济利益，因此，中航制造可以按照履约进度确认收入。由于合同中并没有对提供服务的次数进行限定，因此可视为该服务在履约期间是平均发生的，按12个月平均分摊，因此，中航制造应在20×2年的每个月末确认相应金额的测试技术培训与咨询服务收入。

4. 确定交易价格

交易价格指企业因向客户转让商品而预期有权收取的对价金额。企业代第三方收取的款项及企业预期将退还给客户的款项，应当作为负债进行会计处理，不计入交易价格。企业应当根据合同条款，并结合其以往的习惯做法确定交易价格。在确定交易价格时，企业应当考虑可变对价、合同中存在的重大融资成分、非现金对价、应付客户对价等因素的影响。

（1）可变对价

可变对价指企业在与客户签订的合同中因折扣、折让、返利、退款、奖励积分、激励措施、业绩奖金、索赔等因素变化而影响的对价。

合同中存在可变对价的，企业应当按照期望值或最可能发生金额确定可变对价的最佳估计数。期望值是按照各种可能发生的对价金额及相关概率计算确定的金额。最可能发生的金额是一系列可能发生的对价金额中最可能发生的单一金额,即合同最可能产生的单一结果。当合同中估计可能产生多个结果时,通常按照期望值估计可变对价金额;当合同中仅有两个可能结果时,通常按照最可能发生金额估计可变对价金额。

企业采用期望值或最可能发生金额确定可变对价的最佳估计数时,包含可变对价的交易价格,应当不超过在相关不确定性消除时累计已确认收入极可能不会发生重大转回的金额。企业在评估累计已确认收入是否极可能不会发生重大转回时,应当同时考虑收入转回的可能性及其比重。每一资产负债表日,企业应当重新估计应计入交易价格的可变对价金额。

【例17-9】20×2年4月1日,中航制造向乙公司销售一批产品,销售价格为2 000万元,增值税为260万元。为了尽快回笼货款,中航制造和乙公司约定的现金折扣条件为:2/10,1/20,n/30。计算享受折扣金额时不考虑增值税。假设中航制造估计乙公司享受现金折扣可能出现以下两种情况。

①根据以往交易中乙公司享受折扣的情况及乙公司目前和未来的财务状况,中航制造预计各种结果发生的概率为:乙公司享受2%折扣的概率为60%,享受1%折扣的概率为35%,不享受折扣的概率为5%。

②中航制造预计各种结果发生的概率为:乙公司享受2%折扣的概率为80%,享受1%折扣的概率为20%。

在本例情况①中,中航制造有权收取的对价金额存在多种可能性,因此中航制造认为期望值能够更好地预测其有权获取的对价金额。中航制造估计乙公司享受折扣的期望值=2 000×(2%×60%+1%×35%+0×5%)=31万元,即可变对价金额为31万元,从而确定该批产品的交易价格为1 969万元。

在本例情况②中,中航制造有权收取的对价金额存在两种可能性,而且最可能出现的结果是乙公司享受2%的折扣,因此中航制造认为最可能发生金额能够更好地预测其有权获取的对价金额,即可变对价金额为40(2 000×2%)万元,从而确定该批产品的交易价格是1 960万元。

【例17-10】20×2年1月1日,中航制造与丙公司签订合同,向其销售一批产品。合同约定,丙公司在20×2年的采购量不超过200台时,每台价格为20 000元;超过200台时,每台价格为18 000元。丙公司在第一季度的采购量为30台,中航制造预计丙公司全年的采购量不会超过200台。20×2年4月,丙公司因完成产能升级而增加了采购量,第二季度共向中航制造采购100台,中航制造预计丙公司全年的采购量将超过200台,因此,全年采购量适用的产品单价均将调整为18 000元。

在本例中,20×2年第一季度,中航制造根据以往经验估计丙公司全年的采购量将不会超过200台,中航制造按照20 000元的单价确认收入,满足在不确定性消除之后(即丙公司全年的采购量确定之后),累计已确认的收入将极可能不会发生重大转回的要求,因此,中航制造在第一季度确认的收入金额=20 000×30=600 000元。

20×2年第二季度,中航制造对交易价格进行重新估计,由于预计丙公司全年的采购量将超过200台,则按照18 000元的单价确认收入,才满足极可能不会导致累计已确认的收入发生重大转回的要求。因此，中航制造在第二季度确认收入 =18 000×（100+30）- 600 000=1 740 000 元。

（2）合同中存在的重大融资成分

当合同各方以在合同中明确（或以隐含的方式）约定的付款时间为客户或企业就该交易提供了重大融资利益时，合同中即包含了重大融资成分。例如，企业采用分期收款的方式销售商品等。合同中存在重大融资成分的，企业应当按照假定客户在取得商品控制权时即以现金支付的应付金额（现销价格）确定交易价格。该交易价格与合同对价之间的差额，应当在合同期间内采用实际利率法摊销。

为了简化处理，在合同开始日，企业预计客户取得商品控制权与客户支付价款间隔不超过一年的，可以不考虑合同中存在的重大融资成分。

（3）非现金对价

非现金对价包括实物资产、无形资产、股权、客户提供的广告服务等。如果客户支付非现金对价，一般情况下，企业应当按照非现金对价的公允价值确定交易价格。若非现金对价的公允价值不能合理估计，企业应当参照其承诺向客户转让商品的单独售价间接确定交易价格。若非现金对价的公允价值因对价形式以外的原因而发生变动，应当作为可变对价，按可变对价的有关规定予以处理；合同开始日后，若非现金对价的公允价值因对价形式而发生变动，该变动金额不应计入交易价格。如果该交易缺乏商业实质，则企业不能确认收入。

扩展阅读17-3

非现金对价的处理比较

【例17-11】中航制造与丁航空公司签订合同，为丁航空公司生产一批飞机零部件。合同约定，丁航空公司向中航制造支付300万元现金和一台专用设备，中航制造无须为该专用设备额外支付价款，专用设备应当用于飞机零部件的生产，该专用设备原值为2 000万元，已提折旧900万元，公允价值为1 200万元。飞机零部件于6个月内生产完成并移交给丁航空公司，丁航空公司在该时点取得控制权。飞机零部件的市场售价为1 600万元，成本为1 100万元。假定不考虑相关税费。

本例中，对于中航制造来说，换出产品飞机零部件，取得专用设备和300万元现金，从交易的形式上看，该项交易涉及非货币性资产之间的交换。企业以存货换取客户的非货币性资产，换出存货的企业相关的会计处理不适用CAS7，适用CAS14，应按照非现金对价在合同开始日的公允价值确定交易价格。因此，中航制造对该项交易确定的交易价格应该是1 500万元（现金300万元+作为非现金对价的专用设备的公允价值1 200万元），而不应该是飞机零部件本身的市场售价1 600万元。

（4）应付客户对价

应付客户对价指企业在向客户转让商品的同时，需要向客户或第三方支付的对价，如货位费、优惠券、兑换券等。这里的第三方通常指向企业的客户购买本企业商品的一方，即处于企业分销链上的"客户的客户"，例如，企业将其生产的产品销售给经销商，经销商再将这些产品销售给最终用户，最终用户即是第三方。

扩展阅读17-4

应付客户对价的深度解析

存在应付客户对价的企业应当将该应付对价冲减交易价格,但应付客户对价是为了向客户取得其他可明确区分商品的除外。如果企业应付客户对价是为了向客户取得其他可明确区分商品,应当采用与企业其他采购相一致的方式确认所购买的商品;如果企业应付客户对价超过向客户取得的可明确区分商品公允价值的,超过金额应当作为应付客户对价冲减交易价格;如果向客户取得的可明确区分商品公允价值不能合理估计的,企业应当将应付客户对价全额冲减交易价格。

在对应付客户对价冲减交易价格进行会计处理时,企业应当在确认相关收入与支付(或承诺支付)客户对价二者孰晚的时点冲减当期收入。

【例17-12】中航制造与一家全球大型零售超市签订为期一年的销售合同。该超市承诺合同期内至少购买1 000万元的民用产品,中航制造需在合同开始日向超市支付100万元的不可退回款项,该款项旨在就零售超市在显著位置摆放中航制造民用产品而作出的补偿。假设第一个月销售商品150万元,中航制造应如何确认收入?

在本例中,因为超市得到此笔款项并未向中航制造提供可区分的商品和劳务,通常应当将应付给客户的对价作为交易价格的抵减处理。即每次中航制造向超市转移商品时,交易价格按每件商品售价的10%抵减。那么,第一个月应确认收入为$150-150\times10\%=135$万元。

5. 将交易价格分摊至各单项履约义务

当合同中包含两项或多项履约义务时,企业应当在合同开始日,按照各单项履约义务所承诺商品的单独售价的相对比例,将交易价格分摊至各单项履约义务,并按照分摊至各单项履约义务的交易价格计量收入。

(1)确定单独售价

单独售价指企业向客户单独销售商品的价格。企业应当在合同开始日估计单独售价,并将在类似环境下向类似客户单独销售某商品的价格,作为确定该商品单独售价的最佳证据。单独售价无法直接观察的,企业应当综合考虑其能够合理取得的全部相关信息,采用市场调整法、成本加成法、余值法等方法合理估计单独售价。

①市场调整法,指企业根据某商品或类似商品的市场售价,考虑本企业的成本和毛利等进行适当调整后,确定其单独售价的方法。

②成本加成法,指企业根据某商品的预计成本加上其合理毛利后的金额,确定其单独售价的方法。其中,预计成本应当与企业在定价时通常考虑的成本因素一致,既包括直接成本,也包括间接成本。

③余值法,指企业按照合同交易价格减去合同中其他商品单独售价后的余值,确定某商品单独售价的方法。只有在商品近期售价波动幅度巨大或无法可靠确定时,企业才可采用余值法估计其单独售价。

(2)分摊合同折扣

合同折扣,指合同中各单项履约义务所承诺商品的单独售价之和高于合同交易价格的金额。对于合同折扣,企业应当在各单项履约义务之间按比例分摊;但是,有确凿证据表明合同折扣仅与合同中一项或多项(而非全部)履约义务相关的,企业应当将相关合同折扣分摊至该一项或多项履约义务。

【例 17-13】中航制造与丁公司签订了一份飞行器的销售和 3 年期的保修合同。若每项商品和服务单独标价，售价分别为 1 800 000 元和 200 000 元，两项服务合计售价为 1 900 000 元，假定不考虑相关税费。则中航制造销售飞行器和 3 年期保修合同的交易价格计算如下。

销售飞行器的交易价格为：1 900 000×1 800 000/（1 800 000+200 000）=1 710 000（元）

3 年期保修服务的交易价格为：1 900 000×200 000/（1 800 000+200 000）=190 000（元）

（3）分摊可变对价

合同中包含可变对价的，该可变对价可能与整个合同相关，也可能仅与合同中的某一特定组成部分有关。如果可变对价及其后续变动额与整个合同相关，企业应当按照与分摊合同折扣相同的方法，将其分摊至合同中的各单项履约义务。

扩展阅读 17-5

可变对价的分摊示例

同时满足下列两项条件的，企业应当将可变对价及可变对价的后续变动额全部分摊至与之相关的某项履约义务，或者构成单项履约义务的一系列可明确区分商品中的某项商品：①可变对价的条款专门针对履行该履约义务或转让该项可明确区分商品所做的努力；②企业在考虑了合同中的全部履约义务及支付条款后，将合同对价中的可变金额全部分摊至该项履约义务或该项可明确区分商品符合分摊交易价格的目标。

（4）交易价格的后续变动

交易价格发生后续变动的，企业应当按照在合同开始日所采用的基础将后续变动金额分摊至合同中的履约义务。对于已履行的履约义务，其分摊的可变对价后续变动额应当调整变动当期的收入。企业不得因合同开始日之后单独售价的变动而重新分摊交易价格。对于合同变更导致的交易价格后续变动，应按照合同变更的要求进行处理。

【例 17-14】20×2 年 9 月 1 日，中航制造与乙公司签订合同，向其销售教练机和通用飞机各一架。教练机和通用飞机均为可明确区分商品，均属于在某一时点履行的履约义务。合同约定，教练机和通用飞机分别于 20×2 年 11 月 11 日和 20×3 年 3 月 20 日交付给乙公司。合同约定的对价包括 7 800 万元的固定对价和估计金额为 200 万元的可变对价，该可变对价计入交易价格。教练机和通用飞机的单独售价均为 4 500 万元。20×2 年 12 月 1 日，双方对合同范围进行了变更，乙公司向中航制造额外采购了地面支持设备，合同价格增加 400 万元，地面支持设备与教练机和通用飞机可明确区分，但该增加的价格未反映地面支持设备的单独售价，地面支持设备的单独售价为 500 万元，地面支持设备将于 20×3 年 7 月 1 日交付给乙公司。20×2 年 12 月 31 日，中航制造预计有权收取的可变对价的估计金额由 200 万元变更为 260 万元，该金额符合将可变对价金额计入交易价格的限制条件，因此，合同的交易价格增加了 60 万元，且中航制造认为该增加额与合同变更前已承诺的可变对价相关。假定上述 3 种产品的控制权均随产品交付而转移给乙公司。

本例中，在合同开始日，该合同包含两项履约义务，中航制造应当将估计的交易价格分摊至这两项履约义务。由于教练机和通用飞机的单独售价相同，因此，中航制造将交易价格 8 000（7 800+200）万元平均分摊至教练机和通用飞机，即教练机和通用飞机各自分摊的交易价格均为 4 000 万元。

20×2 年 11 月 11 日，当教练机交付给客户时，中航制造相应确认收入 4 000 万元。

20×2 年 12 月 1 日，双方进行了合同变更。由于地面支持设备的合同价格不能反映其单独售价，并且在合同变更日已转让的教练机和未转让的通用飞机之间可明确区分，因此，中航制造将该合同变更作为原合同终止，并将原合同的未履约部分与合同变更部分合并为新合同进行会计处理。在新合同下，合同的交易价格为 4 400（4 000+400）万元，中航制造应将其分摊至通用飞机和地面支持设备，分摊至通用飞机的交易价格为 3 960 [4 400×4 500/（4 500+500）] 万元；分摊至地面支持设备的交易价格为 440[4 400×500/（4 500+500）] 万元。

20×2 年 12 月 31 日，中航制造重新估计可变对价，增加了交易价格 60 万元。由于该增加额与合同变更前已承诺的可变对价相关，因此应首先将该增加额分摊给教练机和通用飞机，之后再将分摊给通用飞机的部分在通用飞机和地面支持设备形成的新合同中进行二次分摊。本例中，由于教练机和通用飞机的单独售价相同，在将 60 万元的可变对价后续变动分摊至教练机和通用飞机时，各自分摊的金额为 30 万元。由于教练机已经销售并已确认收入，中航制造应将分摊至教练机的可变对价后续变动额 30 万元在交易价格发生变动的当期确认为收入。同时，将分摊至通用飞机的 30 万元平均分摊至通用飞机和地面支持设备，分摊至通用飞机的可变对价后续变动额为 27[30×4 500/（4 500+500）] 万元；分摊至地面支持设备的可变对价后续变动额为 3[30×500/（4 500+500）] 万元。

经过上述分摊后，通用飞机的交易价格为 3 987（3 960+27）万元，地面支持设备的交易价格为 443（440+3）万元。

二、费用

（一）费用的含义及特征

费用指企业在日常活动中发生的、会导致所有者权益减少的、与向所有者分配利润无关的经济利益的总流出。

费用具有以下特征。

1. 费用是企业在日常活动中形成的

费用必须是企业在其日常活动中所形成的，这些日常活动的界定与收入定义中涉及的日常活动的界定相一致。将费用界定为日常活动中所形成的，目的是将其与损失相区分。企业非日常活动所形成的经济利益的流出不能确认为费用，而应当计入损失，如捐赠支出，罚没支出。

2. 费用会导致所有者权益的减少

与费用相关的经济利益的流出会导致所有者权益的减少，不会导致所有者权益减少的经济利益的流出不符合费用的定义，不应确认为费用。例如，企业用银行存款偿还银行的

扩展阅读 17-6

费用与支出、成本、损失的关系

借款，只是资产和负债的等额减少，对所有者权益没有影响，因此，不构成费用。

3. 费用导致经济利益的总流出与向所有者分配利润无关

费用的发生会导致经济利益的流出，可能表现为现金及现金等价物、存货、固定资产和无形资产等资产的减少，也可能表现为负债的增加，或者二者兼而有之。总之，与费用相关的经济利益的流出最终会导致所有者权益减少。企业向所有者分配利润也会导致经济利益的流出，但该经济利益的流出属于投资者投资回报的分配，是所有者权益的直接抵减项目，不应确认为费用。

（二）费用的内容

费用主要包括营业成本、税金及附加、期间费用、资产减值损失和信用减值损失等。此外，企业从事各项对外投资活动形成的损失、持有的以公允价值计量且其变动计入当期损益的金融资产和投资性房地产等资产的公允价值变动形成的损失等也属于费用。本节主要介绍营业成本、税金及附加和期间费用，其他有关费用的内容在本书前面章节中已经涉及，此处不再赘述。

1. **营业成本**

营业成本指为了取得营业收入而发生的成本，包括主营业务成本和其他业务成本。

主营业务成本指企业为完成其经营目标所从事的主要经营活动而发生的费用，如企业确认销售商品、提供服务等主营业务收入时应结转的成本。一般情况下，在月度终了时，企业应当根据本月销售的各种商品、提供的各种服务的实际成本，计算应结转的主营业务成本。

其他业务成本指企业除主营业务活动以外的其他经营活动所发生的费用，如企业销售多余材料的成本、出租包装物的成本或摊销额、出租无形资产的摊销额等。

2. **税金及附加**

税金及附加指企业经营活动应负担的相关税费，包括消费税、城市维护建设税、教育费附加、资源税、房产税、城镇土地使用税、车船税、印花税等。

扩展阅读 17-7

确认期间费用的原因

3. **期间费用**

期间费用指企业当期发生的，但不能直接或间接归入某种产品或服务项目成本的而应直接计入当期损益的费用，具体包括管理费用、销售费用和财务费用。

（1）管理费用。管理费用指企业为组织和管理企业生产经营所发生的各种费用。管理费用主要包括企业在筹建期间内发生的开办费（包括人员工资、办公费、培训费、差旅费、印刷费、注册登记费及不计入固定资产成本的借款费用等）、董事会和行政管理部门在企业的经营管理中发生的或应由企业统一负担的公司经费（包括行政管理部门职工工资及福利费、物料消耗、低值易耗品摊销、办公费和差旅费等费用）、工会经费、董事会费（包括董事会成员津贴、会议费和差旅费等）、聘请中介机构费、咨询费（含顾问费）、诉讼费、业务招待费、技术转让费、矿产资源补偿费、研究费用、排污费及行政管理部门发生的固定资产修理费用等。

（2）销售费用。销售费用指企业在销售商品和材料、提供劳务的过程中所发生的各种费用及专设销售机构的各项经费，包括保险费、包装费、展览费和广告费、商品维修费、预计产品质量保证损失、运输费、装卸费等及为销售本企业商品而专设的销售机构（含销售网点、售后服务网点等）的职工薪酬、业务费、折旧费、固定资产修理费用等。

（3）财务费用。财务费用指企业为筹集生产经营资金而发生的筹资费用，包括利息支出（减利息收入）、汇兑损益及相关的手续费等。

（三）费用的确认与计量

1. 费用的确认与计量条件

费用的确认与计量至少应当符合以下条件。
（1）与费用相关的经济利益应当很可能流出企业。
（2）经济利益流出企业的结果会导致资产的减少或负债的增加。
（3）经济利益的流出额能够可靠地计量。

2. 费用的确认与计量标准

如果资产的减少或负债的增加，关系到未来经济利益的减少，并且能够可靠地用货币加以计量，就应当确认费用。确认与计量费用的标准主要有以下几种。

1）按因果关系直接确认与计量

按照这一标准，凡是与本期的收入直接联系的耗费，都是该期的费用。例如，销售成本的确认就是采用这一标准，企业售出的商品与其所产生的收入存在直接的因果关系，所以，该批商品的成本就应该随同当期销售收入的实现而确认为当期的费用。

2）按系统而合理的分配方式进行确认与计量

系统而合理的分配方式指资产成本的分摊应尽可能符合配比原则的要求，谁受益，谁负担费用；受益多，分摊费用也多。在一项资产能够为若干个会计期间带来效益的情况下，需要采用一定的分配方法，将耗费合理而系统地分配到该项资产存续的各个会计期间，以实现收入与费用的配比。例如，将固定资产的成本采用一定的折旧计算方法，转化为各期的折旧费用，即是按合理和系统的分配方式确认费用的典型实例。

3）按期间配比确认与计量

有些费用的发生与收入的取得没有直接的因果关系，也无法或没有必要将这些费用加以分摊，则可以考虑这种确认方式，即在支出发生时直接确认为当期费用。例如，企业支付的广告费。广告可以为企业产品打开销路，为企业取得长期效益发挥作用，因而，从理论上讲，应将广告费分配于各个受益的会计期间。但广告费的效用究竟延续多长时间、哪个会计期间由于哪次广告获得了多少效益则很难确定。一个顾客购买企业的商品，可能不是由于最近一次的广告，而是早在几年前看过企业商品的广告。显然，广告费与当期收入的因果关系不是很密切，要将广告费在几个会计期间分摊有很大的主观随意性。所以，广告费一般在支付时就直接确认为支付当期的费用。

（四）合同成本的确认与计量

合同成本是企业为取得或履行合同而发生的支出，该支出不构成其他资产，也不能确认为当期销售费用，需要在未来确认收入期间确认为费用。合同成本包括合同履约成本和合同取得成本。

1. 合同履约成本的确认与计量

企业为履行合同可能会发生各种成本，企业应当对这些成本进行分析，属于其他企业会计准则（如存货、固定资产、无形资产等准则）规范范围的，应当按照相关企业会计准则进行会计处理；不属于其他企业会计准则规范范围且同时满足下列条件的，应当作为合同履约成本确认为一项资产。

（1）该成本与一份当前或预期取得的合同直接相关。

（2）该成本增加了企业未来用于履行（包括持续履行）履约义务的资源。

（3）该成本预期能够收回。

具体而言，合同履约成本包括直接人工（如直接为客户提供所承诺服务的人员的工资、奖金等）、直接材料(如为履行合同耗用的原材料、辅助材料、构配件、零件、半成品的成本和周转材料的摊销及租赁费用等)、制造费用（或类似费用，如组织和管理相关生产、施工、服务等活动发生的费用，包括管理人员的职工薪酬、劳动保护费、固定资产折旧费及修理费、物料消耗、取暖费、水电费、办公费、差旅费、财产保险费、工程保修费、排污费、临时设施摊销费等）、明确由客户承担的成本及仅因该合同而发生的其他成本（如支付给分包商的成本、机械使用费、设计和技术援助费用、施工现场二次搬运费、生产工具和用具使用费、检验试验费、工程定位复测费、工程点交费用、场地清理费等）。

企业为履行合同发生的下列支出，在发生时应当计入当期损益：①管理费用；②非正常消耗的直接材料、直接人工和制造费用（或类似费用），这些成本是为履行合同发生的，但未反映在合同价格中；③与履约义务中已履行部分相关的成本；④无法区分是与未履行义务相关还是与已履行履约义务相关的成本。

【例 17-15】中航制造与客户签订一项合同，为客户提供为期 4 年的科技咨询与技术管理服务，客户每年支付 150 000 元的服务费。中航制造为取得该合同支付了提交标书的差旅费 10 000 元。在向客户提供该项服务之前，中航制造设计并搭建了一个本公司内部使用的与客户的技术管理系统相连接的技术平台，并进行相关测试。该平台并不转让给客户，但将用于向客户技术中心提供管理服务。中航制造为建立该技术平台发生的初始成本如下：设计服务 30 000 元，购买硬件 160 000 元，购买相关软件 100 000 元，数据中心测试 100 000 元。

在本例中，中航制造为履行合同发生的上述成本中，购买硬件 160 000 元应当按固定资产的规定进行会计处理，购买相关软件 100 000 元应当按无形资产的规定进行会计处理，设计服务 30 000 元和数据中心测试 100 000 元不属于固定资产、无形资产等规定的范围，但这些成本又与履行该合同直接相关,并能够增加中航制造未来用于履行履约义务的资源,如果中航制造预期该成本可通过未来提供服务收取的对价收回,则中航制造应当将这些成本确认为一项资产,计入"合同履约成本"。而中航制造为取得该合同支付的提交标书的差旅费 10 000 元,属于为取得合同发生的费用,该费用无论是否取得合同都会发生,因此,应在发生时计入当期损益。

2. 合同取得成本的确认与计量

企业为取得合同发生的增量成本预计能够得到补偿的,应当作为合同取得成本确认为一项资产;但是,合同期限不超过一年的可以于发生时计入当期损益。增量成本,指企业不取得合同就不会发生的成本,如销售佣金等。企业为取得合同发生的其他成本(无论是否取得合同均会发生的成本,如员工工资、设备成本、差旅费等),应当于发生时计入当期损益,但明确由客户承担的除外。

【例 17-16】中航制造中标向客户提供通用飞机的制造与销售,为取得该合同发生支出如下:尽职调查的外部律师费 25 000 元,提交标书的差旅费 30 000 元,销售人员佣金 150 000 元,总支出 205 000 元。中航制造应如何确认上述支出?

在本例中,中航制造为取得合同发生的销售人员佣金 150 000 元即为增量成本,这些成本将通过未来取得的销售收入补偿,发生时应确认为一项资产。而律师费 25 000 元和差旅费 30 000 元,无论是否中标、是否取得合同都将产生,因此在发生时应直接确认为费用。

3. 与合同成本有关的资产的摊销和减值

(1) 与合同成本有关的资产的摊销

对于确认为资产的合同履约成本和合同取得成本,应当采用与收入确认相同的基础(即在履约义务履行的时点或按照履约义务的履约进度)进行摊销,计入当期损益。

在确定与合同履约成本和合同取得成本有关的资产的摊销期限和方式时,如果该资产与一份预期将要取得的合同(如续约后的合同)相关,则在确定相关摊销期限和方式时,应当考虑该将要取得的合同的影响。但是,对于合同取得成本而言,如果合同续约时,企业仍需要支付与取得原合同相当的佣金,这表明取得原合同时支付的佣金与未来预期取得的合同无关,该佣金只能在原合同的期限内进行摊销。

企业应当根据向客户转让与上述资产相关的商品的预期时间变化,对资产的摊销情况进行复核并更新,以反映该预期时间的重大变化。

(2) 与合同成本有关的资产的减值

与合同成本有关的资产,其账面价值高于下列两项差额的,超出部分应当计提减值准备,并确认为资产减值损失:①企业因转让与该资产相关的商品预期能够取得的剩余对价;②为转让该相关商品估计将要发生的成本。以前期间减值的影响因素之后发生变化,使得该资产可收回金额高于其账面价值的,应当转回原已计提的资产减值准备,并计入当期损益,但转回后的资产账面价值不应当超过假定不计提减值准备情况下该资产在转回日的账面价值。

三、利润

（一）利润的含义及特征

利润是企业在一定会计期间的经营成果。利润包括收入减去费用后的净额、直接计入当期利润的利得和损失等。利润的确认主要依赖于收入和费用及利得和损失的确认，其金额的确定也主要取决于收入、费用、利得和损失等金额的计量。

利润的特征体现在以下方面。

（1）利润是广义收入和广义费用两个会计要素配比的结果。当某一会计期间的收入和利得大于费用和损失时，表现为企业利润，反之则表现为企业亏损。

（2）利润的形成导致所有者权益的增加，亏损的发生则导致所有者权益的减少。

（二）利润的构成

利润一般分为营业利润、利润总额和净利润。

1. 营业利润

营业利润指企业一定期间日常活动产生的利润，是企业利润中最主要、最稳定的来源。计算公式为：

营业利润 = 营业收入 − 营业成本 − 税金及附加 − 销售费用 − 管理费用 − 研发费用 − 财务费用 + 其他收益 + 投资收益 + 净敞口套期收益 + 公允价值变动收益 − 信用减值损失 − 资产减值损失 + 资产处置收益

其中，营业收入包括主营业务收入和其他业务收入，营业成本包括主营业务成本和其他业务成本，营业收入减去营业成本即为营业毛利；税金及附加，包括企业经营活动发生的消费税、城市维护建设税、资源税和教育费附加等相关税费；研发费用，反映企业进行研究与开发过程中发生的费用化支出，以及计入管理费用的自行开发无形资产的摊销；其他收益，指与企业日常经营活动密切相关的政府补助，以及其他与日常活动相关且计入其他收益的项目；投资收益，指企业对外投资所取得的收益，减去发生的投资损失后的净额，包括投资于其他企业分得利润、取得债券利息、通过转让有价证券取得高于成本的价差收入等；净敞口套期收益，反映净敞口套期下被套期项目累计公允价值变动转入当期损益的金额或现金流量套期储备转入当期损益的金额；公允价值变动收益，反映企业交易性金融资产、交易性金融负债，以及采用公允价值模式计量的投资性房地产、衍生工具、套期保值业务、指定为以公允价值计量且其变动计入当期损益的金融资产或金融负债等公允价值变动形成的应计入当期损益的利得（或损失）；信用减值损失，反映企业按照 CAS22 的要求计提的各项金融工具信用减值准备所形成的信用损失；资产减值损失，反映企业计提各项资产（除金融资产）减值准备所形成的损失，包括存货跌价损失、长期股权投资减值损失、固定资产减值损失、工程物资减值损失、在建工程减值损失、无形资产减值损失、投资性房地产减值损失、商誉减值损失等；资产处置收益，反映企业发生报废或毁损以外的处置非流动资产的损益，包括划分为持有待售的非流动资产（金融工具、长期股权投资和投资性房地产除外）或处置组时确认的处置利得（或损失），以及处置未划分为持有待售的固定资产、在建工程、生产性生物资产及无形资产而产生的处置利得（或损失），包括以固定资产、无形资产等作为换出资产进行的非货币性资产交换产生的利得（或损失）。

2. 利润总额

利润总额指企业在生产经营过程中各种收入扣除各种耗费后的差额，反映企业在报告期内实现的盈亏总额。计算公式为：

利润总额 = 营业利润 + 直接计入当期利润的利得（营业外收入）－
直接计入当期利润的损失（营业外支出）

其中，直接计入当期利润的利得，指应当计入当期损益、会导致所有者权益增加、与所有者投入资本无关的利得（也称营业外收入），主要包括非流动资产毁损报废利得、捐赠利得、罚没利得、政府补助利得、盘盈利得等；直接计入当期利润的损失，指应当计入当期损益、会导致所有者权益减少、与向所有者分配利润无关的损失（也称营业外支出），主要包括非流动资产毁损报废损失、罚款支出、捐赠支出、非常损失、盘亏损失等。

营业外收入与营业外支出虽然与企业的生产经营活动没有直接关系，但从企业主体来看，它同样带来收入或形成支出，引起利润总额的增加或减少。

3. 净利润

净利润指在利润总额中按规定交纳了企业所得税以后公司的利润留存，一般也称为税后利润。净利润是一个企业经营的最终成果，净利润多，企业的经营效益就好；净利润少，企业的经营效益就差，它是衡量一个企业经营效益的主要指标。计算公式为：

净利润 = 利润总额 － 所得税费用

所得税费用指企业按规定确认的应从当期利润总额中扣除的当期所得税费用和递延所得税费用。有关所得税费用的确认与计量，详见本系列教材《税务会计学》的相关章节。

第二节　收入与费用的核算

一、基本销售业务的核算

企业应当在履行了合同中的履约义务，即客户取得相关商品控制权时确认收入。应按确定的收入金额借记"银行存款""应收账款""应收票据""合同资产"等科目，贷记"主营业务收入"等科目。企业应设置"主营业务成本"科目，核算企业确认销售商品等主营业务收入时应结转的成本，并按主营业务的种类进行明细核算。

其中，合同资产指企业已向客户转让商品而有权收取对价的权利，且该权利取决于时间流逝之外的其他因素。需要说明的是，合同资产和应收账款都是企业拥有的有权收取对价的合同权利。二者的主要区别在于：应收账款代表的是无条件收取合同对价的权利，而合同资产并不是一项无条件收款权；应收账款仅承担信用风险，而合同资产除信用风险之外还可能承担其他风险,如履约风险等。

(一)在某一时段内履行的履约义务

在某一时段内履行的履约义务,企业应当在该时段内按照履约进度确认收入,但履约进度不能合理确定的除外。

当期确认的收入=合同的交易价格总额×履约进度-以前会计期间累计已确认的收入

当期确认的成本=预计的合同总成本×履约进度-以前会计期间累计已确认的成本

【例17-17】20×2年11月20日,中航制造与丙公司签订了一项设备安装服务合同,丙公司将其购买的一套大型航空产品生产设备交由中航制造安装。根据合同约定,设备安装费总额为250 000元,丙公司预付60%,其余40%到设备安装完成、验收合格后支付。20×2年12月1日,中航制造开始进行设备安装,并收到丙公司预付的安装费。截至20×2年12月31日实际发生安装成本80 000元,其中,支付安装人员薪酬46 000元,领用库存原材料10 000元,以银行存款支付其他费用24 000元。据合理估计,设备安装完成还会发生安装成本120 000元。20×3年2月20日,设备安装完成,本年实际发生安装成本110 000元,其中,支付安装人员薪酬65 000元,领用库存材料15 000元,以银行存款支付其他费用30 000元。设备经检验合格后,丙公司如约支付剩余安装费。由于丙公司能够控制中航制造履约过程中的在安装设备,因而,该项安装服务属于在某一时段内履行的履约义务。中航制造判断,因向客户提供安装服务而有权取得的对价很可能收回。中航制造按照已经发生的成本占估计总成本的比例确定履约进度,假定不考虑相关税费。中航制造应作会计处理如下。

(1)20×2年12月1日,预收60%的合同价款时,应作会计分录为:

借:银行存款 150 000
 贷:合同负债——丙公司 150 000

(2)20×2年12月实际发生安装成本时,应作会计分录为:

借:合同履约成本——服务成本 80 000
 贷:应付职工薪酬 46 000
  原材料 10 000
  银行存款 24 000

(3)20×2年12月31日,确认收入并结转成本时,应作会计分录为:

履约进度=80 000/(80 000+120 000)×100%=40%

应确认收入=250 000×40%=100 000(元)

应结转成本=(80 000+120 000)×40%=80 000(元)

借:合同负债——丙公司 100 000
 贷:主营业务收入 100 000
借:主营业务成本 80 000
 贷:合同履约成本——服务成本 80 000

（4）支付 20×3 年实际发生的安装成本时，应作会计分录为：

借：合同履约成本——服务成本　　　　　　　　　　　　　　110 000
　　贷：应付职工薪酬　　　　　　　　　　　　　　　　　　　65 000
　　　　原材料　　　　　　　　　　　　　　　　　　　　　　15 000
　　　　银行存款　　　　　　　　　　　　　　　　　　　　　30 000

（5）设备经检验合格后，丙公司如约支付剩余安装费时，应作会计分录为：

借：银行存款　　　　　　　　　　　　　　　　　　　　　　100 000
　　贷：合同负债——丙公司　　　　　　　　　　　　　　　100 000

（6）20×3 年 2 月 20 日，确认收入并结转成本时：

应确认收入 = 250 000-100 000 = 150 000（元）

应结转成本 =（80 000+110 000）-80 000 = 110 000（元）

借：合同负债——丙公司　　　　　　　　　　　　　　　　　150 000
　　贷：主营业务收入　　　　　　　　　　　　　　　　　　150 000
借：主营业务成本　　　　　　　　　　　　　　　　　　　　110 000
　　贷：合同履约成本——服务成本　　　　　　　　　　　　110 000

（二）在某一时点履行的履约义务

1. 一般销售业务的核算

【例 17-18】20×2 年 6 月 1 日，中航制造与丁公司签订合同，向其销售通用飞机和航空压力传感器两种商品，单独售价分别为 46 000 000 元和 4 000 000 元，成本分别为 32 000 000 元和 2 800 000 元。上述价格均不含增值税，且假设不考虑相关税费影响。

（1）假设合同价款为 50 000 000 元。合同约定，两种商品均于合同开始日交付，其控制权在商品交付日转移给客户。中航制造应作的会计分录为：

借：应收账款——丁公司　　　　　　　　　　　　　　　　50 000 000
　　贷：主营业务收入　　　　　　　　　　　　　　　　　50 000 000

同时结转成本：

借：主营业务成本　　　　　　　　　　　　　　　　　　　34 800 000
　　贷：库存商品　　　　　　　　　　　　　　　　　　　34 800 000

（2）假设合同价款为 49 000 000 元。合同约定，通用飞机于合同开始日交付，航空压力传感器在两个月之后交付，只有当两种商品全部交付之后，中航制造才有权收取 49 000 000 元的合同对价。中航制造应作的会计处理如下。

①分摊合同价款。

分摊到通用飞机的合同价款为 49 000 000×46 000 000/（46 000 000+4 000 000）= 45 080 000（元）

分摊到压力传感器的合同价款为 49 000 000×4 000 000/（46 000 000+4 000 000）= 3 920 000（元）

②交付通用飞机时，应作会计分录为：

借：合同资产	45 080 000	
贷：主营业务收入		45 080 000

同时结转成本：

借：主营业务成本	32 000 000	
贷：库存商品		32 000 000

③交付压力传感器时，应作会计分录为：

借：应收账款——丁公司	49 000 000	
贷：合同资产		45 080 000
主营业务收入		3 920 000

同时结转成本：

借：主营业务成本	2 800 000	
贷：库存商品		2 800 000

【例17-19】20×2年5月2日，中航制造与丙公司签订合同，向其销售一批普通机械，不含税价款为2 000 000元，成本为1 600 000元。双方约定采用托收承付方式结算货款，当日商品已经发出，并向银行办妥托收手续。此时中航制造得知丙公司在其他交易中发生巨额损失，资金周转十分困难，经双方交涉确定此项收入目前收回的可能性不大。12月1日，中航制造得知丙公司经营状况好转，经交涉，丙公司承诺近期付款。12月25日收到款项。假定不考虑相关税费。

（1）合同存在的前提条件是企业很可能收回因向客户转让商品而有权取得的对价。所以，5月2日，由于此项收入目前收回的可能性不大，因而不能确认收入；已经发出的商品成本应通过"发出商品"科目反映（"发出商品"科目用于核算企业未满足收入确认条件，但已发出商品的实际成本或计划成本）。据此应作会计分录为：

借：发出商品	1 600 000	
贷：库存商品		1 600 000

（2）12月1日，中航制造确认收入并结转成本，应作会计分录为：

借：应收账款——丙公司	2 000 000	
贷：主营业务收入		2 000 000
借：主营业务成本	1 600 000	
贷：发出商品		1 600 000

（3）12月25日，收到货款，应作会计分录为：

借：银行存款	2 000 000	
贷：应收账款——丙公司		2 000 000

2. 销售折扣与折让的核算

企业销售商品如果涉及现金折扣及商业折扣（如果不是固定的），应作为可变对价，按照CAS14中关于可变对价的相关规定进行会计处理。即如果合同中存在可变对价，企业应当按照期望值或最可能发生金额确定可变对价的最佳估计数，包含可变对价的交易价格，应当不超过在相关不确定性消除时累计已确认收入极可能不会发生重大转回的金额，且在资产负债表日,企业应当重新估计应计入交易价格的可变对价金额。

企业销售商品如果涉及销售折让,应分不同情况进行处理:如果尚未确认销售收入发生销售折让,应按扣除折让以后的金额确认收入;如果已确认收入发生销售折让,通常应当在发生时冲减当期销售收入;如果销售折让属于资产负债表日后事项,应当按照有关资产负债表日后事项的相关规定进行处理。其中,销售折让指企业因售出商品的质量不合格等原因而在售价上给予的减让。

【例 17-20】 20×2 年 5 月 1 日,中航制造向乙公司销售生产的金属材料一批,开出的增值税专用发票上注明的销售价格为 900 000 元,增值税额为 117 000 元。商品已交付,控制权已转移。为及早收回货款,中航制造和乙公司约定的现金折扣条件为:2/10,n/30。根据以往交易中乙公司享受折扣、乙公司目前和未来的财务状况及国家的信贷政策等情况进行综合分析,中航制造预计乙公司享受现金折扣的概率为 90%,放弃现金折扣的概率为 10%。计算享受折扣金额时不考虑增值税。

(1) 5月1日销售实现时,应作会计分录为:

借:应收账款——乙公司　　　　　　　　　　　　　　　999 000
　　贷:主营业务收入　　　　　　　　　　[900 000×(1-2%)] 882 000
　　　　应交税费——应交增值税(销项税额)　　　　　117 000

(2) 如果乙公司在10天内付清货款,应作会计分录为:

借:银行存款　　　　　　　　　　　　　　　　　　　　999 000
　　贷:应收账款——乙公司　　　　　　　　　　　　　999 000

(3) 如果乙公司未在10天内付款,应作会计分录为:

借:银行存款　　　　　　　　　　　　　　　　　　　1 017 000
　　贷:应收账款——乙公司　　　　　　　　　　　　　999 000
　　　　主营业务收入　　　　　　　　　　　　　　　　18 000

【例 17-21】 20×2 年 6 月 1 日,中航制造与丙公司签订一份销售合同,约定向丙公司提供其生产的民用建筑材料一批,开出的增值税专用发票上注明的销售价格为 3 000 000 元,增值税额为 390 000 元,商品控制权已转移,款项已收到;该批商品成本为 2 200 000 元。丙公司在验收过程中发现个别材料存在瑕疵,但不影响使用,要求中航制造在价格上给予 4% 的减让。假定中航制造已确认销售收入,与销售折让有关的增值税额税务机关允许冲减,销售折让不属于资产负债表日后事项。中航制造的账务处理如下。

(1) 商品控制权转移时,应作会计分录为:

借:银行存款　　　　　　　　　　　　　　　　　　　3 390 000
　　贷:主营业务收入　　　　　　　　　　　　　　　3 000 000
　　　　应交税费——应交增值税(销项税额)　　　　390 000
借:主营业务成本　　　　　　　　　　　　　　　　　2 200 000
　　贷:库存商品　　　　　　　　　　　　　　　　　2 200 000

(2) 发生销售折让时,应作会计分录为:

借:主营业务收入　　　　　　　　　　　　　　　　　120 000

	应交税费——应交增值税（销项税额）	15 600
贷：银行存款		135 600

3. 销售退回的核算

销售退回，指企业售出的商品由于质量、品种不符合要求等原因而发生的退货。企业售出商品发生的销售退回，应当分别不同情况进行会计处理：尚未确认销售收入发生销售退回的，应当冲减已计入"发出商品"科目的商品成本金额，同时增加"库存商品"科目；已确认销售收入发生销售退回的，应当冲减退回当期的销售收入和销售成本；销售退回属于资产负债表日后事项的，应当按照有关资产负债表日后事项的相关规定进行处理。

【例17-22】中航制造3月20日与甲航空公司签订合同，向其销售飞机一架，增值税专用发票上注明售价为85 000 000元，增值税税额是11 050 000元，该架飞机成本为70 000 000元。中航制造3月27日发出商品，控制权转移，购货方随即付款，中航制造对该项销售确认了销售收入。同年10月15日，该飞机出现严重质量问题，甲航空公司将该架飞机退回给中航制造。中航制造同意退货，于退货当日支付了退货款，并按规定向购货方开具了红字增值税专用发票。中航制造有关会计处理如下。

（1）3月27日控制权转移时，应作会计分录为：

借：银行存款	96 050 000
贷：主营业务收入	85 000 000
应交税费——应交增值税（销项税额）	11 050 000
借：主营业务成本	70 000 000
贷：库存商品	70 000 000

（2）销售退回时，应作会计分录为：

借：主营业务收入	85 000 000
应交税费——应交增值税（销项税额）	11 050 000
贷：银行存款	96 050 000
借：库存商品	70 000 000
贷：主营业务成本	70 000 000

二、附有销售退回条款的销售业务核算

附有销售退回条款的商品销售，指购买方依照有关协议有权退货的销售方式。这里的退货权指无条件退货，不包含质量原因造成的退货，如销售商品时承诺7天无理由退货等。

对于附有销售退回条款的销售，企业应当在客户取得相关商品控制权时，按照因向客户转让商品而预期有权收取的对价金额（不包含预期因销售退回将退还的金额）确认收入，按照预期因销售退回将退还的金额确认负债；同时，按照预期将退回商品转让时的账面价值，扣除收回该商品预计发生的成本（包括退回商品的价值减损）后的余额，确认为一项资产；按照所转让商品转让时的账面价值，扣除上述资产成本的净额结转成本。每一资产负债表日，企业应当重新估计未来销售退回情况，如有变化，应当作为会计估计变更进行

会计处理。

【例17-23】20×2年1月1日,中航制造与丁公司签订合同,向其销售航空仪表150台,每台销售价格为16 000元,每台成本为12 000元,开出的增值税专用发票上注明的销售价格为2 400 000元,增值税额为312 000元。合同约定,丁公司应于合同生效日支付货款,在20×2年6月30日之前有权退还航空仪表。该批航空仪表已发出,控制权已转移,款项已收到。假定中航制造根据过去的经验,估计该批航空仪表退货率约为10%;航空仪表发出时纳税义务已经发生;实际发生销售退回时有关的增值税额税务机关允许冲减。中航制造的会计处理如下。

(1) 20×2年1月1日发出航空仪表时,应作会计分录为:

借:银行存款　　　　　　　　　　　　　　　　　　　　　2 712 000
　　贷:主营业务收入　　　　　　　　　　　　　　　　　　2 160 000
　　　　应交税费——应交增值税(销项税额)　　　　　　　　312 000
　　　　预计负债——应付退货款　　　　　　　　　　　　　240 000

结转销售商品成本时,应作会计分录为:

借:主营业务成本　　　　　　　　　　　　　　　　　　　1 620 000
　　应收退货成本　　　　　　　　　　　　　　　　　　　　180 000
　　贷:库存商品　　　　　　　　　　　　　　　　　　　　1 800 000

(2) 20×2年6月30日发生销售退回,如果实际退货量为15台,与预计退货量相同,款项已经支付,应作会计分录为:

借:库存商品　　　　　　　　　　　　　　　　　　　　　　180 000
　　贷:应收退货成本　　　　　　　　　　　　　　　　　　　180 000
借:预计负债——应付退货款　　　　　　　　　　　　　　　240 000
　　应交税费——应交增值税(销项税额)　　　　　　　　　　31 200
　　贷:银行存款　　　　　　　　　　　　　　　　　　　　　271 200

如果实际退货量为12台,低于预计退货量,则差额部分确认收入,并结转成本,应作会计分录为:

借:库存商品　　　　　　　　　　　　　　　　　　　　　　144 000
　　主营业务成本　　　　　　　　　　　　　　　　　　　　　36 000
　　贷:应收退货成本　　　　　　　　　　　　　　　　　　　180 000
借:预计负债——应付退货款　　　　　　　　　　　　　　　240 000
　　应交税费——应交增值税(销项税额)　　　　　　　　　　24 960
　　贷:主营业务收入　　　　　　　　　　　　　　　　　　　48 000
　　　　银行存款　　　　　　　　　　　　　　　　　　　　216 960

如果实际退货量为20台,高于预计退货量,则差额部分冲减收入、成本,应作会计分录为:

借:库存商品　　　　　　　　　　　　　　　　　　　　　　240 000
　　贷:应收退货成本　　　　　　　　　　　　　　　　　　　180 000

主营业务成本	60 000
借：预计负债——应付退货款	240 000
应交税费——应交增值税（销项税额）	41 600
主营业务收入	80 000
贷：银行存款	361 600

三、附有质量保证条款的销售业务核算

对于附有质量保证条款的销售，企业应当评估该质量保证是否在向客户保证所销售商品符合既定标准之外提供了一项单独的服务。企业提供额外服务的，应当作为单项履约义务，按收入准则规定进行会计处理；否则，质量保证责任应当按照或有事项准则规定进行会计处理。

在评估质量保证是否在向客户保证所销售商品符合既定标准之外提供了一项单独的服务时，企业应当考虑该质量保证是否为法定要求、质量保证期限及企业承诺履行任务的性质等因素。如果法律要求企业提供质量保证，这一法律的存在即表明所承诺的质量保证不是单项履约义务，因为这些要求的存在通常是为了保护客户免于承担购买不合格产品的风险，而不是为客户提供一项单独的质量保证。质保期越长，所承诺的质量保证就越可能是单项履约义务，因为更有可能提供产品符合既定标准的保证之外的服务。

附有质量保证条款销售教学视频

【例 17-24】中航制造销售给丙公司教练机一架，不含增值税售价 50 000 000 元。合同约定，在教练机交付后 1 年内发生正常质量问题免费保修。根据以前年度的维修记录，该教练机如果发生较小的质量问题，维修费用为销售收入的 1%；如果发生较大的质量问题，维修费用为销售收入的 2%。根据技术部门的预测，本月销售的教练机中，90% 不会发生质量问题；5% 可能发生较小质量问题；5% 可能发生较大质量问题。为了将质保期再延长 3 年，丙公司又额外支付了 90 000 元的质保费用。货物已交付客户，假定不考虑相关税费。

本例中，中航制造的承诺包括销售教练机、1 年内免费保修和 3 年的延长质量保证。其中提供的 1 年内免费保修属于正常的质量保证，不构成单项履约义务，应当作为或有事项处理。

预计负债金额 = 50 000 000 ×（1% × 5% + 2% × 5%）= 75 000（元）

延长保修期属于正常质保以外的可选择服务，且有单独售价，构成一项单独履约义务，因此，该合同共有两项履约义务，即销售教练机和提供额外的延长保修服务。销售教练机符合时点确认收入条件，延保服务应按时段分期确认收入。

（1）销售教练机时，正常范围以内的质保服务，作为预计负债处理。中航制造应作会计分录为：

借：应收账款	50 090 000
贷：主营业务收入	50 000 000

合同负债	90 000
借：销售费用	75 000
贷：预计负债	75 000

（2）延长质保服务应作为一项单独的履约义务，分期确认收入。每年末确认收入时，应作会计分录为：

借：合同负债	30 000
贷：其他业务收入	30 000

四、主要责任人和代理人业务的核算

企业在履行履约义务向客户转让商品或服务时，如果涉及其他方参与其中，则企业需要判断其自身是以"主要责任人"身份还是"代理人"身份向客户提供商品或服务。

（一）主要责任人和代理人身份的判断

企业应当根据其在向客户转让商品前是否拥有对该商品的控制权，来判断其从事交易时的身份是主要责任人还是代理人。企业在向客户转让商品前能够控制该商品的，该企业为主要责任人，应当按照总额法（已收或应收对价总额）确认收入；否则，该企业为代理人，应当按照净额法（预期有权收取的佣金或手续费的金额）确认收入。

1. 表明企业向客户转让商品前对商品拥有控制权的3种情形

（1）企业自第三方取得商品或其他资产控制权后，再转让给客户。

（2）企业能够主导第三方代表本企业向客户提供服务。

（3）企业自第三方取得商品控制权后，通过提供重大的服务将该商品与其他商品整合成某组合产出转让给客户。

2. 表明对商品拥有控制权的事实和情况

在具体判断向客户转让商品前是否拥有对该商品的控制权时，企业不应仅局限于合同的法律形式，而应当综合考虑所有相关事实和情况，这些事实和情况包括：企业承担向客户转让商品的主要责任；企业在转让商品之前或之后承担了该商品的存货风险；企业有权自主决定所交易商品的价格；其他相关事实和情况。

【例17-25】中航制造通过乙公司经营的电商平台销售其生产的仪表，中航制造直接向客户交付仪表。当客户通过该电商平台购买仪表时，乙公司有权获得相当于售价10%的佣金。乙公司经营的电商平台需要协助中航制造与客户之间按中航制造所设定的价格进行支付。乙公司在处理订单之前要求客户付款，且所有订单均不可退款。乙公司在安排向客户提供产品之后没有其他义务。

在本例中，中航制造直接向客户提供其仪表，承担向客户转让商品的主要责任，在转让商品之前或之后承担了该商品的存货风险，且销售价格由中航制造决定，因此，中航制造是该交易中的主要责任人，应按照总额法（已收或应收对价总额）确认收入；而乙公司仅协助双方之间达成交易，并获取佣金，并未在向客户转让商品前取得商品的控制权，在任何时候都不能主导将商品转让给客户，不能主导或阻止中航制造向客户转让商品，不能控制中航制造与客户在电商平台上确定的订单所涉及的存货，应当作为代理人，按照净额法（有权获得的佣金）确认收入。

（二）主要责任人和代理人的会计处理

以支付手续费方式的委托代销业务为例，说明主要责任人和代理人的会计处理。支付手续费方式指委托方和受托方签订合同，委托方根据代销商品的数量向受托方支付手续费的一种代销方式。委托方发出代销商品时，商品控制权未转移，不结算货款，只作商品移库处理；待受托方将商品销售后寄来代销清单时，委托方根据代销清单所列已销商品金额确认收入，支付的代销手续费计入销售费用。受托方通常应按照委托方规定的价格销售，不得自行改变售价，在商品销售后，按应收取的手续费作为提供代销服务收入确认入账，不确认销售商品收入。

【例17-26】中航制造委托经销商乙公司销售产品1 000件，单位成本为3 000元。按照代销合同规定，乙公司按每件4 500元的价格对外出售，中航制造按售价的10%付给乙公司代销手续费。乙公司本月销售代销产品为500件，总价款为2 250 000元，月末开给中航制造代销清单。假定不考虑相关税费。

（1）对于该项业务，中航制造（委托方）应作如下会计处理。

①向乙公司交付商品时，应作会计分录为：

借：委托代销商品（或发出商品） 3 000 000
　　贷：库存商品 3 000 000

②收到代销清单时，应作会计分录为：

借：应收账款——乙公司 2 250 000
　　贷：主营业务收入 2 250 000

同时确认应支付的手续费用，应作会计分录为：

借：销售费用 225 000
　　贷：应收账款——乙公司 225 000

③结转成本时，应作会计分录为：

借：主营业务成本 1 500 000
　　贷：委托代销商品（或发出商品） 1 500 000

④收到乙公司汇来的货款净额，应作会计分录为：

借：银行存款 2 025 000
　　贷：应收账款——乙公司 2 025 000

（2）对该项业务，乙公司（受托方）应作如下会计处理。

①收到代销商品时，应作会计分录为：

借：受托代销商品 4 500 000
　　贷：受托代销商品款 4 500 000

②代销商品售出时，应作会计分录为：

借：银行存款	2 250 000	
贷：受托代销商品		2 250 000

月末开具代销清单，应作会计分录为：

借：受托代销商品款	2 250 000	
贷：应付账款——中航制造		2 250 000

③支付货款并扣收代销手续费时，应作会计分录为：

借：应付账款——中航制造	2 250 000	
贷：银行存款		2 025 000
其他业务收入		225 000

五、售后回购业务的核算

售后回购，指企业销售商品的同时承诺或有权选择日后再将该商品（包括相同或几乎相同的商品或以该商品作为组成部分的商品）购回的销售方式。对于售后回购交易，企业应当区分下列两种情形分别进行会计处理。

扩展阅读 17-10

售后回购教学视频

（1）企业因存在与客户的远期安排而负有回购义务或企业享有回购权利的，表明客户在销售时点并未取得相关商品控制权，企业应当作为租赁交易或融资交易进行相应的会计处理。其中，回购价格低于原售价的，应当视为租赁交易，按照《企业会计准则第 21 号——租赁》（CAS21）的相关规定进行会计处理；回购价格不低于原售价的，应当视为融资交易，在收到客户款项时确认金融负债，并将该款项和回购价格的差额在回购期间内确认为利息费用等。企业到期未行使回购权利的，应当在该回购权利到期时终止确认金融负债，同时确认收入。

（2）企业负有应客户要求回购商品义务的，应当在合同开始日评估客户是否具有行使该要求权的重大经济动因。客户具有行使该要求权重大经济动因的，企业应当将售后回购作为租赁交易或融资交易，按照上述规定进行会计处理；否则，企业应当将其作为附有销售退回条款的销售交易进行会计处理。

【例 17-27】20×2 年 1 月 1 日，中航制造与乙公司订立一项销售电器机械的合同，合同价款为 300 万元，电器机械的成本为 200 万元。合同要求中航制造承担在 20×2 年 12 月 31 日或之前以 270 万元回购该资产的义务。中航制造已经将电器机械发运。假定不考虑相关税费。

①1 月 1 日合同签订时，乙公司尚没有获得资产的控制权，中航制造收到现金时应确认一项金融负债。据此应作会计分录为：

借：银行存款	3 000 000	
贷：其他应付款		3 000 000

②中航制造发出商品时，应作会计分录为：

借：发出商品	2 000 000	

  贷：库存商品 2 000 000

  ③12月31日，中航制造以270万元回购这一资产，由于回购价格低于原售价，按租赁业务确认租赁收入，应作会计分录为：

  借：其他应付款 3 000 000
   贷：租赁收入 300 000
     银行存款 2 700 000
  借：库存商品 2 000 000
   贷：发出商品 2 000 000

  【例17-28】承【例17-27】，假定合同赋予中航制造在20×2年12月31日或之前以324万元回购该资产的权利。

  （1）1月1日合同签订时，客户尚没有获得资产的控制权，中航制造收到现金时确认一项金融负债。应作的会计分录同【例17-27】。

  （2）中航制造发出商品时，应作的会计分录同【例17-27】。

  （3）中航制造预计很可能在20×2年12月31日行使回购权利，则该交易实质为一项融资安排，应作会计处理如下：

  ①将售价和回购价之间的差额在回购期间内确认为利息费用。每月末计提利息时，应作会计分录为：

  借：财务费用 （240 000/12）20 000
   贷：其他应付款 20 000

  ②如果中航制造到期回购，应作会计分录为：

  借：其他应付款 3 240 000
   贷：银行存款 3 240 000
  借：库存商品 2 000 000
   贷：发出商品 2 000 000

  ③如果中航制造到期未进行回购，该回购权利失效，应作会计分录为：

  借：其他应付款 3 240 000
   贷：主营业务收入 3 000 000
     财务费用 240 000
  借：主营业务成本 2 000 000
   贷：发出商品 2 000 000

六、具有重大融资成分的销售业务核算

  重大融资成分包括客户提前预付款（销售方融资）和客户推后付款（购买方融资）两种情况。合同中存在重大融资成分的，企业应当按照假定客户在取得商品控制权时即以现金支付的应付金额（现销价格）确定交易价格。该交易价格与合同对价之间的差额，应当在合同期间内采用实际利率法摊销。合同开始日，企业预计客户取得商品控制权与客户支

付价款间隔不超过一年的,可以不考虑合同中存在的重大融资成分。

(一)客户提前预付款(销售方融资)

【例17-29】1月1日,中航制造与客户签订了一项出售通用飞机的合同,该商品的控制权将于2年后转移给客户。合同包括两种可供选择的付款方式:在2年后当客户获得对商品的控制时支付7 260万元,或者在合同签订时支付6 000万元。客户选择在合同签订时支付6 000万元的方式购买该商品。假定不考虑相关税费。经计算确定的折现率为10%。

本例中,考虑到客户公司付款时间和转让商品的时间间隔及现行市场利率水平,中航制造认为该合同包含重大融资成分,在确定交易价格时应当对合同承诺的金额进行调整以反映重大融资成分的影响。假定该融资费用不符合借款资本化的要求,中航制造的会计处理如下。

(1)合同签订收到客户货款时,应作会计分录为:

借:银行存款 60 000 000
　　未确认融资费用 12 600 000
　贷:合同负债 72 600 000

(2)当年年末确认融资费用时,应作会计分录为:

借:财务费用——利息支出 6 000 000
　贷:未确认融资费用 6 000 000

(3)合同到期,转让该商品控制权时,应作会计分录为:

借:合同负债 72 600 000
　贷:主营业务收入 72 600 000
借:财务费用——利息支出 6 600 000
　贷:未确认融资费用 6 600 000

(二)客户推后付款(购买方融资)

【例17-30】20×2年1月,中航制造与丁公司签订销售合同,向其销售飞机零部件一批,货款3 600 000元,双方约定,丁公司每年付款1 200 000元,分3年付清。该批产品成本为2 800 000元。该批零部件的现销价格为2 983 200元,经计算确定的折现率为10%,假定不考虑相关税费。

(1)20×2年1月,控制权转移时确认收入,据此应作会计分录为:

借:长期应收款 3 600 000
　贷:主营业务收入 2 983 200
　　未实现融资收益 616 800
借:主营业务成本 2 800 000
　贷:库存商品 2 800 000

（2）融出资金各期利息收入和收回本金计算如表17-1所示。

表 17-1　融出资金各期利息收入和收回本金计算表　　　单位：元

时间	期初余额 ①	利息收入 ②=①×10%	收回本金 ③=1 200 000-②	期末余额 ④=①-③
20×2年12月31日	2 983 200	298 320	901 680	2 081 520
20×3年12月31日	2 081 520	208 152	991 848	1 089 672
20×4年12月31日	1 089 672	110 328*	1 089 672	0
合计	—	616 800	2 983 200	—

注：*尾差调整数（616 800-298 320-208 152）

20×2年年末收回的1 200 000元中，包含应收回本金的一部分901 680元和借出资金一年的利息收入298 320元。据此应作会计分录为：

　　借：银行存款　　　　　　　　　　　　　　　　　1 200 000
　　　　贷：长期应收款　　　　　　　　　　　　　　　　1 200 000
　　借：未实现融资收益　　　　　　　　　　　　　　　298 320
　　　　贷：财务费用　　　　　　　　　　　　　　　　　298 320

以后各期依据表17-1的有关数据，参照上述处理进行，不再赘述。

七、附有客户额外购买选择权的销售业务核算

客户额外购买选择权，是客户后续购买额外的商品和服务时可以享受免费或打折的权利，如客户奖励积分、未来商品或服务的折扣券、续约选择权等。

对于附有客户额外购买选择权的销售而言，企业应当评估该选择权是否向客户提供了一项重大权利。如果客户只有在订立了一项合同的前提下才取得了额外购买选择权，并且客户行使该选择权购买额外商品时，能够享受到超过该地区或该市场中其他同类客户所能够享有的折扣，则通常认为该选择权向客户提供了一项重大权利。企业向客户提供重大权利的，应当作为单项履约义务。在这种情况下，企业基于合同收到的价款实际上履行了两项履约义务：一是在该合同下向客户提供原本的商品；二是向客户提供可以免费或以折扣价格购买额外商品的权利。企业应当按照各单项履约义务所承诺商品的单独售价的相对比例，将交易价格在这两项履约义务之间进行分摊，并在客户未来行使购买选择权取得相关商品控制权时，或者在该选择权失效时，确认相应的收入。客户额外购买选择权的单独售价无法直接观察的，企业应当综合考虑客户行使和不行使该选择权所能获得的折扣的差异、客户行使该选择权的可能性等全部相关信息后，予以合理估计。

客户虽然有额外购买商品选择权，但客户行使该选择权购买商品时的价格反映了这些商品单独售价的，不应被视为企业向该客户提供了一项重大权利。

【例17-31】乙公司是一家大型零售企业。20×2年1月1日，乙公司董事会批准了管理层提出的一项奖励积分计划，根据该计划，持积分卡的客户在乙公司每消费1元可获得1个积分，每个积分从次月开始在消费时可以抵减0.1元。奖励积分自授予之日起2年内

有效，过期作废。截至20×2年12月31日，客户共消费2 000 000元，可获得2 000 000个积分，根据历史经验，乙公司估计该积分的兑换率为85%。上述金额均不包含增值税，且假定不考虑相关税费影响。20×2年客户共计兑换1 600 000个积分。

在本例中，乙公司认为其授予客户的积分为客户提供了一项重大权利，应当作为单项履约义务。客户购买商品的单独售价合计为2 000 000元，考虑积分的兑换率，乙公司估计积分的单独售价为170 000（0.1×2 000 000×85%）元。乙公司按照商品和积分单独售价的相对比例对交易价格进行分摊：

分摊至商品的交易价格=2 000 000×[2 000 000/（2 000 000+170 000）]=1 843 318（元）

分摊至积分的交易价格=2 000 000×[170 000/（2 000 000+170 000）]=156 682（元）

因此，乙公司应当在商品的控制权转移时确认收入1 843 318元，同时，确认合同负债156 682元。据此应作会计分录为：

  借：银行存款   2 000 000
    贷：主营业务收入   1 843 318
      合同负债   156 682

客户兑换积分时，乙公司应确认的收入=156 682×1 600 000/2 000 000=125 346（元）。

据此应作会计分录为：

  借：合同负债   125 346
    贷：主营业务收入   125 346

剩余未兑换的积分值=156 682-125 346=31 336（元），仍然作为合同负债，以后期间按照客户使用该积分的比例确认收入。

需要说明的是，如果客户逾期未使用积分，应将积分失效时"合同负债"科目的余额，全额确认为失效当期的收入。

八、授予知识产权许可业务的核算

授予知识产权许可，指企业授予客户对企业拥有的知识产权享有相应权利。常见的知识产权包括软件和技术、影视和音乐等的版权、特许经营权及专利权、商标权和其他版权等。

扩展阅读17-11

授予知识产权许可教学视频

企业向客户授予知识产权许可的，应当按照规定评估该知识产权许可是否构成单项履约义务。构成单项履约义务的，应当进一步确定其是在某一时段内履行还是在某一时点履行。同时满足下列条件时，应当作为在某一时段内履行的履约义务确认相关收入；否则，应当作为在某一时点履行的履约义务确认相关收入。

（1）合同要求或客户能够合理预期企业将从事对该项知识产权有重大影响的活动。

（2）该活动对客户将产生有利或不利影响。

（3）该活动不会导致向客户转让某项商品。

企业向客户授予知识产权许可，并约定按客户实际销售或使用情况收取特许权使用费的，应当在客户后续销售或使用行为实际发生和企业履行相关履约义务两项孰晚的时点确认收入。

【例 17-32】 中航制造旗下有一家知名的足球俱乐部——中航足球俱乐部，甲公司是一家服装生产企业。中航制造授权甲公司在20×2年1月1日开始的4年内使用球队的名称和图标生产服装。根据合同规定，中航制造收取的合同对价由两部分组成：一是每年固定的使用费200万元；二是甲公司销售上述商品的销售额的10%作为提成。甲公司预期中航足球俱乐部会参加当地顶级联赛并取得好成绩。固定使用费于每年1月1日收取，提成于次年1月1日收取。

在本例中，合同只包含授予知识产权一项履约义务，甲公司能够合理预期中航足球俱乐部会参加当地顶级联赛并取得好成绩，同时中航足球俱乐部的比赛成绩显然会对服装的销售产生重大影响，合同中并未涉及其他商品或服务的转让。因此，中航制造授予的该项知识产权（中航制造所属的中航足球俱乐部的品牌影响力）属于在某一时段内履行的履约义务，中航制造收取的200万元固定使用费应当在每年平均分摊，按销售额10%计提的提成应当在甲公司实现销售时确认收入。

九、无须退回的初始费用的核算

企业在合同开始（或接近合同开始）日向客户收取的无须退回的初始费（如俱乐部的入会费等）应当计入交易价格。企业应当评估该初始费是否与向客户转让已承诺的商品相关。该初始费与向客户转让已承诺的商品相关，并且该商品构成单项履约义务的，企业应当在转让该商品时，按照分摊至该商品的交易价格确认收入；该初始费与向客户转让已承诺的商品相关，但该商品不构成单项履约义务的，企业应当在包含该商品的单项履约义务履行时，按照分摊至该单项履约义务的交易价格确认收入；该初始费与向客户转让已承诺的商品不相关的，该初始费应当作为未来将转让商品的预收款，在未来转让该商品时确认为收入。

扩展阅读 17-12

无需退回的初始费用教学视频

企业收取了无须退回的初始费且为履行合同应开展初始活动，但这些活动本身并没有向客户转让已承诺的商品的，该初始费与未来将转让的已承诺商品相关，应当在未来转让该商品时确认为收入，企业在确定履约进度时不应考虑这些初始活动；企业为该初始活动发生的支出应当按照规定确认为一项资产或计入当期损益。

【例 17-33】 为了提高全体员工的身体素质，中航制造成立了中航健身俱乐部，该俱乐部为会员制，中航制造所有在职员工均为免费会员，随时享受健身服务，同时，该俱乐部也对外开放。乙公司与中航健身俱乐部签订合同，为其员工购买了3年的健身服务，乙公司员工可随时在该俱乐部健身。除了支付健身俱乐部3年年费600 000元之外，乙公司还需要支付入会费150 000元，用于补偿俱乐部为乙公司员工进行注册登记、准备会籍资料及制作会员卡等初始活动所花费的成本。中航健身俱乐部收取的入会费和年费均无须返还。

在本例中，中航健身俱乐部承诺的服务是向乙公司提供健身服务（即可随时使用的健身场地），但在合同开始日，中航健身俱乐部为了履行合同需要进行一些准备工作，例如，为乙公司员工入会所进行的注册登记、准备会籍资料等，这些活动仅仅是一些内部行政管理性质的工作，虽然与履行合同有关，但并未向乙公司提供其所承诺的服务。因此，不构成单项履约义务。在这种情况下，即使中航健身俱乐部为补偿这些初始活动向乙公司收取了入会费，也不应该在这些初始活动完成时将入会费确认为收入，该入会费实质上与其未来为乙公司提供的健身服务有关，属于未来履行履约义务有权收取对价的一部分，应当将该入会费作为未来提供健身服务的预收款，与收取的年费一起在未来3年内分摊确认为收入，即每年确认收入250 000[（600 000+150 000）/3]元。

十、客户未行使的权利的核算

企业因销售商品向客户收取的预收款，赋予了客户一项在未来从企业取得该商品的权利，并使企业承担了向客户转让该商品的义务，因此，企业应当将预收的款项确认为合同负债，待未来履行了相关履约义务，即在向客户转让相关商品时，再将该负债转为收入。

在某些情况下，企业收取的预收款无须退回，但是客户可能会放弃其全部或部分合同权利，如放弃储值卡的使用等。企业预期将有权获得与客户所放弃的合同权利相关的金额的，应当按照客户行使合同权利的模式按比例将上述金额确认为收入；否则，企业只有在客户要求其履行剩余履约义务的可能性极低时，才能将相关负债余额转为收入。企业在确定其是否预期将有权获得与客户所放弃的合同权利相关的金额时，应当考虑将估计的可变对价计入交易价格的限制要求。如果相关法律规定，企业所收取的、与客户未行使权利相关的款项须转交给其他方的（例如，法律规定无人认领的财产需要上交政府），企业不应将其确认为收入。

扩展阅读17-13

客户未行使的权利核算示例

十一、期间费用的核算

为了核算企业发生的各种期间费用，需要设置"管理费用""财务费用"和"销售费用"等损益类科目。

【例17-34】企业行政管理部门支付本月业务招待费200 000元，购买本月办公用品100 000元，均用银行存款支付。根据有关单据，应作会计分录为：

借：管理费用——业务招待费 200 000
　　　　——办公费 100 000
　贷：银行存款 300 000

【例17-35】分配本月工资费用，行政管理部门、专设销售机构人员的工资分别为860 000元和900 000元。应作会计分录为：

借：管理费用 860 000
　销售费用 900 000

贷：应付职工薪酬——工资　　　　　　　　　　　　　　　　　　　　1 760 000

【例 17-36】 企业按月计提短期借款利息，按季度支付。如果第二季度每月计提 1 200 000 元，6 月份接银行转来的借款利息通知单，支付本季度利息 3 600 000 元。据此应作有关会计处理如下。

（1）4、5 月份预提利息费用时，应作会计分录为：

　　借：财务费用　　　　　　　　　　　　　　　　　　　　　　　　　1 200 000
　　　　贷：应付利息　　　　　　　　　　　　　　　　　　　　　　　　1 200 000

（2）6 月份支付利息时，应作会计分录为：

　　借：应付利息　　　　　　　　　　　　　　　　　　　　　　　　　2 400 000
　　　　财务费用　　　　　　　　　　　　　　　　　　　　　　　　　1 200 000
　　　　贷：银行存款　　　　　　　　　　　　　　　　　　　　　　　　3 600 000

十二、税金及附加的核算

　　企业应设置"税金及附加"科目，用于核算因经营活动发生的各种相关税费。一般情况下，按规定计算确定的与经营活动相关的税费，如房产税、土地使用税、车船税等，应借记"税金及附加"科目，贷记"应交税费"科目。具体核算详见本系列教材《税务会计学》的相关章节。

第三节　利润及利润分配的核算

　　如前所述，企业的利润总额是营业利润加上营业外收入减去营业外支出后的余额。在利润的构成内容中，大多已经在前面章节中介绍过，本节主要阐述政府补助及与政府补助有关的损益的确认与计量。

一、政府补助

（一）政府补助的特征

　　政府补助，指企业从政府无偿取得货币性资产或非货币性资产，但不包括政府作为企业所有者投入的资本。其特征包括以下几个方面。

1. 政府补助是来源于政府的经济资源

　　政府补助是企业从政府取得的经济资源，包括货币性资产和非货币性资产，形成企业的收益。对于企业收到的来源于其他方的补助，有确凿证据表明政府是补助的实际拨付者，其他方只起到代收代付作用的，该项补助也属于来源于政府的经济资源。

2. 政府补助是无偿性的

政府向企业提供补助具有无偿性的特点，即企业取得来源于政府的经济资源，不需要向政府交付商品或服务等对价。无偿性是政府补助的基本特征。这一特征与政府作为所有者投入的资本、政府购买商品或服务等互惠性交易区分开来。但政府补助通常附有一定的条件，主要包括政策条件和使用条件，是为了推行其宏观经济政策，对企业使用政府补助的时间、适用范围和方向进行了限制，这与政府补助的无偿性并无矛盾。企业只有符合政府补助政策的规定，才有资格申请政府补助。企业已获批准取得政府补助的，应当按照政府规定的用途使用。

企业从政府取得的经济资源，如果与企业销售商品或提供劳务等活动密切相关，且来源于政府的经济资源是企业销售商品或服务的对价或者是对价的组成部分，应当按照CAS14进行会计处理，不适用于《企业会计准则第16号——政府补助》（CAS16）。例如，发电公司每月都会收到财政部门拨款，系对公司执行国家计划内政策电力价差的补偿，该补贴应构成电力公司的主营业务收入。

（二）政府补助的主要形式

政府补助表现为政府向企业转移资产，通常为货币性资产，也可能为非货币性资产。政府补助主要有以下形式。

（1）财政拨款，是政府无偿拨付给企业的资金，通常在拨款时明确规定了资金用途。例如，财政部门拨付给企业用于购建固定资产或进行技术改造的专项资金，鼓励企业安置职工就业而给予的奖励款项，拨付企业的粮食定额补贴，拨付企业开展研发活动的研发经费等，均属于财政拨款。

（2）财政贴息，是政府为支持特定领域或区域发展，根据国家宏观经济形势和政策目标，对承贷企业的银行贷款利息给予的补贴。财政贴息主要有两种方式：①财政将贴息资金直接拨付给受益企业；②财政将贴息资金拨付给贷款银行，由贷款银行以政策性优惠利率向企业提供贷款，受益企业按照实际发生的利率计算和确认利息费用。

（3）税收返还，是政府按照国家有关规定采取先征后返（退）、即征即退等办法向企业返还的税款，属于以税收优惠形式给予的一种政府补助。增值税出口退税不属于政府补助，是政府退还企业事先垫付的进项税额。

（4）无偿划拨非货币性资产。例如，行政划拨土地使用权、天然起源的天然林等。

（三）政府补助的确认

政府补助分为与资产相关的政府补助和与收益相关的政府补助。

（1）与资产相关的政府补助，指企业取得的、用于购建或以其他方式形成长期资产的政府补助。企业取得与资产相关的政府补助，不能直接确认为当期损益，应当冲减相关资产的账面价值或确认为递延收益。与资产相关的政府补助确认为递延收益的，应当在相关资产使用寿命内按照合理、系统的方法分期计入损益。

（2）与收益相关的政府补助，指除与资产相关的政府补助之外的政府补助。与收益相关的政府补助，用于补偿企业以后期间的相关费用或损失的，取得时确认为递延收益，在确认相关费用的期间计入当期损益或冲减相关成本；用于补偿企业已发生的相关费用或损失的，取得时直接计入当期损益或冲减相关成本。

对于同时包含与资产相关部分和与收益相关部分的政府补助，应当区分不同部分分别进行会计处理；难以区分的，应当整体归类为与收益相关的政府补助。

（四）政府补助的计量

企业取得的各种政府补助为货币性资产的，如通过银行转账等方式拨付的补助，通常按照实际收到的金额计量；存在确凿证据表明该项补助是按照固定的定额标准拨付的，如按照实际销量或储备量与单位补贴定额计算的补助等，可以按照应收的金额计量。政府补助为非货币性资产的，应当按照公允价值计量；公允价值不能可靠取得的，按照名义金额（1元）计量。按照名义金额计量的政府补助，直接计入当期损益（营业外收入）。

（五）政府补助的会计处理

企业对政府补助的账务处理，需要设置"递延收益""其他收益""营业外收入"等会计科目。

政府补助的会计处理方法包括总额法和净额法。总额法下，将政府补助全额确认为收益；净额法下，将政府补助作为相关成本费用的扣减。企业对某项经济业务选择总额法或净额法后不得随意变更。

1. 与资产相关的政府补助

企业收到补助资金时，总额法下借记有关资产科目，贷记"递延收益"科目；在相关资产使用寿命内，按照合理、系统的方法分期计入损益，借记"递延收益"科目，贷记"其他收益"科目或"营业外收入"科目。相关资产在使用寿命结束前被出售、转让、报废或发生毁损的，应当将尚未分配的相关递延收益余额转入资产处置当期的损益。净额法下，将补助冲减相关资产账面价值。

【**例17-37**】20×2年3月2日，中航制造取得540万元财政拨款，按要求用于购买大型科研设备一台。20×2年3月31日，中航制造购入不需要安装的大型设备，实际成本为600万元，其中60万元以自有资金支付，设备使用寿命为10年，无残值，采用直线法计提折旧。假定该设备于第7年3月出售，取得价款245万元。假定不考虑相关税费。

（1）总额法下，中航制造有关会计处理如下。

①3月2日，实际收到财政拨款时，应作会计分录为：

借：银行存款　　　　　　　　　　　　　　　　　5 400 000
　　贷：递延收益　　　　　　　　　　　　　　　　　　5 400 000

②3月31日购入设备时，应作会计分录为：

借：固定资产　　　　　　　　　　　　　　　　　6 000 000
　　贷：银行存款　　　　　　　　　　　　　　　　　　6 000 000

③自当年4月起，每月计提折旧同时分摊递延收益时，应作会计分录为：

借：研发支出——资本化支出	50 000
贷：累计折旧	50 000
借：递延收益	45 000
贷：其他收益	45 000

④第7年3月出售设备时，应作会计分录为：

借：固定资产清理	2 400 000
累计折旧	3 600 000
贷：固定资产	6 000 000
借：银行存款	2 450 000
贷：固定资产清理	2 400 000
资产处置损益	50 000

⑤转销递延收益余额，应作会计分录为：

| 借：递延收益 | 2 160 000 |
| 贷：其他收益 | 2 160 000 |

（2）净额法下，中航制造有关会计处理如下。

①收到财政拨款的会计分录同总额法。

②购入设备时，应作会计分录为：

借：固定资产	6 000 000
贷：银行存款	6 000 000
借：递延收益	5 400 000
贷：固定资产	5 400 000

③自当年4月起，每月计提折旧，应作会计分录为：

| 借：研发支出——资本化支出 | 5 000 |
| 贷：累计折旧 | 5 000 |

④第7年3月出售设备时，应作会计分录为：

借：固定资产清理	240 000
累计折旧	360 000
贷：固定资产	600 000
借：银行存款	2 450 000
贷：固定资产清理	240 000
资产处置损益	2 210 000

2. 与收益相关的政府补助

对于与收益相关的政府补助而言，企业同样可以选择总额法或净额法进行会计处理。如果是用于补偿企业以后期间相关费用或损失的，企业收到补助资金时，借记有关资产科目，贷记"递延收益"科目，在确认相关费用的期间，总额法下应计入当期损益，借记"递延收益"科目，贷记"其他收益"或"营业外收入"科目；净额法下应冲减相关成本费用，借记"递延收益"科目，贷记"管理费用""营业外支出"等科目。如果是补偿企业已发生的相关费用或损失的，在取得补助资金时，总额法下直接计入当期损益；净额法下直接冲减相关成本费用。

【例17-38】某高新技术开发区政府为了吸引投资，推出投资补贴政策，对于在本区内投资的企业而言，如果5年内不迁离本区，政府可以给予1 800万元的政策性补贴，用于企业人才引进奖励。20×2年12月，中航制造与开发区政府签订合作协议，在该地区投资设立生产基地。协议约定，自签订合作协议之日起半年内开发区政府向中航制造提供1 800万元补贴资金，中航制造5年内不迁离本区。中航制造于20×3年1月5日收到补贴资金1 800万元，分别在20×3年12月、20×4年12月各使用了900万元用于企业人才引进奖励。假定中航制造收到补贴时满足递延收益确认条件。

（1）总额法下，中航制造有关会计处理如下。

①实际收到补助资金时，应作会计分录为：

借：银行存款　　　　　　　　　　　　　　　　　　　　　18 000 000
　　贷：递延收益　　　　　　　　　　　　　　　　　　　　　18 000 000

②20×3年12月和20×4年12月分别发放奖励时，应作会计分录为：

借：递延收益　　　　　　　　　　　　　　　　　　　　　　9 000 000
　　贷：其他收益　　　　　　　　　　　　　　　　　　　　　9 000 000

（2）净额法下，中航制造有关会计处理如下。

①收到补助资金的会计分录同总额法。

②20×3年12月和20×4年12月分别发放奖励时，应作会计分录为：

借：递延收益　　　　　　　　　　　　　　　　　　　　　　9 000 000
　　贷：管理费用　　　　　　　　　　　　　　　　　　　　　9 000 000

【例17-39】20×2年5月，中航制造遭受严重的地震灾害，于当年7月收到了政府补助资金500万元。

（1）中航制造收到补助资金时，总额法下应作会计分录为：

借：银行存款　　　　　　　　　　　　　　　　　　　　　　5 000 000
　　贷：营业外收入　　　　　　　　　　　　　　　　　　　　5 000 000

（2）中航制造收到补助资金时，净额法下应作会计分录为：

借：银行存款　　　　　　　　　　　　　　　　　　　　　　5 000 000
　　贷：营业外支出　　　　　　　　　　　　　　　　　　　　5 000 000

二、本年利润的结转

（一）本年利润的结转方法

利润的结转方法，指企业根据损益类科目的本期发生额记录，定期计算结清本期利润的方法。会计期末结转本年利润的方法有表结法和账结法两种。

1. 表结法

表结法，指在会计年度内将某一期间有关损益类科目的发生额记录直接列入利润表，通过利润表计算结清该期利润的方法。每月（季）结账时只需要结出各损益类科目自年初至本月（季）末的累计数，就可以逐项填列利润表，通过利润表计算出自年初至本月（季）末止的本年累计数，然后减去上月（季）末的本年累计数，就可求得本月（季度）的利润（或亏损）额。表结法下，平时不需结转各损益类科目的发生额，只有到年终决算时，才将各损益类科目的全年累计发生额一次转入"本年利润"科目，集中反映本年度的利润及其构成情况。

2. 账结法

账结法，指每期末将各损益类科目的本期发生额汇总结转到"本年利润"科目中，通过"本年利润"科目结出本期利润（或亏损）总额及本年累计损益的方法。账结法的优点是在平时可以通过"本年利润"科目随时了解年度内损益的总括情况，不必等到利润表编制完成。

可见，采用表结法，平时不使用"本年利润"科目，只有到年终决算时才使用，各损益类科目各月末的余额表示自年初至该月末的累计损益额。而采用账结法，每月末都要使用"本年利润"科目，各损益类科目月末结转后无余额。无论采用哪种方法，年度终了时都必须将"本年利润"科目结平，转入"利润分配——未分配利润"科目，反映企业年度净利润（或亏损）总额。

（二）结转本年利润的账务处理

企业应设置"本年利润"科目，核算企业当期实现的净利润或发生的净亏损。该科目属于所有者权益类科目，是将收入与费用进行对比的核心科目，是一个专用的汇总性科目。

1. 损益类科目的结转

将"主营业务收入""其他业务收入""营业外收入"等收入类科目的期末余额和"公允价值变动损益""投资收益"等科目的净收益分别转入"本年利润"科目贷方；将"主营业务成本""税金及附加""其他业务成本""管理费用""财务费用""销售费用""营业外支出""所得税费用"等费用类科目期末余额和"投资收益"等科目的净损失分别转入"本年利润"科目借方。"本年利润"科目借贷方相抵后的数额，反映的即是企业年初至本期末止累计实现的净利润（或净亏损）。

2. "本年利润"科目的结转

年末，将"本年利润"的年末余额（本年净利润或亏损）转入"利润分配——未分配利润"科目，结转后"本年利润"科目应无余额。

【例17-40】中航制造在20×2年年度决算时，各损益类科目全年发生净额分别为：主营业务收入1 208 146万元，主营业务成本844 200万元，其他业务收入48 000万元，其他业务成本33 000万元，税金及附加4 400万元，销售费用34 000万元，管理费用63 000万元，财务费用3 000万元，信用减值损失1 600万元，资产减值损失220万元，投资收益3 000万元，其他收益5 600万元，公允价值变动损益750万元（收益），资产处置损益600万元（收益），营业外收入5 100万元，营业外支出600万元，所得税费用68 274万元。据此进行年终利润结转的会计处理如下：

（1）结转各种收入时，应作会计分录为：

借：主营业务收入		12 081 460 000
其他业务收入		480 000 000
投资收益		30 000 000
其他收益		56 000 000
公允价值变动损益		7 500 000
资产处置损益		6 000 000
营业外收入		51 000 000
贷：本年利润		12 711 960 000

（2）结转各种成本、费用、税金等时，应作会计分录为：

借：本年利润		10 522 940 000
贷：主营业务成本		8 442 000 000
税金及附加		44 000 000
其他业务成本		330 000 000
销售费用		340 000 000
管理费用		630 000 000
财务费用		30 000 000
信用减值损失		16 000 000
资产减值损失		2 200 000
营业外支出		6 000 000
所得税费用		682 740 000

（3）计算并结转本年净利润 2 189 020 000 元，应作会计分录为：

借：本年利润		2 189 020 000
贷：利润分配——未分配利润		2 189 020 000

三、利润分配

利润分配指将可供分配的利润按照规定的分配顺序，在企业与投资者之间进行的划分。利润分配不仅关系着企业投资者投资目的的实现程度，也关系着企业的未来发展及企业职工个人的切身利益，因此，利润分配的合理性，对投资者、企业及职工个人都具有重要意义。企业应根据产权关系，按照国家有关法规、政策和制度的规定及投资者的决议，将利润进行合理分配。

（一）利润分配原则

1. 发展优先原则

企业的分配应有利于提高企业的发展能力。从长期来看，只有企业不断发展，各方面利益才能最终得到满足。为此，在进行分配时，必须正确处理积累与消费的关系，保证企业的健康成长。

2. 注重效率原则

效率的实质是最大限度地发挥企业潜力，实现各种资源的有效配置，不断提高企业竞争能力。在分配中体现注重效率的原则，主要应处理好企业与出资者、企业管理者和企业一般职工的关系，有效地调动各方面的积极性，从而有利于企业的长期稳定发展。

3. 制度约束原则

由于利润分配具有很强的政策性，关系到有关各方的利益，因此，企业进行利润分配时，必须严格按照国家有关法律、制度进行，确定相应的分配方向、分配顺序及分配数额，制定合乎要求的分配政策。

4. 亏损弥补原则

根据税法规定，纳税人发生年度亏损，可以用下一年度的税前利润弥补；下一年度税前利润不足弥补的，可以逐年延续弥补，但一般企业最长不得超过 5 年。这是国家为了保障企业均衡发展，获得更大的经济效益而实施的一项重要措施，符合国际通行做法。

（二）利润分配顺序

企业实现的税后净利润，除国家另有规定外，应按照以下顺序进行分配。

1. 弥补以前年度的亏损

在规定期限内未弥补完亏损的，应用企业税后利润或盈余公积弥补，累计亏损未弥补完时，一般不得进行其他的利润分配。

2. 提取法定盈余公积金

根据《中华人民共和国公司法》的规定，企业应按照净利润（扣除以前年度的未弥补亏损）的 10% 提取法定盈余公积金，法定盈余公积金累计金额超过企业注册资本的 50% 时，可以不再提取。

3. 提取任意盈余公积金

公司从税后利润中提取法定盈余公积金后，经股东大会或类似机构决议，可以从税后利润中提取任意公积金。

4. 向投资者分配利润

企业应该按照股东大会或类拟机构批准的利润分配方案向股东分配股利，或者非股份公司向投资者分配利润。

经过上述分配后，余额为未分配利润（或未弥补的亏损）。未分配利润可留待以后年度进行分配，其计算过程如下：

可供分配的利润 = 期初未分配利润（或期初未弥补亏损，用"－"表示）+ 本期实现的净利润

期末未分配利润 = 可供分配的利润 - 提取的盈余公积 - 分配给投资者的股利或利润

扩展阅读 17-16

股利分配方式

（三）利润分配的核算

为反映利润分配的过程和结果，企业应设置"利润分配"科目。该科目属于所有者权益类，专门用来核算企业利润的分配（或亏损的弥补）和历年分配（或补亏）后的余额。年度终了，企业应将本年实现的净利润，自"本年利润"科目转入"利润分配——未分配利润"科目；同时，将"利润分配"科目所属其他明细科目的余额转入"利润分配——未分配利润"明细科目。结转后，除"未分配利润"明细科目外，利润分配其他明细科目应无余额。在"利润分配"科目下，设置"提取法定盈余公积""提取任意盈余公积""应付现金股利或利润""转作股本的股利""盈余公积补亏"和"未分配利润"等明细科目，进行有关明细分类核算。

1. 弥补亏损

企业发生年度亏损，其主要弥补来源有 3 项：①以后年度的税前利润；②盈余公积金；③以后年度的税后利润。

在会计核算上，用税前和税后利润弥补亏损，不需要专门作会计分录。因为根据前述利润结转的会计处理，以前年度未弥补的亏损，已记入"利润分配——未分配利润"科目的借方，以后年度实现的利润，转入该科目的贷方，相抵后自然弥补了亏损，而不用专门再作弥补亏损的会计分录。用盈余公积金弥补亏损，需要通过借记"盈余公积"科目，贷记"利润分配——盈余公积补亏"科目进行。

2. 提取盈余公积金

【例 17-41】中航制造 20×2 年度实现净利润 2 189 020 000 元，按规定提取 10% 的法定盈余公积金和 5% 的任意盈余公积金。据此应作会计分录为：

```
借：利润分配——提取法定盈余公积           218 902 000
          ——提取任意盈余公积           109 451 000
    贷：盈余公积——法定盈余公积              218 902 000
            ——任意盈余公积              109 451 000
```

3. 向投资者分配利润

企业的净利润经以上分配后的余额，加上以前年度未分配利润，减去企业决定本期不作分配的利润（未分配利润）数额，向投资者分配利润。

【例 17-42】根据有关决议，中航制造将净利润的 30% 向投资者分配，金额为 656 706 000 元。据此应作会计分录为：

```
借：利润分配——应付现金股利或利润           656 706 000
    贷：应付股利                              656 706 000
```

4. 利润的年终结转

年终，企业应将"利润分配"的其他各明细科目的余额转入"利润分配——未分配利润"科目，结平其他各明细科目。同时，将"本年利润"科目的余额转入"利润分配——未分配利润"科目，结平"本年利润"科目。如果"利润分配——未分配利润"科目出现贷方余额，形成企业年末未分配利润；如果出现借方余额，则为企业尚未弥补的亏损。

【例 17-43】承【例 17-41】、【例 17-42】，年末结转利润分配的其他项目，确定年末未分配利润。据此应作会计分录为：

借：利润分配——未分配利润　　　　　　　　　　　985 059 000
　　贷：利润分配——提取法定盈余公积金　　　　　218 902 000
　　　　　　　　——提取任意盈余公积金　　　　　109 451 000
　　　　　　　　——应付现金股利或利润　　　　　656 706 000

经过结转后，"利润分配——未分配利润"科目有贷方余额1 203 961 000元，即为企业年末的未分配利润，可以留待以后年度分配。

练习题

练习题1

一、目的：

练习主要责任人和代理人业务的核算。

二、资料：

中原装备委托乙商场代销产品2 000件，每件售价为4 200元，单位成本为3 500元。受托方按已售货物售价的2%收取手续费。本月末收到乙商场的代销清单上注明销售数量为500件，价款为2 100 000元，不考虑相关税费。

三、要求：

根据以上经济业务，编制业务双方的会计分录。

练习题2

一、目的：

练习分期收款销售的核算。

二、资料：

中原装备20×2年1月份采用分期收款销售方式出售一台大型设备，合同约定，每年末支付不含税货款2 000 000元，分3次付清，合计6 000 000元。该大型设备成本为4 500 000元。该设备在销售成立日的现销价格为5 346 000元，经测算，年折现利率为6%。假定不考虑相关税费。

三、要求：

根据上述资料编制有关会计分录。

练习题3

一、目的：

练习奖励积分业务的核算。

二、资料：

甲公司为综合性百货公司，全部采用现金结算方式销售商品。20×2年1月1日，甲公司董事会批准了管理层提出的客户忠诚度计划。该客户忠诚度计划为：办理积分卡的客户在甲公司消费一定金额时，甲公司向其授予奖励积分，客户可以使用奖励积分（每一奖励积分的公允价值为 0.01 元）购买甲公司经营的任何一种商品；奖励积分自授予之日起 2 年内有效，过期作废。

20×2 年度，甲公司销售各类商品共计 80 000 万元（不包括客户使用奖励积分购买的商品，下同），授予客户奖励积分共计 80 000 万分，客户使用奖励积分共计 58 000 万分。20×2 年末，甲公司估计 20×2 年度授予的奖励积分将有 80% 使用。

三、要求：

计算甲公司 20×2 年度授予奖励积分的公允价值、因销售商品应当确认的销售收入，以及因客户使用奖励积分应当确认的收入，并编制相关会计分录（不考虑相关税费）。

练习题 4

一、目的：

练习政府补助的核算。

二、资料：

20×2 年 1 月 5 日，政府拨付中原装备 450 万元财政拨款（同日到账），要求用于购买管理部门使用的 1 台专用设备。20×2 年 1 月 31 日，中原装备购入专用设备（假设不需安装），实际成本为 480 万元，其中 30 万元以自有资金支付，使用寿命 10 年，采用直线法计提折旧（假设无残值）。第 8 年 1 月 5 日，中原装备出售了这台设备，取得价款为 120 万元。假定不考虑相关税费。

三、要求：

根据上述资料，分别采用总额法和净额法进行有关会计处理。

练习题 5

一、目的：

练习利润形成的核算。

二、资料：

中原装备 20×2 年各损益类科目的年末结账前余额，如表 17-2 所示。

表 17-2　中原装备 20×2 年各损益类科目表

科目名称	年末结账前余额/万元	
	借　方	贷　方
主营业务收入		14 250
主营业务成本	9 150	
税金及附加	450	
管理费用	1 650	
财务费用	300	
销售费用	600	

续表

科目名称	年末结账前余额/万元	
	借方	贷方
其他业务收入		1 200
其他业务成本	870	
公允价值变动损益		270
其他收益		170
资产减值损失	150	
投资收益		180
营业外收入		600
营业外支出	700	

中原装备采用表结法结算利润，年末一次结转损益类科目。所得税费用按利润总额的25%计算。按税后净利润的10%提取法定盈余公积金，按5%提取任意盈余公积金。股东大会决定将可供股东分配利润的60%以现金股利的形式分配。

三、要求：

（1）计算中原装备当年的营业利润、利润总额、净利润、提取的法定盈余公积金、提取的任意盈余公积金、应分配的现金股利和未分配利润。

（2）编制中原装备有关的会计分录。

练习题6

一、目的：

综合练习收入的确认与计量。

二、资料：

中原装备20×2年发生的经济业务及主要会计处理如下：

（1）20×2年1月2日，中原装备与乙公司签订一项合同，向其提供合同期限为3年的技术咨询服务，乙公司每年年初向中原装备支付咨询服务费为20万元。在20×3年12月31日，经双方协议，对合同进行了变更，将20×4年的服务费调整为18万元，该价格能够反映当时该项服务的单独售价，同时以42万元的价格将该合同的期限又延长了3年，但该价格无法反映该项服务当时的单独售价。

（2）中原装备授权丙公司在其设计生产的衣帽、水杯及毛巾等产品上使用中原装备球队的Logo，授权期限为5年。合同约定，中原装备于合同签订日一个月后收取固定金额的使用费为75万元，同时，按照丙公司销售上述商品取得销售额的5%计算提成。丙公司预期中原装备继续参加当地顶级联赛，并取得优异成绩。丙公司按照合同约定支付了固定使用费，20×2年因销售上述商品实现销售额为3 000万元。

中原装备将该合同作为某一时点履行的履约合同，于收取固定金额使用费时确认收入75万元，于当年年末确认提成收入150万元。

（3）20×2年9月10日，中原装备向丁公司销售商品5 000件，单位售价为1 000元，单位成本为800元，开出的增值税专用发票价款为500万元，增值税额为65万元。货已发出，款项未收。协议约定，丁公司应于20×3年1月10日之前支付货款，在20×3年3月10日之前有权退货。货物发出时中原装备估计的退货率约为10%，20×2年12月31日之前未发生与退货有关的事宜。

中原装备在20×2年财务报表中确认收入500万元，并结转成本为400万元。

（4）20×2年12月1日，中原装备与戊公司签订一项销售合同，将一批产品以1 500万元的价格销售给戊公司，该批产品的成本为1 200万元。合同要求中原装备承担在20×3年4月30日或之前以1 600万元的价格回购该资产的义务。同日，中原装备已将该批产品交付戊公司。

中原装备在20×2年财务报表中确认收入1 500万元，并结转成本1 200万元。

假定以上业务不考虑增值税等相关税费及其他因素的影响。

三、要求：

（1）根据资料1，说明中原装备与乙公司变更该合同后，应如何处理，并说明理由；计算合同变更后每年应确认的收入金额。

（2）根据资料2、资料3和资料4，判断中原装备的处理结果是否正确，并说明理由；如果不正确，编制更正中原装备20×2年度财务报表的会计分录。

第十八章 财务报告

本章学习提示

本章重点：财务报表列报的基本要求、财务报表编制的基本方法、资产负债表的相关理论及编制方法、利润表的相关理论及编制方法、现金流量表的相关理论及编制方法、财务报表附注的相关内容

本章难点：资产负债表的编制方法、现金流量表编制中应计制向现金制转换的转换调整分录

本章导入案例

中航沈飞股份有限公司（以下简称"中航沈飞"，股票代码：600760）于2022年3月25日召开第九届董事会第十二次会议，审议通过了《关于中航沈飞2021年年度报告全文及摘要的议案》。中航沈飞随后在巨潮资讯网（www.cninfo.com.cn）公告了经大华会计师事务所（特殊普通合伙）审计的年度财务报告。年报显示，2021年中航沈飞总资产规模比上年增长91.09%；2021年实现营业收入3 408 835.87万元，较2020年的2 731 590.5万元增加677 245.37万元，增长24.79%；归属于公司股东的净利润为169 571.86万元，较2020年的148 019.9万元增加21 551.96万元，增长14.56%；扣非后净利润159 655.34万元，增长69.93%；经营活动产生的现金流量净额为1 009 488.67万元，增长59.73%。年度财务报告的主要服务对象是谁？可以为其主要服务对象提供哪些信息？

资料来源：作者根据2022年"中航沈飞股份有限公司第九届董事会第十二次会议决议公告"以及"中航沈飞股份有限公司2021年年度报告摘要"公告整理编写。

第一节 财务报告概述

一、财务报告的内容及分类

财务报告，指企业对外提供的反映企业某一特定日期的财务状况和某一会计期间的经营成果、现金流量等财务信息的文件，是对企业财务活动及其结果利用会计方法所作的报

告。各个财务信息使用者，都企盼着能从财务报告中及时获取各种有用的财务信息，以便为以后的决策行动作出理智的选择。因此，财务报告已经成为国际上通行的连接企业与财务信息使用者的重要载体，是实现财务会计目标所必须的主要信息媒介，编制财务报告自然也成为会计工作的一项重要内容。

（一）财务报告的内容

我国"基本准则"规定，财务报告包括财务报表及其附注和其他应当在财务报告中披露的相关信息和资料。

财务报表，是对企业财务状况、经营成果和现金流量的结构性表述，是财务报告的核心内容。我国财政部于2014年1月26日修订发布的《企业会计准则第30号——财务报表列报》（CAS30）规定，财务报表至少应当包括资产负债表、利润表、现金流量表、所有者权益（或股东权益，下同）变动表和附注，这些在会计上统称为"四表一注"。其中：资产负债表指反映企业在某一特定日期的财务状况的会计报表；利润表指反映企业在一定会计期间的经营成果的会计报表；现金流量表指反映企业在一定会计期间的现金和现金等价物流入和流出的会计报表；所有者权益变动表指反映企业一定期间构成所有者权益各组成部分增减变动情况的会计报表；附注指对在会计报表中列示项目所作的进一步说明及对未能在这些报表中列示项目的说明等。

其他应当在财务报告中披露的相关信息和资料，指需要向财务信息使用者提供的、但不符合全部确认标准、在财务报表中没有反映的其他相关信息，具体可以根据相关法律法规的规定和外部使用者的信息需求而定。例如，企业在财务报告中披露的管理层讨论和分析、社会责任报告、财务预测报告及审计报告等。

（二）财务报告的分类

为了全面正确地理解、认识财务报告体系，并正确编制和及时提供财务报告，需要从不同的角度对财务报告进行分类观察。

1. 按照财务报告编制的时间点及反映的会计期间不同分类

（1）年度财务报告（简称年报），即在年度终了编制的财务报告。按照人们的传统习惯，年终一般要对全年的工作进行一次总结，所以，有人也将年度财务报告称为年终决算报告，简称"年终决算"。这种年度的划分遵循了会计期间的前提约束，称为"会计年度"。国际上一般依据本国的财政年度来确定会计年度。

（2）中期财务报告（简称中报），即在会计年度中期编制的财务报告。根据需要可以分为半年报、季报甚至月报。我国对上市公司中报的要求是需要披露半年报和季报。

2. 按照财务报告服务的对象不同分类

财务报告服务对象即财务报告的阅读使用者。这些阅读使用者从企业的角度看可以分为企业外部的阅读使用者和企业内部的阅读使用者，因此，财务报告可以分为以下两类。

（1）对外财务报告，即主要为企业外部的财务信息使用者从事经济决策提供服务的财务报告。这是财务报告的主要服务对象，报告的内容包括上述"四表一注"和其他应当在财务报告中披露的相关信息和资料。

（2）对内财务报告，即主要为企业内部经营管理者从事各种经营管理与决策活动提供服务的财务报告。对外的财务报告，对企业内部经营者来说当然是需要的，除此之外，为了满足企业内部经营管理与决策的需要，还应有一套与此相适应的仅供企业内部经营者阅读应用的财务报表资料，如收入报表、成本报表、费用报表等，这些报表资料一般都涉及许多商业秘密，不宜对外公开。

3. 按照财务报告编报单位不同分类

在我国，为了满足行政隶属关系管理及政府统计的需要，除了企业这种基层单位编制财务报告之外，上级主管部门或财政部门也需要汇总编制本部门或本地区甚至某个行业的财务报告，由此就形成了以下两类财务报告。

（1）基层单位财务报告，即由独立核算的各个具有法人资格的单位所编报的财务报告。

（2）汇总财务报告，即由企业行政或财政主管部门或上级行政机关根据所属的基层单位上报的财务报告而层层汇总编制的财务报告，其目的主要是为国民经济宏观管理提供所需的价值信息。

4. 按照财务报告所体现的会计主体和权益关系不同分类

由于企业经营的集团化发展，财务报告在以某一单个企业为基础进行编报的同时，还需要反映企业集团整体的财务报告，以便体现企业集团中母子公司的权益关系，由此形成了以下两类财务报告。

（1）个别财务报告，即以单个企业为会计主体，仅体现单级权益关系的财务报告。本教材所阐述的是个别财务报告。

（2）合并财务报告，即以企业集团为会计主体，以企业集团内各成员企业的个别财务报告为基础，由母公司编制、体现企业集团内多级权益关系的财务报告。这将在本系列教材《高级财务会计学》中专门阐述。

二、财务报表列报的基本要求

为了充分保证财务信息的本质特征即对决策的有用性，企业编制的财务报告必须符合有用财务信息的质量要求，在此基础上，各国对财务报告的核心内容即财务报表的列报还提出了专门的要求。下面结合我国发布的CAS30，将其归纳列示如下。

（一）依据各项会计准则确认和计量的结果列报

企业应当根据实际发生的交易或事项，遵循"基本准则"、各项具体会计准则及解释的规定进行确认与计量，在此基础上编制财务报表，并在附注中对这一情况作出声明，只有遵循了企业会计准则的所有规定时，财务报表才应当被称为"遵循了企业会计准则"。企业不应以在附注中披露代替对交易和事项的确认和计量，即企业采用的不恰当的会计政策，不得通过在附注中披露等其他形式予以更正，应当对交易和事项进行正确的确认与计量。

如果按照各项会计准则规定披露的信息不足以让报表使用者了解特定交易或事项对企业财务状况、经营成果和现金流量的影响时，企业还应披露其他的必要信息。

（二）列报基础

企业应当以持续经营为基础，根据实际发生的交易、事项和其他情况，按照"概念框架"（基本准则）和其他各项会计准则的规定进行确认和计量，在此基础上编制财务报表。

在编制财务报表的过程中，企业管理层应当利用其所有可获得的信息，全面评估企业的持续经营能力。评估涵盖的期间应包括企业自资产负债表日起至少12个月，评价时需要考虑宏观政策风险、市场经营风险、企业目前或长期的盈利能力、偿债能力、财务弹性及企业管理层改变经营政策的意向等因素。评价结果表明对持续经营能力产生重大怀疑的，企业应当在附注中披露导致对持续经营能力产生重大怀疑的影响因素及企业拟采取的改善措施。

企业在评估持续经营能力时应当综合考虑企业的具体情况。通常情况下，如果企业过去每年都有可观的净利润，并且易于获取所需的财务资源，则对持续经营能力的评估易于判断，这表明企业以持续经营为基础编制财务报表是合理的，而无须进行详细的分析。反之，如果企业过去多年有亏损的记录等情况，则需要通过考虑更加广泛的相关因素来作出评价，如目前和预期未来的获利能力、债务清偿计划、替代融资的潜在来源等。

企业如果存在下列情况之一，则通常表明其处于非持续经营状态，应当采用清算价值等其他基础编制财务报表：①企业已在当期进行清算或停止经营；②企业已经正式决定在下一个会计期间进行清算或停止营业；③企业已确定在当期或下一个会计期间没有其他可供选择的方案而将被迫进行清算或停止营业。在非持续经营情况下，企业应当在附注中声明财务报表未以持续经营为基础列表、披露未以持续经营为基础的原因及财务报表的编制基础。

（三）会计处理基础

除现金流量表按照收付实现制编制外，企业应当按照权责发生制（应计制）编制其他财务报表。在采用权责发生制会计的情况下，当项目符合"基本准则"中财务报表要素的定义和确认标准时，企业就应当确认相应的资产、负债、所有者权益、收入和费用，并在财务报表中加以反映。

（四）财务报表项目列报要求

财务报表中列示的各个项目代表了企业财务状况、经营成果、现金流量等信息的指标性质及功能，对财务信息使用者来说，是一贯理解财务信息的基础，因此，需要遵循以下要求。

1. 一致性列报

财务报表项目的列报应当在各个会计期间保持一致，不得随意变更，但下列情况除外：①会计准则要求改变财务报表项目的列报；②企业经营业务的性质发生重大变化或对企业经营影响较大的交易或事项发生后，变更财务报表项目的列报能够提供更可靠、更相关的会计信息。例如，制造业企业增加了房地产经营等，在财务报表的存货附注中需要增加开发产品等项目，使列报内容能够为财务信息使用者提供更可靠、更相关的财务信息。

2. 重要性及汇总列报

财务报表是对大量交易、事项和其他情况，依据其性质或功能汇总成类别后加以处理的结果。汇总及分类程序的最后阶段是列报浓缩及分类的资料，该等资料构成财务报表的各个单项目，每个项目都代表了不同性质或功能的财务指标，由此构成了财务报表的指标体系，这对财务信息使用者分类阅读财务信息是必须的，因此，需要按其性质或功能进行分类列报。这里所说的"性质"主要指资产负债表中各项资产、负债和所有者权益的经济特性及资产、负债的流动性；"功能"主要指利润表中各项目对利润形成的功能及资产负债表、现金流量表中各项目在企业经营中所发挥的功能。

按照这一要求，对于性质或功能不同的项目，应当在财务报表中单独分类列报，但不具有重要性的除外。例如，存货和固定资产，虽然都属于实物资产，在性质上却分别属于流动资产和非流动资产，在功能上分别属于劳动对象和劳动资料，因此，需要在资产负债表中分别列为"存货"和"固定资产"两个项目。再如营业收入和营业成本，对利润的形成起着增加和减少两种相反的功能，应分别列报。

对于性质或功能类似的项目，其所属类别具有重要性的，应当按其类别在财务报表中单独列报。例如，企业在销售过程中发生的各种应收项目，在性质上可能都属于流动资产，但以合同信用方式产生的应收账款和以商业信用方式产生的应收票据，在体现信用风险的程度上存在较大差别，对于反映资产风险具有重要性，因此，应当分别按"应收账款"和"应收票据"两个项目在资产负债表中单独列报。

上述分类列报中所说的"重要性"，特指在合理预期下，财务报表某项目的省略或错报会影响使用者据此作出经济决策的，则该项目具有重要性。重要性应当根据企业所处的具体环境，从省略或错报项目的性质和金额大小（或两者的组合）予以判断，这可能是重要性的决定因素。判断项目性质的重要性，应当考虑该项目在性质上是否属于企业日常活动，是否显著影响企业的财务状况、经营成果和现金流量等因素；判断项目金额大小的重要性，应当通过该项目金额占资产总额、负债总额、所有者权益总额、营业收入总额、营业成本总额、净利润、综合收益总额等直接相关或所属报表单列项目金额的比重加以确定。例如，企业的包装物、低值易耗品等可供多次使用的周转性物资，性质上属于企业日常活动所必需的，并且可能会在超过一个正常营业周期的期间使用，具有与固定资产类似的性质，但其单个的金额往往较小，且周转使用期限也难以作出相对准确预期，因此，按照重要性要求，可以将其视为流动资产并入"存货"项目予以列报。

3. 总额列报

财务报表中许多项目的金额存在着互相抵销关系，如何对这些抵销关系予以列示，对财务信息使用者来说也具有重要的影响作用。为了便于财务信息使用者更清晰地理解有关报表项目，一般都要求采取非抵销方式即总额方式予以列报，即财务报表中的资产与负债、收入与费用、直接计入当期利润的利得项目与损失项目的金额不得相互抵销，应当分别列报，否则，将会降低使用者了解已发生交易、事项和其他情况的能力及评估企业未来现金流量的能力。但其他会计准则另有规定的除外。

下列3种情况不属于抵销：①一组类似交易形成的利得和损失以净额列示，如为交易目的而持有的金融工具形成的利得和损失；②资产或负债项目按扣除备抵项目后的净额列示；③非日常活动产生的利得和损失、以同一交易形成的收益扣减相关费用后的净额列示等。

（五）比较列报

财务信息使用者在利用财务信息过程中，往往需要进行前后各期的比较，通过比较，可以提升信息的跨期间可比性，有助于使用者作出经济决策，尤其可以让使用者评估财务信息的趋势以供预测之用，因此，当期财务报表的列报，至少应当提供所有列报项目上一个可比会计期间的比较数据及与理解当期财务报表相关的说明，但其他会计准则另有规定的除外。如果财务报表的列报项目发生变更的，除了应符合上述一致性的要求外，应当至少对可比期间的数据按照当期的列报要求进行调整，并在附注中披露调整的原因和性质及调整的各项目金额。对可比数据进行调整不切实可行的（即企业在以前期间可能没有按照可以进行重分类的方式收集数据，并且重新生成这些信息是不切实可行的），应当在附注中披露不能调整的原因及假设金额重新分类可能进行的调整的性质。

（六）报告频率

企业至少应每年列报一次完整财务报表（包含比较信息）。年度财务报表涵盖的期间短于一年的，如企业在年度中期的某一时日设立，当年财务报表的编制期限只能涵盖从开业之日至年度终了，对此应当披露年度财务报表的涵盖期间及短于一年的原因，并应说明由此引起财务报表项目与比较数据不具可比性这一事实。

除上述要求之外，企业还应当在财务报表的显著位置（通常是表首部分）至少披露企业的名称、资产负债表日或财务报表涵盖的会计期间、列报货币名称及单位等。若是合并财务报表的，还应当在财务报表名称上加"合并"予以标明。CAS30规定在财务报表中单独列报的项目，应当单独列报。其他会计准则规定单独列报的项目，应当增加单独列报项目。

财务报表是一种重要的会计档案，且由于其具有经济后果而使其具有相当严格的法律效果，因此，要求必须通过签章的形式，明确相关单位和人员应当承担的经济和法律责任，除了必须加盖单位和财务部门的公章外，企业负责人、主管会计工作的负责人、会计机构负责人（会计主管人员）和总会计师等还必须签名并盖章。

三、财务报表编制的基本方法

根据财务报表项目与所需数据资料来源的关系及填列的思路不同，即是根据财务报表项目去搜寻所需数据资料，还是为各数据资料寻找对应的财务报表项目，由此形成了不同的财务报表编制基本方法。

（一）逆向搜寻法

逆向搜寻法，指根据财务报表项目逐一搜寻出所对应的账簿资料（数据资料），再根据账簿资料进行必要的分析计算后，将其填入财务报表对应项目中的一种编制方法。简单表示为"财务报表项目→数据资料"。这种方法适用于财务报表项目与有关账簿资料存在有较为固定的对应关系，各财务报表项目所需资料来源相对较为单一，根据财务报表项目进行数据资料搜寻比较容易的情况。资产负债表、利润表、所有者权益变动表等，因对应的数据资料只有各种账簿，故均可采用这种方法进行编制。

（二）顺向安置法

顺向安置法，指将编制财务报表所需的数据资料按照应对应的财务报表项目进行分析后，逐一填入相应的财务报表项目中的一种方法。简单表示为"数据资料→财务报表项目"。这种方法适用于财务报表所需数据资料繁多、对应关系复杂的现金流量表的编制。因为企业日常的财务会计核算采用的会计基础是权责发生制，平时并未按现金制积累现金流量表所需的数据资料，编制时所需的数据资料主要是资产负债表、利润表和部分账簿资料，可以说是依"表"编"表"，每个报表项目需要多个数据资料来源，每项数据资料可能进入不同的报表项目，使数据资料和报表项目之间的关系非常复杂，并存在大量的相互交叉现象，从而使报表编制难度加大，如果采用逆向搜寻法，很容易出现数据资料的遗漏或重复，并且一旦出现差错，查找非常困难。而采用顺向安置法，就可以有效避免这些缺陷，提高编制结果的准确性。

四、财务报告的局限性

财务报告为财务信息使用者进行各种决策活动提供了非常有用的信息资料，但还存在一些固有的缺陷，了解这些，对于正确认识、分析和利用财务报告是有益的。

（一）相关性减弱

财务报告所提供的信息，主要是对企业过去的经营历史进行阶段性的描述，且过多地坚持规范性要求，随着现代社会的快速发展，使得新出现的交易或事项难以及时作出反映，而利用这些信息是为了未来的决策，以过去的定型模式来指导未来大量不确定的决策，难免会导致其相关性不断削弱。并且，财务报告的目的并非是财务信息使用者设定的，这样，财务信息使用者在进行决策时，难免会受到报告者的诱导。

（二）可靠性受限

随着市场经济的快速发展，企业面临的不确定因素越来越多，这就必然导致会计确认和计量过程中越来越离不开会计估计和多样化的会计政策选择。在很大程度上，财务报告是基于估计、判断及模式,而非基于精确的描述。估计必然与现实准确结果有差距,并且不同的会计估计者产生的估计结果也会有所不同,因此,作为会计核算结果的财务报告,难免带有估计的差错和估计者的偏见,从而导致所体现的财务信息在一定程度上出现失实失真,影响财务信息质量,如企业计提的各项资产减值准备、固定资产折旧、无形资产摊销等。会计政策的可选择性,在允许的范围内选择出的每项会计政策都是合理的,虽然有一致性原则的限制,但是确定了一种会计政策,就会存在与其他未选择会计政策的差异,许多种会计政策差异综合在一起,有时将会产生让人难以理解的结果。上述这些因素综合的结果,使财务信息越来越显得难以捉摸不定,可靠性必然受到很大的限制。

(三)信息披露不足

会计核算坚持以"实际已经发生"为处理依据,无形中忽视了一些既存的、但又难以量化的事实,导致财务信息披露不足,而这些事实又是注册会计师或财务信息使用者非常关心或有用的。例如,企业的商誉在企业没有发生合并、分立等变更时是不予确认的,而商誉有时对企业的经营将会产生重大影响。此外,财务报告并不且无法提供财务信息使用者所需的所有信息,使用者必须考虑来自其他来源的适当信息,如一般经济情况与预期、政治事件与政治气候、产业与公司的前景等。现行财务报告对企业的风险总是披露不足,将对风险的判断留给了财务信息使用者,这也是不公平的。

(四)财务信息使用者所处的地位越来越被动

企业披露财务信息是为了财务信息使用者的决策,但是,企业披露的财务信息量不断增加且越来越复杂,财务报告者与财务信息使用者之间的信息不对称现象越来越突出,主要使用者中的不同个体,其信息需求和期望也并不相同,由此导致的沟通摩擦、契约摩擦、利益摩擦等多种冲突时有发生,加之财务信息使用者对会计知识的了解和掌握程度总是滞后,必然使其在利用财务信息时越来越处于被动地位,结果是不自觉地常常受到财务报告者所左右。

(五)资本保全受到冲击

在传统的会计核算模式下,以名义货币作为会计计量单位,以历史成本作为会计计量属性,忽略了物价变动对资产和负债的真实计价和盈亏的真实计量,并且过分强调对利润的计量,利润质量和现金流动性的反映受到限制,直接影响着资本是否能够保全的问题。

因此,对于财务信息使用者来说,在阅读和利用财务报告时,应当有所分析,并且依靠自身的职业经验,对财务信息误差能够作出合理的判断和估计,以便提高决策活动的正确性。

第二节 资产负债表

一、资产负债表及其作用

资产负债表是会计发展史上最早出现的财务报表,它是综合反映企业在某一特定日期财务状况的报表,也被称为财务状况表。

市场经济条件下,企业投资者最关心的是所投入的资本在企业经营中的分布情况及其质量,由此来判断预期的资本保全、投资回报及投资目的是否得到最大化的实现,这就导致了资产负债观成为财务信息利用的首要观念,因此,资产负债表自然成为第一财务报表。编制资产负债表可以为财务信息使用者提供某一特定日期的资产、负债及所有者权益等情况,对财务信息使用者至少可以发挥如下重要作用。

(1) 可以为解释、分析、评价企业财务状况及其结构分布的合理性提供资料。

(2) 可以为解释、评价、预测企业短期、长期偿债及支付能力等提供资料。

(3) 可以为解释、分析、评价财务结构、资本结构的合理性提供资料。

(4) 可以为解释、评价、预测企业财务实力与财务弹性提供资料(企业财务实力指企业在经营过程中筹措资金和有效利用资金的能力,主要取决于企业的资产结构和资本结构;财务弹性指企业迎接各种环境挑战、捕捉经营机遇的能力)。

(5) 将资产负债表与利润表、现金流量表结合分析,可以为解释、评价和预测企业营运能力、获利能力、现金支付能力等提供资料。

二、资产负债表的项目列示原则

资产负债表中资产和负债项目应当按照其流动性和非流动性的原则顺序列示,而所有者权益项目则按照其重要性原则列示。流动性和非流动性的划分是依据资产和负债项目是否超过一个正常营业周期。一个正常营业周期,指企业从购买用于加工的资产起至实现现金或现金等价物(简称变现)的期间,通常短于一年。但因生产周期较长等导致正常营业周期长于一年的,尽管相关资产往往超过一年才变现、出售或耗用,如用于出售的房地产开发产品、大型船只制造、飞机制造等,仍应划分为流动资产。正常营业周期不能确定的,应当以一年(12个月)作为正常营业周期。企业对资产、负债进行流动性分类时,应当采用相同的正常营业周期。

资产满足下列条件之一的,应当归类为流动资产。

(1) 预计在一个正常营业周期中变现、出售或耗用。

(2) 主要为交易目的而持有。

(3) 预计在资产负债表日起一年内(含一年,下同)变现。

(4) 自资产负债表日起一年内,交换其他资产或清偿负债的能力不受限制的现金或现金等价物。

流动资产以外的资产应当归类为非流动资产，并应按其性质分类列示。被划分为持有待售的非流动资产应当归类为流动资产。

负债满足下列条件之一的，应当归类为流动负债。

（1）预计在一个正常营业周期中清偿。

（2）主要为交易目的而持有。

（3）自资产负债表日起一年内到期应予以清偿。

（4）企业无权自主地将清偿推迟至资产负债表日后一年以上。

企业正常营业周期中的经营性负债项目即使在资产负债表日后超过一年才予清偿的，仍应划分为流动负债。

流动负债以外的负债应当归类为非流动负债，并应按其性质分类列示。被划分为持有待售的非流动负债应归类为流动负债。此外，还要注意以下两种情况。

①对于在资产负债表日起一年内到期的负债，企业有意图且有能力自主地将清偿义务展期至资产负债表日后一年以上的，应当归类为非流动负债；不能自主地将清偿义务展期的，即使在资产负债表日后、财务报告批准报出日前签订了重新安排清偿计划协议，该项负债仍应归类为流动负债。

②企业在资产负债表日或之前违反了长期借款协议，导致贷款人可随时要求清偿的负债，应当归类为流动负债。贷款人在资产负债表日或之前同意提供在资产负债表日后一年以上的宽限期，企业能够在此期限内改正违约行为，且贷款人不能要求随时清偿的，该项负债应归类为非流动负债。

其他长期负债存在类似情况的，比照上述①、②处理。

三、资产负债表项目列示要求

根据财务报表项目分类列报的要求，资产负债表的三大要素中至少应当单独列示反映如下信息的项目。

（1）资产类：货币资金；交易性金融资产；衍生金融资产；应收票据；应收账款；应收款项融资；预付款项；其他应收款；存货；合同资产；持有待售资产；一年内到期的非流动资产；其他流动资产；债权投资；其他债权投资；长期应收款；长期股权投资；其他权益工具投资；投资性房地产；固定资产；在建工程；生物资产；使用权资产；无形资产；开发支出；商誉；长期待摊费用；递延所得税资产；其他非流动资产；流动资产合计和非流动资产合计。

（2）负债类：短期借款；交易性金融负债；衍生金融负债；应付票据；应付账款；预收款项；合同负债；应付职工薪酬；应交税费；其他应付款；持有待售负债；一年内到期的非流动负债；其他流动负债；长期借款；应付债券；租赁负债；长期应付款；预计负债；递延收益；递延所得税负债；其他非流动负债；流动负债合计、非流动负债合计和负债合计。

（3）所有者权益类：实收资本（或股本）；其他权益工具；资本公积；库存股；其他综合收益；专项储备；盈余公积；未分配利润；所有者权益合计。

资产负债表中还应当列示资产总计项目、负债和所有者权益总计项目。

四、资产负债表的编制

资产负债表项目的数据应依据资产、负债和所有者权益类科目的期末余额，采用逆向搜寻法，经过对有关科目余额分析计算后进行填列。具体情况如下。

（1）根据总账科目的余额直接填列。"其他权益工具投资""投资性房地产"（以公允价值模式计量）"长期待摊费用""递延所得税资产""短期借款""交易性金融负债""应付票据""持有待售负债""租赁负债""递延收益""递延所得税负债""实收资本（或股本）""其他权益工具""资本公积""库存股""其他综合收益""专项储备""盈余公积"等项目，应根据有关总账科目的余额填列。其中，自资产负债表日起一年内到期应予以清偿的租赁负债的期末账面价值，在"一年内到期的非流动负债"项目反映；长期待摊费用项目中摊销年限（或期限）只剩一年或不足一年的，或者预计在一年内（含一年）进行摊销的部分，仍在"长期待摊费用"项目中列示，不转入"一年内到期的非流动资产"项目；"递延收益"项目中摊销期限只剩一年或不足一年的，或者预计在一年内（含一年）进行摊销的部分，仍在该项目中列示，不得转入"一年内到期的非流动负债"项目。

（2）根据几个总账科目的余额计算填列。"货币资金"项目，需根据"库存现金""银行存款""其他货币资金"三个总账科目余额的合计数填列；"其他应付款"项目，需根据"其他应付款""应付利息""应付股利"三个总账科目余额的合计数填列。

（3）根据明细账科目的余额计算填列。"交易性金融资产"项目，应根据"交易性金融资产"科目的相关明细科目期末余额分析填列，自资产负债表日起超过一年到期且预期持有超过一年的以公允价值计量且其变动计入当期损益的非流动金融资产，在"其他非流动金融资产项目"中填列；"应收款项融资"项目，应根据"应收票据""应收账款"科目的明细科目期末余额分析填列；"其他债权投资"项目，应根据"其他债权投资"科目的相关明细科目期末余额分析填列，自资产负债表日起一年内到期的长期债权投资，在"一年内到期的非流动资产"项目中填列，购入的以公允价值计量且其变动计入其他综合收益的一年内到期的债权投资，在"其他流动资产"项目中填列；"开发支出"项目，应根据"研发支出"科目中所属的"资本化支出"明细科目期末余额填列；"应付账款"项目，应根据"应付账款"和"预付账款"科目所属的相关明细科目的期末贷方余额合计数填列；"预收款项"项目，应根据"应收账款"和"预收账款"科目所属的相关明细科目的期末贷方余额合计数填列；"应付职工薪酬""预计负债"项目，应分别根据"应付职工薪酬""预计负债"科目的明细科目期末余额分析填列；"应交税费"项目，应根据"应交税费"科目的明细科目期末余额分析填列，其中的借方余额，应当根据其流动性在"其他流动资产"或"其他非流动资产"项目中填列；"一年内到期的非流动资产""一年内到期的非流动负债"项目，应根据有关非流动资产或负债项目的明细科目余额分析填列；"未分配利润"项目，应根据"利润分配"科目中所属的"未分配利润"明细科目期末余额填列。

（4）根据总账科目和明细账科目的余额分析计算填列。"长期借款""应付债券"项目，应分别根据"长期借款""应付债券"总账科目余额扣除"长期借款""应付债券"科目所属的明细科目中将在资产负债表日起一年内到期、且企业不能自主地将清偿义务展期的部分后的金额计算填列；"其他流动资产""其他流动负债"项目，应根据有关总账科目及有关科目的明细科目期末余额分析填列；"其他非流动负债"项目，应根据有关科目的期末余额减去将于一年内（含一年）到期偿还数后的金额填列。

（5）根据有关科目余额减去其备抵科目余额后的净额填列。"应收票据""应收账款"项目，应分别根据"应收票据""应收账款"科目的期末余额，减去"坏账准备"科目中相关坏账准备期末余额后的金额分析填列；"持有待售资产""长期股权投资""商誉"项目，应根据相关科目的期末余额填列，已计提减值准备的，还应扣减相应的减值准备；"无形资产""投资性房地产"（以成本模式计量）"生产性生物资产""油气资产"项目，应根据相关科目的期末余额扣减相关的累计折旧（或摊销、折耗）填列，已计提减值准备的，还应扣减相应的减值准备，折旧（或摊销、折耗）年限（或期限）只剩一年或不足一年的，或者预计在一年内（含一年）进行折旧（或摊销、折耗）的部分，仍在上述项目中列示，不转入"一年内到期的非流动资产"项目；"使用权资产"项目，应根据"使用权资产"科目的期末余额，减去"使用权资产累计折旧"和"使用权资产减值准备"科目的期末余额后的金额填列。

扩展阅读18-2

资产负债表填列
实录教学视频

（6）综合运用上述填列方法分析填列。"预付款项"项目，应根据"预付账款"和"应付账款"科目所属各明细科目的期末借方余额合计数，减去"坏账准备"科目中有关坏账准备期末余额后的金额填列；"其他应收款"项目，应根据"其他应收款""应收利息""应收股利"科目的期末余额合计数，减去"坏账准备"科目中有关坏账准备期末余额后的金额分析填列；"存货"项目，应根据"在途物资"（或"材料采购"）"原材料""发出商品""库存商品""周转材料""委托加工物资""生产成本""受托代销商品"等科目的期末余额及"合同履约成本"科目的明细科目中初始确认时摊销期限不超过一年或一个正常营业周期的期末余额合计，减去"受托代销商品款""存货跌价准备"科目期末余额及"合同履约成本减值准备"科目中相应的期末余额后的金额填列，材料采用计划成本核算，以及库存商品采用计划成本核算或售价核算的企业，还应按加或减材料成本差异、商品进销差价后的金额填列；"债权投资"项目，应根据"债权投资"科目的相关明细科目的期末余额，减去"债权投资减值准备"科目中有关减值准备的期末余额后的金额分析填列，自资产负债表日起一年内到期的长期债权投资，在"一年内到期的非流动资产"项目中填列，购入的以摊余成本计量的一年内到期的债权投资，在"其他流动资产"项目中填列；"合同资产"和"合同负债"项目，应分别根据"合同资产""合同负债"科目的明细科目期末余额分析填列，同一合同下的合同资产和合同负债应当以净额列示，其中净额为借方余额的，应当根据其流动性在"合同资产"或"其他非流动资产"项目中填列，已计提减值准备的，还应减去"合同资产减值准备"科目中相应的期末余额后的金额填列,其中净额为贷方余额的,应当根据其流动性在"合同负债"或"其他非流动负债"项目中填列;"固定资产"项目,应根据"固定资产"和"固定资产清理"科目的期末余额,减去"累计折旧"和"固定资产减值准备"科目的期末余额后的金额填列;"在建工程"科目,应根据"在建工程"和"工程物资"科目的期末余额,扣减"在建工程减值准备"和"工程物资减值准备"科目的期末余额后的金额填列;"其他非流动资产"项目,应根据有关科目的期末余额减去将于一年内(含一年)收回数后的金额及"合同取得成本"科目和"合同履约成本"科目的明细科目中初始确认时摊销期限在一年或一个正常营业周期以上的期末余额,减去"合同取得成本减值准备"科目和"合同履约成本减值准备"科目中相应的期末余额填列。"长期应付款"项目,应根据"长期应付款"和"专项应付款"科目的期末余额,减去相应的"未确认融资费用"科目期末余额后的金额填列;"长期应收款"项目,应根据"长期应收款"科目的期末余额,减去相应的"未实现融资收益"科目和"坏账准备"科目所属相关明细科目期末余额后的金额填列。

企业应根据上年末资产负债表"期末余额"栏有关项目填列本年度资产负债表"年初余额"栏。如果企业发生了会计政策变更、前期差错更正,应对"年初余额"栏中的有关项目进行相应调整;如果企业上年度资产负债表规定的项目名称和内容与本年度不一致,应当对上年年末资产负债表相关项目的名称和金额按照本年度的规定进行调整,填入"年初余额"栏。

资产负债表编制完毕后,应根据财务报表中有关项目的对应勾稽关系进行核对,以便检验编制过程的正确性。存在对应勾稽关系的项目主要有:资产总计等于负债和所有者权益总计;资产负债表中的"未分配利润"项目应等于所有者权益变动表中最末一项"本年年末余额"对应的"未分配利润"栏目数;资产负债表中"货币资金"项目及"以公允价值计量且其变动计入当期损益的金融资产"项目中3个月内到期的债券投资等现金等价物年末与年初数的差额,应等于现金流量表中的"现金及现金等价物净增加额"。

【例18-1】 假设中航制造20×2年12月31日科目余额汇总表如表18-1所示。

表18-1 20×2年12月31日科目余额汇总表　　　　　　　　单位:万元

科目名称	借方余额	科目名称	贷方余额
库存现金	10	坏账准备——应收账款	15 000
银行存款	200 990	存货跌价准备	3 500
其他货币资金	13 500	债权投资减值准备	300
交易性金融资产	75 000	固定资产减值准备	600
应收票据	36 000	投资性房地产累计折旧	17 000
应收账款	330 000	累计折旧	240 000
应收利息	1 560	累计摊销	40 000
其他应收款	6 900	短期借款	74 000
预付账款	32 800	应付票据	52 500

续表

科目名称	借方余额	科目名称	贷方余额
原材料	189 500	应付账款	66 210
周转材料	6 900	合同负债	4 800
生产成本	79 310	应付职工薪酬	31 820
库存商品	2 200	应交税费	11 680
债权投资	21 500	应付利息	700
其他债权投资	4 320	应付股利	4 140
投资性房地产	53 000	其他应付款	17 700
长期股权投资	94 800	长期借款	90 000
固定资产	1 545 380	应付债券	27 000
在建工程	240 000	递延所得税负债	830
无形资产	108 000	股本	206 000
长期待摊费用	3 200	资本公积	923 280
递延所得税资产	10 800	其他综合收益	2 490
库存股	17 732	专项储备	1 000
		盈余公积	256 890
		利润分配	985 962
借方合计	3 073 402	贷方合计	3 073 402

注:"债权投资"中一年内到期的部分有 4 240 万元;"长期借款"中一年内到期的部分有 55 000 万元。

根据上述资料,编制中航制造 20×2 年 12 月 31 日资产负债表,如表 18-2 所示(年初余额已直接列入表中)。

表 18-2 资产负债表

会企01表
编制单位:中原航空制造股份有限公司　　　20×2 年 12 月 31 日　　　单位:万元

资产	期末余额	年初余额	负债和所有者权益（或股东权益）	期末余额	年初余额
流动资产:			流动负债:		
货币资金	214 500	203 100	短期借款	74 000	41 000
交易性金融资产	75 000	90 000	交易性金融负债		
衍生金融资产			衍生金融负债		
应收票据	36 000	31 500	应付票据	52 500	20 000
应收账款	315 000	256 800	应付账款	66 210	24 720
应收款项融资			预收款项		
预付款项	32 800	25 600	合同负债	4 800	3 300
其他应收款	8 460	16 200	应付职工薪酬	31 820	22 600
存货	274 410	243 700	应交税费	11 680	6 960

续表

资　产	期末余额	年初余额	负债和所有者权益（或股东权益）	期末余额	年初余额
合同资产			其他应付款	22 540	16 670
持有待售资产			持有待售负债		
一年内到期的非流动资产	4 240	5 000	一年内到期的非流动负债	55 000	50 000
其他流动资产			其他流动负债		
流动资产合计	960 410	871 900	流动负债合计	318 550	185 250
非流动资产：			非流动负债：		
债权投资	16 960	13 000	长期借款	35 000	50 000
其他债权投资	4 320	4 000	应付债券	27 000	50 000
长期应收款			其中：优先股		
长期股权投资	94 800	134 800	永续债	27 000	50 000
其他权益工具投资			租赁负债		
其他非流动金融资产			长期应付款		
投资性房地产	36 000	39 600	预计负债		
固定资产	1 304 780	1 155 000	递延收益		5 600
在建工程	240 000	168 000	递延所得税负债	830	750
使用权资产			其他非流动负债		
无形资产	68 000	54 000	非流动负债合计	62 830	106 350
开发支出			负债合计	381 380	291 600
商誉			所有者权益（或股东权益）：		
长期待摊费用	3 200	4 000	实收资本（或股本）	206 000	206 000
递延所得税资产	10 800	7 200	其他权益工具		
其他非流动资产			其中：优先股		
非流动资产合计	1 778 860	1 579 600	永续债		
			资本公积	923 280	923 280
			减：库存股	17 732	
			其他综合收益	2 490	2 250
			专项储备	1 000	700
			盈余公积	256 890	235 000
			未分配利润	985 962	792 670
			所有者权益（或股东权益）合计	2 357 890	2 159 900
资产总计	2 739 270	2 451 500	负债和所有者权益（或股东权益）总计	2 739 270	2 451 500

第三节 利润表

一、利润表及其作用

利润表,指综合反映企业在某一期间除与所有者以其所有者身份进行的交易之外的其他交易或事项所引起的所有者权益变动的财务报表,包括本期净损益和其他综合收益两部分。本期净损益也称为本期净利润,或者简称利润,指企业本期广义收入(包含直接计入当期利润的利得)减去广义成本费用(包含直接计入当期利润的损失)后的经营成果。其他综合收益,指企业根据会计准则规定未在当期损益中确认的各项利得和损失,包括以后会计期间不能重分类进损益的其他综合收益项目和以后会计期间在满足规定条件时将重分类进损益的其他综合收益项目。

扩展阅读18-3

利得和损失解析

相对于净损益,增加了其他综合收益的利润表比较全面地反映了企业的经济状况和经济实质,并借此打通了资产负债表和利润表之间的勾稽关系,进一步提高了财务信息的决策相关性。利润表对财务信息使用者至少可以发挥以下作用。

(1)可以为评估投资价值,估计经营管理成功程度和企业信誉提供有用的信息。投资者投资的目的是通过企业收益的最大化而实现其投资报酬的最大化。一项投资只有经常获得尽可能多的投资报酬,才能实现投资的真正目的,这将通过企业不断赚取尽可能多的收益来实现。在正常情况下,收益的多寡与企业经营管理的成功与否有直接关系,在一定程度上可以体现企业的社会信誉。

(2)可以为解释、预测、评价企业获利能力提供有用的资料。企业获利能力,指企业运用所持有的经济资源获取利润的能力。通过本企业与不同时期或其他不同企业实现利润情况的比较,可以判断企业的竞争能力和可持续发展能力。

(3)可以为评价企业的偿债能力提供有用的资料。企业的偿债能力,即企业面对到期债务的清偿支付能力。偿债能力尽管受很多因素的影响,但最终必须依赖不断实现利润而增值的资产来偿还,如果长期处于非获利甚至连年亏损状态,企业不可能保持长久的偿债能力,最终还将导致资不抵债而被清算。

(4)可以为分析、评价企业资本保全能力提供有用的资料。无论何种要求下的资本保全,最基本的条件就是企业应当获利,获利能力越大,资本保全的能力就越强。

(5)可以为评价经营业绩和未来有效的决策提供有用的资料。通过利润表,企业经营管理人员可以进一步熟知收入、成本费用的消长趋势及主要影响因素,尤其是管理因素和管理工作的好坏,从而为以后采取更有效的经营决策、不断改善经营管理提供有用的信息。

(6)通过其他综合收益,可以了解除本期损益之外其他非来自所有者的变动对所有者权益变动的影响程度,更能体现资产负债观的要求,弥补了传统净收益难以处理和反映的物价变动或其他一些外在环境之间所引起的未实现的资产和负债变动的问题,压缩了盈余管理空间，为信息使用者分析其他综合收益信息提供了便利，从而提高了财务信息的决策有用性。

二、利润表的项目列示方法及内容要求

利润表的列示方法有两种。

一是功能分类列示法，即通过利润表各项目的列示，能够为财务信息使用者分类阅读、理解企业的收入、费用、营业利润、利润总额、净利润、其他综合收益、综合收益总额及每股收益等重要结构性信息发挥作用。特别是有关的费用项目，应按照在企业经营中所发挥的相关功能采用费用功能分类法，分为从事经营业务发生的成本、管理费用、销售费用和财务费用等，这样更有利于财务信息使用者了解费用发生的活动领域。

二是费用性质分类列示法，即按照费用发生的经济内容和性质分为材料费、职工薪酬费、折旧费、摊销费、水电费等。这种分类方法虽然能够了解费用发生的内容，但财务信息使用者更多关注企业利用经济资源从事经营的能力及效果，并不太关注利用了什么。所以，现在许多国家已经不再采用这种方法列示。

根据 CAS30 的规定，利润表至少应当单独列示反映下列信息的项目，但其他会计准则另有规定的除外：营业收入；营业成本；税金及附加；销售费用；管理费用；研发费用；财务费用；其他收益；投资收益；净敞口套期收益；公允价值变动收益；信用减值损失；资产减值损失；资产处置损益；营业外收入；营业外支出；所得税费用；净利润；其他综合收益的税后净额；综合收益总额；每股收益。

三、利润表的编制

利润表的编制比较简单，其数据依据是各损益类科目本期发生额。编制时对照利润表各项目与资料来源的关系，可采用逆向搜寻法进行填列编制。具体情况如下。

（1）"营业收入"。本项目反映企业经营主要业务和其他业务所确认的收入总额，应依据"主营业务收入"和"其他业务收入"两个科目本期发生的净额（即扣除本期借方发生的收入冲销额）合计填列。

（2）"营业成本"。本项目反映企业经营主要业务和其他业务发生的实际成本总额，应依据"主营业务成本"和"其他业务成本"两个科目本期发生的净额（即扣除本期贷方发生的成本冲销额）合计填列。

（3）"税金及附加"。本项目反映企业经营业务应负担的消费税、城市维护建设税、资源税、土地增值税和教育费附加等，应依据"税金及附加"科目本期发生的净额（即扣除本期贷方发生的冲销额）填列。

（4）"销售费用"。本项目反映企业在销售商品过程中发生的包装费、广告费等费用和为销售本企业商品而专设的销售机构的职工薪酬、业务费等费用，应依据"销售费用"科目本期发生的净额（即扣除本期贷方发生的冲销额）填列。

（5）"管理费用"。本项目反映企业为组织和管理生产经营发生的管理费用，应依据"管理费用"科目本期发生的净额（即扣除本期贷方发生的冲销额）扣除其所属"研发费用"明细科目本期发生额后的差额填列。

（6）"研发费用"。本项目反映企业进行研发与开发过程中发生的费用化支出及计入管理费用的自行开发无形资产的摊销，应依据"管理费用"科目下的"研发费用"明细科目的发生额及管理费用科目下的"无形资产摊销"明细科目的发生额分析填列。

（7）"财务费用"。本项目反映企业筹集生产经营所需资金等而发生的筹资费用，其中，"利息费用"项目，反映企业为筹集生产经营所需资金等而发生的应予费用化的利息支出；"利息收入"项目，反映企业按照相关会计准则确认的应冲减财务费用的利息收入，二者均应根据"财务费用"科目的相关明细科目的发生额分析填列。

（8）"其他收益"。本项目反映计入其他收益的政府补助及其他与日常经营活动相关且计入其他收益的项目（如债务重组中债务人以非金融资产清偿债务，所清偿债务账面价值与转让资产账面价值之间的差额），应根据"其他收益"科目的发生额填列。企业作为个人所得税的扣缴义务人，收到税务机关的扣缴税款手续费，应作为其他与日常经营活动相关的收益在本项目中填列。

（9）"投资收益"。本项目反映企业以各种方式对外投资所取得的净损益，应依据"投资收益"科目本期发生的净额（即本期贷方发生额扣除借方发生额的净额）填列，如为净损失，以"-"号填列。其中，"对联营企业和合营企业的投资收益"项目，反映采用权益法核算的对联营企业和合营企业投资在被投资单位实现的净损益中应享有的份额（不包括处置投资形成的收益）；"以摊余成本计量的金融资产终止确认收益"项目，反映企业因转让等情形导致终止确认以摊余成本计量的金融资产而产生的利得或损失，均应根据"投资收益"科目的相关明细科目的发生额分析填列，如为损失，以"-"号填列。

（10）"净敞口套期收益"。本项目反映净敞口套期下被套期项目累计公允价值变动转入当期损益的金额或现金流量套期储备转入当期损益的金额，应根据"净敞口套期损益"科目的发生额分析填列；如为套期损失，以"-"号填列。

（11）"公允价值变动收益"。本项目反映企业以公允价值计量且其变动计入当期损益的金融资产、以公允价值计量且其变动计入当期损益的金融负债、采用公允价值模式计量的投资性房地产、以现金结算的股份支付等公允价值变动形成的应计入当期损益的净利得或净损失，应依据"公允价值变动损益"科目本期发生的净额（即本期贷方发生额扣除借方发生额的净额）填列，如为损失，以"-"号填列。

（12）"信用减值损失"。本项目反映企业按照CAS22的要求计提的各项金融工具减值准备所形成的信用损失，应根据"信用减值损失"科目本期发生的净额（即本期借方发生额扣除贷方发生额的净额）填列，如为损失，以"-"号填列。

（13）"资产减值损失"。本项目反映企业各项资产发生的减值净损失，应依据"资产减值损失"科目本期发生的净额（即本期借方发生额扣除贷方发生额的净额）填列，如为损失，以"-"号填列。

（14）"资产处置收益"。本项目反映企业出售划分为持有待售的非流动资产（金融工具、长期股权投资和投资性房地产除外）或处置组（子公司和业务除外）时确认的处置利得或损失，以及处置未划分为持有待售的固定资产、在建工程、生产性生物资产及无形资产而产生的处置利得或损失。非货币性资产交换中换出非流动资产（金融工具、长期股权投资和投资性房地产除外）产生的利得或损失，也包括在本项目内。本项目应根据"资产处置损益"科目的发生额分析填列；如为处置损失，以"-"号填列。

（15）"营业外收入"。本项目反映企业发生的除营业利润以外的收益，应依据"营业外收入"科目的发生额分析填列。

（16）"营业外支出"。本项目反映企业发生的除营业利润以外的支出，应依据"营业外支出"科目的发生额分析填列。

（17）"所得税费用"。本项目反映企业根据所得税会计准则确认的应从当期利润总额中扣除的所得税费用，应依据"所得税费用"科目本期发生的净额（即扣除本期贷方发生的冲销额）填列。

（18）"净利润"。本项目反映上述各项目计算的税后净利润，若为净亏损，以"-"号填列。其中，"（一）持续经营净利润"和"（二）终止经营净利润"项目，分别反映净利润中与持续经营相关的净利润和与终止经营相关的净利润，应按照《企业会计准则第42号——持有待售的非流动资产、处置组和终止经营》（CAS42）的相关规定分别填列；如为净亏损，以"-"号填列。

（19）"其他综合收益的税后净额"。本项目反映其他综合收益扣除所得税影响后的净额，应按"不能重分类进损益的其他综合收益""将重分类进损益的其他综合收益"分别列示。在填列时应根据"其他综合收益"科目及其所属明细科目的本期发生额分析填列。

其中：①以后会计期间不能重分类进损益的其他综合收益，主要包括重新计量设定受益计划净负债或净资产导致的变动、按照权益法核算的长期股权投资享有被投资单位以后会计期间不能重分类进损益的其他综合收益的份额、其他权益工具投资公允价值变动形成的利得或损失、企业自身信用风险公允价值变动形成的利得或损失等；②以后会计期间在满足规定条件时将重分类进损益的项目，主要包括按照权益法核算的长期股权投资享有被投资单位以后会计期间在满足规定条件时将重分类进损益的其他综合收益的份额、其他债权投资公允价值变动形成的利得或损失、金融资产重分类形成的利得或损失、其他债权投资减值形成的损失、现金流量套期工具产生的利得或损失中属于有效套期的部分、外币财务报表折算差额、自用房地产或作为存货的房地产转换为以公允价值模式计量的投资性房地产在转换日公允价值大于账面价值部分等。

（20）"综合收益总额"。本项目反映净利润和其他综合收益相加后的合计金额。

此外，还应在利润表中列示"基本每股收益"和"稀释每股收益"，应当根据《企业会计准则第34号——每股收益》（CAS34）规定计算的金额计算填列。

扩展阅读18-4

利润质量解析

【例18-2】假设中航制造20×2年度相关科目本年累计发生额汇总如表18-3所示（上年金额如表18-4所示）。

表 18-3 相关科目本年累计发生额汇总表

20×2 年度 单位：万元

科 目 名 称	借方发生额	贷方发生额
主营业务收入	600	1 208 746
主营业务成本	848 000	3 800
税金及附加	4 400	—
其他业务收入	—	48 000
其他业务成本	33 000	—
销售费用	34 000	—
管理费用	63 000	—
其中：研发费用	23 000	—
财务费用	3 000	—
其中：利息费用	6 200	—
利息收入	3 200	—
信用减值损失	1 600	—
其中：坏账损失	1 450	—
债权投资减值损失	150	—
资产减值损失——固定资产减值损失	220	—
其他收益	0	7 400
投资收益	—	3 000
公允价值变动损益	—	750
资产处置损益	—	600
其他综合收益	80	320
营业外收入	—	3 300
营业外支出	600	—
其中：固定资产报废净损失	440	—
所得税费用	68 274	—

注："其他综合收益"借贷方发生额均为其他债权投资公允价值变动额。

根据上述资料，编制中航制造 20×2 年利润表如表 18-4 所示。

表 18-4 利润表

会企 02 表

编制单位：中原航空制造股份有限公司　　　20×2 年　　　单位：万元

项　　目	本年金额	上年金额
一、营业收入	1 256 146	1 027 640
减：营业成本	877 200	725 573
税金及附加	4 400	3 600
销售费用	34 000	30 400
管理费用	40 000	37 442
研发费用	23 000	16 600
财务费用	3 000	2 800

续表

项　　目	本年金额	上年金额
其中：利息费用	6 200	5 600
利息收入	3 200	2 900
加：其他收益	7 400	4 600
投资收益（损失以"-"号填列）	3 000	2 400
其中：对联营企业和合营企业的投资收益		
以摊余成本计量的金融资产终止确认收益（损失以"-"号填列）		
净敞口套期收益（损失以"-"号填列）		
公允价值变动收益（损失以"-"号填列）	750	720
信用减值损失（损失以"-"号填列）	-1 600	-900
资产减值损失（损失以"-"号填列）	-220	-190
资产处置收益（损失以"-"号填列）	600	1 050
二、营业利润（亏损以"-"号填列）	284 476	218 905
加：营业外收入	3 300	3 510
减：营业外支出	600	460
三、利润总额（亏损总额以"-"号填列）	287 176	221 955
减：所得税费用	68 274	55 489
四、净利润（净亏损以"-"号填列）	218 902	166 467
（一）持续经营净利润（净亏损以"-"号填列）	218 902	166 467
（二）终止经营净利润（净亏损以"-"号填列）		
五、其他综合收益的税后净额	240	220
（一）不能重分类进损益的其他综合收益		
1. 重新计量设定受益计划变动额		
2. 权益法下不能转损益其他综合收益		
3. 其他权益工具投资公允价值变动		
4. 企业自身信用风险公允价值变动		
……		
（二）将重分类进损益的其他综合收益	240	220
1. 权益法下可转损益的其他综合收益		
2. 其他债权投资公允价值变动	240	
3. 金融资产重分类计入其他综合收益的金额		
4. 其他债权投资信用减值准备		
5. 现金流量套期准备		
6. 外部财务报表折算差额		
……		
六、综合收益总额	219 142	166 687
七、每股收益		
（一）基本每股收益	1.06	0.81
（二）稀释每股收益		

第四节　现金流量表

一、现金流量表产生的原因及发展过程

现金流量表的产生，是与资产负债表和利润表存在先天不足、难于满足日益发展的社会经济现实需要分不开的。资产负债表以静态反映企业在某一特定日期的财务状况，但无法回答财务状况如何变化到现在的情况、现在的财务状况是优是劣（质量与风险）、引起财务状况变化的主要原因是什么、对企业以后的经营将产生何种影响、是否能够满足今后经营的需求等问题。利润表虽然说明了企业在一定会计期间取得的经营成果及其大小，但没有说明经营成果对财务状况有何影响、经营成果的现金实现程度有多大、经营成果的质量如何、与资产负债表存在什么关系，等等。此外，企业的经营活动、投资活动、筹资活动对财务状况有何需求和影响，对企业创利有何影响，企业今后应当如何合理安排和调剂这3种活动来改善财务状况，以便于促进企业良好运转，这些在资产负债表和利润表中也难以找到答案。

19世纪末期，美国的会计学者和实务界经过不断的探索试验，率先创造了专门反映资金流量情况的"资金来龙去脉表"，后又改成"资金表"。1971年，美国会计原则委员会发布第19号意见书，正式以"财务状况变动表"命名，并规定将其作为财务报表的一部分要求企业予以陈报。1987年，美国又一次率先将财务状况变动表改造为现金流量表，同年11月，FASB正式发布"财务会计准则公告第95号——现金流量表"，1989年2月、12月又分别发布财务会计准则公告第102、104号，对财务会计准则公告第95号进行了必要的修订、补充和完善。

我国自1985年起为适应对外开放和引进外资的需要，在《中外合资经营企业会计制度》中首次推行财务状况变动表。随着1993年7月1日起"两则两制"（即《企业会计准则》和《企业财务通则》、《企业会计制度》和《企业财务制度》）在全国范围内的实施，财务状况变动表开始在全国得以推行，并提出企业也可以编制现金流量表。1998年财政部发布了《企业会计准则——现金流量表》及应用指南，取代了财务状况变动表。后经2001年和2006年两次修订，最终以《企业会计准则第31号——现金流量表》（CAS31）及其应用指南发布实施。

二、现金流量表及其作用

现金流量表是反映企业一定会计期间现金和现金等价物（以下统一简称"现金"）流入、流出及其净流量情况的财务报表。

现金是企业运营的"血液"。财务信息使用者非常关注企业创造现金的能力，现金流量的活性化表现对企业的经营者从事正常生产经营、偿还债务、支付投资回报等至关重要。其主要作用如下：

（1）可以及时反映企业现金流入、流出的综合信息。

（2）有助于财务信息使用者分析和评价企业创造现金的能力，并了解企业是如何使用现金的。

（3）与其他财务会计信息联系起来，有助于财务信息使用者评价企业净资产变动情况、财务资源的大小、财务结构优劣（包括资产流动性和偿债能力）、应付财务风险的能力及收益质量的高低等。

（4）有助于沟通企业的财务分析、收益能力分析与资金流动性分析的相互关系。

（5）可以预测判断企业未来的发展前景和创造现金流量的潜能。

三、现金流量表的编制基础

现金流量表是以现金制为会计处理基础，以现金及其等价物为编制基础的。

现金，指企业库存现金及可以随时用于支付的存款。其特征是不受任何限制、可随时用于支付。在我国，现金包括库存现金、除一年以上定期存款以外的银行存款及其他货币资金。对于一年以上的定期存款，尽管企业可以提前通知支取，但是，存款的目的是获取较高的存款利息收益，并不准备随时用于支付，存入银行时已经在意图上失去了即付能力，所以，应当从现金中剔除，作为投资列入现金流量表中。

现金等价物也称为约当现金（cash equivalents），指企业持有的同时具备期限短、流动性强、易于转换为已知金额现金、价值变动风险很小的投资。其中：①期限短，一般指从购买日起三个月内到期；②流动性强，即应当存在富有流通性的相应市场；③易于转换为已知金额的现金，即可以在流通的市场上随时转换为现金，且转换为现金的数额事先能够确定；④价值变动风险很小，即在变现过程中其金额不受市场变动的影响，或者其影响可以忽略不计。同时符合这四个条件的投资，在我国通常指三个月内到期的债券投资。权益性投资变现的金额通常不确定，因而不属于现金等价物。企业应当根据经营特点等具体情况，确定现金等价物的范围，一经确定不得随意变更。

现金流量，指企业现金及现金等价物的流入和流出，包括三个要素：现金流入、现金流出、现金净流量。现金净流量也称为现金及其等价物的净增加（或减少）额，指现金流入合计与现金流出合计的差额。企业从银行提取现金、用现金购买三个月到期的国库券等现金和现金等价物之间的转换不属于现金流量。

四、现金流量的内容分类

为了满足财务信息使用者阅读和利用现金流量表的需要，现金流量表不仅要反映现金流入、流出的信息，而且还应结合企业的各类活动，分类反映各类活动对现金流量的影响及现金流量过程。因此，结合企业活动类别，可以将企业的现金流量的内容分为以下三大类。

1. 经营活动现金流量

经营活动，指除企业投资活动和筹资活动以外的所有交易和事项。各类企业由于行业特点不同，对经营活动的认定将存在差异，但其共同特征是与企业营业收入的取得密切相关，具有经常性。与此有关的现金流入和流出即为经营活动现金流量。

2. 投资活动现金流量

投资活动，指企业长期资产的购建和不包括在现金等价物范围内的投资及其处置活动。其中：长期资产指固定资产、在建工程、无形资产、其他资产等持有期限在一年以上或超过一年的一个营业周期以上的资产。其特征是与资本支出和对外投资密切相关，与此有关的现金流入和流出即为投资活动现金流量。

3. 筹资活动现金流量

筹资活动，指导致企业资本及债务规模和构成发生变化的活动。其中：资本包括实收资本（股本）、资本（股本）溢价，涉及的内容有吸收投资、发行股票、分配股利等；债务指企业对外专门举借的债务，涉及的内容有发行债券、借入款项及债务的偿还和利息支付等。其特征是与资本筹集和对外举债密切相关，与此有关的现金流入和流出即为筹资活动现金流量。

上述现金流量的分类是对其内容所作的基本分类，此外，还有以下两个特殊问题需予说明。

（1）非常项目的现金流量。非常项目，指明显区别于企业正常活动、因此预计不会经常发生或定期发生的交易或事项产生的收益或费用，如资产被征用、地震或其他自然灾害等。

一般来说，非常项目应具备两个条件：一是非经常性、偶发性；二是特殊性，不属于或不能归为经营活动、投资活动、筹资活动。由此而引起的现金流入和流出，即称为非常项目的现金流量。

对于非常项目现金流量的会计揭示问题，国际上有两种观点。一是应恰当地归并到来自经营活动、投资活动、筹资活动的现金流量中，并单独披露。国际会计准则和我国会计准则采用了这种做法，如 CAS31 第六条规定："自然灾害损失、保险索赔等特殊项目，应当根据其性质，分别归并到经营活动、投资活动和筹资活动现金流量类别中单独列报"。二是认为它虽然增加或减少了企业的净收益，但有时很难划归于何种活动，既然属于非常项目，由此而产生的现金流量理应单独在现金流量表中予以披露。

（2）外币现金流量。随着企业经营的全球化发展，外币交易或事项将会越来越多，由此引起了外币交易或事项的折算及外汇风险所带来的汇兑损益等问题。现金流量表对此应当如何揭示，也成为国际会计领域所关注的一个问题。国外的会计准则大多数都对此作了专门的规定，并且在以下方面达成共识：外币现金流量除币种表示有区别外，与其他现金流量并无本质差别，本身并不能独立为一种现金流量；在认识上的差异主要集中在折算汇率的选择和汇兑损益的处理两个方面。国际会计准则主张用发生现金流动当日的汇率，来作为外币现金流量的折算汇率；汇率变动引起的未实现汇兑损益并不是现金流量，然而，为了调节期初和期末现金及其等价物，持有的或到期的外币现金及其等价物受汇率变动的影响应该在现金流量表中列为单独项目报告。CAS31 采用了国际会计准则的做法，即"外币现金流量以及境外子公司的现金流量，应当采用现金流量发生日的即期汇率或按照系统合理的方法确定的、与现金流量发生日即期汇率近似的汇率折算。汇率变动对现金的影响额应当作为调节项目，在现金流量表中单独列报（注：列在各类现金流量之后）"。

五、现金流量表的项目列示方法

由于现金流量表以现金制为会计处理基础，理论依据是"现金流入－现金流出＝现金净流量"，因此，可以通过现金流入和现金流出的主要类别列示现金流量，这种现金流量的列示方法称为"直接法"。

经营活动现金流量列报的直接法教学视频

但是，日常的会计核算采用的是应计制，并以此形成了利润表和资产负债表，在编制利润表时以"收入－费用＝利润"为理论依据，这与编制现金流量表的理论依据在原理上存在类似之处。因此，在编制现金流量表时，可以以现有的应计制下的会计核算资料为依据，按照应计制与现金制之间的关系，采用一定的方式将其转换为现金制下的现金流量。即在现金流量表中，将应计制下的净利润（其他综合收益均不涉及现金流量的变动，因此，可不用综合收益总额）按照现金制的要求，对非收现、付现项目进行必要的调整转换，从而求得现金制下的现金净流量，这种现金流量的列示方法称为"间接法"。

将这两种方法进行比较可以发现：直接法完全遵循现金流量变化的客观规律，充分揭示了现金流量的全过程，为现金流量信息的分析和利用提供了许多方便，很多国家都推崇采用直接法。但是，这种方法没有与利润表和资产负债表密切结合列示；并且编制时需要重新进行资料的收集处理，为编制现金流量表增加了一定的困难。间接法则有效地利用了现有的会计核算资料，编制过程比较简单；并且是在净利润基础上进行的调整转换，有利于对利润质量进行分析。但是，这种方法没有表现出现金流量形成的原过程，也无法分类反映现金流量的信息，为现金流量表的分析利用造成了困难；并且，投资活动类和筹资活动类的现金流量中的许多内容与利润计算并没有直接关系，难以全部采用间接法求得，应用上只能限定在经营活动类现金流量。

通过上述两种方法的利弊分析，为了扬长避短，充分发挥现金流量表的作用，一般都是在经营活动类现金流量中来讨论是采用直接法还是采用间接法的问题。CAS31规定，在现金流量表的正表中对经营活动产生的现金流量采用直接法列示；同时，企业应当在附注中采用间接法披露将净利润调节为经营活动现金流量的信息。

六、现金流量表的项目金额列报要求

现金的流入、流出及净流量是构成现金流量表的三个要素，三者之间的关系也非常简单明了，但在现金流量表中列报各类现金流量的项目金额时，存在以下两种选择。

1. 总额法

总额法是分别按照现金流入和现金流出总额列报现金流量，从而在表中求得现金净流量。采用这种方法能够全面反映企业现金流量的方向、规模和结构，以便了解现金流量的全貌，有利于同直接法有效结合，提高现金流量信息的分析利用效果，所以，各国基本上都采用了这种方法。

2. 净额法

净额法是直接以现金流入减去现金流出后的现金净流量在表中予以列报。采用这种方法虽然使报表项目得到了简化，但不能体现现金流量的全貌，不利于现金流量的分析利用。所以，对采用净额法，各国一般都作了严格的限定。

CAS31 规定：现金流量应当分别按照现金流入和现金流出总额列报。但是，下列各项可以按照净额列报：①代客户收取或支付的现金；②周转快、金额大、期限短项目的现金流入和现金流出；③金融企业的有关项目，包括短期贷款发放与收回的贷款本金、活期存款的吸收与支付、同业存款和存放同业款项的存取、向其他金融企业拆借资金及证券的买入与卖出等。

七、现金流量表的项目列示要求

CAS31 及其应用指南规定的一般企业各类现金流量至少应当单独列示反映信息的项目及内容如下。

（一）经营活动现金流量

（1）"销售商品、提供劳务收到的现金"。本项目反映企业本期销售商品、提供劳务收到的现金，以及前期销售商品、提供劳务本期收到的现金（包括销售收入和应向购买者收取的增值税销项税额）和本期预收的款项，减去本期销售本期退回商品和前期销售本期退回商品支付的现金；企业销售材料和代购代销业务收到的现金，也在本项目反映。

（2）"收到的税费返还"。本项目反映企业收到返还的所得税、增值税、消费税、关税和教育费附加等各种税费返还款。

（3）"收到其他与经营活动有关的现金"。本项目反映企业除上述项目外，收到的其他与经营活动有关的现金，金额较大的应当单独列示，如经营租赁收到的租金、罚款收入、个人赔偿的现金收入、除税费返还外的其他政府补助收入等。

（4）"购买商品、接受劳务支付的现金"。本项目反映企业本期购买商品、接受劳务实际支付的现金（包括增值税进项税额），以及本期支付前期购买商品、接受劳务的未付款项和本期预付款项，减去本期发生的购货退回收到的现金；企业购买材料和代购代销业务支付的现金，也在本项目反映。

（5）"支付给职工以及为职工支付的现金"。本项目反映企业本期实际支付给职工的工资、奖金、各种津贴、补贴等（包括代扣代缴的职工个人所得税）、离职后福利、辞退福利、以现金结算的股份支付及为职工支付的其他费用，如为职工支付的医疗、工伤、生育等社会保险费、住房公积金、职工福利费等。但上述内容不包括由在建工程和无形资产负担的部分。

（6）"支付的各项税费"。本项目反映企业本期发生并支付、以前各期发生本期支付及预交的各项税费，包括所得税、增值税、消费税、印花税、房产税、土地增值税、车船税、教育费附加等。

(7) "支付其他与经营活动有关的现金"。本项目反映企业经营租赁支付的租金、支付的差旅费、业务招待费、保险费、罚款支出等其他与经营活动有关的现金流出，金额较大的应当单独列示。

（二）投资活动现金流量

(1) "收回投资收到的现金"。本项目反映企业出售、转让或到期收回除现金等价物以外的对其他企业的权益工具、债务工具和合营中的权益。

(2) "取得投资收益收到的现金"。本项目反映企业除现金等价物以外的对其他企业的权益工具、债务工具和合营中的权益投资分回的现金股利和利息等。

(3) "处置固定资产、无形资产和其他长期资产收回的现金净额"。本项目反映企业出售、报废固定资产、无形资产和其他长期资产所取得的现金（包括因资产毁损而收到的保险赔偿收入），减去为处置这些资产而支付的有关费用后的净额。

(4) "处置子公司及其他营业单位收到的现金净额"。本项目反映企业处置子公司及其他营业单位所取得的现金减去相关处置费用及子公司与其他营业单位持有的现金和现金等价物后的净额。

(5) "购建固定资产、无形资产和其他长期资产支付的现金"。本项目反映企业购买、建造固定资产、取得无形资产和其他长期资产所支付的现金（含增值税款等）及用现金支付的应由在建工程和无形资产负担的职工薪酬。

(6) "投资支付的现金"。本项目反映企业取得除现金等价物以外的对其他企业的权益工具、债务工具和合营中的权益所支付的现金及支付的佣金、手续费等附加费用。

(7) "取得子公司及其他营业单位支付的现金净额"。本项目反映企业购买子公司及其他营业单位购买出价中以现金支付的部分，减去子公司及其他营业单位持有的现金和现金等价物后的净额。

(8) "收到其他与投资活动有关的现金" "支付其他与投资活动有关的现金"。本项目反映企业除上述（1）至（7）项目外收到或支付的其他与投资活动有关的现金，金额较大的应当单独列示。

（三）筹资活动现金流量

(1) "吸收投资收到的现金"。本项目反映企业以发行股票、债券等方式筹集资金实际收到的款项，减去直接支付给金融企业的佣金、手续费、宣传费、咨询费、印刷费等发行费用后的净额。

(2) "取得借款收到的现金"。本项目反映企业举借各种短期、长期借款而收到的现金。

(3) "偿还债务支付的现金"。本项目反映企业以现金偿还债务的本金。

(4) "分配股利、利润或偿付利息支付的现金"。本项目反映企业实际支付的现金股利、支付给其他投资单位的利润或用现金支付的借款利息、债券利息。

（5）"收到其他与筹资活动有关的现金""支付其他与筹资活动有关的现金"。本项目反映企业除上述（1）至（4）项目外，收到或支付的其他与筹资活动有关的现金，金额较大的应当单独列示。

（四）"汇率变动对现金的影响"

"汇率变动对现金的影响"，反映如下两个项目之间的差额：①企业外币现金流量折算为记账本位币时，所采用的现金流量发生日的即期汇率或按照系统合理的方法确定的、与现金流量发生日即期汇率近似的汇率折算的金额（编制合并现金流量表时还包括折算境外子公司的现金流量，应当比照处理）；②"现金及现金等价物净增加额"中外币现金净增加额按期末汇率折算的金额。

（五）附注补充资料中"将净利润调节为经营活动现金流量"

表中所列的项目可以分为以下3类。

第一类，应计制下计算利润时将其作为减（或加）项，但在现金制下属于非付（收）现项目，需要将其加回（或减去）。属于这一类的项目有以下三种。

（1）"资产减值准备"。本项目反映企业本期计提的坏账准备、存货跌价准备、长期股权投资减值准备、债权投资减值准备、其他债权投资减值准备、固定资产减值准备、在建工程减值准备、工程物资减值准备、无形资产减值准备、投资性房地产减值准备、商誉减值准备等，在利润表中列为信用减值损失和资产减值损失。

（2）"固定资产折旧""无形资产摊销""投资性房地产累计折旧（摊销）""长期待摊费用摊销"。这4个项目分别反映企业本期计提的固定资产折旧、无形资产摊销、投资性房地产累计折旧（摊销）、长期待摊费用摊销，在利润表中列为成本或费用。

（3）"递延所得税资产减少""递延所得税负债增加"。这两个项目分别反映企业资产负债表"递延所得税资产""递延所得税负债"项目的期初余额与期末余额的差额，在利润表中列为所得税费用增加（或减少）。

第二类，属于利润计算项目，但不属于现金制下的经营活动现金流量，需要将其剔除。属于这一类的项目有以下五种。

（1）"处置固定资产、无形资产和其他长期资产的损失（或收益）"。本项目反映企业本期处置固定资产、无形资产和其他长期资产发生的损益。

（2）"固定资产报废损失（或收益）"。本项目反映企业本期固定资产报废发生的损益。

（3）"公允价值变动损失（或收益）"。本项目反映企业持有的采用公允价值计量且其变动计入当期损益的金融资产、金融负债等的公允价值变动损益。

（4）"财务费用"。本项目反映企业本期发生的应属于投资活动或筹资活动的财务费用。

（5）"投资损失（或收益）"。本项目反映企业本期投资所发生的损失减去收益后的净损益。

第三类，将应计制下经营活动收支调整为现金制下经营活动现金流量。属于这一类的项目有以下 3 种。

（1）"存货的减少（或增加）"。本项目反映企业资产负债表"存货"项目的期初余额与期末余额的差额，这是对"营业成本"进行调整的项目。当期末余额小于期初余额时，说明营业成本中不仅全部消耗了本期购入的存货，而且还消耗有以前期间购入的存货，以营业成本列计现金流出则出现多计，耗用的以前期间购入的存货本期并未发生现金流出，应当加回这一差额；反之，则应当减去。

（2）"经营性应收项目的减少"。本项目反映企业本期应收票据、应收账款、预付款项、长期应收款和其他应收款中与经营活动有关的部分及应收的增值税销项税额等经营性应收项目的期初余额与期末余额的差额，这是对"营业收入"进行调整的项目（但预付款项则属于调整购货支出项目）。当期末余额小于期初余额时，说明不仅本期营业收入全部收现，而且还收回了以前期间的营业收入，以营业收入列计现金流入则出现少计，应当加上这一差额；反之，则应当减去。

（3）"经营性应付项目的增加（减少）"。本项目反映企业本期应付票据、应付账款、预收款项、应付职工薪酬、应交税费、长期应付款、其他应付款中与经营活动有关的部分及应付的增值税进项税额等经营性应付项目的期初余额与期末余额的差额，这是对"存货"进行调整的项目（但预收款项则属于调整营业收入项目）。当期末余额大于期初余额时，说明本期购入的存货并未全部付现，以存货差额列计现金流出则出现多计，应当加上这一差额；反之，则应当减去。

（六）附注补充资料中"不涉及现金收支的重大投资和筹资活动"

该项目反映企业一定期间内影响资产或负债但不形成该期现金收支的所有投资和筹资活动的信息。其中：①"债务转为资本"项目，反映企业本期转为资本的债务金额；②"一年内到期的可转换公司债券"项目，反映企业一年内到期的可转换公司债券的本息；③"融资租入固定资产"项目，反映企业本期融资租入固定资产的最低租赁付款额扣除应分期计入利息费用的未确认融资费用的净额。

八、现金流量表的编制方法

（一）工作底稿法

工作底稿法指以专门设置的现金流量表工作底稿为手段，依据利润表、资产负债表及相关科目记录资料，通过编制应计制向现金制转换的调整分录，并将其过入现金流量表工作底稿中，逐项分析计算求得现金流量表的各项目数据，最后将其填入正式现金流量表的一种方法。其主要步骤如下：

扩展阅读 18-6

资产负债表、利润表、现金流量表之间的关系

(1) 设置现金流量表工作底稿，按利润表、资产负债表和现金流量表的顺序，将三张表均放入其中，表中的金额栏分设为：转换调整分录栏（分为借方和贷方）、资产负债表的年初数和期（年）末数栏、利润表和现金流量表的本期金额栏。

(2) 将利润表本期（年）数和资产负债表的年初数与期（年）末数分别填入工作底稿的对应金额栏中。

(3) 分析应计制与现金制的关系，应计制下的利润表、资产负债表与现金制下的现金流量表之间的具体关系，编制应计制向现金制转换的调整分录（关键的环节），并将其分别过入工作底稿中。

(4) 在工作底稿中对每个财务报表具体项目的调整分录栏进行计算整理，并从两个方面验证其正确性：利润表各项目的借方与贷方调整数的差额应等于对应项目的本期数；资产负债表各项目的借方与贷方的差额应等于对应项目的期（年）末数与年初数的差额。

(5) 验证无误，并保证现金流量表各项目数据计算正确的前提下，将其填入正式的现金流量表中。

工作底稿法的优点是：三张主表汇于一张工作底稿中，并以工作底稿为手段实现了应计制向现金制的转换，为正确分析利润表、资产负债表和现金流量表之间的相互关系，提高财务报表的可读性和可理解性提供了许多方便，尤其是对编制者来说可以全面、详细地诠释财务报表；同时，由于编制的转换调整分录涉及利润表和资产负债表的所有项目，从而为检验编制过程的正确性带来了便利。但是，工作底稿的内容多，篇幅较长，设计较为复杂。

（二）T 型账户法

T 型账户法，是以设置的特定 T 型账户为手段，将工作底稿法下相同的转换调整分录过入 T 型形账户中，然后在 T 型现金账户中逐项分析计算求得现金流量表的各项数据，并将其记入正式现金流量表的一种方法。其主要步骤如下。

(1) 为利润表和资产负债表各项目分别开设 T 型账户，为现金流量表开设一个"现金"综合 T 型账户，并能分类各项目反映现金流量。

(2) 将利润表本期（年）数和资产负债表的年初数与期（年）末数按照其性质分别列入对应的 T 型账户的借方或贷方中。

(3) 采用与工作底稿法相同的做法编制转换调整分录，并将其分别过入对应的 T 型账户中。

(4) 分别计算整理各 T 型账户的借贷方记录，并按与工作底稿法类似的方法验证其正确性。

(5) 验证无误后，将正确的"现金"T 型账户中的各项结果填入正式的现金流量表中，从而完成现金流量表的编制工作。

T 型账户法的优点是：T 型账户设置方便灵活，登记过程简单，如果转换调整分录编制方法得当，可以仅设置"现金"T 型账户，从而大大减轻编制的工作量。但是，这种方法将三大财务报表分而置之，在阅读分析财务报表的功效上远不如工作底稿法。

从以上两种方法的对比可知，二者并无本质的差别，只是形式或手段的不同，关键之处均在于编制应计制向现金制转换的调整分录。编制现金流量表的过程，实质上就是通过编制转换调整分录，取得和整理数据资料的过程。由于现金流量表对应的数据资料及其关系非常复杂，不像利润表和资产负债表那样存在固定对应的账户记录，不仅需要利润表和资产负债表的资料，还需要有关账户记录资料，有些项目的资料来源多达近10处，而一项资料可能又要分散进入现金流量表的多个项目。若采用逆向搜寻法编制转换调整分录，很容易出现遗漏、重复等差错，且查找纠正困难，而采用顺向安置法则可以避免这种缺陷。按顺向安置法正确编制转换调整分录的关键有两点：一是正确理解和分析应计制与现金制的关系及利润表、资产负债表每个项目与现金流量表有关项目之间的对应关系；二是正确选择转换调整分录中的借贷方向。下面按照顺向安置法的原理，说明转换调整分录的编制过程。

（1）根据利润表，逐项编制转换调整分录。此时需设定一系列假设，如各种收入或收益项目，假设本期均收现（即收到现金），各种成本、费用、支出项目，假设本期均付现（即付出现金），按利润表各项目的性质记入借方或贷方；按现金流量表中属于现金流入的项目记入借方，属于现金流出的项目记入贷方。例如，依据"营业收入"项目，借记"销售商品、提供劳务收到的现金"，贷记"营业收入"；依据"营业成本"项目，借记"营业成本"，贷记"购买商品、接受劳务支付的现金"。

（2）根据资产负债表，逐项编制转换调整分录。首先，分析利润表和现金流量表对应项目的关系，如果资产负债表中某项目与利润表有关项目相关，在编制转换调整分录时，对应的现金流量表项目应与编制利润表时的转换调整分录的有关项目相同，并且一般应以资产负债表项目的期末数与年初数的差额填列，这种调整分录是为了消除以前的收现或付现的假设而编制的，若借（贷）记了现金流入项目或贷（借）记了现金流出项目，则均表示对前期假设所作增加（冲减）调整。例如，资产负债表中的"应收票据""应收账款"等项目与利润表中的"营业收入"项目相关，因此，依据其期末余额大于年初余额的差额，应借记"应收票据""应收账款"等项目，贷记"销售商品、提供劳务收到的现金"（小于时作相反分录）；资产负债表中的"存货"项目与利润表中的"营业成本"项目相关，因此，依据其期末余额大于年初余额的差额，应借记的"存货"，贷记"购买商品、接受劳务支付的现金"（小于时作相反分录）；资产负债表中的"应付票据""应付账款"等项目与"存货"项目相关，继而与"营业成本"相关，因此，依据其期末余额小于年初余额的差额，借记"应付票据""应付账款"等项目，贷记"购买商品、接受劳务支付的现金"（大于时作相反分录）。如果资产负债表中与利润表无关的项目，一般属于投资或筹资活动类现金流量项目，大部分需要从有关科目的记录中分别按其借方和贷方的发生额分析编制，并且，如果以后的项目还会与之相关，为了编制简便，前面的项目也可以先假设为收现或付现，待以后再作消除调整。

最后，根据资产负债表有关项目及其变化在借贷记账法中的性质，确定转换调整分录中各项目的应借应贷方向，逐项编制转换调整分录。在编制转换调整分录时尤其应注意，每笔转换调整分录中涉及的每个资产负债表项目的借方或贷方数额或借贷方的差额，应与本项目的期末数与年初数的差额相等，以便及时检验所编分录的正确性，从而保证编制结果的正确性。

(三) 多栏式现金账户分析法

多栏式现金账户分析法,指通过事先设计的多栏式现金账户(指现金流量表中的现金),对日常发生的交易或事项中涉及现金的内容,专门作出登记,期末可直接依据该账户记录编制现金流量表的一种方法。这种方法的要点是:事先设置一个多栏式现金日记账(属于备查账),该科目的借方和贷方均分别按"经营活动、投资活动、筹资活动、合计"设置成四栏。在日常发生交易或事项时,如果涉及现金及其等价物的内容,就将其记入多栏式现金日记账的有关栏目中,并在"摘要"中注明应记入现金流量表的对应项目(可以按现金流量表中有关项目的行次来表示)。到了每个会计期末,即可根据多栏式现金日记账的记录,分析整理出现金流量表各项目所需的数据资料,从而编制成现金流量表。这种方法非常简单,并为相应的财务软件设计带来了很大方便,可以有效避免上述编制转换调整分录的复杂性,大大提高编制现金流量表的效率和质量。

【例18-3】承【例18-1】、【例18-2】,另补充其他相关资料如下。

(1)"财务费用"中利息支出为5 640万元,债券发行费支出为300万元,汇兑损失为260万元。

(2)"其他收益"7 400万元,其中教育费附加返还款1 800万元,其余均为与资产相关的政府补助摊销额。

(3)"营业外收入"的构成为:罚款收入1 300万元,违约赔偿收入2 000万元。

(4)"营业外支出"的构成为:对外公益性捐赠现金支出160万元,固定资产报废清理净损失440万元。

(5)"交易性金融资产"借方发生额135 000万元(含现金等价物63 600万元),贷方发生额150 000万元(含现金等价物60 000万元);交易性金融资产年初余额中含现金等价物42 000万元,期末余额中含现金等价物45 600万元。

(6)"其他应收款"中"应收利息"科目期初、期末余额分别为1 860万元、1 560万元,包装物押金期初、期末余额分别为14 340万元、6 900万元。

(7)"债权投资"借方发生额5 490万元,其中应计利息360万元;贷方发生额2 140万元,其中应计利息140万元。

(8)"其他债权投资"借方发生额320万元为确认的公允价值变动。

(9)"长期股权投资"贷方发生额40 000万元,为处置对子公司投资。

(10)"投资性房地产累计折旧"贷方发生额3 600万元,均为本期计提数。

(11)"固定资产"借方发生额303 000万元均为购建形成,贷方发生额138 000万元均为处置、报废。

(12)"累计折旧"贷方发生额24 000万元均为计提数,其中计入制造费用为14 000万元、销售费用为2 000万元、管理费用为8 000万元;借方发生额9 000万元为处置报废固定资产冲销数。

(13)"在建工程"中"在建工程"科目期初、期末余额分别为108 000万元、

240 000万元;"工程物资"科目期初、期末余额分别为60 000万元、0万元。

(14)"无形资产"借方发生额30 000万元均为现金购入,本期发生累计摊销16 000万元。

(15)"长期待摊费用"的摊销额计入管理费用。

(16)"短期借款"贷方发生额83 000万元,借方发生额50 000万元。

(17)"应付职工薪酬"贷方发生额84 000万元,分别分配计入生产成本及制造费用40 400万元、销售费用16 000万元、管理费用26 000万元、其他业务成本1 600万元,借方发生额74 780万元。

(18)"其他应付款"中应付股利期初、期末余额分别为4 120万元、4 140万元;应付利息期初、期末余额分别为610万元、700万元;包装物押金期初、期末余额分别为11 940万元、17 700万元。

(19)"长期借款"借方发生额为11 000万元(其中利息为640万元),贷方发生额为1 000万元,均为应计利息,计入"在建工程"。

(20)"应付债券"借方发生额为24 620万元(其中利息为1 420万元),贷方发生额为1 620万元,均为应计利息(其中600万元记入"在建工程")。

(21)"递延所得税负债"贷方发生额80万元,为其他债权投资因确认公允价值变动收益而导致可抵扣暂时性差异对所得税的影响。

(22)本年增加的库存股17 732万元是为了奖励公司职工而以银行存款收购的。

(23)"专项储备"贷方发生额300万元为本期计提的安全生产费用。

(24)根据董事会的决议,从税后净利中提取法定盈余公积21 890万元,向股东分配现金股利3 720万元。

根据上述有关资料,按照顺向安置法的思路,首先编制转换调整分录如下(为了减少篇幅,分录中涉及现金流量表项目,按我国的现金流量表格式简化为"现金—××行")。

根据利润表编制转换调整分录如表18-5所示。

表18-5 转换调整分录簿　　　　　　　　　　　　　　　　　单位:万元

序号	借方项目	金额	贷方项目	金额
1	现金—1行	1 256 146	营业收入	1 256 146
2	营业成本	877 200	现金—5行	877 200
3	税金及附加	4 400	现金—7行	4 400
4	销售费用 管理费用 研发费用	34 000 40 000 23 000	现金—8行(注:先作此假设,以后将予以调整)	97 000
5-1	财务费用(见补充资料1)	6 200	现金—28行 现金—29行 现金—32行	5 640 300 260
5-2	现金—25行	3 200	财务费用	3 200
6	现金—2行 现金—3行	1 800 5 600	其他收益(见补充资料2)	7 400
7	现金—12行	3 000	投资收益	3 000

续表

序号	借方项目	金额	贷方项目	金额
8	现金—12 行	750	公允价值变动收益	750
9	信用减值损失	1 600	现金—8 行（注：先作此假设，以后将予以调整） 现金—20 行	1 450 150
10	资产减值损失	220	现金—8 行（注：先作此假设，以后将予以调整）	220
11	现金—13 行	600	资产处置收益	600
12	现金—3 行	3 300	营业外收入（见补充资料 3）	3 300
13	营业外支出（见补充资料 4）	600	现金—8 行 现金—13 行	160 440
14	所得税费用	68 274	现金—7 行	68 274
15	净利润（转入所有者权益增减变动表）	218 902	未分配利润（资产负债表项目）	218 902

根据资产负债表，并结合其他相关资料，按照资产、负债、所有者权益的顺序逐项编制转换调整分录如续表 18-5 所示（分录序号续前）。

续表 18-5

序号	借方项目	金额	贷方项目	金额
16	货币资金	11 400	现金及现金等价物净增加额（注：结转性质）	11 400
17-1	交易性金融资产（借方发生额）（见补充资料 5）	135 000	现金—18 行 现金及现金等价物净增加额（注：结转性质）	71 400 63 600
17-2	现金—11 行 现金及现金等价物净增加额（注：结转性质）	90 000 60 000	交易性金融资产（贷方发生额）	15 000
18	应收票据	4 500	现金—1 行（注：调整分录 1）	4 500
19-1	应收账款（不含本期计提坏账准备抵销数）	59 650	现金—1 行（注：调整分录 1）	59 650
19-2	现金—8 行（注：调整分录 9）	1 450	应收账款（本期计提坏账准备抵销数）	1 450
20	预付款项	7 200	现金—5 行（注：调整分录 22）	7 200
21	现金—12 行（注：调整分录 7） 现金—3 行	300 7 440	其他应收款（见补充资料 6）	7 740
22	存货	30 710	现金—5 行（注：调整分录 2）	30 710
23	债权投资（注：编表过程重述）	760	一年内到期的非流动资产	760
24-1	债权投资（借方发生额）（见补充资料 7）	5 490	现金—12 行（调整分录 7） 现金—18 行	360 5 130
24-2	现金—20 行（注：调整分录 9） 现金—11 行 现金—12 行（调整分录 7）	150 2 000 140	债权投资（贷方发生额及计提减值准备抵销数）（见补充资料 7）	2 290

续表

序号	借方项目	金额	贷方项目	金额
25	其他债权投资（见补充资料8）	320	其他综合收益（注：编表过程重述）	320
26	现金—11行	40 000	长期股权投资（见补充资料9）	40 000
27	现金—8行	3 600	投资性房地产（本期计提折旧）（见补充资料10）	3 600
28-1	固定资产（借方发生额）（见补充资料11）	303 000	现金—17行	303 000
28-2	现金—13行（注：调整分录11、13）	138 000	固定资产（贷方发生额）（见补充资料11）	138 000
29-1	现金—5行（注：调整分录2） 现金—8行（注：调整分录4） 现金—8行（注：调整分录10）	14 000 10 000 220	固定资产（本期计提累计折旧及减值准备抵销数）（见补充资料12）	24 220
29-2	固定资产（累计折旧借方发生额）（见补充资料12）	9 000	现金—13行（注：调整分录11、13）	9 000
30-1	在建工程	132 000	现金—17行（见补充资料13）	132 000
30-2	现金—17行	60 000	在建工程（见补充资料13）	60 000
31-1	无形资产（借方发生额）（见补充资料14）	30 000	现金—17行	30 000
31-2	现金—8行（调整分录4）	16 000	无形资产（本期摊销额）（见补充资料14）	16 000
32	现金—8行（注：调整分录4）	800	长期待摊费用（本期摊销额）（见补充资料15）	800
33	递延所得税资产	3 600	现金—7行（注：调整分录14）	3 600
34-1	现金—24行	83 000	短期借款（贷方发生额）（见补充资料16）	83 000
34-2	短期借款（借方发生额）（见补充资料16）	50 000	现金—27行	50 000
35	现金—5行（注：调整分录22）	32 500	应付票据	32 500
36	现金—5行（注：调整分录22）	41 490	应付账款	41 490
37	现金—1行（注：调整分录1）	1 500	合同负债	1 500
38-1	应付职工薪酬（借方发生额）（见补充资料17）	74 780	现金—6行	74 780
38-2	现金—5行（注：调整分录2） 现金—8行（注：调整分录4）	82 400 1 600	应付职工薪酬（贷方发生额）（见补充资料17）	84 000
39	现金—7行（注：调整分录3、14）	4 720	应交税费	4 720
40	现金—28行（注：调整分录48） 现金—28行（注：调整分录5-1） 现金—8行	20 90 5 760	其他应付款（见补充资料18）	5 870
41	长期借款（注：编表过程重述）	5 000	一年内到期的非流动负债	5 000

续表

序号	借方项目	金额	贷方项目	金额
42-1	现金—17行（注：调整分录30-1）	1 000	长期借款（贷方发生额）（见补充资料19）	1 000
42-2	长期借款（借方发生额）（见补充资料19）	11 000	现金—27行 现金—28行	10 360 640
43-1	现金—17行（注：调整分录30-1） 现金—28行（注：调整分录5）	600 1 020	应付债券（贷方发生额）（见补充资料20）	1 620
43-2	应付债券（借方发生额）（见补充资料20）	24 620	现金—27行 现金—28行（注：调整分录5）	23 200 1 420
44	递延收益（见补充资料2）	5 600	现金—3行（注：调整分录6）	5 600
45	其他综合收益	80	递延所得税负债（见补充资料21）	80
46	库存股（见补充资料22）	17 732	现金—29行	17 732
47	现金—5行（注：调整分录2）	300	专项储备（见补充资料23）	300
48	未分配利润（注：本年分配数；注意结合第15笔分录，与资产负债表核对）（见补充资料24）	25 610	盈余公积 现金—28行	21 890 3 720

采用工作底稿法，将上述利润表、资产负债表的资料数据及转换调整分录过入现金流量表工作底稿，如表18-6所示，并进行整理与核对。

表18-6 现金流量表工作底稿　　　　　　　　　　　　　　　　单位：万元

项　目	分录序号	借方	分录序号	贷方	本年金额
一、利润表项目					
营业收入			1	1 256 146	1 256 146
营业成本	2	877 200			-877 200
税金及附加	3	4 400			-4 400
管理费用	4	40 000			-40 000
研发费用	4	23 000			-23 000
销售费用	4	34 000			-34 000
财务费用	5-1	6 200	5-2	3 200	-3 000
其他收益			6	7 400	7 400
投资收益			7	3 000	3 000
公允价值变动收益			8	750	750
信用减值损失	9	1 600			-1 600
资产减值损失	10	220			-220
资产处置收益			11	600	600
营业外收入			12	3 300	3 300
营业外支出	13	600			-600
所得税费用	14	68 274			-68 274
净利润	15	218 902			218 902

续表

项　目	年初余额	分录序号	借方	分录序号	贷方	金额期末余额
二、资产负债表项目						
资产项目：						
货币资金	203 100	16	11 400			214 500
交易性金融资产	90 000	17-1	135 000	17-2	150 000	75 000
应收票据	31 500	18	4 500			36 000
应收账款	256 800	19-1	59 650	19-2	1 450	315 000
预付款项	25 600	20	7 200			32 800
其他应收款	16 200			21	7 740	8 460
存货	243 700	22	30 710			274 410
一年内到期的非流动资产	5 000			23	760	4 240
债权投资	13 000	23 24-1	760 5 490	24-2	2 290	16 960
其他债权投资	4 000	25	320			4 320
长期股权投资	134 800			26	40 000	94 800
投资性房地产	39 600			27	3 600	36 000
固定资产	1 155 000	28-1 29-2	303 000 9 000	28-2 29-1	138 000 24 220	1 304 780
在建工程	168 000	30-1	132 000	30-2	60 000	240 000
无形资产	54 000	31-1	30 000	31-2	16 000	68 000
长期待摊费用	4 000			32	800	3 200
递延所得税资产	7 200	33	3 600			10 800
资产总计	2 451 500					2 739 270
负债和所有者权益项目						
短期借款	41 000	34-2	50 000	34-1	83 000	74 000
应付票据	20 000			35	32 500	52 500
应付账款	24 720			36	41 490	66 210
合同负债	3 300			37	1 500	4 800
应付职工薪酬	22 600	38-1	74 780	38-2	84 000	31 820
应交税费	6 960			39	4 720	11 680
其他应付款	16 670			40	5 870	22 540
一年内到期的非流动负债	50 000			41	5 000	55 000
长期借款	50 000	41 42-2	5 000 11 000	42-1	1 000	35 000
应付债券	50 000	43-2	24 620	43-1	1 620	27 000
递延收益	5 600	44	5 600			
递延所得税负债	750			45	80	830
实收资本	206 000					206 000
资本公积	923 280					923 280
库存股	0	46	17 732			17 732
其他综合收益	2 250	45	80	25	320	2 490

续表

项　　目		转换调整分录				金额
二、资产负债表项目	年初余额	分录序号	借方	分录序号	贷方	期末余额
专项储备	700			47	300	1 000
盈余公积	235 000			48	21 890	256 890
未分配利润	792 670	48	25 610	15	218 902	985 962
负债和所有者权益总计	2 451 500					2 739 270
三、现金流量表项目	行次	分录序号	借方	分录序号	贷方	本期净金额
（一）经营活动产生的现金流量						
销售商品、提供劳务收到的现金	1	1 37	1 256 146 1 500	18 19-1	4 500 59 650	1 193 496
收到的税费返还	2	6	1 800			1 800
收到其他与经营活动有关的现金	3	6 12 21	5 600 3 300 7 440	44	5 600	10 740
经营活动现金流入小计	4					1 206 036
购买商品、接受劳务支付的现金	5	29-1 35 36 38-2 47	14 000 32 500 41 490 82 400 300	2 20 22	877 200 7 200 30 710	744 420
支付给职工以及为职工支付的现金	6			38-1	74 780	74 780
支付的各项税费	7	39	4 720	3 14 33	4 400 68 274 3 600	71 554
支付其他与经营活动有关的现金	8	19-2 27 29-1 31-2 32 38-2 40	1 450 3 600 10 220 16 000 800 1 600 5 760	4 9 10 13	97 000 1 450 220 160	59 400
经营活动现金流出小计	9					950 154
经营活动产生的现金流量净额	10					255 882
（二）投资活动产生的现金流量						
收回投资所收到的现金	11	17-2 24-2 26	90 000 2 000 40 000			132 000
取得投资收益所收到的现金	12	7 8 21 24-2	3 000 750 300 140	24-1	360	3 830

续表

项 目	行次	转换调整分录				金额
三、现金流量表项目		分录序号	借方	分录序号	贷方	本期净金额
处置固定资产、无形资产和其他长期资产所收回的现金净额	13	11 28-2	600 138 000	13 29-2	440 9 000	129 160
处置子公司及其他营业单位收到的现金净额	14					
收到其他与投资活动有关的现金	15					
投资活动现金流入小计	16					264 990
购建固定资产、无形资产和其他长期资产所支付的现金	17	30-2 42-1 43-1	60 000 1 000 600	28-1 30-1 31-1	303 000 132 000 30 000	403 400
投资所支付的现金	18			17-1 24-1	71 400 5 130	76 530
取得子公司及其他营业单位收到的现金净额	19					
支付其他与投资活动有关的现金	20	24-2	150	9	150	0
投资活动现金流出小计	21					479 930
投资活动产生的现金流量净额	22					-214 940
（三）筹资活动产生的现金流量						
吸收投资所收到的现金	23					
取得借款收到的现金	24	34-1	83 000			83 000
收到其他与筹资活动有关的现金	25	5-2	3 200			3 200
筹资活动现金流入小计	26					86 200
偿还债务所支付的现金	27			34-2 42-2 43-2	50 000 10 360 23 200	83 560
分配股利、利润或偿付利息支付的现金	28	40 43-1	110 1 020	5-1 42-2 43-2 48	5 640 640 1 420 3 720	10 290
支付其他与筹资活动有关的现金	29			5-1 46	300 17 732	18 032
筹资活动现金流出小计	30					111 882
筹资活动产生的现金流量净额	31					-25 682
（四）汇率变动对现金的影响	32			5-1	260	-260
（五）现金及现金等价物净增加额	33	17-2	60 000	16 17-1	11 400 63 600	15 000
转换调整分录借贷合计			5 470 340		5 470 340	

下面再以 T 型账户法，将转换调整分录登记到"现金" T 型账户，如表 18-7 所示（限于篇幅，为利润表和资产负债表项目开设的 T 型账户在此从略。表中数字前面的括号内表

示转换调整分录的序号）。

表 18-7 T 型现金账户　　　　　　　　　　　　　　　　　　　单位：万元

行次	现金流入	（经营活动类）	现金流出		行次
1	（1）1 25 6146-（18）4 500-（19-1）59 650+（37）1 500=1 193 496		（2）877 200+（20）7 200+（22）30 710-（29-1）14 000-（35）32 500-（36）41 490-（38-2）82 400-（47）300=744 420		5
2	（6）1 800		（38-1）74 780		6
3	（6）5 600+（12）3 300+（21）7 440-（44）5 600=10 740		（3）4 400+（14）68 274+（33）3 600-（39）4 720=71 554		7
			（4）97 000+（9）14 50+（10）220+（13）160-（19-2）1450-（27）36 00-（29-1）10 220-（31-2）16 000-（32）800-（38-2）16 00-（40）5 760=59 400		8
4	现金流入小计	1 206 036	现金流出小计	950 154	9
	现金流入	（投资活动类）	现金流出		
11	（17-2）90 000+（24-2）2 000+（26）40 000=132 000		（28-1）303000+（30-1）1320 00-（30-2）600 00+（31-1）30 000-（42-1）1 000-（43-1）600=403 400		17
12	（7）3 000+（8）750+（21）300+（24-1）360+（24-2）140=3 830		（17-1）71 400+（24-1）5 130=76 530		18
13		15			19
14			（9）150-（24-2）150=0		20
16	现金流入小计	264 990	现金流出小计	479 930	21
	现金流入	（筹资活动类）	现金流出		
23			（34-2）50 000+（42-2）10 360+（43-2）23 200=83 560		27
24	（34-1）83 000		（5-1）5 640-（40）110+（42-2）640-（43-1）1 020+（43-2）1420+（48）3 720=10 290		28
25	（5-2）3 200		（5-1）300+（46）17 732=18 032		29
26	现金流入小计	86 200	现金流出小计	111 882	30
	现金流入总计	1 557 226	现金流出总计	1 541 966	
32	汇率变动对现金的影响		（5-1）260		
33	现金及现金等价物净增加额 （16）11 400+（17-1）63 600-（17-2）60 000=1 557 226-1 541 966-260=15 000				

根据现金流量表工作底稿（或 T 型现金账户）整理的资料，经过与利润表、资产负债表核对及转换调整分录的借贷合计数平衡后，没有错误，即可据此填列正式的现金流量表（表 18-8）。

表 18-8 现金流量表

编制单位：中原航空制造股份有限公司　　　　20×2 年度　　　　　　　　　　会企 03 表
　　　　　　　　　　　　　　　　　　　　　　　　　　　　　　　　　　　　　单位：万元

项　目	行次	本年金额	上年金额（略）
一、经营活动产生的现金流量：			
销售商品、提供劳务收到的现金	1	1 193 496	
收到的税费返还	2	1 800	
收到其他与经营活动有关的现金	3	10 740	
经营活动现金流入小计	4	1 206 036	
购买商品、接受劳务支付的现金	5	744 420	
支付给职工以及为职工支付的现金	6	74 780	
支付的各项税费	7	71 554	
支付其他与经营活动有关的现金	8	59 400	
经营活动现金流出小计	9	950 154	
经营活动产生的现金流量净额	10	255 882	
二、投资活动产生的现金流量：			
收回投资收到的现金	11	132 000	
取得投资收益收到的现金	12	3 830	
处置固定资产、无形资产和其他长期资产收回的现金净额	13	129 160	
处置子公司及其他营业单位收到的现金净额	14		
收到其他与投资活动有关的现金	15		
投资活动现金流入小计	16	264 990	
购建固定资产、无形资产和其他长期资产支付的现金	17	403 400	
投资支付的现金	18	76 530	
取得子公司及其他营业单位支付的现金净额	19		
支付其他与投资活动有关的现金	20	0	
投资活动现金流出小计	21	479 930	
投资活动产生的现金流量净额	22	（214 940）	
三、筹资活动产生的现金流量：			
吸收投资收到的现金	23		
取得借款收到的现金	24	83 000	
收到其他与筹资活动有关的现金	25	3 200	
筹资活动现金流入小计	26	86 200	
偿还债务支付的现金	27	83 560	
分配股利、利润或偿付利息支付的现金	28	10 290	
支付其他与筹资活动有关的现金	29	18 032	
筹资活动现金流出小计	30	111 882	
筹资活动产生的现金流量净额	31	（25 682）	
四、汇率变动对现金及现金等价物的影响	32	（260）	
五、现金及现金等价物净增加额	33	15 000	
加：期初现金及现金等价物余额	34	245 100	
六、期末现金及现金等价物余额	35	260 100	

现金流量表附注（表 18-9）的补充资料中，"将净利润调节为经营活动现金流量"的各项内容的填列方法，可以依据有关科目的记录分析计算填列，也可以从上述转换调整分录的有关内容中寻找出相应的项目进行填列。为了减少篇幅，本例中按照后者的做法将有关分录序号附于相应项目之后，以便读者自行理解。

扩展阅读 18-7

上市公司财务状况质量评价

表 18-9 现金流量表附注

编制单位：中原航空制造股份有限公司　　　　　20×2 年度　　　　　单位：万元

补　充　资　料	行次	本年金额	上年金额（略）
1. 将净利润调节为经营活动现金流量：			
净利润	1	218 902	
加：资产减值准备（19-2）+（24-2）+（29-1）	2	1 820	
固定资产折旧、油气资产折耗、生产性生物资产折旧（29-1）+（27）	3	27 600	
无形资产摊销（31-2）	4	16 000	
长期待摊费用摊销（32）	5	800	
资产处置损失（收益以"-"号填列）（11）	6	-600	
固定资产报废损失（收益以"-"号填列）（13）	7	440	
公允价值变动损失（收益以"-"号填列）（8）	8	-750	
财务费用（收益以"-"号填列）（5-1）-（5-2）	9	3 000	
投资损失（收益以"-"号填列）（7）	10	-3 000	
递延所得税资产减少（增加以"-"号填列）（33）	11	-3 600	
递延所得税负债增加（减少以"-"号填列）	12		
存货的减少（增加以"-"号填列）（22）	13	-30 710	
经营性应收项目的减少（增加以"-"号填列）[-（18）-（19-1）-（20）+（21）]	14	-63 910	
经营性应付项目的增加（减少以"-"号填列）[（35）+（36）+（37）-（38-1）+（38-2）+（39）+（40）]	15	95 190	
其他 [-（44）+（47）]	16	-5 300	
经营活动产生的现金流量净额	17	255 882	
2. 不涉及现金收支的重大投资和筹资活动：			
债务转为资本	18		
一年内到期的可转换公司债券	19		
融资租入固定资产	20		
3. 现金及现金等价物净变动情况：			
现金的期末余额	21	214 500	
减：现金的期初余额	22	203 100	
加：现金等价物的期末余额	23	45 600	
减：现金等价物的期初余额	24	42 000	
现金及现金等价物净增加额	25	15 000	

第五节 所有者权益变动表

一、所有者权益变动表及其作用

所有者权益变动表，或者称为股东权益变动表，指反映构成所有者（或股东，下同）权益的各组成部分当期增减变动情况的一张财务报表。综合收益和与所有者的资本交易导致的所有者权益的变动，应当分别列示。与所有者的资本交易，指企业与所有者以其所有者身份进行的、导致企业所有者权益变动的交易。

通过本表，可以为财务信息使用者，尤其是企业的所有者提供各项交易和事项导致的所有者权益增减变动情况，以及所有者权益各组成部分增减变动的结构性信息，以便全面了解影响所有者权益变动的各项因素。

二、所有者权益变动表的列示方法与列示要求

所有者权益变动表，采用矩阵的形式设计，其金额栏分为"本年金额"和"上年金额"两大栏目，每个栏目下再按所有者权益的构成内容分别列示，以便于财务信息使用者进行对比分析。在项目上以上年年末余额为起点，加上因会计政策变更和前期差错更正导致的以前年度损益调整（主要是未分配利润），作为本年年初余额；在此基础上，加上因本期综合收益、所有者投入和减少资本、利润分配、所有者权益内部结转等因素引起的各项所有者权益增减变动，最终计算出本年年末余额。

所有者权益变动表至少应当单独列示反映下列信息的项目：综合收益总额（在合并所有者权益变动表中还应单独列示归属于母公司所有者的综合收益总额和归属于少数股东的综合收益总额）；会计政策变更和前期差错更正的累积影响金额；所有者投入资本和向所有者分配利润等；按照规定提取的盈余公积；所有者权益各组成部分的期初和期末余额及其调节情况。高危行业企业如有按国家规定提取安全生产费的，还应反映"专项储备"项目。

三、所有者权益变动表的编制

本表各项目应当根据所有者权益类科目和损益类有关科目的发生额分析填列。具体情况如下。

（1）"上年年末余额"项目，应根据上年资产负债表中各所有者权益项目的年末余额填列。

（2）"会计政策变更"和"前期差错更正"项目，应根据"盈余公积""利润分配""以前年度损益调整"等科目的发生额分析填列，并在"上年年末余额"的基础上调整得出"本年年初金额"项目。

（3）"本年增减变动额"项目分别反映如下内容。

①"综合收益总额"项目，应根据当年利润表中"其他综合收益的税后净额"和"净利润"项目填列，并对应列在"其他综合收益"和"未分配利润"栏。

②"所有者投入和减少资本"中的"所有者投入的普通股"项目、"其他权益工具持有者投入资本"项目，应根据"实收资本（股本）""资本公积"等科目的发生额及"其他权益工具"科目所属明细科目的发生额分析填列；"股份支付计入所有者权益的金额"项目，应根据"资本公积"科目所属的"其他资本公积"二级科目的发生额分析填列。以上项目，还需对应列在"实收资本""其他权益工具"和"资本公积"栏。

③"利润分配"下各项目，应根据"盈余公积""利润分配"科目的发生额分析填列，并对应列在"盈余公积"和"未分配利润"栏。

④"所有者权益内部结转"下各项目，应根据"实收资本""资本公积""盈余公积""未分配利润"等科目的发生额及"其他综合收益"相关明细科目的发生额分析填列。

企业应当根据上年度所有者权益变动表"本年金额"栏内所列数字填列本年度"上年金额"栏内各项数字。如果上年所有者权益变动表规定的项目名称和内容同本年度不一致，应对上年度所有者权益变动表相关项目的名称和金额按本年度的规定进行调整，填入所有者权益变动表"上年金额"栏内。

由于所有者权益变动表编制过程比较简单，所以不再单独举例说明，只将报表样式列示如表 18-10 所示。

第六节　财务报表附注

一、财务报表附注及其作用

财务报表附注（以下简称附注）是对在资产负债表、利润表、现金流量表和所有者权益变动表等报表中列示项目的文字描述或明细资料，以及对未能在这些报表中列示项目的说明等。

由于受财务报表表格、既定项目、内容、表述方式等的限制，企业许多更深层次的具体情况难以全面表达，但财务信息使用者对此又非常关心。在财务报表之外增加附注，主要是为了帮助财务信息使用者更好地阅读和理解财务报表所提供的信息内容，而在财务报表之外以附注的形式，对财务报表中无法或难以充分表达但又必须表达的主要项目和内容所作的描述性补充说明或分解，或者进一步解释表内确认的项目，完善财务会计报告的内容，提高财务报表信息的可理解性、可比性和全面准确性，最大限度地缩短财务报表提供者和使用者之间的距离，减少阅读利用的误解和误差，增强财务报表的信息沟通功能和利用功效。随着市场经济的不断发展，企业经营活动的内容日益复杂多样，附注的作用越来越强，财务报表越来越离不开附注的补充说明，财务信息使用者了解企业的财务状况、经

表 18-10 所有者权益（股东权益）变动表

编制单位：　　　　　　　　年度　　　　　　　　会企 04 表　　单位：元

项目	行次	本年金额										上年金额									
		实收资本（或股本）	其他权益工具			资本公积	减:库存股	其他综合收益	专项储备	盈余公积	未分配利润	所有者权益合计	实收资本（或股本）	其他权益工具			资本公积	减:库存股	其他综合收益	专项储备	盈余公积	未分配利润	所有者权益合计
			优先股	永续债	其他									优先股	永续债	其他							
一、上年年末余额																							
加：会计政策变更																							
前期差错更正																							
其他																							
二、本年年初余额																							
三、本年增减变动金额（减少以"-"号填列）																							
（一）综合收益总额																							
（二）所有者投入和减少资本																							
1. 所有者投入的普通股																							
2. 其他权益工具持有者投入资本																							
3. 股份支付计入所有者权益的金额																							
4. 其他																							
（三）利润分配																							
1. 提取盈余公积																							
2. 对所有者（或股东）的分配																							
3. 其他																							
（四）所有者权益内部结转																							
1. 资本公积转增资本（或股本）																							
2. 盈余公积转增资本（或股本）																							
3. 盈余公积弥补亏损																							
4. 设定受益计划变动额结转留存收益																							
5. 其他综合收益结转留存收益																							
6. 其他																							
四、本年年末余额																							

营成果和现金流量,应当全面阅读附注,而阅读利用附注时,当然不能脱离财务报表的对应项目及其内容。

二、附注的结构设计与披露要求

作为财务报表的组成部分,附注应当按照一定的结构进行系统合理的排列和分类设计,以便于有顺序地披露信息,实现与财务报表信息的有效衔接。在结构上应当与主要财务报表及表内各项目所提供的相关信息相互交叉参照。在列报披露相关信息时应当符合下列要求。

(1)提供财务报表的编制基础及采用的具体会计政策的信息,这是理解财务报表信息的首要前提。

(2)披露遵循企业会计准则的声明及遵循会计准则要求的、但未在主要财务报表内列报的信息。

(3)提供未在主要财务报表内列报,但对于理解其内容具有相关性的附加信息。

(4)对于重要财务报表项目的说明,应当尽可能采用文字和数字相结合,以列表形式披露其构成及当期增减变动情况。

(5)严格遵守公允表达,不得随意作出有悖于财务报表内容的粉饰性解释和说明;可以解释和补充说明财务报表所确认的资料,但不能用来更正财务报表中的错误。

三、附注披露的内容及顺序

依据 CAS30 及其应用指南的有关规定,附注一般应当按照下列顺序披露。

(一)企业的基本情况

附注中应首先向财务信息使用者提供如下有关企业的基本信息:企业注册地、组织形式和总部地址;企业的业务性质和主要经营活动;母公司及集团最终母公司的名称;财务报告的批准报出者和财务报告批准报出日或以签字人及其签字日期为准;营业期限有限的企业,还应披露有关其营业期限的信息。

(二)财务报表的编制基础

此项主要应明确是否以持续经营为基础进行编报。如果以此为基础编制财务报表不再合理的,采用了其他基础进行编报,应说明其理由和事实。

(三)遵循企业会计准则的声明

企业应当声明编制的财务报表符合企业会计准则的要求,真实、完整地反映了企业的财务状况、经营成果和现金流量等有关信息,以此申明财务报表披露的信息是公允和客观的,这是财务报表提供者必须向公众所作出的承诺。

（四）重要会计政策和会计估计

重要会计政策的说明，包括财务报表项目的计量基础和在运用会计政策过程中所作的重要判断等。重要会计估计的说明，包括可能导致下一会计期间内资产、负债账面价值重大调整的会计估计的确定依据等。

企业应当披露采用的重要会计政策和会计估计，并结合企业的具体实际披露其重要会计政策的确定依据和财务报表项目的计量基础及其会计估计所采用的关键假设和不确定因素。

（五）会计政策和会计估计变更及差错更正的说明

会计政策和会计估计变更及差错更正，是企业面临不确定因素所允许作出的客观选择，但是这种选择的结果，必然会使同样交易或事项因进行不同的会计处理导致财务报表结果产生差异。为便于财务信息使用者进行前后各期对比，企业应当按照《企业会计准则第28号——会计政策、会计估计变更和差错更正》（CAS28）的规定，披露会计政策和会计估计变更及差错更正的情况。

（六）报表重要项目的说明

企业应当按照资产负债表、利润表、现金流量表、所有者权益变动表及其项目列示的顺序，对报表重要项目采用文字和数字相结合的方式进行披露。报表重要项目的明细金额合计，应当与报表项目金额相衔接。企业还应在附注中披露费用按照性质分类的利润表补充资料，可将费用分为耗用的原材料、职工薪酬费用、折旧费用、摊销费用等。

（七）或有和承诺事项、资产负债表日后非调整事项、关联方关系及其交易等需要说明的事项

1. 企业对或有事项应披露的信息

（1）预计负债的种类、形成原因及经济利益流出不确定性的说明；各类预计负债的期初、期末余额和本期变动情况；与预计负债有关的预期补偿金额和本期已确认的预期补偿金额。

（2）或有负债（不包括极小可能导致经济利益流出企业的或有负债）的种类及其形成原因，包括已贴现商业承兑汇票、未决诉讼、未决仲裁、对外提供担保等形成的或有负债；经济利益流出不确定性的说明；或有负债预计产生的财务影响及获得补偿的可能性，无法预计的，应当说明原因。

（3）企业通常不应当披露或有资产，但或有资产很可能会给企业带来经济利益的，应当披露其形成的原因、预计产生的财务影响等。

（4）在涉及未决诉讼、未决仲裁的情况下，按照上述（1）、（2）、（3）的要求披露全部或部分信息预期对企业造成重大不利影响的，企业无须披露这些信息，但应当披露该未决诉讼、未决仲裁的性质及没有披露这些信息的事实和原因。

2. 企业对资产负债表日后事项应披露的信息

详见本教材第十九章第二节，此处不赘述。

3. 企业对关联方关系及其交易应披露的信息

详见本教材第十九章第三节，此处不赘述。

（八）其他应披露事项

（1）有助于财务报表使用者评价企业管理资本的目标、政策及程序的信息。

（2）关于其他综合收益各项目的信息，包括其他综合收益各项目及其所得税影响，其他综合收益各项目原计入其他综合收益、当期转出计入当期损益的金额，其他综合收益各项目的期初和期末余额及其调节情况等信息。

（3）终止经营的收入、费用、利润总额、所得税费用和净利润，以及归属于母公司所有者的终止经营利润。终止经营，指已被企业处置或被企业划归为持有待售的、在经营和编制财务报表时能够单独区分的组成部分，该组成部分代表一项独立的主要业务或一个主要经营地区；或者该组成部分是拟对一项独立的主要业务或一个主要经营地区进行处置计划的一部分；或者该组成部分是仅仅为了再出售而取得的子公司。同时满足下列条件的企业组成部分（或流动的资产，下同）应当确认为持有待售：该组成部分必须在其当前状态下仅根据出售此类组成部分的惯常条款即可立即出售；企业已经就处置该组成部分作出决议，如按规定需得到股东批准的，应当已经取得股东的批准；企业已经与受让方签订了不可撤销的转让协议；该项转让将在一年内完成。

（4）在资产负债表日后，财务报告批准报出日前提议或宣布发放的股利总额和每股股利金额（或向投资者分配的利润总额）。

练 习 题

练习题 1

一、目的：

练习比较资产负债表、利润表的编制。

二、资料：

中原装备为增值税一般纳税人，所得税税率为25%。20×2年12月31日资产负债有关科目余额表如表18-11所示。

表18-11 科目余额表　　　　　　　　　　　　　　　　　　　　　单位：万元

科目名称	借方余额	科目名称	贷方余额
库存现金	6	坏账准备	13 000
银行存款	184 000	存货跌价准备	3 200
其他货币资金	9 000	固定资产减值准备	400
交易性金融资产	45 000	债权投资减值准备	200

续表

科目名称	借方余额	科目名称	贷方余额
应收票据	30 000	累计折旧	220 000
应收账款	300 000	累计摊销	30 000
应收利息	1 300	短期借款	62 000
预付账款	10 000	应付票据	42 000
其他应收款	4 900	应付账款	50 000
原材料	170 000	合同负债	4 000
周转材料	6 400	应付职工薪酬	28 000
生产成本	50 000	应交税费	9 800
库存商品	20 000	应付利息	400
债权投资(其中：一年内到期部分10 000)	20 000	应付股利	3 000
长期股权投资	50 000	其他应付款	14 206
固定资产	1 300 000	长期借款(其中：一年内到期部分30 000)	60 000
在建工程	220 000	应付债券	22 000
无形资产	90 800	递延所得税负债	794
长期待摊费用	2 000	股本	192 000
递延所得税资产	9 000	资本公积	800 930
库存股	14 000	专项储备	2 976
		盈余公积	227 500
		利润分配	750 000
合计	2 536 406	合计	2 536 406

中原装备20×2年度损益类相关科目本年累计发生额汇总，如表18-12所示。

表18-12 相关科目本年累计发生额汇总表　　　　　　　　　单位：万元

科目名称	借方发生额	贷方发生额
主营业务收入	540	1 030 848
主营业务成本	720 320	380
税金及附加	3 740	—
其他业务收入	—	40 800
其他业务成本	28 040	—
销售费用	28 900	—
管理费用	53 540	—
其中：研发费用	19 540	—
财务费用	2 540	—
其中：利息费用	5 260	—
利息收入	2 720	—
信用减值损失	1 360	—
其中：坏账损失	1 230	—
债权投资减值损失	130	—

续表

科目名称	借方发生额	贷方发生额
资产减值损失——固定资产减值损失	186	—
其他收益	—	4 000
投资收益	—	2 530
公允价值变动损益	—	640
资产处置损益	—	510
其他综合收益	64	256
营业外收入	—	4 320
营业外支出	510	—
其中：固定资产报废净损失	360	—
所得税费用	59 352	—

注："其他综合收益"借贷方发生额均为其他债权投资公允价值变动。

三、要求：

（1）根据上述资料，编制中原装备20×2年比较资产负债表（见表18-13，年初余额已直接列入表中）。

（2）根据上述资料，编制中原装备20×2年利润表。

表18-13　比较资产负债表

会企01表

编制单位：中原装备股份有限责任公司　　　20×2年12月31日　　　　　　　　单位：万元

资　　产	期末余额	年初余额	负债和所有者权益（或股东权益）	期末余额	年初余额
流动资产：			流动负债：		
货币资金		173 100	短期借款		51 000
交易性金融资产		40 000	交易性金融负债		—
衍生金融资产		—	衍生金融负债		
应收票据		27 500	应付票据		26 000
应收账款		262 800	应付账款		36 720
应收款项融资		—	预收款项		
预付款项		8 000	合同负债		3 300
其他应收款		4 400	应付职工薪酬		24 600
存货		222 080	应交税费		8 960
合同资产		—	其他应付款		16 670
持有待售资产		—	持有待售负债		—
一年内到期的非流动资产		5 000	一年内到期的非流动负债		30 000
其他流动资产		—	其他流动负债		—
流动资产合计		742 880	流动负债合计		197 250
非流动资产：			非流动负债：		
债权投资		7 000	长期借款		24 000

续表

资产	期末余额	年初余额	负债和所有者权益（或股东权益）	期末余额	年初余额
其他债权投资		—	应付债券		18 000
长期应收款		—	其中：优先股		—
长期股权投资		42 800	永续债		18 000
其他权益工具投资		—	租赁负债		—
其他非流动金融资产		—	长期应付款		—
投资性房地产		—	预计负债		—
固定资产		994 500	递延收益		4 000
在建工程		182 000	递延所得税负债		730
使用权资产		—	其他非流动负债		—
无形资产		54 000	非流动负债合计		46 730
开发支出		—	负债合计		243 980
商誉		—	所有者权益（或股东权益）：		—
长期待摊费用		2 400	实收资本（或股本）		192 000
递延所得税资产		7 200	其他权益工具		
其他非流动资产		—	其中：优先股		
非流动资产合计		1 289 900	永续债		—
			资本公积		800 930
			减：库存股		12 000
			其他综合收益		—
			专项储备		2 600
			盈余公积		209 000
			未分配利润		596 270
			所有者权益（或股东权益）合计		1 788 800
资产总计		2 032 780	负债和所有者权益（或股东权益）总计		2 032 780

练习题 2

一、目的：

练习将净利润调节为经营活动现金流量。

二、资料：

承练习题 1，中原装备其他相关资料如下。

（1）"其他收益" 4 000 万元，均为与资产相关的政府补助摊销额。

（2）"营业外支出"的构成为：固定资产报废净损失 360 万元，公益性对外捐赠 150 万元。

（3）"其他应收款"项目的期初余额 4 400 万元中，"应收利息"为 1 020 万元，包装物押金为 3 380 万元。

（4）固定资产本期计提折旧额 19 800 万元，其中计入制造费用 11 600 万元，计入销售费用 1 600 万元，计入管理费用 6 600 万元；冲销累计折旧额 7 400 万元，均为处置报废固定资产冲销数。

（5）无形资产本期发生累计摊销额 13 600 万元，均计入管理费用。

（6）长期待摊费用的摊销额均计入管理费用。

（7）"应付职工薪酬"贷方发生额 70 000 万元，分别分配计入生产成本及制造费用 34 000 万元、销售费用 13 000 万元、管理费用 22 000 万元，借方发生额 66 600 万元。

（8）"其他应付款"项目的期初余额 16 670 万元中，"应付利息"为 380 万元，"应付股利"为 2 890 万元，包装物押金为 13 400 万元。

（9）"专项储备"贷方发生额 376 万元为本期计提的安全生产费用。

三、要求：

根据上述资料和练习题 1 所编制的比较资产负债表和利润表，采用工作底稿法编制现金流量表。

第十九章
会计调整与关联交易

本章学习提示

本章重点：会计政策及其变更的相关理论与会计处理方法、会计估计及其变更的相关理论与会计处理方法、前期会计差错及其更正方法、资产负债表日后事项及其会计处理方法、关联方关系及其披露

本章难点：追溯调整法及其应用、未来适用法及其应用、追溯重述法及其应用

本章导入案例

中航西安飞机工业集团股份有限公司（以下简称"中航西飞"，股票代码：000768）于 2020 年 10 月 28 日召开第八届董事会第四次会议，同意在北京产权交易所以公开挂牌方式转让中航西飞所持西飞国际科技发展（西安）有限公司（以下简称"西飞科技"）100% 的股权，挂牌转让底价不低于经中国航空工业集团备案的西飞科技净资产评估值（26 659.32 万元）。2020 年 10 月 30 日至 2020 年 11 月 26 日，截至信息公示期满，未征集到意向受让方。2020 年 11 月 30 日，中航西飞召开第八届董事会第七次会议，批准同意将转让底价调整为不低于 23 994 万元，重新公开挂牌对外转让。经过在北京产权交易所 20 个工作日的挂牌，西安出口加工区投资建设有限公司为唯一符合受让条件的意向受让方，并与中航西飞于 2021 年 2 月 8 日签署了《产权交易合同》，交易价格为挂牌价格 23 994 万元。中航西飞 2020 年年度财务报告批准报出日为 2021 年 3 月 30 日。中航西飞此次交易是否会对其 2020 年年度财务报告的披露产生影响？

资料来源：作者根据西飞国际 2021 年 2 月 10 日"关于公开挂牌转让西飞国际科技发展（西安）有限公司 100% 股权进展情况的公告"整理编写。

第一节 会计政策、会计估计变更和前期差错更正

会计政策、会计估计变更和前期差错更正及资产负债表日后事项，从性质上看，都属于财务信息披露中的会计调整事项。会计调整指企业因国家法律、行政法规和会计准则的要求或因特定情况下按照会计准则规定，对企业原采用的会计政策、会计估计及发现的前

期差错、发生的资产负债表日后事项等所作的必要调整。

一、会计政策及其变更

（一）会计政策的含义

选择恰当的会计政策，是会计确认、计量和报告的重要基础；不同会计政策运用的结果，则是财务信息利用者极为关心的内容。因为，会计确认、计量和报告是在特定的会计政策约束下进行的，会计政策不仅具有可选择性，而且选择不同的会计政策，对相同交易或事项的会计处理结果将会出现差异，而这种差异的存在又是被允许的。

扩展阅读 19-1

会计政策及其变更教学视频

国际会计准则将会计政策定义为："主体编制财务报表时采用的特定原则、基础、惯例、规则和做法。"而我国的 CAS28 将其定义为："企业在会计确认、计量和报告中所采用的原则、基础和会计处理方法。企业采用的会计计量基础也属于会计政策"。其中："原则"指按照企业会计准则规定的、适合于会计核算所采用的具体会计原则，如销售收入确认所应遵循的具体标准、存货的确认标准等；"基础"指为了将会计原则应用于交易或事项而采用的会计处理基础，主要指各种会计计量基础及其应用；"会计处理方法"指企业在会计核算中按照有关法律法规等规定采用或选择的、适合于本企业的具体会计处理方法，如投资性房地产后续计量采用了成本模式等。这三者之间具有鲜明的层次性和密不可分的逻辑关系，构成了会计政策的整体。

（二）会计政策确定的基本要求

按照 CAS28 及其应用指南的规定，企业应当根据准则的要求并结合本企业的实际情况，确定会计政策，经股东大会或董事会、经理（厂长）会议或类似机构批准，按照法律、行政法规等的规定报送有关各方备案。

企业采用的会计政策一经确定，不得随意变更。如需变更，应重新履行上述程序，并按准则的规定处理。对相同或相似的交易或事项，企业应当采用相同的会计政策进行处理。但是，其他会计准则另有规定的除外。实务中某项交易或事项的会计处理，具体会计准则或应用指南未作规范的，应根据"基本准则"规定的原则、基础和方法进行处理；待作出具体规定时，从其规定。因此，企业在选择和运用会计政策时，应当对本企业的各种情况作出充分的分析与估计，慎重确定。

（三）会计政策变更及其条件限制

会计政策变更，指企业对相同的交易或事项由原来采用的会计政策改用另一会计政策的行为。按照一致性的要求，企业选择会计政策后不得随意变更，但并不意味着绝对不允许变更。现实中随着各种环境的变化，可能会出现原来确定的会计政策已经不符合现实的要求，需要对其作出变更。所以，CAS28 允许在符合下列条件之一时，适时变更会计政策。

(1) 法律、行政法规或国家统一的会计制度等要求变更。这种变更在会计上称为法规变更或强制性变更。例如，一旦一项新的企业会计准则颁布，就要求在规定的日期起开始强制执行，企业必须作出变更。

(2) 会计政策变更能够提供更可靠、更相关的会计信息。受某种客观环境或条件变化的影响，使企业原采用的会计政策所提供的会计信息，已不能恰当地反映企业的财务状况、经营成果、现金流量等情况，应改变原有会计政策，按变更后新的会计政策进行会计处理，以便提供更可靠、更相关、更恰当的财务信息。这种变更，在会计上称为自愿性变更。例如，某企业一直采用成本模式对投资性房地产进行后续计量，如果该企业能够从房地产交易市场中持续地取得同类或类似房地产的市场价格及其他相关信息，从而能够对投资性房地产的公允价值作出合理估计，此时采用公允价值模式对投资性房地产进行后续计量可以更好地反映其价值，在这种情况下，该企业可以将投资性房地产的后续计量方法由成本模式变更为公允价值模式。这种变更属于企业行为，不受统一性和强制性要求。但是，变更时必须有充分理由，并在财务报告中作出充分说明，以避免利用会计政策变更随意操纵资产计价和盈亏计算。

对于以下两种情况，则不属于会计政策变更。

(1) 本期发生的交易或事项与以前相比具有本质差别而采用新的会计政策。如企业将原来自用的办公大楼对外出租，就不属于会计政策变更，应该采用新的会计政策。

(2) 对初次发生或不重要的交易或事项采用新的会计政策。例如，企业原来从未发生过对外投资，本期购买了另一企业 60% 的股权，因此，企业采用了长期股权投资的会计处理方法，就不属于会计政策变更。再如，企业原来将小型工具方面的开支计入当期损益，本期改变其会计处理方法，将该类支出予以资本化，由于小型工具方面的开支占企业总开支的比重非常小，这种改变对成本费用的信息影响不大，属于不重要事项，可不按会计政策变更对待，以减少会计处理的复杂性。

（四）会计政策变更的会计处理方法

对于会计政策变更，企业可以根据变更的具体情况，分别按照下列规定进行处理。

(1) 对于强制性会计政策变更，应当按照国家相关会计规定执行。例如，2006 年我国颁布的企业会计准则体系，要求企业自开始执行这一套会计准则体系之日起，按照《企业会计准则第 38 号——首次执行企业会计准则》（CAS38）的规定进行相应的会计政策变更处理。如果以后国家对某项会计准则作出了修订，则应按照 CAS28 的要求，进行会计政策变更处理。

(2) 对于自愿性会计政策变更，应当采用追溯调整法处理，将会计政策变更累积影响数调整列报前期最早期初留存收益，其他相关项目的期初余额和列报前期披露的其他比较数据也应当一并调整，但确定该项会计政策变更累积影响数不切实可行的除外。不切实可行，指当企业在付出所有合理的努力之后仍然无法取得累积影响数的情况。

追溯调整法，指对某项交易或事项变更会计政策，视同该项交易或事项初次发生时即采用变更后的会计政策，并以此对财务报表相关项目进行调整的方法。采用追溯调整法需要区分以下三种情况。

（1）将会计政策变更累积影响数调整列报前期最早期初留存收益。会计政策变更的累积影响数（简称累积影响数），指按照变更后的会计政策对以前各期追溯计算的列报前期最早期初留存收益应有金额与现有金额之间的差额。列报前期最早期初，指计算累积影响数的时间终点。现行会计准则规定，年度财务报表至少要提供两年期的比较财务报表。那么，列报前期最早期初就指年度比较财务报表的上年期初，而不是本年期初。例如，某企业20×2年1月1日开始执行现行会计准则，那么，对20×0年发生的一项交易在20×2年1月1日仍然在财务报表中列报时，应视同为该项交易发生时就已经采用现行会计准则的方法，计算累积影响数的时间段，应为从20×0年该项交易发生时到20×1年1月1日止，20×1年1月1日（而不是20×2年1月1日）就是列报前期最早期初，应将累积影响数调整20×1年1月1日的留存收益。而20×1年1月1日到20×2年的影响，应体现在所列报的财务报表中，不是再追溯调整到20×2年。

（2）确定会计政策变更对列报前期影响数不切实可行的，应当从可追溯调整的最早期间期初开始应用变更后的会计政策。如果由于种种原因，确定会计政策变更对列报前期影响数的有关资料难以取得，导致对列报前期影响数不切实可行，则应当从可追溯调整的最早期间期初开始应用变更后的会计政策。例如，上述20×0年发生的一项交易，由于相关信息掌握得不全面，无法确定20×0年交易发生时到20×1年1月1日的累积影响数，而可以确定到20×2年的累积影响数，那么，最早期间期初就是20×2年1月1日。

（3）在当期期初确定会计政策变更对以前各期累积影响数不切实可行的，应当采用未来适用法处理。这种情况下，确定会计政策变更对以前各期累积影响数不是不需要，而是不切实可行，所以，无法进行追溯调整，只能视同变更日及以后发生的交易或事项，按新的会计政策进行处理，这就是会计上所说的未来适用法，即将变更后的会计政策应用于变更日及以后发生的交易或事项，不必对会计政策变更前的累积影响数进行确认和调整。

从以上可以看出，对于会计政策变更，应当尽可能采用追溯调整法进行会计处理，但是，如果确实无法采用追溯调整法的，可以采取未来适用法。

应用追溯调整法一般需要按下面四个步骤来进行。

第一步，计算包括变更会计政策所导致的对净损益的累积影响额及由此导致的对利润分配和未分配利润的累积影响额，但不包括分配的利润或股利。留存收益包括当年和以前年度的未分配利润与按照相关法律规定提取并累积的盈余公积。调整期初留存收益指对期初未分配利润和盈余公积两个项目的调整。累积影响数可以按下列步骤进行计算。

（1）按新的会计政策重新计算受影响的前期交易或事项的金额。
（2）计算出两种会计政策下的差异额。
（3）计算该差异的所得税影响额（需要调整所得税的）。
（4）计算前期中的每一期的税后差异额。
（5）计算累积影响数。

第二步，进行相关会计处理。

第三步，调整财务报表相关项目。

第四步,附注披露。

(五)会计政策变更的披露

按照CAS28的规定,企业发生会计政策变更,应当于变更当期在附注中披露:①会计政策变更的性质、内容和原因;②当期和各个列报前期财务报表中受影响的项目名称和调整金额;③无法进行追溯调整的,说明该事实和原因及开始应用变更后的会计政策的时点、具体应用情况。

【例19-1】中航制造与乙公司签署了办公楼租赁协议,根据协议规定,中航制造从20×1年1月1日起将其拥有的一幢办公楼出租给乙公司使用,租期为3年。中航制造对该投资性房地产采用成本模式计量,采用年限平均法折旧,预计净残值为0。出租时办公楼的原价为7 000万元,已提折旧额1 000万元,预计尚可使用年限为30年,假定中航制造计提折旧的方法及预计使用年限符合税法规定。从20×1年起,中航制造所在地有活跃的房地产交易市场,公允价值能够持续可靠取得,中航制造决定从20×3年1月1日起,对该投资性房地产由成本模式改为公允价值模式计量。中航制造对外出租的办公楼20×0年12月31日、20×1年12月31日、20×2年12月31日的公允价值分别为6 000万元、6 800万元、7 700万元。假定按年确认公允价值变动损益,中航制造适用的所得税税率为25%,按净利润的10%提取法定盈余公积。

该种情况属于自愿性会计政策变更。中航制造20×3年12月31日的比较财务报表列报前期最早期初为20×2年1月1日,且能够确定会计政策变更对列报20×2年年初的影响数,应采用追溯调整法进行处理。按照追溯调整法的程序处理如下。

第一步,计算截至20×2年1月1日会计政策变更的累积影响数,结果如表19-1所示。

表19-1 会计政策变更的累积影响数计算   单位:万元

列报期	计入损益的金额		累积影响数		
	政策变更前 (成本模式)	政策变更后 (公允价值模式)	税前差异	所得税影响	税后差异
20×1年1月1日	-200	800	1 000	250	750
20×2年1月1日	-200	900	1 100	275	825
合计	-400	1 700	2 100	525	1 575

注:中航制造20×3年的列报前期最早期初为20×2年1月1日。

从表19-1中可以看出,20×1年的税后差异750万元是20×3年期初因投资性房地产后续计量由成本模式改为公允价值模式计量的会计政策变更累积影响数;1 575万元是20×3年期初因投资性房地产后续计量由成本模式改为公允价值模式计量的会计政策变更总的影响数,其中,750万元是调整20×2年期初的累计影响数,825万元是调整20×2年当期的数据。

第二步,进行相关会计处理。

(1)20×3年1月1日调整相关项目时,应作会计分录为:

借:投资性房地产——成本   60 000 000

——公允价值变动	17 000 000
投资性房地产累计折旧	14 000 000
贷：投资性房地产	70 000 000
递延所得税负债	5 250 000
利润分配——未分配利润	15 750 000

（2）调整利润分配时，应作会计分录为：

借：利润分配——未分配利润	1 575 000
贷：盈余公积	1 575 000

第三步，调整20×3年财务报表相关项目。

（1）资产负债表项目的调整：调增投资性房地产年初余额2 100万元；调增递延所得税负债年初余额525万元；调增盈余公积年初余额157.5万元；调增未分配利润年初余额1 417.5万元。

（2）利润表项目的调整：调减营业成本上年金额200万元，调增公允价值变动收益上年金额900万元，则调增利润总额上年金额1 100万元；调增所得税费用上年金额275万元；调增净利润上年金额825万元。

（3）所有者权益变动表项目的调整：调增会计政策变更项目中盈余公积上年金额75万元，调增未分配利润上年金额675万元，调增所有者权益合计上年金额750万元；调增本年金额栏下上年年末余额下会计政策变更项目中盈余公积82.5万元，调增未分配利润本年金额742.5万元，调增所有者权益合计本年金额825万元。

第四步，附注披露。在20×3年年度财务报表附注中"会计政策和会计估计变更及差错更正的说明"部分应披露如下信息：从20×0年起，中航制造所在地有活跃的房地产交易市场，公允价值能够持续可靠取得，中航制造决定从20×3年1月1日起，对该投资性房地产由成本模式改为公允价值模式计量。这一会计政策变更符合CAS28及其应用指南的规定，并采用了追溯调整法。截至20×2年初列报的会计政策变更税前累积影响数为1 000万元，税后累积影响数为750万元，已将20×3年初资产负债表"投资性房地产"年初余额调增2 100万元；"递延所得税负债"年初余额调增525万元；"盈余公积"年初余额调增157.5万元；"未分配利润"年初余额调增1 417.5万元。并且在所有者权益变动表中"会计政策变更"项目对应的上年金额盈余公积和未分配利润栏作相应的调整，报表的其他相关计算项目也一并作相应调整。

二、会计估计及其变更

（一）会计估计的含义及其类型

"估计"指人们根据经验或最近可利用的信息及其他相关知识对未来事物发展所作的大致判断、推测或推算。会计估计则指企业对结果不确定的交易或事项以最近可利用的信息为基础所作的判断。

现实中，企业的会计人员总是力求使会计确认、计量和报告与财务信息陈报客观准确。但是，经济现象的复杂性和多变性，有些交易或事项或者发生日，或者发生结果等总是存在着不确定性，需要会计人员对其作出及时处理，因而只有依靠会计人员作出职业判断和估计。会计估计在会计确认、计量和报告中是经常存在的，常见的需要进行会计估计的项目主要有：固定资产使用寿命、报废时的预计净残值的估计；无形资产受益期的估计；长期待摊费用分摊期限的估计；各种资产减值准备计提的估计；或有损失的估计等。可以说，会计确认、计量、报告总是离不开会计估计，会计估计是现实会计工作中必然存在的一种客观现象。

（二）会计估计确定的基本要求

既然是估计，必然会存在与现实结果的不一致性。但是，不能因此就可以随意进行会计估计而严重影响财务信息的准确性和可信赖性。为了使会计估计做到尽可能准确，不至于影响财务信息质量，企业也应当根据 CAS28 及其应用指南的规定，结合本企业的实际情况，确定会计估计，经股东大会或董事会、经理（厂长）会议或类似机构批准，按照法律、行政法规等的规定报送有关各方备案。企业的会计估计一经确定，不得随意变更。如需变更，应重新履行上述程序，并按 CAS28 的规定处理，这一点与会计政策确定的要求是一致的。

（三）会计估计变更及其处理

随着会计期间的推移和某一交易或事项发展结果的日益逼近，原来采用会计估计的结果与实际结果的差异将会逐渐显现出来。如果企业据以进行估计的基础发生了变化或由于取得新的信息、积累更多的经验及后来的发展变化，以至于影响到财务信息质量时，就需要对原会计估计进行适当的变更或修正，这种变更，称为会计估计变更，即由于资产和负债的当前状况及预期经济利益与义务发生了变化，从而对资产或负债的账面价值或资产的定期消耗金额进行调整。

对于会计估计变更，国际上通行的会计处理方法是未来适用法，具体而言要区分以下两种情况。

（1）会计估计变更仅影响变更当期的，其影响数应当在变更当期予以确认，计入与前期相同的相关项目中。例如，对超过一年而不足两年的应收账款，原来按该应收账款余额的 10% 计提坏账准备，现根据经验估计不能收回的可能性至少已达 15%，则企业决定改按 15% 计提坏账准备，这种变更仅影响变更当期，因此，只在变更当期予以确认。

扩展阅读 19-2

会计政策变更与会计估计变更的判别

（2）如果会计估计变更既影响变更当期又影响未来期间的，其影响数应当在变更当期和未来期间予以确认，计入与前期相同的相关项目中，如固定资产折旧年限的变更。

如果出现会计估计变更与会计政策变更难以区分的情况，按照国际会计准则和大部分国家的做法，则一律按会计估计变更处理，我国也采用了这种处理方法。

（四）会计估计变更的披露

对于会计估计变更，除了应按照上述方法进行相关会计处理外，还应当在附注中披露：①会计估计变更的内容和原因；②会计估计变更对当期和未来期间的影响数；③会计估计变更的影响数不能确定的，披露这一事实和原因。

【例 19-2】中航制造对原有一台价值为 100 000 元的生产用设备按照 10 年平均计提折旧，预计净残值率为 10%，已使用 4 年，20×2 年年初发现原估计折旧年限过长，应改为 8 年较为适宜，且预计净残值率应为 5%，于是从 20×2 年起开始变更。按照未来适用法，不需调整以前各期折旧，也不计算累积影响数，只在变更当期及以后 3 年内改按新估计折旧年限提取折旧，并确认其影响数，有关计算和会计处理如下（该公司适用的所得税税率为 25%）。

按原估计每年折旧额为 9 000 元，累计已提折旧为 36 000 元，第 5 年起改按新估计时该设备的账面净值为 64 000 元，会计估计变更以后每年应计提折旧额为 14 750 元［(64 000-100 000×5%)/4］，并以此进行相应的会计处理。20×2 年的财务报表附注中应披露如下有关信息。

本公司一台生产用原值为 100 000 元的设备，原估计使用年限为 10 年，预计净残值率为 10%，按直线法计提折旧，已使用 4 年。由于科学技术的进步，该设备已不能按原估计计提折旧，按照 CAS28 的规定，采用未来适用法，从 20×2 年起将该设备折旧年限改为 8 年，预计净残值率改为 5%，以反映该设备的真实使用年限和净残值。此会计估计变更影响当年利润总额减少 5 750 元（14 750-9 000），影响当年净利润减少 4 312.50 元［5 750×(1-25%)］。

三、前期差错及其更正

（一）前期差错的含义及内容

前期差错，指由于没有运用或错误运用编报前期财务报表时预期能够取得并加以考虑的可靠信息或前期财务报告批准报出时能够取得的可靠信息，而对前期财务报表造成省略或错报。

前期差错通常包括计算错误、应用会计政策错误、疏忽或曲解事实及舞弊产生的影响、存货与固定资产盘盈等。但是，其中的存货盘盈并未影响前期财务报表，可以不作为前期差错进行更正。

前期差错分为重要的前期差错和不重要的前期差错。前者指足以影响财务报表使用者对企业财务状况、经营成果和现金流量作出正确判断的前期差错；后者指不足以影响财务报表使用者对企业财务状况、经营成果和现金流量作出正确判断的前期差错。

前期差错的重要性取决于在相关环境下对遗漏或错误表述的规模和性质的判断。一般而言,前期差错所影响的财务报表项目的金额越大、性质越严重,其重要性水平越高。

(二)前期差错的更正方法

前期差错从性质上说是一种错误,一经发现,必须及时予以更正或纠正。对于重要的前期差错,应当采用追溯重述法进行更正,即在发现前期差错时,视同该项前期差错从未发生过,从而对财务报表相关项目进行更正的方法,以保证财务报表的可比性。但确定前期差错累积影响数不切实可行或其影响很小的,可以从可追溯重述的最早期间开始调整留存收益的期初余额,财务报表其他相关项目的期初余额也应当一并调整,也可以采用未来适用法。

扩展阅读 19-4

追溯重述法与追溯调整法的比较

对于不重要的前期差错,企业不需要调整财务报表相关项目的期初数,但应调整发现当期与前期相同的相关项目。属于影响损益的,应直接计入本期与上期相同的净损益项目;属于不影响损益的,应调整本期与前期相同的相关项目。

(三)前期差错的披露

对于企业发生的前期差错,除了需要进行相关会计处理外,还应当在附注中披露:①前期差错的性质;②各个列报前期财务报表中受影响的项目名称和更正金额;③无法进行追溯重述的,说明该事实和原因及对前期差错开始进行更正的时点、具体更正情况。

【例 19-3】中航制造 20×2 年发现上年应计入在建工程的利息费用为 150 000 元全部计入了上年的财务费用中,这是一项重要的前期差错,20×2 年发现后应作如下调整(所得税税率为 25%,公司按净利润的 10% 和 5% 分别提取法定盈余公积和任意盈余公积)。

(1)更正利息费用的错误记录时,应作会计分录为:

借:在建工程　　　　　　　　　　　　　　　　150 000
　　贷:以前年度损益调整　　　　　　　　　　　　　150 000

(2)调整应交所得税时,应作会计分录为:

借:以前年度损益调整　　　　　　　　　　　　　37 500
　　贷:应交税费——应交所得税　　　　　　　　　　37 500

(3)将"以前年度损益调整"科目余额转入"利润分配"科目时,应作会计分录为:

借:以前年度损益调整　　　　　　　　　　　　　112 500
　　贷:利润分配——未分配利润　　　　　　　　　　112 500

(4)补提盈余公积时,应作会计分录为:

借:利润分配——未分配利润　　　　　　　　　　16 875
　　贷:盈余公积——法定盈余公积　　　　　　　　　11 250
　　　　　　　　——任意盈余公积　　　　　　　　　5 625

然后在 20×2 年的资产负债表中对在建工程、应交税费、未分配利润等项目的年初数进行相应的调整。在 20×2 年的附注中应披露如下有关信息。

本年度发现 20×1 年因工作疏忽将应计入在建工程的利息费用 150 000 元错计入财务

费用中,属于重大前期差错,按照 CAS28 的规定,采用了追溯重述法进行更正。该项差错使 20×1 年年末的在建工程少计 150 000 元,应交税费(应交所得税)少计 37 500 元,未分配利润少计 95 625 元,盈余公积少计 16 875 元,在编制 20×2 年与 20×1 年比较财务报表时,已经对该项差错进行了更正,并对财务报表的相关项目作了重新调整。

对于上述会计政策变更和前期差错更正,在以后期间的财务报表中,不需要重复披露在以前期间的附注中已披露的信息。

第二节 资产负债表日后事项

一、资产负债表日后事项的含义及内容

资产负债表日后事项,指资产负债表日至财务报告批准报出日之间发生的有利或不利事项。资产负债表日后事项并不是指资产负债表日后期间发生的所有事项,仅指资产负债表日至财务报告批准报出日之前发生的,与资产负债表日已经存在状况直接相关(已经编入了各财务报表的有关项目中),或者可能对企业财务状况、经营成果和现金流量产生重要影响的相关交易和事项。

资产负债表日后事项教学视频

财务报表按照编制日存在的状况提供了企业在某一特定日期或某一会计期间的财务状况、经营成果及现金流量等方面的信息。但有时往往由于某些事项的不确定性或采用了会计估计等方面的原因,使其提供的信息与现实存在出入,待财务报表批准报出时,于编制日财务报表中存在的这些不确定状况可能已得到了证实,或者发生了新的有必要对资产负债表日存在的状况提供进一步说明的事项,以及虽然与资产负债表日存在状况无关、但可能会影响财务信息的使用者作出正确决策的重大事项(如发生重大诉讼)等。为了保证财务信息利用者能够及时、准确地利用企业披露的财务信息进行相关决策,就需要对这些事项根据不同情况进行必要的调整或说明。

资产负债表日指会计年度末和会计中期末。年度资产负债表日为每年的 12 月 31 日,中期资产负债表日为各会计中期期末。财务报告批准报出日,指董事会或类似机构批准财务报告报出的日期。因此,资产负债表日后事项涵盖的期间是自资产负债表日次日起至财务报告批准报出日之间的一段时间。但是,在上述批准报出日之后到实际对外报出日之间,又发生了与资产负债表日或其后事项有关的事项,并由此影响财务报告对外公布日期的,应以董事会或类似机构再次批准财务报告对外公布的日期为截止日期。

资产负债表日后事项的内容按照其性质分为以下两大类。

(一)资产负债表日后调整事项

资产负债表日后调整事项,简称"调整事项",指对资产负债表日已经存在的情况提

供了新的或进一步证据的事项。这种事项是在资产负债表日或以前已经发生但结果不确定，而在以后获得新的或进一步的证据得以证实或对财务报表产生重大影响，若仍依据资产负债表日存在状况编制的财务报表已不再具有有用性，需按照新发生的情况对资产负债表日原财务报表有关项目进行调整。调整事项通常包括下列各项。

（1）资产负债表日后诉讼案件结案，法院判决证实了企业在资产负债表日已经存在现时义务，需要调整原先确认的与该诉讼案件相关的预计负债或确认一项新负债。

（2）资产负债表日后取得确凿证据，表明某项资产在资产负债表日发生了减值或需要调整该项资产原先确认的减值金额。

（3）资产负债表日后进一步确定了资产负债表日前购入资产的成本或售出资产的收入。

（4）资产负债表日后发现了财务报表舞弊或差错。

（二）资产负债表日后非调整事项

资产负债表日后非调整事项，简称"非调整事项"，指表明资产负债表日后发生的情况的事项。该事项不影响资产负债表日存在状况，不应当调整资产负债表日的财务报表，但需要加以说明，否则，将会影响财务信息利用者作出正确估计和决策。非调整事项，通常包括（但不限于）下列各项。

（1）资产负债表日后发生重大诉讼、仲裁、承诺。

（2）资产负债表日后资产价格、税收政策、外汇汇率发生重大变化。

（3）资产负债表日后因自然灾害导致资产发生重大损失。

（4）资产负债表日后发行股票和债券及其他巨额举债。

（5）资产负债表日后资本公积转增资本。

（6）资产负债表日后发生巨额亏损。

（7）资产负债表日后发生企业合并或处置子公司。

（8）资产负债表日后企业利润分配方案中拟分配的及经审议批准宣告发放的股利或利润。

判断调整事项和非调整事项的标准，主要是区分开属于为资产负债表日已经存在的情况提供证据的事项，还是资产负债表日后发生的情况的事项。

二、资产负债表日后事项的会计处理原则

对于调整事项，应当如同资产负债表所属期间发生的事项一样，作出相关会计处理，并调整重编资产负债表日编制的财务报表相关项目的数字、当期编制的财务报表相关项目的年初数、比较财务报表相关项目的上年数等（现金流量表正表不必调整）。但在进行账务处理时，如果涉及损益的事项，因为是以前年度的损益，无法在原损益类科目中进行调整，所以，都应将其集中在专门设置的"以前年度损益调整"科目中进行调整处理，并将与此相关的所得税及利润分配的调整处理完毕后，余额转入"利润分配——未分配利润"

科目；如果不涉及损益的事项，直接在有关科目中调整处理。

对于非调整事项，由于是资产负债表日后才发生的事项，不影响资产负债表日存在的状况，所以，应按照正常发生的交易或事项进行会计处理，不需要进行任何调整。但是，由于其发生离已编制的上年度财务报表日期接近，且一般是在财务报表阅读者阅读到财务报表之前，可能这类事项影响重大，如果不加以专门提示说明，将会影响财务报表的利用质量。因此，应在附注中加以披露。

三、资产负债表日后事项的披露

企业应当在附注中披露与资产负债表日后事项有关的下列信息。

（1）财务报告的批准报出者和财务报告批准报出日。按照有关法律、行政法规等规定，企业所有者或其他方面有权对报出的财务报告进行修改的，应当披露这一情况。

（2）每项重要的资产负债表日后非调整事项的性质、内容，及其对财务状况和经营成果的影响。无法作出估计的，应当说明原因。

企业在资产负债表日后取得了影响资产负债表日存在情况的新的或进一步的证据，应当调整与之相关的披露信息。

四、资产负债表日后调整事项业务举例

【例19-4】中航制造20×2年出售的价款为600 000元的存货，按照合同约定应于20×2年5月收回货款，但是，由于购货方财务状况欠佳，20×2年12月31日仍未付款，中航制造于20×2年对其按5%提取了坏账准备。到了20×3年2月23日财务报告批准报出日之前接到对方通知，对方企业开始进行破产清算，预计可按50%清算支付上述欠款。中航制造适用的所得税税率为25%，并按税后净利的10%提取法定盈余公积。本例属于涉及损益的调整事项，对此，中航制造应进行如下会计处理。

（1）补提坏账准备计270 000元［600 000×（50%-5%）］，应作会计分录为：

借：以前年度损益调整   270 000
  贷：坏账准备   270 000

（2）调整所得税费用时，应作会计分录为：

借：递延所得税资产（270 000×25%）   67 500
  贷：以前年度损益调整   67 500

（3）结转"以前年度损益调整"科目的余额时，应作会计分录为：

借：利润分配——未分配利润   202 500
  贷：以前年度损益调整   202 500

（4）调整计提的盈余公积时，应作会计分录为：

借：盈余公积——法定盈余公积（202 500×10%） 20 250
  贷：利润分配——未分配利润   20 250

（5）调整20×2年度财务报表相关项目的数字。

①资产负债表项目：调减应收账款（因计提坏账准备）270 000元，调增递延所得税资产67 500元，调减盈余公积20 250元，调减未分配利润182 250元。

②调整20×2年度利润表和所有者权益变动表有关项目：调增信用减值损失270 000元，调减所得税费用67 500元，调减提取盈余公积20 250元，调减未分配利润182 250元。

（6）相应调整20×3年2月份资产负债表上述项目的年初数、利润表上述项目的上年数。

（7）在附注中按要求增加相应内容的披露。

【例19-5】中航制造20×2年2月15日召开的董事会上制定出20×1年利润分配方案如下：按规定提取法定盈余公积金250 000元，任意盈余公积金125 000元，分派普通股现金股利500 000元，财务报告批准报出日为3月18日。

扩展阅读19-6

会计政策变更等三类业务会计处理比较

本例中，中航制造制定利润分配方案，拟分配或经审议批准宣告发放股利或利润的行为，并不会使公司在资产负债表日（20×1年12月31日）形成现时义务，因此虽然发生该事项可导致公司负有支付股利或利润的义务，但支付义务在资产负债表日尚不存在，不应该调整资产负债表日的财务报告，因此，该事项为非调整事项。但由于该事项对公司资产负债表日后的财务状况有较大影响，可能导致现金较大规模流出、公司股权结构变动等，为便于财务报告使用者更充分了解相关信息，中航制造需要在20×1年度财务报表附注中单独披露该信息。

第三节　关联方及其交易

一、关联方

关联方，指一方控制、共同控制另一方或对另一方施加重大影响，以及两方或两方以上同受一方控制、共同控制或重大影响的各个企业、单位或个人。关联方之间存在的相互关系，称为关联方关系。

随着市场经济发展的多样化，关联方关系将成为商业经营活动中的普遍特征。由于关联方的存在，市场的竞争性、自由市场交易等条件可能会或多或少地减弱甚至消失。这样，关联方之间将可能会以一种微妙的方式，发生一些在非关联方之间不一定会发生的交易或价格条款；或者仅仅因为存在这种关系，即使它们之间不发生交易，但也可能足以影响报告企业与其他方面的交易。因此，由于关联方的存在，将可能会对报告企业的财务状况、经营成果及现金流量产生影响。为了保证财务信息的公正、公开及充分性，在财务报告中对关联方及其交易进行披露，将是非常有用的。

判断是否存在关联方，应当遵循实质重于形式的原则要求，即在处理与企业的交易时，是否存在着有碍公平交易的因素，以及交易结果是否影响投资者和债权人的利益等。其主要标准在于是否通过下列方式对企业财务和经营决策产生影响。

（1）一方能够控制另一方或几方。这里所说的控制，指有权决定一个企业的财务和经营政策，并能据以从该企业的经营活动中获取经济利益。获取控制的途径主要有：①一方通过直接、间接或混合（直接和间接）拥有另一方或几方半数以上表决权资本，以所有权的方式达到控制的目的；②在上述方式拥有表决权资本不过半数，但通过其拥有表决权资本和其他方式，如通过签订协议、制定章程、董事会任免权限约定、在权力机构中拥有半数以上表决权等达到控制目的；③不具备上述两种情况，即没有拥有表决权资本，但能以法律或协议形式达到实质控制的目的，如通过签订承包或托管协议，承包或托管一家虽无投资及其他关联方关系的企业而对其进行控制。

（2）几方能够共同控制另一方。这里所说的共同控制，指按照合同约定对某项经济活动所共有的控制，仅在与该项经济活动相关的重要财务和经营决策需要分享控制权的投资方一致同意时存在。如合营各方通过合营合同对合营企业实施的共同控制。

（3）一方或几方对另一方能够施加重大影响。这里所说的重大影响，指一方对一个企业的财务和经营政策有参与决策的权力，但并不能够控制或与其他方一起共同控制这些政策的制定。参与决策的途径主要有：有权在另一方权力机构中派有代表；参与另一方政策的制定过程；互换管理人员或使另一方依赖于本企业的技术资料等。

在现实生活中，关联方的表现形式主要有以下几种。

（1）该企业的母公司。

（2）该企业的子公司。

（3）与该企业受同一母公司控制的其他企业。

（4）对该企业实施共同控制的投资方。

（5）对该企业施加重大影响的投资方。

（6）该企业的合营企业。

（7）该企业的联营企业。

（8）该企业的主要投资者个人及与其关系密切的家庭成员。其中主要投资者个人，指能够控制、共同控制一个企业或对一个企业施加重大影响的个人投资者。

（9）该企业或其母公司的关键管理人员及与其关系密切的家庭成员。其中关键管理人员，指有权力并负责计划、指挥和控制企业活动的人员。与主要投资者个人或关键管理人员关系密切的家庭成员，指在处理与企业的交易时可能影响该个人或受该个人影响的家庭成员。

（10）该企业主要投资者个人、关键管理人员或与其关系密切的家庭成员控制、共同控制或施加重大影响的其他企业。

如果仅与企业存在下列关系的各方，不构成企业的关联方。

（1）与该企业发生日常往来的资金提供者、公用事业部门、政府部门和机构。

（2）与该企业发生大量交易而存在经济依存关系的单个客户、供应商、特许商、经销商或代理商。

（3）与该企业共同控制合营企业的合营者。

仅同受国家控制而不存在其他关联方关系的企业，也不构成关联方。

二、关联方交易

关联方交易，指在关联方之间转移资源、劳务或义务的行为，而不论是否收取价款。这一定义具有以下几方面要求。

（1）关联方交易通常是在已经存在关联方的情况下而发生的。

（2）其主要特征是将带来资源、劳务或义务的转移，且风险和报酬也相应转移。

（3）判断是否属于关联方交易，应以交易是否实际发生为依据，而不论是否收取价款。

（4）了解关联方交易的意义，关键在于了解资源、劳务或义务的转移价格的确定方法。会计上确认资源、劳务或义务的转移通常是基于双方协议价格。非关联方之间的价格是公允价格，而关联方之间的定价过程可能有一定的灵活性，这在非关联方之间是没有的。《企业会计准则第36号——关联方披露》（CAS36）中没有提供交易的计价方法，原因是，在日常商业活动中，除国家对部分商品有特殊定价政策外，交易价格通常是由交易双方协商确定的，所以，准则中无法专门说明交易时的定价方法和定价政策。

关联方交易的类型通常包括购买或销售商品；购买或销售商品以外的其他资产；提供或接受劳务；担保；提供资金（贷款或股权投资）；租赁；代理；研究与开发项目的转移；许可协议；代表企业或由企业代表另一方进行债务结算；关键管理人员薪酬，等等。

三、关联方及其交易的披露

按照CAS36的规定，企业财务报表中应当披露所有关联方及其交易的相关信息。对外提供合并财务报表的，对于已经包括在合并范围内各企业之间的交易不予披露，但应当披露与合并范围外各关联方的关系及其交易。

1. 关联方的披露

企业无论是否发生关联方交易，均应当在附注中披露与母公司和子公司有关的下列信息。

（1）母公司和子公司的名称。母公司不是该企业最终控制方的，还应当披露最终控制方名称。母公司和最终控制方均不对外提供财务报表的，还应当披露母公司之上与其最相近的对外提供财务报表的母公司名称。

（2）母公司和子公司的业务性质、注册地、注册资本（或实收资本、股本）及其变化。

（3）母公司对该企业或该企业对子公司的持股比例和表决权比例。

扩展阅读19-7

国际会计准则关于关联方披露的制定

2. 关联方交易的披露

企业与关联方发生关联方交易的，应当在附注中披露该关联方关系的性质、交易类型及交易要素。其中交易要素至少应当包括交易的金额；未结算项目的金额、条款和条件及有关提供或取得担保的信息；未结算应收项目的坏账准备金额；定价政策，等等。

关联方交易应当分别关联方及交易类型予以披露。类型相似的关联方交易，在不影响财务报表阅读者正确理解关联方交易对财务报表影响的情况下，可以合并披露。如果企业认为披露的关联方交易是公平交易，必须提供确凿证据。

练习题

练习题 1

一、目的：
熟悉和理解会计政策变更及其会计处理。

二、资料：
中原装备与乙公司签署了土地使用权租赁协议，根据协议规定，中原装备从 20×1 年 1 月 1 日起将其拥有的土地使用权出租给乙公司使用，租期为 3 年。中原装备对该投资性房地产采用成本模式计量，采用直线法摊销，预计净残值为 0，出租时土地使用权的原价为 28 000 万元，已摊销额为 4 000 万元，预计尚可使用年限为 60 年，假定中原装备计提摊销的方法及预计使用年限符合税法规定。从 20×0 年起，中原装备所在地有活跃的房地产交易市场，公允价值能够持续可靠取得，中原装备决定从 20×3 年 1 月 1 日起，对该投资性房地产由成本模式改为公允价值模式计量。中原装备对外出租的土地使用权 20×0 年 12 月 31 日、20×1 年 12 月 31 日、20×2 年 12 月 31 日的公允价值分别为 24 000 万元、25 600 万元、27 400 万元。假定按年确认公允价值变动损益，中原装备适用的所得税税率为 25%，按净利润的 10% 提取法定盈余公积。

三、要求：
（1）请判断这是什么性质的会计政策变更，并计算该项会计政策变更的累积影响数。
（2）按照追溯调整法的要求对该项变更编制有关会计调整分录。
（3）说明应当调整财务报表的有关内容及金额。
（4）为其编写附注的相关内容。

练习题 2

一、目的：
练习会计估计变更的会计处理。

二、资料：
20×0 年中原装备购入的一项价值为 210 000 元的无形资产，原估计受益期限为 7 年，采用平均年限法摊销其价值。由于科学技术的进步，20×2 年初，经有关技术人员测算其全部受益期限最长不会超过 5 年。因此，在 20×2 年初立即改为 5 年的总受益期，剩余受益期为 3 年。

三、要求：
说明上述会计估计变更对中原装备 20×2 年有关财务状况和经营成果的影响，并为其编写 20×2 年年报中附注的相关内容。

练习题 3

一、目的：

练习前期差错及其更正的会计处理。

二、资料：

中原装备 20×2 年发现 20×1 年漏记了一项固定资产折旧费用 150 000 元，漏结转了一笔已销售存货的成本 50 000 元。该公司适用的所得税税率为 25%，税后净利分别按其 10% 和 5% 计提法定盈余公积和任意盈余公积。

三、要求：

（1）根据上述资料计算说明该前期差错所造成的影响后果。

（2）针对上述前期差错按照追溯重述法进行有关更正的处理。

（3）说明需要调整的财务报表项目的有关内容及金额。

（4）为其编写附注的相关内容。

练习题 4

一、目的：

练习资产负债表日后事项中调整事项的会计处理。

二、资料：

中原装备 20×1 年 12 月 4 日销售给乙公司一批商品，售价为 200 000 元（暂不考虑增值税因素），该批商品的成本为 130 000 元，已作为收入确认，但货款尚未收到。20×2 年 2 月 24 日，乙公司发现该批商品存在重大质量问题，提出退货，中原装备核实情况属实，同意对方的要求。中原装备年度财务报表批准报出日为 20×2 年 3 月 20 日。中原装备适用的所得税税率为 25%，计提法定盈余公积的比例为税后净利的 10%。

三、要求：

（1）根据上述资料，为中原装备编制有关资产负债表日后调整事项的会计分录。

（2）说明应调整的财务报表项目的有关内容及调整金额。

（3）为其编写附注的相关内容。

案例分析

即测即评

准则实录

主要参考文献

[1] 刘永泽，陈立军. 中级财务会计 [M]. 大连：东北财经大学出版社，2021.

[2] 戴德明，林钢，赵西卜. 财务会计学 [M]. 北京：中国人民大学出版社，2020.

[3] 林钢. 中级财务会计 [M]. 北京：中国人民大学出版社，2020.

[4] 周晓苏. 中级财务会计学 [M]. 北京：科学出版社，2018.

[5] 杨有红，欧阳爱平. 中级财务会计 [M]. 北京：北京大学出版社，2019.

[6] 毛新述. 中级财务会计 [M]. 北京：清华大学出版社，2020.

[7] 路国平，黄中生. 中级财务会计 [M]. 北京：高等教育出版社，2021.

[8] 蒋尧明，荣莉. 中级财务会计 [M]. 北京：中国财政经济出版社，2019.

[9] 王华，石本仁. 中级财务会计 [M]. 北京：中国人民大学出版社，2015.

[10] 中华人民共和国财政部. 企业会计准则 [M]. 北京：经济科学出版社，2020.

[11] 企业会计准则编审委员会. 企业会计准则原文、应用指南案例详解 [M]. 北京：人民邮电出版社，2021.

[12] 中国证券监督管理委员会会计部. 上市公司执行企业会计准则案例详解 [M]. 北京：中国财政经济出版社，2020.

[13] 中国注册会计师协会. 会计 [M]. 北京：中国财政经济出版社，2022.

教师服务

感谢您选用清华大学出版社的教材！为了更好地服务教学，我们为授课教师提供本书的教学辅助资源，以及本学科重点教材信息。请您扫码获取。

》 教辅获取

本书教辅资源，授课教师扫码获取

》 样书赠送

会计学类重点教材，教师扫码获取样书

 清华大学出版社

E-mail: tupfuwu@163.com
电话：010-83470332 / 83470142
地址：北京市海淀区双清路学研大厦 B 座 509

网址：http://www.tup.com.cn/
传真：8610-83470107
邮编：100084